CHRISTOPH SCHMIDT

SOZIALKONTROLLE IN MOSKAU

QUELLEN UND STUDIEN ZUR GESCHICHTE
DES ÖSTLICHEN EUROPA

BAND 44

BEGRÜNDET VON MANFRED HELLMANN,
WEITERGEFÜHRT VON ERWIN OBERLÄNDER,
IN VERBINDUNG MIT DEM
VORSTAND DES VERBANDES
DER OSTEUROPAHISTORIKER e.V.
HERAUSGEGEBEN

VON

HELMUT ALTRICHTER

FRANZ STEINER VERLAG STUTTGART
1996

CHRISTOPH SCHMIDT

SOZIALKONTROLLE IN MOSKAU

JUSTIZ, KRIMINALITÄT
UND LEIBEIGENSCHAFT
1649–1785

FRANZ STEINER VERLAG STUTTGART
1996

Die Deutsche Bibliothek - CIP-Einheitsaufnahme
Schmidt, Christoph:
Sozialkontrolle in Moskau : Justiz, Kriminalität und
Leibeigenschaft ; 1649 - 1785 / Christoph Schmidt. - Stuttgart :
Steiner, 1996
(Quellen und Studien zur Geschichte des östlichen Europa ; Bd. 44)
ISBN 3-515-06627-6
NE: GT

ISO 9706

 Gedruckt mit Unterstützung der Deutschen Forschungsgemeinschaft. Gedruckt auf alterungsbeständigem Papier. Druck: Druckerei Peter Proff, Eurasburg.
Printed in Germany

INHALTSVERZEICHNIS

ZWEITER TEIL

KRIMINALJUSTIZ IN MOSKAU

ANHANG

VERZEICHNIS DER TABELLEN

1. EINLEITUNG

„Der armen Leute und des gottlosen Gesindels, das aus Faulheit nicht arbeiten will, ist ein solcher Überfluß und gehen so viel Extravagancen vor, daß man, sobald es finster worden, sich nicht gerne ohne gute Begleitung aus dem Hause waget. Die Diebe stellen sich in die Winckel der Strassen und werffen mit dicken Prügeln, die sie Dubinen nennen, nach den Köpfen der Vorbeyfahrenden oder Gehenden, und sind sie darauf wohl abgerichtet, daß von solchen tödtlichen Würffen wenig fehlen. Die gefährlichste Zeit ist die Butterwoche, da der gemeine Pöbel toll und rasend ist, und hatte man in der letzten vor meiner Ankunft in Moscau über sechzig todte Erschlagene auf den Gassen, wie ich denn auch selbst am Wege auf meiner Hinreise derselben zween gefunden." In dieser Passage, entnommen dem erstmals 1721 erschienenen Reisebericht Friedrich Christian Webers, Gesandter des Kurfürsten von Hannover bzw. englischen Königs am Zarenhof, klingt ein Thema an, das westeuropäische Rußlandfahrer oft und gern vorgebracht haben. Verdichtet zur These vom Barbarentum der Russen, wurde dieses Motiv durch die Schilderung des russischen Wesens als verschlagen und hemmungslos ebenso variiert wie durch den Hinweis auf Willkür und Grausamkeit in der Strafjustiz. Hiervon hielt Weber gleichfalls eine Probe bereit: „Der Knees Feodor Jurgowitz, von welchem ich oben erwehnet, war Supremus Justiarius in Moscau. Er straffete die Delinquenten, ohne jemand zu fragen, und hatte von seinem Spruche kein Appell statt. Er war durch seine strenge und scharffe Executiones ein Schrecken des Landes, wuste von keinem Mitleiden, und trieb bloß durch seine Sprache und Ansehen den Leuten eine Furcht ein. Ob er zwar von einem wunderlichen Humeur war, hatte er doch grosse Gunst bey dem Czaren, weil er ohne Ansehen der Person richtete und keine Geschencke nahm. Er hatte, ohngeachtet er so viele Diebe und Mörder hinrichten lassen, solchen Leuten das Handwerck nicht legen können, weil ein Russe zwischen Leben und Sterben wenig Unterscheid machet und mit grosser Kaltsinnigkeit eine Todesstrafe antritt. Nachdem er in der letzten Zeit seiner Regierung zweyhundert solcher Übelthäter an den Rippen aufhencken lassen, hatte solche Art des Todes die Straßenräuber etwas geschrecket und vermindert. Alle Gefängnisse sind in Moscau von solchen Übelthätern voll; sie erhalten sich mit Betteln, und bleiben etliche, ohne zu arbeiten, Lebenszeit darin. Wenn die Gottlosigkeiten im Lande überhand nehmen, pflegete der gedachte Vice-Czar Knees Feodor Jurgowitz von denen sitzenden überzeugten Gefangenen eine Anzahl zum Schrecken der andern hinrichten zu lassen."[1]

---

1 Weber, Das veränderte Rußland, Bd. 1, S. 135, 153-54. Gemeint ist Fedor Jur'evič Romodanovskij, der von 1710 bis 1717 Gouverneur von Moskau war. Allg. zum Bild der russischen Justiz in Reiseberichten s. Ključesvkij, Skazanija inostrancev o moskovskom gosudarstve, S. 91-117; Butler, Foreign Impressions of Russian Law.

Daß nicht allein Ausländer, sondern auch Einheimische mit dem Finger auf den Zustand der russischen Strafjustiz wiesen, bezeugt der aus Pokrovskoe bei Moskau stammende Kaufmann und Schriftsteller Ivan Posoškov. Sein 1724 abgefaßtes, aber erst 1842 gedrucktes „Buch von Armut und Reichtum“ gab dem russischen Merkantilismus nicht nur das bis dahin originellste Programm vor. Vielmehr weitete Posoškov seine Kritik auch auf Rahmenbedingungen des Wirtschaftslebens aus und klagte über das Gerichtswesen, an dem so manches seiner Geschäftsprojekte gescheitert sei. Auf die Straßenräuber ging er mit einem ganzen Kapitel ein. Begünstigt durch die Saumseligkeit der Staatsorgane nähmen diese in Rußland derart überhand, wie man es zwischen Orient und Okzident in keinem anderen Land kenne.[2] Unter Bezugnahme auf den Reisebericht des John Perry von 1698 ging dieser Topos auch in Montesquieus 1748 erschienenen „Geist der Gesetze“ ein, wo es an einer Stelle heißt: „In China werden grausame Räuber in Stücke gehauen, andere nicht; diese Unterscheidung bewirkt, daß man dort zwar raubt, aber nicht mordet. In Rußland dagegen, wo die Strafe für Räuber und Mörder dieselbe ist, mordet man dauernd, denn die Toten erzählen nichts, wie man dort sagt.“[3] Damit war zwischen Justiz und Kriminalität eine Kausalität angedeutet, die zumindest in Rußland bislang niemand gesehen hatte. Auch Posoškov wollte dem Übel der Wegelagerer vor allem durch prompt vollstreckte Strafen zu Leibe rücken. In Übernahme der Gedanken Montesquieus formulierte Art. 241 der „Großen Instruktion“ Katharinas II. 1767 nun einen neuen Vorsatz: „Den Verbrechen vorzubeugen ist die Absicht und der Endzweck eines guten Gesetzgebers, welche nichts anderes ist als eine Geschicklichkeit, die Menschen zu der vollkommensten Glückseligkeit zu bringen, oder wenn alles Böse auszurotten nicht möglich ist, das Geringste übrig zu lassen.“

Nachdem das 18. Jahrhundert die Frage nach Kriminalität und Strafjustiz auch in Rußland auf die Tagesordnung gesetzt hatte, gab das 19. Jahrhundert anderen Kategorien den Vorrang. Das Phänomen Recht wurde nun vornehmlich auf Leitbegriffe wie Staat oder (russische) Nation ausgerichtet, so daß sich die Diskussion auf eine andere Ebene verlagerte. Eine gewisse Einseitigkeit der russischen Rechtshistoriker des 19. Jahrhunderts drückt sich auch darin aus, daß sie Delikte und Strafarten nur im Hinblick auf deren Wandel im positiven Recht behandelt haben; diejenigen Fragen, die sich auf Basis der Gesetzeseditionen nicht beantworten ließen, überging man. Bezüge zwischen Strafrecht und Gesellschaft wurden daher ebenso mißachtet wie der Blick auf die praktische Tätigkeit der Gerichte, der die Chance geboten hätte, ein traditionelles Manko des Zarenstaats zu überwinden, der Rechtsetzung zwar sehr viel, der Rechtsprechung aber sehr wenig Aufmerksamkeit zuzuwenden. Da Juristen auch in anderen Ländern dazu neigen, eher de jure- als de facto-Positionen zu betrachten, sollte man den russischen Rechtshistorikern diese Unausgewogenheiten vielleicht nicht zu stark

2 Posoškov, Kniga o skudosti i bogatstve, hier S. 136-91, 228-41.

3 Montesquieu, Vom Geist der Gesetze, Bd. 1, S. 13o.

ankreiden. Alles in allem bewegten sich ihre Arbeiten seit ca. 1860 auf einem Niveau, mit dem verglichen das der Zeit nach 1917 als Absturz gelten muß.[4]

Es gehört zum Wesen der Revolution, daß sie es unternimmt, das überlieferte Recht zu zerbrechen; darüber hinaus hat die russische das Recht des Zarenstaats jedoch auch vergessen gemacht. Ursache dessen war die Auffassung, jegliches Recht stelle ein Relikt der bürgerlichen Gesellschaft dar, dessen Bedeutung mit dem Fortschreiten des Sozialismus zunehmend verblassen werde. Die bis dahin so fruchtbare Schule der Rechtshistoriker wurde auseinandergejagt, Rechtsgeschichte kaum noch betrieben. Aus der sowjetischen Gegenwart, die Kriminalität offiziell ja nicht kannte, verlagerte sich das Tabu in die Vergangenheit, so daß sowjetische Historiker auch das Feld der Kriminalitätsgeschichte konsequent gemieden haben. Noch dazu verlangte das Dogma vom Klassenkampf, etwa die Straßenräuber zu „Partisanen" zu erklären.[5] Damit schoben sich mehrere Schleier vor einen Gegenstand, den man im 18. Jahrhundert noch geradeheraus beim Namen genannt hatte. Auf der anderen Seite ist unverkennbar, daß die sowjetische Historiographie den Rechtsdenkmälern von 1497, 1550 und 1649 wiederholte Aufmerksamkeit gewidmet hat, um sowohl die Entwicklungsetappen des „Feudalstaats" als auch die angebliche Zuspitzung der sozialen Gegensätze herauszustellen.[6] Aus mehreren Gründen erfuhr die Behördengeschichte, auch sie ein Untergebiet der Rechtshistorie, allerdings stärkere Beachtung. Da ideologisch kaum exponiert, erschien dieses Feld manchem Historiker als interessanter; auf der Grundlage umfangreicher Archivalien boten sich gute Aussichten, auf Neuland vorzustoßen; zudem konnte man hier an historiographische Traditionen anknüpfen, so daß S.B. Veselovskij als letzter der herausragenden Rechtshistoriker vorrevolutionärer Prägung während der Stalinzeit durch Umschwenken auf die Verwaltungsgeschichte „überwintert" hat. Wesentlicher Ausdruck dessen wurde Veselovskijs Handbuch der Prikazbeamten des 15. bis 17. Jahrhunderts, das posthum erschienen ist.[7] Ebenso grundlegenden Charakter hat die Zusammenstellung der Moskauer Richter und Amtsvorsteher durch S.K. Bogojavlenskij.[8] Zugleich entstand eine Reihe von Untersuchungen zu Entwicklung und Ar-

---

4 Vor diesem Hintergrund wären an der 1909 erschienen Geschichte der russischen Strafrechtspflege von Fel'dštejn, Glavnyja tečenija v istorii nauke ugolovnogo prava v Rossii, bis heute nur wenige Korrekturen anzubringen. Konkurrenzlos geblieben ist auch die zweibändige Geschichte des russischen Strafrechts von Hube, Historya prawa karnego ruskiego, die aus dem Jahre 1870 stammt. Zu Hube s. Polski słownik biograficzny, Bd. 1o, S. 7o-73, und Bazylow, Polacy w Petersburgu, S. 2o1-o4, 285. Hube wie Fel'dštejn gehen ausführlich auf das 18. Jahrhundert ein. Die wohl beste Übersicht zur Hinterlassenschaft der russischen Rechtshistoriker des 19. Jahrhunderts bei Ksenzova, Juridičeskaja literatura, sowie in der 1902 veröffentlichten Bibliographie von Leontovič, Literatura istorii russkogo prava. Daß diese Arbeit 1974 (in Leipzig) nachgedruckt werden konnte, stellt einen deutlichen Hinweis auf den weitgehenden Stillstand der rechtsgeschichtlichen Forschung dar.

5 Mit Konsequenz vorgetragen etwa in dem 1958 erschienenen Buch von Alefirenko, Krest'janskoe dviženie v Rossii, bes. S. 114-36.

6 Vgl. die Angaben in RZ 2, S. 174-77. Zum Uloženie s. Ivina, Uloženie 1649 g. i ego izdanija.

7 Veselovskij, D'jaki i pod'jačie XV-XVII vv. Zu ihm jetzt Kobrin/Aver'janov, Veselovskij (unbefriedigend).

8 Bogojavlenskij, Prikaznye sud'i XVII v.

beitsweise der Zentralämter.[9] Verhältnismäßig schmal fällt die Bilanz dagegen für die Behördengeschichte des 18. Jahrhunderts aus. Waren die vorrevolutionären Rechtshistoriker hier mit schwergewichtigen Monographien hervorgetreten,[10] setzten die sowjetischen Forscher den Akzent nahezu einhellig auf die Wirtschaftsgeschichte.[11] Obwohl die Quellen für das 18. Jahrhundert ungleich breiter fließen als für das 17., liegt eine umfassende Untersuchung zur Lokalverwaltung des Zarenstaats bislang nur für das 17. Jahrhundert vor;[12] die nach 1917 entstandenen Regionalstudien stellten vielmehr die Entwicklung von Markt, Handel und Industrie in den Vordergrund.[13]

Da die zahlreichen Ukaze ja eine Hauptquelle zur Erforschung des 17./18. Jahrhunderts bilden, zog auch die sowjetische Geschichtsschreibung dieses Gesetzesmaterial in starkem Maße heran. Daß jeder dieser Erlasse ein Produkt des Justiz- und Gesetzgebungsapparats war, ließ man außer Betracht und schlachtete den Körper des überlieferten Rechts allein nach sozialökonomischen Bezügen aus, um etwa die Verschlechterung der bäuerlichen Rechtsstellung zu belegen. Ein rechtshistorisches Interesse überlebte allein dort, wo es um die Frage nach den ausländischen Vorbildern z.B. der petrinischen Gesetzesakte ging. Hatte V.O. Bobrovskij in seinem dreibändigen Kommentar zum Kriegsartikel von 1715 am überwältigenden Umfang schwedischer Einflüsse keinerlei Zweifel gelas-

---

9 Vgl. die Zusammenstellung der Literatur in SIĖ 11, S. 56o-566. Seither erschienen Demidova, Služilaja bjurokratija v Rossii XVII v. i ee rol' v formirovanie absoljutizma. Zur Lokalverwaltung als zweitem Schwerpunkt der Behördengeschichte s. vor allem Nosov, Očerki po istorii mestnogo upravlenie russkogo gosudarstva; Davies, Town Governors (beide zum 16. Jahrhundert).

10 Vgl. vor allem Čičerin, Oblastnyja učreždenija Rossii v XVII v. (1856); Petrovskij, O senate v carstvovanie Petra vel. (1875); Mroček-Drozdovskij, Oblastnoe upravlenie Rossii XVIII v. do učreždenija o gubernijach 7 nojabrja 1775 g., Bd. 1. Oblastnoe upravlenie epochi pervogo učreždenija gubernii 1708-1718 (1876); Bogoslovskij, Oblastnaja reforma Petra vel. Provincija 1719-1727 gg. (1902); Grigor'ev, Reforma mestnogo upravlenija pri Ekateriny II. Učreždenie o gubernijach 7 nojabrja 1775 g. (1910); Got'e, Istorija oblastnogo upravlenija v Rossii ot Petra I do Ekateriny II, Bd. 1. Reforma 1727 g. Oblastnoe delenie i oblastnyja učreždenija 1727-1775 gg. (1913). Jedes dieser Werke verfolgt sowohl den Wandel der Lokalverwaltung als auch den der Justizorgane.

11 Außerhalb der Reihe steht hier der Moskauer Archivar N.P. Eroškin, der ein wertvolles Nachschlagewerk zu den Staatsinstitutionen des 18. Jahrhunderts geschaffen hat. Vgl. Eroškin, Gosudarstvennye učreždenija Rossii v XVIII v. Zakonodatel'nye materialy. Weniger überzeugend, da oftmals zu knapp, fiel sein Versuch einer übergreifenden Behördengeschichte aus. Ders., Očerki istorii gosudarstvennych učreždenij dorevoljucionnoj Rossii. Das Überwiegen des wirtschaftshistorischen Interesses dokumentiert sich etwa bei Baburin, Očerki po istorii manufakturkollegii, der die Akten des Manufakturkollegiums allein im Hinblick auf die Entstehung der Fabriken ausgewertet hat. Zur sozialen Zusammensetzung der Beamtenschaft s. vor allem Troickij, Russkij absoljutizm i dvorjanstvo XVIII v. Formirovanie bjurokratii.

12 Bogoslovskij, Zemskoe samoupravlenie na russkom severe v XVII v., 2 Bde. (1909-12).

13 Gewisse Ansätze zu einer Berücksichtigung auch der Verwaltungsgeschichte enthalten allein die Bücher der Leningrader Historikerin Serbina, Očerki iz istorii social'no-ėkonomičeskoj istorii russkogo goroda. Tichvinskij posad XVI-XVII vv., sowie von Merzon/Tichonov, Rynok Ustjuga vel. XVII v. Rein wirtschaftsgeschichtlich orientiert etwa Ustjugov, Solevarnaja promyšlennost' Soli kamskoj v XVII v., oder Kafengauz, Istorija chozjajstva Demidovych v XVIII-XIX vv. Opyt issledovanija po istorii ural'skoj metallurgii. Eine der wertvollsten Fallanalysen aus der Hand sowjetischer Historiker ist das Buch von Ščepetov, Krepostnoe pravo v votčinach Šeremetevych 1708-1885, das auch Material zu den Läuflingen und zum Gutsgericht bietet.

sen,[14] polemisierten stalinistische Historiker gegen Bobrovskijs Auffassung, der Kriegsartikel enthalte „nichts Eigenes, Nationales". Vielmehr stelle er die „Kristallisation der Kampferfahrungen des russischen stehenden Heeres" dar.[15] Weitgehend unberührt von derartigen Chauvinismen hat der Leningrader Rechtshistoriker A.G. Man'kov, selbst Sohn eines Petersburger Juristen, seit den sechziger Jahren hier vieles zurechtgerückt und vorrevolutionäre Ansätze zur Rechtsvergleichung wieder aufgenommen. Daneben hat Man'kov auch umfangreiche Untersuchungen zum Uloženie von 1649 und zum Wandel des Rechtsinstituts der Leibeigenschaft vorgelegt.[16]

Namhafte Historiker des 19. Jahrhunderts haben darauf hingewiesen, daß von der Leibeigenschaft, wie sie sich in Rußland ausgeprägt hatte, gewaltschürende Tendenzen ausgingen.[17] Dieses Gewaltpotential entstand nicht zuletzt daraus, daß die Gutsbauern der Willkür und „Hausjustiz" des Adels ausgeliefert waren, gegen die ihnen friedlich-legale Mittel nicht zu Gebote standen. Die „Entrechtung per Gesetz" entlud sich in einer vehementen Läuflingsbewegung, eng begleitet von einer Welle der Abzugskriminalität, bei der flüchtige Bauern Gutshöfe ausraubten und in Schutt und Asche legten, tw. um die Spuren der Plünderung zu beseitigen, tw. um Leibeigenschaftsurkunden oder Schuldverschreibungen aus der Welt zu schaffen. Daneben speiste der Läuflingsstrom auch die von Pososkov beklagten Räuberbanden, so daß gewisse Auswüchse der Leibeigenschaft nicht allein auf die Gutsbesitzer, sondern auf den Zarenstaat als Ganzes zurückschlugen. Hier haben die sowjetischen Historiker Erhebliches geleistet und durch eine ganze Reihe von Lokaluntersuchungen Umfang und Ablauf der Läuflingsbewegung analysiert.[18] Da man diese Bewegung aber als Form des sozialen Protests auffaßte, war der Weg zu einer Betrachtung der „gewöhnlichen" Kriminalität versperrt. Die westliche Rußlandforschung hat es nur punktuell vermocht, hier einen Ausgleich zu schaffen. Durch das Vordringen der Sozialhistorie wurde Rechtsgeschichte auch hier kaum betrieben, so daß deren engerer Bereich, d.h. die Entwicklung von Zivil-, Straf- und Prozeßrecht, nahezu verödet liegt.[19]

---

14 Bobrovskij, Voennoe pravo v Rossii pri Petre vel. Artikul voinskij (1882-98).

15 Epifanov, Voinskij ustav Petra vel. Für das Marinestatut von 1720 hat Sal'man, Morskoj ustav, die unhaltbare These der Eigenständigkeit verfochten. Als schwedische Antwort darauf s. Peterson, Morskoj ustav.

16 Vgl. Man'kov, Izpol'zovanie v Rossii švedskogo zakonodatel'stva pri sostavlenii proekta uloženija 1720-1725 gg.; ders., Uloženie 1649 g. Kodeks feodal'nogo prava; ders., Hg., Sobornoe uloženie 1649 g.; ders., Razvitie krepostnogo prava v Rossii vo vtoroj polovine XVII v.

17 Vgl. z.B. die Passagen zur Ermordung von Gutsbesitzern durch Bauern bei Semenov, Krest'jane v carstvovanie imp. Ekateriny II., Bd. 1, S. 346-51, sowie bei Romanovič-Slavatinskij, Dvorjanstvo v Rossii, S. 367-69.

18 Vgl. die Diskussion der vorrevolutionären und sowjetischen Veröffentlichungen bei Kozlova, Pobegi, S. 5-22; Mamsik, Pobegi, S. 6-22. Der Literaturbericht von Portmann, Die neuere sowjetische Forschung zu den Anfängen der Verknechtung der Bauern in Rußland, ist unterderhand zum Resümee der sowjetischen Historiographie geworden.

19 Um sich ein Bild der im 18. Jahrhundert einsetzenden Trennung von Justiz und Verwaltung bzw. von Straf- und Zivilprozeß zu machen, ist man bislang also auf die Arbeiten der vorrevolutionären Rechtshistoriker angewiesen. Vgl. Stefanovskij, Razgraničenie graždanskogo i ugolovnogo sudoproizvodstva v istorii russkogo prava (1873); Got'e, Otdelenie sudebnoj vlasti ot administrativnoj (1915).

Ausgehend von seinen Forschungen zur Moskauer Lokalverwaltung des 16. Jahrhunderts kam lange Zeit vor allem H.W. Dewey auf rechtsgeschichtliche Aspekte zu sprechen. Da von hieraus ein direkter Pfad zur Geschichte der Kriminalität verlief, hat Dewey die Rechtsnormen auch unter dieser Fragestellung betrachtet.[20] Ein unlängst von N. Boškovska veröffentlicher Aufsatz betritt hier neuen Boden, indem die Verfasserin auch Archivquellen heranzieht und das von Neomarxisten wie E. Hobsbawm vertretene Dogma der „politischen Kriminalität" zu Fall bringt, da zwischen politisch und wirtschaftlich bedingter Straffälligkeit nicht zu unterscheiden sei. Demzufolge faßt die Autorin erstmals das gesamte Spektrum der bäuerlichen Kriminalität des 17. Jahrhunderts ins Auge.[21]

Die historische Kriminologie hat sich als eigene Teildisziplin in den letzten Jahrzehnten zuerst in England und Frankreich durchgesetzt. Französische Historiker richteten den Blick eher auf den Übergang zwischen Spätmittelalter und Früher Neuzeit, englische gern auf das 18. und 19. Jahrhundert. Französische Historiker fragten zumeist nach mentalitätsbedingten Zusammenhängen, englische nach wirtschaftlich-sozialen. Die Unterschiedlichkeit der Schwerpunkte wirkt nicht sehr überraschend, pflanzten sich doch in beiden Schulen jeweils dominierende historiographische Traditionen fort. Schon in den Frühtagen der Kriminalstatistik haben Franzosen wie Guerry oder der Belgier Quetelet herausgearbeitet, daß Schwerdelikte in den südlichen Departements Frankreichs vorherrschend gewesen seien, Vermögenskriminalität dagegen im Norden, der Sommer die Gewalt der Leidenschaften anfache, der Winter jedoch die Bedürftigkeit steigere und damit auch die Zahl der Diebstähle. In England strebte man eher danach, zu einer Parallelität von Wirtschafts- und Verbrechensstatistik zu gelangen, wobei als ökonomische Bezugsgröße zumeist der Getreidepreis diente.[22] Mitbedingt dadurch, daß zum Industriezeitalter mehr Quellen als zum 14. und 15. Jahrhun-

---

20 Dewey, Muscovite Guba Charters and the Concept of Brigandage *(razboj)*; zum Prozeßrecht s. ders., Judges and the Evidence in Muscovite Law; ders., Trial by Combat in Muscovite Russia. Vgl. Kaiser, The Growth of the Law in Medieval Russia; Szeftel, Le jugement de Dieu dans le droit russe ancien; Backus, Muscovite Legal Thought, the Law of the Theft and the Problem of Centralization; Keep, Bandits and the Law in Muscovy (zum 17. Jahrhundert). Sowohl Keep als auch Dewey gehen u.a. auf die Amtskriminalität ein, die für sowjetische Historiker - aus welchen Gründen auch immer - kein Thema war. Eher summarisch der Aufsatz von Eeckauté, Les brigands en Russie du XVIIe au XIXe siècle. Die westlichen Beiträge zur Justizgeschichte des 18. Jahrhunderts, das für die Entstehung einer eigenständigen Judikative doch entscheidende Bedeutung hatte, kann man buchstäblich an den Fingern einer Hand aufzählen. Vgl. Wortman, Peter the Great and Court Procedure; LeDonne, The Judicial Reform of 1775 in Central Russia; Madariaga, Penal Policy in the Age of Catherine the Great. Ein erster Überblick bei Efremova, Osnovnye ėtapy razvitija sudebnoj sistemy v Rossii v XVIII v. Etwas besser sieht es auf dem Feld der Behördengeschichte des ausgehenden 17. Jahrhunderts aus. Vgl. dazu Torke, Die Staatsbedingte Gesellschaft im Moskauer Reich; ders., Adel und Staat vor Peter dem Großen 1649-1689; ders., Gab es im Moskauer Reich des 17. Jahrhunderts eine Bürokratie? Brown, Muscovite Government Bureaus; Plavsic, Seventeenth-Century Chanceries and their Staffs.

21 Boškovska, „Dort werden wir alle Bojaren sein". Bäuerlicher Widerstand im Rußland des 17. Jahrhunderts. Vgl. Hobsbawm, Bandits; ders., Sozialrebellen. Auch Adanir, Heiduckentum und osmanische Herrschaft, und Göttsch, „Alle für einen Mann..." Leibeigene und Widerständigkeit in Schleswig-Holstein im 18. Jahrhundert, halten das Konzept des Sozialrebellen für unüberprüfbar und deshalb wenig hilfreich.

22 Vgl. Mechler, Geschichte der Kriminalsoziologie.

dert vorliegen, haben englische Kriminalhistoriker eine weitaus größere Anzahl von Untersuchungen als die französischen produziert. Für England sind daher bereits mehrere Überblicksdarstellungen erschienen, während diese für Frankreich bislang fehlen.[23] Im deutschsprachigen Raum haben sich Historiker der Kriminalitätsgeschichte nur zögerlich zugewandt. Nachdem D. Blasius für das 19. Jahrhundert den Anfang gemacht hatte und dieses Feld auch durch nachfolgende Arbeiten zu erschließen suchte,[24] sind seit der zweiten Hälfte der achtziger Jahre mehrere Lokalstudien auch zur Kriminalität der Frühen Neuzeit erschienen. Ihr Niveau läßt darauf hoffen, daß die Erforschung der Kriminalitätsgeschichte auch in Deutschland Anschluß an die in England und Frankreich finden wird.[25]

Was unter Kriminalität zu verstehen sei, ist bei Juristen und Kriminologen außerordentlich umstritten - weniger jedoch bei Historikern, da viele es vorziehen, sich nicht bedingungslos auf eine Theorie festzulegen, sondern unter verschiedenen Ansätzen jeden auf seine Art fruchtbar zu machen. Drei wesentliche Zugänge lassen sich hier unterscheiden. Dem strafrechtlichen Verbrechensbegriff, der Kriminalität mit „strafbarer Handlung" gleichsetzt, werfen Juristen nicht ganz zu Unrecht vor, daß er das Phänomen des tw. schnellen Wandels der als strafbar definierten Handlungen außer acht lasse, normlastig sei und daher den Blick auf das soziale Vorfeld der Delinquenz versperre. Gerade darauf zielt die Definition der Kriminalität als „Verletzung einer Sozialnorm" ab. Diese Auffassung geht von einem Spannungsverhältnis zwischen den kulturell weitgehend anerkannten Werten einerseits und davon abweichenden Normen gesellschaftlicher Subsysteme

---

23 Sharpe, Crime in Early Modern England; McLynn, Crime and Punishment in Eighteenth-Century England; Emsley, Crime and Society in England; Hay, War, Dearth and Theft in the Eighteenth Century. Die französische Literatur ist zusammengestellt im Sonderheft von L'Histoire, Juli/August 1993, Nr. 168. Vgl. Moormann van Kappen, Die sogenannte „neue Forschungsrichtung" zur Kriminalitätsgeschichte in den Niederlanden und Belgien, und vor allem die Zwischenbilanz von Schwerhoff, Devianz in der alteuropäischen Gesellschaft. In den osteuropäischen Ländern haben polnische Historiker einmal mehr die Vorreiterrolle übernommen. Vgl. Kamler, Świat przestępczy w Polsce XVI i XVII stulecia; Baranowski, Ludzie gościńca w XVII-XVIII w., und Kaczyńska, Człowiek przed sądem. Społeczne aspekty przestępczości w Królestwie Polskim 1815-1914.

24 Blasius, Bürgerliche Gesellschaft und Kriminalität. Zur Sozialgeschichte Preußens im Vormärz; ders., Kriminalität und Alltag; ders., Kriminalität und Geschichtswissenschaft. Perspektiven der neueren Forschung; ders., Kriminologie und Geschichtswissenschaft. Bilanz und Perspektiven interdisziplinärer Forschung.

25 Vgl. z.B. Blauert, „Sackgreifer und Beutelschneider". Die Diebesbande der Alten Lisel; Danker, Räuberbanden im Alten Reich um 1700; Lange, Gesellschaft und Kriminalität. Räuberbanden im 18. und frühen 19. Jahrhundert; Küther, Räuber und Gauner in Deutschland; Boes, Crime and Punishment in the City of Frankfurt/M. 1562 to 1696; Burghartz, Leib, Ehre und Gut. Delinquenz in Zürich Ende des 14. Jahrhunderts; Plaum, Strafrecht, Kriminalpolitik und Kriminalität im Fürstentum Siegen 1750-1810; Jütte, Abbild und soziale Wirklichkeit des Bettler- und Gaunertums zu Beginn der Neuzeit; Dülmen, Hg., Verbrechen, Strafen und soziale Kontrolle; Reif, Hg., Räuber, Volk und Obrigkeit; Evans, Hg., The German Underworld. Deviants and Outcasts in German History. Auf anderer Ebene liegt das Buch von Ulbricht, Kindsmord und Aufklärung in Deutschland, das geistes- und sozialgeschichtliche Zugänge zu verbinden sucht. Vgl. ders., Hg., Von Huren und Rabenmüttern. Weibliche Kriminalität in der Frühen Neuzeit; Gleixner, „Das Mensch" und „der Kerl". Die Konstruktion von Geschlecht in Unzuchtsverfahren der Frühen Neuzeit. Kein schlechtes Beispiel für die „dichte Beschreibung" ist zudem Ulbricht, Die Welt eines Bettlers um 1775.

andererseits aus, so daß unter diesem Gesichtspunkt auch Randgruppen wie Sektenanhänger, Bettler oder Landstreicher hervortreten; sie alle waren in der Frühen Neuzeit ja nicht selten. Gegenüber dem strafrechtlich ausgerichteten Konzept ist dies ohne Zweifel eine Bereicherung. Allerdings ist unbestreitbar, daß der Begriff des abweichenden Verhaltens gerade durch diese Erweiterung weitaus unschärfer als der strafrechtlich fixierte ist. Der sog. Labeling-Ansatz verschiebt als dritte Variante die Aufmerksamkeit auf den Ablauf der Stigmatisierung, auch dies eine Form sozialer Kontrolle. Dieses Konzept faßt Kriminalität als sozial gleichmäßig verteilte Erscheinung auf, mit der aufgrund eines Selektionsprozesses jedoch nur die sozial Schwachen „etikettiert" werden. Insgesamt durchläuft der Selektionsprozeß fünf Stadien, d.h. die Entdeckung der Straftat, die Anzeige bei der Polizei, die Anklage, das Urteil und schließlich den Strafvollzug. Jeder dieser fünf Abschnitte kennt einen eigenen Weg zur Strafvereitelung. So kann die Straftat nicht aufgedeckt bzw. nicht angezeigt werden, der Richter kann die Anklage niederschlagen, er kann den Verdächtigen freisprechen oder das Strafmaß nicht vollstrecken lassen. Damit ist die Gruppe der Rechtsbrecher weitaus größer als die der Bestraften.[26] Dieses Konzept bietet den Vorzug, daß es auch die soziale Ungleichheit der Angeklagten berücksichtigt; zur Erklärung der Ursachen eines sozial unerwünschten Verhaltens trägt es jedoch nichts bei. Jeder dieser Ansätze weist damit seine Hell- und Dunkelzone auf, so daß sich ein vollständiges Bild erst im wechselnden Zugriff ergibt.

Da es immer der Staat ist, der Kriminalität durch Normsetzung, Sanktionierung und Strafvollzug „produziert" bzw. registriert, baut jedwede Erforschung der historischen Kriminalität auf dem Fundament der Rechtsgeschichte auf. Im Hinblick auf Rußland büßen die Arbeiten westeuropäischer Kriminalitätshistoriker viel von ihrem beispielhaften Charakter ein, steht man hier doch vor ganz eigenen Problemen, die sich vor allem aus dem spärlichen Fluß der Quellen ergeben. Dieser hängt wiederum damit zusammen, daß sich die administrative Entwicklung des Zarenstaats z.B. gegenüber der Frankreichs wesentlich verzögert hat. Justiz und Lokalverwaltung beginnen sich in Rußland erst während des 18. Jahrhunderts zu entflechten; Peter d.Gr. blieb der Versuch vorbehalten, eine eigenständige Judikative zu errichten. Die vorrevolutionäre Forschung hat grundlegende Arbeiten zu diesem mühevollen Prozeß hervorgebracht, die Kluft zwischen Norm und Wirklichkeit aber nicht systematisch thematisiert.[27] Vielmehr nahm sie durchweg die Sichtweise der Zentralbehörden ein, deren Akten ihr auch die Quellenbasis geliefert hatten. Zum Grundproblem der sozialen Kontrolle trägt dieser Standpunkt wenig bei, da er weder nach der Effizienz der formellen Überwachung etwa durch Polizeiorgane fragt noch die informelle Sozialkontrolle berücksichtigt, d.h. das Rechtsbewußtsein der Bevölkerung. Beides erschließt sich nur auf

---

26 Vgl. das Trichtermodell bei Kaiser, Kriminologie, S. 183. Die juristischen Standardwerke widmen der Diskussion um die verschiedenen Ansätze naturgemäß breiten Raum. Neuerdings dazu Eisenberg, Kriminologie; Göppinger, Kriminologie; Kürzinger, Kriminologie; Lüderssen, Kriminologie; Schneider, Kriminologie; Schwind, Kriminologie. Vgl. den Überblick von Neumann/Schroth, Neuere Theorien von Kriminalität und Strafe.

27 S.o. die in Fußnote 10 genannte Literatur.

lokaler Ebene, so daß sich englische und französische Kriminalitätshistoriker nicht durch Zufall gern der Regionalgeschichte widmen.[28]

Das Konzept der Sozialkontrolle als „Weg zum Erreichen von Konformität" hat in mehrfacher Hinsicht Bedeutung. Von den staatlich postulierten Normen weitet es einmal den Blick auf Wertvorstellungen einzelner sozialer Gruppen aus, indem es nach Unterschieden zwischen gesetzlichem und moralischem Imperativ fragt. Der stete Blick auf diesen Konflikt kann dem Historiker ein gewisses Korrektiv dazu liefern, daß seine Quellen höchst einseitiger Herkunft sind und uns Zeugnisse auch der Subkultur nur in staatlicher „Übersetzung" vorliegen, d.h. im Verhör. Als zweites rücken auch volkskundlich-kulturelle Aspekte in den Vordergrund, wenn sie die Reichweite von Herrschaft erkennbar werden lassen. In unserem Zusammenhang bietet sich vor allem das Beispiel von Schenke oder Feiertag an, weil Volkskultur und Regelungsanspruch des Staates hier zusammenstießen.[29] Schließlich ergibt sich die Frage nach der Internalisierung von Normen, bekanntlich eines der Kernprobleme des Zivilisationsprozesses. Als einer der ersten Osteuropahistoriker hat unlängst E. Keenan den Begriff der Sozialkontrolle in dieser Hinsicht verwandt. Er unterscheidet zwischen dem skandinavischen oder Novgoroder Typus einerseits, der auf einer Disziplinierung des Individuums beruht, sowie dem Moskauer Typus andererseits, der sich auf die externe Kontrolle des Individuums durch die Gruppe stützt. Hier ist anzufügen, daß sich Keenan wohl in eine Ungereimtheit verwickelt, wenn er im ersten Fall von „relatively free play of certain types of individual interests and initiatives" spricht, im zweiten aber nahezu gleichbedeutend von „greater tolerance (or resignation) concerning individual behavior". Ein größeres Maß an Toleranz würde externe Kontrolle doch tendenziell außer Kraft setzen, so daß man beim Moskauer Typus von geringerer Toleranz und wohl auch von geringerer Effektivität der Sozialkontrolle sprechen müßte. Zudem treten in wohl jeder Gesellschaft interne wie externe Kontrollinstanzen auf, wobei interne in den Oberschichten überwiegen, externe in den Unterschichten.[30] Der Begriff der sozialen Kontrolle

---

28 Vgl. dazu die grundsätzlichen Bemerkungen von Tiller, English Local History. An Introduction; Hoock, Regionalgeschichte als Methode. Das französische Beispiel.

29 Vgl. Kap. 5.f und 6.f.

30 Keenan, Muscovite Political Folkways, S. 127. Die von Keenan angeführte Unterscheidung knüpft stillschweigend an Homans, Theorie der sozialen Gruppe, S. 273-74 an. Schon Homans hat auch den Begriff der *folkways* (Bräuche) benutzt. Vgl. die Diskussion zu Keenans Artikel in RR 46, 1987, S. 157-2o9 (vor allem zur politischen Kultur). Zum Begriff der Sozialkontrolle s. Janowitz, „Soziale Kontrolle"; ders., The Intellectual History of „Social Control"; Meier, Concept of Social Control; Roucek, The Concept of Social Control in American Sociology; Malinowski/Münch, Soziale Kontrolle. Aus juristischer Sicht Popitz, Die normative Konstruktion von Gesellschaft; Kaiser, Religion, Verbrechen und Verbrechenskontrolle; ders., Strategien und Prozesse strafrechtlicher Sozialkontrolle. Weitere Literatur bei Albrecht, Soziale Kontrolle; Weis, Soziale Kontrolle. Wie bei Keenan angedeutet, ermöglicht der Begriff der Sozialkontrolle auch Vergleiche unterschiedlicher Kulturkreise. Vgl. dazu Jescheck, Islamisches und westliches Strafrecht; Miyazawa, Informelle Sozialkontrolle in Japan. Zum 19. Jahrhundert s. Hoch, Serfdom and Social Control in Russia. Petrovskoe, a Village in Tambov. Als Instrument der Sozialkontrolle ließ die Bedeutung der Leibeigenschaft im 19. Jahrhundert gegenüber der im 17./18. Jahrhundert aber allmählich nach, da die hoheitlichen Befugnisse der Gutsbesitzer abgebaut wurden. Speziell zur Sozialkontrolle als Voraussetzung der Strafverfolgung s.u. 7.a.

weist über den strafrechtlichen Bereich also weit hinaus, doch stellt die Justiz eine seiner wesentlichen Stützen dar, bildet die Sozialkontrolle doch einen Hauptzweck jedes Rechtssystems.

Ein besseres Verständnis der Wirkung sozialer Kontrolle ergibt sich durch den von Homans eingeführten Unterschied zwischen formeller Sozialkontrolle (durch staatliche Behörden) und informeller Sozialkontrolle (durch die Gesellschaft). Der Geschichte der russischen Polizei, ohne Zweifel ein Hauptorgan formeller Sozialkontrolle, sind mehrere umfassende Arbeiten nachgegangen, wobei die liberalen Rechtshistoriker vor 1917 ebenso wie die Sowjethistoriker die Absicht verfolgten, den repressiven Charakter des Zarenstaats nachzuweisen. Zu diesem Zweck erachtete man es als nützlich, sich auf die Geheimpolizei zu beschränken, der die Aufdeckung der „politischen", gegen die Person des Zaren gerichteten Kriminalität oblag. Für manche Abschnitte des 19. Jahrhunderts mag diese Sichtweise vielleicht am Platze sein; da sie auf das 17./18. Jahrhundert aber kurzerhand übertragen wurde,[31] entstehen schwerwiegende Zweifel an dieser These. Zunächst gründen sich diese darauf, daß vom gesetzlich erhobenen Anspruch immer wieder auf die tatsächlich bestehenden Zustände geschlossen wird. Im zehnten Kapitel des Reglements des Hauptmagistrats vom 16.1.1721 ist zwar von der „Policey als Seele der Bürgerschaft und aller guten Ordnung" *(policija est' duša graždanstva i vsech dobrych porjadkov)* die Rede. Bedingt durch die Einseitigkeit einer vor allem politisch ausgerichteten Perspektive halten J.P. LeDonne und E.V. Anisimov schon das Programm für die Wirklichkeit, so daß LeDonne zum Urteil gelangt: „The Police was indeed the soul of the Russian political and social order."[32] Diese Auffassung klingt auch deshalb überraschend, weil LeDonne die Effizienz, die die Polizeiorgane im Hinblick auf die Überwindung sozialer Mißstände an den Tag legten, keiner näheren Prüfung unterwirft. Dadurch entsteht die Illusion, die Polizeibehörde sei bei der Bekämpfung von Diebstahl, Raub und Bettelwesen ebenso erfolgreich gewesen wie die Geheimpolizei beim Schutze des Zaren. Einen Garanten der öffentlichen Sicherheit sehen LeDonne und Anisimov etwa im Paßsystem Peters d.Gr.: „The passport, which contained a short physical description, thus became an instrument of absolute control over the movements of the population, vagrants being subject to immediate arrest and banishment to Siberian settlement by administrative or court order."[33] Daß eine de jure-Sichtweise nicht zwangsläufig unkritisch sein muß, zeigen dagegen Beispiele aus der vorrevolutionären Forschung, so wenn I.T. Tarasov ein Wirrwarr

---

31 Gurljand, Prikaz vel. gosudarja tajnych del (1902); Novomberskij, Hg., Slovo i dela gosudarevy, 2 Bde. (1909-11); Tel'berg, Očerki političeskogo suda i političeskich prestuplenij v moskovskom gosudarstve XVII v. (1912); Golikova, Političeskie processy pri Petre I. Po materialam preobraženskogo prikaza; dies., Organy političeskogo syska i ich razvitie v XVII-XVIII vv.

32 LeDonne, Ruling Russia. Politics and Administration in the Age of Absolutism 1762-1796, S. 1o2. Vgl. Anisimov, Vremja petrovskich reform, S. 385 u.ö., der bei der Erörterung der petrinischen Polizei immerhin zugibt, daß es ihm eigentlich um Stalin gehe.

33 LeDonne, Absolutism and Ruling Class. The Formation of the Russian Political Order 1700-1825, S. 151. Auch Anisimov, Vremja petrovskich reform, S. 367-78, glaubt bei der Realisierung der Paßverordnung keinerlei Abstriche gegenüber dem Gesetzestext vornehmen zu müssen, so daß der petrinische Staat als Polizeiregime dasteht.

der Gesetze erkennt und für das 18. Jahrhundert ausdrücklich vom „allgemeinen Chaos der Polizei" spricht.[34] Auch Marc Raeff geht eher vorsichtig zu Werke, wenn er zunächst an die verschiedenen Dimensionen erinnert, die dem Begriff der „guten Policey" auch in Rußland innewohnten: Entfaltung der Wirtschaft im Sinne des Merkantilismus, Bevölkerungswachstum, Wohlfahrt und „disciplining of society". Den Überwachungsanspruch des Staates sieht Raeff einzig und allein im Hinblick auf die dienstleistenden Oberschichten verwirklicht.[35]

Wie nachhaltig die Ordnungsvorstellungen der Obrigkeit in die Bevölkerung eindrangen, dazu liegen aus der russischen Geschichte des 17. und 18. Jahrhunderts noch keine Fallstudien vor. Auch die Frage des bäuerlichen Rechtsbewußtseins als einer wesentlichen Säule informeller Sozialkontrolle wird erst neuerdings wieder gestellt. Verständlicherweise steht hier die Aufarbeitung des Zivilrechts am Anfang, dessen Umfang den des Strafrechts erheblich übersteigt.[36] Da weite Teile des Zivilrechts noch im 19. Jahrhundert aber aus dem überkommenen Gewohnheitsrecht erwuchsen, das als Subsidiarrecht grundsätzliche Billigung fand, läßt sich die Realisierung staatlicher Vorgaben an dieser Stelle kaum ausloten. Alles in allem erscheint es aus zumindest zwei Gründen als lohnend, den rechtshistorischen Forschungsrückstand abzutragen:

1. Das Kriterium der strafrechtlichen Relevanz als Voraussetzung für das Einsetzen sozialer Kontrolle bringt es unweigerlich mit sich, daß Leibeigene und Unterschichten in den Vordergrund treten, da auf sie der Löwenanteil der registrierten Kriminalität entfiel. Gängige Interpretationen des frühneuzeitlichen Rußland blenden die Unterschichten jedoch weitgehend aus und entwickeln etwa das Bild der staatlich dominierten Gesellschaft mit Vorrang am Adel und den eingeschriebenen Städtern. Dennoch soll dieser Denkfigur Gültigkeit für die Gesellschaft als Ganzes zukommen. Damit stellt sich die Frage, welche soziale Tiefe dieses Konzept tatsächlich beanspruchen kann.
2. Geleitet von den Theorien M. Webers, N. Elias' und G. Oestreichs hat sich in den letzten Jahren eine recht intensive Forschung zu Einsatz und Verlauf des Zivilisationsprozesses entfaltet.[37] Diese Diskussion stützt sich nicht zuletzt auf

---

34 Tarasov, Istorija russkoj policii i otnošenija eja k justicii, S. 2o8. Vgl. Ditjatin, Ustrojstvo i upravlenie gorodov Rossii, Bd. 1, S. 369-7o, 459, der die Leistung der Moskauer Polizei z.B. an der städtischen Hygiene mißt. Aus dieser Sicht fällt das Urteil alles andere als günstig aus.

35 Raeff, The Well-Ordered Police State. Social and Institutional Change through Law in the Germanies and Russia 1600-1800, hier S. 216.

36 Vgl. Raskin, Ispol'zovanie zakonodatel'nych aktov v krest'janskich čelobitnych serediny XVIII v.; Kamkin, Pravosoznanie gosudarstvennych krest'jan vtoroj poloviny XVIII v.; Krutikov, Pravosoznanie krest'jan i ego otraženie v krest'janskom dviženii. Vielleicht der gewichtigste Beitrag von russischer Seite ist die unlängst erschienene Quellensammlung von Indova, u.a. Hg., Krest'janskie čelobitnye XVII v. (Beispiele zur Rekonstruktion dessen, was man auf bäuerlicher Seite unter „Fug und Recht" verstand). Von ethnographischer Seite hat sich auch Gromyko, Mir russkoj derevni, S. 24o-44, dieser Frage angenommen. Zum 19. Jahrhundert vgl. die Arbeiten von Wortman, The Development of a Russian Legal Consciousness; Thurston, P.D. Kiselev and the Development of a Russian Legal Consciousness. Beide gehen vor allem der Frage nach dem Rechtsbewußtsein der Beamtenschaft nach.

37 In diesen Zusammenhang gehört auch das Werk Foucaults. Seine Bedeutung liegt vor allem in der Kritik des Zivilisationsprozesses, in dessen Folge sich die moderne Gesellschaft in ein Kerkersystem verwandelt habe. Historiker haben zumeist den Ruf des „oublier Foucault"

Veröffentlichungen zum Wandel der frühneuzeitlichen Kriminalität. Falls die Effektivität der staatlichen Strafverfolgung zunahm und Gewaltdelikte infolgedessen zurückgingen, könnte dies in der Tat auf ein Vordringen der sozialen Disziplinierung schließen lassen. Eine Statistik der registrierten Kriminalität böte daher die Möglichkeit, Rußland unter diesem Gesichtspunkt mit westeuropäischen Ländern zu vergleichen und Charakteristika der Modernisierung Rußlands zu formulieren.

Wenn es also darum geht, die in der vorrevolutionären Literatur übliche Konzentration auf das positive Recht zu überwinden und Normsetzung mit Normdurchsetzung zu vergleichen, ist der Weg zur Beschränkung auf ein Lokalbeispiel vorgezeichnet. Das große Kulturgefälle zwischen West- und Osteuropa spiegelt sich auch darin wider, daß im Grunde nur ein Amt des frühneuzeitlichen Zarenstaats die Gelegenheit dazu bietet. Als erstes und lange Zeit einziges reines Strafgericht nimmt der Moskauer *Sysknoj Prikaz* (1730-63, von 1764-82 *Rozysknaja Ėkspedicija)* in der russischen Rechtsgeschichte eine besondere Stellung ein. Mit rd. 8.000 Faszikeln zwischen 1730 und 1782 ist der überlieferte Aktenbestand für unsere Zwecke auch hinreichend groß.[38] Schon für die Zeit Peters d.Gr. ist uns die Tätigkeit der Moskauer Gerichte nur noch in Einzelstücken dokumentiert; Unterlagen zur Rechtsprechung des *Zemskij Prikaz* aus dem 17. Jahrhundert fehlen ganz. Gleiches gilt für Akten des *Razbojnyj Prikaz*. Zwar umfaßt die Tätigkeit des Sysknoj Prikaz und seines Folgeorgans immerhin mehr als 50 Jahre, doch hätte man sich aus dem 17. Jahrhundert ohne Zweifel ein Vergleichsobjekt gewünscht. Der Bruch Peters mit der Moskauer Tradition macht den Gedanken einer Gegenüberstellung des *Sysknoj Prikaz* mit einer Voevodenkanzlei des 17. Jahrhunderts jedoch illusorisch. Während der *Sysknoj Prikaz* allein mit der Ahndung von Delikten befaßt war, flossen bei den Voevoden Steuereinzug, allgemeine Verwaltungssachen sowie jegliche Gerichtsbarkeit zusammen, so daß zwischen Zivil- und Strafprozessen noch keine scharfe Linie erkennbar wird, mitbedingt durch den fakultativen Charakter der Offizialklage, den diese (de jure bis 1697) innehatte. Noch dazu verschob die Einrichtung der Gouvernements nach 1708 auch die Gerichtsbezirke von Grund auf.

---

angestimmt, da Foucault viele seiner Thesen unzureichend begründet. Z.B. stammen seine Nachweise zum Gefängnis fast ausschließlich aus den Jahren 1830 bis 1850, doch werden die Schlüsse auf die Frühe Neuzeit ausgedehnt. Oder Foucault prägt unter Bezug auf Petrovitch, Recherches sur la criminalité à Paris dans la seconde moitié du XVIIIe siècle, den kernigen Satz: „Vor der Milderung der Gesetze gab es eine Milderung der Verbrechen." Vgl. Foucault, Überwachen und Strafen. Die Geburt des Gefängnisses, S. 97. Eine gewisse Abnahme der Gewaltverbrechen verzeichnet Petrovitch aber erst für das letzte Viertel des 18. Jahrhunderts, während Montesquieu (1748) oder Beccaria (1764) schon zuvor für eine Humanisierung des Strafvollzugs plädiert hatten. Zum negativen Echo der Historiker auf Foucault s. Megill, The Reception of Foucault by Historians; Jolins, Hg., Reassessing Foucault. Aus rechts- bzw. kriminalitätshistorischer Sicht vgl. Steinert, „Ist es aber auch wahr, Herr F.?" Blasius, Michel Foucaults „denkende" Betrachtung der Geschichte. Speziell in Bezug auf die russische Geschichte s. Engelstein, Combined Underdevelopment. Discipline and the Law in Imperial und Soviet Russia. Auch hier wird Foucault klar zurückgewiesen.

38 Vgl. die ausgezeichneten Beschreibungen der Repositur durch Archivare des 19. Jahrhunderts: Severnyj, Opisanie dokumentov Sysknogo Prikaza 1730-1763; Golubev, Sysknoj Prikaz 1730-1763; Lazovskij, Rozysknaja Ėkspedicija 1763-1782.

Mit Aufhebung der *Rozysknaja Ėkspedicija* durch Ukaz vom 2.10.1782 wurden deren Unterlagen dem neugegründeten Staatsarchiv[39] zugeleitet, das zunächst fünf Räume im *Potešnyj dvorec* des Kreml' einnahm. Der Personaletat sah damals einen Archivrat, zwei Assessoren sowie drei Kanzleikräfte vor. Am 31.8.1812 erging zwar die Order, den gesamten Archivbestand vor den anrückenden Franzosen auf Booten nach Nižnij-Novgorod zu evakuieren; wegen der sprunghaften Verteuerung der Transportkosten unterblieb dies jedoch. Ausgelagert wurden allein alte Grundbücher *(Meževoj archiv)*, denen zwecks Überprüfung umstrittener Flurgrenzen tw. noch praktische Bedeutung zukam. Nachdem das Staatsarchiv mit dem von Razrjad und Senat bzw. dem des ehemaligen Dienstgutamtes 1852 zum Archiv des Justizministeriums zusammengefaßt worden war, gelang es dessen (nach P.I. Ivanov) zweitem Direktor N.V. Kalačov, einem der bedeutenden russischen Rechtshistoriker, Mittel zum Bau eines eigenen Archivgebäudes bewilligen zu lassen. Dieses 1886 unweit des Neujungfrauenklosters fertiggestellte zweistöckige Gebäude beherbergt das seither mehrfach umbenannte Archiv noch heute.[40] Kalačovs Bedeutung zeigt sich auch darin, daß er nach seinem Amtsantritt 1865 die bis dahin betriebene Vernichtung von Akten unterband. Dieser Unsitte waren z.B. mehrere Tausend Bücher des Revisions- und Kammerkollegiums zum Opfer gefallen.

Als Akademiemitglied war Kalačov auch an der Erarbeitung umfassender Quellenpublikationen zur russischen Rechtsgeschichte beteiligt,[41] die auch der vorliegenden Arbeit wesentlich zugute kommen, liegt der Großteil der im 17./18. Jahrhundert erlassenen Ukaze damit doch gedruckt vor. Diese Gesetzessammlungen folgten zweierlei Zielstellung. Die erste und größere[42] diente dem Zweck, die seit dem Uloženie von 1649 ergangenen Rechtsnormen zusammenzustellen, um über die kompilierende Zwischenstufe des *Svod Zakonov* zu einem Kodex zu gelangen.[43] Viele der von 1649 bis zum Tode Alexanders I. am 12.12.1825 erlassenen Gesetze wurden 1830 somit erstmals zum Druck gebracht. Da man dieses gigantische Unternehmen jedoch zu hastig anging, fehlen für die Zeit Peters ca. ein Drittel der Ukaze, für die Zeit der Zarin Anna rd. ein Fünftel.

---

39 Gosudarstvennyj archiv starych del.

40 Zuletzt 1992 (bis dahin „CGADA SSSR", seither „RGADA"). Neuerdings zur Geschichte dieses Archivs s. Samošenko, Istoričeskie archivy Moskvy.

41 Dopolnenija k aktam istoričeskim, Bd. 7-9; Doklady i prigovory, sost. v prav. senate v carstvovanie Petra vel., Bd. 1-2.

42 Polnoe sobranie zakonov rossijskoj imperii.

43 Gerade durch den kompilatorischen Charakter weist die erste Ausgabe des Svod Zakonov einen hohen Anteil an Rechtsakten des 18. Jahrhunderts auf, ist für Historiker also nicht ganz uninteressant. Vgl. Svod zakonov rossijskoj imperii, Bd. 15. Svod zakonov ugolovnych (1832). Der Svod zakonov beruht wiederum auf den 16 Bänden des *Sobranie rossijskich zakonov,* einer Zusammenstellung wichtigerer Gesetze vor allem des 18. Jahrhunderts für die einzelnen Rechtsgebiete. Vgl. Chavskij, Hg., Sobranie zakonov o sudoustrojstve i sudoproizvodstve ugolovnom s 1649 po 1825 g. vključitel'no (eine Auswahl von Militär-, Strafprozeß- und Kirchengesetzen); ders., Hg., Sobranie zakonov o policejskom upravlenii. Zu P.V. Chavskij s. BE 72, S. 948-49; RBS 21, S. 263-66. Neuerdings zur Geschichte der russischen Kodifizierungsbemühungen im 19. Jahrhundert Raeff, Codification et droit en Russie impériale; Reich, Kodifikation und Reform des russischen Zivilrechts im 19. Jahrhundert bis zum Erlaß des Svod Zakonov.

Das von der Archäographischen Kommission in drei großen Serien[44] ab 1836 veröffentliche Material griff dagegen auch auf die Zeit vor 1649 zurück, diente somit auch historischen Interessen. Von der Zusammensetzung der Urkunden sind diese Reihen weitaus heterogener als das *Polnoe sobranie zakonov*. Gerade dem Historiker tritt also deutlich vor Augen, daß die Farbigkeit seiner Quellen in eben dem Maße abnimmt, wie sich Bestrebungen auf Regulierung und Systematisierung von Staat und Gesellschaft seit dem 18. Jahrhundert verstärkten.

Vor dieser Ausgangslage bot es sich an, in einem chronologischen Teil auf Grund der gedruckten Quellen zunächst den Wandel von Strafrecht und Justizorganen in ihrer sozialen und politischen Bedingtheit zu verfolgen. Bei der Suche nach einem zeitlichen Ausgangspunkt muß der Blick wohl auf das Uloženie von 1649 fallen, das durch die endgültige Fixierung der Leibeigenschaft einen tiefen Einschnitt der Rechts- und Sozialgeschichte markiert. In diesem Sinne hat das Jahr 1785 zwar nicht Epoche gemacht, kann durch die Gnadenurkunden für Adel und Städter aber als Schlußstein der Sozialreformen Katharinas gelten. Zugleich brachte die Umsetzung der Gouvernementsreform von 1775 eine neue Gerichtsverfassung hervor, die die institutionelle Trennung zwischen Justiz und Lokalverwaltung besiegelte. Nach der Neudefinition des Gouvernements Moskau stellte die *Rozysknaja Ėkspedicija* 1782 ihre Tätigkeit ein. Das seit 1728 ebenfalls in Moskau ansässige Justizkollegium wurde 1786 aufgelöst. Kapitel 2 geht auf das 17. Jahrhundert ein, das dritte und vierte auf die Zeit Peters bzw. Katharinas. In diesem chronologischen Teil soll sich die Aufmerksamkeit auf drei Punkte richten: Erstens auf den Wandel der Rechtsnormen, wie sie im Uloženie von 1649, dem Strafgesetzbuch von 1669 oder dem Kriegsartikel von 1715, unter anderen Vorzeichen auch in der Großen Instruktion von 1767 zum Ausdruck kommen; zweitens auf den Umbau der Amtsverfassung und die beginnende Entflechtung zwischen Verwaltungs- und Justizorganen, und drittens auf die sozialen Prozesse, den Wandel der Leibeigenschaft und vor allem auf die Läuflingsbewegung als wesentlicher Voraussetzung der registrierten Kriminalität.

Auf der Grundlage dieses chronologischen Teils soll ein zweiter, systematisch aufgebauter Abschnitt den Blick auf das Beispiel der Moskauer Strafkammer lenken. Da die Aussagekraft jeder Lokalstudie mit Zweifeln an der Vergleichbarkeit belastet wird, fragt Kapitel 5 zunächst nach Eigenarten Moskaus und Entstehungsbedingungen delinquenten Verhaltens in dieser Stadt. Das sechste Kapitel umreißt die Tätigkeit des *Sysknoj Prikaz*. Um größere Aktenbestände zum Sprechen zu bringen, sind zumindest zwei Wege denkbar. Einmal besteht die Möglichkeit, sich für eine detailreiche, aber eher statische Momentaufnahme z.B. auf Grundlage ausgewählter Jahre zu entscheiden. Die Alternative nimmt einen kleineren thematischen Zuschnitt in Kauf, bildet dafür aber längerfristige Tendenzen ab. Die Beschaffenheit der Akten des *Sysknoj Prikaz* legte eher die zweite, oft von englischen Historikern praktizierte Methode nahe. Durch die schlechte, nach 1762 noch reduzierte Personalausstattung dieses Gerichts mußten die Richter sowohl die Dauer der Verhöre als auch die Ausführlichkeit der Protokolle ein-

44 Akty archeografičeskoj kommissii; Akty istoričeskie; Dopolnenija k aktam istoričeskim.

schränken, so daß die nicht unmittelbar zur Anklage gehörenden Daten wie vor allem zum Lebenslauf des Angeklagten in den Gerichtsunterlagen nur knappen Niederschlag fanden. Da die Richter keine Juristen, sondern Offiziere waren, berührte auch die Formulierung des Urteils die Lebensumstände des Delinquenten nur oberflächlich, ja gab sich in vielen Fällen mit wortwörtlicher Abschrift des zuvor Aufgenommenen zufrieden. Aus diesem Grund bieten die russischen Strafakten ein mitunter recht karges und eintöniges Bild, verglichen etwa mit den Turmbüchern der Stadt Köln, aus denen G. Schwerhoff unlängst eine eindrucksvolle „Momentaufnahme" angefertigt hat.[45]

Die vorliegende Studie sucht zwischen Protokollektüre und Quantifizierung die Mitte zu halten. Einerseits fragt sie nach dem sozialen Umfeld der registrierten Straffälligkeit, andererseits schlüsselt sie in Tabelle 9/10 die zwischen 1730 und 1782 von der Moskauer Strafkammer erhobenen Anklagen aufgrund der Inventare nach einzelnen Delikten auf. Um einen eventuellen Wandel der Kriminalität hervortreten zu lassen, ist dies wohl unerläßlich. Die soziale und regionale Herkunft der Täter wurde demgegenüber nur stichprobenartig aufgrund der Anklagen aus zwei Jahrfünften dargestellt, bei selteneren Delikten aufgrund der Anklagen aus zwei Jahrzehnten. Da das Gericht vor allem die Schwerkriminalität ahnden sollte, d.h. qualifizierten Diebstahl *(tat'ba)*, Straßenraub *(razboj)* und Tötung *(ubijstvo)*, leitete der *Sysknoj Prikaz* nur wenige Verfahren wegen Dienstvergehen ein. Die Kriminalität von Beamten kommt daher nicht in diesem Abschnitt zur Sprache, sondern im chronologischen Teil. Kapitel 7 geht schließlich auf die Effektivität der Justizorgane ein. Es verfolgt den Ablauf der Strafjustiz und beginnt mit der informellen Sozialkontrolle, wie sie zum Beispiel im unterschiedlichen Anzeigeverhalten einzelner sozialer Schichten hervortritt. Hieran schließen sich jeweils zwei Unterkapitel zu Aufbau und Tätigkeit von Polizei und Gericht an. Nach einem Abschnitt zum Wandel der Strafarten versucht das Schlußkapitel, Charakteristika des russischen Justizapparats im Vergleich mit Frankreich und Brandenburg zu formulieren.

Die vorliegende, durch ein Stipendium der Deutschen Forschungsgemeinschaft geförderte Arbeit wurde der Universität Köln im Wintersemester 1993/94 als Habilitationsschrift eingereicht. Tatkräftige Unterstützung, nicht zuletzt in Form von Gutachten, verdanke ich den Prof. M. Alexander, A. Kappeler und G. Stökl. All denen, die sich dem Studium der slavischen Paläographie zuwenden, wünsche ich einen solchen Lehrer, wie ich ihn während des Sommers 1992 hatte in Dr. Alexander Lavrov, Petersburg.

---

45 Schwerhoff, Köln im Kreuzverhör. Kriminalität, Herrschaft und Gesellschaft in einer frühneuzeitlichen Stadt.

ERSTER TEIL

RECHTSPFLEGE UND LOKALVERWALTUNG

2. VERHÄRTUNG DER LEIBEIGENSCHAFT

Das Uloženie von 1649 nimmt in der russischen Rechtsgeschichte eine Bedeutung ein, die der des Zwölftafelgesetzes in der römischen vergleichbar ist. Im Versuch, der Willkür adliger Richter eine Schranke zu setzen, entstand hier wie dort ein Rechtsdenkmal, das mehr als bloße Aufzeichnung der geltenden Rechtsgrundsätze war. Beide Rechtsaufzeichnungen markieren den Anfang einer neuen Epoche, indem sie für lange Zeit das jeweils einzige schriftlich niedergelegte Gesetzbuch blieben, das Rom bis zum Corpus Juris, Rußland bis zum Svod Zakonov besaß. Kam den Sudebniki von 1497 und 1550 mit 68 bzw. 100 Artikeln vor allem die Funktion eines Gerichtsbuches zu, weitet das Uloženie mit 967 Paragraphen, verteilt auf 25 Bücher, den Umfang staatlicher Gesetzgebung schon äußerlich kolossal aus. Mit Ausnahme des Familienrechts, das vorerst in kirchlicher Zuständigkeit verblieb, zog der Staat nahezu alle Rechtsgebiete an sich. Bedeutsame Gesetze hatte bis dahin der Herold vor Kirche und Marktplatz ausgerufen; das Uloženie wurde nun als erstes weltliches Gesetzbuch gedruckt. Damit sollte sein Schicksal anders als das der Sudebniki verlaufen. Wurde der Text des Gesetzbuches von 1550 erst 1734 von V.N. Tatiščev wiederentdeckt, der des Sudebnik von 1497 im Jahre 1817 durch N.P. Rumjancev, blieb das Uloženie auch nachfolgenden Generationen im Bewußtsein und erlebte allein im 18. Jahrhundert zehn Neuauflagen. Man darf vermuten, daß der Kodex von 1649 wesentlich dazu beigetragen hat, seinen Vorgänger vergessen zu machen, hatten sich doch Moskauer Dienstleute noch 1641 auf das Gerichtsbuch Ivan Groznyjs berufen. Im 18. Jahrhundert behielt das Uloženie aber auch eine praktische Bedeutung: Als Katharina II. 1767 die Gesetzgebende Versammlung zum Beschluß eines neuen Uloženie zusammenrief, erhob sich die Frage, durch wessen Unterzeichnung das alte seine Rechtskraft erhalten hatte. So machten sich die Beamten auf die Suche nach dem Original des Uloženie und wurden in der Archivalienkammer des Steuerhofes im Moskauer Kreml' schließlich auch fündig. Dort stöberten sie in einer Eisentruhe die handbeschriebene, in rotes Tuch eingeschlagene Pergamentrolle der Urfassung auf. Diese Rolle maß 434 Aršin Länge und war von 315 Personen aus 116 Städten unterzeichnet.[1] Zugleich rühmte Katharinas Instruktion für die Delegierten das Uloženie auch wegen seiner Verständlichkeit. So heißt es in Art. 456: „Die Schreibart des von dem Zaren Alexei Michajlowicz höchstseligen Angedenkens gegebenen Gesetzbuches ist größten Teils deutlich, einfach und kurz. Wenn aus selbigem Stellen angeführet werden, höret man solche mit Vergnügen an. Niemand irret sich in dem Verstande dessen, was er höret. Die Ausdrücke sind selbst dem mittelmäßigsten Verstande begreiflich." Aus dieser leicht idealisierten Feststellung leitet der

1 Zabelin, Svedenija o podlinnom uloženii, S. 1-2. Ein Aršin entspricht 71,1 Zentimeter.

folgende Artikel eine klassische Forderung ab: „Gesetze werden überhaupt für alle Menschen gemacht. Alle sind schuldig, denselben nachzuleben. Folglich ist nötig, daß auch alle und jede solche verstehen." Waren die Sudebniki also allmählich in Vergessenheit versunken, rückte das Uloženie zum Vorbild des Gesetzgebers auf.

Der Justizapparat des ausgehenden 18. Jahrhunderts griff auf das Uloženie zurück, als A.N. Radiščev wegen der im Mai 1790 erschienenen „Reise von Petersburg nach Moskau" vor Gericht gestellt wurde. Unter Berufung auf Art. 22, 13 des Uloženie verurteilte der Staatsrat den Angeklagten am 19. August 1790 zum Tode.[2] Obwohl viele Bestimmungen des Uloženie revidiert worden waren, fanden einzelne Artikel also immer noch Anwendung; ein gleichermaßen umfasssendes Rechtswerk hatte das Gesetzbuch von 1649 ja auch niemals ersetzt. Aus diesem Grund lag es nahe, gerade diesen Rechtsakt an den Anfang der ab 1830 veröffentlichten „Vollständigen Sammlung der russischen Gesetze" zu stellen. Durch diese Entscheidung wurden die noch geltenden Bestimmungen auch in den *Svod zakonov* aufgenommen, so daß sie weiterhin Rechtskraft behielten. Als Grundstein des *Polnoe sobranie zakonov* gewann das Uloženie also fast zwei Jahrhunderte nach seiner Entstehung eine Funktion, die in der Folge eine intensive wissenschaftliche Auseinandersetzung mit dem Uloženie auslöste. Derzeit liegen mehr als 200 Titel zu ihr vor, so daß es kaum ein russisches Gesetz geben dürfte, das öfter behandelt wurde. Zu Beginn des 20. Jahrhunderts mußte das Uloženie ein letztes Mal als Legitimitätssymbol des in Bedrängnis geratenen Hauses Romanov herhalten, als 1913 aus Anlaß des 300. Jahrestages der Krönung des ersten Zaren dieser Dynastie eine Gedenkausgabe dieser Urkunde erschien. Zwar büßte das Uloženie mit dem Untergang des Zarenstaats 1917 die ihm noch verbliebene praktische Bedeutung ein; davon unberührt blieb seine historische Bedeutung als Scheidemarke, an der sich die russische Rechtsgeschichte in altes und neues Zeitalter teilt.

Das folgende Kapitel skizziert die Bedeutung des Uloženie für unsere Fragestellung. Nach einem Blick auf die Umstände seiner Entstehung 1648/49 soll sich die Aufmerksamkeit den strafrechtlichen Bestimmungen zuwenden. Es folgt ein Abschnitt zu den Auswirkungen des Gesetzbuches auf die Unterschichten, insbesondere auf die Läuflingsbewegung als einer Kernvoraussetzung der Kriminalität. Da sich die überlieferten Justizorgane außerstande zeigten, dieser Bewegung energisch entgegenzutreten (2.d), suchte der Zarenstaat Zuflucht in einer Reform der Lokalverwaltung und einer Verschärfung der Strafen (2.e). Das letzte Unterkapitel gilt den Justizorganen auf zentraler Ebene.

---

2 „Wann ein Schelm Verwirrung unter den Leuten anrichtete und gegen verschiedene Persohnen allerhand frevelhaffte Beschuldigungen anbrächte, so soll er am Leben gestraft werden." Vgl. Babkin, Process Radiščeva, S. 56-57. Radiščev wurde am 4. September 1790 zur Verbannung begnadigt.

2.a Beschluß des Uloženie 1648/49

Wenn das Uloženie den russischen Juristen des 19. Jahrhunderts als außerordentliche Leistung vor Augen stand, so deshalb, weil hier einem Ausschuß aus nur fünf Mitgliedern ein Werk geglückt war, an dem zehn spätere Kodifikationskommissionen scheitern sollten. Noch dazu hatte der Redaktionsausschuß nur wenige Monate zur Fertigstellung seiner Arbeit benötigt. Ursache dessen war der Moskauer Aufstand vom Juni 1648, der im Laufe des Sommers auf mehr als ein Dutzend weiterer Städte übergriff. In dieser Bewegung kam die massive Unzufriedenheit von Teilen der Stadtbevölkerung und des Dienstadels zum Ausdruck, zweier Schichten, die sich über unterschiedliche Mißstände empörten. Die Städter, deren Abgaben den größten Einzelposten der Staatseinnahmen darstellten, waren durch eine willkürlich erscheinende Steuerpolitik in Harnisch gebracht. Nach der Niederlage im Krieg um Smolensk gegen Polen 1632-1634 beschloßen Zar und Duma, die Grenze zu den Krimtataren durch Anlage der Belgoroder Linie aus 29 Festungsstädten weiter nach Süden vorzuschieben. Das Budget gab den Bau eines solch kostspieligen Festungssystems jedoch nicht her, so daß die regelmäßige Besoldung der Truppen ins Wanken geriet und Bezüge der Strelitzen gekürzt werden mußten. Vor diesem Hintergrund verlieh B.I. Morozov der Steuerpolitik eine energische Wendung. Er hatte, nachdem Zar Michail Fedorovič am 12. Juli 1645 gestorben war, für den sechzehnjährigen Aleksej Michajlovič die Regentschaft übernommen; Morozov leitete dessen Erziehung und band den Zaren im Januar 1648 auch als Schwager an sich. Daneben stand er fünf Zentralämtern vor, übte als Leiter des Strelitzenamtes mithin das Kommando über die Moskauer Garnison aus und kontrollierte als Vorsteher der „Großen Kasse" die Staatseinnahmen.[3] Um diese zur Finanzierung des Vorstoßes in die Schwarzerdezone zu steigern, versuchte Morozov, direkte Steuern durch indirekte abzulösen. Dazu führte er am 9. Februar 1646 eine Salzabgabe ein, die den ursprünglichen Preis verdreifachte. Mit der Leistung dieser Steuer war die Bevölkerung jedoch vielerorts überfordert und schränkte den Salzverbrauch ein, so daß auch der Fiscus sein Ziel verfehlte. Daraufhin nahm Morozov im Februar 1648 die Salzsteuer zurück, wollte stattdessen jedoch die direkten Steuern der letzten zwei

3 Als Leiter des Apotheken-Prikaz war Morozov auch für die Gesundheit des Zaren verantwortlich. Er stand außerdem an der Spitze des für ausländische Kaufleute zuständigen Inozemnyj Prikaz und des Prikaz novoj četverti, der im Wein und Tabakhandel das Monopol ausübte. Neben diesen sehr einträglichen Funktionen war Morozov auch als Großunternehmer tätig.

Jahre eintreiben lassen.[4] Gerade diese Entscheidung trug zur Entstehung der Unruhen wesentlich bei. Noch dazu hatte sich in der Bevölkerung das Gefühl ungerechter Behandlung durch Beamte vertieft - eigentlich ein altes Übel, das nach 1645 jedoch neues Ausmaß gewann. Hohe Ämter hatte Morozov mit ihm nahestehenden Männern besetzt, die schnell verhaßt wurden, weil sie, wie es im Reisebericht des holsteinischen Gesandten Olearius an einer sehr drastischen Stelle heißt, „sehr hungerig, sehr geitzig umb sich frassen. Insonderheit einer mit Namen Levonti Steppanowitz Plesseov, welcher zum Oberrichter auff der Semische Dvor oder Rahthauß gesetzet war. Dieser schindete und schabete über die Maße den gemeinen Mann, war mit Geschencken nicht zu ersättigen: Wenn Parteyen vor ihm in die Canceley kamen, mergelte er ihnen gar das Marck aus den Beinen, daß sie beyde Betler wurden. Bestellete leichtfertige Buben, daß sie ehrliche Leute, so etwas zum Besten hatten, fälschlich angaben und anklagten, theils Dieberey, theils Mordens und andere Übelthaten beschuldigen musten. Darauff wurden dann die armen Leute gefänglich eingezogen, tyrannisch tractiret und also etliche Monat biß fast zur Verzweiffelung gehalten. Unterdessen musten seine gottlose Diener an den Gefangenen Freunde sich machen, vertrawlicherweise Vorschläge thun, wie sie wieder loß kommen könten. Durch solche Diebsgesellen ließ er mit ihnen handeln, was sie geben solten. Dann er keinen weder von den Beschuldigten noch dero Freunde vor sich zu komen würdigte."[5] L.N. Pleščeev, dem Morozov am 15. August 1647 die Leitung des Zemskij Prikaz (oder dvor) übertragen hatte, unterstanden sowohl die Moskauer Unterschichten als auch die Kaufleute. Fühlten sich die wirtschaftlich Schwächeren durch die Forderung auf Steuernachzahlung bedroht, empfanden sich die Kaufleute Männern wie Pleščeev ausgeliefert. Morozovs Politik hatte damit in kurzer Zeit wesentliche Teile der Stadtbevölkerung gegen sich aufgebracht.

Etwas weiter muß man bei den Motiven der Dienstleute ausholen. Deren 1648 vorgetragene Forderungen waren weitaus grundsätzlicher als die der Städter und standen mit der sich verhärtenden Leibeigenschaft in Zusammenhang. Für Landadel und Dienstleute hatte die Errichtung der Belgoroder Linie zur Konsequenz, daß sie sich dort alljährlich zum militärischen Einsatz stellen mußten. Zum Unterhalt eines Erb- oder Dienstgutbesitzers sah Art. 21, 98 des Uloženie zumindest zwanzig Bauern als erforderlich an.[6] Da die großen Güter der Kirche und der Bojaren ihren Arbeitskräften bessere Lebensbedingungen als die oftmals kleinen der Dienstleute boten, versuchten viele Bauern zum Großbesitz abzuwandern. Aus diesem Grund mußte der Landadel einen steten Aderlaß seiner Bauern hinnehmen. Die Dienstleute hatten also ein vitales Interesse daran, ihre Läuflinge zurückzuerhalten. Dies war bis dahin keineswegs immer der Fall, da Gutsbesitzer zum damaligen Zeitpunkt entlaufene Bauern nur fünf Jahre lang beanspruchen konnten. Nach Ablauf dieser Spanne erlosch ihr Anrecht. Auf diese Situation

4 Smirnov, Posadskie ljudi, Bd. 2, S. 28-31, 158-59; Torke, Staatsbedingte Gesellschaft, S. 218-19; Leitsch, Stadtbevölkerung im Moskauer Staat, S. 232.

5 Olearius, Vermehrte newe Beschreibung, S. 253.

6 Bojaren verfügten durchschnittlich über mehr als 800 Bauern, ein Okol'ničij de jure über mehr als 200 Bauern. Vgl. Crummey, Aristocrats and Servitors, S. 11o-11.

machten Dienstleute in einer Bittschrift an den Zaren vom Februar 1637 erneut aufmerksam. Gegen die Mächtigen aus Moskau erhob der Landadel darin den Vorwurf, Bauern abzuwerben, sie fünf Jahre lang auf weit entfernten Gütern zu verstecken und dann in die Heimat zurückzubringen. Wollte sich der Landadel gegen derlei Bräuche zur Wehr setzen, mußte er klagen. Großgrundbesitzer wie Bojaren und andere Dumamitglieder unterlagen nicht der Provinzjustiz, sondern der Rechtsprechung von Zentralämtern wie der des Moskauer und Vladimirer Gerichtshofes. Diese Instanzen nahmen Klagen nur Weihnachten, Pfingsten und am Simeonstag (1.9.) an. Zu den zwei letztgenannten Zeitpunkten standen die Dienstleute zumeist im Feld; im Jahr verblieb ihnen damit nur ein Tag, um sich in erneuten Besitz entlaufener Bauern zu bringen. Noch dazu legten die Moskauer Behörden in aller Regel ein sehr gemächliches Arbeitstempo an den Tag. So heißt es in der erwähnten Bittschrift an den Zaren: „In fünf Jahren können wir, Deine Knechte, unsere flüchtigen Bauern und Leute wegen unseres fortgesetzten Dienstes für den Staat und der Moskauer Verschleppungen nicht wiedererlangen und auch kein Urteil erwirken... Zehn Jahre und mehr mühen wir uns ab, währenddessen sie (die Bojaren) über unsere Bauern und Leute verfügen; unsere Läuflinge kommen über die Frist, doch wir, Deine Knechte, gehen an der Verschleppung in Moskau schließlich zugrunde.“[7]

Ein ebenso schwerwiegender Mißstand im Moskauer Gerichtswesen ergab sich aus der Vetternwirtschaft. In einer Eingabe von Dienstleuten aus dem November 1648 war etwa von D'jaken die Rede, „die einem hohe Gebühren und große Verluste eintragen; ein ehrliches Urteil ist in ihren Ämtern jedoch nicht zu erlangen, weil ihre Brüder, Neffen und Söhne mit ihnen in diesen Ämtern sitzen.“[8] Schließlich war es die Korruption, ein chronisches Übel, das die Erfolgsaussichten der Dienstleute vor Gericht minderte, da sie auch hier nicht mit den Bojaren mithalten konnten. Aleksejs englischer Hofarzt Collins sah in der Bestechlichkeit geradezu ein Charakteristikum der Russen und ihrer Regierung. Bei ihm heißt es: „Der Vollzug ihrer Gesetze geschieht im allgemeinen recht willkürlich, da sie nur wenig geschriebene Gesetze haben. Sie richten sich zumeist nach Präzedenzfällen, aber das Geld ist der beste Präzedenzfall, der alle früheren über den Haufen wirft.“[9] Alles in allem kam der Forderung des Landadels nach einem intakten Justizwesen also auch politische Bedeutung zu.

Zur Wahrung ihrer Interessen stellten die Dienstleute in der Eingabe vom Februar 1637 zwei Forderungen. Als erstes traten sie für die Abschaffung der Fünfjahresfrist ein, um ihre Chancen zur Rückführung entlaufener Bauern zu verbessern. Als zweites sprachen sie den Wunsch nach einer Gerichtsreform aus. Danach sollte den Dienstleuten nicht nur in Moskau, sondern auch in den Provinzstädten Recht gesprochen werden, also dort, wo sie zumeist lebten. Die Richter sollten sich aus dem Dienstadel und Vertretern der Landschaft rekrutieren. Dieser Punkt war es nun, aus dem die Forderung nach Zugrundelegung eines Ge-

---

7 Text der Bittschrift bei Smirnov, Čelobitnyja dvorjan i detej bojarskich, hier S. 38-39.

8 AMG 2, Nr. 371 vom 15.11.1648.

9 Collins, Moskovitische Denkwürdigkeiten, S. 23. Derartige Passagen ließen sich viele finden. Vgl. summarisch Puškarev, Obščestvenno-političeskaja mysl' Rossii XVII v., S. 135-4o.

setzbuches erwuchs; ein solches hätte die Tätigkeit der Provinzrichter wesentlich erleichtert. Demgemäß heißt es in der Denkschrift: „Du, Herr, mögest befehlen, in den Städten aus Adel und Landschaft Vertreter zu wählen, um uns in den Städten nach Deiner Anordnung und nach Deinem Gesetzbuch *(po svoemu gosudarevu ukazu i po svoej gosudareve ulažennoj sudebnoj knige)* Recht sprechen zu lassen." Umstritten ist, worauf sich *ulažennaja sudebnaja kniga* bezieht. P.P. Smirnov ging seinerzeit wie selbstverständlich davon aus, hiermit sei ein neues Gesetzbuch gemeint. Dem ist unlängst widersprochen worden, habe eine vergleichbare Bittschrift des Jahres 1641 doch ausdrücklich auf das Gesetzbuch Ivans IV. (von 1550) hingewiesen.[10] Da beide Eingaben dem Kreis der Dienstleute entstammten, erscheint es in der Tat als wenig wahrscheinlich, diese hätten zunächst ein neues Gesetzbuch ins Gespräch gebracht, seien dann aber auf die Forderung nach Anwendung des alten umgeschwenkt. So wird man den Ruf von 1637 wohl als den nach „überhaupt einem" Gerichtsbuch auffassen, das nur geeignet sein mußte, die Tätigkeit der Provinzrichter zu unterstützen, um den Dienstleuten die Drangsal der Moskauer Justiz in Zukunft zu ersparen. Wenn der Landadel 1641 sein Anliegen durch Nennung des Sudebnik von 1550 präzisierte, schließt sich die Frage an, wie realistisch der Rückgriff auf dieses Gesetzbuch denn überhaupt war. Zwischen 1550 und 1641 waren 382 Ukaze ergangen, davon viele in Revision von Artikeln des Sudebnik. Daß der Rechtsaufzeichnung von 1550 Gültigkeit nur noch in bedingtem Ausmaß zukam, bestätigt sich beim Blick auf die Quellen des Uloženie von 1649. Dem Kommentar von Hellie zufolge gehen von insgesamt 967 Artikeln nur 52 mehr oder weniger klar auf das Gesetzbuch Ivan Groznyjs zurück, 358 jedoch auf die seither verabschiedeten Gesetze. Unabhängig davon, welcher Auffassung die Dienstleute 1637 auch waren, hieß „überhaupt ein" Gesetzbuch nach Lage der Dinge ein neues Uloženie.[11]

Immerhin hatte der Landadel seine Klage so eindringlich vorgebracht, daß der Zar bereits am 20. Februar 1637 die Rückholfrist für Läuflinge auf neun Jahre verlängerte. Um den Prozeßstau im Moskauer und Vladimirer Gerichtshof abzubauen, wurden am 3. Februar 1638 einige Städte aus der Zuständigkeit dieser beiden Zentralämter in die anderer Prikaze überstellt. Von einer Dezentralisierung des Gerichtswesens, wie die Dienstleute sie gefordert hatten, sah die Regierung ab. Wie die Erfahrung gezeigt hatte, war die Rechtspflege nicht allein dadurch zu verbessern, daß man sie aus der Hauptstadt in die Provinz verlagerte. Zudem werden sich auch die Bojaren gegen eine derartige Gerichtsreform ausgesprochen haben, da ihren Interessen mit Beibehaltung der bestehenden Verfassung am besten gedient war. Als Moskau im Sommer 1641 eine türkische Invasion befürchtete und sich aus diesem Grund viele Dienstleute in der Stadt aufhielten,[12] ergriffen diese erneut die Gelegenheit, ihre Wünsche vorzutragen. Angesichts des unveränderten Justizwesens erschien den Dienstleuten auch eine neunjährige Frist zur Rückführung entlaufener Bauern als unzureichend; stattdessen

10 Torke, Staatsbedingte Gesellschaft, S. 106.

11 Hellie, Ulozhenie-Commentary, S. 165. Eingehend zur Bittschrift von 1637 s. Staševskij, K istorii dvorjanskich čelobitnych.

12 1637 hatten Donkosaken die türkische Festung Azov erobert.

forderten sie wie 1637 die Streichung jeder zeitlichen Begrenzung. Desgleichen wiederholten sie ihren Wunsch nach Errichtung von Provinzgerichten und Beschluß eines Gesetzbuches. Zudem traten die Dienstleute dafür ein, alle sie betreffenden Streitfälle der Zuständigkeit der Gerichtsprikaze zu entziehen und auf ein vermeintlich leistungsfähigeres Gericht aus Bojaren und Okol'ničie zu übertragen, das es bis 1620 gegeben hatte. Hier klingt ein antibürokratischer Unterton an, wie er im angeführten Bittbrief der Dienstleute vom November 1648 über die Vetternwirtschaft nochmals zu vernehmen war. Möglicherweise dachte der Landadel hier an die Einrichtung einer Kammer für Schnellverfahren. Diese hätte allerdings nur Fälle mit unstrittiger Beweislage entscheiden können, wie sie vor Gericht die Ausnahme darstellen. Anders gelagerte Fälle hätte diese Instanz zwecks Überprüfung zurückweisen müssen, so daß der Bojarenhof die Prikaze keinesfalls überflüssig gemacht hätte. Die Antwort der Regierung auf diese Eingabe erfolgte am 23. Juli 1641 in einem als *Uloženie* bezeichneten Gesetz, das im Grunde fünf Ukaze aneinanderreihte und insgesamt zehn Artikel umfaßte. Zar und Bojaren verfügten darin eine neuerliche Ausdehnung der Rückholfrist für entwichene Bauern von neun auf zehn Jahre, im Falle entführter Bauern sogar auf 15 Jahre. Die ebenso schwerwiegende Frage der Gerichtsreform wurde erneut übergangen. Eine der beiden uns erhaltenen Fassungen des *Uloženie* von 1641 fügt lediglich einen wortreichen Appell an die Richter an. Bei Annahme von Geschenken, der verbreitetsten Form der Korruption, bei Eigennützigkeit, Bevorzugung einer Gerichtspartei sowie bei Verschleppung der Prozeßführung stellte das Gesetz Ächtung und harte Bestrafung in Aussicht. Derartige Aufrufe waren jedoch schon des öfteren ergangen, so daß man die Wirksamkeit auch dieses Appells als nicht zu hoch veranschlagen sollte.[13] Zeit seiner Regierung hatte Michail Fedorovič es nicht gewagt, eine Reform des Gerichtswesens einzuleiten. Da dies jedoch eines der dringendsten Anliegen der Dienstleute war, brachte der Aufstand vom Sommer 1648 die Frage erneut auf die Tagesordnung.

Dieser Aufstand entzündete sich, nachdem Zar Aleksej Michajlovič am 1. Juni 1648 vom Pfingstgebet im Troica Sergiev-Kloster nach Moskau zurückgekehrt war und eine Gruppe von Einwohnern versucht hatte, dem Zaren eine Beschwerde über Pleščeev zukommen zu lassen. Auf Befehl Morozovs jagten die Strelitzen den Haufen jedoch auseinander und kerkerten mehrere Bittsteller in einem Kremlturm ein. Auch ein Versuch der Petenten, zur Zarin vorzudringen, scheiterte am Eingreifen der Strelitzen. Bereits jetzt war die Menge so aufgebracht, daß es zu Steinwürfen auf Personen im Gefolge der Zarin kam. Als der Zar am 2. Juni an einer Prozession teilnahm, drang die Menge erneut auf ihn ein, forderte die Freilassung der Gefangenen und brachte Klagen über Pleščeev, P.T. Trachaniotov, den Leiter des Artillerieamtes, N.I. Čistoj, den Vorsteher des Gesandtenprikaz, sowie über Morozov vor. Auf die Freilassung der Festgenommenen ließ der Zar sich auch ein. Als Morozov erneut die Strelitzen einsetzen wollte, begannen diese jedoch zu meutern, da sie eines Pleščeevs wegen nicht auf das

13 Text bei Smirnov, Čelobitnyja dvorjan i detej bojarskich, S. 41-47. Die kürzere Fassung (ohne diesen Appell) in PRP 5, S. 362-71 und neuerdings in ZA, Nr. 287.

Volk losgehen wollten. Damit geriet die Bewegung zum Aufstand, in dessen Verlauf das Haus Pleščeevs ebenso wie die von Morozov, Trachaniotov und anderer Reicher geplündert wurde; Čistoj fiel der Menge in die Hand und wurde getötet. In den folgenden Tagen erhob sich ein Feuer, das große Teile der Stadt in Schutt und Asche legte. Dabei nahmen die besseren, vor allem vom Adel bewohnten Viertel besonders großen Schaden. Am 3. Juni zog eine derartig erboste Menge vor dem Kreml' auf, daß sich der Zar schließlich gezwungen sah, Pleščeev auszuliefern. Mit Steinen und Knüppeln wurde er von der Menge „wie ein Hund" erschlagen. Trachaniotov hatte der Zar zunächst zu retten versucht, indem er ihn zum Voevoden ernannte, d.h. aus Moskau abberief. Am 4. Juni holte ein Strelitzenkommando den in der Dunkelheit abgereisten Trachaniotov auf Befehl des Zaren jedoch ein und brachte ihn zurück nach Moskau, wo er auf der Richtstätte des Roten Platzes enthauptet wurde. Indem der Zar Pleščeev und Trachaniotov fallenließ, blieb es ihm erspart, auch seinen Vormund, Erzieher und Schwager Morozov zu opfern. Dieser wurde am 12. Juni in das Kirill-Kloster im russischen Norden verbannt. Am gleichen Tag beschlossen Zar und Duma, Steuerrückstände nicht länger beitreiben zu lassen.[14]

Der bislang vor allem vom Unmut der städtischen Unterschichten getragene Aufstand spülte auch die unterdrückten Forderungen der Dienstleute empor. Sie trafen am 10. Juni mit Moskauer Kaufleuten zu einer Beratung zusammen, die sich als eine des ganzen Landes ansah und den Wunsch nach Einberufung einer Landesversammlung aussprach. Dort wollte man seinen Beschwerden endlich Gehör verschaffen. Der Not folgend gab der Zar bereits am 12. Juni das Versprechen ab, eine derartige Versammlung abzuhalten. Ob er dieses Versprechen als verpflichtend auffaßte, bleibt allerdings offen. Nach dem Tode Michails hatte die Regierung, gleichfalls dem Drängen der Dienstleute nachgebend, die Abschaffung der Rückholfrist für Läuflinge in Aussicht gestellt, ohne dies seitdem verwirklicht zu haben. Seltsam ist, daß sich der Zusammentritt der Landesversammlung bis zum 16. Juli verzögerte. Als Ursache dessen ist eine Auseinandersetzung um das Wahlverfahren vermutet worden, d.h. eine Debatte um Art und Anzahl der Versammlungsteilnehmer.[15] Ein Versuch von Bojaren und Dumaadel, den Interessen der Dienstleute nicht zu weit entgegenzukommen, gelang nur bedingt, da dem Sobor neben den „Mächtigen" auch je zwei Vertreter derjenigen Dienstleute aus den Städten um Moskau beiwohnten, die sich wegen ihres bevorstehenden Dienstes an der Südgrenze sowieso in der Hauptstadt aufhielten. Anders als die Dienstleute in ihren Bittschriften von 1637 und 1641 ließen die Teilnehmer des Sobor an ihrer Forderung nach einem neuen Uloženie keinen Zweifel aufkommen. „Residenz- und Provinzadel, ausländische und Großkaufleute sowie Händler aus allen Schichten brachten gegenüber seiner Majestät dem Zaren und Großfürsten der ganzen Rus', Aleksej Michajlovič, ihre sämtlichen Anliegen vor, darunter dasjenige, der Zar möge anordnen, für alle Streitsachen

14 Čistjakova, Gorodskie vosstanija, S. 62-78; Smirnov, Posadskie ljudi, Bd. 2, S. 158-95; Tichomirov/Epifanov, Hg., Sobornoe Uloženie, S. 5-26; Torke, Staatsbedingte Gesellschaft, S. 22o-24; Bachrušin, Moskovskoe vosstanie 1648 g.

15 Smirnov, O načale uloženija, S. 5o.

ein Gerichtsbuch *(sudebnik i uložennuju knigu)* abzufassen, um zukünftig alle Dinge nach diesem Gerichtsbuch zu entscheiden."[16] Zar und Versammlung setzten daraufhin eine Kommission zur Erarbeitung des Uloženie ein. Für den 1. September berief der Sobor zudem eine Versammlung größeren Umfangs nach Moskau ein, um das Gesetzbuch zu verabschieden. Damit war die Entscheidung zur Ausarbeitung des Uloženie gefallen.[17]

Die Leitung des Redaktionsausschusses übertrug der Sobor dem Bojaren und Fürsten Nikita Ivanovič Odoevskij. Über die Gründe seiner Bestellung können wir nur Vermutungen äußern. Zunächst kann Odoevskij als eine Person gelten, die unter Dienstleuten einen Namen hatte. Deren Loyalität galt es nach dem Moskauer Aufstand unter allen Umständen zu wahren; im Falle der Strelitzen mußte sie sogar wiederhergestellt werden. Odoevskijs Laufbahn bei Hof, die ihm 1640 die Ernennung zum Bojaren, 1645 die zum *bližnij bojarin* eingetragen hatte, war unter Morozov unterbrochen worden, als er das Kommando über einen Teilabschnitt der Belgoroder Festungslinie erhielt. Damit stand Odoevskij noch am Vorabend des Aufstandes bei der Truppe; eine Zugehörigkeit zum Kreis um Morozov konnte ihm nicht zum Vorwurf gemacht werden. Von 1640 bis 1643 hatte er als Voevode in Astrachan' gedient, anschließend übernahm er die Leitung des Kazaner und des Sibirischen Zentralamtes in Moskau. Wie viele Dumamitglieder hatte Odoevskij den Staatsapparat also sowohl in der Hauptstadt als auch in der Provinz vertreten. Was Odoevskij jedoch von vielen seiner Standesgenossen abhob, war eine wohl überdurchschnittliche Bildung. Seine Briefe an den Zaren zeigen, daß er den rhetorischen Stil seiner Zeit sicher beherrschte und zur intellektuellen Schicht zählte. Dem Westen stand Odoevskij offenbar aufgeschlossen gegenüber; so gilt er als derjenige, der 1647 eine russische Bearbeitung von J.J. Wallhausens 1616 erschienener „Kriegskunst zu Fuß" anregte.[18] Damit wies Odoevskij zum Zeitpunkt seiner Berufung vielleicht auch Kenntnis im Gewerbe des Büchermachens auf - das ja seine Tücken hat. Der Fürst und Bojar Semen Vasil'evič Prozorovskij, das zweite Kommissionsmitglied, verfügte über beträchtliche Erfahrung im Justizapparat. 1632, zwei Jahre nach der Beförderung zum Okol'ničij, wurde er dem Pomestnyj Prikaz als Richter zugewiesen, 1639/40 stand er dem Gerichtsprikaz vor. Auch er war des öfteren als Voevode tätig gewesen, ein Amt, das die Pflicht zur Rechtsprechung ja ebenfalls umschloß. Nach dem Fiasko der russischen Truppen vor Smolensk wurde Prozorovskij 1634 wie andere Offiziere des Hochverrats angeklagt, erhielt somit das Privileg, den Justizapparat auch als Angeklagter kennenzulernen. Infolge von Protektion und durch Berücksichtigung früher erworbener Verdienste wurde Prozorovskij nicht zum Tode, sondern zur Verbannung verurteilt. Nach drei Monaten in Nižnij-

16 Text der Bittschrift vom 10.6. und des Ukaz vom 16.7. bei Smirnov, Neskol'ko dokumentov k istorii sobornogo uloženija, S. 5-7, sowie in ZA, Nr. 334. Bittschrift und Ukaz sind nur in einer Denkschrift der Odoevskij-Kommission vom 16.7. überliefert. Vgl. allg. Šachmatov, Čelobitnaja „mira" moskovskogo.

17 Čerepnin, Zemskie sobory, S. 275-86; Latkin, Zemskie sobory, S. 21o-16; Man'kov, Uloženie, S. 39-57; Czerska, Sobornoje Ułoženije, S. 31-45; Torke, Staatsbedingte Gesellschaft, S. 192-97.

18 Učenie i chitrost' ratnogo stroja pechotnych ljudej. Nd. SPb 1904.

Novgorod gestattete man ihm bereits die Rückkehr nach Moskau. Der jüngste der drei in der Kommission vertretenen Fürsten, Fedor Fedorovič Volkonskij, war noch nicht zum Bojaren aufgerückt. Im Range eines Okol'ničij gehörte er von 1637 bis 1644 als stellvertretender Leiter dem Bittschriftenamt an, zwischen 1639 und 1642 stand er zugleich dem Amt für Strafverfahren *(Sysknoj Prikaz)* vor. Trotz der Tatsache, daß Odoevskij, Prozorovskij und Volkonskij durch ihre Ämterlaufbahn gute Kenntnis der Rechtsbräuche aufwiesen, kann doch von keinem behauptet werden, durch seine juristische Qualifikation habe er sich unter den 51 Männern, die 1648 der Duma angehörten, zur Berufung in die Kommission aufgedrängt. Es ist die Frage, ob eine derartige Qualifikation im Moskauer Staat, der ein gelehrtes Recht ja noch nicht kannte, überhaupt erforderlich war; Verwaltungserfahrung und praktischer Verstand mochten hier oftmals ausreichen. So führten weniger fachliche als politische Gründe zur Nominierung von Odoevskij und Prozorovskij. Beide werden dem Kreis der Honoratioren um Ja.K. Čerkasskij und N.I. Romanov, einem Onkel des Zaren, zugerechnet, während Morozov eher Aufsteiger wie seinen Schwager Trachaniotov und dessen Schwager Pleščeev an sich zog. Čerkasskij und Romanov waren zugleich diejenigen, die nach Morozovs Verbannung dessen Nachfolge im Zentrum der Macht antraten. Kaum war Morozov am 26. Oktober jedoch nach Moskau zurückgekehrt, wurde wiederum Čerkasskij als Leiter des Strelitzenamtes und der Großen Kasse abberufen und durch I.D. Miloslavskij ersetzt, den Schwiegervater Morozovs und des Zaren. Čerkasskij sollte als Voevode nach Astrachan' entsandt werden, widersetzte sich jedoch dieser „Verbannung". Sein Schwager Prozorovskij wurde noch 1649 als Voevode nach Putivl' abgeschoben, Odoevskij 1651 als Voevode nach Kazan'. Im Kern ging der Gegensatz zwischen Čerkasskij-Romanov und Miloslavskij-Morozov auf die Frage zurück, welche Schicht zur Truppenfinanzierung bevorzugt zur Ader gelassen werden sollte. Hier ist von Interesse, daß die Votčina von Romanov und Čerkasskij auch eine große Anzahl bislang steuerbegünstigter Höfe in den Städten umfaßte. Miloslavskij und Morozov war der Aufstieg zur Macht- und Besitzelite dagegen erst nach der Smuta gelungen; ihr Besitz konzentrierte sich auf dem Land.[19] Morozov strebte demzufolge den Abbau städtischer Steuerprivilegien an; dagegen wollte Čerkasskij die Kirche schröpfen, vor allem an ihrem Landbesitz. Die Ausschaltung Čerkasskijs war also Voraussetzung dafür, daß Morozov sein Programm durchsetzen konnte. Unterschwellig klingt der Machtwechsel von Čerkasskij zu Morozov im November 1648 noch in der Präambel des Uloženie an. Sie verschweigt den Aufstand, der sowohl zu Morozovs Verbannung wie zum Sobor vom 16. Juli geführt hatte, und schreibt die alleinige Initiative zur Abfassung des Gesetzbuches Zar und Duma zu.

Neben den drei Fürsten arbeiteten auch zwei Nichtadlige in der Kommission mit. Gavrila Leont'ev war nach zehnjährigem Dienst im Vladimirer Prikaz 1627 zum D'jaken ernannt worden. In der Folgezeit wurde er in das Patriarchen- und

---

19 Smirnov, Posadskie ljudi, Bd. 2, S. 225, weitet diesen Gegensatz zwischen Familien zu einem zwischen politischen Gruppen aus. Die Unzulässigkeit dieser Generalisierung betont dagegen Crummey, Aristocrats and Servitors, S. 113.

in das Strelitzenamt beordert; von 1642 bis 1645 arbeitete er unter Volkonskij, als dieser Voevode in Astrachan' war. Pleščeev, den Leiter des Zemskij Prikaz, hatte Leont'ev 1648 kennengelernt, als er in dessen Amt eintrat. Fedor Akimovič Griboedov, der zweite Nichtadlige, war erst im Juli 1648 zum D'jaken aufgerückt, nachdem er in der Umgebung Odoevskijs an der Belgoroder Linie gedient hatte.[20] Wie nun diese Kommission aus fünf Männern zusammengearbeitet hat, darüber ist oftmals spekuliert worden. Daß alle Mitglieder in der Regel gemeinsam tagten, ist wohl kaum vorstellbar; dafür war das hierarchische Gefälle in der Kommission zu groß. Desgleichen ist zweifelhaft, ob sich die aus den Prikazen bekannte Gewohnheit der Bojaren, nur anleitend tätig zu sein, auch bei einem so kleinen Gremium durchhalten ließ. Durch die vorher bestehende Bekanntschaft zwischen Odoevskij und Griboedov bzw. zwischen Volkonskij und Leont'ev erscheint es als denkbar, daß diese beiden Gruppen zunächst getrennt ans Werk gingen. Gerade Odoevskij schien auf die Mitarbeit Griboedovs Wert zu legen, da er ihn noch im Juli 1648 zum D'jaken befördern ließ. Da Odoevskij als Kommissionsleiter seinen Entwurf vor Sobor und Duma zu verantworten hatte, liegt es nahe, ihm bei der Texterstellung die letzte Entscheidung zuzusprechen.[21]

Die Arbeit am Uloženie vollzog sich auf vier Ebenen. Zunächst oblag es den Prikazen, die Odoevskij-Kommission mit einer Zusammenstellung früherer Gesetze und Dumaurteile zu versorgen. Als weiterhin zu konsultierende Rechtsquellen nennt die Präambel des Uloženie die Gebote der Kirchenväter, die byzantinischen Gesetze und die Sudebniki. Unter diesen fünf Vorgaben waren die Niederschriften der Zentralämter wohl die bedeutsamsten, da sie die gültigen Rechtsbestimmungen umfaßten. Jeder Prikaz unterlag der Pflicht, Gesetze zu archivieren, indem er die Beschlüsse von Zar und Duma in sein Ukazbuch eintrug. Die endgültige Formulierung blieb dabei dem Prikaz überlassen, ein Verfahren, das zur Verdrehung des Gemeinten einlud und der Rechtssicherheit nicht dienlich war. Eine zentrale Instanz zur Archivierung der Gesetze gab es nicht, so daß die Ukazbücher für die Zeit zwischen Sudebniki und Uloženie eine wertvolle Sammlung des materiellen Rechts darstellen. Unter den mehr als vierzig Zentralämtern haben sich Ukazbücher jedoch nur aus wenigen erhalten, darunter auch die des Kriminalamtes *(Razbojnyj prikaz)*. Diese Ukazbücher hatten zweierlei Gestalt: Entweder sie führten Gesetze in chronologischer Reihenfolge nach dem Zeitpunkt der Verabschiedung auf oder sie boten eine um Systematik bemühte Zusammenstellung.[22] Zwecks Materialbeschränkung wurden jedoch nicht alle Prikaze dazu aufgefordert, ihr Ukazbuch an Odoevskij weiterzuleiten.[23] Wenn nötig, nahm zur Erläuterung des Ukazbuches auch ein Vertreter des jeweiligen Amtes an der

---

20 1669 verfaßte Griboedov auf Aleksejs Veranlassung eine Geschichte der Moskauer Großfürsten, die den Kindern des Zaren als Lektüre dienen sollte. Vgl. Istorija o velikich knjaz'jach i carjach zemli russkoj, in: Pamjatniki drevnej pis'mennosti, Bd. 121. M. 1896. 69 S.

21 Černych, Jazyk uloženija, S. 58, folgert hieraus sogar, Odoevskij sei der faktische Autor des Gesetzbuches gewesen. Hellie, Ulozhenie-Commentary, S. 194, schiebt eher Griboedov in den Vordergrund. Der Mutmaßung steht hier also breiter Raum offen.

22 Ersteres wird heute gemeinhin als *ukaznaja kniga*, letzteres als *ustavnaja kniga* bezeichnet.

23 Vgl. Hellie, Ulozhenie-Commentary, S. 160, demzufolge diese Aufforderung an nur zehn Ämter ergangen sei. Das Uloženie erwähnt 16 Prikaze.

Beratung des Ausschusses teil. Vor diesem Hintergrund ist die Textverwandtschaft zwischen einigen Uloženiekapiteln und den zugrundegelegten Ukazbüchern sehr groß. Abweichend vom sonst vorherrschenden Systematisierungsversuch übernimmt Kap. 18 zu den Stempelgebühren sogar die chronologische Form der Vorlage aus dem Stempelamt. Gestützt auf die von den Prikazen gelieferten Unterlagen konnte der Odoevskij-Ausschuß als zweite Ebene die Detailarbeit aufnehmen. Dessen Ziel war der Präambel zufolge genau umrissen und bestand aus drei Punkten:

1. Alte und neue Gesetze sollten miteinander verglichen werden. Dem lag die Absicht einer Vereinheitlichung und Vereinfachung der Rechtsgebung zugrunde, litt die Rechtspflege bislang doch wesentlich an der Unübersichtlichkeit und Verstreutheit der Gesetze. Dieser Mißstand hatte zugleich Amtsmißbrauch und Willkür begünstigt, die wiederum zur Empörung vom Sommer 1648 beigetragen hatten.
2. Neue Artikel sollte die Kommission nur dann formulieren, wenn sich in den fünf oben genannten Rechtsquellen ein Präzedenzfall nicht finden ließ. Dies war einerseits ein Gebot der Zweckmäßigkeit, andererseits wird hier wie auch im ersten Punkt ein Legitimitätsstreben des Staates spürbar, galt ein Recht doch als umso stärker, je älter es war.
3. Darauf aufbauend hatte der Ausschuß einen *doklad* zu erstellen. *Doklad*, eigentlich Bericht, war der Terminus für Vorlagen, die ein Prikaz der Duma zuleitete. In diesem Fall wäre *doklad* also am ehesten mit Entwurf zu übersetzen.

Vieles spricht dafür, daß sich die Odoevskij-Kommission bereits nach ihrer Einsetzung am 16. Juli ans Werk machte, relevante Zentralämter auswählte, dort die Materialbereitstellung veranlaßte und erste Dispositionen zur Gliederung des zukünftigen Uloženie traf. Wieviel Zeit sie zur Fertigstellung ihres Entwurfes benötigte, ist nicht explizit überliefert. Im Anschluß an P.M. Stroev gingen die Rechtshistoriker im 19. Jahrhundert lange Zeit davon aus, die Kommission habe ganze zweieinhalb Monate zur Fertigstellung benötigt, das heißt vom 16. Juli bis zum 3. Oktober, also demjenigen Tag, an dem Sobor zusammentrat. Wahrscheinlicher ist jedoch, daß die Kommission bis zum 3. Oktober nur einen Teil des Entwurfes zu Papier gebracht hatte.[24] Damit arbeiteten nun zwei Gremien gleichzeitig am Uloženie: Dem Sobor lagen die bereits fertiggestellten Abschnitte des Entwurfes vor, während die Kommission mit den übrigen beschäftigt war.

Den Beginn des Sobor hatte man ursprünglich für den 1. September geplant. Mitbedingt durch einen offenbar noch unbefriedigenden Zustand des *doklad* und ein verspätetes Eintreffen von Abgesandten verzögerte sich der tatsächliche Beginn der Lesung jedoch bis zum 3. Oktober. Der Kreis der Teilnehmer war diesmal etwas weiter als am 16. Juli gezogen. Wie die Präambel des Uloženie erläutert, entfielen je drei Vertreter auf die Großkaufleute, je zwei auf die Ränge des Moskauer Adels, die Dienstleute aus größeren Provinzstädten und die beiden Kaufmannshundertschaften. Die kleineren Städte sowie die steuerpflichtigen Hundertschaften konnten je einen Teilnehmer entsenden. Insgesamt waren 116 Städte

24 Neuerdings dazu Ivina, Uloženie 1649 g. i ego izdanija, S. 155.

auf dem Sobor vertreten. Deren Abgesandte trafen mit dem niederen Adel unter dem Vorsitz des Fürsten und (ab 25. November 1648) Bojaren Jurij Alekseevič Dolgorukij zu getrennter Beratung zusammen. Die Präambel des Uloženie berichtet davon, ihnen sei der Gesetzesentwurf „verlesen" worden. Der Sobor wird hier also als passives Zustimmungsorgan dargestellt. Tatsächlich haben Städter und Dienstleute ihre Interessen durch Entsendung von Sprechern in die Odoevskij-Kommission, durch Bittschriften an den Zaren und durch Stellungnahme während der „Lesung" des Textes aber lautstark vorgebracht. In entscheidenden Fragen drangen Städter und Dienstleute mit ihren Forderungen auch durch: Die steuerbegünstigten Sloboden wurden ebenso beseitigt wie die Fristjahre. Damit war die in den Anfängen bis in das 15. Jahrhundert zurückreichende Fesselung des Bauern an den Boden zum Abschluß gekommen.

Die vierte und letzte Ebene, auf der das Uloženie beraten wurde, war in ihrer personellen Zusammensetzung weitgehend mit der Bojarenduma identisch. Ohne die Zustimmung dieser höchsten Gerichts- und Gesetzgebungsinstanz unter Vorsitz von Zar oder Patriarch konnte das Uloženie wie alle anderen Gesetze keine Rechtskraft erhalten. Zwischen ihr und der Versammlung der Dienstleute bestanden erhebliche Interessengegensätze. In der Läuflingsfrage kamen die „Mächtigen" nicht umhin, den Dienstleuten ein gewichtiges Zugeständnis zu machen; andererseits scheiterten die Dienstleute mit der Forderung nach Einziehung des seit 1584 an die Kirche gefallenen Landes. Hier behielten die Kirchenfürsten aus der Bojarenduma die Oberhand; nur das Verbot kirchlichen Bodenneuerwerbs wurde bestätigt. Die Konflikte zwischen Hoch- und Provinzadel haben die Arbeit am Uloženie erheblich verlängert und erschwert. Z.B. ist überliefert, daß sich die Auseinandersetzung um das 19. Kapitel zu den Posadleuten und um die Besteuerung der Sloboden bis in den Januar 1649 hineinzog, so daß die Erstellung des endgültigen Textes unter großem Zeitdruck erfolgte. Die handschriftliche Urfassung des Textes, die den Teilnehmern der Landesversammlung am 29. Januar 1649 zur Unterschrift vorlag, wurde in den ersten zehn Kapiteln weitaus sorgfältiger redigiert als in den folgenden 15. Nur diese zehn Kapitel weisen Überschriften und eine durchlaufende Nummerierung der Paragraphen auf. Offenkundige Ungereimtheiten, Wiederholungen, Lücken und Brüche berechtigen deshalb zur Auffassung, im gesetzgeberischen Niveau sei gegenüber dem Sudebnik von 1550 kein allzu großer Fortschritt zu verzeichnen.[25]

Der Ukaz zur Drucklegung erging am 7. April 1649. Obwohl der Preis des Uloženie bei Fertigstellung der ersten Exemplare am 20. Mai 1649 mit einem Rubel sehr hoch veranschlagt war, stieß dieses Buch auf großes Interesse. Die Liste der Käufer der ersten Auflage umfaßt Personen aus mehr als 800 Orten: So gingen 39 Exemplare nach Rjazan', 33 nach Smolensk, 31 nach Novgorod usw.

25 Am kodifikatorischen Denken des 19. Jahrhunderts geschulte Juristen haben ihrer Kritik am Uloženie denn auch freien Lauf gelassen. So hieß es in einer Dorpater Abhandlung aus dem Jahre 1868: „Eine systematische Darstellung der Verbrechen zu geben, hat der Gesetzgeber der Uloženie nicht einmal versucht: Er hat nur die einzelnen Erlasse der Zaren und die Meinungen des Bojarenrats gesammelt, kürzer gefaßt und ohne jegliche Ordnung in das Gesetzbuch eingetragen." Sokolsky, Beitrag zur Lehre von den Eigenthumsverbrechen, S. 4.

Insgesamt gelangten von 1.173 Verkaufsexemplaren der ersten Auflage 453 Stück in die Provinz. Zum Kreis der Besitzer zählte zuerst der Adel, darunter auch Morozov, N.I. Romanov oder Fedor Volkonskij, aber auch zahlreiche, z.B. als Gutsverwalter tätige Leibeigene.[26] Bereits am 26. August wurde eine zweite, mit 1.200 Stück ebenso hohe Auflage wie die erste in Auftrag gegeben. Sie erschien am 4. Januar 1651 und war bereits im August d.J. vergriffen. Verglichen mit dem Text der ersten Auflage hatte die zweite eine intensive Überarbeitung erlebt, so daß sich beide Fassungen vor allem in sprachlicher Hinsicht unterscheiden. Während die erste einer archaischen Diktion folgt, erscheint die zweite weitaus „russischer" oder moderner. So führt die erste als Infinitivendung stets das kirchenslavische -iti an, die zweite das bis heute übliche -it'.[27] Damit klingt hier in sprachgeschichtlicher Hinsicht eine neue Epoche an.

Auch das materielle Recht hat im Uloženie eine tiefgreifende Wandlung erlebt. Am Beispiel des entstehenden staatlichen Gewaltmonopols und der Folter soll dies im Folgenden kurz skizziert werden. Wie in Westeuropa zählte die Verbrechensbekämpfung auch im Moskauer Reich zunächst nicht zu den zentralen Staatsaufgaben. Lange Zeit mußte vielmehr nur diejenige Untat gesühnt werden, die einen Kläger gefunden hatte. Für den Privatmann war eine solche Klage jedoch mit erheblichem Risiko verbunden. Ihm oblag es, die Schuld des Beklagten nachzuweisen, so daß er, wenn andere Mittel versagten, gegen diesen zum Zweikampf antreten mußte, um den Schuldbeweis durch ein Gottesurteil zu erbringen. In diesem Zweikampf sah das Gerichtsbuch von 1497 ein zentrales Rechtsinstitut. Üblicherweise wurde er auf dem umzäunten Richtplatz unter Aufsicht der zuständigen Beamten ausgetragen. Dabei ging es bei diesem etwa mit hölzernen Spießen geführten Kampf gegen Ende des 15. Jahrhunderts nicht mehr um Leben und Tod, sondern um den Nachweis der Rechtmäßigkeit der Anklage. Gelang dieser Nachweis, wurde der Beklagte im Anschluß seiner Strafe zugeführt; gelang er nicht, kamen auf den Kläger erhebliche Kosten zu.[28] Für eine effektivere Strafverfolgung war ein derartiges Verfahren also denkbar ungeeignet, da sich ein Kläger oftmals nicht hervorwagte. Vor diesem Hintergrund kam in Westeuropa seit Mitte des 13. Jahrhunderts, im Moskauer Reich seit Mitte des 16. Jahrhunderts eine Entwicklung in Gang, in deren Verlauf die Amtsklage allmählich an die Stelle der Zivilklage trat. Die Ursachen dieses Wandels standen mit einer Zunahme der Kriminalität wohl in Zusammenhang; in

26 Vgl. Luppov, Kniga v Rossii v XVII v., S. 92, 94. Beim Preis des Uloženie ist zu bedenken, daß z.B. ein Moskauer Strelitze vier bis fünf Rubel Jahressold erhielt.

27 Die Frage nach den Ausgaben ist bislang nicht abschließend geklärt. Černych, Jazyk uloženija, S. 11-34, ging von zwei Ausgaben aus. Obwohl uns Entstehungsnachrichten nur über zwei Fassungen überliefert sind, scheint ein Vergleich von 45 in russischen Bibliotheken erhaltenen Exemplaren die Annahme dreier Varianten nahezulegen. Dabei ist Fassung A am seltensten erhalten, C am häufigsten. Vgl. Zernova, Knigi kirillovskoj pečati, S. 69-7o. Unter C rechnet auch dasjenige Exemplar, das die Bayerische Staatsbibliothek verwahrt. Es wurde 1952 zum Preis von 1.2oo DM erworben. Der Verkäufer war Martin Winkler.

28 Sud. 1497, Art. 4-7, 48-52; die Schilderung eines Zweikampfes etwa bei Herberstein, Moskowia, S. 85. Zweifel an der Glaubwürdigkeit seines Berichts bei Dewey, Trial by Combat, S. 22. Allg. s. Afanas'ev, Poetičeskija vozzrenija slavjan, Bd. 2, S. 27o-76; Szeftel, Jugement de Dieu; Lochvickij, Značenie bož'ich sudov.

Oberitalien ging diese aus der Urbanisierung hervor, im Zarenreich aus einer Verschlechterung der bäuerlichen Lebensbedingungen seit Ende des 15. Jahrhunderts, ausgelöst durch das Aufkommen der Dienstgüter, deren unzureichende Versorgung mit Arbeitskräften, wachsendem Steuerdruck sowie dem Versuch vieler Bauern, sich dem zu entziehen. Dieser Verkettung entstammen zugleich die Anfänge der Leibeigenschaft.

Die Zunahme der Kriminalität ebenso wie die Überforderung des überkommenen Justizapparats, ihr entgegenzutreten, tritt uns in den Bittschriften der Provinzbevölkerung an den Zaren deutlich entgegen. Formelhaft heißt es in der Guba-Urkunde vom 23. Oktober 1539: „Ihr kamt bei uns damit ein, daß die Räuber bei euch in euren Landkreisen viele Dörfer und Siedlungen überfallen, euer Eigentum rauben, Dörfer und Siedlungen in Brand stecken, auf den Wegen über viele Menschen herfallen, diese berauben und viele Menschen umbringen. Bei euch in den Landkreisen machen viele mit diesen Räubern gemeinsame Sache, so daß diese Räuber mit ihrer Beute zu ihnen kommen und ihr Diebeswerkzeug mitbringen."[29] Zur Verschärfung der Strafverfolgung verfügte die Urkunde die Wahl von Guba-Ältesten, in diesem Fall bezogen auf den Kreis von Belozersk. Auf Zentralebene entsprach dem Bemühen um Eindämmung der Kriminalität die Schaffung des Razbojnyj Prikaz, zu dessen Gründung uns kein Datum überliefert ist. Bereits die ersten Guba-Urkunden sprachen jedoch von Bojaren, die in Moskau mit den *razbojnye dela* befaßt waren.[30] Es lag auf der Hand, die Strafverfolgung auch durch Heranziehung anderer Mittel zu verdichten, so daß ein Urteil der Bojarenduma vom 22. August 1556 die außergerichtliche Abmachung in Strafsachen erstmals verbot.[31] Art. 10 des Gerichtsbuches von 1550 hatte eine derartige strafvereitelnde Übereinkunft noch gestattet. Das Ukazbuch des Razbojnyj Prikaz von 1616/17 schob den Anspruch des Staates in Art. 42 bereits ein Stück weiter vor, indem es die außergerichtliche Einigung mit Räubern unter Strafe stellte.[32] Nach und nach wurde die Strafjustiz somit zur alleinigen Sache des Staates. Damit einhergehend löste das Offizialprinzip das bisher praktizierte Opportunitätsprinzip ab, so daß Strafsachen de jure von nun an verfolgt werden mußten. Indem der öffentliche Charakter des Gesetzesübertritts den privaten immer stärker überlagerte, änderte sich auch der Begriff des Kriminellen. Zuvor hatte man darin vor allem die „Missetat" oder persönliche Kränkung gesehen, nun trat die Auffassung des Verbrechens als einer Verletzung des Rechts in den Vordergrund.

Die Durchsetzung der Amtsklage vergrößerte die Zugriffsmöglichkeiten des Staates auf das Individuum und begünstigte die Ausweitung des staatlichen Gewaltmonopols. Noch 1616/17 hieß es im erwähnten Ukazbuch: „Derjenige, der bei sich Räuber, Leute oder eigene Bauern dingfest gemacht hat, sie aber nicht an die Guba-Behörde ausliefern will, sondern diese Verbrecher bei sich

29 PRP 4, S. 176.
30 1555 war von einer *Razbojnaja izba* die Rede. Vgl. PRP 4, S. 178, 181, 185.
31 PRP 4, S. 367, Art. 17.
32 PRP 5, S. 197.

behält und diese Leute richtet, über den liegt kein Ukaz vor."[33] Nach Ende der Smuta, als sich die Behördentätigkeit wieder intensivierte, wurde dies offenbar als Rechtslücke empfunden. Art. 21, 79 des Uloženie sprach daher ein striktes Verbot der Selbstjustiz aus und drohte schwere Strafen an: „Wann ein Lehnsaß seine Leute oder Bauren Rauberey wegen todtschlüge, damit er sie nicht vor das Criminal-Gericht stellen dürffe, die Sache aber an den Tag käme, so sollen ihm seine Lehngüter genommen und andern ausgetheilet werden. Über dieses soll er auch einen Theil der Forderung bezahlen. Thäte aber solches ein Mensch, der keine Lehngüter hat, so soll er davor auf denen Märckten aufs schärffste mit der Knute geschlagen und angehalten werden, einen Theil der Forderung zu bezahlen."[34]

Mit Einführung des Offizialprinzips nahm der Strafprozeß einen neuen Charakter an. Bis dahin hatte der Staat als Schiedsrichter über den Parteien gestanden. Im überlieferten Verfahren vollzog sich zudem alles Wesentliche vor Gericht: Die Einreichung der Klage, die Gegenrede des Beschuldigten, der Schuldbeweis und ggf. der Spruch. Im nun entstehenden Inquisitionsprozeß ging die Beweislast auf den Staat über; damit fanden die entscheidenden Ermittlungen wie Zeugenverhör usw. nicht länger vor dem Gericht, sondern im nichtöffentlichen Vorverfahren statt, d.h. in Kerkern und Amtsstuben. Die dort tätigen Untersuchungsorgane empfanden die überlieferten Beweismittel mehr und mehr als ungenügend, so daß Zweikampf und Gottesurteil langsam zurückgedrängt wurden. Das Gesetzbuch von 1550 vermehrte die Zahl der dem Duell beiwohnenden Richter um einen auf insgesamt vier; dadurch erhöhten sich die Gebühren, demzufolge auch das Risiko des Klagenden. Daneben versuchte der Staat den Weg zum Zweikampf auch dadurch zu verlegen, indem er erstmals die Kräftegleichheit der Duellanten forderte.[35] Diese Bedingung wandte sich namentlich gegen den Brauch, einen Lohnkämpfer in das Treffen zu schicken. Am 22. August 1556 erließen Zar und Duma bereits ein Verbot des Zweikampfes für den Fall, daß die vorherige Zeugenbefragung zu widersprüchlichen Aussagen geführt hatte.[36] Da Einmütigkeit vor Gericht die Ausnahme ist, schied das Duell als Rechtsmittel seither allmählich aus. Nach dem Ukazbuch des Razbojnyj Prikaz von 1616/17 war der Zweikampf immer noch zulässig;[37] 1649 erwähnt ihn das Uloženie aber nicht mehr. Im Prozeßrecht war damit eine wesentliche Säkularisierung und Rationalisierung eingetreten. Religiös verwurzelte Rechtsformen treten im Uloženie aber dennoch hervor, etwa in der Ikonenprozession zur Schlichtung einer Grenzstreitigkeit unter Bauern oder im dreimaligen Kreuzkuß vor Tagesanbruch als Form der Eidesleistung.[38] Wurde der Meineid bislang

33 PRP 5, S. 2oo.

34 Einen Sonderfall bildet Art. 2, 19, der die Tötung eines Verräters ausdrücklich billigt und dafür sogar eine Belohnung in Aussicht stellt. Ob sich dieser Generalpardon nur auf Personen in staatlichem Auftrag bezieht, gehört zu den zahllosen Unklarheiten des Uloženie.

35 Sud. 1550, Art. 14.

36 PRP 4, S. 364-65, Art. 4.

37 PRP 5, S. 193, Art. 18.

38 Vgl. Ul. 1o, 236; 11, 194; 14, 3-4 und 6.

allein nach kirchlichem Recht bestraft und mit der Exkommunizierung geahndet, trat nun eine weltliche Strafe hinzu (Knute). Der überlieferte Glaube an die Kraft der Zeremonie wirkt im Uloženie gleichwohl fort. So schrieb Art. 14, 10 vor: „Denen rechtgläubigen Christen ist des Creutzes Kuß zur Falschheit und Lügen gäntzlich untersaget, vielmehr ist ihnen das Creutz zu ihrer Heiligung, Erleuchtung und Hinwegtreibung aller, sowohl sichtbaren als unsichtbaren Feinden gegeben; weswegen dann auch dieselben sich vor dem Heiligen Creutze im Glauben, Warheit und Reinigkeit beugen und selbiges mit Furcht und Zittern und einem reinen Gewissen küssen müssen. Wer es also küsset, der heiliget und heilet sich von allen Schwach- und Kranckheiten. Wer es aber in Unglauben, Unwarheit oder Lügen küsset, der ist ein Mitgenoß der Lügen, bewahret sich nicht reine, und ein solcher Spötter des Creutzes wird nach der Schrifft einem Mörder Christi gleich gerechnet."

Die Ausschaltung des Zweikampfes als gerichtlichem Beweismittel ist in unserem Zusammenhang deshalb von so großer Bedeutung, weil sie einherging mit dem Abbau der Hindernisse, die der Anwendung der Folter als Methode zur Erzwingung von Geständnissen zunächst entgegengestanden hatten. Das Gesetzbuch von 1497 erwähnte die Folter nur am Rande. Art. 14 beschränkte ihren Einsatz auf den Fall, daß ein Missetäter Vorwürfe gegen Personen mit üblem Leumund vorbrachte. Unter diesen Umständen sah das Gesetz die peinliche Befragung des Beschuldigten vor. Hatte sich dieser bis dahin nichts zuschulden kommen lassen, galt die Umfrage unter seinen Nachbarn als alleiniges Mittel zur Überprüfung der Vorwürfe. Bereits die Guba-Urkunde für Belozersk von 1539 brach mit dieser Anordnung. Angesichts der wenigen Mittel, die dem Staat zu einer effektiveren Strafverfolgung zu Gebote standen, schien es in der Tat ein naheliegendes Mittel zu sein, Verdächtige auf die Folter zu spannen, um sie zu Angaben über mutmaßliche Komplicen zu veranlassen. So schränkte das Gesetz von 1539 den Einsatz der Tortur nicht länger auf Beschuldigte ein, sondern gestattete sie auch beim bereits überführten Räuber.[39] Über Foltermethoden war hier ebensowenig wie in späteren Gesetzen die Rede; aus dem Sprachgebrauch *(pytav nakrepko)* ist jedoch ersichtlich, daß den Urhebern dieser Guba-Urkunde der Gedanke an die gesteigerte Folter keineswegs fremd war.[40] Art. 52 des Sudebnik von 1550 erklärt die Folter beim Rückfalltäter bereits zur Regel; beim erstmals Aufgegriffenen war sie dann vorgesehen, wenn diesen auch das Ergebnis der Umfrage belastete. Die Tendenz zur Ausweitung der Folter setzte sich im Ukazbuch des Razbojnyj Prikaz von 1616/17 deutlich fort, indem eine Beschuldigung durch zwei oder drei Gefolterte dazu ausreichte, einen weiteren Verdächtigen der peinlichen Befragung zu unterziehen, ohne daß zuvor eine Umfrage

39 PRP 4, S. 77, Art. 14.

40 Die liberalen Juristen des 19. Jahrhunderts haben dieses Thema immer wieder aufgegriffen. Trotz aller Abscheu gegenüber dem Zarenstaat, die man bei dieser Gelegenheit artikulieren konnte, schien ihnen die Folter mit Bock und Knute weniger grausam zu sein als manche der seinerzeit in Westeuropa gebräuchlichen Methoden. Vgl. die zahlreichen Literaturhinweise in BE 5o, 1898, S. 9o3 (s.u. 7.e).

stattgefunden hatte.[41] Seit dem 26. April 1639 gestattete ein Ukaz die Anwendung der Folter auch an Sonntagen.[42] Diese Neuerung galt offenbar als so einschneidend, daß sie im Uloženie ebenso wiederholt wurde wie im Strafstatut von 1669.[43] Das Uloženie ließ zudem eine weitere, bisher gültige Beschränkung fallen, indem es die Folter auch bei erstmals straffällig Gewordenen ohne vorherige Umfrage für rechtens erklärte.[44] In einem vergleichsweise kurzen Zeitraum hatte die Folter die vorher üblichen Mittel zur Erlangung von Beweisen ganz (Duell) oder teilweise (Umfrage) verdrängt. Da sich unter Verwendung der Folter letztlich alles „beweisen" läßt, steht deren Aufkommen auch in der russischen Rechtsgeschichte für eine der düstersten Epochen.[45]

Durch den Übergang zu Amtsklage und Inquisitionsprozeß kamen auf Gericht und Gesetzgeber auch im materiellen Recht neue Anforderungen zu. Die Entscheidung darüber, was denn Schuld oder Unschuld sei, war dem Richter bislang weitgehend abgenommen; man hielt sich an die von den Parteien vorgebrachten Beweismittel. Nunmehr oblag es den Staatsorganen, einen Täter zu überführen. Um diesen Schuldbeweis herauszuarbeiten, brauchte es ein begriffliches Instrumentarium, das zwischen einzelnen Delikten und zwischen Schuldabstufungen nach Vorsatz, Alter, Grad der Beteiligung, Zurechenbarkeit usw. unterschied. Zu dessen Bereitstellung war das Moskauer Recht aus sich heraus jedoch ebensowenig in der Lage wie die mittelalterlichen Rechte Mittel- und Westeuropas. Auch deren Entwicklung hatte mit dem Aufkommen der Amtsklage nicht Schritt gehalten, bis mit der Rezeption des an den italienischen Universitäten gelehrten Rechts und der Verwissenschaftlichung der Rechtspflege auch hier ein neues Stadium begann. Die Hauptwirkung dieser Rezeption lag dabei nicht in der Übernahme einzelner Grundsätze des römischen Rechts, sondern im Wandel der geistigen Grundlagen, vor allem durch Bildung einer juristischen Logik und Rationalität, im Bemühen um systematische Erfassung, begriffliche Abstraktion und in der Fähigkeit, Rechtsentscheidungen zur Schaffung von Rechtssicherheit aus allgemeinen Aussagen abzuleiten. Meilensteine dieser Rezeption waren im deutschen Rechtskreis etwa die Bambergische Halsgerichtsordnung (CCB) von 1507 und die auf ihr beruhende Gerichtsordnung Kaiser Karls V. (Constitutio Criminalis Carolina, CCC) aus dem Jahre 1532. Von der Gotteslästerung (CCC 106), vom Meineid (107), der Münzfälschung (111) oder der Vergewaltigung (119) wurden hier umfassende Beschreibungen des Tatbestands und teilweise geradezu klassische Definitionen geliefert. Nach dem Vorbild des italienischen Rechts führte Johann von Schwarzenberg, der Verfasser der CCB, etwa den Vorsatz als Merkmal des Mords im Gegensatz zum Totschlag ein. Zwischen bei-

---

41 PRP 5, S. 189, Art. 5.

42 PRP 5, S. 3o6-o7.

43 Ul. 21, 32; Nov. St., Art. 67.

44 Ul. 21, 9-1o.

45 Vgl. Spee, Cautio Criminalis, S. 79: „Im großen ganzen steht es so mit der Folter, ... daß sie nach allen Gründen der Wahrscheinlichkeit auch Unschuldige oft in Gefahr bringt und unser deutsches Land mit Hexen und unerhörten Verbrechen anfüllt."

den Delikten einen Unterschied herauszuarbeiten, war dem mittelalterlichen deutschen Recht ebensowenig gelungen wie dem Moskauer.

Bei der Beurteilung des Uloženie ist daher auch zu bedenken, daß das Moskauer Recht an der Rezeption des römisch-italienischen nicht teilgenommen hat und die Phase der Verwissenschaftlichung des russischen Rechts erst in der zweiten Hälfte des 18. Jahrhunderts begann.[46] Von Definition, Abstraktion oder Systematik ist im Uloženie nur wenig zu spüren. In Kenntnis des Litauischen Statuts von 1588 versuchte das Uloženie immerhin, erstmals den Tatbestand des Verrats scharf zu fassen. Daß gerade hier ein Bedürfnis nach Klarheit bestand, verweist auf den sich immer stärker artikulierenden Staatsbegriff. Art. 2, 1 definiert den Verrat als Anschlag auf die Gesundheit des Zaren, Art. 2, 2 als Versuch, den Zaren zu stürzen. Als Kennzeichen dessen wird das Zusammenziehen von Truppen sowie Kollaboration mit dem Feind genannt. In diesem einen Fall bemühten sich die Verfasser, einen Begriff zu bilden, ihn durch Merkmale erkennbar zu machen, ein Delikt von anderen abzugrenzen und den Weg zur Abstraktion zu beschreiten. Bereits Art. 2, 4 durchbricht jedoch die neue Technik und weitet den Tatbestand des Verrats auf Brandstiftung aus; nach Art. 6, 3 konnte sogar derjenige als Verräter gelten, der das Moskauer Reich ohne Reisedokumente verlassen hatte.[47] Unternahm das Uloženie auf herausgehobener politischer Ebene also zumindest den Versuch einer gedanklichen Durchdringung des materiellen Rechts, unterließ es dies bei den Schwerverbrechen schon im Ansatz. Aus diesem Grund überschneiden sich *razboj* (Raubüberfall), *grabež* (Raub) und *tat'ba* (Diebstahl) in weiten Bereichen. Zumeist erscheint die Heimlichkeit als Kennzeichen von *tat'ba* und die Gewaltanwendung als die von *razboj*. Art. 21, 89 bezeichnet jedoch auch denjenigen, der Korn stiehlt, dabei ertappt wird und dann einen Menschen erschlägt, als einen Dieb. Andererseits ist auch dann von *razboj* die Rede, wenn äußere Gewaltanwendung nicht vorliegt.[48] Diese Verwirrung ergibt sich auch daraus, daß das Uloženie die Gemeingefährlichkeit dieser Delikte für allgemein anerkannt hielt, seine Urheber daher keine Notwendigkeit verspürten, die Schwerkriminalität in einen begrifflich exakten Rahmen zu fassen. Da sich die Verfasser des Uloženie bei der Schwerkriminalität vom Bild des Gewohnheitstäters leiten ließen, richtete sich die Blickweise der Verfasser weniger auf die einzelne Tat als heute üblich. „Nicht der Diebstahl macht den Täter zum Dieb, nicht der Raub zum Räuber, sondern sie begehen die Taten, weil sie von vornherein *tati* und *razbojniki* und *lichie ljudi* sind, das heißt eine asoziale und ungesetzliche Lebensweise haben."[49] Diese Auffassung wird etwa in Art. 21, 2 deutlich, also demjenigen Paragraphen, der die Zuständigkeit für die Kriminalität in Moskau dem Zemskij Prikaz überträgt. Unabhängig davon, ob der

---

46 Vgl. Hammer, Russia and the Roman Law; Kosarev, Ėtapy recepcii rimskogo prava; Ščapov, Rimskoe pravo na Rusi. Zu den Anfängen der akademischen Rechtspflege in Rußland s.u. 4.c.

47 Eingehend zum Delikt des Verrats im 17. Jahrhundert s. Tel'berg, Očerki političeskogo suda.

48 Vgl. Glötzner, Strafrechtliche Terminologie des Uloženie, hier S. 29-31.

49 Ebd., S. 34.

einzelne mordete oder stahl, er war immer ein *vor* (Übeltäter). Ein derartiges Denken entband den Gesetzgeber von der Aufgabe einer Definition der Schwerverbrechen.

Ganz anders sah es bei den Gelegenheitsdelikten im ländlichen Milieu aus. Hier stand der Staat allerdings vor der Notwendigkeit, Schuld und Unrecht präzise erkennbar zu machen. Da sich jeder erdenkliche Fall einer Ordnungswidrigkeit oder Gesetzesübertretung vom Gesetzgeber nicht vorhersehen läßt, eröffneten sich durch das Aufzählungsprinzip große Rechtslücken, so daß auch eine vom Gesetzgeber nicht beschriebene Handlung strafbar sein konnte. Da den Autoren ein Begriff für Sachbeschädigung fehlt, heißt es z.B.: Wer sich ein Kleid ausleiht und zuläßt, daß Mäuse es zerfressen, soll Wiedergutmachung leisten (Art. 10, 273); wer Biber aus ihrer Kolonie vertreibt, kommt für den Schaden auf (10, 214); wer einen Bienenbaum fällt, muß ihn ersetzen (10, 218) usw. An den Richter stellt eine derartige Technik größere Ansprüche, als es auf den ersten Blick scheinen mag. So besagt Art. 10, 216, daß derjenige, der ein Vogelhaus zerstört, für den Schaden geradestehen müsse. Wer das Vogelhaus aber mit Knoblauch oder Teer bestreicht, soll darüberhinaus auch noch ausgepeitscht werden (10, 217). Hier ist offenbar eine boshafte Absicht gemeint, die der fahrlässigen Sachbeschädigung aber nur in diesem Artikel gegenübergestellt wird. Derjenige Richter, der imstande ist, hieraus eine Analogie abzuleiten, hat im Grunde mehr geleistet als der Gesetzgeber. Mitunter führt die Methode des Uloženie, sich auf konkrete Fälle zu beschränken, zu kaum noch verständlichen Resultaten. So ordnet Art. 10, 221 für nächtlichen Apfeldiebstahl die übliche Wiedergutmachung an; bereits der folgende Paragraph legt jedoch fest, daß ein Gemüsedieb Schadensersatz leisten solle und zudem auch der Bestrafung verfalle. Offenbar galt den Zeitgenossen die Entwendung von Gemüse als qualifizierter Diebstahl, vielleicht da er aufwendiger war als der von Äpfeln. Aus diesem Grund wurde Apfeldiebstahl als Privatdelikt eingestuft, mit dem ein Gericht nicht behelligt wurde, während Gemüsediebstahl eine zu ahndende Straftat war. Ist einerseits die Begriffsarmut eine der wesentlichen Ursachen für die Rechtsunsicherheit, die uns aus dem Uloženie entgegentritt, so wird andererseits eine Überschwemmung von Begriffen spürbar, mitverursacht durch den Einfluß des Litauischen Statuts. Z.B. begegnen wir dreierlei Wendung für Mord *(ubijstvo, smertnoe ubijstvo, ubijstvennoe delo)*. Da ein Unterschied hier wie in vielen anderen Fällen nicht genannt wird, erscheint die Sprache des Uloženie insgesamt als außerordentlich schwankend und vage. Gleichwohl war das abstrahierende und begriffsorientierte Denken seit 1550 bereits ein Stück vorangekommen. So bekennt sich Art. 10, 1 des Uloženie ausdrücklich zum Ziel der Gerechtigkeit, die Arm und Reich vor Gericht gleichermaßen zuteil werden solle. Für „Gerechtigkeit" stehen hier die Worte *rosprava* und *v-pravda*, die das Gerichtsbuch von 1550 in dieser Bedeutung nicht verwendet. Art. 1 dieses Gesetzbuches sah sich deshalb genötigt, auch den nahezu unauslotbaren Begriff der „Gerechtigkeit" zu umschreiben. Dabei zog sich der Urheber des Sudebnik in bewährter Weise auf das Konkrete zurück: „Der Richter soll niemanden bevorzugen oder benachteiligen, und vor Gericht soll niemand Geschenke annehmen."

Mit dem Mangel des Uloženie an Definition und Abstraktion geht zwangsläufig ein Mangel an Systematik einher. Zwar ist des öfteren versucht worden, aus der Reihenfolge der 25 Kapitel eine sinnvolle Ordnung herauszulesen, doch gelangt keiner dieser Versuche zu einer überzeugenden Lösung. So schlug etwa Vladimirskij-Budanov ein Schema aus vier Teilen vor, wobei er die ersten neun Bücher als „Staatsrecht" deklarierte. Für das zweite und dritte Kapitel mag dies dem Sinne nach zutreffen, da sie Majestätsverbrechen behandeln. Allerdings geht das erste Kapitel auf die Gotteslästerer ein, fällt aus dem Schema also ebenso heraus wie Kap. 4 und 5, die zum Strafrecht zählen und sich den Falschmünzern und Siegelfälschern widmen. Kap. 10 bis 15 zog Vladimirskij-Budanov als zweite Gruppe unter die Rubrik Prozeßrecht zusammen. Hierzu müßte aber auch Kap. 20 mit den Bestimmungen zum Gericht über Cholopen gehören. Kap. 16 bis 20 sah er als dritten, zivilrechtlichen Abschnitt des Uloženie an. Da hier die Bestimmungen zu den Erb- und Dienstgütern versammelt sind, erscheint dies auch als angebracht; nur sprengt Kap. 18 zu den Stempelgebühren diesen Zusammenhang. Buch 21 und 22 werden dem Strafrecht als viertem Hauptteil zugeordnet. Dies ist einerseits richtig, andererseits läßt sich jedoch der ganze Kodex als Strafgesetzbuch auffassen, da strafrechtliche Bestimmungen über alle 25 Kapitel verstreut sind.[50] Es folgen drei sehr kurze Abschnitte zu den Strelitzen, den Kosaken und den Kneipen, die man auch den vorangehenden Büchern hätte einfügen können. Stroev hatte diesen Nachtrag zu den Ausnahmen erklärt, Vladimirskij-Budanov zu den Ergänzungen.[51] Abgesehen davon, daß sich dieses Schema nicht mit dem Aufbau des Gesetzbuches deckt, liegt sein Mangel wohl auch darin, daß es das Uloženie nach Gesichtspunkten gliedert, die der damaligen Zeit unbekannt waren.

Läßt die Reihenfolge der 25 Bücher immerhin noch einen gewissen Gestaltungswillen erkennen, wird dieser bei der Anordnung der Artikel innerhalb der Kapitel oft sehr fraglich. Vor den tiefen inhaltlichen Gegensätzen blieb dem Redaktionskomitee zu einer Durcharbeitung der Form offenbar kaum Gelegenheit. Dies spiegelt sich zunächst im krass unterschiedlichen Umfang der 25 Bücher wider. Zwölf davon umfassen maximal zehn Artikel, wobei sich diese Kürze bei einigen vor allem aus der Unvollständigkeit ergibt. So fehlt im ersten Kapitel zum Kirchenfrevel der Raub von liturgischen Gegenständen, der in Art. 21, 14 nachgetragen wird; desgleichen begegnen die Kosaken nicht nur in Kap. 24, sondern auch in Art. 16, 50 und 10, 265-66 (zum Dienstgut) usw. Andere dieser sehr knappen Bücher hätte man von der Sache her durchaus zusammenfassen können, so etwa die Kap. 4 und 5 zu den Fälschungsdelikten. Sechs Bücher umfassen 20 bis 34 Artikel, vier 40 bis 71 Artikel und drei mehr als 100 Paragraphen. Dabei ist das zehnte zum Gericht mit 287 Paragraphen dasjenige, das sowohl den größten Umfang als auch die dürftigste Gliederung aufweist. Keine der drei Grundfragen des Gerichtsaufbaus, des Prozessverlaufes und der

---

50 In weniger entwickelten Gesellschaften übersteigt der Umfang des Strafrechts durchweg den des Zivilrechts.

51 Vladimirskij-Budanov, Obzor istorii russkogo prava, S. 225; vgl. Juškov, Istorija gosudarstva i prava, S. 256; Meiske, Sobornoe uloženie, S. 22, 367.

Strafzumessung wird für sich abgehandelt, vielmehr läuft alles durcheinander. Vier Hauptblöcke sind erkennbar: Art. 1-26 gehen auf Grundsatzfragen ein wie die Forderung der Unbestechlichkeit der Richter, Schriftlichkeit des Verfahrens, Verbot der Prozeßverzögerung usw. Ein Beispiel für den assoziativen Stil des Uloženie liefern an dieser Stelle etwa die Paragraphen 25 und 26. Art. 25 legt fest, daß der Sonntag kein Gerichtstag sein solle; diese Bestimmung steht hier auch in sinnvollem Zusammenhang. Art. 26 ordnet jedoch an, daß am Sonntag auch der Handel ruhen solle, ist in diesem Gerichtskapitel also fehl am Platze. Als zweite Hauptgruppe des zehnten Kapitels folgt in Art. 27-99 ein Bußkatalog für Ehrverletzungen, abgestuft je nach der sozialen Stellung des Beleidigten; dem Archimandriten des Troica Sergiev-Klosters werden z.B. 100 Rubel zugesprochen, einem Großkaufmann 50 Rubel, einem Popen oder minderbemittelten Posadnik fünf Rubel sowie einem Bauern ein Bußgeld in Höhe eines Rubel. Mit Art. 100 beginnt eine oftmals durchbrochene Aneinanderreihung von Bestimmungen zum Prozeßverlauf, in der über die Folter als das wesentliche Beweismittel jedoch nichts verlautet. Sie wird erst im 21. Kapitel über die Strafjustiz erwähnt, auch da allerdings bewußt kursorisch. Nach einem längeren Einschub zum Schuld- und Pfandrecht beginnt mit Art. 208 ein vierter Abschnitt, der die bereits erwähnten Vorfälle aus dem Dorfmilieu versammelt. Hier bieten die Art. 281-84 eine erneute Demonstration der assoziativen Technik des Uloženie, da an dieser Stelle diejenigen Delikte verzeichnet sind, die in irgendeiner Weise mit dem Stichwort „Hund" zu tun haben. Dadurch wird der Fall eines Mannes, der aus Notwehr („indem er sich verteidigt") einen Hund erschlägt (20, 283), von einem zweiten Notwehrparagraphen abgetrennt. So sichert Art. 22, 21 einem Cholopen Straffreiheit für den Fall zu, daß er in Verteidigung seines Herrn einen Mann getötet hat. Bereits der folgende Artikel zum Stichwort Hund schwenkt auf ein anderes Delikt über, indem er den Besitzer eines bissigen Hundes der Wiedergutmachungspflicht unterwirft (10, 284). Diese auf das konkrete Umfeld bezogene Denkweise mußte eine abstrahierende Begriffsbildung stark behindern. Für das Beispiel des Hundes mag dies noch kurios anmuten, doch stand diese Methode ebenso einer Bündelung der Amtsvergehen im Wege. Da ein vergleichbarer Begriff fehlt, wirken die Paragraphen zu diesem Problemfeld wie Einsprengsel.[52] Jeder Versuch, auf eine Eindämmung dieser weitverbreiteten Form von Kriminalität hinzuarbeiten, wurde dadurch nicht eben begünstigt.

Bei den Amtsvergehen wurde die Vorlage der Odoevskij-Kommission durch nachträglich eingefügte Vorschläge aus dem Sobor ergänzt. Da Amtsmißbrauch eine der Hauptursachen für den Aufstand von 1649 war, ist es durchaus verständlich, daß die Teilnehmer der Landesversammlung gerade bei dieser Frage aktiv wurden.[53] Insgesamt hat N.P. Zagoskin 82 Artikel ermittelt, die vom Sobor angeregt wurden, d.h. knapp zehn Prozent. Ganz wesentlich ging auch das 19. Buch zu den Posadbewohnern (insgesamt 40 Art.) auf Bittschriften und die Initiative des Sobor zurück. Hier war es die Frage der bisher steuerbefreiten

52 Vgl. Ul. 7, 1o; 1o, 5-1o, 12-13, 15-16, 1o7, 149-53, 251.

53 Vgl. Zagoskin, Uloženie Alekseja Michajloviča, S. 39.

Höfe, an der sich die Unzufriedenheit der Städter entzündete. Auf die Gruppe der Posadbewohner war noch das Gerichtsbuch von 1550 in keinem Artikel näher eingegangen. Die hiermit angeschnittene Frage nach den Quellen des Uloženie ist im 19. Jahrhundert häufig behandelt worden, trat nach 1917 jedoch hinter ein sozialgeschichtliches Interesse zurück. Da unmittelbare Herkunftsangaben nur bei 175 von 967 Paragraphen überliefert sind, kann die Frage nach den Vorlagen zumeist nur indirekt, das heißt durch Vergleich beantwortet werden. Der Ermessensspielraum ist daher nicht unbeträchtlich. R. Hellie unterschied neben der Tätigkeit des Sobor noch vier weitere Hauptquellen. Davon beruht die größte mit rd. 440 Art. auf der seit 1550 ergangenen Gesetzgebung, wobei die Ukaze jüngeren Datums naturgemäß überwiegen. An zweiter Stelle erscheint das Litauische Statut in seiner dritten Fassung von 1588. Möglich, daß eigens für die Odoevskij-Kommission eine Übersetzung des Statuts angefertigt wurde,[54] obwohl dessen Rezeption schon zuvor begonnen hatte und manche seiner Bestimmungen auch in die Ukazbücher des Razbojnyj Prikaz eingeflossen waren. Rd. 100 Art. entstammten dem byzantinischen Recht, vor allem zum Kirchenfrevel, zu Meineid, Majestätsverbrechen oder Verrat, die 1550 noch keine Aufnahme gefunden hatten. Als Vermittlungsinstanz hatte hier vor allem das *Kormčaja kniga* der Kirche gedient.[55] Rund 50 Paragraphen gingen schließlich auf den Sudebnik von 1550 zurück.[56] Nach der Herkunft seiner Normen erscheint das Uloženie daher als Kodex, der vor allem geltende Bestimmungen kompilierte und wenig neues Recht schuf. Der Form nach läßt sich das Uloženie dagegen nicht als Kodex bezeichnen, da es sich in aller Regel mit Aufzählungen begnügte und keinen Weg zur Systematik fand. Damit klafft an dieser Stelle ein Zwiespalt: Einerseits übertrug der Staat dem Richter zur Intensivierung der Strafverfolgung die Aufgabe, Verdächtige des Rechtsbruchs zu überführen; zugleich gab der Staat den Lokalbehörden mit der Folter ein Werkzeug ohnegleichen zur Hand. Andererseits unterließ es der Staat jedoch, ein hinreichend exaktes Regelwerk zu entwickeln, um die Tätigkeit der Untersuchungsorgane wirksam zu beschränken. Vielmehr eröffnete die assoziative Technik der Gesetzgebung dem Gericht schon de jure einen außerordentlich großen Ermessensspielraum, vergrößerte also dessen Kompetenz, anstatt sie, wie es nötig gewesen wäre, einzuengen.

---

54 Die Datierung der Übersetzung ist unsicher. Da das Statut in kyrillischer Schrift verfaßt wurde, kamen viele Moskauer Beamte wohl auch ohne Übersetzung aus. Bei der Diskussion zur Einwirkung des Statuts auf das Uloženie ist unverkennbar, daß hier nationale Emotionen berührt wurden. Vgl. Vladimirskij-Budanov, Otnošenie meždu litovskim statutom i uloženiem; Solov'ev, Vnov' otkrytyj moskovskij perevod litovskogo statuta; Černov, K voprosu o vlijanii litovskogo statuta; Lappo, Litovskij statut v moskovskom perevode-redakcii; Demčenko, Nakazanie po litovskomu statutu; Maksimejko, Istočniki ugolovnych zakonov litovskogo statuta; Šumakov, Istočniki i ugolovnoe prava litovskogo statuta.

55 Tiktin, Vizantijskoe pravo kak istočnik uloženija; Kalačov, O značenii kormčej v sisteme drevnjago russkogo prava; Rozenkampf, Izsledovanie o kormčej knige; Žužek, Kormčaja kniga.

56 Hellie, Ulozhenie-Commentary, S. 164-65.

2.b Schollenbindung und Unterschichten

Aus sozialgeschichtlicher Sicht ragen diejenigen Bestimmungen des Uloženie hervor, die den Schlußstein zur Fixierung der Leibeigenschaft geliefert haben. Als „Leibeigenschaft“ soll hier eine Beziehung zwischen Gutsherrn und Gutsbauern gelten, die durch drei wesentliche Punkte gekennzeichnet ist:
1. Die Fesselung des Bauern samt Nachkommen an die Scholle mitsamt dessen Pflicht, dem Herrn Fron oder Zins zu leisten sowie dem Staat Steuern;
2. Die Bindung des Bauern an die Person des Gutsherrn, woraus der Adel alsbald das Recht ableitete, Bauern auch ohne Land zu verkaufen;
3. Die Unterwerfung des Bauern unter hoheitliche, vom Gutsinhaber ausgeübte Rechte wie Steuer- und Polizeigewalt, Justiz und Strafvollzug.[1]
Zur Entstehung der Leibeigenschaft trugen zunächst langfristige Schubkräfte bei, so die Entstehung des Dienstguts im Zuge der Ausdehnung des Moskauer Staates und die Herausbildung des Prinzips „Ohne Dienst kein Land“, das der Schicht landbesitzender freier Bauern das Eigentumsrecht am Boden bestritt. Die Diskussion um die Einwurzelung der Leibeigenschaft wurde jedoch weniger von der Frage nach den langfristigen als nach den kurzfristigen Ursachen geprägt. Hier richtete sich das Interesse vor allem auf die Anfänge der Schollenbindung. Art. 57 des Sudebnik von 1497 hatte das Abzugsrecht auf eine Woche vor und eine Woche nach dem St. Georgstag (26.11.) begrenzt; unter Erhöhung des vom Bauern zu zahlenden Abzugsgeldes bekräftigte das Gerichtsbuch von 1550 in Art. 88 diese Bestimmung. Durch Einführung der Verbotsjahre wurde den Bauern das Verlassen ihres bisherigen Wohnsitzes zu Ende des 16. Jahrhunderts ganz untersagt. U.U. erging 1581 ein Ukaz Ivan Groznyjs, der das Abzugsrecht der Bauern und Posadleute in den vom Livländischen Krieg besonders heimgesuchten Westgebieten zeitweilig aufhob. Damit entsprach Ivan IV. vielleicht dem Drängen der Dienstleute auf dem Sobor von 1580, deren Güter sich durch die verheerenden Auswirkungen der Opričnina und des zunehmenden Steuerdrucks mehr und mehr entvölkerten. An der eigentlichen Beschwerdeursache ging dieser folgenschwere Ukaz also vorbei und verstärkte die illegale Wanderbewegung sogar noch. Auf Initiative von Boris Godunov erklärte Zar Fedor Ivanovič 1592/93 das Abzugsverbot für unbefristet, dehnte es auf alle Landesteile aus und unterwarf ihm auch die Bobylen. Als Grundlage für den Anspruch eines Gutsherrn auf seine Bauern diente das seit 1581 erstellte Kataster, das 1592-94 aktualisiert wurde. Nach einer Aussetzung des Abzugsverbots während der Hungersnot von 1601/02 kehrte das Uloženie vom 9.3.1607 zum Stand der neunziger Jahre zurück und stellte die Aufnahme fremder Bauern erstmals sogar unter Strafe.[2] Kann man daraus den Schluß ziehen, daß die Schollenbindung als Hauptvoraussetzung der Leibeigen-

1 Vgl. Portmann, Verknechtung, S. 51; Hellie, Enserfment, S. 15.

2 Die Echtheit dieses nur bei Tatiščev erwähnten Dokumentes wird heute nicht mehr bezweifelt. Text in PRP 4, S. 586-89 und ZA, Nr. 57. Vgl. dazu vor allem Culpepper, Origins; umstritten Koreckij, Zakrepoščenie, S. 89-160.

schaft 1649 also längst vollzogen war? Im Grunde nicht, da das Institut der Fristjahre bislang die Möglichkeit bot, den Rechtsbruch der Hofflucht verjähren zu lassen. Jeder Läufling konnte also darauf hoffen, schließlich doch einen legalen Status zu erlangen, so daß die Existenz der Fristjahre die Leibeigenschaft noch einer gewissen Beschränkung unterwarf. 1594 wurde eine fünfjährige Frist für die Rückgabe entführter Bauern an den früheren Gutsherrn festgesetzt; eine ebensolche Zeitspanne sah der Ukaz vom 24.11.1597 vor. Da diese Frist für die Rückholung oftmals nicht ausreichte, konnten viele Läuflinge dauerhaft auf den großen Gütern verbleiben, wo sie bessere Lebensbedingungen als bei den kleinen Dienstleuten vorfanden. Auch auf den Groß- und Klostergütern stand dem ehemaligen Läufling nach Verjährung der Flucht jedoch der Übertritt in eine neue leibeigenschaftliche Bindung bevor. Wie umstritten die Verjährungsdauer war, zeigt sich daran, daß die mittleren Dienstleute im Uloženie von 1607 gegen die großen Gutsbesitzer eine fünfzehnjährige Verjährungsfrist durchsetzen konnten. Als nach Ende der Smuta viele Pomeščiki erstmals wieder Gelegenheit fanden, ihren ehemaligen Bauern energisch nachzusetzen, scheint das Datum der Flucht keine Rolle mehr gespielt zu haben. Einhergehend mit der Normalisierung der Staatsfunktionen, die den Bojaren zu altem Einfluß verhalf, wurde 1615 erneut auf Einführung einer fünfjährigen Frist entschieden, die 1637 auf neun, 1641 auf zehn Jahre heraufgesetzt wurde. Es wäre zu weit gegriffen, wollte man angesichts dessen behaupten, daß die Leibeigenschaft als Ganzes 1649 noch in der Schwebe war; die endgültige Fixierung stand bislang aber noch aus. Dies gilt zunächst für die rechtliche Seite, noch mehr aber für die Verankerung der Leibeigenschaft im Bewußtsein der Bauern, da die Erinnerung an Abzugsrecht und St. Georgstag noch keineswegs erloschen war. Zumindest unterschwellig hatte sie 1606 zum Aufstand des Ivan Bolotnikov beigetragen, der ersten großen Volkserhebung in der Geschichte des Zarenstaats; auch 1633 löste die Nachricht von der Geburt eines Thronfolgers die Hoffnung auf freien Abzug aus, wie Gebete noch 1647 Gebete den Wunsch nach Bewegungsfreiheit wachhielten.[3] Derartigen Hoffnungen machte das Uloženie jedoch ein Ende: Art. 11, 1 proklamierte sowohl die Schollenbindung der Bauern und Bobylen aufgrund des Katasters von 1648/49 als auch die unbefristete Suche nach Läuflingen. Damit hatte das erste Wesensmerkmal der russischen Leibeigenschaft seine endgültige Fassung erhalten; zugleich leitete der Abschluß der Schollenbindung eine weitergehende Entrechtung der Bauern ein, die vor allem im einsetzenden Verkauf von Bauern zutage trat.

Bis dahin war allein der Handel mit Kriegsgefangenen und Vollcholopen gestattet, d.h. mit zwei vergleichsweise kleinen Bevölkerungsgruppen. Art. 16, 7 des Uloženie sprach Inhabern eines bewirtschafteten Gutes, die auf ein brachliegendes Dienstgut umsiedeln wollten, das Recht zu, Bauern vom alten auf das neue Gut zu versetzen. Durch nun anfallende Rodungsarbeiten zog dieser Schritt für die betroffenen Bauern eine außerordentliche Belastung nach sich. Deshalb kam es bei derlei Umsetzungen oft zu Gewaltanwendung, vor allem wenn der

3 Veselovskij, Iz istorii zakrepoščenija, S. 51.

Gutsbesitzer Bauern ohne deren Familien verlegen wollte. Als B.I. Morozov dies 1652 in einem Fall beabsichtigte, provozierte er einen Konflikt, der mit der Flucht etlicher Bauern endete. Einige hielten es sogar für geraten, ins Ausland zu fliehen.[4] Da sich viele Pomeščiki nicht darum sorgten, in welchem Zustand ihr Nachfolger sein Gut vorfand, war der Brauch, Bauern von Dienst- auf Erbgüter umzusiedeln, schon vor 1649 weit verbreitet. Diese Gewohnheit hatte sich deshalb eingewurzelt, weil viele Adlige sowohl ein Dienst- als auch ein Erbgut innehatten. 1632 war dies im Kreis Moskau bei 582 von 626 Gutsbesitzern der Fall. Häufig wiederholte Verbote der Umsetzung bezeugen allein, wie hilflos der Staat dieser Praxis gegenüberstand.[5] Indem das Uloženie die Verfügungsgewalt des Gutsherrn über den Bauern bekräftigte, schuf es die Voraussetzung dafür, daß sich das Nutzungsrecht des Gutsbesitzers am Leibeigenen in den folgenden Jahren erst zu einem Besitz- und dann zu einem Eigentumsrecht erweiterte. Damit wurde auch der Verkauf von Leibeigenen ohne Land üblich. Als Vorstufe dazu diente die förmliche Abtretung eines Bauern durch einen Erbgutsbesitzer, der in Zahlungsrückstand geraten war oder einen Beauftragten für dessen Suche nach Läuflingen entlohnen wollte. Vor 1649 begegnen derlei Abmachungen nur vereinzelt, in der zweiten Jahrhunderthälfte sind sie dagegen recht häufig. So trat A. Gljatkov 1669 dem Hundertschaftsführer der Moskauer Strelitzen Ja. Korovin, dem er 150 Rubel schuldig war, aus seiner Votčina den Bauern V. Mikitin samt Frau, Sohn und drei Töchtern ab. Aus dem Jahre 1684 ist uns ein Fall überliefert, bei dem ein Schuldner seinem Gläubiger drei von sechs Bauern zusprach, die seit 1661 (!) flüchtig waren. Das Aufspüren der Bauern blieb dem Neubesitzer überlassen. Als nächster Schritt auf dem Weg zur Entrechtung der Bauern schloß sich der Verkauf von Leibeigenen gegen Geld an. Auch ihn konnten zunächst nur Erbgutsbesitzer beschreiten. 1668 etwa war es ein ungenannter Bauer mit Frau und Kindern, der schon das zweite Mal den Besitzer wechselte. Damit war der Leibeigenenkauf wohl schon vor 1668 möglich. Gesetzliche Billigung fand er spätestens seit 1675, als ein Ukaz vom 13.10. den Pomestnyj Prikaz anwies, derartige Kaufverträge in Zukunft zu registrieren. Nachdem sich der Status von Pomest'e und Votčina weiter angenähert hatte und Leibeigene seit dem 1.2.1689 mit offizieller Billigung von Dienst- auf Erbgüter umgesetzt werden konnten, gestattete ein weiterer Ukaz vom 7.4.1690 auch den Dienstgutinhabern, ihre Bauern zum Verkauf anzubieten. Da die Nachfrage das Angebot zumeist deutlich überstieg, hatte sich dem Gutsbesitzer seit 1649 eine neue Einkommensquelle eröffnet. Viele Adlige machten von ihr so eifrig Gebrauch, daß nicht nur leibeigene Bauern, sondern auch preisreduzierte Läuflinge den Besitzer wechselten.[6]

Die Übertragung öffentlicher Rechte an den Gutsbesitzer als drittes Merkmal der Leibeigenschaft geht beim Steuereinzug auf die Wende zum 16. Jahrhundert zurück. Seither stand der Gutsherr dem Staat für die Steuerlast seines Gutes

4 Petrikeev, Krepostnoe chozjajstvo, S. 158.

5 Vgl. Ul. 11, 3o.

6 Man'kov, Razvitie krepostnogo prava, S. 195-218; Golikova, Torgovlja krepostnymi.

gerade, unabhängig von eventuellen Abgängen der darauf sitzenden Bauern zwischen zwei Schätzungsterminen. Da eine solche Veranlagung in der Regel nur alle 15 bis 20 Jahre erfolgte, kann diese Neuerung zur Schollenbindung der Bauern wesentlich beigetragen haben. Die Gerichtsbarkeit des Grundherrn über seine Bauern war zu dieser Zeit bereits fest etabliert, da sie in vielen Fällen auf die Rodungsepoche zurückging. Hier war der Bauer dem Votčinnik in doppelter Hinsicht unterstellt: Einmal sprach der Gutsherr selbständig Recht, um unter seinen Bauern Streitigkeiten beizulegen; daneben gehörte er auch dem gemischten Gericht an, das bei Verfahren zwischen Personen aus zwei Immunitätsbezirken zuständig war - ausgenommen die Kapitelgerichtsbarkeit. Die Gefälle teilte sich der Gutsherr mit dem jeweils anderen Richter. Ein Schiedsgericht beim Fürsten diente als Berufungsinstanz.[7] Nachdem das Mischgericht durch die Guba-Reform (s.u. 2.d) mehr und mehr außer Gebrauch kam, brachte die Einführung des Voevoden zu Beginn des 17. Jahrhunderts eine Neuordnung des Gerichtswesens. Die Gerichtsgewalt des Gutsherrn, um zivilrechtliche Streitigkeiten unter seinen Bauern beizulegen, blieb dennoch unversehrt. An dieser Stelle erscheint es als charakteristisch, daß das Uloženie von 1649 auf das staatliche Voevodengericht recht ausführlich eingeht, das Gutsgericht aber nur am Rande behandelt. Damit dokumentiert sich an zentraler Stelle, wie die Justizordnung den leibeigenen Bauern an das Gutsgericht auslieferte. Als obersten Streitwert sah Art. 13, 3 des Uloženie für das Gutsgericht einen Summe von zwanzig Rubeln an, also einen vergleichsweise hohen Betrag. Da hier mündlich entschieden wurde, ging dieses Verfahren mit steter Gefahr der Rechtsbeugung einher. Art. 13, 3 steht zugleich für eine der zahllosen Lücken des Uloženie, da er dem Leibeigenen das Recht zuspricht, Städter beim Voevoden zu verklagen, aber nichts dazu aussagt, ob der Bauer seinen Anspruch auch selbst vertreten durfte. Zumindest die handeltreibenden Bauern werden dies wohl getan haben. Auch in Strafsachen schrieb das Uloženie dem Gutsbesitzer eine amtliche Funktion zu, da Art. 21, 79 ihn dazu verpflichtete, straffällige Bauern dem Voevoden zu melden. Deren Verurteilung oblag jedoch dem Staat; der Gutsbesitzer war allein dafür verantwortlich, daß der Beschuldigte vor Gericht erschien (21, 77). Ein deutliches Merkmal für die Minderung des bäuerlichen Rechts liefert das Uloženie schließlich darin, daß es der Aussage eines Leibeigenen kaum Bedeutung beimißt. Beschuldigte ein Bauer seinen Herrn des Verrats, ohne Zeugen zu benennen, verfiel der Bauer der Knute (2, 13). Umgekehrt reichte die Anzeige eines Bauern durch einen Gutsherrn dazu aus, einen Bauern verhören und foltern zu lassen, ohne daß es dazu weiterer Beweismittel bedurfte (21, 48). Beispiele für die Praxis des Gutsgerichts sind uns vor allem von den Gütern B.I. Morozovs überliefert, der mitunter bereits Geldstrafen verhängte, wenn sich ein Bauer dem Kirchenbesuch widersetzte. Als sich der Bobyl' Mironka Ivanov 1650 in angetrunkenem Zustand sogar zu einem Schimpfwort gegen Morozov hinreißen ließ, befahl dieser, Ivanov in einen von Morozov unterhaltenen Kerker zu werfen, um „diesen Verbrecher Mironka dort

---

7 Vgl. Schulz, Immunität, S. 222-56; Veselovskij, Feodal'noe zemlevladenie, S. 122-32; Lange, Vopčie sudy; Vicyn, Tret'ejskij sud.

erbarmungslos mit der Knute zu schlagen". Verweigere Mironka auch nach mehrfacher Ausprügelung die Aussage, sei er zu foltern, um seine Gesinnungsgenossen in Erfahrung zu bringen.[8] Als einer von Morozovs Verwaltern 1660 eine des Raubes verdächtigte Bäuerin folterte, schritt der Mir des Dorfes ein und verlangte, den Verdacht durch Verhör des Klägers zunächst zu begründen. Als sich die Gemeinde mit dieser Forderung durchgesetzt hatte, ergab die Untersuchung, daß die Anschuldigung nicht stichhaltig war.[9] Hier wird deutlich, daß die gesetzliche Lage, wie sie uns aus dem Uloženie entgegentritt, mit der Wirklichkeit mitunter wenig zu tun hatte; der Einsatz der Folter durch Privatleute war eindeutig illegal.

Naturgemäß erstreckten sich die Befugnisse der Gutsbesitzer nur auf die Gruppe der leibeigenen Gutsbauern, nicht auf die schwarzen Bauern, die keinem persönlichen Herrschaftsverhältnis unterstanden. In der zweiten Hälfte des 17. Jahrhunderts umfaßten sie rund acht Prozent der Gesamtbevölkerung; Gutsbauern stellten 52 Prozent, Kloster- und Kronsbauern 16 bzw. 9 Prozent.[10] Spätestens seit dem 17. Jahrhundert waren die schwarzen Bauern im Gebiet um Moskau dem Dienstgut zum Opfer gefallen; seither begegnen sie uns allein in Nordrußland, wo sich die Leibeigenschaft kaum ausgebildet hatte. Gegenüber den Gutsbauern waren die schwarzen Bauern in mehrfachem Vorteil. Abgesehen davon, daß ihnen wie den Kronsbauern nicht das Schicksal drohte, von Gutsbesitzern mißhandelt oder verkauft zu werden, räumte ihnen das Uloženie eine vergleichsweise eigenständige Stellung ein. Art. 10, 235 sprach beiden Gruppen die Fähigkeit zu, vor Gericht in eigener Sache aufzutreten und bei Grenzstreitigkeiten usw. auch benachbarte Gutsbesitzer zu belangen. Land konnten sie auf eigene Rechnung soviel pachten oder kaufen, wie sie ohne Leibeigene nutzen konnten, so daß aus der rechtlichen Besserstellung der schwarzen Bauern auch eine wirtschaftliche hervorging. Bei entsprechendem Geschäftserfolg stand den schwarzen Bauern auch die Übersiedlung in die Stadt offen; das Uloženie erkannte diese Bevorzugung etwa dadurch an, daß Art. 18, 23 nur den Posadbewohnern, Krons- und schwarzen Bauern gestattete, Zölle und Kneipen zu pachten. Leibeigene wurden davon ausdrücklich ausgeschlossen.

Ein recht deutlicher Hinweis auf die bessere wirtschaftliche Stellung der schwarzen Bauern gegenüber den Leibeigenen ist auch darin zu sehen, daß der Anteil der landarmen bzw. landlosen Unterschicht *(Bobylen)* bei ihnen rd. zehn Prozent umfaßte, bei den Leibeigenen dagegen rd. 30 Prozent. Der Anteil der Bobylen lag unter den schwarzen Bauern auch deshalb tiefer, weil sich im russischen Norden mit den Polovniki noch eine weitere unterbäuerliche Schicht gebildet hatte. Diese „Hälftner", die stellenweise mehr als ein Drittel der Landbevölkerung ausmachten,[11] bearbeiteten das Land größerer Bauern oder Klöster. Geschah dies mit Inventar des Grundbesitzers, stand diesem rd. die Hälfte der Ernte zu; war der Polovnik im Besitz eines Pferdes, mußte er nur ein Drittel

8 Petrikeev, Krepostnoe chozjajstvo, S. 158-59.
9 Aleksandrov, Sel'skaja obščina, S. 119-2o.
10 Vodarskij, Čislennost', S. 227.
11 Merzon/Tichonov, Rynok Ustjuga, S. 352-53.

abtreten. Auch bei der Hofgröße waren Bobylen schlechter als Bauern gestellt; bei leibeigenen Bauern wird diese auf vier Männer geschätzt, bei Bobylen auf nur drei.[12] Die Schicht der Bobylen bildete somit ein Auffangreservoir für diejenigen Bauern, die die Smuta an den Rand des Ruins gebracht hatte. Im ersten Viertel des 17. Jahrhunderts stieg die Zahl der Bobylen demzufolge vehement an. So wurden im Kreis Dmitrov, einer Votčina des Troica Sergiev-Klosters, zu Ende des 16. Jahrhunderts 917 Bauern- und 40 Bobylenhöfe gezählt, 1635/37 aber 220 Bauern- und 207 Bobylenhöfe.[13] In rechtlicher Hinsicht glich das Uloženie die Lage beider Gruppen wesentlich an und erwähnte Bobylen und Bauern zumeist in einem Atemzug: Flucht war beiden gleichermaßen verboten, für beide galten keine Fristjahre mehr (11, 1); beide durften nicht von Dienst- auf Erbgüter umgesetzt werden (11, 30); beide konnten zu Gutsverwaltern ernannt werden (19, 14) und per Freilassungsurkunde des Gutsherrn aus dessen Herrschaft ausscheiden (15, 3). Zudem stellte das Uloženie beide Gruppen auch durch die Regelung des Schmerzensgeldes bei Ehrverletzungen auf eine Stufe. Hier sprach ein Katalog aus insgesamt 72 Artikeln, in dem sich das soziale Gefüge des Moskauer Staates minutiös widerspiegelt, beiden eine Wiedergutmachung in Höhe von zwei Rubeln zu (10, 94). In steuerlicher Hinsicht war die Belastung der Bobylen auf rd. 50 Prozent der bäuerlichen veranschlagt; aus der Gemeinde der Vollbauern schieden Bobylen aus. Mit der allmählichen Normalisierung des Wirtschaftslebens gelang den landbesitzenden Bobylen vielerorts jedoch der Wiederaufstieg in die Bauernschaft. So wurden z.B. in Šolochov, einem Dorf des obenerwähnten Kreises Dmitrov, 1678 acht Bauern- und zwei Bobylenhöfe festgestellt. Sieben Jahre darauf zählten die Schreiber bereits zehn Bauernhöfe.[14] Mit Hinblick auf diese Besserung setzte die Hofsteuer die landbesitzenden Bobylen 1679 mit den Bauern gleich; nach Erlaß der Kopfsteuer 1724 wurden auch die landlosen zu Bauern erklärt. Durch die Betonung der Gleichberechtigung von Bobylen und Bauern stellte das Uloženie damit eine wesentliche Etappe zur Vereinheitlichung der Schicht der Leibeigenen dar.[15]

An dieser Stelle bietet es sich an, einen kurzen Blick auf die „Freien" *(vol'nye)* anzuschließen, da sie neben verarmten Bauern die zweite Gruppe waren, aus denen sich die Bobylen rekrutierten. Der Status der Freien beruhte darauf, daß niemand Anspruch auf ihre Person erheben konnte, etwa durch Vorlage einer Besitzurkunde *(krepost')*. De facto ergaben sich aus dem Status des Freien aber noch eine Reihe zusätzlicher Kennzeichen, vor allem weil der *vol'nyj* vom *guljaščij* (Wanderarbeiter) kaum zu unterscheiden war. Für den Lebenslauf eines freien Wanderarbeiters ist uns ein sehr plastisches Beispiel überliefert, an

12 Vodarskij, Krest'jane i bobyli, S. 59-61.

13 D'jakonov, Očerki, S. 224. Ein ähnliches Beispiel aus einer Votčina des Kirillo Belozerskij-Klosters bei Gorfunkel', Termin „Bobyl'", S. 641.

14 Got'e, Zamoskovnyj kraj, S. 136.

15 Šumakov, Temnye punkty, zählte die Frage nach dem Wesen der Bobylen zu den dunkelsten in der russischen Rechtsgeschichte. Grekov, Krest'jane, Bd. 2, S. 185-2o9, versucht sich vor allem mit einer Zusammenfassung der vorrevolutionären Literatur aus der Affäre zu ziehen. Vgl. vor allem Šapiro, Bobyl'stvo; Veselovskij, Sošnoe pis'mo, Bd. 2, S. 513-524.

dem man wesentliche Züge dieser Gruppe ablesen kann. Am 9. Juni 1687 wurde ein Mann namens Dmitrejko Semenov auf einer Votčina des Bischofs von Pskov mit der Bitte vorstellig, ihn bei den Klosterbauern einzuschreiben. Um Läuflinge auszusieben, setzte die Erfüllung dieses Wunsches eine Befragung des Bittstellers voraus. Semenov gab dabei an, sein Vater habe vor vierzig Jahren in Ivangorod gewohnt; dessen Stand wisse er nicht. Zunächst habe Semenov bei seinem Bruder unweit von Staraja Rusa unter Kronsbauern gelebt. Als er 13 Jahre alt war, sei sein Bruder gestorben. Bereits mit der Tochter eines ebenfalls freien Fährmannes verheiratet, arbeitete Semenov vier Jahre als Müller für das Spasskij-Kloster von Staraja Rusa. Darauf siedelte er auf die Votčina des Bojaren Boris Vasil'evič Buturlin über, dessen Verwalter Andrjuška Aleksandrov ihn als Weißgerber in das Dorf Michalkino schickte. Nach sieben Jahren klopfte Semenov mit Frau und Kindern beim Nikolaev-Kloster in Pskov an; dessen Abt Filaret steckte ihn unter die Bobylen, die in der Sloboda des Klosters lebten und Obrok zahlten. Nach weiteren dreieinhalb Jahren nahm ihn Spiridon Golochvastov, der Baumeister der Klosters, unter die Klosterhandwerker auf, bei denen Semenov anderthalb Jahre zubrachte. 1683 fragte er beim Bischof von Pskov um Aufnahme unter die Handwerker nach. Dieser ließ ihn in der Pförtnerei des Kožin-Klosters unterbringen, wo Semenov Hausgerät herstellte. Danach lebte Semenov im Dorf Zachody, einer kirchlichen Votčina, beim Bauern Michejko Petrov, wo er gleichfalls Gegenstände für den Hof des Metropoliten herstellte. Von Zachody trat Semenov schließlich den Weg nach Pskov an, um den Bischof um Aufnahme unter die Leibeigenen zu bitten.[16]

Als recht typisch für die Lebensumstände der Freien erscheint zunächst, daß sich Semenov auf den Stand seines Vaters angeblich nicht besinnen kann. Die offenbar berechtigte Annahme Semenovs, mit dieser Aussage Glauben zu finden, bestätigt die Existenz einer grauen Zone, die Ansprüche von Grundherrn durch Verjährung oder unüberprüfbare Behauptungen der „Freien" zunichte machte. Auf staatlicher Seite wurde die Existenz dieser Dunkelzone dadurch begünstigt, daß die Merkmale der einzelnen unterbäuerlichen Schichten schon de jure alles andere als klar gefaßt waren - auch nach Beschluß des Uloženie. Zweitens beruhte Semenovs Status darauf, daß er seine Freiheit auch tatsächlich in Anspruch nahm. „Freiheit" lag also vor allem in der Bewegung. Im Laufe seines rd. zwanzigjährigen Wanderlebens ging Semenov nirgendwo eine endgültige Gemeindebindung ein, wechselte siebenmal seinen Wohnort, blieb an keiner Stelle länger als sieben Jahre und hielt sich mit Vorliebe im Umkreis der steuerbegünstigten Kirche auf. Bei einem Bojaren trat er nur einmal in Dienst, kleine Gutsbesitzer mied er ganz. Damit wurden auch die Begriffe frei und fremd nahezu gleichbedeutend; sobald ein *guljaščij* so lange an einem Fleck blieb, daß er nicht mehr als Fremder galt, drohte ihn die jeweilige Gemeinde zu vereinnahmen, um den Steuerdruck herabzusetzen. Insofern war der Freie zum Wandern geradezu gezwungen. Ferner kann bei unserem Beispiel als charakteristisch gelten, daß der

16 D'jakonov, Očerki, S. 1o9-1o. Ein vergleichbares Beispiel bei Serbina, K voprosu o bobyl'jach, S. 176-77. Hier bat der angeblich als Waise geborene Freie Stepan Vasil'ev um Aufnahme unter die Bobylen des Posad Tichvin.

Freie seine soziale Stellung in vorgerücktem Alter in geregeltere Bahnen zu lenken versuchte; frei hieß deshalb zumeist auch jung. Daß Semenov ausdrücklich um Aufnahme unter die Leibeigenen bat, entpuppt sich bei näherer Betrachtung als wohlmotivierter Schritt. So ist unbestreitbar, daß Freie und Wanderarbeiter sozial deklassiert waren. Art. 14, 5 des Uloženie schloß diese Gruppe vom Kreuzkuß als Form der Eidesleistung aus; ihren gerichtlichen Aussagen kam also mindere Bedeutung zu. Das ihnen zugesicherte Bußgeld bei Ehrverletzungen belief sich auf nur einen Rubel (10, 94) und lag damit noch unter unter dem von leibeigenen Bauern, denen zwei Rubel zustanden. Daneben schrieb das Uloženie vor, das Amt des Henkers in Moskau ausschließlich mit Freien zu besetzen (21, 96); im 17. Jahrhundert hat diese Regelung wohl auch für Folterknechte gegolten. Die Ausstoßung der Freien aus der Gesellschaft der Seßhaften wird an diesem Beispiel recht deutlich. Schließlich setzte das Gesetz die freien Wanderarbeiter einem notorischen Argwohn aus. Art. 25, 14 des Uloženie ging wie selbstverständlich von der Annahme aus, es seien gerade die Wanderarbeiter, die sich als illegale Tabakhändler durchschlügen; im Wiederholungsfall ordnete Art. 25, 16 deren Folterung, Knutung und Verbannung an. Der zweifelhafte Ruf der Freien hing mit ihrer Armut wohl eng zusammen; diese resultierte wiederum aus der unsteten Lebensweise. Von der Aufnahme einer Schuld zur Gründung eines eigenen Hausstands waren sie ausgeschlossen, da eine Abhängigkeit vom Gläubiger unweigerlich in der Ortsbindung resultierte. Erreichten sie Haus- oder Landbesitz aus eigener Kraft, ging damit der Übertritt in den Gemeindeverband einher. Alles in allem ist der Unterschied zwischen frei und vogelfrei wohl als nicht sehr groß zu veranschlagen, so daß dem Übertritt in die Bauerngemeinde auch eine Schutzfunktion zukam.

Während der Smuta waren es oftmals Flüchtlinge, die die Straßen bevölkerten; sie hatte die Not zu Freien gemacht. Als sich das Wirtschaftsleben allmählich normalisierte, schuf die zunehmende Nachfrage nach Lohnarbeitern einen Bedarf an Freien. Die rechtliche Grundlage für ihren Status hatte der Ukaz vom 9.3.1607 fixiert, der die Möglichkeit vorsah, daß Gutsbesitzer ihre Leibeigenen durch Ausstellung einer Freilassungsurkunde *(otpusknaja gramota)* befristet zur Aufnahme einer Lohnarbeit entließen. Art. 11, 32 des Uloženie bekräftigte diesen Ukaz. Eine Garantie auf das befristete Abzugsrecht ging hiervon jedoch nicht aus, da die Gewährung der Entlassungsurkunde ganz in das Belieben des Gutsherrn gestellt war. Neben der arbeitsintensiven Salz- und Pottascheindustrie war es vor allem die Binnenschiffahrt, die abziehenden Bauern Beschäftigung versprach. Da größere Schiffe bis zu 300 Treidler erforderten, kamen an den Flüssen zwischen nördlicher Düna und Wolga im Sommer mehrere 1o.ooo freigelassene Tagelöhner und Wanderarbeiter zusammen. Gerade in den Hafenstädten bildete sich damit ein Getümmel, das zahllose Läuflinge anlockte.[17]

---

17 Novosel'skij, Vol'nye; Stepanov, Guljaščie; Pankratova, Najmity; Ustjugov, Rabotnye ljudi; Goehrke, Wüstungen, S. 223-25. Zu den Treidlern s. Rodin, Burlačestvo; eigens zum 17. Jahrhundert Zagoskin, Russkie vodnye puti i sudovoe delo. Beispiele für Entlassungsurkunden bei Sakovič, Pamjati.

Unter den sozialen Gruppen, die den Strom der Freien und Läuflinge speisten, sind nicht zuletzt die Cholopen zu nennen. Nach den Leibeigenen stellten sie die zweitgrößte abhängige Schicht. Während uns die Bobylen erst seit dem 16. Jahrhundert begegnen, reicht die Geschichte der Cholopen bis in die Kiever Zeit zurück. Von den leibeigenen Bauern unterschied sich der Status der Cholopen in mehrfacher und grundlegender Hinsicht. Dies betraf zunächst die Form der Abhängigkeit: Der Leibeigene war ursprünglich an das Land gefesselt, ihm stellte das Uloženie den Erb- oder Dienstgutbesitzer gegenüber; der Cholop war durch Erbschaft oder Verschuldung an eine Person gebunden, in der Regel also an einen Adligen oder Bojaren. Wurde der Anspruch auf einen Leibeigenen im Grundbuch festgelegt, geschah dies beim Cholopen zumeist durch die Schuldverschreibung *(kabala)*; demgemäß war für Leibeigene der Pomestnyj Prikaz zuständig, für Cholopen das Cholopenamt. Die Mehrheit der Leibeigenen war daher Bauern, die Mehrheit der Cholopen lebte jedoch als Diener oder Handwerker beim Gesinde des Herrn und ging keiner landwirtschaftlichen Tätigkeit nach. Bobylen und Bauern waren steuerpflichtig, Cholopen nicht; Bobylen und Bauern mußten für Ernährung und Kleidung selbst Sorge tragen, Cholopen nicht, da diese Pflicht de jure dem Herrn oblag. Zudem war auch das Besitzrecht der Cholopen weitaus schlechter als das von Bauern; Art. 20, 93 des Uloženie deutet an, daß dem Cholopen nichts zustand außer seinem Kleid. Wohin eine derartige Entrechtung führen konnte, ist aus Art. 20, 92 zu schließen, der es dem Herrn untersagte, einen Cholopen nach erfolglosem Fluchtversuch zu mißhandeln oder verhungern zu lassen. Durch die Enge des Zusammenlebens erscheint die Beziehung Herr-Cholop gewaltträchtiger als die zwischen Gutsbesitzer und Leibeigenem; so widmet das Uloženie zwar dem Mord des Cholopen an seinem Herrn einen Artikel (22, 9), nicht jedoch dem Mord, den ein Leibeigener am Gutsherrn begeht. Ein anderes Beispiel extremer Willkür und Abhängigkeit liefert Art. 22, 12. Er bezieht sich auf den Fall, daß der Herr seinen Cholopen zu einem Verbrechen nötigt, und spricht beide schuldig. Eine für die Amtskriminalität aufschlußreiche Variante findet sich in Art. 20, 58. Er untersagt es Voevoden ausdrücklich, sich im Dienstbezirk Cholopen zu verschaffen. Die Schutzlosigkeit vieler Cholopen trug wohl dazu bei, daß die Zahl der Läuflinge unter den Cholopen mit bis zu einem Drittel[18] die unter den Leibeigenen vielleicht noch überstieg. Auch weil die Mehrzahl der flüchtigen Cholopen nie zurückgebracht wurde, versuchte das Uloženie Cholopen energischer noch als Leibeigene von allen Fluchtplänen abzuschrecken. So drohte Art. 20, 22 jedem wiedereingefangen Cholopen die „gnadenlose Knutung auf dem Bock“ an. Demgegenüber war Leibeigenen zwar auch die Flucht verboten, wurde vom Gesetz 1649 aber noch nicht unter Strafe gestellt, so daß die Ahndung in diesem Fall im Ermessen des Gutsbesitzers stand.

In der Fortexistenz der Cholopen steckte 1649 ohne Zweifel ein archaisches Moment, das der Staat wegen des daraus resultierenden Steuerausfalls mehr und mehr zu begrenzen suchte. In mancher Hinsicht trat auch die Leibeigenschaft an

---

18 Diese Schätzung bei Hellie, Slavery, S. 688.

die Stelle des Cholopentums, dessen Elemente hier tw. bewahrt wurden. Dazu zählt etwa die Entmündigung von Leibeigenen und Hörigen in der Öffentlichkeit, wo ihren Aussagen wie denen von Frauen ohne Eid keine Bedeutung zukam (10, 173). Das Bemühen des Gesetzgebers, den rechtlichen Status des Cholopen zu beseitigen, ist dem Uloženie an mehreren Stellen deutlich abzulesen. So fanden Bestimmungen der Gerichtsbücher von 1497 und 1550, nach denen säumige Schuldner als Cholopen verkauft werden konnten, 1649 keine Entsprechung mehr. Vererbbare Vollcholopen begegnen im Uloženie nur am Rande, etwa wenn Art. 20, 21 die Ansprüche ihrer Besitzer nach wie vor für berechtigt erklärt. Weitaus häufiger ist von den nichtvererbbaren Schuldcholopen die Rede, deren Dienst je nach Vereinbarung bis zum Zeitpunkt der Abarbeitung der Schuld oder bis zum Tod des Gläubigers bemessen war. Während der Sudebnik von 1550 sogar Posadleuten oder Bauern das Recht auf Cholopen zusprach, erklärten Art. 20, 104-05 des Uloženie dies zum Privileg von Kirche und Dienstleuten. Hatte das Gerichtsbuch von 1550 die vom Cholopen aufzunehmende Schuld auf höchstens 15 Rubel veranschlagt, setzte das Uloženie diesen Betrag auf drei Rubel herab, um den Anreiz zum Übertritt in den Hörigenstand zu verringern. Als Mindestalter für den Eintritt in die Schuldcholopen bestätigte Art. 20, 20 die Schwelle von 15 Jahren; die zulässige Frist für den freiwilligen, nicht auf einer Schuld beruhenden Übertritt in die Hörigkeit wurde von sechs auf drei Monate verkürzt (20, 16). Nachdem die Minderheit der landwirtschaftsbetreibenden Hörigen, die nicht bei ihrem Herrn lebten, seit 1679 der Steuerpflicht unterlag, wies Peter d.Gr. die Gutsbesitzer am 5.2.1722 an, für jeden männlichen Bauern oder Cholopen künftig achtzig Kopeken Kopfsteuer abzuführen. Die Geschichte der Cholopen als eines steuerbefreiten Standes fand somit ihr Ende; zwischen Cholopen und Leibeigenen verlief keine Grenze mehr.[19]

Beschließen wir diesen Abschnitt mit einem kurzen Blick auf die Bedeutung, die das Uloženie für die städtischen Unterschichten hatte. Nach den Zählungen von 1646 und 1678 sowie den ersten drei Revisionen (1719/21, 1744/46, 1764/65) stellten die städtischen Steuerzahler ungefähr drei Prozent aller Steuerzahler.[20] Insgesamt wurden 1646 226 Städte gezählt, die sich jedoch sehr ungleich über das Territorium des Zarenstaats verteilten. 62 lagen im Hinterland der Südgrenze, 58 im Gebiet um Moskau, 47 an der Wolga, 37 im Nordwesten um Novgorod und Pskov sowie 22 im Norden.[21] Davon kam 160 Orten auch in wirtschaftlicher Hinsicht eine Stadtfunktion zu *(posad)*, während 66 reine Wehrsiedlungen waren *(gorod)*. Allein zwischen 1630 und 1646 wurden 29 dieser Forts aus dem Boden gestampft, um die Südgrenze vor Angriffen der Krimtataren zu schützen. Der jeweilige Charakter einer Stadt als *posad, gorod* oder einer Mischung aus beidem prägte naturgemäß auch die soziale Zusammensetzung. Im Süden bestimmten Dienstleute das Erscheinungsbild der Städte, im Norden eher

19 Anisimov, Izmenenija; Panejach, Cholopstvo v pervoj polovine XVII v., S. 196-228; Jakovlev, Cholopstvo, S. 54-56; Man'kov, Uloženie, S. 111-37; Heller, Wirtschafts- und Sozialgeschichte, Bd. 1, S. 129-36.

20 Kizevetter, Posadskaja obščina, S. 81; vgl. Goehrke, Wüstungen, S. 193.

21 Smirnov, Posadskie ljudi, Bd. 2, S. 59o.

die *posadskie ljudi*. Insgesamt umfaßten die Dienstleute 1646 rd. die Hälfte aller Städter, während auf die Kaufleute und Ackerbürger ein Drittel entfiel. In der zweiten Hälfte des 17. Jahrhunderts nahm der Anteil der Städter jedoch zu, während der der Dienstleute allmählich zurückging, 1678 aber noch immer die Mehrheit ausmachte.[22] Diese Umschichtung vollzog sich auch deshalb so langsam, weil sich die russische Stadt nur schwer vom Aderlaß der Smuta erholte. Lag die Durchschnittsgröße des Posad um 1550 bei rd. 360 Höfen, fiel sie nach Smirnov um 1610 auf 135 Höfe ab; 1646 betrug sie ca. 185 Höfe.[23] Das niedrige Ausmaß der Urbanisierung wird auch darin deutlich, daß es 1652 nur fünf Städte mit mehr als 1.000 steuerpflichtigen Höfen gab, davon allein drei an der Wolga. In Moskau wurden 3.628 steuerpflichtige Höfe gezählt, die während der Pest von 1654/55 allerdings zum übergroßen Teil verödeten, in Jaroslavl' 3.042, in Kostroma 2.086, in Nižnij-Novgorod 1.874 und in Vologda 1.674 steuerpflichtige Höfe. Durch die Auswirkungen der Smuta ging jedoch nicht nur der Umfang der Stadtbevölkerung zurück, wegen der Zunahme der Unterschichten änderte sich auch ihre Zusammensetzung. In 16 zumeist nordrussischen Städten, aus denen uns Zahlen zur Stärke der Bobylen überliefert sind, machten diese 1646 48 Prozent aller Posadleute aus, um 1678 noch 40 Prozent.[24] Mitunter werden diese Bobylen sogar als „bettelarm" bezeichnet, so daß man bezweifeln kann, ob sie zur Leistung der Bobylensteuer überhaupt imstande waren. Von den ungemein dünnen Oberschichten der Kaufleute und höheren Dienstleute abgesehen zeichnete sich damit eine Teilung der Städter in drei Gruppen ab: In Posadleute, die zur vollen Steuerleistung fähig waren und der Gemeinde angehörten, in Bobylen, die zumindest ihren Obrok aufbrachten, sowie in Cholopen und Angehörige der Unterschicht, von denen keine Steuerzahlung zu erwarten war. Unter den Städtern insgesamt stellte die Schicht der materiell abgesicherten Posadleute eine Minderheit dar.

Die in Kap. 19 des Uloženie verfügte Reform des Posad nimmt insofern Bezug darauf, als dieser Abschnitt wie wohl kein zweiter auf Eingaben des Sobor zurückging. Daß sich der Staat dabei vergleichsweise stark auf Forderungen der Posadleute einließ, ist durch seine Absicht zu erklären, die Stadt nach der Welle von Aufständen des Sommers 1648 zu befrieden. Da er sein Interesse der Steuermaximierung darüber natürlich nicht fahren ließ, laufen in diesem Buch des Uloženie zwei Maßnahmenbündel zusammen. Dem lange gehegten Wunsch der Ackerbürger, die Steuervergünstigungen der weißen Vorstädte aufzuheben, kam der erste Artikel nach. Er fußte auf Ukazen vom 13. und 25. November 1648 und begann mit den Worten: „Die dem Patriarchen, den Metropoliten, Bischöfen, Klöstern, Bojaren, Okol'ničie, Dumamitgliedern, Personen des Zarenhofes und

---

22 Vgl. die Tabelle bei Vodarskij, Razmeščenie, S. 279.

23 Smirnov, Goroda, Bd. 1, S. 128-29. Die Bedeutung solcher Angaben liegt vor allem in der Relation. Vodarskij, Razmeščenie, S. 290, wartet mit ganz anderen Zahlen auf. Danach errechnet sich für 1652 eine durchschnittliche Posadgröße von rd. 380 Höfen, für 1678 von 250 Höfen. Vgl. Eaton, Decline, S. 222. In der zweiten Hälfte des 17. Jahrhunderts wird ein Hof auf dem Land mit acht Personen veranschlagt, in der Stadt mit sechs Personen.

24 Vgl. die Tabelle bei Eaton, Decline, S. 231.

sonstiger Stände gehörenden Vorstädte in Moskau, die von Händlern und Handwerkern bewohnt werden, Handel treiben und Läden besitzen, Ihrer Majestät jedoch keine Abgaben und Dienste leisten, sollen mit ihrer gesamten Einwohnerschaft, ausgenommen die Schuldcholopen, für immer und ewig in die herrscherliche Dienst- und Abgabepflicht überführt werden... In Zukunft soll niemand außer Seiner Majestät über Sloboden in Moskau und den Provinzstädten verfügen..." Wie einschneidend dieser Beschluß für die Enteigneten war, läßt sich etwa daran ablesen, daß die Zahl der steuerpflichtigen Höfe allein in Moskau um 1.410 zunahm. Ebenfalls als Zugeständnis an die Posadleute kann man die Anordnung werten, daß in der Stadt handeltreibende Bauern alle dort fälligen Steuern abzuführen hatten; andernfalls sollten sie ihre Läden verkaufen (19, 9). Die Möglichkeit, Waren auf ihren Fuhrwerken oder Booten zu verkaufen, war den Bauern unbenommen (19, 17). Anders als bei Bauern blieb den Strelitzen, Kosaken und Dragonern das Recht auf Nutzung städtischer Gewerberäume erhalten, auch ohne den vollen Steuersatz der Posadleute zu entrichten (19, 11).

Auf der anderen Seite bestätigte das Uloženie auch eine Reihe von.Gesetzen, die den Städtern nicht unerheblichen Druck aufluden. So verfügten die Art. 19, 19-20 die faktische Abriegelung des Posad auf der Grundlage des status quo, indem sie den Steuerzahlern verboten, in eine andere Stadt umzuziehen.[25] Flüchtige Posadleute sollten hinfort ohne zeitliche Begrenzung aufgespürt werden; damit entfiel die 1638 auf 25 Jahre erhöhte Suchfrist (seit 1619 zehn Jahre), so daß sich an dieser Stelle eine unübersehbare Parallele zur Ortsbindung der Bauern auftut. Eine Ausnahme galt für denjenigen, der seit 1632 bei den Kosaken lebte (19, 30). Ähnlich dem Vorgehen gegen das Schuldcholopentum suchte der Staat zudem die Steuerflucht derjenigen zu unterbinden, die in die *zakladčiki* eintraten; auf diesen Wechsel in den Dienst eines geistlichen oder weltlichen Herrn mit vertraglicher Grundlage *(zaklad)* stand Knutenstrafe und Verbannung nach Sibirien. Demjenigen, der solche Steuerflüchter bei sich aufnahm, drohte die Einziehung seines Landes (19, 13).[26] Insgesamt gesehen resultierte das Uloženie also in einem Abbau der sozialen Vielfalt: Freie Bauern, Erb- und Dienstgutbauern, Bobylen und Cholopen verschmolzen allmählich zu Leibeigenen, Pomeščik und Votčinnik zum Gutsherrn. An die Ortsbindung der Unterschichten schloß sich ein Prozeß der Entrechtung an, der bald auch den Verkauf des Leibeigenen durch den Gutsherrn ermöglichte und eine vehemente Läuflingswelle auslöste.

---

25 Vgl. AAÈ 4, Nr. 1o1 vom 25.2.1658. Das eigenmächtige Verlassen des Posad wird hier bei Todesstrafe untersagt.

26 D'jakonov, Istočniki; Smirnov, Posadskie ljudi, Bd. 2, S. 273-3o4; Man'kov, Uloženie, S. 137-53; Hittle, Service City, S. 66-69.

2.c Zunahme der Läuflingsbewegung

Die vorangehenden Abschnitte haben die Entstehung des Uloženie und seine Bedeutung für die Rechts- und Sozialgeschichte umrissen. Das folgende Kapitel fragt nach Reaktionen auf den Wegfall der Fristjahre und die zunehmende Entrechtung der Leibeigenen. Noch wenige Jahrzehnte vor Beschluß des Uloženie wies das Verhältnis zwischen Gutsherrn und Bauern Züge einer Vertragsbeziehung auf: Wenn der Gutsherr seine Ansprüche steigerte, stand es dem Bauern frei, zu einem neuen Herrn abzuziehen, der ihm bessere Bedingungen versprach. Hieraus leitete sich eine Fürsorgepflicht des Gutsherrn für seine Bauern ab, wie ein Gesetz sie noch 1621 zum Ausdruck gebracht hatte. Es verpflichtete die Gutsbesitzer dazu, ihren Besitz sorgfältig zu bewirtschaften und Bauern nicht zu schinden, um sie vom Laufen abzuhalten. Derjenige Gutsbesitzer, der dagegen verstieß, sollte der Knute verfallen.[1] In manchen Ansiedlungsverträgen, besonders wenn der Gutsbesitzer bislang noch keinen Anspruch auf den Bauern erheben konnte, wirkte diese Fürsorgepflicht zumindest formelhaft fort. So gab ein Novgoroder Gutsherr einem zugelaufenen Bauern das Versprechen, ihm kein Übel anzutun.[2] Einen vergleichbaren Appell enthielt das Uloženie nicht. Die Regierung war sich im klaren darüber, daß den Bauern in Ermangelung legaler Mittel nur der Weg des nichtfriedlichen Protests offenstand, und wies die Provinzbehörden darauf hin, gegen Unruhen als Antwort auf die Streichung der Fristjahre gewappnet zu sein.[3] Daß die Läuflingsbewegung nach 1650 geradezu schlagartig zunahm, ging jedoch nicht nur auf die Auswirkungen des Uloženie, sondern auch auf den Dreizehnjährigen Krieg gegen Polen zurück. Den Anfangserfolgen, die Rußland 1654/55 durch die Einnahme von Smolensk und Wilna errungen hatte, folgte 1656 die Ausweitung des Krieges durch den Eintritt Schwedens. Die Belagerung Rigas schlug fehl, 1660 wuchs sich der polnische Gegenangriff auf die Ukraine für das Moskauer Heer zur Katastrophe aus. Durch die Kapitulation V.B. Šeremetevs gelang es Polen-Litauen, sich den Besitz der rechtsufrigen Ukraine zu sichern. Der Waffenstillstand von Andrusovo sprach Moskau am 30.1.1667 die linksufrige Ukraine einschließlich der Stadt Kiev zu; den Krieg gegen Schweden hatte der Frieden von Kardis bereits am 21.7.1661 beendet, in dem Rußland auf seine livländischen Eroberungen verzichtete.

Über die Zivilbevölkerung beschwor dieser Krieg eine außerordentliche Belastung herauf. Von 1658 bis 1660 hob die Regierung zu drei Terminen Rekruten aus, wobei zumindest 20 bis 25 Höfe je einen Mann stellen mußten. Insgesamt

---

1 SGGD 3, Nr. 59 vom 8.11.1621.

2 ATNM 1, Nr. 4o vom 8.7.1648.

3 AMG 2, Nr. 439 vom 25.8.1650. Das einzig statthafte Mittel der Bittschrift an den Zaren wurde von Bauern nur gegen bestimmte Grundherrn oder Beamte angewandt, nicht aber in grundsätzlichen Fragen. Vgl. Boškovska, Widerstand, S. 333-35.

wurden 7o.ooo bis 8o.ooo Soldaten eingezogen, eine erstaunlich hohe Zahl, wenn man bedenkt, daß die Moskauer Armee 1663 insgesamt 8o.ooo bis 9o.ooo Infanteristen (55 Regimenter) und rd. 2o.ooo Kavalleristen (20 Regimenter) umfaßte.[4] Nach der am 23.10.1653 ausgesprochenen Kriegserklärung verfügte die Regierung am 20.3.1654 zusätzlich zu den regulären Steuern eine zehnprozentige Abgabe auf die bewegliche Habe und das Geldvermögen der Posadleute. Bobylen und Bauern wurden zu einer Steuer von 25 Kopeken pro Hof herangezogen. Da der Steuerertrag in Moskau jedoch nur schleppend einlief, suchte die Regierung seit dem 8.5.1654 in einer drastischen Münzverschlechterung Zuflucht. Preußische Taler wurden zu Rubeln gestempelt (bisher 50 Kop.); dazu setzten die Münzhöfe erstmals auch Kupfergeld in Umlauf. Damit kam ein rapider Inflationsprozeß in Gang, der den Kurs zwischen Silber- und Kupferrubel von 1:1,5 Anfang 1660 bis Mitte 1663 auf 1:15 herabdrückte. Zu diesem Kursverfall hatten Kupfergeld schlagende Falschmünzer wesentlich beigetragen; so saßen nach dem Bericht des österreichischen Gesandten Meyerberg allein im Dezember 1661 40 Geldfälscher in Moskauer Gefängnissen ein.[5] Da sich die Dorfbevölkerung bald weigerte, Waren gegen Kupfer abzugeben, verteuerte sich das Getreide. Wurde der četvert' Roggen bis 1656 noch für 12 bis 15 altyn angeboten, schnellte sein Preis bis 1658 auf 26 altyn. In Nordrußland wurde Getreide 1662 mancherorts zu einem Preis verkauft, der um das Fünfzigfache über dem Üblichen lag.[6] An der Front wiederum führte die Teuerung zu Massendesertionen, die den Mißerfolgen des russischen Heeres von 1660/61 auch zugrunde lagen. Vielerorts fielen die fahnenflüchtigen und noch immer bewaffneten Soldaten über die Zivilbevölkerung her, um sich auf diese Weise Nahrung zu verschaffen.[7] In den Städten löste die Teuerung eine Hungersnot aus, die in Moskau im sog. „Kupferaufstand" vom 25. Juli 1662 gipfelte. Dieser entzündete sich, als in der Nacht vom 24. zum 25. Juli zahlreiche Plakate I.D., I.M. und I.A. Miloslavskij für die Teuerung und Hungersnot verantwortlich machten und der Zusammenarbeit mit Polen bezichtigten.[8] Daraufhin zog eine aufgebrachte Menge zum Zaren nach Kolomenskoe vor die Tore der Stadt, um die Auslieferung der „Verräter" zu fordern. In Moskau selbst waren zu diesem Zeitpunkt bereits Plünderungen von Bojarenhöfen im Gange, doch hielten - anders als während des Aufstandes von 1648 - die Strelitzen dem Zaren nunmehr die Treue. Nachdem der Zar die Menge zunächst durch Versprechungen hingehalten hatte, befahl er der Truppe, die Kolomenskoe gegen Mittag erreichte, „diese Leute zu

---

4 Vgl. Oč. 1, S. 515.

5 Mejerberg, Putešestvie, S. 179. Vgl. allg. Spasskij, Monetnaja sistema, S. 114-2o; ders., Denežnoe chozjajstvo, S. 119-43; Mel'nikova, Monety, S. 196-226. Nicht ganz uninteresssant ist in diesem Zusammenhang, daß noch Art. 5, 1 des Ul. das Schlagen von Kupfermünzen wie das Zusetzen von Kupfer, Zinn oder Blei unter Todesstrafe stellte (Ausgießen der Kehle).

6 Bazilevič, Denežnaja reforma, S. 39-4o.

7 Vgl. Kalyničev, Pravovye voprosy, S. 142-45.

8 Bei den Verfahren gegen Teilnehmer des Aufstandes wurde auch unter Folter immer wieder nach den Urhebern dieser Plakate *(vorovskie listy)* gefragt, doch blieben die Verfasser im Dunkeln. Der Text der Anschläge ist nicht überliefert. Zu den Protokollen der Verhöre s. Buganov, Hg., Vosstanie 1662 g. Vgl. Zercalov, O mjatežach, S. 237-362.

schlagen, zu Tode zu prügeln und die Überlebenden zu verhaften. So begannen sie zu schlagen, zu metzeln und festzunehmen. Die anderen konnten sich jedoch nicht wehren, weil sie nichts in Händen hatten, kein einziger von ihnen, und so begannen sie zu laufen und stürzten in die Moskva. Mehr als 100 sind in diesem Fluß untergegangen, und mehr als 7.ooo wurden geschlagen und gefangengenommen. Alle anderen sind geflüchtet."[9]

I.D. Miloslavskij, Vorsteher des Prikaz Bol'šoj Kazni und als Schwiegervater des Zaren faktischer Leiter der Regierungsgeschäfte, hatte vor allem durch seine Geldgier den Volkszorn auf sich gezogen; die Bestechlichkeit dieses Mannes war ein offenes Geheimnis, so daß auch Kotošichin von ihr berichtet.[10] Allein aus der ihm unterstehenden Moskauer Münze soll Miloslavskij 12o.ooo Rubel in eigene Taschen geleitet haben. Wie das Regime seines Vorgängers Morozov hatte damit auch das Miloslavskijs wesentlich zum Ausbruch der Unruhen beigetragen. Da die Loyalität der Strelitzen in diesem Fall jedoch nicht ins Schwanken geriet, konnte der Zar es sich leisten, über die Aufständischen Gericht abzuhalten - auch dies ein bemerkenswerter Gegensatz zum Jahre 1648. 18 Plünderer wurden noch am 25. Juli gehenkt, 225 Beteiligte festgesetzt und mehrere Tausend gefoltert, verhört und auf Lebenszeit nach Astrachan' und Sibirien verbannt. Bereits am 1.10. fühlte sich die Regierung sicher genug, für die Städter eine Kapitalsteuer von zwanzig Prozent auszuschreiben; da ein gleichlautender, wahrscheinlich aber kaum durchgesetzter Erlaß schon Anfang Juli ergangen war, unternahm der Staat den Versuch, binnen eines Vierteljahres vierzig Prozent des umlaufenden Geldes einzuziehen.[11] Getragen wurde der Aufstand vor allem von kleinen Kaufleuten, deren Handel durch die Teuerung zum Erliegen kam, sowie durch die Hunger leidenden Unterschichten. Gerade die Posadleute hatte die Regierung Anfang Juli gegen sich aufgebracht, als sie befahl, die bis dahin in Form von Bargeld geleistete Strelitzensteuer nun als Naturalie einzuziehen. Wenn der Moskauer „Kupferaufstand" die Steuerbedrückung auch nicht zu lindern vermochte, so trug sein blutiger Ausgang sicherlich zum Ukaz vom 15.6.1663 bei, der die Rückkehr zur Silbermünze einleitete.

In den Quellen tritt uns der Umfang der vor diesem Hintergrund einsetzenden Läuflingswelle zunächst durch Angaben zu den wieder eingefangenen Bauern entgegen, die in den sog. Rückgabebüchern *(otdatočnye knigi)* registriert wurden. Die Zahl der nicht aufgespürten Bauern lag ohne Zweifel erheblich höher. Auch bei der registrierten Kriminalität ist jedoch ein markanter Anstieg zu verzeichnen; so wurden etwa in Tambov 1645 acht Läuflinge gefaßt, 1650 42, 1655 180 und 1660 bereits 190.[12] Neben der Südgrenze gab die Wolgaregion ein zweites Ziel für die Läuflinge ab, wo es dem mit der Suche beauftragten Michail Petrovič Volynskij in Arzamas gelang, vom 3.5. bis zum 15.9.1658 mehr als 1.200

---

9 Kotošichin, O Rossii, S. 1o3.

10 Ebd., S. 1oo.

11 Bazilevič, Denežnye reformy, S. 74.

12 Zaničeva, Pobegi, S. 235. Puškov, Chozjajstvo beglych krest'jan, S. 88, liefert einen ungefähren Hinweis auf die Größe der Dunkelziffer, wenn er vermutet, innerhalb eines Jahres sei nur ein Zehntel der Läuflinge gefaßt worden.

Bauern aufzuspüren. Daß solche Bilanzen nicht außergewöhnlich waren, zeigt das Beispiel des Dmitrij Pleščeev, der von Moskau nach Nižnij-Novgorod entsandt wurde und vom 25.4. bis 15.6.1658 1.532 Gesuchte dingfest machte. V.M. Eropkin schickte aus der Umgebung Tambovs im Oktober/November 1662 1.049 Läuflinge zu den früheren Besitzern zurück, und in Rjazan' nahm der Suchbeauftragte A.S. Zabolockij vom Oktober 1663 bis zum Dezember 1667 rd. 8.ooo Leibeigene und Hörige fest. Trotz dieser beeindruckenden Zahlen erinnern die Suchaktionen auf das Ganze gesehen an die Vergeblichkeit, die das russische Sprichwort mit dem Bild wiedergibt, Wasser mit der Forke zu schöpfen. Dies zeigt eine zweite Fahrt Eropkins nach Tambov, wo vom Winter 1662/63 bis zum Winter 1664/65 so viele Neuankömmlinge eingetroffen waren, so daß Eropkin, als er 1664 zurückkehrte, abermals rd. 4.500 Läuflinge festnahm.[13]

Da die Zahl der flüchtigen Bauern seit Ende der Smuta eher rückläufig gewesen war und man sich auf den nach 1650 einsetzenden Läuflingsstrom institutionell kaum vorbereitet sah, suchte der Staat sein Heil zunächst in einer Reihe strafverschärfender Maßnahmen. Anfang 1653, also noch vor Beginn des Krieges, warf eine Bittschrift von Dienstleuten die Frage nach Schadensersatz auf. Daraufhin versprach ein Ukaz vom 5.3.1653 eine Zahlung von 20 Rubeln für einen Bauern mit Familie und von zehn Rubeln für einen Ledigen. Noch das Uloženie hatte allein die Flucht von Cholopen unter Strafe gestellt, indem es in diesem Fall die Knute vorsah (20, 22); die Flucht der Bauern war zwar verboten, doch stellte das Gesetz die Form der Ahndung in das Ermessen des Gutsbesitzers. Ein Ukaz vom 15.2.1658 brach mit dieser Regelung. Darin wurde der Voevode von Nižnij-Novgorod aufgefordert, flüchtige Leibeigene wie bislang nur Cholopen unbarmherzig mit der Knute zu schlagen. Ihre Flucht wurde ausdrücklich als „Verbrechen" *(vorovstvo)* bezeichnet.[14] Aus rechtsgeschichtlicher Sicht liegt hier ein tiefer Einschnitt. Bisher ordnete man die Flucht eines Bauern dem Zivilrecht zu; die Rückführung und Bestrafung oblag dem Gutsbesitzer. Nunmehr zog der Staat die Initiative an sich, baute die Ämterverfassung um und nahm auch die Bestrafung in seine Hand. Damit war die Eindämmung der Läuflingsbewegung zum Gegenstand des Strafrechts geworden. Nach wiederholten Eingaben aus dem Kreise der Dienstleute brachte noch das Jahr 1658 eine großangelegte Razzia nach Läuflingen. Am 13.9.1661 verschärfte ein Ukaz auch die Strafe für die Aufnahme von Läuflingen, die seit 1649 in der Zahlung einer Geldbuße in Höhe von zehn Rubeln pro Bauer und Jahr bestand (Ul. 11, 10). Nachdem die Inflation dieser Drohung viel von ihrer Wirkung genommen hatte, sollte der aufnehmende Gutsbesitzer seit 1661 zusätzlich zur Rückgabe des Läuflings noch einen Strafbauern abgeben.[15] Bei einer neuerlichen Generalsuche wurde dieses Strafmaß 1663 auf vier Bauern erhöht.[16] Als klarer Ausdruck staatlicher Hilflosigkeit ist auch die Anordnung von 1667 anzusehen, derzufolge

13 Novosel'ski, Pobegi, S. 334; Bulygin, Beglye, S. 132.
14 PSZ 1, Nr. 22o.
15 PSZ 1, Nr. 3o7 vom 13.9.1661.
16 PSZ 1, Nr. 364 vom Oktober 1663.

den Läufling weder die Priesterweihe noch der Eintritt ins Kloster vor der Rückholung schützen sollte.[17]

Welche Bauern waren es nun, die eine besonders hohe Wanderbereitschaft zeigten? Risikoreich und äußerst beschwerlich, wurde die Flucht zumeist wohl von der Hoffnung getragen, eine wirtschaftliche Schlechterstellung abzuwenden oder sogar eine Verbesserung zu bewirken. Zudem setzte der Abzug nach Lage der Dinge auch eine hohe Kolonisationsbereitschaft bzw. -fähigkeit voraus. Gerade letzteres war eher bei bessergestellten Familien gegeben, als deren Kennzeichen hier der Besitz von zwei oder drei Pferden gelten kann. In den Kreisen Alatyr' und Arzamas an der Wolga entfielen auf diese Schicht rd. 42 Prozent der Höfe und 46 Prozent der Bevölkerung, auf die Gruppe der Bauern ohne oder mit nur einem Pferd rd. 44 Prozent der Höfe und 35 Prozent der Bevölkerung. Unter den Läuflingen war diese bäuerliche Unterschicht jedoch nur mit rd. sechs Prozent vertreten, während die Mittelbauern die große Mehrheit der Abwandernden stellten.[18] Für deren überdurchschnittliche Beweglichkeit gab es zwei Hauptgründe. Geriet die Gemeinde durch zusätzliche Ansprüche von Gutsbesitzern und Staat unter Druck, waren die armen Bauern die ersten, die ihren Steuerpflichten nicht länger nachkommen konnten. Da der Gemeinde jedoch eine fixe Steuersumme vorgeschrieben war, wurden die wohlhabenden Bauern nun verstärkt zur Ader gelassen. In Zeiten anhaltender Bedrückung sahen diese mithin ihren Status bedroht. Daneben durften sich nur die Mittelbauern begründete Hoffnung auf eine Verbesserung ihrer Lage durch die Flucht machen. Da jede Familie ihren Besitz soweit möglich mitnahm, hatten die Bauern der Mittelschicht bei der Neuansiedlung bessere Startaussichten als die armen Bauern; vor allem konnten sie dem Zwang zur Verschuldung entgehen. Hinzu kam, daß die materiell bessergestellten Bauern auch durch die Familiengröße begünstigt waren und mehr Arbeitskräfte zur Verfügung hatten. Im gerade erwähnten Fall zählte die Familie mit zwei bis drei Pferden rd. sechs Personen, d.h. im Durchschnitt fast zwei Personen mehr als ärmere Familien mit höchstens einem Pferd. Das Beispiel der um 1660 im Kreis Rjazan' gefaßten Bauern kann hier als Bestätigung dienen. So hatten nur rd. 12 Prozent der gefaßten Läuflinge kein Pferd bei sich, 22 Prozent ein Pferd, 48 Prozent zwei bis drei Pferde und 17 Prozent mehr als drei Pferde - auch hier entfiel der Löwenanteil also auf die Mittelschicht. Wie an der Wolga hingen Besitz und Familiengröße auch bei diesem Beispiel zusammen. Die Familien ohne oder mit nur einem Pferd umfaßten im Durchschnitt rd. fünf Personen, die mit zwei bis drei Pferden fünf bis sechs Personen, alle anderen sieben Personen.[19] Im Grunde fehlten armen Bauern und Tagelöhnern also die Voraussetzungen, um sich durch den Abzug wirtschaftlich zu verbessern. Viele wird dies von einem

17 PSZ 1, Nr. 412 vom 17.6.1667.

18 Puškov, Chozjajstvo beglych krest'jan, S. 97. Die Gruppe der reichen Bauern mit vier oder mehr Pferden veranschlagt er in diesen zwei Kreisen auf rd. 13 Proz. der Höfe und 18 Proz. der Bevölkerung. Der Angabe zum Anteil der armen Bauern an den Läuflingen liegt die Auswertung von 295 Inventarlisten des Eigentums gestellter Bauernfamilien zugrunde. 270 dieser Listen wurden in den Jahren 1664-66 aufgenommen.

19 Bulygin, Beglye, S. 148-49.

Aufbruch dennoch nicht abgehalten haben, war die Aussicht, den Suchkommandos zu entwischen und ungestraft davonzukommen, doch weitaus größer als diejenige, gefaßt, verhört, gefoltert und schließlich zum Herrn zurückgebracht zu werden.

Unter den abziehenden Bauern scheint die Gruppe der Alleinflüchter, die ledig waren oder ihre Familie im Stich ließen, in der Minderheit gewesen zu sein.[20] Eine wesentliche Ursache dessen ist wohl darin zu erblicken, daß die Läuflinge ihr Besitztum in vollem Umfang mitzunehmen bestrebt waren. Zu einer derartig hohen Transportleistung war der einzelne jedoch kaum imstande. In der Gruppe der Alleinflüchter sind daher vor allem diejenigen zu vermuten, die ohnehin wenig zu tragen hatten *(brodjagi)* oder sich in Zukunft als Lohnarbeiter verdingen wollten.[21] Ein weiterer Grund, der gegen den Abzug einzelner sprach, ergab sich daraus, daß Läuflinge unterwegs auf der Hut sein mußten. Gegen Überfälle schützte die Zugehörigkeit zur Gruppe noch am besten, vor allem, wenn sie bewaffnet war. Daß auch Dienstleute nicht davor zurückschreckten, sich an Läuflingen zu vergreifen, zeigt ein Aktenstück des Voevoden von Brjansk aus dem Jahre 1639, in dem dieser angibt: „Zwei Bojarenkinder brachten einen flüchtigen Bauern in die Amtsstube und sagten, sie hätten ihn mitsamt Frau und Kindern an der litauischen Grenze aufgegriffen. Ich unterzog den Bauern einem Verhör, wie er heiße, woher er geflohen sei und wohin er wolle. Der Bauer sagte aus, er sei ein Läufling, der über die Grenze wolle; in deren Nähe hätten ihn die beiden festgenommen und ausgeraubt. Ich befahl, die Bojarenkinder zu verhören, ob sie den Besitz des Bauern an sich gebracht hätten; dies gaben die Bojarenkinder auch zu. Daraufhin ordnete ich an, den Bauern bis zum Ergehen Deines herrscherlichen Ukazes ins Gefängnis zu werfen." Auf diesen Bericht erging der Befehl, den Bauern und seine Frau nach Moskau zu schicken; den Bojarenkindern, die den Besitz des Bauern an sich gebracht hätten, sei kein Vorwurf zu machen. Hinfort solle gelten, daß Hab und Gut eines Läuflings demjenigen zustehe, der diesen bei sich „angesiedelt" habe.[22] Diese Anordnung ist in zweifacher Hinsicht recht aufschlußreich. Ein Ukaz vom 24.11.1597 hatte festgelegt, daß Läuflinge mitsamt ihres Besitzes an den früheren Gutsbesitzer auszuliefern seien.[23] Nach mehrfacher Bekräftigung, die auch hier als Anzeichen für die Nichtbefolgung gelten muß, fixierte auch Art. 11, 3 des Uloženie die Pflicht, den Läuflingen ihren Besitz bei der Rückführung zu belassen. Bei der Anordnung des Jahres 1639 scheint es sich deshalb entweder um ein Beispiel krasser Rechtsverwirrung zu handeln oder, was in diesem Fall wahrscheinlicher ist, um eine Anweisung, die sich nur auf Auslandsflüchter beziehen sollte, dies aber nicht zum Ausdruck brachte. Art. 2, 5 des Uloženie brach mit dem privaten Beuteanspruch und proklamierte einen staatlichen Vorrang; der Besitz von „Verrätern"

---

20 Bulygin, Beglye, S. 147, veranschlagt sie mit einem Drittel der Läuflinge insgesamt. Zaničeva, Pobegi, S. 233, spricht für 1692/93 von zehn Proz.

21 Vgl. Baklanova, Dela o syske, S. 314.

22 AMG 2, Nr. 111 vom 5.6.1638.

23 ZA Nr. 48. Bestätigt durch Ukaz vom 23.7.1641 (ZA Nr. 287) und durch den *Piscovyj nakaz* für Moskau von 1646 (AAÈ 4, Nr. 14).

(d.h. von Auslandsflüchtern) solle in die Hände des Zaren fallen. Da hier schon das Gesetz auf unsicherem Boden stand, kann man sich ein ungefähres Bild davon machen, wie das „Straßenrecht" auch sonst zum Nachteil des Läuflings gehandhabt wurde. Eigentümlich ist dieses Beispiel auch wegen der Divergenz der Rechtsauffassungen: Die Bojarenkinder hielten die Beraubung des Bauern für billig, der Bauer und Voevode für Unrecht, der Prikaz in Moskau jedoch für vorbildlich, so daß er seiner Antwort sogar die Form einer Anweisung gab. Wie um die Ironie auf die Spitze zu treiben, gab das Uloženie zehn Jahre darauf dem Standpunkt des Bauern Recht.

In den Rückgabebüchern sind uns zahlreiche Inventarlisten überliefert, aus denen man sich ein ungefähres Bild davon machen kann, womit die Wagen der Läuflinge bzw. Übersiedler beladen waren. So floh der Bauer Dolgij Semenov mit Familie auf ein Erbgut N.I. Odoevskijs im Dorf Vatras bei Nižnij-Novgorod. Diese Familie führte mit sich zwei Pferde, drei Kühe, zehn Schafe, zehn Lämmer, vier Kälber, zwölf Schweine, zehn Ferkel, an Brotgetreide je fünf četvert' Roggen und Hafer sowie an Saatgut fünf četvert' Roggen, drei čet' Hafer, zwei čet' Weizen, eine čet' Gerste, je eine os'mina Flachs und Erbsen, einen četverik Hanf, etwas Talg, eine Malzquetsche sowie den sechsten Teil eines Speichers und einer Getreidedarre.[24] Allem Anschein nach war es also kein armer Bauer, der sich hier auf den Weg gemacht hatte. Als besonders bemerkenswert an dieser Aufstellung, die wohl nur größere Posten umfaßt, erscheint die Mitnahme des Brot- und Saatgetreides; da die Übersiedlung ja dem Zweck diente, die Lebensbedingungen der Familie zu verbessern, stellte es eines der wertvollsten Güter Semenovs dar. Der Bauer N. Ivanov, der 1644 aus dem Kreis Suzdal' in das Dorf Baranovo bei Nižnij-Novgorod zog, brachte u.a. zwei Leiterwagen, drei Schlitten, drei Eisen- und zwei Hakenpflüge, sechs Sicheln, vier Äxte und mehrere Mühlsteine mit.[25] Wegen der Größe der Ladung empfahl es sich, den Abmarschtermin mit Bedacht auszuwählen und z.B. die Abwesenheit des Gutsherrn oder seines Verwalters abzuwarten. Zurückgekehrt aus dem Feld, fand mancher der kleinen und mittleren Dienstleute sein Dorf deshalb in verwaistem Zustand vor; auf den größeren Gütern war die Flucht demgegenüber weitaus schwieriger, da sie zumeist straffer geführt wurden.

Neben der Einzel- und Gruppenflucht ist als dritte Form des kriminalisierten Bauernabzugs schließlich die Massenflucht zu erwähnen, ausgelöst etwa durch eine Hungersnot, Willkürakte des Voevoden oder die Absicht eines Gutsbesitzers, Bauern in wüste Gebiete umzusetzen. Gerade letzteres war in der zweiten Hälfte des 17. Jahrhunderts häufig der Fall, als viele Dienstleute ihre Güter im Zentrum gegen solche auf der schwarzen Erde an der Südgrenze eintauschten. Auch das Auftauchen von Kosaken konnte zum Überlaufen von Leibeigenen führen. 1646 etwa löste das Erscheinen eines Atamans der Donkosaken bei Rjazan' den Abzug von mehr als 200 Bauern und Cholopen aus. Bevor diese jedoch endgültig an den Don aufbrachen, kehrten sie - mit Erlaubnis des Atamans - ein letztes Mal in ihre

24 Baklanova, Dela o syske, S. 314.
25 Smirnova, Pobegi, S. 13o.

Dörfer zurück, um diese gründlich auszurauben.[26] Als der Donkosak Vasilij Us 1666 mit großem Anhang in Moskau anrückte, um der Forderung nach Sold stärkeren Nachdruck zu verleihen, beschwor er damit das scharenweise Überlaufen von Cholopen herauf.[27] Auf das Ganze gesehen dürften Massenfluchten jedoch eher die Ausnahme gewesen sein.

Aus dem Umfang der zu transportierenden Last ergab sich, daß die Bauern die Fahrtstrecke so kurz wie möglich halten mußten; andererseits sank das Risiko des Gestelltwerdens erst mit zunehmender Fluchtdistanz. Dieser Zwiespalt legte es nahe, die Flucht etwa durch Aussendung eines Kundschafters vorzubereiten, um von vornherein ein festes Ziel anzusteuern. Aus den Kreisen Alatyr' und Arzamas liegt uns eine Aufschlüsselung der Fluchtdauer von 203 Familien vor, die 1665/66 gefaßt wurden. Davon waren 90 Familien seit ihrem ersten Aufbruch zwischen ein und neun Jahren unterwegs, 57 Familien zwischen zehn und 19 Jahren, 30 Familien zwischen 20 und 29 Jahren und 24 Familien zwischen 30 und 50 Jahren.[28] Nicht selten verbarg sich hinter dem - zu Recht oder zu Unrecht - gebrauchten Terminus „Flucht" also ein langwieriges Unternehmen, saßen die Bauern nach dem ersten Abzug doch zwangsläufig locker; diesmal konnte schon die Suche derjenige Faktor sein, der die Weiterflucht auslöste. Die Langwierigkeit der Flucht ergab sich freilich auch aus der Weite des Raumes, der sich vor der Kolonisationsbewegung öffnete.

Bei den Zielen der Läuflinge lassen sich vier Möglichkeiten unterscheiden. Die erste, oben bereits angedeutete vollzog sich mit der Flucht zu einem der großen Kosakenheere an Don und Jajk. Von ihnen verzeichnete gerade das dem Reichszentrum näher gelegene am Don in den sechziger Jahren einen so starken Zuwachs an Menschen, daß deren Versorgung nicht mehr gewährleistet war. Sowohl dem Zug des Vasilij Us nach Moskau 1666 als auch dem Aufstand des Sten'ka Razin vier Jahre darauf lag auch dieser Ernährungsnotstand zugrunde. Was den Mythos vom „freien Kosaken" gerade unter Leibeigenen aufrecht erhielt, war der gewohnheitsrechtliche Anspruch beider Heere auf die Nichtherausgabe von Zuwanderern. Dies bezogen die Kosaken nicht nur auf Läuflinge, sondern auch auf die Gruppe der Altgläubigen. Als der Metropolit von Kazan' 1688 die Jajk-Kosaken zu deren Auslieferung aufforderte, handelte er sich stattdessen die formelhafte Absage ein: „Von uns, dem Heer am Jajk, hat es schon in früheren Jahren keine Herausgabe von Läuflingen gegeben; wir rufen niemanden zu uns und liefern dafür auch niemanden aus." Stillschweigend hatte auch die Regierung diesen Anspruch anerkannt, da zum Don und Jajk keine

---

26 Novosel'skij, Pobegi, S. 34o. Ebenso erschreckend mehrere Beispiele bei Bulygin, Beglye, S. 14o-41, wonach Läuflinge noch Jahre nach ihrer Flucht in das alte Dorf zurückkehrten, um es ein zweites Mal auszurauben.

27 Pronštejn, K istorii pochoda; Čistjakova, Us; dies., Pochod.

28 Puškov/Promachina, Sem'ja, S. 27. Innerhalb dieser Gruppen trat ein deutlicher Besitzvorteil zugunsten der länger Flüchtenden auf. Z.B. wurden bei Familien, die vor 20 bis 30 Jahren das erste Mal geflüchtet waren, im Durchschnitt 2,7 Pferde und 3,6 Kühe gezählt (gegenüber 1,9 Pferden und 1,1 Kühen bei den Bauern, die ein bis neun Jahre unterwegs waren). Dieses Besitzgefälle bestätigt die Beobachtung, daß wohlhabendere Bauern eine größere Wanderbereitschaft hatten.

Suchkommandos beordert wurden. Die zweite Möglichkeit, die Entlaufenen offenstand, war der Eintritt in den Stand der Dienstleute. Der Form nach sollte sie nur für die Gruppe der Freien gelten, nicht jedoch für Steuerpflichtige. Da die Befestigung der Südgrenze jedoch einen außerordentlich hohen Bedarf an Soldaten schuf, konnte dieser im Grunde nur dann befriedigt werden, wenn auch und gerade Bauern gezogen wurden. Aus diesem Grund waren die Einstellungsoffiziere kaum interessiert daran, den sozialen Status der Bewerber zu überprüfen. Dies wiederum vergrößerte den Andrang, so daß manche aus dem Boden gestampfte Festung geradezu ein Wettrennen von Bauern erlebte, die sich als Dienstleute registrieren lassen wollten. Ganz offensichtlich unterlag der Staat hier einem schwerwiegenden Interessenkonflikt, der es ihm verbot, sowohl konsequent für die Rückführung der Läuflinge einzutreten als auch für die ausreichende Stärke der Grenztruppe zu sorgen. Der erwähnte Ukaz vom 5.3.1653 versuchte diesen Zwiespalt zu überwinden, indem geschädigten Gutsbesitzern ein Betrag von zwanzig Rubeln pro entflohenem Bauern in Aussicht gestellt wurde. Von der Südgrenze seien deshalb nur diejenigen Läuflinge zurückzuholen, die erst nach Erlaß des Uloženie dorthin geflohen seien. Am 20.3.1656 verlängerte ein weiterer Ukaz das Stichdatum auf das Jahr 1653. Die Regierung hatte sich damit für einen Pragmatismus entschieden, dem sie auch weiterhin treu bleiben sollte.[29]

Das dritte Schlupfloch tat sich durch die Flucht in die Städte auf. Wegen des niedrigen Urbanisierungsgrades im Zarenstaat bot die Stadt Neuankömmlingen jedoch nur begrenzte Existenzchancen an; zudem hatte die im Uloženie verfügte strikte Trennung von Stadt- und Landbevölkerung den Übertritt in den Posad zusätzlich erschwert. Das Bevölkerungswachstum Moskaus, der mit Abstand größten Stadt des Reiches, ist hier in keiner Weise typisch. 1652 zählte man hier 3.628 Höfe, zwei Jahre darauf scheint die Pest drei Viertel der Posadleute hinweggerafft zu haben, doch wurden bereits 1678 wieder 5.478 Höfe ermittelt.[30] Dieses Wachstum ging mit einer außerordentlichen Bevölkerungsfluktuation einher, die es dem Zuwanderer erleichterte, hier vorläufig Fuß zu fassen. Wegen der großen Bedeutung der Städte als Steuerquelle verwickelte sich der Staat auch in diesem Fall in einen Zielkonflikt. Da die fiskalischen Absichten schwerer wogen, ergingen in regelmäßigen Abständen rückwirkende Amnestien für in die Stadt entwichene Bauern. Für die Stadt Moskau sprachen etwa die Ukaze vom 8.9.1665 und vom 24.12.1685 eine derartige Legalisierung der Flucht aus.[31] Im Fall des Eintritts in das Kosakentum ergab sich also eine faktische Anerkennung des neuen Status, im Falle des Eintritts in die Dienst- und Posadleute ergab sich sogar eine formelle Billigung. Recht und Gesetz wurden also vom Staat selbst unterminiert.

Die große Mehrheit der Läuflinge verblieb im agrarischen Lebensbereich, indem sie zu verbesserten Bedingungen nach Aufnahme bei einem anderen Gutsbesitzer suchte.[32] Auch an dieser Stelle stößt man auf eine Ungereimtheit

29 Vgl. Goehrke, Wüstungen, S. 282-84; Novosel'skij, Otdatočnye knigi, S. 132.

30 Die Zahlen sind tw. strittig. Vgl. die umsichtige Erörterung bei Eaton, Decline, S. 25o-51.

31 Vgl. Man'kov, Razvitie, S. 271-72.

32 Bulygin, Beglye, S. 147, beziffert diese Gruppe für den Kreis Rjazan' auf rd. 79 Proz.

des Gesetzes. In Art. 11, 3 des Uloženie heißt es ausdrücklich, daß über den Besitz entlaufener Bauern „vor diesem Gesetzbuch kein Ukaz ergangen ist“. Allerdings hatte der Ukaz Vasilij Šujskijs vom 7. März 1607 die Aufnahme fremder Bauern sehr wohl unter Strafe gestellt, auch wenn diese mit einer Buße in Höhe von zehn Rubeln nicht übermäßig scharf ausfiel.[33] Ein weiterer Ukaz vom 12.1.1641 hatte dieses Verbot sowohl für Bauern als auch für Bobylen erneuert und es Gutsbesitzern hinfort sogar untersagt, fremden Bauern Kredit zu einzuräumen;[34] oftmals war die Gewährung einer Anleihe ja der erste Schritt, um eine Abhängigkeit in Szene zu setzen. Andererseits fällt es schwer zu glauben, die Redaktionskommission um N.I. Odoevskij habe sich in diesem Fall in eklatanter Unkenntnis der Rechtslage befunden.[35] Gerade Großgrundbesitzer wie Odoevskij, B.I. Morozov, die Miloslavskijs usw. nahmen ja mit Vorliebe Läuflinge auf. Sie konnten den Zuwanderern bessere Lebensbedingungen bieten als kleine Dienstleute und ließen diese Bauern andererseits mit erheblichem Gewinn für sich arbeiten, da die großen Gutsbetriebe oft auch in der Weiterverarbeitung tätig waren oder für den Markt produzierten. Aus Sicht der Bojaren war das Risiko, das sich mit der Aufnahme von Läuflingen verband, auch nicht sehr groß. Art. 11, 10 des Uloženie hatte das 1607 verhängte Strafmaß von zehn Rubeln (pro Bauer und Jahr) zwar wieder bekräftigt. Um diese Strafe jedoch zu erwirken, mußte der kleine Dienstmann gegen den großen klagen - nach Lage der Dinge kein sehr leichtes Unterfangen. Zudem stand es dem Bojaren offen, die von ihm angesiedelten Läuflinge vor Ankunft eines Suchkommandos in die Wälder zu schicken, die Herkunft seiner Bauern durch lückenhafte Angaben in den Grundbüchern zu verschleiern usw.

Der Abzug der Bauern von kleinen Gütern auf große erfaßte fünf Hauptregionen des Moskauer Staates: Das Zentrum des Zarenstaats, markiert durch das Städteviereck Tver', Moskau, Nižnij-Novgorod und Vologda; den Nordwesten um Novgorod und Pskov; der Norden von Vologda bis Archangel'sk; die mittlere Wolga zwischen Nižnij-Novgorod, Kazan' und Simbirsk sowie das Hinterland der Südgrenze, die um die Mitte des 17. Jahrhunderts eine Linie von Simbirsk im Osten über Tambov und Voronež zu den Städten um Belgorod südlich Kursk erreicht hatte. Unter den drei älteren, zuerstgenannten Regionen hatte sich die Leibeigenschaft nur im Zentrum und im Nordwesten ausgebildet, jedoch nicht im Norden. Hier war die Zahl der Pomeščiki sehr klein, da die Länge des Anmarschweges ein pünktliches Wahrnehmen der Gestellungstermine in Moskau vereitelte. Durch das weitgehende Fehlen der Dienstleute hatte sich im russischen Norden auch die Schicht der Leibeigenen kaum entwickelt, denen ansonsten die Ernährung der Gutsbesitzer oblag. Dennoch kam durch die Folgen des Dreizehnjährigen Krieges von 1654 bis 1667 auch im Norden eine beträchtliche Abwanderung in Gang. Hier war es vor allem der von den Gemeinden ausgeübte Steuerdruck, der Bobylen und Bauern zur Flucht zumeist an die Wolga, in den Ural

33 ZA Nr. 57.

34 ZA Nr. 283 (Datierung unsicher).

35 Vgl. die Zusammenstellung der verschiedenen Positionen bei Man'kov, Hg., Uloženie, S. 233.

oder nach Sibiren veranlaßte.[36] Da ihnen der legale, aber befristete Abzug zur Aufnahme einer Lohnarbeit durch die Gewerbetradition eher offenstand als den Leibeigenen, nutzten die nordrussischen Bauern oftmals diese Möglichkeit, um den angestammten Hof zu verlassen. Ggf. ließen sie die ihnen zur Rückkehr gesetzte Frist einfach verstreichen; der Übergang zwischen legaler Wanderarbeit und illegaler Flucht war daher fließend. Die aus der Umgebung Moskaus stammenden Leibeigenen wandten sich durch die Kürze des Weges oftmals dem Süden zu, wo zeitweise die Möglichkeit bestand, in den Stand der Dienstleute einzutreten. Der Nordwesten, der durch die Truppenbewegungen am stärksten unter Kriegsverwüstungen litt, bot durch seine Randlage schlechte Chancen, nach Süden oder an die Wolga zu entkommen. Aus diesem Grund wandten sich viele der aus dem Novgoroder Land stammenden Leibeigenen und Hörigen sogar Polen-Litauen zu. Das Delikt der Auslandsflucht begegnet uns auch im Uloženie, wo es an Landesverrat angrenzte. Art. 6, 3 ordnete in diesem Fall die Todesstrafe an.[37] Grob gesagt waren die drei älteren Gebiete im Zentrum und Nordwesten damit diejenigen, aus denen die Bauern davonliefen, während die später besiedelten Randterritorien im Süden und Osten die Läuflinge anzogen. Wie das Beispiel des Nordens zeigt, war die 1649 endgültig verankerte Schollenbindung insgesamt gesehen also nur ein möglicher Fluchtgrund unter mehreren; da sie die Leibeigenen jedoch endgültig an die Forderungen des Gutsbesitzers auslieferte, ist es im Grunde nicht überraschend, daß die Folgen der Schollenbindung zusammen mit den Auswirkungen des Dreizehnjährigen Krieges eine Fluchtbewegung auslösten, die der während der Smuta vergleichbar ist. Beide zusammen haben dem 17. Jahrhundert wohl zu Recht die Bezeichnung des „Jahrhunderts der Läuflinge“ eingetragen (Goehrke).

Die hier skizzierte Läuflingswelle ist in unserem Zusammenhang deshalb von Interesse, weil ihr eine zweite Welle dichtauf folgte - die der Kriminalität. In den Quellen tritt sie uns zumeist in Form von Überfällen flüchtender Bauern auf Gutshäuser entgegen. Gewalttätigkeiten etwa zwischen abziehenden und zurückbleibenden Bauern oder Übergriffe der Gutsbesitzer gegen ihre Leibeigenen - wohl eine Hauptursache der Fluchtbewegung - sind dagegen kaum registriert worden, da die Geschädigten in diesen Fällen selten Anzeige erhoben. Wie so oft kann man aber auch hier von der registrierten Kriminalität nicht auf die tatsächlich begangene schließen. Als Beispiel der Anzeige eines Gutsherrn kann etwa die des Andrej Fadeevič Ašanin aus Suzdal' gelten, der sich mit folgender Bittschrift an das Militäramt in Moskau wandte: „1657 und 1661 haben mein Gesinde und meine Bauern meinen Hof völlig verwüstet; darauf sind sie an die Wolga geflüchtet. Zurückblieben allein meine Frau und meine Kinder, derweilen ich

36 Vgl. die Beispiele bei Merzon/Tichonov, Rynok Ustjuga, S. 365, 611.

37 Die Auslandsflucht war vielleicht nicht ganz so selten, wie stellenweise angenommen. Art. 6, 6 ermächtigte Gutsbesitzer in den Grenzregionen dazu, der Flucht oder anderer Vergehen verdächtige Bauern dem Voevoden vorzuführen; dieser wiederum war, die Verdächtigen bis auf weiteres in Gewahrsam zu nehmen. Derart weitgehende Anordnungen entstanden sicherlich nicht ohne Anlaß. Art. 11, 34 suchte sogar den Fall zu regeln, daß ein Läufling im Ausland eine ebenfalls entflohene Bäuerin zur Frau nahm. Vgl. auch die Beispiele bei Jakovlev, Cholopstvo, S. 2o3-12.

Dienst leisten mußte. Sogar zum Verriegeln des Tores und zum Heizen ist niemand mehr da. Mildtätiger Herrscher, erbarme Dich und gestatte mir, mein Gesinde und meine Bauern in Nižnij-Novgorod zu suchen." Dieser Bitte kam der Razrjad jedoch nicht nach und befahl, Ašanin habe bei seinem Regiment zu bleiben. Bei der Überprüfung von Ašanins Angaben stellte sich heraus, daß dieser nicht übertrieben hatte; seine Dörfer lagen verwaist, sein Hof war restlos ausgeraubt.[38] Zu energischen Maßnahmen sah sich der Razrjad jedoch nur dann genötigt, wenn eine ganze Reihe von Adligen als Bittsteller auftrat. So ging die Entsendung des oben erwähnten Suchbeauftragten Dmitrij Pleščeev auf eine Anzeige von Gutsbesitzern aus Galič zurück, auf die Pleščeevs Instruktion eingangs Bezug nahm: „Im Jahr 1654, als sie (die Kläger) zum Dienst einrückten, liefen ihre Leute und Bauern davon, überfielen die Höfe der Pomeščiki und Votčiniki und steckten sie an. Sie erschlugen deren Frauen, Kinder, Leute und Bauern und machten sich dann nach Nižnij-Novgorod davon." Das Pleščeev erteilte Sendschreiben kann als Dokument dafür gelten, daß der Staat zur Eindämmung von Läuflingsbewegung und Abzugskriminalität zu standrechtlichen Praktiken greifen mußte. Hatte das Uloženie die Folterung noch an gewisse Bedingungen geknüpft,[39] ließ man nun jede Zurückhaltung fahren. „Wenn entlaufenes Gesinde oder Bauern ihre Pomeščiki, Votčiniki oder deren Frauen und Kinder umgebracht oder deren Höfe in Brand gesteckt haben, soll Dmitrij (Pleščeev) diese ausfindig machen, verhören und foltern." Die im Uloženie fixierten Auflagen sollten nur dann Geltung haben, wenn die Läuflinge lediglich der Paß- und Urkundenfälschung verdächtigt wurden. Unter jeweils zehn gefaßten Läuflingen seien zwei auszulosen und zu knuten, „damit andere in Zukunft nicht dazu verlockt werden, zu entlaufen und Verbrechen zu begehen".[40]

Es wäre verfehlt, die Ursachen der Läuflingskriminalität allein in den Auswirkungen des Dreizehnjährigen Krieges zu suchen; hinzukommt, daß die Rechtsstellung der Bauern durch das Uloženie eine zusätzliche Minderung erfahren hatte, die viele Gutsbesitzer dazu veranlaßte, eine härtere Gangart einzuschlagen. 1663 stellte das Iverskij-Kloster aufgrund bäuerlicher Klagen eine Untersuchung darüber an, was sich die Gutsbesitzer hatten zu Schulden kommen lassen. Zutage trat ein Katalog, der kaum ein Delikt ausließ und sich von der Vergewaltigung der Bauersfrauen bis zum offenen Raub erstreckte. Auch die Pferde der Bauern wurden mitunter so übel behandelt, daß man sie nicht mehr zum Bestellen der Felder verwenden konnte. Ein Bojarenkind soll sich an der Schutzlosigkeit der Bauern sogar geweidet haben: „Und wenn ich euch sogar zu Tode prügle - wer wird sich für euch einsetzen, wessen Bauern seid ihr schon..."[41] Das Rechtsbewußtsein der Bauern hat die 1649 verfügte endgültige Aufhebung der Fristjahre wohl zu keinem Zeitpunkt akzeptiert. In den Verhören verhafteter Läuflinge kommt dies sehr deutlich zum Ausdruck, da die Leibeigenen niemals von

---

38 AMG 3, Nr. 427 vom 30.5.1661.

39 Art. 21, 38 schreibt etwa die Gegenüberstellung von Angeklagten und Belastungszeugen vor.

40 DAI 4, Nr. 48 vom März 1658.

41 Boškovska, Widerstand, S. 347.

„Flucht", sondern immer von „Abzug" *(otchod)* sprechen. Daß die Gutsbesitzer jedoch im Besitz von Papieren waren, die ihnen Macht über Bauern verliehen, diese Tatsache war vielen Leibeigenen bewußt, markierte, wie im vorangehenden Abschnitt gesehen, doch allein das Vorhandensein einer Urkunde die Linie zwischen Freiheit und Bindung an den Gutsherrn. Wenn der Adel von Galič also darüber klagte, daß die abziehenden Bauern seine Höfe in Brand gesetzt hätten, lag dem auch die Absicht der Aktenzerstörung zugrunde. Bei vielen Cholopen hatte die Schuldverschreibung dabei nicht nur den Wunsch auf Vernichtung dieses Dokuments ausgelöst, sondern auch das Fluchtmotiv geliefert.[42] Die hier angestrebte Aktenbeseitigung war vielleicht nicht sehr nachhaltig, da die Kataster ja unberührt blieben; den Anschlußdelikten gegen das Eigentum des Gutsherrn hat die Brandstiftung jedoch den Weg geebnet und so zum verheerenden Ausmaß der Abzugskriminalität beigetragen. Anhand zahlreicher Beispiele hat vor allem A.A. Novosel'skij herausgearbeitet, daß die Bereicherung der Abziehenden auf Kosten der Zurückbleibenden nach 1649 zur vielleicht meistregistrierten Straftat wurde.[43] Die wirtschaftliche Lage der Flüchtenden hat bei dieser Form der Kriminalität offenbar keine entscheidende Rolle gespielt; oftmals taten sich sogar die zumeist aus der bäuerlichen Oberschicht stammenden Ältesten als Einbrecher bzw. als Treckführer hervor.

Während die bäuerliche Mittelschicht dem agrarischen Lebenskreis zumeist erhalten blieb, wandten sich viele der schlechtergestellten Einzelgänger den Städten zu. Blieben sie im Netzwerk etwa der Moskauer Kneipen und Kutschervorstädte hängen, die Läuflingen besonders im Winter Unterschlupf boten, fiel es ihnen weitaus schwerer als den Mittelbauern, zu einer nichtkriminalisierten Lebensweise zurückzufinden. Aus den Protokollen der Moskauer Polizei geht unzweifelhaft hervor, daß die Laufbahn von Straffälligen in der Mehrzahl mit der Flucht vom Gutsbesitzer begonnen hatte. Vor diesem Hintergrund wird verständlich, daß sich der Zarenstaat nach 1649 zum Versuch gezwungen sah, die Städte schärferer Kontrolle zu unterwerfen. So befahl etwa der Prikaz des großen Hofes den ihm unterstehenden Städten am 25.2.1658, niemandem ohne Entlassungsurkunde Einlaß zu gewähren, „damit keine flüchtigen Leute und Bauern, seien es Männer oder Frauen, im Posad Aufnahme finden."[44] Eine derartige Passage ging auch in Art. 93 des Handelsgesetzbuches vom 22.4.1667 ein, wurde dort aber durch den Hinweis erweitert, daß die Beamten vor Neuankömmlingen generell auf der Hut zu sein hätten.[45] Wohl am deutlichsten fiel die Warnung in einem namentlichen Ukaz vom 26.1.1668 aus, der eine Verstärkung der Moskauer Nachtwachen und ein nächtliches Ausgangsverbot während der Osterwoche vorsah und dies mit folgenden Worten begründete: „Derzeit treiben sich auf den Moskauer Straßen Scharen von Verbrechern, Leuten aller Stände und Cholopen von Bojaren herum, die mit Musketen, Hellebarden, Spießen, Äxten und Dolchen

42 Vgl. D'jakonov, Očerki, S. 77; Smirnova, Pobegi, S. 13o.

43 Novosel'skij, Pobegi, bes. S. 34o-41; ders., K voprosu, S. 62-63. Vgl. Culpepper, Origins, S. 169.

44 AAĖ 4, Nr. 1o1.

45 PRP 4, S. 321.

bewaffnet sind, die Leute überfallen, ausrauben, ausplündern und zu Tode bringen. Jegliche Schandtat ist diesen Verbrechern zuzutrauen."[46] Nicht ganz unberechtigt sprach dieser Ukaz davon, daß sich die Räuberbanden auch aus Cholopen rekrutierten. Diese hatten oftmals Zugang zu Schußwaffen, weil sie ihren Herren ins Feld folgen mußten. Mit Beginn des Dreizehnjährigen Krieges suchten sich viele Cholopen dem Kriegsleben zu entziehen, statteten sich zuvor aber mit Kleidung, Proviant und Pferd aus dem Eigentum ihres Bojaren aus. So erging am 27.5.1654 der Ukaz, daß desertierte Cholopen, die des Diebstahls verdächtigt wurden, auf der Stelle hinzurichten seien.[47] Offenbar nahm die Fluchtbereitschaft der Cholopen jedoch kaum ab, da schon im Jahr darauf eine Bekräftigung dieser Drohung nötig wurde.[48] Ein untrügliches Kennzeichen der zunehmenden Kriminalität ist wohl auch die Strafverschärfung für Straßenraub. Art. 21, 16 des Uloženie hatte für erstmaligen Straßenraub ohne Todesopfer den Verlust des rechten Ohres sowie eine dreijährige Gefängnishaft vorgesehen. Mit Ukaz vom 8.8.1659 wurde sie durch die Hinrichtung ersetzt.

Insgesamt gesehen ergibt sich der Eindruck, daß die Schollenbindung eine Woge der Gewalt auslöste. Die Folgen des Uloženie liefern deshalb ein Beispiel dafür, daß eine neuverfügte Kriminalisierung - in unserem Fall die des bäuerlichen Abzugs - die Delinquenz auch in den schon zuvor sanktionierten Bereichen wie Brandstiftung oder Straßenraub steigern kann. Weitaus schlechter dokumentiert und deshalb dem Dunkelfeld zugehörig, schlug die Läuflingswelle aber nicht selten auch in Amtskriminalität um, da sich Dienstleute zwecks Strafvereitelung entweder von Läuflingen bestechen ließen oder aber diese erpreßten.[49] Hier rücken die Organe der Justiz und Lokalverwaltung ins Blickfeld, die infolge der Läuflingswelle einen tiefgreifenden Umbau erlebten.

46 PSZ 1, Nr. 423.

47 PSZ 1, Nr. 127. Vgl. Novosel'skij, Otdatočnye knigi, S. 13o.

48 PSZ 1, Nr. 15o vom 11.3.1655. Der Ukaz vom 8.8.1659 ebd., Nr. 255.

49 Vgl. Preobraženskij, Sysk, S. 97.

2.d Voevode und Guba-Ältester

Die Wucht der oben skizzierten Läuflingsbewegung tritt auch dadurch hervor, daß sie das weitgehende Versagen der überlieferten Justizorgane deutlich machte. In Erkenntnis dessen hat der Moskauer Staat die formell von der lokalen Gesellschaft gewählten Guba-Ältesten als bisherige Träger der Strafverfolgung nach 1649 durch staatliche, von der Zentralverwaltung in die Provinz entsandte Suchbeauftragte oder *Syščiki* abgelöst. Dieses Kapitel umreißt die Bedeutung des Guba-Amtes, um seine Abschaffung verständlich zu machen. Dabei empfiehlt es sich, zunächst einen Blick auf die territoriale Gliederung des Moskauer Reiches zu werfen. Das Gebiet des Zarenstaats teilte sich in einzelne *zemlja* auf, die in der Verwaltungssprache seit dem 12. Jahrhundert als *uezd* (Kreis) bezeichnet wurden. Hier bedeutete *uezd* soviel wie Steuerbezirk. Für die zweite Hälfte des 17. Jahrhunderts kann man zweifellos mehr als 100 dieser Kreise annehmen, deren territoriale Ausmaße aber sehr unterschiedlich waren.[1] Einer der größten war der Kreis von Novgorod, der sich in Fünftel mit insgesamt mehr als 200 Unterbezirken teilte (*pogost'*, eigentlich Kirchdorf bzw. *guba* in Pskov). Beträchtlichen Umfang wies auch der Kreis Moskau auf. Er zählte 34 *stany* und 23 *volosti*, von denen 13 dem Zaren gehörten. Andererseits gab es zahlreiche Kreise, die nur zwei oder drei Unterbezirke umfaßten. Ein wesentlicher Grund für diese Größenunterschiede bestand darin, daß sich das Moskauer Reich ehemalige Teilfürstentümer wie Suzdal' (mit 22 Unterbezirken) oder Vladimir (mit 40) äußerlich unverändert eingegliedert hatte. Andere Kreise gingen dagegen auf Seitenlinien der Teilfürsten zurück, beruhten mitunter auf Erbteilung und waren daher sehr klein. Mit der Aufteilung der großen Verwaltungseinheiten in kleinere war der Moskauer Staat schon deshalb zurückhaltend, weil ihn die Grenzziehung lange vor eine kaum lösbare Aufgabe stellte. Seit Ende der Smuta haben die Steuerschreiber zwar an ihr gearbeitet, konnten neben ihrer Hauptaufgabe dafür aber wenig Zeit erübrigen. Aus diesem Grund ist es nicht verwunderlich, wenn uns noch für 1679 ein Beispiel dafür überliefert ist, daß sich die Voevoden zweier Kreise einen Bezirk streitig machten.[2] Ein weiteres Kuriosum besteht darin, daß der Fall eines territorial zersplitterten Kreises nicht ganz selten war. Ebenso unterschiedlich wie die Größe der Kreise fiel die der Bezirke aus; im dünn besiedelten Norden schwankte die Zahl der Höfe einer *volost'* zwischen drei und mehr als 900.[3] Mit Zunahme der Bevölkerung wuchsen viele Bezirke späte-

1 Vgl. die Aufzählung von 118 Kreisen bei Vodarskij, Naselenie, S. 233-47 (mit Karten). Gradovskij, Upravlenie, S. 359, spricht für das Jahr 1625 von 146 Kreisen, Lappo-Danilevskij, Organizacija prjamogo obloženija, S. 85, von 173 Kreisen. Got'e, Kraj, S. 197 beziffert die Anzahl der Kreise allein im Gebiet Moskau auf 35 bis 40. Durch die Zersplitterung der Quellen vom späten 16. bis zum frühen 18. Jahrhundert lassen sich hier kaum exakte Angaben machen.

2 Vodarskij, Naselenie, S. 14o.

3 Bogoslovskij, Samoupravlenie, Bd. 1, S. 38.

stens gegen Ende des 17. Jahrhunderts auf mehr eine Größe von mehr als 1.ooo Höfen an. *Volost'*, das russische Wort für Bezirk oder Kirchspiel, bezeichnete zunächst eine Gemeinde, die zur Wahl des Ältesten regelmäßig zusammentrat. Mit der Ausdehnung Moskaus und der allmählichen Zunahme staatlicher Institutionen wurde *volost'* jedoch von *stan* zurückgedrängt, einem wie *uezd* der Verwaltungssprache entstammendem Begriff, der mit dem kleinsten Steuer- und Gerichtsbezirk identisch war. Dort, wo *stan* und *volost'* nebeneinander bestanden, konnten sich ihre Grenzen auch überschneiden. Ggf. nahm *stan* auch die Bedeutung von „mehrere *volosti*" an und rückte damit wie *pjatiny* (in Novgorod), *dorogi* (in Kazan') oder *ključi* (in Nižnij-Novgorod) zur Bezeichnung der mittleren Ebene zwischen *uezd* und *volost'* auf.

Die Funktion des „Landpflegers" im Kreis nahm seit der Zeit der Teilfürstentümer der Namestnik wahr. Dieser Statthalter erfreute sich eines so hohen Maßes an Unabhängigkeit, daß er es gewohnt war, Dienst- und Privatinteressen eng miteinander zu verflechten. Vielen Statthaltern war ihr Kreis unbefristet übertragen worden, tw. beließ Moskau frühere Teilfürsten nach dem Anschluß in diesem Amt, tw. vererbte es der Vater auf den Sohn. Mit der Wahrnehmung der untergeordneten Verwaltungsgeschäfte beauftragten die Statthalter eigene Cholopen, strichen Gerichtsgefälle ein und forderten Abgaben z.B. für das Bierbrauen oder den Pferdehandel, Gelder, die in ihre eigene Tasche flossen. Vor allem jedoch stand den Statthaltern an zumeist drei Feiertagen im Jahr ein Recht auf Naturalien zu, die die ansässige Bevölkerung abzuliefern hatte. Den Umfang dieses *kormlenie* gedachten die Zaren in Bestallungsurkunden zu beschränken, deren älteste uns aus dem Jahre 1397/98 überliefert ist. Als spätestens das 16. Jahrhundert die Schattenseiten dieser Form von Machtausübung offenlegte - für den Staat beschwor sie einen Steuerausfall herauf, für die Bevölkerung eine Willkürherrschaft sondergleichen -, entstand im Voevoden ein neuer Typ des Provinzialbeamten, mit dem der Staat seinen Zugriff auf die Lokalebene verstärkte. Die Durchsetzung dieses Amtes vollzog sich i.W. in zwei Schüben: Als die Zentralbehörden nach der Eroberung von Kazan' 1552 in arge Geldnot gerieten, lag es im Grunde nahe, das *kormlenie* abzuschaffen, höhere Steuern auszuschreiben und die Provinzverwaltung hinfort zu besolden, um den entstehenden Steuerüberschuß zum Unterhalt des Heeres zu verwenden. So verordnete der Zar 1555/56 zumindest auf dem Papier die Beseitigung des Kormlenie; damit war auch ein Lebensnerv des Namestnik getroffen. Während der Kriege der zweiten Hälfte des 16. Jahrhunderts läßt sich an zahlreichen Beispielen verfolgen, wie die Liste der von Voevoden verwalteten Städte immer umfangreicher wurde. Dieses Amt hat der Moskauer Staat zunächst im Sinne von „Oberst" gekannt; unter besonderen Umständen, so 1535 während des Krieges gegen Polen, wurden Voevoden zur Aufrechterhaltung stabiler Zustände jedoch auch als oberste Provinzialbeamte eingesetzt. Während des Grenzkrieges gegen Schweden brachen zwei Voevoden 1555 auch nach Novgorod auf, und mit der Eroberung Sibiriens ging der Steuereinzug dort ebenfalls an Voevoden über; zwischen 1583 und 1603 wechselten sich allein in Tobol'sk zehn Voevoden ab. Zutreffend, wenn auch etwas pathetisch, charakterisiert Bogoslovskij diese Situation mit den folgenden Worten:

„Die Revolution zu Beginn des 17. Jahrhunderts erschütterte die russische Gesellschaft bis in die Grundfesten. Dieser Aufruhr trug den Abschaum an die Oberfläche, der dort noch lange Zeit sichtbar blieb, auch als sich die Wogen schon wieder geglättet hatten. Zu seiner Vernichtung sah sich die Gesellschaft zu außergewöhnlichen Maßnahmen gezwungen. Zum Kampf mit äußeren und inneren Feinden sowie mit anarchischen und verbrecherischen Elementen, die vielleicht noch gefährlicher waren als die äußeren Widersacher, wurden jetzt alle Bezirke des Staates unter das Kriegsrecht gestellt, unter dem sich früher nur die vom feindlichen Angriff bedrohten Grenzgebiete befunden hatten. Ihre Verwaltung wurde einer bewaffneten Herrschaft, den Voevoden, übertragen, weil die zivile Herrschaft in Gestalt der Wahlbeamten ebenso wie die gewählten Zemstvo-Organe der Richter und Guba-Ältesten zum Kampf nicht die erforderliche Kraft aufbrachten."[4]

Äußeres Zeichen dieser neuen Herrschaft war, daß der Voevode zumeist unter dem Schutz von Soldaten auftrat, die auch seinen Amtssitz bewachten. Ihm unterstanden die dortigen Waffen- und Munitionsvorräte sowie alle Truppen, die in seinem Sprengel stationiert waren. Schon deshalb konnte der Voevode in seinem Kreis anders auftreten als der Namestnik. Durch die Militarisierung der Lokalverwaltung war zugleich ein Weg beschritten, der langfristig in der Ausweitung der Kompetenzen des Voevoden mündete. Art. 71 des Sudebnik von 1550 hatte den Namestnik dazu verpflichtet, in allen ihm nach Gründung des Guba-Amtes noch unterstehenden Kriminalsachen die Todesstrafe nur nach Rücksprache mit der Zentralbehörde zu verhängen. Art. 6, 6 des Uloženie von 1649 hatte diese Beschränkung sinngemäß auch dem Voevoden auferlegt; unter dem Eindruck der Aufstände im letzten Drittel des 17. Jahrhunderts wurde den Voevoden von Kazan' und Novgorod dann jedoch das Recht zugesprochen, gegen Aufrührer auch selbständig vorzugehen und diese auf der Stelle hinzurichten.[5] Allerdings konnten die Voevoden den Zuwachs an Macht ebenso dazu verwenden, um die ihnen unterstellte Bevölkerung auszupressen. Da Moskau dies nicht verborgen blieb, pflegten die Zentralämter die Voevoden nach kurzer Amtszeit wieder auszutauschen. Im Grunde hatten daran auch die Voevoden ein Interesse, war die Zahl der ausgeschiedenen Truppenoffiziere doch so groß, daß nur der häufige Amtswechsel jedem von ihnen die Chance bot, sich in der Provinz zu „versorgen".

Als Kommandeur eines oder mehrerer Regimenter war „Voevode" der höchste im Moskauer Heer erreichbare Rang; seine Träger entstammten in aller Regel dem Adel. Dies bedeutet jedoch nicht, daß alle Voevoden auch lesen und schreiben konnten; zumindest im 17. Jahrhundert stellten die Analphabeten noch die Mehrheit. Das Uloženie nahm darauf insofern Rücksicht, als Art. 20, 72 schriftunkundige Voevoden von der Pflicht befreite, Schuldverschreibungen von Cholopen zu beglaubigen. Rechenschaftswesen und Schriftverkehr oblagen den Sekretä-

4 Bogoslovskij, Samoupravlenie, Bd. 2, S. 265-66.

5 PSZ 3, Nr. 1579 vom 31.3.1697; Nr. 1738 vom 28.12.1699. Vgl. Čičerin, Učreždenija, S. 144.

ren. Im niedrigen Bildungsniveau der Amtsinhaber liegt also ein wesentlicher Grund dafür, daß die Moskauer Provinzverwaltung lange Zeit in der Regellosigkeit steckenblieb und Entscheidungen oft aus persönlichem Gutdünken erwuchsen. Recht blieb kraftlos. Die Zentralämter waren zumindest bemüht darum, hier einen gewissen Ausgleich zu schaffen, indem sie dem ausziehenden Voevoden Instruktionen erteilten. Deren Bestimmungen hingen einmal von der Größe des jeweiligen Kreises ab und der Zahl der Aufgaben, die den Voevoden dort erwarteten; außerdem variierte die Form des Nakazes auch je nach dem Amt, das ihn ausstellte. Durch die unterschiedliche Zuweisung der Kreise zu den Zentralämtern war es nicht selten, daß benachbarte Städte von mehreren Prikazen beaufsichtigt wurden - auch dies ein Erbe der Teilfürstenzeit. So setzte im Norden, der ehemals größtenteils zu Novgorod gehört hatte, das Novgoroder Amt viele der Voevoden ein; die Städte Ustjug und Tot'ma unterstanden wiederum dem Ustjuger Amt, zu dem allerdings auch Venev, Možajsk und andere Städte südlich von Moskau zählten. Die Stadt Šenkursk südlich von Archangel'sk rechnete zum Prikaz des großen Hofes, die übrigen zum Militäramt.[6] In der Regel versuchten die Instruktionen ein Programm der Amtstätigkeit des neuen Voevoden zu entwerfen, bei dem sich fünf Punkte unterscheiden lassen. Zunächst schrieb der Nakaz die Formalitäten der Amtsübernahme vor und ging danach auf die Steuererhebung ein, die den Kern der Tätigkeit jedes Voevoden ausmachte. Drittens versuchte die Dienstanweisung das Verhältnis des Voevoden zu den Wahlämtern zu regeln, ordnete Maßnahmen zur allgemeinen Landpflege an und bestimmte schließlich die militärischen Pflichten des Voevoden.[7]

Um aus der Vielzahl erhaltener Instruktionen ein Beispiel zu geben, sei der Nakaz vom 14.3.1647 zusammengefaßt, mit dem der Okol'ničij Nikifor Sergeevič Sobakin zum Voevoden von Pskov ernannt wurde; ihm sollte der D'jak Ivan Dmitreev zur Seite stehen. Sobakin erhielt den Befehl, von seinem Vorgänger, dem Fürsten Aleksej Fedorovič Lykov, das Siegel und die Stadtschlüssel von Pskov sowie die zuvor ergangenen Instruktionen in Empfang zu nehmen, die Truppe zu mustern, die Kasse zu stürzen, die Bücher zu prüfen und das Getreide nachzuwiegen - dies alles unverzüglich nach der Ankunft in Pskov! Das Ergebnis dieser Inventur sei schriftlich festzuhalten, von Lykov, Sobakin und Dmitreev per Unterschrift zu bestätigen und nach Moskau zu schicken. Den baulichen Zustand der Stadt, vor allem ihrer Befestigungsanlagen, habe Sobakin persönlich in Augenschein zu nehmen und ggf. die Instandsetzung zu veranlassen. Neuigkeiten von den Deutschen und Litauern habe er durch Kundschafter in Erfahrung zu bringen und dem Außenamt mitzuteilen. Den Einzug der Steuern habe er zu überwachen; zudem wurde ihm aufgetragen, des öfteren ausrufen zu lassen, es sei verboten, in Stadt und Land unversteuerten Wodka zu verkaufen. Über den engen Zusammenhang von Alkoholkonsum und Kriminalität schienen sich die Verfasser der Instruktion keine Illusionen zu machen. So heißt es in diesem

6 Vgl. Bogoslovskij, Samoupravlenie, Bd. 2, S. 267-68; Veselovskij, Sošnoe pis'mo, Bd. 2, S. 571-643.

7 Vgl. Gradovskij, Upravlenie, S. 397-98.

Zusammenhang: „Wenn Leute an einem Feiertag, sei es bei einer Hochzeit, einer Geburt, einer Taufe oder zu den Totenmessen Bier brauen oder Met ansetzen wollen, sei ihnen dies, je nachdem, was es für Leute sind, nach einer Eingabe in der Amtsstube befristet und nur für den eigenen Bedarf gestattet. Den bessergestellten Posadleuten sei auch das Destillieren erlaubt, jedoch nicht zuviel. Zur Durchführung von Verhaftungen sollen sie Polizisten aus entlassenen und geeigneten Dvorjane und Bojarenkindern wählen; diese sollen in Stadt, Festung und allen Vorstädten Tag und Nacht patrouillieren, damit kein Feuer ausbricht und niemand eine Straftat verübt. Wenn die Polizisten von einer illegalen Schenke oder einem Hurenhaus, von Totschlag oder Verbrechen erfahren, soll man die Totschläger und Verbrecher verhaften, den illegalen Wodka beschlagnahmen und zum Voevoden und seinem D'jaken bringen; für ihre Verbrechen sollen sie nach Maßgabe eines zarischen Ukazes bestraft werden."[8]

Mit einem Personalbestand von 21 Mann (1647) war das Voevodenamt von Pskov eines der größeren im Moskauer Staat; in Novgorod etwa arbeiteten 25 Schreiber, in Archangel'sk 12, in Staraja Russa 3. Das Salär der Schreiber in Pskov war genau abgestuft; der jüngste erhielt p.a. zwei Rubel, die beiden ältesten je 30 Rubel. Insgesamt schlug der Jahressold aller Schreiber hier mit 240 Rubeln zu Buche. Hinzu kamen sechs Wächter, von denen jeder jährlich einen Rubel sowie Hafer und Roggen erhielt.[9] Größere Amtsstuben wie die von Novgorod, Pskov, Astrachan' usw. teilten sich in aller Regel in mehrere Abteilungen oder „Tische" auf. Dabei unterlag den Schreibern des ersten und wichtigsten Tisches oftmals die Steuererhebung, also die Führung der Steuerlisten, die Kassenaufsicht usw. Am zweiten Tisch wurden die Gerichtsakten verwahrt oder die Schuldverschreibungen von Cholopen registriert, und der dritte Tisch befaßte sich mit den Dienstgütern, dem Postdienst, den Marktbuden und allem übrigen. In Wolgastädten wie Nižnij-Novgorod kam noch ein vierter Tisch mit Suchangelegenheiten dazu, der Klagen von Gutsbesitzern über entflohene Bauern annahm, Syščiki aus Moskau anforderte und die Verhöre gefaßter Läuflinge protokollierte.[10]

Obwohl der Nakaz vom März 1647 dem Voevoden Sobakin die Mehrung der Staatseinnahmen ausdrücklich ans Herz gelegt hatte, mußte Sobakin bereits im Schreiben vom 5.1.1648 den Offenbarungseid leisten. Die Truppenbesoldung sei ins Stocken geraten, und auch zur befohlenen Instandsetzung der städtischen Gebäude fehle das Geld. Dabei waren die Steuereinnahmen aus der Stadt Pskov und ihren vier Beistädten Gdov, Izborsk, Ostrov und Opočka mit 13.327 Rubeln (1647/48) ganz beträchtlich und überstieg sogar das Aufkommen von Novgorod, das mit 11.318 Rubel zu Buche schlug. Dem standen in Pskov an Ausgaben jedoch 15.387 Rubel für den Unterhalt der Truppe gegenüber, davon allein 7.842 Rubel für den Ankauf von Getreide. Als Grenzstadt wies Pskov in der Tat eine Garnison auf, deren Größe die in vielen Städten des Hinterlands weit übertraf. So

8 DAI 3, Nr. 2o vom 14.3.1647, S. 87-92, hier S. 9o. Der Gesamttext der unsystematisch und weitschweifig abgefaßten Instruktion zählte 22 Blätter.

9 DAI 3, Nr. 36, hier S. 123.

10 Vgl. Čičerin, Učreždenija, S. 1oo.

lagen hier zwei Strelitzenregimenter à 1.000 Mann. Dabei entfiel auf den Hauptmann ein Jahressold von dreißig Rubeln, auf zehn Leutnants von je zehn Rubeln sowie auf den untersten Dienstgrad von je vier Rubeln. Hinzu kam ein neuaufgestelltes Regiment mit 300 Mann. Außerdem waren hundert Kosaken und 84 Kanoniere in Pskov stationiert. Dazu standen auf Sobakins Soldliste 35 Torwächter, sieben Zimmerleute, fünf Schmiede und drei Speicherwächter.[11]

Das Beispiel des Morozov-Schützlings Sobakin ist auch deshalb erwähnenswert, weil es nicht nur die offizielle Seite der Provinzverwaltung illustriert, sondern auch deren Rückseite - die Amtskriminalität. Wie der Moskauer Aufstand von 1648 ging auch der Pskover zwei Jahre darauf nicht zum geringsten Teil auf schwere Verfehlungen der Beamten zurück. Nachdem staatlich veranlaßte Getreideankäufe zu einer Verdoppelung des Pskover Brotpreis geführt hatten, erschien am 26. Februar 1650 eine aufgebrachte Menge auf dem Voevodenhof, um Sobakin zu einer Aussetzung der Kornausfuhr nach Schweden zu bewegen. Dieser schlug den Wunsch jedoch ab, ja steigerte den Unmut sogar, indem er befahl, die Namen der „Schreihälse" schriftlich festzuhalten. Am 28. Februar wurde der Hof des getreideaufkaufenden Kaufmanns geplündert, und am 1. März schlossen sich die Strelitzen der Volksbewegung an. Da sich die Städter und Strelitzen einen gemeinsamen Ältesten wählten, entstand eine Doppelherrschaft, an der auch die Ablösung Sobakins vom 25. März nichts änderte. Sein Nachfolger war der Fürst Vasilij Petrovič L'vov. Sobakin wollte nun nach Moskau abreisen, wurde daran von den Aufständischen jedoch mit der Begründung gehindert, er habe dem Zaren ja von den niedrigen Brotpreisen in Pskov berichtet (!) und solle diese nun mit ihnen gemeinsam genießen. De facto diente der in Haft genommene Sobakin wohl als Geisel, da man unsicher war, welches Schicksal eine zum Zaren entsandte Delegation in Moskau erleiden würde. Die Bittschrift dieser Abgesandten ist für uns deshalb so wertvoll, weil sie die Tätigkeit eines Voeveden aus Sicht der Bevölkerung beschreibt.

Zunächst wurden Sobakin und seine Schreiber der Bestechlichkeit bezichtigt; 500 Rubel oder mehr habe Sobakin jährlich für sich und seine Leute eingestrichen. Zudem habe er auch den Strelitzensold nicht ordnungsgemäß ausgezahlt: Mit den Kneipenpächtern unter einer Decke steckend, habe Sobakin die Zahlung vielmehr auf den Vorabend hoher Feiertage verschoben, damit der Sold in den Schenken bleibe. Die Posadleute klagten Sobakin und dessen Vorgänger A.F. Lykov der Bereicherung am Dienstmobiliar an. Da die Städter dem neuen Voevoden dasjenige Gut ersetzen mußten, das der alte mitgenommen oder verkauft hatte, verbarg sich hinter dieser Unsitte eine zusätzliche Steuer. Von den Händlern wurde Sobakin beschuldigt, er habe bei ihnen Ware bestellt, diese jedoch nicht bezahlt, wie er ebensowenig daran dachte, ihm geleistete Arbeiten zu entlohnen. Sobakins Söhne Vasilij und Grigorij wurden beschuldigt, Frauen und

11 Vgl. DAI 3, Nr. 36, S. 132. Nach Tichomirov, Vosstanie, S. 32, machte das Heer in Pskov rd. die Hälfte der Gesamtbevölkerung aus; Čečulin, Goroda, S. 154, beziffert die Anzahl der Höfe für 1510 noch auf rd. 6.500.

Töchter aus dem Gesinde vergewaltigt zu haben.[12] Damit liegt der Schluß nahe, Männer wie Sobakin hätten auf die Wehrlosigkeit der Bevölkerung geradezu spekulierten; daß diese Rechnung oftmals aufging, zeigt sich an diesem Beispiel daran, daß ein Aufstand vonnöten war, um die Bürger zur Auflistung ihrer Vorwürfe zu bewegen. Offenbar lag die Toleranzschwelle der Bevölkerung in dieser Hinsicht sehr hoch. Als ebenso hartgesotten erwies sich aber auch die Regierung, da Sorokins Laufbahn keine Unterbrechung erlitt. 1653 tat er in Moskau ausgerechnet als Richter Dienst und gehörte bis zu seinem Tod zwei Jahre darauf auch der Duma an. Ungeschoren kam auch sein Sohn Vasilij davon; 1675 wurde er zum Rang eines Dumaadligen befördert, ein Jahr später zu dem des Okol'ničij. Auch Sobakins Komplice Ivan Dmitriev vermochte die Eingabe nichts anzuhaben. 1651 rückte er zum D'jaken von Novgorod auf; später stand er dem Kriminalamt vor.[13]

Beiläufig hatte Sobakins Dienstanweisung auch die Funktionen des Voevoden als eines Aufsehers über die Inhaber der Wahlämter und eines Richters erwähnt. Zahl und Zusammensetzung der Wahlämter hing allerdings von den regionalen Gegebenheiten ab. Zunächst sind hier die Vögte[14] zu nennen, die neben dem Voevoden an der Rechtsprechung mitwirkten und tw. auch für die Nachtwache zuständig waren, so daß ihre Pflichten auch Polizeifunktionen umfaßten. Zumeist gingen die Vögte aus dem Adel hervor, der in der Regel auch die Polizisten stellte; in Grenzstädten wie Pskov kamen den Stadtpolizisten zeitweise auch militärische Aufgaben wie die Bewachung der Ausfallstraßen zu. Bei Zivilsachen beschränkte sich die Zuständigkeit des Voevodengerichts tw. auf einen Streitwert von höchstens zwanzig Rubeln. In größeren Städten, wo wie in Pskov ein D'jak an der Seite des Voevoden diente, war diese Begrenzung hinfällig.[15] Allerdings stand es der Bevölkerung theoretisch frei, ihre Klage nicht beim Voeovoden, sondern beim Gerichtsprikaz in Moskau vorzubringen.[16] Als dritte Möglichkeit konnte sich der Kläger an einen Voevoden einer Stadt von höchstens 150 Werst Entfernung wenden.[17] Auch der Voevode durfte Fälle an die Zentralämter weiterleiten; wurde er der Bestechlichkeit beschuldigt, war er sogar gezwungen dazu.[18] Schließlich oblag dem Voevoden auch die Beurkundung von Leibeigenschaftsverschreibungen; Voevoden größerer Städte wie Kazan', Novgorod oder Pskov hatten zudem auch die Pflicht, Kabalurkunden auszustellen.

12 Tichomirov, Vosstanie, bes. S. 62-69. Pskov wurde am 28.5.1650 von neuen Truppen belagert und am 24.8. eingenommen.

13 Vgl. Crummey, Aristocrats, S. 187, 2oo; Veselovskij, D'jaki, S. 152; Bogojavlenskij, Prikaznye sud'i, S. 143. Zur Amtskriminalität im Razbojnyj Prikaz s.u. 2.f.

14 *Gorodovye prikazčiki* oder *gorodničie.*

15 Vgl. Ul. 13, 3.

16 Um den Beklagten die mühevolle Reise nach Moskau zu ersparen, war für Pskov eine Urkunde ergangen, die Ansprüche bei einem Streitwert von weniger als 100 Rubeln dem dortigen Voevoden zuwies. AAĖ 3, Nr. 227 vom 14.7.1633.

17 PSZ 1, Nr. 331 vom 4.1.1663.

18 Ul. 1o, 7.

Die Wahrnehmung der Strafjustiz oblag dem Guba-Ältesten, der nach dem Voevoden das zweithöchste Amt des Kreises bekleidete. Die Art. 21, 4-5 des Uloženie definierten die Ansprüche, die der Staat an Bewerber um dieses Amt stellte, wie folgt: „Als Guba-Älteste sollen in den Provinzstädten angesehene und wohlhabende Dvorjane fungieren, die wegen ihres Alters oder wegen Verletzungen aus dem Dienst entlassen wurden sowie diejenigen, für die Kinder oder Neffen den Dienst ableisten. Wer nicht lesen und schreiben kann, der soll nicht zum Guba-Ältesten gewählt werden. In denjenigen Städten, in denen der Adel fehlt, wähle man geeignete und wohlhabende Bojarenkinder. Der Guba-Älteste soll von Adligen, Bojarenkindern, Posadleuten und anderen Einwohnern und Bauern des Kreises gewählt werden, die ihre Wahl durch eigene Hand zu bestätigen haben. Alsdann soll man die Gewählten zum Razbojnyj Prikaz nach Moskau schicken, wo sie das Kreuz küssen (d.h. den Eid leisten). Danach sollen sie mit einem Nakaz, den ein D'jak unterschrieben hat, und der Befugnis, Raub, Totschlag und Diebstahl zu richten, wieder in die Provinz entlassen werden. Bei ihrer Tätigkeit sollen ihnen Gehilfen, Schreiber und Gefängniswärter zur Seite stehen, die von der steuerpflichtigen Bevölkerung gewählt werden. Deren Kreuzgang soll jedoch nicht in Moskau, sondern von den Voevoden im Beisein der Guba-Ältesten vorgenommen werden. Hier bediene man sich desjenigen Textes, den der Razbojnyj Prikaz zu diesem Zweck in die Provinz geschickt hat. Den Guba-Ältesten sei mit allem Nachdruck und in eindringlichen Instruktionen befohlen, den Räubern und Dieben nachzustellen und streng darauf zu achten, daß diese Räuber nirgendwo Obdach und Unterschlupf finden." Ungeklärt blieb die Frage nach der Amtszeit des Guba-Ältesten - aus gutem Grund, da der Befehl z.B. auf einjährigen Wechsel das ohnehin nicht große Kandidatenreservoir schnell erschöpft hätte. Auch zur Anzahl der Guba-Ältesten pro Kreis fehlt jede Angabe. So war etwa im Bezirk Šuja 1618 ein Guba-Ältester tätig, 1622 zwei und 1628 wieder einer.[19] Mit nur zwei Bezirken und einer Ost-West-Ausdehnung von etwa 150 Werst galt dieser Kreis als einer der kleinen. Entschieden weiträumiger war der Sprengel der Guba-Ältesten etwa in Novgorod, wo sich jeweils zwei Guba-Starosten ein Fünftel teilten.

Die Anfänge des Guba-Starosta gehen ins 16. Jahrhundert zurück, als die Zaren der Bevölkerung z.B. eines Kreises das Recht verliehen, die Strafjustiz in eigene Hände zu nehmen. Die ältesten uns bekannten Urkunden stammen vom 23.10.1539; sie sind weitgehend textgleich und wurden für Beloozero und Kargopol' ausgestellt.[20] Obwohl diese und die folgenden Guba-Urkunden mit Bestim-

---

19 Vgl. Retvich, Organy, S. 264-65.

20 Von derzeit 20 bekannten Guba-Urkunden sind 19 aufgelistet in PRP 4, S. 223-24. Es fehlt die Guba-Urkunde für Ustjug vom 4.4.1540, die erstmals 1960 veröffentlicht wurde. Vgl. Leont'ev, Ustjužskaja gubnaja gramota; RZ 2, S. 2o7-227. Acht Guba-Urkunden ergingen zwischen 1539 und 1541, sieben zwischen 1549 und 1559. Zwischen 1541 und 1549 scheint also eine Schwelle zu liegen. Offenbar hatte der Machtkampf zwischen den aus Suzdal' stammenden Šujskijs (föderalistisch) und den Belskijs (zentralistisch) Rückwirkungen auch auf das Bojarengremium für Kriminalsachen; unter den Šujskijs wurde es 1540/41 und 1542/46 allem Anschein nach beseitigt. Vgl. Zimin, Gramoty, S. 211-12. Drei Guba-Privilegien entstammen dem letzten Drittel des 16. Jahrhunderts (1571, 1586, 1592) und zwei dem 17. Jahrhundert (1667, 1679).

mungen zur Auswahl des Ältesten und seiner Tätigkeit nur zwei Punkte regelten, schwoll ihr Umfang im Laufe des 16. Jahrhunderts unaufhörlich an. Dabei veränderten sich die Anordnungen zur Wahl des Guba-Ältesten zwischen 1539 und dem Uloženie kaum, doch die zu seiner Tätigkeit wurden immer detaillierter. Die ältesten überlieferten Urkunden umrissen die Aufgabe des Guba-Starosta zunächst mit der Formel, dieser solle Verbrecher aufspüren, beim Verhör schonungslos von der Folter Gebrauch machen und die Räuber dann mit der Knute zu Tode prügeln lassen. Fälschlicherweise gingen beide Urkunden von einer flächendeckenden Einführung der Guba-Behörde aus, da der Älteste den Befehl erhielt, beim Verhör erhaltene Informationen über Räuber in anderen Bezirken unverzüglich an deren Guba-Organe weiterzuleiten. Für den Fall der Begünstigung der Verbrecher durch die Ältesten wurde diesen die Wiedergutmachung des von den Räubern angerichteten Schadens angedroht - offenbar eine Bestimmung, deren Abschreckungskraft sich als unzureichend erwies, da am 22.8.1556 die Todesstrafe an ihre Stelle trat. Jedweden Bereicherungsversuchen vorbeugen sollte die Anordnung, daß die Guba-Ältesten den Bojaren in Moskau schriftlich Rechenschaft abzulegen und dabei insbesondere Meldung über die konfiszierte Diebesbeute zu machen hätten. Während die Guba-Urkunden von 1539 die Befugnis der Ältesten auf die Ahndung von Raub beschränkt hatten, weitete sich diese Kompetenz bereits 1540 auf das Delikt des Diebstahls aus. Hieraus ergab sich die Zuständigkeit der Guba-Behörde für *razbojnye* und *tatinye dela*, eine Formel, die zwar den Raubmord (*razboj*, von *bit'* schlagen) und den Einbruch (*tat'ba*, von *tajnyj* heimlich) umfaßte, den schweren Diebstahl (*grabež*) jedoch unterschlug. Schon weil sich die drei Begriffe einer klaren Abgrenzung widersetzen, kann man hieraus nicht den Schluß ziehen, die Guba-Behörde sei im Falle des *grabež* unzuständig gewesen. Vielmehr erstreckte sich ihre Kompetenz auf alle Formen der Kriminalität, ausgenommen allein Staatsverbrechen. Wie aus einer Urkunde für das Troica Sergiev-Kloster vom 31.10.1555 hervorgeht, konnte sich die Amtsgewalt der Guba-Behörde auch auf die Verfolgung von „Hexen" und Spielleuten beziehen.[21] Wenn Verdächtige unter Folter gestanden, galt die Sache als klar; leugneten sie, oblag das weitere Vorgehen, ob nochmaliges Foltern, ob Freilassung, dem Ermessen des Guba-Ältesten. Diese Rechtslücke schloß Art. 56 des Sudebnik von 1550, der für nichtgeständige Verdächtige die lebenslange Gefängnisstrafe vorsah. Da Zuchthäuser mitunter jedoch überfallen wurden, um Inhaftierte zu befreien, von Flucht und Ausbruch ganz zu schweigen, befahl ein Ukaz vom 18.1.1555 den Guba-Ältesten, in Zukunft auch nichtgeständige Angeklagte mit schlechtem Leumund hinzurichten.[22]

Davon kann man die Urkunden des 17. Jahrhunderts im Grunde nicht als Guba-Akten im überlieferten Sinne ansehen; die von 1667 ordnete die landesweite Einführung der aus Moskau entsandten Syščiki an, die die Aufgaben der Guba-Ältesten übernehmen sollten, und der Nakaz von 1679 befahl die landesweite Aufhebung der Guba-Behörde.

21 Vgl. AAĖ 1, Nr. 244; Šalfeev, Kniga, S. 25, 44.

22 PRP 4, S. 357, Art. 2.

Die Eindämmung der Straßenkriminalität war das eine, offen ausgesprochene Ziel der Guba-Reform. Hinzu kam ein zweites, ebenso vordringliches, das im Kampf gegen die Amtskriminalität bestand. Seine Notwendigkeit wurde in den Guba-Urkunden zwar mit keinem Wort erwähnt, tritt uns aber aus Quellen nichtstaatlichen Ursprungs umso deutlicher entgegen, so auch aus einer Schrift des Mönches Maksim Grek von 1537. Nicht nur die Äbte, so schrieb der zuvor als Ketzer verurteilte Grek, sondern auch die Richter und die vom Zaren in die Provinzen entsandten Machthaber seien von Geldgier und Bestechlichkeit erfaßt worden und erfänden gegen Unschuldige Klagen, um sich an deren Gut zu bereichern.[23] Gegen das Regime der Namestniki protestierten auch zahlreiche Bittgesuche der Bevölkerung, die der Regierung auf den Landesversammlungen vorgetragen werden sollten.[24] Bereits der erste Sobor vom 27.2.1549 befreite die Bojarenkinder als unterste und größte Gruppe der adligen Dienstleute davon, sich hinfort dem Gericht der Namestniki unterwerfen zu müssen - ein Privileg, das der Sudebnik des folgenden Jahres in Art. 64 bestätigte. Einen Hinweis auf die Zustände im Justizsystem bot das Gerichtsbuch auch darin, daß es die Maßnahmen gegen die Amtskriminalität verschärfte. Art. 28 führte die Möglichkeit der Amtsenthebung in die Moskauer Gesetzgebung ein, Art. 69 das Delikt einer vom Richter begangenen Urkundenfälschung, Art. 71 verbot das eigenmächtige Hinrichten oder Freilassen von „Mördern und Verbrechern aller Art" durch den Namestnik. Dieser Paragraph wird wohl nur dadurch verständlich, daß dem Gesetzgeber eine Arbeitsteilung zwischen Namestnik und Guba-Behörde vor Augen stand. Die Kompetenzabgrenzung zwischen Guba-Ältesten und Namestnik in Art. 60 fiel jedoch recht vage aus: Dem Statthalter wurde die Ahndung von Mord, Totschlag, Diebstahl und allen anderen Verbrechen außer Raub zugewiesen, dem Guba-Ältesten die von Straßenraub und ebenfalls von Diebstahl. Insgesamt genommen demonstriert das Gerichtsbuch die deutliche Absicht, die Namestniki einer Kontrolle durch gewählte Gesellschaftsvertreter wie den Guba-Ältesten auszusetzen.

Historiker haben dem Guba-Amt weitaus größere Aufmerksamkeit gewidmet als dem eigentlich bedeutenderen des Voevoden.[25] Dies liegt einerseits daran, daß sich aus den Quellen kein klares Bild der Guba-Behörde ergibt; zudem übte der Aspekt der gesellschaftlichen Selbstverwaltung im 19. Jahrhundert auf die zumeist liberalen Juristen einen besonderen Reiz aus, da sie an dieser Stelle ein Gegengewicht zum Staat zu erblicken hofften. Die sowjetische Forschung betonte die Funktion der Guba-Behörde als zusätzliches Instrument adliger Machtausübung, das zur Unterdrückung der Bauern gedient habe. Diese These geht jedoch am Kern vorbei. Unzweifelhaft sind zunächst drei Punkte:

1. Die uns überlieferten Guba-Urkunden stimmen in der Absicht überein, die Strafverfolgung zu intensivieren und den zumeist ortsfremden, überlasteten Namestnik oder Voevoden von dieser Pflicht zu entbinden; sie wurde nun einem

23 Grek, Sočinenija, Bd. 1, S. 127; vgl. Nosov, Očerki, S. 232-33.

24 Vgl. Ditjatin, Rol' čelobitij; Latkin, Sobory, S. 65, 68; Šmidt, Stanovlenie, S. 134.

25 Die Arbeit von Davies, Town Governors, versucht hier gewisse Abhilfe zu schaffen.

ortsansässigen Adligen übertragen, dem nur diese Aufgabe zukam. Durch die Ineffizienz der Statthalter erschien diese Intensivierung als Hauptziel. Da sich die Kompetenz der Guba-Ältesten zunächst auf die Bekämpfung des Straßenraubs konzentrieren sollte, läßt sich vermuten, daß es viele der Namestniki gerade in diesem Punkt fehlen ließen.[26] Das Delikt des *razboj*, das uns bereits in der Russkaja Pravda begegnet, umschloß gewaltsamen Überfall, tw. auch Brandstiftung oder Mord. Dieser Überfall geschah nicht aus dem Hinterhalt, sondern offen und setzte deshalb einen Kräftevorteil des Angreifers voraus, wie ihn allein die Gruppe gewährte. Die Verhaftung solcher Banden erforderte in aller Regel den Einsatz von Soldaten, über die Statthalter ja nicht geboten.

2. Daneben deutet sich in der Guba-Reform die Absicht zur Vereinheitlichung der Strafverfolgung an. Auch dies ordnete sich dem Bemühen unter, der Kriminalitätsbekämpfung zu größerer Schlagkraft zu verhelfen. Schon die ersten uns erhaltenen Guba-Urkunden sprechen von Bojaren, die in Moskau mit der Verbrechensbekämpfung *(razbojnye dela)* befaßt waren. Ältere Hinweise auf die Existenz eines solchen Gremiums sind nicht überliefert. Diesen Bojaren waren die Guba-Ältesten rechenschaftspflichtig; der Leiter dieses Kollegiums wird in den beiden Guba-Urkunden für Beloozero und Kargopol' sogar namentlich genannt. Es war der Bojar und Fürst Ivan Danilovič Pen'kov, enger Berater der Regentin Elena Glinskaja, die am 3.4.1538 starb. Pen'kov hatte 1531 als Namestnik von Pskov gedient, war mit den Problemen der Lokalverwaltung also vertraut. Nach Pen'kov stand der Bojar und Fürst Ivan Grigor'evič Morozov dem Ausschuß vor; anders als Pen'kov, der ein Enkel des letzten Großfürsten von Jaroslavl' war, entstammte Morozov einem Moskauer Geschlecht. Damit mag zusammenhängen, daß Ansätze zur Zentralisierung der Strafverfolgung unter Morozov gewisse Fortschritte machten. Durch die Heranziehung von D'jaken kann man spätestens seit 1555 von einem Kriminalamt *(Razbojnaja izba)* sprechen.[27] Im Verwaltungswirrwarr des Moskauer Staates stellt diese Behörde damit einen Sonderfall dar, indem man ein vergleichsweise klar begrenztes Aufgabenfeld nur einer Lokalbehörde übertrug, die wiederum nur einem Zentralamt unterstand.

3. Die Einführung der Guba-Behörde hat Bedeutung schließlich auch dadurch, daß sich an dieser Stelle ein stärkeres Vordringen der Staatlichkeit auf die lokale Ebene ankündigt. Bei der Einführung der Amtsklage haben wir diesen Vorgang bereits in anderem Zusammenhang beobachte.[28] Gemäß den Buchstaben des Uloženie sollte der Guba-Vorsteher zwar von der lokalen Gesellschaft gewählt werden, wie es auch die Urkunden von 1539 bis 1541 vorsahen.[29] Was hier jedoch unter „Wahl" zu verstehen ist, veranschaulicht die Guba-Urkunde des

---

26 Dewey, Guba, S. 28o, deutet die Möglichkeit häufiger Kollaboration der Namestniki mit Kriminellen an, da sie einträglicher sein konnte als die Strafverfolgung. Vgl. ders., Namestnik, S. 29.

27 Vgl. Zimin, Gramoty, S. 212; ders., Reformy, S. 33o; Nosov, Očerki, S. 323-24, spricht wohl zu Unrecht bereits für die vierziger Jahre von einem Prikaz (s.u.2.f).

28 S.o. S. 40-43.

29 In den Guba-Privilegien von 1549 bis 1559 war dagegen von der Ernennung durch den Prikaz die Rede.

Zaren Fedor vom 14.3.1595. Unter allen Guba-Akten stellt sie eine gewisse Ausnahme dar, da sie keinem Bezirk oder Kloster gewährt wurde, sondern einem Bojaren, und zwar Dmitrij Ivanovič Godunov. Boris Fedorovič, der Senior dieses Geschlechts, leitete zu diesem Zeitpunkt die Regierungsgeschäfte, bis er sich 1598 selbst zum Zaren aufschwang. Nach der üblichen Aufzählung der Bittsteller und der formelhaften Klage über die Häufigkeit des *razboj* heißt es in dieser Urkunde: „Zuvor hatte ihnen unser Vater, der Zar der ganzen Rus' und Großfürst Ivan Vasil'evič, eine Gnadenurkunde gewährt, auf Grund derer sie im *okrug* Čaron und in der *volost'* Veščezersk ihre Guba hatten und ihre für Raub- und Diebstahlssachen zuständigen Guba-Ältesten und Gehilfen selbst wählten; gegen die Raubtaten sandten wir ihnen darauf unsere Suchbeauftragten und deren Gehilfen, doch richteten diese nur Schaden an. So gestatten wir unserem Bojaren Dmitrij Ivanovič Godunov, in seinen Dörfern der Bezirke Čaron und Veščezersk diejenigen zu Guba-Ältesten und Gehilfen wählen zu lassen, die unser Bojar Dmitrij Ivanovič zu wählen anordnet."[30] Hiernach drängt sich der Schluß auf, daß die Wahl des Guba-Ältesten im Grunde Akklamationscharakter hatte, obschon die Anteilnahme der Bevölkerung keine ganz unwesentliche Rolle spielte, da der Amtsinhaber auf deren Unterstützung ja dringend angewiesen war.

Wo entsprechende Initiativen örtlicher Machthaber wie die Dmitrij Godunovs fehlten, oblag es dem Voevoden, das Guba-Amt besetzen zu lassen. Dabei galt es zunächst, geeignete Bewerber ausfindig zu machen und deren Widerstand gegen die Amtsübernahme auszuräumen. Daß dieser Widerstand sehr verbreitet war, ergibt sich schon aus der Belastung, die das Amt mit sich brachte. Recht vielsagend ist in diesem Zusammenhang eine Anordnung aus dem Ukaz-Buch des Kriminalamtes von 1555, nach der ordentlich gewählte Bewerber, die sich gegen die Eidesleistung und den Amtsantritt sperrten, ins Zuchthaus zu werfen seien. Die anschließende Ausübung seines Amtes blieb dem Gewählten dadurch jedoch nicht erspart.[31] Aus der weitverbreiteten Abneigung gegen Wahlämter läßt sich zugleich erahnen, daß viele Guba-Älteste ihr Amt nicht sehr resolut ausgeübt haben. An die Wahl schloß sich die Reise des Guba-Ältesten nach Moskau an, wo ihn das Kriminalamt in seine Aufgabe einwies. Fielen Musterung und Verhör des Starosta durch die Zentralbehörde nicht zu deren Zufriedenheit aus, beraumte sie kurzerhand eine Neuwahl an.[32] In den Kreis zurückgekehrt, ergab sich eine ständige Kontrolle des Guba-Ältesten durch den Voevoden in der Praxis daraus,

30 Text in Jakovlev, Hg., Gramoty, hier S. 88. Ebenso deutlich geht der fakultative Charakter der Wahl aus dem Befehl zur Wiedereinführung der Guba-Behörde vom 23.1.1627 hervor: „Wenn dvorjane und Bojarenkinder einen Guba-Ältesten aus ihren Reihen wählen, der zu den Mittel- oder Schlechtgestellten zählt, aber nicht zu den Reichen, setzen wir (der Prikaz) den Guba-Ältesten von Toržok ohne Wahl aus der Liste der Reichen ein." AAĖ 3, Nr. 171.

31 PRP 4, S. 358. Vgl. AAĖ 3, Nr. 163 vom 13.4.1625, wo aus Murom berichtet wird, daß zu Guba-Gehilfen *(celoval'niki)* gewählte Bauern es für besser hielten, sich dem Dienst durch die Flucht in andere Städte zu entziehen. Die Anforderungen an den Guba-Ältesten werden eher größer gewesen sein als die an seine Gehilfen, auch in materieller Hinsicht; nicht umsonst verlangte das Gesetz die Wahl eines Reichen.

32 Mehrere Beispiele bei Čičerin, Učreždenija, S. 459.

daß der Starosta zu einer wirksamen Strafverfolgung auf den Einsatz von Soldaten angewiesen war, die ihm allein der Voevode zur Verfügung stellen konnte.[33] Bei der Frage nach dem eher staatlichen oder eher gesellschaftlichen Charakter des Guba-Amts kommt das Überwiegen des Staatsprinzips auch darin zum Ausdruck, daß nur der Staat, nicht aber die örtlichen Honoratioren den Guba-Ältesten absetzen konnte. Scheint die Guba-Reform bis dahin somit einen Beitrag zu Ausbau und Straffung staatlicher Tätigkeit geleistet zu haben, stechen andererseits doch mehrere Punkte hervor, die diese Bilanz in Frage stellen.

1. Zunächst ist die Frage nach dem Geltungsbereich der Guba-Reform bis heute nicht eindeutig geklärt. Dies hängt wesentlich mit der vergleichsweise geringen Zahl überlieferter Urkunden zusammen. Sie legen die Annahme nahe, daß die Guba-Einführung 1539/41 auf den russischen Norden beschränkt wurde. Von dort nach Süden fortschreitend ergriff eine zweite Phase zu Ende der vierziger Jahre auch ehemalige Udel-Gebiete, die nördlich an Moskau angrenzten.[34] Wesentlich mitbedingt durch die Auflösung des Kriminalkollegiums in Moskau nach 1540 kam die Tätigkeit der Guba-Behörde vielerorts bereits im Anfangsstadium wieder zum Erliegen. Dies rief etwa im Kreis von Novgorod die Notwendigkeit einer Reorganisation der Strafjustiz hervor, die in der Guba-Urkunde vom 6.5.1559 ihren Ausdruck fand.[35] Durch den Zusammenbruch der Selbstverwaltung um die Wende zum 17. Jahrhundert übertrug sich die Aufgabe der Kriminalverfolgung zwangsläufig auf die Voevoden, das einzige noch funktionsfähige Organ, über das der Staat in der Provinz noch verfügte. Nach Ende der Smuta stellte sich heraus, daß die Voevoden zumeist kein Interesse an der Existenz von Guba-Ältesten hatten, die Bevölkerung aber ein sehr großes. Dabei erhoffte sie sich vom Guba-Amt nicht zuletzt einen Beitrag zu dem Versuch, den allmächtigen Voevoden in Schach zu halten. Dies geht z.B. aus einer Urkunde vom 11.1.1616 für Ustjužna-Železopol'skaja hervor, dessen Bewohner sich mit der Bitte an Moskau gewandt hatten, es möge ihnen wie früher gestattet sein, einen Guba-Ältesten zu wählen. Diesen Wunsch hatte der Voevode zu durchkreuzen versucht, indem er fälschlich behauptete, in Ustjužna habe es zuvor kein Guba-Amt gegeben. Der Prikaz ging auf das Begehren der Bevölkerung ein und ließ zugleich einen neuen Voevoden einsetzen.[36] Daß eine Interessenkollision zwischen Voevoden und Guba-Ältesten nicht gerade selten war, läßt sich auch aus einer Bittschrift der Bewohner von Šuja vom 7.9.1620 an den Zaren schließen. Dort hatte der Voevode versucht, die beiden Guba-Ältesten zu entmachten, um die Strafver-

33 Ob es auch eine formelle Unterordnung des Guba-Ältesten unter den Voevoden gab, ist umstritten. Wie so oft in der Verwaltungsgeschichte des Moskauer Staates wird sich auch hier keine durchgehende Regelung finden lassen. Vgl. die Gegenüberstellung der abweichenden Ansichten bei Kurdinovskij, Učreždenija, S. 323-24.

34 Vgl. Kaštanov, K probleme, S. 142-43. Ihm folgt Dewey, Guba, S. 283, mit dem einschränkenden Hinweis, die Guba-Behörde sei wohl nur auf höherer Ebene als der des Kreises eingeführt worden; so auch Keep, Bandits, S. 206. Die These einer landesweiten Existenz der Guba-Behörde hat zuletzt nur Nosov, Očerki, vertreten. Auch die vorrevolutionäre Literatur sah dies weitaus differenzierter. Vgl. Kurdinovskij, Učreždenija, S. 287-88.

35 Vgl. Nosov, Gubnoj nakaz.

36 Jakovlev, Hg., Gramoty, S. 165-66.

folgung zum eigenen Vorteil an sich zu ziehen. Auch hier nahm das Zentralamt die Beschwerde ernst und beauftragte den Voevoden des benachbarten Suzdal', den Vorwürfen auf den Grund zu gehen.[37] Die Regierung kam daher einem erheblichen Bedürfnis nach Ausbalancierung der Voevodenmacht nach, wenn sie am 23.1.1627 befahl, nunmehr landesweit Guba-Älteste wählen zu lassen. Wie im 16. Jahrhundert ist allerdings auch diesmal zu vermuten, daß die tatsächliche Durchsetzung der Anordnung auch nach 1627 nicht überall, sondern nur in einzelnen Ortschaften gelang.[38] Damit waren im Grunde vier Varianten denkbar: Es amtierte nur der Voevode; Voevode und Guba-Ältester übten die Strafjustiz gemeinsam aus; dem Voevoden unterstand die Zivilgerichtsbarkeit, dem Guba-Ältesten die Kriminalverfolgung, wie es de jure dem Regelfall entsprochen hätte; falls Nachrichten über Amtsvergehen von Voevoden sogar nach Moskau drangen, konnte der Guba-Älteste mit Billigung der Zentralämter schließlich auch die Funktionen des Voevoden ausüben.[39]

2. Umstritten ist ferner, wem die Guba-Ältesten unterstellt waren. Für die Effektivität ihrer Arbeit war diese Frage nicht unwesentlich. Die frühen Guba-Urkunden schienen hier eindeutig zu sein, wenn sie das Guba-Amt nur mit dem Moskauer Bojarenkollegium für Kriminalsachen in Verbindung brachten. Diese Zuordnung ließ sich aber nicht durchhalten, wurden dem Guba-Ältesten doch auch andere Aufgaben zugeschoben: Ihm oblag die Kontrolle und Erfassung der Fremden, ein Bereich, der mit der Strafjustiz allerdings enge Berührung hatte, da sich unter „Fremden" häufig Läuflinge und Deserteure verbargen;[40] man übertrug ihm die Durchführung einer Schätzung;[41] er war für die Einziehung von Steuern zuständig;[42] in Suzdal' wurde er mit einer Inspektion der Kanonen beauftragt;[43] tw. mußte er die Dienstleute in Marsch setzen;[44] er wurde zur Bodenvermessung herangezogen;[45] 1640 hatten Guba-Älteste dafür Sorge zu tragen, daß Posadleute keine Postpferde benutzten;[46] in Uglič sollte er den Streit um eine Mühle schlichten,[47] und auch wenn Schuldverschreibungen von Cholopen zu registrieren waren, kam man auf ihn zu.[48] All dies legt den Eindruck nahe, daß der Aufgabenbereich der Guba-Ältesten in der ersten Hälfte des 17. Jahrhunderts mehr und mehr zersplitterte. So ist zu vermuten, daß die Guba-Behörde in Strafsachen dem Kriminalamt rechenschaftspflichtig war, in allen anderen Fragen dem jeweils betroffenen Prikaz. Wenn das Uloženie die Guba-

37 Starinnye akty, Nr. 13 und 16.

38 Vgl. die beredte Klage darüber in AMG 3, Nr. 655 vom 18.1.1664.

39 Vgl. Torke, Staatsbedingte Gesellschaft, S. 66-68.

40 Ul. 21, 82.

41 AAĖ 3, Nr. 1o5 vom 3.7.1619 (Galič).

42 AAĖ 3, Nr. 163 vom 13.4.1625 (Murom); vgl. ebd. Nr. 271 vom 15.9.1637; AI 5, Nr. 38 vom 8.3.1679.

43 AAĖ 3, Nr. 291 vom 18.9.1639.

44 AI 2, Nr. 3o4 vom 22.10.1610.

45 Ul. 17, 52.

46 AAĖ 3, Nr. 297 vom 30.3.1640 (Murom).

47 AAĖ 3, Nr. 47 vom 12.10.1614.

48 Ul. 2o, 72-73.

Ältesten in Art. 21, 1 allein dem Moskauer Kriminalamt zuordnet, scheint damit also nur ein Aspekt berücksichtigt zu sein.

3. Schließlich konnte sich auch auf lokaler Ebene ein Zwiespalt ergeben: Einerseits entsprach es der Reformzielsetzung, die Tätigkeit der Guba-Ämter zu bündeln und alle Ältesten dem Kriminalamt zuzuordnen. Andererseits war der Guba-Älteste bei der Erfüllung seiner Aufgabe aber vom Voevoden abhängig, denn ohne diesen konnte er wenig ausrichten. Zumindest für Novgorod, Suzdal' und Šuja scheint festzustehen, daß der Guba-Älteste dem Voevoden auch formell in allen Kriminalsachen untergeordnet war. Diese Regelung wurde offenbar immer dann getroffen, wenn der Amtsbezirk des Guba-Starosta wesentlich kleiner als der des Voevoden war.[49] Im Grunde war die formelle Seite aber nebensächlich, ergab die Praxis doch einen natürlichen Vorrang des Voevoden. Da Straßenraub ein Bandendelikt war, erforderte seine Bekämpfung sehr oft den Einsatz von Truppen, die jedoch dem Befehl des Voevoden unterstanden. Für diese Notwendigkeit liefert der Ukaz vom 28.5.1645 ein Beispiel. Im Jahr zuvor war der Fürst Michail Ivanovič Ščetinin zur Verbrechensbekämpfung nach Suzdal' und Šuja entsandt worden. Nachdem Ščetinin aus dem örtlichen Adel rd. 100 Männer zusammengezogen hatte, war es ihm gelungen, den Räuberhauptmann Miška Tolstoj samt Spießgesellen in seine Gewalt zu bringen. Auf der Folter hatte Tolstoj Komplicen namhaft gemacht, vor allem Griška und Vaska Myriškin, die bei Kostroma ihr Unwesen treiben sollten. Um auch diese zu fassen, hatte der Prikaz Ščetinin befohlen, die örtlichen Guba-Ältesten aufzufordern, eine Streitmacht aus Bojarenkindern und Klosterbauern abzustellen. Da dieses Aufgebot offenbar nicht zufriedenstellend ausgefallen war, sandte das Kriminalamt am 26.2.1645 eine Namensliste von rd. 60 ortsansässigen Adligen an Ščetinin, um diese auszuheben zu lassen. Ščetinin tat wie geheißen, teilte seine Leute in Gruppen auf und verteilte diese auf die verschiedenen Kreise. Die Guba-Ältesten von Kostroma wies er am 1.3. an, den Brüdern Myriškin das Handwerk zu legen. Am 16.3. kam jedoch die Antwort, daß man nicht wisse, wie man den Brüdern auf den Leib rücken solle; deren Bande sei groß, die Klosterbauern aber schwach und unberitten. Schicken könne man niemanden, selber aber auch nicht gehen... Es charakterisiert Ščetinins nicht allzu großen Diensteifer, wenn er in dieser Situation zu einer neuerlichen Eingabe an den Prikaz Zuflucht nahm; am 28.5. (!) erhielten er und seine Truppe schließlich den Befehl, sich schleunigst in Bewegung zu setzen.[50] In mancher Hinsicht vergleichbar ist ein Befehl des Zaren an den Voevoden von Pereslavl'-Rjazanskij aus dem Jahre 1651. Diese Anordnung kündigte das Eintreffen von Soldaten und Kanonieren unter dem Kommando des Aleksej Pleščeev an, um gegen „Diebe, Straßenräuber, Mörder und Verbrecher aller Art" zu Felde zu ziehen. Zusätzlich zu der in Marsch gesetzten Abteilung solle der Voevode dem Pleščeev soviele Soldaten zur Verfügung stellen, wie dieser benötige.[51] Auch wenn das Aufgebot ganzer Kom-

---

49 Vgl. Kurdinovskij, Učreždenija, S. 324; Čičerin, Učreždenija, S. 496.

50 AAĖ 3, Nr. 325.

51 AAĖ 4, Nr. 54 vom 5.8.1651.

panien zum Kampf gegen die Räuber wohl nicht immer erforderlich sein mochte, so legen diese Beispiele doch die These nahe, daß die Guba-Behörde zur Kriminalitätsbekämpfung kein wirksames Mittel darstellte und neben dem Voevoden bestenfalls zum Hilfsorgan abgesunken war.

Nach alledem lassen sich für die Krise der überlieferten Justizorgane, wie sie nach 1649 offenbar wurde, eine Reihe schwerwiegender Gründe anführen. Das Guba-Amt war der Absicht entsprungen, zu einer Intensivierung der Strafverfolgung zu gelangen, indem man auf lokaler Ebene ein Amt ausschließlich mit dieser Aufgabe betraute. Dieses Konzept konnte der Moskauer Staat jedoch nicht umsetzen. Tw. hatten die übermächtigen Voevoden die Besetzung des Amtes vereitelt, tw. verzettelten sich die Ältesten mit anderweitigen Dingen. Als zumeist auf sich allein gestellte Wahlbeamte konnten die Guba-Ältesten es aus Mangel an Soldaten nicht mit Räuberbanden aufnehmen; da nur der Voevode über Truppen verfügte, war der Guba-Starosta mithin von demjenigen abhängig, den er hätte beaufsichtigen sollen. Das Guba-Amt krankte daher am Widerspruch, daß ihm der Staat zwar eine umfassende Aufgabe übertrug, ihm die erforderlichen Mittel jedoch schuldig blieb. Daher läßt sich nicht erkennen, daß der Umfang der Amtskriminalität mit dem Übergang vom Namestnik zum Voevoden abgenommen hätte, obwohl dieser Übergang - soviel ist unstrittig - einen energischen Schritt zur Verdichtung des zentralstaatlichen Machtanspruchs darstellte. Vielmehr zog der anhaltende Machtmißbrauch der Provinzverwaltung zusätzliche Straftaten nach sich, da die Bevölkerung eines gesetzlichen Schutzes oftmals entbehrte und deshalb zur Selbstjustiz schritt.[52] Durch das Versagen des Guba-Systems rief die nach 1649 einsetzende Welle der Kriminalität mit dem Suchbeauftragten oder Syščik daher eine Institution auf den Plan, neben der das Guba-Amt die Existenzberechtigung verlor. Mit Ukaz vom 27.7.1679 wurde es demzufolge beseitigt.[53]

---

52 Vgl. Popov, Ob ustrojstve, S. 126-27.

53 PSZ 2, Nr. 779. Wohl um Sophias Regentschaft zu stützen, wurde es am 18.2.1684 nochmals proklamiert (PSZ 2, Nr. 1.062), um nach Einführung des Rathauses am 10.2.1702 endgültig abgeschafft zu werden (PSZ 4, Nr. 1.900).

2.e Einsatz der Syščiki

Obwohl der Gesetzgeber soziale Unruhen als Folge des Uloženie vorhergesehen hatte, erwiesen sich die Organe der Lokalverwaltung als rundweg überfordert damit, der 1649 ausgelösten Läuflingslawine entgegenzutreten. Auf diese Situation hat der Staat einmal durch einen Umbau der Lokalverwaltung reagiert, d.h. durch landesweiten Einsatz der *Syščiki*, daneben durch eine Verschärfung der Strafen. Stellen wir den Wandel der Behörden an den Anfang der Betrachtung. Die Bezeichnung *Syščik* ist im Deutschen schwer wiederzugeben. Ältere Veröffentlichungen sprechen von „Häscher“ bzw. von „Inquisitor“, neuere von „Suchbeauftragtem“ oder „Untersuchungsbeamten“. Die Befugnisse dieses Amtes gingen über die Läuflingssuche aber weit hinaus und umfaßten sowohl die Verurteilung als auch die Vollstreckung. Zunächst wurde dieser Beamte von Moskau nur zur Erfüllung eines besonderen Auftrags in die Provinz entsandt. Das Uloženie kannte den Syščik nicht, obwohl dieser Begriff der Rechtssprache längst geläufig war. 1649 begegnet man der Gestalt des Inquisitors jedoch unter dem Titel des *obyščik*. Als solcher wurde der aus Moskau angereiste Offizier bezeichnet, der die Umfrage *(obysk)* unter der Bevölkerung leitete. Neben der Folter war sie das wichtigste Beweismittel, das der Kriminalbehörde zur Verfügung stand. Dieser Umfrage kam eine Doppelfunktion zu: Einerseits bezweckte man, Verdächtige namhaft zu machen; andererseits sollte sie deren Leumund prüfen.[1] Vom *obyščik* war schon in den beiden Guba-Urkunden des Jahres 1539 die Rede. Dieses Amt ist eindeutig älter als das der Guba-Ältesten; interessanterweise wurde deren Notwendigkeit gerade mit dem häufigen Versagen der *obyščiki* begründet.

So erscheint in der Guba-Urkunde für Beloozero vom 23.10.1539 die Formel: „Wir sandten euch unsere *obyščiki* nach Beloozero, doch richteten sie nur großen Schaden an; wegen ständiger Verschleppung gelang euch mit unseren *obyščiki* die Festnahme der Räuber und Verbrecher nicht.“ Mangel an Einsatz war bei den *obyščiki* offenbar häufig zu beklagen; wenn diese ihre Macht vorwiegend zur Erpressung der Bevölkerung mißbrauchten, war der Nutzen eines solchen Amtes in der Tat zweifelhaft. Es zeugt von der nach 1649 entstandenen Notlage, wenn sich die Regierung dazu gezwungen sah, zu einer derart kompromittierten Institution Zuflucht zu nehmen, obwohl sie in der Urkunde vom 23.1.1627 zur landesweiten Wiedereinführung des Guba-Amtes den Vorsatz verkündet hatte, Syščiki künftig nicht mehr auszuschicken. Durch den allmählichen Zerfall der Guba-Behörde war nach 1649 jedoch Autorität gefragt, um der Kriminalität entgegenzutreten. Der Ukaz vom 4.10.1667 zur generellen Einführung des Inquisitors ließ es an Deutlichkeit denn auch nicht fehlen. Nach der Ernennung von Ignatij Prochorovič S'janov zum Syščik von Bežeck heißt es: „Uns, S.M.,

---

1 Entsprechend groß ist der Raum, den das Uloženie dieser Prozedur widmet. Vgl. Sokol'skij, Glavnejšie momenty; Paucker, Allgemeine Umfrage (s.u. 7.e).

kam zu Ohren, daß in unserem Staate in den Städten, Kreisen, Dörfern und auf den Straßen Verbrecher ihr Unwesen treiben, die jegliche Gottesfurcht und den Seelenfrieden verloren haben; sie rauben, stehlen, morden, hexen und begehen andere üble Taten. Deshalb befehlen wir, S.M., aus Sorge um die rechtgläubigen Bauern und nach Rücksprache mit unseren Bojaren, für die Sicherung der Ruhe unter den Bauern *(dlja pokoju krest'janskogo)* Syščiki in alle Provinzstädte zu entsenden. Gemäß ihren staatlichen, durch Ukaz bekräftigten Vollmachten sollen sie in allen Städten und Kreisen die Räuber, Diebe, Mörder, Hexer und alle anderen Verbrecher unnachsichtig mit äußerster Strenge verfolgen, jedoch ohne Böswilligkeit gegenüber der Bevölkerung. Diejenigen Räuber, Diebe, Mörder, Hexer und andere Verbrecher, die gefaßt werden, sollen ihre gottlosen Taten nach dem Ukaz S.M. mit dem Tode und anderen Strafen büßen, ohne jede Barmherzigkeit und Gnade und schnell. In den Gefängnissen sollen diese Verbrecher nicht lange sitzen, damit diese Verbrecher und Gotteslästerer dort keine ehrlichen Leute verleumden und nicht entweichen, um erneute Verbrechen zu begehen."[2]

Der drastische Ton dieses Befehls mag sich auch durch die in Kapitel 2.d skizzierten Zustände erklären, die das Uloženie heraufbeschworen hatte. Vom Amt der Guba-Ältesten ist in dieser Verfügung bezeichnenderweise nicht die Rede; wegen seiner Hilflosigkeit galt es der Regierung zu diesem Zeitpunkt offenbar schon als nachgeordnetes Instrument. Zudem hatte sich die Regierung auch selbst unter Handlungszwang gesetzt, indem sie die Verfolgung der Läuflinge durch dienstpflichtige Gutsbesitzer mit Befehl vom 18.9.1663 untersagt hatte.[3] Gerade während des Krieges mit Polen und Schweden hatte die Praxis der Gutsherrn, eigenmächtig nach Läuflingen zu suchen, erhebliche Lücken in den Personalbestand der Moskauer Heere gerissen. Daß der Staat bei der Läuflingssuche also das Monopol anstrebte, leistete der landesweiten Wiedereinführung des Syščik zweifellos Vorschub. Der Inquisitor, zumeist ein erfahrener Offizier, war allein der Zentralverwaltung verantwortlich; über Interessen der ansässigen Bevölkerung konnte er sich ohne Bedenken hinwegsetzen, so daß es nicht ganz unberechtigt ist, wenn Keep von diktatorischen Vollmachten des Syščik spricht.[4] Ihm unterstand de jure auch der Voevode mit seinen Soldaten. Dieses Aufgebot von tw. mehr als hundert Mann wurde durch Leute geschädigter Gutsbesitzer oft noch vergrößert. Da die Fluchtroute vieler Bauern durch die Größe der zu transportierenden Last nur schwer geheimzuhalten war, wußte das Suchkommando in aller Regel, wo es den Hebel anzusetzen hatte.

Andererseits blieb das Nahen des Inquisitors auch den Bauern nicht verborgen. Da die verbleibende Frist zu einer geordneten Abfahrt oftmals nicht ausreichte und die Häscher auch schneller als die Bauern vorrücken konnten, blieb nur die Flucht in den Wald, um dort den Rückzug des Syščik abzuwarten. Hatte

---

2 AAĖ 4, Nr. 159; vgl. Jakovlev, Hg., Gramoty, S. 92-94.

3 PSZ 1, Nr. 35o. Nichtdienstpflichtige Gutsherrn konnten ihren Bauern auch weiterhin nachsetzen.

4 Keep, Bandits, S. 221.

dieser das jeweilige Dorf erreicht, nahm er dessen Einwohner ins Verhör. So erfuhr der Inquisitor A.P. Eropkin 1664 bei der Suche im Kreis Kozlov, daß zahlreiche Läuflinge aus dem Dorf Lamok in einem Urwald Zuflucht gesucht hätten. Den nun ausgeschickten Männern gelang es, dort in einem Unterschlupf 17 Familien von Bobylen und Wanderarbeitern aufzuspüren. Zur Rede gestellt erwiderten diese, sie hätten zunächst die Absicht gehabt, sich zu ergeben. Die Gutsbesitzer hätten dies allerdings untersagt. Sie würden dem Syščik vielmehr den Bescheid geben, in Lamok seien keine Läuflinge untergekommen.[5] Das Beispiel zeigt, daß die Tätigkeit des Inquisitors oft auf den Widerstand derjenigen Gutsbesitzer stieß, die Läuflinge bei sich aufgenommen hatten. Erwies sich das Verhör des Gutsherrn als unergiebig, bot sich dem Inquisitor die Möglichkeit, den rechtmäßigen Status der vorhandenen Bauern anhand der Steuerlisten zu überprüfen. Daß die Suchkommandos in aller Regel von diesem Mittel Gebrauch machten, zeigt sich in der Größe des bürokratischen Apparats, den der Syščik beschäftigte. Mit zumeist einem D'jaken und mehreren Schreibern war dieser tw. stärker besetzt als der des Voevoden. Zwar ließ sich auch das Steuerverzeichnis durch falsche, unleserliche oder unvollständige Angaben manipulieren; Erfolgsbilanzen von mehreren tausend gefaßten Läuflingen zeigen jedoch, daß sich damit nicht jeder Syščik täuschen ließ.[6]

Daß der Staat das neue Amt auch mit neuen Vollmachten auf Verhängung härterer Strafen ausstattete, mag aus unserer Sicht kurios erscheinen, da man ja schon das bestehende Recht nicht hatte durchsetzen können. Welchen Sinn sollte dann eine Strafverschärfung haben? Die „Große Instruktion“ von 1767 hat diesen Vorbehalt in geradezu klassischer Weise zum Ausdruck gebracht, wenn es in Art. 223 heißt: „Die Gewißheit einer gelinden, aber unvermeidlichen Strafe macht in die Herzen der Menschen einen viel stärkern Eindruck als die Furcht vor einer schweren Todesstrafe, der man zu entgehen Hoffnung hat.“ Dem Denken des 17. Jahrhunderts konnten grausame Strafen aber sehr wohl als Mittel erscheinen, um Flucht und Kriminalität zu begegnen, da man noch auf die abschreckende Kraft der Körperstrafen baute. In diesem Sinne hatte die Strafverschärfung schon unmittelbar nach Erlaß des Uloženie eingesetzt. Wenn sich der Staat nur zwanzig Jahre darauf genötigt fühlte, das seither revidierte Strafrecht zusammenzustellen, gesondert herauszugeben und damit zum ersten Mal einen Strafkodex zu verabschieden, läßt dies auf den Umfang der zwischen 1649 und 1669 angeordneten Neuerungen schließen. Unter diesem Gesichtspunkt lassen sich die *Novoukaznye Stat'i* vom 22.1.1669 auch als Handbuch für Syščik und Guba-Ältesten lesen, das aus der Überarbeitung von Kapitel 20/21 des Uloženie hervorgegangen war. Nachdem Art. 1 des neuen Strafgesetzbuches die Zuständigkeit des Razbojnyj Prikaz für die drei Schwerdelikte Diebstahl, Straßenraub und Tötung bestätigt hatte, richtete sich schon der zweite Artikel an die Häscher und Guba-Ältesten, denen unter Aufsicht des Razbojnyj Prikaz die Ahndung der genannten drei Vergehen oblag. „Die Voevoden in der Provinz aber haben mit derlei Sachen

5 Novosel'skij, Otdatočnye knigi, S. 143.
6 S.o. S. 64-65.

nichts zu tun." Art. 21, 3 des Uloženie hatte die Voevoden dagegen noch in dem Fall mit der Strafjustiz betraut, daß Guba-Älteste nicht vorhanden waren.

Ohne Zweifel diente das Strafgesetzbuch von 1669 zugleich dem Versuch, der Rechtsidee und damit auch der Staatsräson stärkeren Nachdruck zu verleihen. Schon wenige Jahre nach Drucklegung des Uloženie waren Klagen laut geworden, in der Provinz mangele es an Uloženie-Exemplaren.[7] Bevor die Willkür in dieser Lücke tiefere Wurzeln schlug, sollte der Mangel an Rechtstexten mit Beschluß des Strafgesetzbuches von 1669 behoben werden. Zugleich erlebte das Strafrecht insgesamt eine Aufwertung. Man geht wohl nicht fehl in der Annahme, daß sich diese Aufwertung auch aus der seither verzeichneten Notwendigkeit einer Intensivierung der Strafverfolgung ergab. Im Anschluß an Art. 21, 1 des Uloženie bezog der Kodex von 1669 aber nicht alle Erscheinungsformen gesetzwidrigen Verhaltens ein, sondern beschränkte sich auf die drei Delikte qualifizierter Diebstahl, Straßenraub und Tötung, die noch im 18. Jahrhundert als Summe der Schwerkriminalität verstanden wurden.[8]

Obwohl das Strafgesetzbuch in vielfältiger Weise an das Uloženie anknüpft, ist in formeller Hinsicht ein gewisser Fortschritt doch unverkennbar. Er spiegelt sich vor allem im Bemühen um klaren Aufbau wider. Nach einer Einleitung zu Wahl und Aufgaben der Guba-Ältesten (Art. 1-6) fügt der Gesetzgeber im ersten Kapitel die Bestimmungen zum Diebstahl zusammen (Art. 7-16). Daran schließen sich die Passagen zum Straßenraub (17-75) sowie zur Tötung an (76-128). Noch die Urheber des Uloženie waren zu einer derartigen Strukturierung außerstande, hatten z.B. den Pferdediebstahl (21, 53) also nicht im Zusammenhang mit Diebstahl behandelt. Wenn die Gliederung des Strafgesetzbuches trotzdem nicht befriedigt, so weil die prozeßrechtlichen Bestimmungen vor allem zur Zeugenbefragung nicht gesondert zusammengefaßt wurden. Obwohl diese ja für alle Delikte Geltung hatten, flocht man sie mehr oder weniger unvermittelt beim Kapitel zum Straßenraub ein. Im Hinblick auf Präzision bei der Formulierung von Tatbeständen - neben dem Mangel an Systematik ein zweites Defizit des Uloženie - ist 1669 keine Weiterentwicklung erkennbar. Diese Beobachtung bestätigt die Annahme, daß es nicht etwa Fortschritte in der Rechtstechnik waren, die zur Entstehung des Gesetzbuches führten, sondern die Absicht zu einer Kompilation und Aktualisierung.[9]

Die 1669 fixierte Verschärfung der Sanktionen betraf vor allem die Besitzdelikte. Hatte das Uloženie bei Diebstahl die Knutung, den Verlust des linken Ohres sowie eine zweijährige Gefängnisstrafe angeordnet (21, 9), setzte das Strafgesetzbuch von 1669 Knutung, Verlust zweier Finger der linken Hand und

7 Vgl. Novombergskij, K voprosu, S. 46.

8 Z.B. wurde auch der Sysknoj Prikaz 1730 nur zur Ahndung dieser drei Verbrechen aufgerufen. Das Strafgesetzbuch von 1669 hielt die Begrenzung auf *tat'ba, razboj* und *ubijstvo* auch weitgehend ein. Nur wenige Artikel bezogen sich auf andere Straftatbestände, z.B. Art. 1o9 auf den Übertritt zum Islam oder Art. 11o auf Unzucht. Der Text in PRP 7, S. 396-434. Vgl. Gorlé, Justice pénale.

9 Zusätzlichen äußeren Anstoß erhielt die Teilkodifizierung, als mit dem Zug des Donkosaken Vasilij Us auf Moskau 1666 offenbar wurde, daß Teile der Gesellschaft ins Brodeln geraten waren.

zweiwöchentliche Haft an dessen Stelle (Art. 8). Ein Abgehen von der Gefängnisstrafe läßt sich 1669 an etlichen Stellen finden; schon die Urkunde vom 4.10.1667 zur landesweiten Berufung von Suchbeauftragten hatte befohlen, mit den Delinquenten kurzen Prozeß zu machen „und sie keinesfalls lange im Kerker zu verwahren". Grund dieser Anordnung, die fast einer Aufforderung zum Standrecht gleichkommt, war der oftmals erbärmliche Zustand der Gefängnisse und die daraus resultierende hohe Fluchtgefahr.[10] Nahm die Bedeutung der Haftstrafen gegenüber dem Uloženie also ab, stieg die der verstümmelnden Strafen an. Art. 21, 10 des Uloženie sah vor, den rückfällig gewordenen Dieb zu knuten, ihm das rechte Ohr abzuschneiden und ihn vier Jahre in den Turm zu werfen; Art. 9 des Strafkodex von 1669 sah von einer Haftstrafe ab und schrieb stattdessen vor, dem Verurteilten die linke Hand abzuschlagen. Bei drei oder mehr Diebstählen ordneten beide Gesetze die Todesstrafe an. Zudem schuf Art. 8 des neuen Gesetzbuches die Möglichkeit einer Bestrafung auch von unbeteiligten Familienangehörigen des Beschuldigten durch Verbannung. Das Uloženie hatte von derlei Praktiken noch ausdrücklich Abstand genommen.[11]

Auch bei der Ahndung des Straßenraubs drangen die verstümmelnden Strafen vor. An die Stelle des 1649 verfügten Verlustes des rechten Ohres und dreijähriger Haft (21, 16) setzte der Strafkodex von 1669 das Abschlagen von Arm und Bein (17); im Falle zweifachen Raubüberfalles ordneten beide Gesetzbücher die Todesstrafe an. Im Hinblick auf den Prozeßverlauf gab das Strafgesetzbuch von 1669 der Neigung zur Herstellung standrechtlicher Zustände deutlich nach, so wenn es die Gnadenfrist der zum Tode verurteilten Räuber, die zur Aufspürung von Komplicen genutzt werden sollte, von sechs Monaten auf zwei Wochen herabsetzte.[12] Der Befehl zur Hinrichtung mehrfacher Straßenräuber ist insofern bemerkenswert, als hierzu seit 1649 eine Reihe von Ukazen ergangen waren, die bei vielen Richtern Verwirrung auslösen mußten. Im Interesse der Kolonisation Sibiriens hatte ein Gesetz vom 20.10.1658 die Todesstrafe von Straßenräubern in Knutung, Verlust eines Fingers und Verbannung umgewandelt.[13] Schon im Jahr darauf wurde der Befehl auf Hinrichtung jedoch wiederhergestellt.[14] 1663 verfügte man eine neuerliche Revision, nach der mehrfache Straßenräuber beide Beine und die linke Hand einbüßen sollten.[15] Auch dieser Befehl wurde 1666 kassiert, als man Straßenraub erneut unter die Drohung der Todesstrafe stellte.[16]

10 Vgl. PSZ 1, Nr. 384 vom 6.3.1666. Dieser Ukaz befahl, das Personal in den großen Moskauer Gefängnissen um acht Wärter zu ergänzen, die vom Razbojnyj Prikaz besoldet werden sollten. Bisher oblag die Besoldung den Gemeinden, so daß sich zwischen Staat und *Zemlja* hier eine neue Gewichtung andeutet.

11 Vgl. Ul. 2, 7-1o.

12 Ul. 21, 21; Nov. St., Art. 21. Daß die gerade zur Eindämmung des Straßenraubs bedeutsame Offizialklage nach wie vor nicht gänzlich durchgesetzt war, bezeugt Art. 71 des Strafgesetzbuches von 1669, der die außergerichtliche Einigung zwischen Kläger und Straßenräuber verbietet.

13 PSZ 1, Nr. 1o5.

14 PSZ 1, Nr. 255 vom 8.8.1659.

15 PSZ 1, Nr. 334 vom 11.5.1663.

16 PSZ 1, Nr. 383 vom 24.1.1666.

Beim dritten und letzten Schwerdelikt, dem Mord, hat der neue Teilkodex die vom Uloženie angeordnete Todesstrafe bestätigt.[17]

1669 war auch das Jahr, in dem die Schar des Sten'ka Razin von ihrem Raubzug zur persischen Küste des Kaspischen Meeres an den Don zurückkehrte. Im Frühjahr 1670 geriet Razin dort mit dem zarischen Gesandten Evdokimov aneinander, den er als Spion beschimpfte und schließlich im Don ertränkte. Da sich auch der Kosakenhetman Jakovlev gegen Razin und dessen Ratgeber Vasilij Us nicht durchsetzen konnte, unterband Moskau die Getreidelieferungen an den Don. Vor diesem Hintergrund entzündete sich der große Bauernaufstand, in dessen Verlauf Razin weite Teile der Wolgaregion zufielen. Nachdem Moskauer Truppen im Oktober 1670 bei Simbirsk das Blatt wenden konnten, griff die Regierung mit Massenhinrichtungen grausam durch. Razin selbst wurde nach Moskau gebracht, vier Tage gefoltert und durch Zar und Bojaren zur Vierteilung verurteilt. Am 6.6.1671 wurde die Strafe auf dem Roten Platz vollstreckt.[18] Beim Vorgehen gegen Razins Anhänger ließ man das kodifizierte Strafrecht gänzlich außer acht, so daß viele schon wegen der angeblichen Absicht gehenkt wurden, sie hätten sich den Aufständischen anschließen wollen. Die Erhebung stellte unter Beweis, daß die Läuflingsfrage auch politische Dimension erreichen konnte, wenn sich Kosaken, russische und nichtrussische Bauern zu einer Streitmacht zusammenfanden. Den schon zuvor eingeleiteten Übergang vom Guba-Ältesten zum Syščik hat diese Erkenntnis wohl beschleunigt.[19] Gleichzeitig faßte man die bisher auf mehrere Zentralämter verstreute Organisation der Läuflingssuche nunmehr in einer Behörde zusammen. Neben dem Razbojnyj und Pomestnyj Prikaz hatten auch der *Prikaz sysknych del* sowie mehrere, nur befristet eingesetzte und nach dem jeweiligen Leiter benannte Ämter Suchbeauftragte ausge-

17 Nachdem Art. 21, 34 des Uloženie noch eine sechswöchige Frist zwischen Verkündung und Vollzug des Todesurteils angeordnet hatte, wurde diese Spanne wegen der Ausbruchsgefahr durch Art. 86 des Strafgesetzbuches von 1669 auf zehn Tage herabgesetzt. Zum Vergleich zwischen Uloženie und Nov. St. s. die Tabelle bei Hellie, Ulozhenie-Commentary, S. 17o.

18 Vgl. den unlängst erschienenen Überblick über die Literatur bei Solov'ev, Sovremenniki, S. 78-1o8, der rd. 200 Titel verzeichnet. Zur historischen Einordnung des Aufstandes, ob „Bauernkrieg" oder nicht, jetzt Khodarkovsky, The Stepan Razin Uprising. Neuerdings zum Prozeßverlauf Buganov, „Rozysknoe delo" Stepana Razina; zu dessen Hinrichtung s. Konovalov, Execution; Popov, O meste. Der Prozeß gegen Razin ist deshalb nicht ganz uninteressant, weil das Moskauer Justizwesen, das ja ohne Symbole wie Augenbinde, Waage und Schwert auskam, hier dennoch ein „Wahrzeichen" hervorgebracht hat. Die eiserne Kette, die man Razin nach der Festnahme angelegt hatte und die er bis zur Hinrichtung trug, wurde nach seinem Tode in die Hauptstadt der Donkosaken Čerkassk gebracht und dort über dem Eingang der Voskresenskij-Kirche befestigt. Čistjakova, Razin, S. 72.

19 Überliefert ist uns z.B. ein Befehl vom 13.12.1679 an den Voevoden von Arzamas, das Guba-Amt aufzulösen. AAĖ 4, Nr. 237. Vgl. Jakovlev, Hg., Gramoty, Nr. 12. Zum verwaltungsgeschichtlichen Hintergrund s. Čičerin, Učreždenija, S. 475-76. Mit Befehl vom 18.2.1684 (PSZ 2, Nr. 1.o62) sollten zwar erneut Guba-Älteste zu Strafrichtern bestimmt werden, diesmal aber nur in den Städten. Damit zielte diese Maßnahme eher darauf ab, ein Gegengewicht zum Voevoden zu schaffen. Nach Einführung der Stadtreform von 1699 erging am 10.3.1702 (PSZ 4, Nr. 1.9oo) endgültiger Befehl zur Abschaffung der Guba-Ältesten. In größeren Städten sollten sie durch ein Gericht aus dem Voevoden und vier gewählten Adligen ersetzt werden, in kleineren durch eine Kammer aus dem Voevoden und zwei Adligen.

sandt.[20] Am 15.11.1682 wurde der Razbojnyj Prikaz mit dem *Prikaz sysknych del* zum *Razbojnyj sysknoj Prikaz* zusammengelegt.[21]

Am 2.3.1683 erneuerte dieses Amt den Befehl zur Aussendung von Suchbeauftragten[22] und gab ihnen am gleichen Tage eine Generalinstruktion vor. Hier deutet sich ein vorsichtiger Abschied von den Sitten des 17. Jahrhunderts an, hatten die Zentralämter den ausrückenden Voevoden oder Suchbeauftragten bislang doch zumeist eine individuelle Dienstanweisung mitgegeben. Da lokale Fragen in der neuen Instruktion also keinen Platz mehr beanspruchten, schoben sich grundsätzliche Probleme in den Vordergrund. Zum einen gab der Gesetzgeber den Häschern gewisse Richtlinien an die Hand, um die Rechtmäßigkeit der Ansprüche auf einen Läufling zu prüfen. Diese Frage war oftmals strittig, da sich der neue Herr des Leibeigenen oft Forderungen des alten Besitzers gegenübersah und zudem auch der Staat mehrere Möglichkeiten zur Legalisierung der Flucht duldete. Wie zuvor stimmte man auch hier dem Standpunkt des ursprünglichen Besitzers bei und verpflichtete den neuen Herrn zur Zahlung von zwanzig Rubeln pro Jahr, das der Bauer seit 1662 bei ihm verbracht hatte. War der Läufling schon vor diesem Stichjahr im neuen Dorf ansässig geworden, reduzierte sich die Strafe auf jährlich zehn Rubel.[23] Derjenige Gutsbesitzer aber, dessen Bauer seit 1649 in einer Stadt gelebt hatte, büßte seinen Anspruch ein (Art. 1); dies galt auch dann, wenn der Läufling bei der Truppe untergekommen war (12) oder derzeit im Staatsdienst stand (47). Das immer wieder proklamierte Recht des Gutsbesitzers auf den entflohenen Leibeigenen kam vor den Interessen des Staats also zum Erliegen. Der zweite Schwerpunkt der Instruktion bezog sich auf die strafrechtlichen Funktionen des Suchbeauftragten. Läuflinge, die gefälschte Pässe vorzeigten, seien zu knuten (18); wenn sie den Gutsherrn auch beraubt hatten, sei mit ihnen je nach Schwere des Delikts gemäß der Gesetze zu verfahren (41). Ausdrücklich wurde der Inquisitor auch zur Anwendung der Folter ermächtigt; ihr waren schon diejenigen unterworfen, die nur einen „falschen Namen" angaben (42). Die Instruktion für den Syščik Dmitrij Pleščeev vom März 1658 hatte in diesem Fall von der Tortur noch abgesehen.[24] Läuflinge, denen man die Ermordung des Gutsbesitzers oder seines Verwalters zur Last legte, seien als abschreckendes Beispiel ebenso aufzuhängen wie diejenigen, die das Haus des

---

20 Der Zusammenhang zwischen dem *Prikaz sysknych del* und den Prikazen z.B. der Bojaren J.A. Dolgorukij (1648-52) oder J.N. Odoevskij (1672) ist nicht ganz klar. Vgl. Gurljand, Prikaz sysknych del; Šachovskaja, Sysk; Brown, Government Bureaus, S. 317-21. Mit Ukaz vom 26.10.1680 (PSZ 2, Nr. 894) sollte auch der Zemskij Prikaz die Ahndung von *tat'ba, razboj* und *ubijstvo* an den Razbojnyj Prikaz abgegeben.

21 Seither wechselte die Bezeichnung dieses Amtes beinahe jährlich. Genaue Auflistung bei Trocina, Istorija, S. 111-12.

22 PSZ 2, Nr. 997.

23 PSZ 2, Nr. 998, Art. 5. Das Strafmaß für die Aufnahme von Läuflingen hatte sich seit 1681 tw. jährlich gewandelt. Vgl. Engelmann, Leibeigenschaft, S. 76-77; Novosel'skij, Pobegi, S. 344-45. Zur Entstehung der Instruktion s. Man'kov, Razvitie, S. 136-42.

24 S.o. S. 73.

Gutsherrn angesteckt hatten (40).[25] Um den Läuflingen nicht nur in der Provinz, sondern auch in Moskau die Schlupflöcher zu versperren, wurde der Zemskij Prikaz 1684 angewiesen, nur diejenigen zur Arbeitssuche auf dem Roten Platz zuzulassen, die sich ordnungsgemäß ausweisen konnten, „damit im Gewimmel der Landstreicher keine Untaten mehr geschehen".[26]

Ob der Einsatz der Suchbeauftragten die Effektivität der Strafjustiz nun tatsächlich erhöht hat, diese Frage bleibt weitgehend offen. Die 1667 angekündigte Entsendung der Syščiki „in alle Städte" blieb Theorie; dazu reichten die Kräfte bei weitem nicht aus. Zwischen dem Eingehen der entsprechenden Bittschrift in Moskau und dem Eintreffen des Häschers vor Ort verstrich oftmals geraume Zeit, so daß die Praxis nach Abschaffung der Guba-Ältesten 1679 in vielen Fällen so aussah, daß die Strafverfolgung allein dem Voevoden oblag.[27] Dort, wo Syščik und Voevode kooperieren sollten, waren die Voevoden oftmals nicht dazu bereit, dem Häscher das im jeweiligen Kreis stationierte Truppenkontingent zu unterstellen.[28] Tw. wollten sich die Voevoden die einträgliche Tätigkeit der Rechtsprechung nicht aus der Hand nehmen lassen, tw. befürchteten sie Kontrolle oder Autoritätseinbuße. Nach langem Experimentieren[29] schlug erst Peter d.Gr. denjenigen Weg zur Eindämmung der Schwerkriminalität ein, der noch unter Katharina II. vor allen anderen beschritten werden sollte. Am 23.3.1698 erging Befehl, daß Syščiki mit eigenen Truppen in die Provinz ausrücken sollten.[30] Damit hatte das Zentrum eine weitere Funktion an sich gezogen.

---

25 Daß diese Delikte zu häufig waren, als daß ihre Eindämmung allein den Syščiki gelingen konnte, bezeugt auch der *Piscovyj nakaz* vom April 1684, mit dem auch die Landvermesser zu Richtern bestellt wurden. Ihnen kam gleichfalls das Recht auf Anwendung der Folter zu. Vgl. PSZ 2, Nr. 1.o74, Art. 68/69.

26 PSZ 2, Nr. 1.o72 vom 8.4.1684.

27 Der Ukaz vom 27.11.1679 hatte dies sogar angeordnet (PSZ 2, Nr. 779).

28 Vgl. die Beispiele bei Man'kov, Razvitie, S. 99-1oo, 155-56.

29 Zunächst kehrte man kurzzeitig zur Alleinherrschaft der Voeovden zurück, da ihnen am 12.5.1683 auch die Ahndung der drei Schwerdelikte übertragen wurde; Syščiki sollten nicht mehr entsandt werden (PSZ 2, Nr. 1.o11). Am 18.2.1684 wurde dann zur neuerlichen Wahl von Guba-Ältesten aufgerufen (PSZ 2, Nr. 1.o62). Daß dieser Befehl ein großes Echo gefunden hat, dürfte wohl bezweifelt werden.

30 PSZ 3, Nr. 1.625.

2.f Duma und Prikaz

Jede Würdigung eines Justizapparats bliebe lückenhaft ohne den Blick auf die Zentralämter. Da die Prikaze der Regierungsspitze und das hieß dem Zaren zuarbeiten sollten, muß dessen Stellung als oberster Richter und alleinige Quelle des Rechts eingangs kurz erwähnt werden. Obwohl das Uloženie von 1649 die Person des Zaren nur kursorisch abhandelt, baut es doch auf dem Majestätsgedanken und dem Dogma der Selbstherrschaft auf. Ungezählte Paragraphen, die dem Herrscher die letzte Entscheidung vorbehalten, verweisen auf dieses höchste Organ der Rechtsetzung. Die Unteilbarkeit der Begriffe „Zar" und „Recht" tritt uns etwa zu Beginn des zehnten Buches zum Gericht entgegen, in dem auf „Gerichtswesen" der possessive Genitiv „des Zaren und Großfürsten Aleksej Michajlovič der ganzen Rus'" folgt. Der zweite Artikel ruft den Zaren und dessen Bojaren als Schlichter in denjenigen Fällen an, mit denen die Ämter überfordert waren. Art. 10, 25 verbot am Geburtstag des Zaren jeglichen Gerichtstermin, wie auch an den christlichen Feiertagen und am Sonntag kein Recht gesprochen werden sollte. Stattdessen nahm der Zar etwa am Osterfest eine Namensliste von Gefangenen entgegen, um manchen davon zu begnadigen. Daneben bot die Person des Zaren der Bevölkerung die Möglichkeit, z.B. bei Prozessionen Bittschriften zu überreichen. Derartige Gesuche durften de jure auch in der Kirche übergeben werden, nicht jedoch während des Gottesdienstes (1, 8). Art. 10, 20 führte eine weitere Beschränkung ein: „Wer wegen seiner Rechts- oder anderer Sachen an Ihro Majestät suppliciren will, soll seine Suppliquen denen Bojaren, Cammerherren,[1] Räthen[2] und anderen Cantzeley-Bedienten in denen Cantzeleyen übergeben, wo sein Forum ist. Solte ihm nun in derselben Cantzeley das Recht versaget oder auch auf seine Supplique keine Resolution ertheilet werden, so kan er zwar Ihro Majestät desfals eine Bittschrift überreichen. Er muß aber in derselben anführen, daß er in der Cantzeley bereits darum solicitiret und keine Resolution erhalten habe. Denn es soll niemand Ihro Majestät eine Bittschrift, von was Sache es auch sey, übergeben, ehe und bevor er desfals in der Cantzeley eingekommen; wer sich aber solches unterstehen wolte, soll mit Batoggen gezüchtiget, oder wann er etwas vornehmer, eine Woche im Gefängnis gehalten werden, damit andere daran ein Exempel nehmen und sich dergleichen Dinge nicht angewehnen mögen."

Eigens mit der Bearbeitung von Eingaben war der Bittschriften-Prikaz befaßt, der seit Mitte des 16. Jahrhunderts existierte. 1613 hatte man ihn mit demjenigen Gerichtsprikaz zusammengelegt, der als Appellationsinstanz für Vladimir fungierte. Genoß also zumindest der Moskauer Adel durch das Immediatrecht eine gewisse Kontrolle über den Beamtenstand, reduzierte sich diese mit zunehmender

1 Gemeint sind die Okol'ničie.

2 Gemeint sind die übrigen Dumamitglieder *(dumnye ljudi)*.

Entfernung von der Hauptstadt. Naturgemäß waren sich dessen auch die Provinzbeamten bewußt. Ihren Gedankengang scheint Kotošichin zu bündeln, wenn er an einer Stelle schreibt: „Wer von den einfachen Leuten kann denn immer beim Zaren sein oder ihn häufig sehen?"[3]

Die dem Zaren überreichten Gesuche wurden in dessen Geheimkanzlei bearbeitet; dieses Amt nahm zugleich diejenigen Belange war, die den Zaren persönlich angingen oder sein Interesse fanden. Als der Beginn des Dreizehnjährigen Krieges Aleksej Michajlovič 1653/54 dazu zwang, die Hauptstadt des öfteren zu verlassen, war diese Behörde aus der Notwendigkeit entstanden, einen Kommunikationskanal zu den anderen Prikazen zu schaffen. Aus der Gründung der Geheimkanzlei spricht daher bereits eine Unzufriedenheit mit der bestehenden Verwaltungsstruktur, die Aleksej Michajlovič als zerfasert empfunden haben muß.[4] Nach und nach wurde der Geheimkanzlei auch die Verwaltung der Güter des Zaren übertragen, die bis dahin der Prikaz des großen Palastes beaufsichtigt hatte. Zugleich betreute sie die im Namen des Zaren vorgenommenen Geschäfte und den für die Gesundheit des Zaren verantwortlichen Apothekenprikaz, bis 1669 auch das Postwesen, und führte schließlich die persönliche Kasse des Zaren, aus der die Almosen stammten, die der Herrscher an Feiertagen unter die Bettler verteilte. Die ältere Forschung hat in der Geheimkanzlei vor allem ein Inquisitionstribunal gesehen, das vor allem die politischen Verbrechen gerichtet habe. Tatsächlich war das Büro mit nur einem Sekretär, dem D'jaken Dementij Bašmakov, sowie etwa zehn Schreibern besetzt;[5] damit wies es eine Personalausstattung auf, die angesichts der Größe der laufenden Aufgaben zur Übernahme zeitaufwendiger Untersuchungen kaum in der Lage war. Zumindest aus den Jahren 1674/75 ist auch überliefert, daß Zar und Geheimkanzlei an Ermittlungen gegen mutmaßliche Verräter zwar beteiligt waren, Verhör und Folter aber nicht in der Geheimkanzlei stattfanden, sondern im Strelitzenprikaz.[6] Nach dem Tode Aleksejs 1676 wurde die Geheimkanzlei aufgelöst.[7]

Eine zweite übergeordnete Institution war die Duma. Ursprünglich ein politikgestaltendes Regierungsorgan, sank sie im 17. Jahrhundert zu einer Versammlung der Verwaltungsspitze ab, die den Günstlingen des Zaren als Stätte der Befehlsausgabe diente. Aus der Sicht des Schreibers Kotošichin fiel das Urteil über diese Instanz denn auch recht gehässig aus: „Wenn der Zar die Bojaren und Dumaleute dazu auffordert, eine Frage zu überdenken und einen Rat zu geben, so mag auch der eine oder andere Hoch- oder Niedriggestellte seine Meinung dazu kundtun. Die übrigen Bojaren jedoch raufen sich die Bärte und vermögen nichts zu sagen, weil der Zar viele nicht wegen ihres Verstandes zu Bojaren erhebt, sondern

3 Kotošichin, O Rossii, S. 118.

4 Schärfer noch fällt das Urteil von Veselovskij, Prikaznyj stroj, S. 14, aus, der dem Zaren ein Gefühl der Machtlosigkeit gegenüber den Ämtern unterstellt.

5 Ebd., S. 85.

6 Gurljand, Prikaz tajnych del, S. 3o2.

7 Kozlov, Prikaz tajnych del; Epstein, Zentralverwaltung, S. 176-8o; Brown, Bureaus, S. 321. Zur Verfolgung politisch motivierter Verbrechen durch den Geheimprikaz s. Kobachidze, K voprosu; Golikova, Organy; dies., Organizacija; Tel'berg, Očerki.

wegen ihrer hohen Abstammung; viele von ihnen haben nichts gelernt und können nicht lesen und schreiben."[8] Zunächst hatte die Duma tatsächlich nur aus Bojaren bestanden, zu denen mit der allmählichen Ausdehnung des Moskauer Staates dann auch die Fürsten der eingezogenen Territorien stießen; allerdings galt der Titel des Fürsten nie als Dumarang. Den wirklichen Bojaren folgten die ernannten *(okol'ničie)*, so daß sich das Dumagericht laut Artikel 1 des Sudebnik von 1497 nur aus Inhabern dieser zwei Ränge zusammensetzte. Im zweiten Drittel des 16. Jahrhunderts kamen dann auch Vertreter des mittleren Adels hinzu *(dumnye dvorjane)*, während der Zurückdrängung der Bojaren unter Ivan IV. erstmals auch Dumasekretäre *(dumnye d'jaki)*. Zumeist waren dies nur vier, und zwar die Leiter des Außen-, Dienstlisten-, Dienstgut- und Kazaner Amtes. Diese Sekretäre hatten zwar ein Mitspracherecht, galten aber nicht als ebenbürtig und mußten während der Tagung stehen. Nach einem Dienstreglement vom 29.11.1669 sollte die Duma an Montagen Angelegenheiten des Dienstlisten- und Außenamtes behandeln, an Dienstagen solche der Finanzbehörden, mittwochs Fragen des Kazaner und des Dienstgutprikaz und donnerstags die des großen Palastes und Sibiriens; freitags hielt man Gericht ab.[9] Da die Zahl der Dumamitglieder während des 17. Jahrhunderts von 19 unter Michail Fedorovič auf 59 unter Aleksej Michajlovič bzw. 167 unter Fedor Alekseevič anwuchs, konnte eine derartig aufgeblähte und noch dazu locker verfaßte Institution bestenfalls anstreben, die Tätigkeit der Prikaze zu koordinieren; für die Vorbereitung weitreichender Beschlüsse war sie zu groß. Diese Aufgabe verlagerte sich in zwei kleinere Gremien, von denen die „Kammerduma" mit nur wenigen Vertrauten des Zaren einen weitgehend informellen Charakter trug. 1659 etwa gehörten ihr nur fünf Günstlinge an, in deren Runde man wohl den Machtkern des Zarenstaats vermuten kann. Im Zuge der umfassenden Reformen unter Fedor Alekseevič wurde dann auch ein formelles Leitungsorgan aus der Duma ausgegliedert. Dies geschah Anfang 1681 durch Berufung der Gerichtskammer *(raspravnaja palata)* aus zunächst vier Bojaren, je drei Okol'ničie und Dumaadligen sowie mehreren Sekretären und Schreibern. Unmittelbar zuvor hatte der Zar am 18.10.1680 den nachgeordneten Rang der Duma als direktivenabhängiges Koordinationsorgan zur Ausräumung von Unstimmigkeiten der Prikaze festschreiben lassen.[10] Namhaftes Mitglied des neuen Gremiums, das als Bindeglied zwischen Zar und Verwaltung fungierte, war N.I. Odoevskij, ehemals Leiter der Kommission zur Vorbereitung des Uloženie. Wie die Geheimkanzlei 1676 nach dem Ableben Aleksejs wurde auch die Gerichtskammer nach dem Tode Fedors 1682 umgehend beseitigt, jedoch 1683, 1689 (unter Ja.N. Odoevskij) und 1707 wieder errichtet, bis sie ihre Tätigkeit 1719 endgültig einstellte. Damit hatte diese Kammer sogar die Existenz der Bojarenduma überdauert, die nach 1701 mit der persönlichen Kanzlei zusammenwuchs.

---

8 Kotošichin, O Rossii, S. 21.

9 PSZ 1, Nr. 46o vom 29.11.1669; Nr. 582 vom 17.7.1674.

10 Vgl. Camphausen, Bojarenduma; Torke, Oligarchie; Vladimirskij-Budanov, Obzor, S. 158-74.

Unter den rd. 150 Fällen, die uns aus der Rechtsprechung der Gerichtskammer überliefert sind, entfällt der weitaus größte Teil auf das Zivilrecht. Für die Rolle der Duma als Judikative wird dies ähnlich gewesen sein. Hierin steckt ein klarer Hinweis darauf, daß eine Berufung im Strafrecht unter den Bedingungen des 17. Jahrhunderts kaum möglich war, es sei denn, die Klage richtete sich gegen einen Beamten. So wurde Lavrentij Zmeev, der Voevode von Čaronda, 1690 von der Bevölkerung beschuldigt, er sei bestechlich, habe die Einwohner ausgepreßt und drei Menschen getötet. Insgesamt habe er einen Schaden von mehr als tausend Rubeln verursacht. Diese Klage wurde zunächst dem Dumasekretär E.I. Ukraincev im zuständigen Ustjuger Prikaz vorgelegt, der ihr jedoch nicht nachging. Daraufhin wagten die Einwohner von Čaronda einen zweiten Vorstoß und reichten die Bittschrift bei der Gerichtskammer ein.[11] Das Übergewicht der zivilrechtlichen Forderungen in der Hinterlassenschaft der *Raspravnaja palata* zeigt, daß nur wenige Kläger eine solche Hartnäckigkeit aufbrachten wie die Leute von Čaronda, die das verwickelte Justizwesen des Moskauer Staates schließlich doch überwanden und zur buchstäblich letzten Instanz vordrangen; zumal dort, wo nicht wie hier die Bevölkerung, sondern die Obrigkeit als Kläger auftrat, war an Berufung kaum zu denken. Abgesehen davon war das Arbeitstempo dieses Gerichtshofes oftmals ebenso gemächlich wie das anderer Moskauer Behörden.

Genauer betrachtet erscheint es keinesfalls als selbstverständlich, daß Bittsteller aus der Provinz im Gewimmel der Zentralämter dasjenige ausfindig machten, dem sie ihr Anliegen unterbreiten konnten. Sich unter ca. 86 Zentralämtern und ihren unklaren Kompetenzen zurechtzufinden, konnte auch Beamte vor Probleme stellen; hinzu kamen 52 Prikaze, die nur zeitweise existierten.[12] Obwohl es oft nur Tagesbedürfnisse waren, die zur Gründung bzw. Aufhebung eines *Prikaz* (eigentlich nur „Befehl") führten, hat der Wildwuchs der Moskauer Zentralämter Historiker immer wieder dazu gereizt, nach übergeordneten Kategorien zu suchen, etwa denen der Funktions- oder Territorialämter sowie der Hof- oder Staatsprikaze. Über die Tätigkeit der Ämter ist jedoch mehr ausgesagt, wenn man sie bestimmten Bereichen zuordnet. Danach bietet sich folgendes Bild: 44 Prikaze waren mit militärischen Fragen befaßt, allen voran das Dienstlistenamt *(Razrjadnyj Prikaz oder Razrjad)*, dem weite Teile der befestigten Südgrenze unterstanden; in Kriegszeiten übte es eine Kontrolle aller anderen Ämter aus. Zu dieser Gruppe zählte auch der Strelitzenprikaz, der die 1550 erstmals aufgestellten Musketierregimenter versorgte. Zeitweise zog er eine eigene Steuer ein. Der Zahl der Beschäftigten nach war der Razrjad die größte Behörde; wenn überhaupt, kannte man draußen im Lande vor allem sie. 18 Prikaze zogen Steuern ein; darunter befanden sich sowohl Ämter, die für einzelne Gebiete zuständig waren,

---

11 Bogojavlenskij, Raspravnaja palata, S. 417-18; Ključevskij, Duma, S. 434-37; Golubev, Raspravnaja palata.

12 Brown, Bureaus, S. 28o. Diese Angaben beziehen sich auf die Gesamtzahl der Prikaze im 16. und 17. Jahrhundert. Bei Demidova, Služilaja bjurokratija, S. 23, fällt die Bilanz etwas anders aus. Hier ist für 1626 von 44 Zentralämtern die Rede, für 1646 von 49 Zentralämtern bzw. von 59 im Jahre 1677.

als auch solche, die nur bestimmte Steuern kassierten, etwa das 1595 etablierte „Neue Viertel" für die Erhebung der Schenkensteuer oder übergreifende Institutionen wie die große Kasse *(Prikaz bol'sogo prichoda)* und das große Schatzamt *(Prikaz bol'soj kazni)*, das 1622 gegründet wurde, um die Steuern der Städter einzutreiben. 14 Ämter sollten das Gerichtswesen betreuen, acht die im 16./17. Jahrhundert eroberten Gebiete, sieben die Städte[13] und zwei Prikaze leiteten die Strafverfolgung (Suchamt und Kriminalbehörde). Zu den „großen" Ämtern rechnete neben dem Dienstlistenprikaz auch das Außenamt sowie das für die Dienstgüter; wie der Razrjad hatte es während der Verwaltungsreform um 1555 schärfere Konturen erhalten. Insgesamt entfielen damit 117 Behörden auf staatliche Belange; dreißig waren für den Hof tätig, so auch ein Gedenkmessen- bzw. Ikonenprikaz, und sechs Ämter arbeiteten für den Patriarchen.[14] Alles in allem beschäftigten die Moskauer Zentralämter 1626 rd. 620 Beamte; von ihnen waren 575 als Schreiber tätig. Diese Schreiber verteilten sich auf die einzelnen Ämter jedoch in sehr unterschiedlicher Weise: Auf den Dienstgutprikaz und den großen Palast werden jeweils rd. 73 Männer veranschlagt, auf den Kazaner Palast 46, 45 auf den Razrjad, 27 auf das Kriminalamt sowie rd. 22 auf die große Kasse bzw. das Novgoroder Viertel. Neun Ämter zählten sechs bis zehn Schreiber, 14 Prikaze ein bis fünf Schreiber.[15]

Um die Mitte des 17. Jahrhunderts waren bereits ca. 830 Männer in den Prikazen tätig, davon vier Dumasekretäre und fünfzig *D'jaken* oder Sekretäre. Alle anderen waren Schreiber. Bis zum Ende des Jahrhunderts wuchs dieser Apparat auf rd. 2.700 Beschäftigte an, davon fünf Dumasekretäre und 86 D'jaken. Die Größe dieses Beamtenheeres machte es sogar erforderlich, das alte Prikazgebäude im Moskauer Kreml' nach 1670 abzureißen, um für die sieben personalstärksten Ämter ein neues zu errichten. Da viele Beamte abwechselnd in der Hauptstadt und in der Provinz dienten, sind für die Jahre nach 1640 noch rd. 770 Personen hinzuzurechnen, für 1690 rd. 1.900.[16] Während zu Ende des 17. Jahrhunderts in großen Ämtern mehr als 400 Schreiber saßen, scheint eine Ausstattung von dreißig bis fünfzig Schreibern für alle anderen die Regel gewesen zu sein. Allein der für Moskau zuständige Zemskij Prikaz schlug mit 80 Männern zu Buche, der Moskauer Gerichtsprikaz mit 71.[17] Jedes dieser Ämter wurde von einem oder mehreren „Richtern" geleitet, wie die übergroße Mehrheit der Ämter ja auch tatsächlich Recht sprach. Je nach der Bedeutung der Behörde standen diese Richter zumeist im Rang von Bojaren, Okol'ničie oder Dumaadligen. Gerade im Dienstlisten- oder Außenamt rückten jedoch auch Sekretäre zu Dumamitgliedern und damit zu Leitern ihrer Behörde auf. Diese D'jaken rekru-

---

13 Zur Zuordnung einzelner Städte zu den Prikazen s. Trocina, Istorija sudebnych učreždenij, S. 78-84, 87; Veselovskij, Sošnoe pis'mo, Bd. 2, S. 571-643.

14 Brown, Bureaus, S. 287-88.

15 Demidova, Služilaja bjurokratija, S. 22-24.

16 Ebd., S. 37. Ein Grund für die Zunahme der Beamtenschaft in der Provinz war die Notwendigkeit, die Funktion des bisher von der Gesellschaft ausgeübten Guba-Amtes nach dessen Abschaffung 1679 einem Staatsbediensteten zu übertragen.

17 Demidova, Služilaja bjurokratija, S. 44.

tierten sich häufig aus den Schreibern, die z.B. als Kinder von Popen oder von Städtern in den Staatsdienst eingetreten waren und Jahrzehnte als Schreiber zugebracht hatten. Dabei hatte der Prikazdienst die Eigenart, daß viele Beamte ihre Verwandten nachzogen, sich die Schreiber einer Behörde also gegenseitig stützten und begünstigten. Hatte sich einer von ihnen in derartiger Weise strafbar gemacht, daß ein Prozeß nicht länger zu umgehen war, saßen oft seine Verwandten über ihn zu Gericht - ein Brauch, von dem eine disziplinierende Wirkung wohl nur in schwachem Maße ausging.[18]

Wenden wir uns damit den Ämtern im einzelnen zu, und zwar zunächst den Gerichtsprikazen, dann den beiden Strafverfolgungsbehörden. Bei den Gerichten ist vorauszuschicken, daß es vor allem Dienstleute waren, die die Möglichkeit wahrnahmen, in Moskau zu klagen; zu den Einberufungsterminen im Frühjahr mußten sie die mühevolle Reise in die Hauptstadt ohnehin auf sich nehmen. Dagegen schreckten viele Steuerzahler vor dieser Fahrt zurück und nahmen deshalb mit dem Voevodengericht vorlieb. Die Schaffung von Gerichten mit territorialer Zuständigkeit ging offenbar wesentlich auf den Beschluß von 1549 zurück, Bojarenkinder aus der Gerichtsbarkeit der Namestniki auszunehmen.[19] Mehrere dieser Prikaze überstanden die Smuta jedoch nicht, so die Gerichte für Dmitrov und Rjazan', die 1610 aufgehoben wurden. Damit kommt für das 17. Jahrhundert vor allem zwei Gerichtshöfen größere Bedeutung zu: Dem für Moskau und dem für Vladimir. Beide begegnen uns erstmals in den Jahren nach 1580, als der Begriff *Prikaz* stehende Redewendung zur Bezeichnung der Zentralämter geworden war und das bis dahin übliche *izba* verdrängte. Von 1680 bis 1682 und endgültig ab 1699 wurden beide zu einer Behörde zusammengelegt, die zunächst als Moskauer Gerichtsprikaz, dann nur als Gerichtsprikaz galt. 1704 wurde ihr auch das Cholopengericht zugeschlagen.[20] Während die Höfe für Moskau und Vladimir eigenständige Behörden waren, scheinen die Gerichte für Kazan' und für den Hof aus den zuständigen Prikazen 1591 und 1626 ausgegliedert worden zu sein, um deren Beamte zu entlasten. Damit die Rechtsprechung dieser Instanzen nicht allzu stark voneinander abwich, lagen den Kammern oftmals identische Ukazbücher vor, von denen uns nur dasjenige des Moskauer Gerichtes überliefert ist. Es bietet eine Zusammenstellung von 26 Sprüchen der Jahre zwischen 1622 und 1646, die eine wesentliche Quelle des Uloženie geworden sind, vor allem seines zehnten Buches zum Gerichtswesen. Zwölf Urteile galten dem Zivilrecht einschließlich Fragen der Leibeigenschaft (5), neun dem Prozeßrecht sowie fünf dem Strafrecht und Strafvollzug.

Um den Charakter dieser Dienstanweisung an einem Beispiel zu illustrieren, sei die Entscheidung vom 25.9.1639 gewählt. Sie wurde dem Moskauer Gerichtshof vom Kriminalamt zugestellt, offenbar weil man sie für exemplarisch hielt. Am 5.9.1637 hatte der Bojar Fedor Ivanovič Šeremetev gegen den Fürsten und

---

18 Vgl. Plavsic, Chanceries, S. 32-33.

19 S.o. S. 85.

20 Den Prikaz des Cholopengerichts riefen weniger die Cholopen an als deren Herren bei Streitigkeiten untereinander. Zusammen mit dem von ihr geführten Zentralregister der Schuldverschreibungen wurde diese Behörde 1682 während des Strelitzenaufstandes in Brand gesetzt.

Stol'nik Vasilij Grigor'evič Romodanovskij geklagt. Ofon'ka Širokoj, ein Bauer Romodanovskijs, hatte unter Folter gestanden, von der Straße in den Wald Šeremetevs eingedrungen zu sein, wo er dessen Bauern Onkudinko Afanas'ev seinen Rausch ausschlafen fand. Širokoj machte nun den Versuch, Afanas'ev das Kleid auszuziehen, um es zu stehlen. Als dieser jedoch erwachte, gab es ein Handgemenge, in dessen Verlauf Širokoj das Messer Afanas'evs zu fassen bekam und diesen erstach. Auf Betreiben Šeremetevs, der 1617/18 selbst als Richter im Razbojnyj Prikaz gedient hatte,[21] schaltete sich nun das Kriminalamt ein, entsandte einen Okol'ničij, einen D'jaken, einen weiteren Adligen und einen Schreiber. Diese stattliche Delegation brachte den Širokoj durch Einsatz der Folter zum Geständnis. Šeremetev, der offenbar recht energisch war, wandte sich nun an den Zaren, um die Erlaubnis zu erwirken, als Ersatzbauern von Romodanovskij nicht etwa den Širokoj zu erhalten, der ein bekannter Übeltäter sei, sondern den Sergej Simanov aus Romodanovskijs Dorf Vešnjakov. Auf diese Bitte teilte der Dumasekretär Ivan Gavrenev Šeremetev mit, der Zar gebe ihr statt, so daß Simanov mit Frau, Kindern und ganzer Habe zu Šeremetev übersiedeln könne; Širokoj sei auszuprügeln und Romodanovskij zu überlassen.[22] An dieser Begebenheit sind vor allem zwei Punkte bemerkenswert. Zunächst überrascht das Ausmaß an Zentralismus, demzufolge ein derartiger Fall erst auf Dumaebene entschieden werden konnte. Daneben tritt auch an dieser Stelle eine seltsame Amtsverwirrung zutage: Die Ermittlung gegen den Schuldigen führte der Razbojnyj Prikaz durch, doch das Urteil wurde vom Dienstlistenamt verkündet, dem Gavrenev von 1630 bis 1650 als Dumasekretär vorstand.[23] Diese Zersplitterung der Rechtspflege, die viele Prozesse in die Länge zog, war wohl ein grundsätzliches Kennzeichen der Moskauer Zeit. So waren mit der Aufklärung des Moskauer Aufstandes vom Juli 1662 gleich vier Ämter beschäftigt: Neben dem eigentlich zuständigen Zemskij Prikaz taten sich hier der Razrjad, der Stallprikaz und der Kazaner Palast hervor.[24]

Gehen wir damit zur Betrachtung der Suchbehörde über. Die Initiative zur Gründung des *Prikaz sysknych del* löste der Sobor des Jahres 1619 aus, auf dem die Posadleute über die Flucht ihrer Schuldner in andere Städte klagten. Im Grunde waren dabei auch Interessen der Regierung berührt, ging es hier letzten Endes ja auch um die Steuerleistung der Stadtbevölkerung. In Reaktion auf diesen Vorstoß wurde die landesweite Suche und Rückführung der *zakladčiki* einem eigenen Amt übertragen. Da sich die Läuflinge jedoch oftmals in den Schutz der Kirche und großer Grundbesitzer begaben, mußte die Tätigkeit dieses Prikaz bald auf Widerstand stoßen. Offenbar geriet sie darüber auch ins Stocken, denn das

21 Bogojavlenskij, Prikaznye d'jaki, S. 138.

22 Nazarov, Ukaznaja kniga, S. 48o.

23 Veselovskij, D'jaki, S. 113.

24 Zercalov, Hg., O moskovskich mjatežach, S. 247. Vgl. Knjaz'kov, Sudnye prikazy. Da viele Prikaze nicht nur Gerichts-, sondern auch Ermittlungsorgane waren, hatten sich etliche Zentralämter auch eigene Kerker eingerichtet. Die des Razbojnyj und Zemskij Prikaz befanden sich im Konstantin und Elena-Turm des Kreml', die des Cholopenprikaz beim Varvara-Turm in der Kitaj-Gorod.

Jahr 1638 machte eine Neugründung erforderlich, diesmal jedoch mit eingeschränkten Vollmachten, um Flüchtlinge nur aus bestimmten Städten zu verhaften. Die Suche der aus Moskau Geflohenen oblag jetzt dem Gericht für Vladimir.[25] Wie viele Zentralbehörden nahm der Suchprikaz auch andere Aufgaben wahr und fungierte etwa als Berufungsinstanz für Dienstgutstreitigkeiten. 1622 wurde das Suchamt vom neuen Viertel mit dem Einzug einer Steuer beauftragt; 1630 erhielt es den Befehl, zur Auffüllung der Moskauer Kaufmannslisten in anderen Städten Posadleute auszuheben. Dieser Umsiedlung ging die Klage der Moskauer Kaufleute voraus, sie seien zur vollen Steuerleistung außerstande. 1625 gliederte man aus dem Suchamt einen *Prikaz prikaznych del* aus, der Gelegenheitsaufgaben wahrnehmen sollte, etwa die Neuaufnahme von Akten, die der Brand Moskaus 1626 zerstört hatte oder 1642 die Wiederherstellung der Ikonen in der Uspenskij-Kathedrale des Kreml'. Eine deutliche Belebung der Aktivität des Suchamtes trat erst nach dem 19.11.1648 ein, als der mit B.I. Morozov verschwägerte Fürst Jurij Aleksandrovič Dolgorukij die Leitung übernahm. Nun wurden dieser Kanzlei zusätzlich drei Sekretäre und 15 Schreiber aus anderen Prikazen zugeteilt, darunter zwei Schreiber aus dem Razbojnyj und einer aus dem Zemskij Prikaz. Diese Gruppe erhielt den Auftrag, das spätere 19. Kapitel des Uloženie zu den Städten zu entwerfen. Dolgorukij gehörte auch zu den 15 Bojaren, die die Urrolle des Gesetzbuches durch ihre Unterschrift bekräftigten.[26] Nach Verabschiedung des Uloženie oblag es diesem Prikaz, die Umwandlung der steuerbegünstigten Höfe in uneingeschränkt steuerpflichtige durchzusetzen - eine recht heikle Aufgabe, da Dolgorukij damit in offene Feindschaft zu Kirche und mehreren Bojaren geriet, die allein in Moskau rd. 1.400 dieser bislang privilegierten Höfe besaßen.

In Zusammenhang damit hatte der Zemskij Prikaz bereits im Oktober/November 1648 eine Aktualisierung der Moskauer Steuerbücher veranlaßt. Unter Dolgorukij hatte die Tätigkeit des Suchamtes also eine jähe Wendung genommen; es ist deshalb nicht erstaunlich, wenn die Rückführung der Läuflinge in der Folgezeit auf andere Behörden überging. Dies waren vor allem der Pomestnyj Prikaz, der große Palast und das Dienstlistenamt, die fast alle Syščiki stellten.[27] Dafür übertrug man dem Suchamt nach der Pestepidemie von 1654/55 das Aufspüren verödeter Güter. 1660 wurde das Suchamt vorübergehend zum *Prikaz sysknych zastavnych del* umbenannt und 1682 mit dem Kriminalprikaz zusammengelegt. Die endgültige Auflösung erfolgte 1701. Daneben scheinen mehr als ein Dutzend weiterer Suchprikaze existiert zu haben, deren Existenz von vornherein befristet war. Sie trugen den Namen desjenigen Bojaren, der jeweils die Leitung innehatte. Die Mehrzahl dieser Ämter, die zumeist nur zwei bis drei Jahre tätig waren, fiel

---

25 Ustjugov, Ėvoljucija, S. 154.

26 Sie trug insgesamt 315 Unterschriften. Zur Niederschlagung des Razin-Aufstandes hielt Dolgorukij 1671 ein blutiges Strafgericht ab, dem nach Angaben von Smirnov, Posadskie ljudi, Bd. 2, S. 26o, bis zu 11.ooo Menschen zum Opfer fielen. Während des Moskauer Strelitzenaufstandes wurde Dolgorukij am 15.5.1682 in seinem Bett erschlagen.

27 Vgl. die Tabelle bei Man'kov, Razvitie, S. 84-89, in der 125 Suchkommandos verzeichnet sind.

in die erste Hälfte des 17. Jahrhunderts. Über sie ist nur wenig bekannt; tw. waren sie gleichfalls mit der Fahndung nach Steuerflüchtern beauftragt. Angesichts der Zahl und der Fluktuation dieser Ausschüsse stellt sich die Frage, ob sich überhaupt von „dem" Sysknoj Prikaz sprechen läßt oder ob man an seiner Stelle nicht vielmehr eine Kette von Provisorien annehmen sollte. Die Läuflingssuche stellte damit auch auf zentraler Ebene ein Problem dar, das sich einer zufriedenstellenden Regelung entzog.[28]

Ein Organ von weitaus größerer Kontinuität tritt uns im Kriminalamt entgegen. Dessen Vorläufer wurde schon 1539 in der ersten uns bekannten Guba-Urkunde erwähnt, doch scheint sein institutioneller Rahmen eher vage gewesen zu sein; so ist in diesem Erlaß nur von Bojaren die Rede, die in Moskau mit den *razbojnye dela* befaßt seien. Wahrscheinlich hat es sich dabei zunächst um einen Ausschuß der Duma gehandelt, dessen bürokratischer Unterbau recht dürftig blieb. Auch der Vorsitz wechselte häufig: 1539 hatte ihn I.D. Pen'kov inne, der Vertraute Elena Glinskajas, 1540 I.V. Šujskij, und 1541 I.G. Morozov. Da Šujskij nach dem Tode Elenas von 1538 bis 1540 de facto die Regierung führte, muß er dem Kriminalausschuß, wenn er selbst an dessen Spitze stand, schon einige Bedeutung zugemessen haben. Im Zuge der Auseinandersetzungen zwischen den Šujskijs und den Belskijs wurde das Gremium zeitweise jedoch wieder aufgelöst. Damit scheint es erst dem bis 1548 amtierenden Morozov gelungen zu sein, dem Kriminalprikaz durch Hinzuziehung von Schreibern eine festere Struktur zu verleihen. Die Guba-Urkunde für Medyn von 1555 sprach somit erstmals von der *Razbojnaja izba*. Die Bezeichnung des *Razbojnyj Prikaz* wurde 1571 eingeführt, ohne daß die beiden älteren Formeln sogleich außer Gebrauch kamen.[29] Mit einem Bojaren und einem Okol'ničij an der Spitze des Kriminalamtes ist für 1587 bereits diejenige Konstellation bezeugt, die uns auch im 17. Jahrhundert begegnet.

Die wohl eingehendste Schilderung des Razbojnyj Prikaz, die uns dieses Jahrhundert überliefert hat, stammt aus der Feder Grigorij Kotošichins. Während er manche Ämter, etwa die Suchbehörde, einer Erwähnung nicht für würdig befand, holte er beim Kriminalamt zu einem dreiseitigen Sittengemälde aus, von dem hier zumindest die Eingangspassage zitiert werden soll: „Im Razbojnyj Prikaz sitzen ein Bojar oder Okol'ničij, ein Stolnik oder Dvorjanin sowie zwei D'jaken. Dieses Amt ist für alle Verbrechen, Diebstähle, Untersuchungen und Scharfrichter des Moskauer Staates zuständig; von diesen Scharfrichtern gibt es in Moskau acht. Sie erhalten ein Jahresdeputat. Auch in den Provinzstädten sind für Raub und Diebstahl Guba-Ämter eingerichtet; sie werden von gottesfürchtigen, gewählten und vereidigten Adligen versehen, die wegen ihres Alters keinen Felddienst mehr leisten können. Die Verbrecher werden in Kerker geworfen. In Moskau werden diese Kerker und auch das Kriminalamt von Wärtern bewacht, die von der Bevölkerung der Vorstädte gewählt werden; in den Provinzstädten

28 Gurljand, Prikaz sysknych del; Bogojavlenskij, Prikaznye sud'i, S. 19o-97; Brown, Bureaus, S. 319-21; SIĖ 13, S. 1oo4.

29 Vgl. PRP 4, S. 178; 181-82; Jakovlev, Gramoty, S. 69-73; 78. Allg. dazu Leont'ev, Obrazovanie, bes. S. 152-69 (s.o. S. 86).

werden die Schreiber, Wächter und Gerichtsbüttel von der Bevölkerung in Land und Stadt bestimmt. Henker kann in Moskau und der Provinz jedermann werden, der es nur will.[30] Wenn ein Fürst oder Bojar oder ein einfacher Mann wegen Raub, Diebstahl, Missetat, Totschlag, Brandstiftung oder anderer Verbrechen gefaßt wird, so bringt man ihn in Moskau zum Razbojnyj oder Zemskij Prikaz, in den Provinzstädten entweder auch in die Prikaze oder zur Guba-Stube. Wer geraubt, gemordet, gebrandschatzt oder gestohlen hat, dessen Komplicen jedoch entfliehen konnten und nicht gefaßt wurden, der wird sogar am Feiertag gefoltert und erbarmungslos gemartert, damit der Verbrecher unverzüglich gesteht und man nach seinen Spießgesellen fahnden kann. Je nach der Tat werden solche Missetäter einmal, zweimal und dreimal gefoltert; erst danach wird entschieden, was mit ihnen geschehen soll."[31] Es folgt eine detaillierte Schilderung der Foltermethoden. Kotošichins Bericht hinterläßt den Eindruck, der Razbojnyj Prikaz sei das Amt gewissermaßen „für's Grobe" gewesen, eine Vermutung, die sich auch auf das Uloženie stützen kann. Dort heißt es in Art. 21, 49: „Wann jemand einen andern wegen einer Rauberey oder Diebstahls anklagete, ohne daß geraubtes Gut bey ihm gefunden oder er von andern Räubern angegeben oder bey der Umfrage vor einen bösen Menschen denunciret worden, so soll er mit solcher Anklage an die Cantzeley gewiesen werden, wo der Angeklagte sein Forum hat. Würde aber die Sache daselbst dahin getrieben, daß die Folter selbige entscheiden müßte, so sollen beyde Partheyen wiederum an die Mörder-Cantzeley remittiret werden."

Zwar ist Kotošichin, da er vor seiner Flucht von 1664 rd. zwanzig Jahre als Schreiber vor allem im Außenamt tätig war, als Kenner des Moskauer Behördenapparats anzusehen, doch stellt seine Beschreibung des Razbojnyj Prikaz im Grunde nur eine Darstellung von außen dar. Für eine Innenansicht dieses Amtes bieten sich zwei andere Quellen an. Dies sind zunächst die Ukazbücher des Kriminalamtes, von denen uns drei Fassungen aus den Jahren 1555/56, 1616/36 und 1635/48 erhalten sind.[32] Bei diesen Büchern handelt es sich zumeist um eine chronologische Sammlung der laufenden Gesetzgebung, soweit sie für Belange des Kriminalamtes als relevant erschienen. Unter diesen Akten des Razbojnyj Prikaz findet sich nur ein Text, der den Versuch einer Systematisierung unternimmt. Dieses Satzungsbuch *(ustavnaja kniga)* hatte der Razrjad wohl 1616/17 für den Kriminalprikaz verfaßt, um dessen während der Smuta weitgehend erloschene Tätigkeit neu zu beleben.[33] Durch Urteile der Bojaren aus den Jahren 1619 und 1620 wurde diese Dienstanweisung von zunächst 56 Artikeln auf 67 Artikel erweitert. Davon bezieht sich ein erheblicher Teil auf das Prozeßrecht, d.h. auf die Folter und die allgemeine Umfrage. Einen zweiten Schwerpunkt bildet die Zusammenfassung der im 16. Jahrhundert ergangenen Gesetze zur Einrichtung der Guba-Behörde. Der Extrakt dieser drei Ukazbücher lag in der

---

30 In Art. 21, 96 beschränkt das Uloženie dieses Amt auf die Freien.

31 Kotošichin, O Rossii, S. 114-15. Gewohnt drastisch Olearius, Beschreibung, S. 272-73 („Sie haben allerhand greuliche Arten, die Wahrheit peinlich herauszupressen...").

32 Zugänglich in PRP 4, S. 356-7o; 5, S. 188-239.

33 Vgl. Šalfeev, Ustavnaja kniga, S. 7.

stetigen Ausdehnung des staatlichen Machtanspruchs. Dies schlug sich äußerlich zunächst in der Zunahme der Gesetzesproduktion nieder, die der des Beamtenapparats wenig nachstand. Umfaßte das Bojarenurteil vom 18.1.1555 als Kern des ersten Ukazbuches nach heutiger Zählung 13 Artikel, so schwoll das Strafgesetzbuch von 1669 mit 128 Art. auf das Zehnfache an. Diese außerordentliche Zunahme beruht nicht zuletzt darauf, daß die Fixierung der Leibeigenschaft durch das Uloženie von 1649 die Kriminalisierung des bäuerlichen Abzugs besiegelte und ein umfassendes Rechtsgebiet damit vom Zivil- zum Strafrecht überging. Daneben schob sich der Regelungsanspruch des Staates auch durch die Ausweitung der Amtsklage vor; mit Ukaz vom 9.6.1646 wurden außergerichtliche Abmachungen bei Straßenraub erstmals untersagt. Gleichzeitig steigerte sich auch die physische Gewalt des Staates über seine Untertanen; der Ukaz vom 26.4.1639 erklärte die Folter auch an Feiertagen für zulässig, am 19.5.1637 ordnete ein Befehl das Brandmarken an. Dabei sollten Falschmünzern die Buchstaben *VOR*, Dieben *TAT* und Räubern *RZB* in Stirn oder Wange gebrannt werden.[34] Durch eine Abstufung von „Schuld" ist dieses Gesetz ein weiteres interessantes Beispiel für die Denkart der Ukazbücher.[35] Als geringe Schuld begreift der Ukaz Raub bzw. Diebstahl in einem Fall bzw. zwei kleinere Diebstähle, jeweils ohne Mord ohne Brandstiftung. Als mittelschwere Schuld werden genannt zwei Raubüberfälle bzw. Einbrüche oder nichtqualifizierter Diebstahl in drei Fällen ohne Tateinheit mit Mord oder Brandstiftung. Die Steigerung zur vollen Schuld blieb aus, wurde aber offenbar mit mehr als drei Raubüberfällen bzw. mit Morden und Brandschatzen gleichgesetzt. Bei geringer und mittelschwerer Schuld sei der Angeklagte zu brandmarken, zu knuten und nach der Benennung von Bürgen freizulassen.

Bis dahin ist die Anweisung klar. Nun folgt jedoch der Zusatz, daß „die anderen" (also voll Schuldige) wie diejenigen mit mittelschwerer Schuld zu brandmarken und nach Sibirien zu verbannen seien. Lag es damit im Ermessen des Prikaz, einen Angeklagten „mittlerer Schuld" nach Sibirien oder in die Freiheit zu schicken? Hier entsteht der Eindruck, daß der Gesetzgeber einerseits gut daran tat, abstrakte, im Gerichtsalltag aber schwer umsetzbare Richtlinien zu meiden, um keine zusätzliche Verwirrung zu stiften. Da den Richtern zur Orientierung zumeist also konkrete Fälle vorlagen, waren die untergeordneten Instanzen andererseits jedoch ständig gezwungen, Entscheidungen, zu denen kein Präjudiz vorlag, nach oben weiterzuleiten. Daraus ergab sich die chronische Überlastung der oberen Justizorgane und ein Rückstau unerledigter Begehren, der uns in den Quellen so häufig im Begriff der *volokita* entgegentritt (Verschleppung). Dieser Knoten ließ sich im Einzelfall durch Bestechung noch am besten lösen, so daß der Korruption eine tatsächliche Aufgabe zufiel. Ansatzweise wird hier deutlich, wie ein Übel das andere nach sich zog.

---

34 Vgl. den Ukaz vom 10.2.1637 für den Voevoden von Perm in AAĖ 3, Nr. 266, nach dem das Brandmarken auch zuvor gebräuchlich war. Der Ukaz vom 19.5. ging nicht in das Uloženie ein.

35 „Schuld" *(vina)* wird hier nicht wie im heutigen Sinne als Grad der Beteiligung an einer Straftat verstanden, sondern als Schwere des Delikts.

Die zweite wertvolle Quelle für die Geschichte des Kriminalamtes bieten uns die Personallisten; S.K. Bogojavlenskij hat die aller großen Ämter bereits 1946 veröffentlicht, doch ist diese Zusammenstellung bislang nicht näher betrachtet worden. Für das Kriminalamt ergibt sich von 1613 bis zur Zusammenlegung mit dem Suchprikaz 1682 eine Zahl von 36 adligen Richtern und 49 Sekretären. In der ersten Jahrhunderthälfte war die Führung des Kriminalamtes zumeist mit zwei Adligen und zwei Sekretären besetzt, in der zweiten Hälfte des 17. Jahrhunderts mit zwei Adligen und vier Sekretären.[36] Dabei befanden sich unter den Adligen drei Mitglieder der Familie Šeremetev, die vor der Ära des Boris Morozov das Ruder in Händen hielt, sowie je zwei Angehörige der Familien Saltykov und Puškin. Zwei Richtern war zeitweise auch eine Suchkanzlei unterstellt; dabei war B.M. Lykov zunächst in der Kriminalbehörde tätig (1618), dann in der Suchbehörde (1623-28), B.A. Repnin erst im Sysknoj Prikaz (1639-42), danach im Räuberamt (1652-59). Im Range eines Stol'nik treffen wir unter dessen Richtern von 1672 bis 1674 auch Michail L'vovič Pleščeev, dessen Onkel Leontij Stepanovič wegen seiner Verfehlungen im Zemskij Prikaz am 3.6.1649 auf dem Roten Platz erschlagen worden war. Beim Adel ergibt sich bis zur Versetzung auf einen neuen Posten im groben Durchschnitt eine Amtsdauer von zwei bis drei Jahren, bei den D'jaken von fünf bis sechs Jahren, so daß ein Element der Stetigkeit daher eher von den Sekretären ausging, obwohl Sonderaufträge und zeitweilige Abberufungen auch deren Tätigkeit unterbrachen. Aleksej Pos(t)nikov etwa trat am 21.1.1658 als D'jak in das Kriminalbüro ein, wurde jedoch schon am 5.5. zur Begleitung eines Voevoden nach Kiev entsandt.[37] Vor seiner Abordnung zum Kriminalamt hatte er am großen Palast, im Klosterprikaz sowie bei einer Gesandtschaft nach Venedig gedient, wie überhaupt bemerkenswert viele D'jaken das Ausland kennengelernt hatten. Einer der wenigen „Spezialisten" mit vergleichsweise langer Tätigkeit im Razbojnyj Prikaz war Dmitrij Šipulin, der zunächst als Schreiber von 1655 bis 1657 an Fahndungskommandos in der Provinz teilgenommen hatte. Anläßlich der Beförderung zum Sekretär verlieh ihm der Zar am 1.10.1663 ein Gut von 650 četvert' Größe sowie 75 Rubel als Jahresgehalt. Mit seinem neuen Rang trat Šipulin in das Kriminalamt ein, wo er zehn Jahre blieb.

Dank S.B. Veselovskijs „Lexikon" der Prikazbeamten lassen sich bei 45 der 49 Sekretäre Herkunft und Laufbahn zumindest in Umrissen erkennen. Seit 1621[38] war dabei der Regelfall der, daß der D'jak nicht dem Adel entstammte und seinen Dienst als Schreiber begonnen hatte. Die Mehrzahl dieser Männer hatte ihre Lehrjahre jedoch nicht im Kriminalamt absolviert, sondern im Pomestnyj bzw. Razrjadnyj Prikaz. Hier drückt sich vor allem der große Personalbestand dieser Ämter aus. Ein vages Laufbahnmuster, das eine Tätigkeit im Kriminalprikaz einschließen konnte, begann mit dem Einsatz bei der Wache von Moskau. Zwischen 1621 und 1648 finden wir diese Konstellation in immerhin

36 In dieser Zunahme spiegelt sich keine Aufwertung des Prikaz wider, sondern das Anschwellen der Bürokratie überhaupt.

37 Veselovskij, D'jaki, S. 426.

38 Von 1613 bis 1621 ging nur einer von acht Sekretären aus den Schreibern hervor.

acht von 15 Fällen, zuerst bei Ivan Michajlov, der 1619 als D'jak die Moskauer Streife kommandiert hatte, danach zwei Jahre im Kriminalbüro tätig war, bis er 1621 mit einer Gesandtschaft auf die Krim abreiste.[39] Ein ähnliches Beispiel liefert Ivan Fedorovič Pozdeev.[40] Zunächst Schreiber, hatte er von 1619 bis 1621 als D'jak bei der Moskauer Wache gedient, dann bei der Münze, 1622 im großen Palast, 1622/23 beim Suchamt, 1623 wieder beim großen Palast und 1625/27 erneut bei der Wache, bis er 1627 in das Kriminalamt eintrat.[41] Andererseits schien aber auch die Tätigkeit im Räuberamt auf die Moskauer Wache vorzubereiten. Nehmen wir Grigorij Grigor'evič Terjaev, der von 1631 bis 1635 als Sekretär des Kriminalprikaz registriert ist. Außer einem Dienstgut von 800 četvert' Größe erhielt er ein Jahresgehalt von 90 Rubeln. Offenbar gleichzeitig mit seinem Dienst im Razbojnyj Prikaz kommandierte er 1633/34 die Wache in Moskau bzw. im Kreml'; aus Anlaß des Smolensker Feldzuges hob er im Juni 1633 zudem auch Rekruten aus. Mit dem 1.1.1637 sah sich Terjaev zum Moskauer Gerichtsprikaz beordert; währenddessen setzte er den Wachdienst jedoch fort und beaufsichtigte im September 1637 den Bau eines Erdwalles.[42] Die hier angedeutete Verbindung zwischen Kriminal- und Gerichtsprikaz, die an sich ja nahe gelegen hätte, war auf das Ganze gesehen eher selten; sie begegnet in nur sechs der 45 Fälle. Zu berücksichtigen ist allerdings, daß in der Praxis ja fast jeder dieser Sekretäre Recht sprach, unabhängig davon, in welchem Amt er gerade unterkam. Ein weiteres, gleichfalls nur schwach hervortretendes Muster deutet sich nach 1657 im Einklang von Such- und Kriminalamt an; so hatten fünf von zwanzig Männern in beiden Behörden Posten inne. Hier muß einschränkend angefügt werden, daß auch der Pomestnyj und der Razrjadnyj Prikaz Suchkommandos aufstellten, so daß viele D'jaken derartige Erfahrung auch in diesen Ämtern sammeln konnten. Offenbar sehr gering war die Bindung zum Zemskij Prikaz, der für die Stadt Moskau zuständigen Behörde. Nur von einem dieser Männer ist bekannt, daß er sowohl hier wie im Razbojnyj Prikaz gedient hat; fast jeder durchlief dagegen die Station als Provinzsekretär, häufig sogar mehrfach.

Wie bereits angedeutet, waren die Sekretäre der Kriminalbehörde zumeist Aufsteiger, die als Schreiber angefangen hatten. Nach dem Karriereverlauf lassen sich bei ihnen zwei Sondergruppen unterscheiden: Diejenigen, die vom Schreiber bis zum Adligen aufrückten, und diejenigen, deren Kriminalität so offenkundig wurde, so daß sie zumindest zeitweise degradiert wurden. Beides trifft auf je drei Männer zu. Betrachten wir zunächst die Erfolgreichen. Von Avdij Fedorov ist überliefert, daß er als Schreiber zwischen 1644 und 1652 im Pomestnyj Prikaz angestellt war. Er betreute dort die Güter um Pskov und wurde pro Jahr mit drei Rubeln entlohnt. Am 26.2.1675, mithin nach zumindest dreißig Dienstjahren,

---

39 Veselovskij, D'jaki, S. 338.

40 Mit PSZ 2, Nr. 851 vom 21.12.1680 wurde D'jaken, die einem Prikaz vorstanden oder einer Delegation unter Führung eines Bojaren angehörten, das Recht auf Führen des Vatersnamens zugebilligt; bis dahin hatte es nur der Adel. Nach SGGD 4, Nr. 212 vom 1.3.1692 kam dieses Recht allen D'jaken zu. Vgl. Torke, Oligarchie, S. 195.

41 Veselovskij, D'jaki, S. 417.

42 Ebd., S. 512.

beförderte man ihn zum D'jaken im großen Palast; schon am 4.3. trat er jedoch ins Kriminalamt ein. Von 1678 bis 1680 diente er in Astrachan'; nach seiner Rückkehr wurde Fedorov im Mai 1681 zum Dumaadligen ernannt.[43] Dieser vergleichsweise schnelle Aufstieg zum Dumaadel nach nur sechs Jahren als Sekretär mag wesentlich damit zusammenhängen, daß Fedorov der Familie Saltykov sehr nahe stand. In Astrachan' diente er unter dem Voevoden Peter Michajlovič Saltykov; dieser hatte auch seine Söhne Aleksej und Fedor in der Voevodenstube von Astrachan' untergebracht. 1682 rückte Aleksej, zwei Jahre später sein Bruder zum Bojaren auf; am 9.1.1684 wurde der Zar Ivan Aleksejevič, ein Halbbruder des 1682 gestorbenen Fedor, mit einer Saltykova verheiratet.[44] Etwas anders lag der Fall bei Semen Kirillovič Dochturov. Von 1613 bis 1617 hatte ihn der Razrjad als Schreiber beschäftigt; sein Gehalt umfaßte 25 Rubel. 1622/23 diente er in Toropec, 1625/26 in Kostroma und Suzdal', danach in Vladimir. Ca. 1628 kehrte er nach Moskau zurück, um 1631 - diesmal schon als Sekretär - nach Vologda zu gehen. Damit hatte sich sein Salär auf 60 Rubel gesteigert, ungerechnet die Einkünfte aus einem Dienstgut von 600 četvert' Größe. Nach der Versetzung in die große Kasse trat er 1634, also in vorgerücktem Dienstalter, in das Kriminalamt ein, dem er bis 1646 angehörte. Wie Terjaev war er gleichzeitig auch für den Bau von Erdwällen um Moskau zuständig. 1648/49 kehrte er nach Vologda zurück. Dochturovs Bittschreiben, ihn angesichts seines Alters und der Vielzahl der von ihm geleisteten Dienste zum dvorjanin in Moskau zu erheben, kam der Zar am 14.4.1649 nach. Da Dochturovs Vater aus Istanbul nach Moskau eingewandert und zum Leibarzt von Fedor Ivanovič aufgestiegen war, muß dieses Beispiel als Sonderfall gelten. Dochturov wird durch seine Herkunft einen erheblichen Bildungsvorsprung besessen haben, den er an seine vier Söhne weitergab. Durch deren gleichfalls erfolgreiche Dienstlaufbahn entstand eine Beamtendynastie, die sich über vier Generationen verfolgen läßt.[45] Ganz eigenartig ist auch das dritte Beispiel des Fedor Fedorovič Lichačev gelagert, der als Schreiber begann. 1606/07 schickte man ihn als Sekretär nach Kaluga, 1608/09 in den Strelitzenprikaz und 1613 in die große Kasse. 1616/17 sprach er im Kriminalamt Recht, fand dort aber nur kurzzeitig Verwendung. Nach neuerlichem Provinzaufenthalt trat er in den großen Palast ein, wo ihn 1621 die Beförderung zum Dumaadligen erreichte. Von 1623 bis 1630 wechselte er in das Dienstlistenamt über, anschließend in das Außenamt. Hier trat eine entscheidende Wendung ein: Der ehemalige Günstling des Zaren, der 1613 an dessen Wahl teilgenommen hatte und 1622 bezeugtermaßen an des Herrschers Tische saß, fiel aus nicht überlieferten Gründen in Ungnade und wurde für die Dauer von zwei Jahren verbannt. 1634 gelang Lichačev jedoch die Rückkehr nach Moskau, wo er von 1635 bis 1643 im Range eines Dumasekretärs das Außenamt vertrat. Hier liegt es nahe, den schnellen Aufstieg Lichačevs seinen Kontakten zum Hof zuzuschreiben. Daneben schien er im Fürsten Dmitrij

43 DAI 8, Nr. 14 vom 10.3.1678, S. 32; Veselovskij, D'jaki, S. 538.

44 Aus dieser Ehe ging die spätere Zarin Anna hervor. Vgl. Crummey, Aristocrats, S. 96; Hughes, Sophia, S. 96.

45 Vgl. das Schema bei Veselovskij, D'jaki, S. 159.

Požarskij einen weiteren Protektor zu haben. Im Sommer 1612 war Lichačev als D'jak des Pomestnyj Prikaz zum Aufgebot Požarskijs abgestellt worden,[46] der nach Ende des Bürgerkriegs zu einer der gewichtigsten Figuren erwuchs und zeitweise auch die Führung des Kriminalamtes und des Moskauer Gerichtes innehatte.

Lassen sich die Erfolge dieser Männer auf den gemeinsamen Faktor der Nähe zu den Mächtigen zurückführen, so treten auch bei den aktenkundig kriminellen Sekretären Gemeinsamkeiten hervor. Amtsvergehen sind uns nur aus der Provinz überliefert; trotz dieser Straftaten hielt man es in Moskau jedoch nicht für erforderlich, die Rechtsbrecher duerhaft aus der Beamtenschaft auszustoßen. Gehen wir auch hier kurz auf die Beispiele ein. Mark Pozdeev hatte sich wie viele im Razrjad hochgedient; nach der Beförderung zum D'jaken saß er im Außenamt und nahm 1617 an einer Englandfahrt teil. Nach abermaliger Tätigkeit im Dienstlistenamt wurde er vom 12.1.1623 bis zum 21.8.1624 nach Astrachan' beordert, wo er sich durch Annahme von Pferden bestechen ließ und den Brotpreis manipulierte. Er und seine Komplicen wurden zur Abgabe aller Häuser, Erb- und Dienstgüter verurteilt. Bereits 1627 führte er im Novgoroder Viertel jedoch wieder die Bücher; wie im Falle des unersättlichen Voevoden von Pskov, N.S. Sobakin,[47] treffen wir auch Pozdeev in der Folgezeit ausgerechnet im Moskauer Gerichtsprikaz wieder, wo er von 1631 bis 1636 als Richter diente. Pozdeevs wirtschaftliche Lage nahm keinen dauerhaften Schaden, da er spätestens 1638 im Besitz eines Hofes in Moskau war. In dieses Jahr fiel auch seine Versetzung ins Kriminalamt, dem er bis 1644 erhalten blieb.[48] So seltsam es klingt: Auch der zweite Sekretär dieses Typs rückte erst nach einer Straffälligkeit in das Kriminalamt ein. Seine Laufbahn ist allerdings spärlicher dokumentiert als die Pozdeevs. Konstantin Michajlov hatte als Schreiber in Moskau begonnen. Vom 9.9.1670 bis zum 19.1.1673 wurde er an die Dvina abkommandiert, wo 1672/73 ein Ermittlungsverfahren gegen ihn angestrengt wurde. Zusammen mit dem Voevoden hatte er sich von Deserteuren bestechen lassen. 1674 wurde Michajlov der großen Kasse zugewiesen, danach dem Kriminalbüro. Nach 1678 war er erneut in der Provinzverwaltung tätig, zuerst in Nižnij-Novgorod, dann in Kiev. 1683 gehörte Michajlov schließlich dem Bittschriftenamt an.[49] Eine weitere Gemeinsamkeit im Schicksal dieser Krimineller bestand darin, daß die Häufigkeit und Schwere der Amtsverbrechen mit zunehmender Entfernung von Moskau zunahm. Pozdeev war in Astrachan' rechtsbrüchig geworden, Michajlov im hohen Norden, und Efim Filatov, das dritte Beispiel, in Sibirien.[50] Nachdem Filatov im Prikaz des neuen Viertels zum Sekretär aufgestiegen war, erhielt er 1639 den Marschbefehl zur sibirischen Lokalverwaltung, um den Festungsbau zu überwachen. Zusammen mit dem Voevoden Matvej Glebov unterschlug Filatov hier die von den sibirischen

46 Ebd., S. 296.

47 S.o. S. 81-82.

48 Dvorcovye razrjady, Bd. 1, Sp. 835-41.

49 RIB 21, Sp. 562.

50 Gerade für Sibiren sind erschreckende Fälle von Amtskriminalität überliefert. Vgl. Čičerin, Učreždenija, S. 319-3o.

Ethnien als Steuer abgelieferten Pelze; seine Übergriffe gegen die Bevölkerung kosteten mehrere Menschen das Leben. Petr Golovin, der zweite, ebenfalls in Amtsvergehen verstrickte Voevode von Jakutsk brachte Glebov nach einem Zerwürfnis wegen „Verrats" jedoch hinter Gittern - ein vergleichsweise seltener Fall, da Beamte ihre Vergehen in der Regel gemeinschaftlich begingen und sich gegenseitig zu decken suchten. Scherte einer aus, gefährdete er die anderen. Auch hier endete die Angelegenheit damit, daß Moskau alle drei abberief. Nach der Rückkehr in die Hauptstadt wurde Filatov zum Kriminalamt abgestellt, dann erneut in die Provinz entsandt.[51] Schlüsse wie den, das Kriminalamt habe auch als „Resozialisierungsinstanz" gedient, wird man aus nur drei Fällen nicht ziehen können. Es ist allerdings zu vermuten, daß sich gerade bei der Amtskriminalität ein kolossales Dunkelfeld auftut, für dessen Existenz die Sippenherrschaft in den Moskauer Prikazen eine Kernvoraussetzung war. Fest steht, daß auch erwiesene Kriminalität kein Hinderungsgrund war, um der Strafverfolgung an leitender Stelle zu dienen. Zum Verständnis dessen, warum die von den Zentralbehörden entsandten Syščiki mit dem Räubern zum Leidwesen der Bevölkerung nicht selten gemeinsame Sache machten, ist diese Beobachtung nicht unwesentlich.

Die unablässigen Veränderungen, denen das Prikazsystem im Laufe des 17. Jahrhunderts unterlag, erfaßten die Kriminalbehörde erst sehr spät. Am 26.10.1681 übernahm der Razbojnyj Prikaz die bis dahin vom Zemskij Prikaz ausgeübte Strafverfolgung in Moskau; diese Anordnung machte der Ukaz vom 14.8.1687 allerdings wieder rückgängig.[52] Am 15.11.1682 legte man die Straf- mit der Suchbehörde zum *Razbojnyj Sysknoj Prikaz* zusammen,[53] bis der Ukaz vom 2.11.1701 die Auflösung der ehemaligen Kriminalkanzlei verfügte.[54] Nach Einsetzen der petrinischen Reformen 1699 gingen deren Aufgaben an Heer und Voevoden über, so daß sich im Abschied vom überkommenen Gewirr der Zentralämter eine neue Ära ankündigte.

---

51 Veselovskij, D'jaki, S. 547.

52 PSZ 2, Nr. 894; ebd., Nr. 1257.

53 AAĖ 1, Nr. 33o. PSZ 2, Nr. 1.o52 vom 6.11.1683 bezeichnet die Behörde wieder als Sysknoj Prikaz; PSZ 2, Nr. 1.271 vom 19.12.1687 als Prikaz sysknych del; PSZ 3, Nr. 1.345 vom 13.8.1689 als Razboynyj Prikaz; PSZ 3, Nr. 1.4o4 vom 3.5.1691 als Sysknoj Prikaz; PSZ 3, Nr. 1.557 vom 26.11.1696 als Prikaz sysknych del.

54 PSZ 4, Nr. 1.874.

3. ANFÄNGE EINER JUDIKATIVE

3.a Reform der Stadtverwaltung 1699

Dreh- und Angelpunkt der Lokalverwaltung des Moskauer Staates war im 17. Jahrhundert der Voevode. Wenn Bogoslovskij dessen Regime als wunden Punkt des Zarenstaats bezeichnet,[1] erfolgt sein Urteil zurecht, waren Übergriffe der Voevoden doch an der Tagesordnung. Tücke und Käuflichkeit des Voevodengerichts haben den Glauben der Moskauer Bevölkerung, Gerechtigkeit sei kein Ding von dieser Welt, entscheidend bekräftigt; zahllose Sprichwörter des 17. Jahrhunderts lassen daran keinen Zweifel.[2] Im Grunde standen den Zentralbehörden nur zwei Wege offen, um dieser Machtvollkommenheit entgegenzutreten. Nahezuliegen schien der Gedanke, dem Voevoden ein Netz von Kontrollen lokaler wie auch zentraler Instanzen überzustreifen. Diesen Weg hatte der Moskauer Staat im 17. Jahrhundert auch vorzugsweise zu beschreiten versucht, war jedoch gescheitert. Die Verschachtelung der Zentralämter ließ eine wirksame und einheitliche Anleitung der Provinzbeamten nicht zu; etwaige Konkurrenten vor Ort wie die Guba-Ältesten konnte der Voevode bald überspielen.

Damit schwenkte die Regierung gegen Ende des 17. Jahrhunderts notgedrungen auf den Versuch um, die Befugnisse des Voevoden aufzuteilen. Diesen Weg hat als erster nicht etwa Peter d.Gr. mit der Gründung des Moskauer Rathauses 1699 eingeschlagen; vergleichbare Ansätze dazu sind vielmehr schon in der Reform der Gemeindeverfassung von Pskov 1665 durch A.L. Ordin-Naščokin (ca. 1605-80) zu erkennen, den Solov'ev als ersten Staatsmann Rußlands bezeichnet hat. Seit März 1665 diente Ordin-Naščokin als Voevode in seiner Heimatstadt Pskov, wurde im Oktober jedoch abberufen, um den Waffenstillstand von Andrusovo auszuhandeln. In ihm trat Polen am 30.1.1667 die während der Smuta eroberten Gebiete an Moskau ab. Anschließend übernahm Ordin-Naščokin die Leitung des Außenamtes. Über die Gründe, die ihn zu seiner Stadtreform veranlaßt hatten, gab Ordin-Naščokin in einem Ende 1666 abgefaßten Brief an den Zaren selbst Rechenschaft. Darin heißt es: „Bei meiner Ankunft in Pskov, Herr, erlebte ich, Dein Knecht, unter den Städtern große Feindschaft und Streit, auf dem Land Verwüstung durch zahlreiche Syščiki, mehrfach auch Unterschlagung. Deine großherrscherliche Geld- und Getreidekasse war durch Zahlungsrückstände erschöpft. Von dieser Verelendung Pskovs habe ich, Dein Knecht, Dir, Herr, nichts mitgeteilt, um Deinen großherrscherlichen Zorn nicht heraufzubeschwö-

1 Bogoslovskij, Petr, Bd. 3, S. 246.

2 Vgl. die Zusammenstellung bei Puškarev, Mysl', S. 135-4o.

ren."[3] Sogar um die Abberufung habe er gebeten, doch schlug Moskau diesen Wunsch ab. Die hier nur angedeuteten sozialen Spannungen treten weitaus deutlicher aus verschiedenen Bittschriften der Bevölkerung von Pskov an den Zaren hervor. Immer wieder wurde das Bestreben der Reichen beklagt, die Kriegs- und Steuerlasten auf die Armen abzuwälzen und diese von Entscheidungen auszuschließen. Ordin-Naščokins nachträgliche Rechtfertigung umriß damit auch das Reformprogramm: Um dem Ziel eines regelmäßigen Steuerflusses näherzukommen, mußte erstens die Geschäftstätigkeit belebt werden; dadurch reduzierte sich auch das Ausmaß der sozialen Konflikte. Zweitens würde die Zahlungsfähigkeit der Bevölkerung auch von einer Neuordnung des Gerichtswesens profitieren. Demzufolge sah die Reform die Bildung einer Stadtduma aus 15 Starosten vor, von denen sich pro Jahr fünf einer Neuwahl zu stellen hatten. Dieser Stadtrat übernahm die gesamte Zivilgerichtsbarkeit, also denjenigen Rechtsbereich, der den Voevoden bislang die einträglichsten Prozesse beschert hatte. Bei Verfahren zwischen Angehörigen verschiedener sozialer Gruppen sah das Statut die Berufung gemischter Gerichte vor, um die bisherige Benachteiligung der Unter- und Mittelschichten zu beenden. Zusätzlich oblag der Duma in Zusammenarbeit mit dem Guba-Amt auch die niedere Strafgerichtsbarkeit, so daß der Voevode in Zukunft nur über Schwerverbrechen zu richten hatte. Zeitweise zollfreier Handel mit Ausländern, Möglichkeiten zur Kreditvergabe usw. sollten für einen Aufschwung der Wirtschaft sorgen. Auch wenn dieses Programm im Ansatz fiskalischen Charakter trug, hätte es doch die Voevodenallmacht erheblich beschnitten. Nach Ordin-Naščokins Abberufung übernahm der Fürst und Bojar Ivan Andreevič Chovanskij die Stadtschlüssel;[4] in einem für den Zaren bestimmten Bericht vom Dezember 1666 schrieb er über Ordin-Naščokin: „In den städtischen Dingen führte der Voevode viele Neuerungen ein, Herr, von denen zahlreiche Artikel nur den hiesigen Absichten und eigenem Gutdünken entsprachen, jedoch fehl am Platze sind und auch Deines herrscherlichen Ukazes entbehren... Aus diesem ihrem Eigenwillen sind vielerlei Dummheiten hervorgegangen."[5] Ganz anders lautet die Begründung, die uns Ordin-Naščokin selbst mitteilt. Im zitierten Brief an den Zaren heißt es: „Allein in Pskov kann es einen solchen Zustand nicht geben, denn große Wirrniß wird die Folge sein." Auch bedingt durch den Widerstand der Reichen, die sich mit den Voevoden ja in bewährter Weise arrangieren konnten, kehrte Pskov damit zur überkommenen Ordnung zurück.[6]

War dieser Anlauf zur Einhegung der Voevodenwillkür also mißglückt, gelang es Ordin-Naščokin doch, Teile seiner Vorstellungen im Handelsstatut vom 22.4.1667 zu verankern. Da dieses Gesetz auch den Handel mit ausländischen

3 DAI 5, Nr. 1, S. 26.

4 Nicht zu verwechseln mit Ivan Nikitič Chovanskij, dessen Truppen den Pskover Aufstand von 1650 niederschlugen.

5 DAI 5, Nr. 1, S. 32.

6 Einzelheiten bei Kurskov, Pskovskaja reforma; Čistjakova, Gorodskaja politika; dies., Vzgljady; Čičerin, Učreždenija, S. 558-62; Torke, Staatsbedingte Gesellschaft, S. 81-84; O'Brien, Views; Hittle, Service City, S. 72-75.

Kaufleuten zu regeln versuchte, hatte das Außenamt, also Ordin-Naščokin und zwei Dumad'jaken, den Wortlaut vorbereitet. Hier brachten bereits die ersten beiden Artikel das Anliegen einer Zurückdrängung des Voevoden zum Ausdruck: „In der Stadt Archangel'sk an der Dvina betreiben die *gosti* und ihresgleichen Handel auf dem Jahrmarkt. Mit diesem Handel haben die Voevoden nichts zu schaffen, damit die Kasse S.M. keinen Schaden erleidet. In der Stadt Archangel'sk kommt die Pflege des Rechts in Handelssachen von Russen und Ausländern ganz und gar den Großkaufleuten zu.“[7] Hier verläuft eine Parallele zur reformierten Stadtverfassung von Pskov, die die Zivilgerichtsbarkeit ebenfalls in die Hände der Städter legen wollte. Recht interessant ist auch Art. 88 der Handelsordnung, der die Brücke zum Wandel sogar der Zentralämter schlug. „Wegen ständiger Verschleppung in allen Prikazen steht es den Kaufleuten zu, daß ein eigener Prikaz für sie verantwortlich ist; zu dessen Leiter ernennt S.M. einen Bojaren. Dieser soll die Kaufleute in allen Grenzstädten beschützen... In den Provinzstädten soll er die Kaufleute vor der Voevodenwillkür bewahren und ihnen Gerechtigkeit verschaffen.“[8]

Eine derartige Forderung auf Schaffung eines Kaufmannsamtes war bereits in den Bittschriften der Bevölkerung von Pskov 1665 laut geworden. Ihr entsprach jedoch erst die Einführung des Rathauses 1699 durch Peter d.Gr. Immerhin wird am Beispiel Ordin-Naščokins deutlich, daß die Bemühungen zur Neudefinition des Voevodenamtes schon unter Aleksej Michajlovič eingesetzt hatten. 1673 hatte der Ustjuger Prikaz den ihm unterstehenden Städten befohlen, daß die Zölle und Schenkensteuern nicht länger von den Voevoden zu kassieren seien, sondern von gewählten Posadleuten. Bereits diese Maßnahme war eine Reaktion auf Zahlungsrückstände. Als sich der Steuereinlauf jedoch weiterhin verzögerte, befragte der Prikaz die Städte 1676 nach den Ursachen. Dabei verwiesen diese auf die Ansprüche der Voevoden, die sie neben den Moskauer Forderungen zu befriedigen hätten. Vor diesem Hintergrund erging 1676/77 eine teilweise Neuregelung der Steuergesetze. Danach wurden die Voevoden von der Erhebung der Kneipensteuer und der Zölle entbunden; diese Aufgabe kam nunmehr gewählten Gesellschaftsvertretern zu, die Moskau einmal jährlich Rechenschaft über die eingezogenen Gelder zu leisten hatten und zur Führung von Kassenbüchern verpflichtet waren. Die Voevoden erhielten Order, Mißbräuche nach Moskau zu melden; sollten sie auf alte Rechte pochen oder die Beauftragten unter Druck setzen, verfielen sie der Bestrafung.[9] 1679 setzte Fedor Alekseevič eine Kommission von Kaufleuten ein, in die jede Stadt zwei Vertreter entsenden konnte. Sie tagte bis 1681 und regte die vollständige Verdrängung der Voevoden aus Steuerfragen an. Unter Zusammenziehung einer Reihe von Strelitzengeldern zu der Strelitzensteuer bahnte sie den Abschied von der früheren Einheitssteuer in Höhe von 1,30 Rubel an. Dafür setzte sie eine Abgabe zwischen 80 Kopeken und zwei Rubeln pro Hof fest, die von Städtern und schwarzen Bauern zu leisten war. Guts- und

---

7 PRP 7, S. 3o4.

8 Ebd., S. 32o. Vgl. Bazilevič, Ustav; Andreev, Ustav; zur Bedeutung der Pskover Reform für das Handelsstatut s. Čistjakova, Ustav, S. 114-15.

9 PSZ 2, Nr. 679 vom 28.2.1677. Vgl. Čičerin, Učreždenija, S. 234-35.

Kirchenbauern hatten die Poststeuer in Höhe von fünf bzw. zehn Kopeken aufzubringen. Im Zuge dieser Steuerreform entzog der Zar den Voevoden im Dezember 1681 auch die Beitreibung der Strelitzengelder, die nunmehr von den Ältesten erhoben und nach Moskau gebracht werden sollten.[10]

Mit Blick auf diese Vorgeschichte erscheint der Ukaz vom 30. Januar 1699 als Fortsetzung der schon bislang betriebenen Entmachtung der Voevoden, denen nun auch die Rechtsprechung über Kaufleute aus der Hand geschlagen wurde. Die Notwendigkeit dieses Schrittes wurde mit den Mißständen des Voevodengerichts begründet. So heißt es in diesem Ukaz: „S.M. befahl, den Großkaufleuten und ihrer Hundertschaft, der Kadašev- und den Krons-, Hof-, Marstall- und anderen steuerpflichtigen Vorstädten und Hundertschaften sowie allen Städten, Kaufleuten und Handeltreibenden diesen Ukaz S.M. zu verkünden: Großkaufleute, Kaufleute und Handeltreibende leiden bei ihren Geschäften und Rechtssachen wie auch bei der Leistung von Steuern und Abgaben für S.M. in verschiedenen Prikazen vielfach unter Verschleppung; zudem werden den Kaufleuten bei Handel und allen Geschäften durch Beamte aller Ränge große Verluste und verheerende Schäden zugefügt; andere Geschäfte blieben dadurch aus oder gingen zurück und die Steuern S.M. gerieten in Rückstand; auch die Zölle und andere Abgaben erlitten Einbußen. Indem sich S.M. der Großkaufleute und ihrer Hunderschaft sowie allen Städtern, Kaufleuten, Handeltreibenden und Steuerpflichtigen erbarmt, damit sie in den verschiedenen Prikazen von unterschiedlichen Beamten nicht länger unter Verschleppung, Verlusten und Verelendung zu leiden haben und sich von solchem Unglück für immer befreien, damit sich auch die Kasse S.M. durch Steuern wieder fülle, sei den Großkaufleuten und ihrer Hundertschaft, allen Moskauer Vorstädten und Hundertschaften, Provinzstädten, Kaufleuten, Handeltreibenden und Steuerpflichtigen bekanntgegeben, an wen sie sich in Zukunft bei Klagen und allen Rechtsfragen, Bittschriften, geschäftlichen Angelegenheiten, Diensten und Forderungen nach Erpressungsgeldern zu wenden haben. Mit den Prikazen sollen sie nichts mehr zu tun haben. S.M. befahl den Großkaufleuten und allen Vorstädten und Hundertschaften des ganzen Moskauer Staates, alle Bittschriften, Rechts- und Steuerfragen ihrem Bürgermeister vorzutragen. Zum Bürgermeister sollen die Großkaufleute und alle Kaufleute und Handeltreibende aus ihresgleichen treue und rechtschaffene Leute wählen, so viele sie wollen."[11]

In Moskau sollte das neue Amt zunächst als *burmisterskaja palata* bezeichnet werden. Gleichfalls am 30.1.1699 erging ein zweiter Ukaz, der auch den Provinzstädten eine derartige Behörde unter dem Titel der „Landstube" *(zemskaja izba)* vorschrieb. Ein neues Element der Moskauer Gesetzgebung bestand darin, daß die Umsetzung dieses Erlasses fakultativen Charakter trug. Hintergrund dessen war die Absicht der Regierung, diejenigen Städte, die sich die „voevodischen Erniedrigungen, Steuern, Erpressungs- und Bestechungsgeldern" ersparen wollten, für dieses Privileg durch eine Verdoppelung der Steuern gehörig zur

10 AI 5, Nr. 77, S. 121-22.
11 PSZ 3, Nr. 1.674.

Ader zu lassen.[12] Dahinter stand die Erwartung, die große Mehrheit der Städte werde sich für diese Befreiung entscheiden. Das Echo fiel für Moskau jedoch überraschend aus: Von siebzig Städten wollten nur elf das Opfer für die Erlösung von den Voevoden bringen; 36 beabsichtigten, dieses Privileg gleichfalls in Anspruch zu nehmen, die Steuerzahlung jedoch zu umgehen; 15 Städte wollten, um sich die finanzielle Belastung zu ersparen, auch weiterhin mit dem Voevodengericht vorliebnehmen; vier Städte erklärten sich völlig außerstande, die neue Steuer aufzubringen, und drei Städte verhielten sich indifferent.[13] Damit konnte die Regierung nur von einer Minderheit der Städte die Doppelsteuer erwarten; konsequenterweise verordnete der Ukaz vom 20.10.1699 nun allen Städten den Bürgermeister, ohne das neue Amt mit einer Abgabe zu belasten.[14] Zu denjenigen Gemeinwesen, die sich von der Doppelsteuer überfordert fühlten und deshalb auf die Stadtreform verzichten wollten, gehörte sogar Novgorod. Die fünf Ältesten begründeten ihre Zahlungsunfähigkeit mit den Verwüstungen des Brandes vom 22.5.1696, der Konkurrenz durch handeltreibende Bauern sowie mit den hohen Getreidepreisen. Ganz anders reagierte Pskov. Zum Zeitpunkt der Reformeinführung diente Kirill Alekseevič Naryškin dort als Voevode. Da die Stadt mit seiner Amtsführung zufrieden war und sich Naryškin auch bei der Rechtsprechung an das Uloženie hielt, nicht erpreßte und nicht betrog, hatte Pskov, um sich dieser nicht eben häufigen Gunst noch länger zu erfreuen, um Naryškins Verbleiben gebeten. Kaum war der Ukaz vom 30.1.1699 jedoch nach Pskov gelangt, kam man dort überein, daß man ohne Voevoden doch besser fahre, und wählte zehn Bürgermeister. Die Zahlung der Doppelsteuer lehnte auch Pskov mit dem Argument ab, es sei unmöglich, diese aufzubringen. Dabei verwies man auf die Belastungen, die eine Gesandtschaft 1697 der Stadt aufgehalst habe, auf Beiträge für den Schiffsbau und Zahlungsrückstände ausländischer Kaufleute. Ein ganz eigener Fall war Smolensk. Nach dem Anschluß dieser Stadt an das Moskauer Reich 1667 war das hier geltende Magdeburger Recht zwar formell außer Kraft gesetzt worden; einige seiner Institutionen bestanden jedoch fort und wurden 1699 gewissermaßen bestätigt. So hatten hier schon bislang keine Ältesten, sondern Bürgermeister amtiert, wie auch dem Kirchspiel kein Starosta vorstand, sondern ein Vogt. Von der Doppelsteuer wollte man auch in Smolensk nichts wissen.[15]

Zusätzlich zu den Aufgaben der Zivilrechtsprechung und Steuererhebung, die auch die Landstuben der Provinzstädte wahrnahmen, sollte das Moskauer „Rathaus“ *(ratuša)*, wie das neue Amt seit dem 17.11.1699 hieß, auch Funktionen einer Zentralbehörde übernehmen.[16] Vor dieser hatten die Landstuben monatlich

---

12 PSZ 3, Nr. 1.675.

13 Miljukov, Chozjajstvo, S. 87-88.

14 PSZ 3, Nr. 1.7o4.

15 Bogoslovskij, Petr, Bd. 3, S. 3o2-32. Vgl. Torke, Staatsbedingte Gesellschaft, S. 83, der darauf hinweist, daß Ordin-Naščokins Stadtreform in Smolensk überdauert habe. Die Reaktion des im Handelsstatut so begünstigten Archangel'sk ist offenbar nicht überliefert.

16 PSZ 3, Nr. 1.718. Dazu vor allem Ditjatin, Ustrojstvo, Bd. 1, S. 15o-59, 167-71; ein Überblick bei Plošinskij, Srednee sostojanie, S. 161-66.

ihre Einnahmen abzurechnen. Damit war der schon im Handelsstatut von 1667 bestätigten Forderung der Kaufleute Genüge getan, in Moskau von nur einer Stelle betreut zu werden. Da das Rathaus mit der Kontrolle aller Provinzstädte jedoch überfordert war, ordnete Peter noch 1699 an, kleinere Städte aus dem Hinterland etwa von Novgorod oder Pskov seien von den dortigen Bürgermeistern zu beaufsichtigen. Im Grunde glich das Rathaus also einem Prikaz, nur daß die „Beamten" für die Dauer ihrer Tätigkeit aus der Bevölkerung rekrutiert wurden. In Moskau war deren Tätigkeit de jure auf ein Jahr begrenzt. Da die städtischen Körperschaften jeweils einen Bürgermeister zu stellen hatten, entstand ein Gremium, das mehrere Dutzend Männer umfassen konnte. Als „Präsident" des Rathauses sollten sich diese monatlich abwechseln. Für die Rechtspflege in der Stadt Moskau waren damit vor allem drei Ämter maßgebend: Die Polizeigewalt oblag seit 1686 dem Strelitzenprikaz, das Rathaus richtete die Städter und der Moskauer Gerichtsprikaz alle anderen.[17] In der Provinz verblieben Polizei und Strafgericht bei der de jure letztmals von 1684 bis 1702 existierenden Guba-Behörde; wenn diese fehlte, sprang der Voevode ein. Wie so oft läßt sich jedoch auch hier kein klarer Trennungsstrich zwischen den einzelnen Funktionen ziehen. So ist aus dem russischen Norden ein Beispiel dafür überliefert, daß die Bürgermeister unter Billigung des zuständigen Prikaz auch Guba-Funktionen wahrnahmen.[18]

Unter den Stadtständen Moskaus galten die *gosti* oder Großkaufleute als der reichste, da sie im Groß- und Fernhandel tätig waren und es zudem verstanden hatten, auch Einnahmequellen in der Provinz in ihre Hand zu bringen. Teilweise hatten sie vom Staat Fischereirechte oder Brennereien gepachtet; daneben übten die Großkaufleute in größerem Umfang auch staatliche Funktionen aus, etwa als Zolleinnehmer oder indem sie der Münze vorstanden. Wenn Westeuropäer die *gosti* als Kommerzienräte des Zaren bezeichneten, ist dies zumindest in der Hinsicht richtig, daß diese auch als steuer- und wirtschaftspolitische Ratgeber gehört wurden, so bei der Abfassung des Handelsstatuts von 1667 oder der Steuerreform von 1679/81. Die Ernennung zum *gost'* sprach der Zar in einer Gnadenurkunde aus, mit der sich in der Regel die Übersiedlung nach Moskau verband, soweit der Betreffende dort nicht schon vorher tätig war. Kotošichin zufolge setzte die Beförderung zum *gost'* oft einen Jahresumsatz von zumindest 2o.ooo Rubeln voraus.[19] Zumeist gingen die Großkaufleute aus der *gostinnaja sotnja* hervor, einer zweiten, weniger angesehenen Korporation von Kaufleuten, die 1699 rd. 280 Mitglieder zählte. Da die Gruppe der *gosti* oft sehr klein war, mußten die Mitglieder der „Gästehundertschaft" die Großkaufleute bei deren Diensten unterstützen. Die dritte überlieferte Kaufmannsgruppe der „Tuchhändler" *(sukonnaja sotnja)* wurde 1699 bereits nicht mehr erwähnt; das Handelsstatut von 1667 hatten noch fünf ihrer Mitglieder unterzeichnet. Alle anderen Körper-

17 Bis 1699 nur für Adel und Beamte. Die bisherigen Gerichtsfunktionen des Zemskij Prikaz gingen in diesem Jahr an den Moskovskij Sudnyj Prikaz oder Sudnyj Prikaz über (Bezeichnung strittig).

18 Vgl. Bogoslovskij, Petr, Bd. 3, S. 317.

19 Kotošichin, O Rossii, S. 139.

schaften der Stadt Moskau gliederten sich nicht nach Besitz oder Tätigkeit ihrer Mitglieder, sondern nach deren Wohnort. Dabei trat Moskau zu 36 Vorstädten zusammen, für die acht Prikaze zuständig waren. Unter diesen Stadtvierteln war die vor allem von Polen und Litauern bevölkerte *Meščanskaja sloboda* unweit des Roten Platzes mit 325 steuerpflichtigen Höfen eines der größeren. Der Ukaz vom 30.1.1699 nennt als einzige die Kadašev-Vorstadt hinter dem Zarengarten auf der anderen Seite der Moskva; als „besseres Viertel" vor allem der Kaufleute blieb sie der Größe nach mit nur 179 Hofbesitzern hinter der *Meščanskaja sloboda* deutlich zurück.[20]

Die Bekanntmachung des Ukaz vom 30.1. fand am 9. Februar 1699 vor dem Gebäude des Razrjadnyj Prikaz im Kreml' statt, wo man die Hundertschaften hatte antreten lassen. Am 2. März kamen die Großkaufleute erneut zusammen, bestimmten vier Bürgermeister und hatten ihrer Pflicht damit Genüge getan. Etwas länger zog sich das Wahlverfahren bei der *gostinnaja sotnja* hin. Nachdem ihre Mitglieder mit sich zu Rate gegangen waren, teilten sie dem Razrjad am 22. Februar mit, es finde sich niemand, der zum Bürgermeister gewählt werden könne. Aus dieser Verweigerung kann man wohl den Schluß ziehen, daß das neue Amt weniger als Privileg denn als zusätzliche Bürde aufgefaßt wurde. Erst als diese Hundertschaft auch ihre in den Provinzstädten tätigen Mitglieder nach Moskau rief, gelang am 4. März die Wahl von vier Bürgermeistern. Davon stammten zwei aus Moskau, einer aus Kazan' und einer aus Solikamsk. In der Kadašev- und der Meščanskaja-Vorstadt schritt man am 9. März zur Wahl je eines Bürgermeisters. Auch hier zeigt die niedrige Wahlbeteiligung, daß die Begeisterung über das neue Amt nicht eben groß war: In der *Meščanskaja sloboda* nahm nur jeder zehnte Hofbesitzer teil (30 von 325), im Kadašev-Viertel immerhin jede vierte (41 von 179). Damit waren insgesamt zehn Bürgermeister gefunden; weitere Wahlen fanden in Moskau vorerst nicht statt. Da der Ukaz vom 30. Januar die Gesamtzahl der Bürgermeister offenließ und man offenbar glaubte, zehn Stadtväter seien genug, wurden deren Namen dem Razrjad am 17. März mitgeteilt. Der Ablauf dieser Wahl widersprach dem Ukaz vom 30.1. jedoch ganz deutlich, da dieser von jeder Korporation die Entsendung eines Bürgermeister verlangt hatte; bislang hatten aber nur vier Korporationen über die Bürgermeister entschieden. Um sich nun Klarheit über das weitere Vorgehen zu verschaffen, fragte der federführende Razrjadnyj Prikaz beim Zaren an. Dieser hielt sich zum damaligen Zeitpunkt bei seiner Werft in Voronež auf, so daß der neue Ukaz einen Monat auf sich warten ließ. Die Präzisierung erging somit erst am 17.4. Die Gesamtzahl der Bürgermeister legte man auf zwölf fest; gleichzeitig wurden die kleineren Vorstädte mit weniger als zwanzig oder dreißig Höfen von der Benennung eines Bürgermeisters entbunden.[21] Im Grunde waren mit dieser Anordnung Neuwahlen fällig, da ja zwei Bürgermeister fehlten. Noch am 17. April versammelten sich daher zwölf Großkaufleute und bestätigten die von ihnen

---

20 Vgl. Bogoslovskij, Petr, Bd. 3, S. 26o, der vermutet, die *sukonnaja sotnja* sei mit der Kadašev-Vorstadt verschmolzen. Vgl. allg. Baron, Gosti; ders., Fate of the Gosti; Amburger, Gosti; IM 2, S. 117-2o.

21 PSZ 3, Nr. 1.685. Damit schieden neun der 36 Vorstädte aus.

zuvor gewählten vier Männer, die ihr Amt offenbar auch schon ausübten. Bei den anderen Körperschaften zog sich die Beratung tw. bis in den Sommer hin; erstmals zusammentreten sollte die Runde der zwölf Bürgermeister zu Beginn des neuen Jahres am 1. September 1699. Am 6. Juli reichten die Städter dem Razrjad eine neue Liste mit insgesamt 35 Kandidaten ein. Zusätzlich zu den zehn seit dem 17.3. feststehenden Anwärtern hatten damit noch 25 Vorstädte je einen Bürgermeister vorgeschlagen. Von ihnen traten bis zum 1.9. sechs wieder zurück, so daß ein Kollegium von 29 Männern verblieb. Gemäß dem Ukaz vom 17.4. hätte dies zwölf Mitglieder zu Bürgermeistern ernennen müssen. Ob dies tatsächlich geschah oder ob nicht vielmehr alle 29 ihr Amt antraten, ist nicht überliefert.[22]

Schon an dieser Stelle wird deutlich, daß der Gesetzgeber die neue Stadtverfassung nur mangelhaft vorbereitet hatte. Die Erarbeitung eines in sich schlüssigen Rechtsaktes gelang nicht; stattdessen tröpfelte die Reform in zahlreichen Ergänzungen, Klarstellungen und Berichtigungen dahin. Zu einer schnellen Durchsetzung des neuen Amtes gerade in den Provinzstädten wird dies ebensowenig beigetragen haben wie zu einer wirksamen Stutzung der Voevodenwillkür. Sogar in Moskau stieß die neue Behörde anfangs auf Widerstand, als die Bürgermeister vom Zemskij Prikaz am 7.6.1699 eine Liste dienstpflichtiger Handwerker anforderten, der Prikaz jedoch wissen ließ, er nehme von dieser Seite keine Aufträge entgegen. Damit war die neue Behörde gezwungen, bei ihrem Stifter, dem Razrjadnyj Prikaz, Rückendeckung einzuholen, der den Zemskij Prikaz nun zur Zusammenarbeit mit dem Rathaus aufforderte.[23] Zu den Ungereimtheiten der neuen Ordnung zählt auch, daß die Amtsdauer der Bürgermeister in Moskau auf ein Jahr beschränkt wurde, in der Provinz aber ungeregelt blieb. Für die Provinzstädte war auch zweifelhaft, zu welchem Zeitpunkt die Stadtväter ihr neues Amt antreten sollten. Weitgehend ungeklärt erscheinen ferner die Einzelheiten der Unterstellung der Landstuben in der Provinz unter das Moskauer Rathaus; dies umschloß die Frage, ob das Rathaus als Appellationsinstanz dienen konnte. Wenn die einsetzende Verwestlichung schon in den Begriffen „Rathaus“ oder „Bürgermeister“ unübersehbar ist - Peter war erst am 25.8.1698 von seiner ersten großen Reise nach Westeuropa zurückgekehrt, wo er sich mit dem Bürgermeister von Amsterdam über Fragen der Stadtverfassung beraten hatte -, so ragte das rechtstechnische Niveau dieser Reform über das bisher übliche nicht hinaus. Ordin-Naščokins Stadtreform von Pskov scheint sorgfältiger vorbereitet worden zu sein als der flüchtig hingeworfene Ukaz vom 30.1.1699.

Insgesamt gesehen kann man daher bezweifeln, daß eine flächendeckende Verwirklichung der neuen Stadtverfassung in den wenigen Jahren bis 1708 überhaupt gelungen ist, als die erste Gouvernementsreform auch das Rathaus beseitigte. Die eigentliche Bedeutung der Reform von 1699 besteht deshalb darin, den dritten und letzten Schritt zur Entmachtung der Voevoden gewagt zu haben. Aleksej Michajlovič hatte ihnen 1673 die Beitreibung der Zölle und Kneipen-

---

22 Vgl. Bogoslovskij, Petr, Bd. 3, S. 259-76. Daß so viele Fragen zur Reform von 1699 offen bleiben, ist vor allem durch das Fehlen des Rathausarchivs begründet.

23 Bogoslovskij, Petr, Bd. 3, S. 279.

steuer entzogen, Fedor Alekseevič 1681 die Erhebung der Strelitzensteuer. Die Verwirklichung dieser Pläne vorausgesetzt, waren den Voevoden damit zwei wesentliche Quellen der Bereicherung verstopft worden. Man wird nicht fehlgehen in der Vermutung, daß viele Voevoden das Richteramt als Kompensation für die erlittenen Kompetenzverluste ansahen. In dieser Hinsicht zog der einmal betretene Weg die Reform von 1699 beinahe zwangsläufig nach sich, mit der den Voevoden auch die Zivilgerichtsbarkeit über Kaufleute als einträglichster Teil der Gerichtsbarkeit entwunden wurde. Damit setzte die Gründung von Rathaus und Landstuben bisherige Bestrebungen also fort.

Worin bestand die Tätigkeit der Voevoden seither noch? Hier bietet sich ein kontrastreiches Bild, indem sich manche Voevodenämter nach 1699 bereits auflösten, andere Voevoden den verworrenen Charakter der Reform von 1699 aber dazu nutzten, um ihre Stellung zu behaupten. Vielerorts stellten sie den Bürgermeistern Hindernisse in den Weg oder sie beanspruchten nach wie vor den Steuereinzug.[24] Diese unklare Situation wurde auch durch die Bestimmungen der folgenden Jahre nicht bereinigt. Die letztmalige Abschaffung des Guba-Amtes am 10.3.1702 ordnete den Voevoden zwar einen neuen Aufgabenbereich zu; zudem fixierte der Ukaz vom 19.12.1707 auch die Tätigkeit der Voevoden bei der Rekrutenaushebung.[25] Als bewußte Maßnahme zur Austrocknung des Voevodenamtes läßt sich andererseits aber der Befehl vom 10.2.1702 begreifen, der Erb- und Dienstgutbesitzer dazu aufforderte, sich mit dem Voevoden in dessen Aufgaben zu teilen. In den größeren Städten sollten drei oder vier dieser Männer gewählt werden, in kleineren nur zwei.[26] Am 19.1705 wurde befohlen, die Voevoden selbst seien aus und vom örtlichen Adel zu wählen.[27] Die erste Ernennung eines Gouverneurs datiert vom 19.7.1703, als A.D. Menšikov nach Estland und Ingermanland entsandt wurde. Der Übergang vom Voevoden zum Gouverneur scheint daher in ähnlicher Weise zu verschwimmen wie anderthalb Jahrhunderte zuvor der zwischen Namestnik und Voevoden; ein klarer Strich zwischen Alt und Neu läßt sich in beiden Fällen nicht ziehen. Bewegte sich der Reformwillen Peters bis dahin im Rahmen des Überkommenen, trat der Ukaz vom 18.12.1708 zur Gründung von acht Gouvernements über das bisher Angebahnte hinaus und zersprengte das Moskauer Erbe.

---

24 Vgl. Miljukov, Chozjajstvo, S. 89-9o.

25 PSZ 4, Nr. 2.18o. Zum Wandel des Voevodenamts im ausgehenden 17. Jahrhundert s. Torke, Bürokratie, S. 292-96.

26 PSZ 4, Nr. 1.9oo.

27 PSZ 4, Nr. 2.o18.

3.b Gouverneur und Hofgericht

Wie die Einführung des Rathauses 1699 war auch die erste Gouvernementsreform von 1708 kein gründlich überdachter, einmaliger Eingriff, sondern wuchs sich zu einem langwierigen Prozeß aus Nachträgen und Korrekturen aus, der die Amtsdauer Peters in nahezu voller Länge begleitet hat. Es erleichtert die Betrachtung, diesen Prozeß in drei Phasen zu gliedern. Dabei begann die erste mit dem Jahr 1699, die zweite 1708/09 und die dritte 1719. Von ihnen hat der dritte Abschnitt in unserem Zusammenhang besondere Bedeutung, da die Reformväter hier zeitweise eine Trennung zwischen Verwaltung und Rechtsprechung anstrebten. Wie im vorangehenden Abschnitt gesehen, folgte auf die Ausschaltung der Voevoden aus dem städtischen Steuerwesen von 1699 die Anordnung vom 10.3.1702, dem Voevoden in größeren Städten vier, in kleineren jeweils zwei vom Adel bestimmte Vertreter an die Seite zu stellen; mit ihnen hatte sich der Voevode in Zukunft abzustimmen.[1] Ab 1705 sollten diese Männer die Wahl des Voevoden unter sich ausmachen,[2] so daß örtliche Interessen über zentrale erstmals dominieren konnten. Dem Bemühen um Zurückdrängung der Voevodenmacht lag in dieser ersten Phase also die Absicht zugrunde, zwar mit den überlieferten Mitteln auszukommen, diese jedoch besser auszubalancieren, als es zuvor gelungen war. Von dieser Maxime nahm Peter in der zweiten Phase Abschied. Maßgebend dafür war der für Rußland zunächst ungünstige Verlauf des Nordischen Krieges; nach dem Verpuffen des russisch-sächsischen Angriffs ging die Initiative auf Karl XII. über, der im Juli 1708 den Marsch nach Rußland antrat. Vor diesem Hintergrund teilte Peter mit Ukaz wohl vom Februar 1709 das Staatsterritorium in acht Gouvernements auf, deren Steueraufkommen dem jeweiligen Befehlshaber zur Truppenversorgung dienen sollte. Daran anschließend teilte man die Regimenter auf die Gouvernements auf. Durch sein mit Abstand höchstes Steueraufkommen (1705-07 p.a. durchschnittlich 1,2 Mio. Ru.) hatte Moskau eine Garnison zu tragen, die etwas größer war als die des exponiert liegenden Petersburg (0,3 Mio. Ru.) So entfielen auf Moskau sechs Infanterie- und zwölf Kavallerieregimenter, auf Petersburg elf Infanterie- und vier Kavallerieregimenter.[3] Gegenüber 29 Städten des Gouvernements Ingermanland umfaßte das von Moskau 39, von denen Tula und Kaluga im Südwesten (160 bzw. 180 Werst von Moskau) und Kostroma im Nordosten (300 Werst) die entlegensten waren. Mit 71 bzw. 56 Städten hatte man die Gouvernements von Kazan' und Kiev aber noch weitläufiger zugeschnitten.

Hinter diesen Gouvernements zeichneten sich in gewisser Weise Militärbezirke des 17. Jahrhunderts ab, die der Razrjadnyj Prikaz während der Kriege Aleksej Michajlovičs mit Schweden, Polen und den Krimtataren in Novgorod (für die Nordfront), in Sevsk (für die Westfront) und in Belgorod eingerichtet hatte. Von diesen drei Städten rückten die Truppen aus, von hier wurden sie versorgt.

1 PSZ 4, Nr. 1.9oo.

2 PSZ 4, Nr. 2.o18 vom 19.1.1705.

3 Miljukov, Chozjajstvo, S. 284, 298-3oo; vgl. Mroček-Drozdovskij, Upravlenie, S. 21o.

Die Oberkommandierenden dieser Bezirke waren befugt, dort selbständig Rekruten auszuheben, um ihre Regimenter auf Gefechtsstärke zu halten. Zusätzlich dazu ordnete ein Ukaz vom 10.2.1665 an, Steuern aus Städten in den Militärbezirken von Sevsk und Belgorod nicht länger an die verschiedenen Prikaze in Moskau abzuführen, sondern vor Ort zur Truppenbesoldung zu verwenden.[4] Nach der Einnahme von Smolensk wurde auch dort ein Militärbezirk eingerichtet, dessen Voevode sein Heer gleichfalls aus dem dortigen Steueraufkommen ernährte. Eine Auflage bestand allein darin, einmal jährlich über die Verwendung der Gelder Rechenschaft abzugeben. Anknüpfend an diese vier Militärkreise legte Fedor 1681 einen Plan dazu vor, alle Dienstleute des Moskauer Staates acht tw. neueinzurichtenden Militärgebieten zuzuordnen. Mitbedingt durch den frühen Tod dieses reformfreudigen Zaren im Jahr darauf und das nachfolgende Interregnum blieb dieses Vorhaben jedoch stecken. Von den acht Gouvernements Peters d. Gr. gingen damit fünf auf das 17. Jahrhundert zurück: Smolensk und das bei Fedor vorgesehene Kazan' blieben bestehen, Novgorod wurde nach Petersburg vorgeschoben, Sevsk nach Kiev und Belgorod nach Azov. Hinzu kamen Archangel'sk und Sibirien an der Peripherie sowie Moskau im Zentrum.[5]

Die administrative Neuordnung des Reiches erfolgte jedoch nicht nur im Hinblick auf den Nordischen Krieg, sondern auch in der Absicht, durch Verstärkung des militärischen Potentials den sich mehrenden inneren Unruhen entgegenzutreten. 1705 meuterte die Garnison von Astrachan', in diesem Jahr erhoben sich die Baschkiren und Tataren, im September 1707 begann der Aufstand der Donkosaken unter Bulavin. Die Erhöhung der Schlagkraft nach innen und außen setzte jedoch eine Steigerung der Staatseinnahmen voraus, womit ein zweites Motiv der Gouvernementsreform berührt ist. Von 1701 bis 1706 hatte Peter die Zahl seiner Regimenter von 40 auf 78 erhöht, also nahezu verdoppelt. Mit dieser Zunahme hielt das Steueraufkommen nicht Schritt. 1702, dem ersten Jahr, in dem das neugeschaffene Rathaus tätig wurde, lieferte diese ergiebigste Quelle des Fiscus rd. 860.000 Rubel ab. Im folgenden Jahr sank der Ertrag jedoch auf 710.000 Rubel ab. Vor dieser unbefriedigenden Entwicklung schrieb die Regierung 1705 eine Reihe zusätzlicher Abgaben aus und verdoppelte den Salzpreis. Zudem setzte Peter mit seinem Günstling Aleksej Kurbatov den Moskauer Bürgermeistern einen Oberinspektor vor, „damit die Steuern ohne Verzögerung einlaufen."[6] In der Tat gelang es Kurbatov, die Einnahmen des Rathauses von rd. 830.000 Rubeln 1705 auf 910.000 Rubel 1706 zu steigern, doch reichte dies angesichts der massiven Truppenverstärkung nicht aus. Da auch der Gewinn aus einer Münzverschlechterung zu schmal ausfiel, trat nach den Berechnungen Miljukovs ein Defizit im Staatshaushalt auf, das mit rund 700.000 Rubeln 1705 ein Fünftel des gesamten, zu 80 Prozent aus Militärausgaben bestehenden Staatshaushalts ausmachte.[7] Unter diesen Umständen stellt sich die Frage, warum eine Verlagerung der Steu-

---

4 PSZ 1, Nr. 370. In Novgorod war die Steuererhebung durch Existenz des Novgoroder Viertels weniger zersplittert als in den beiden anderen Militärbezirken; eine Verwaltungsvereinfachung schien deshalb weniger dringend als in Sevsk und Belgorod zu sein.

5 Zu den Militärbezirken s. Miljukov, Chozjajstvo, bes. S. 232-42.

6 PSZ 4, Nr. 2.028.

7 Vgl. Miljukov, Chozjajstvo, S. 176.

erkompetenz vom Zentrum in die Gouvernements einen Beitrag dazu leisten konnte, dieses Defizit abzubauen. Hier drängen sich vor allem zwei Antworten auf. Zunächst trug das neue Verfahren durch Umgehung der Prikaze dazu bei, daß weniger Geld als bisher im Beamtenapparat versickerte. Wohl schwerwiegender dürfte allerdings die Erwartung gewesen sein, es werde den Gouverneuren vor Ort leichter fallen als dem Zentrum, die Einnahmen den jeweiligen Erfordernissen „anzupassen". Im Grunde leitete diese Regelung, die das ganze Land unter Kriegsrecht stellte, also die Rückkehr zu Allmacht und Willkürherrschaft der Provinzverwaltung ein.

Über den Gang der Vorarbeiten zur ersten Gouvernementsreform sind wir nur schlecht informiert. Der Ukaz zur Errichtung der „Musterprovinz" Ingermanland datiert vom 17.1.1707;[8] am 18.12.1707 brachte Peter eine flüchtige Anweisung zu Papier, nach der alle Städte, die mehr als 100 Werst von Moskau entfernt lagen, den fünf Oberzentren Smolensk, Kiev, Azov, Kazan' und Archangel'sk zuzuweisen seien.[9] Weitergehende Erläuterungen finden sich hier nicht. Es charakterisiert sowohl die Sprunghaftigkeit der Gesetzgebung als auch die Entstehungsumstände der Gouvernementsreform, wenn der anschließende Text dieser Order auf die Befestigung von Moskau abschwenkt, für die zusätzliche Kräfte bereitzustellen seien. Seither bemühte sich die persönliche Kanzlei des Zaren, diesen Ukaz durch Zuordnung einzelner Städte zu den Hauptorten in die Tat umzusetzen. Peter selbst nahm daran vor allem seit Dezember 1708 Anteil, so daß die Kernphase der Vorbereitung in denjenigen Winter fiel, in dem Karl XII. durch die Ukraine marschierte. Der Ukaz zur Einrichtung der acht Gouvernements erging wahrscheinlich erst nach dem 18.2.1709.[10] Nachdem dessen Präambel das Recht des Gouverneurs auf den Steuereinzug fixiert hatte, folgte eine Aufstellung der acht Gebiete mit den dazugehörenden Städten. Diese Liste wurde offenbar recht flüchtig zusammengestellt, da für Moskau und Kiev jeweils die Entfernung zwischen Gouvernements- und Provinzstadt mitgeteilt wird, sich der Gesetzgeber bei den übrigen sechs Gouvernements dieser Mühe aber nicht unterzieht. Anordnungen zum Aufbau der Gouvernementsverwaltung folgten erst, als die Russen in der Schlacht von Poltava am 27.6.1709 den Sieg errungen hatten. Schon die Titel der Befehlshaber waren denkbar uneinheitlich: Die in Petersburg und Azov trugen den des Generalgouverneurs, der von Archangel'sk den des Vizegouverneurs, der von Smolensk wurde noch 1710 als Voevode bezeichnet, der von Kazan' sowohl als Voevode wie auch (nach dem Beispiel aller übrigen) als Gouverneur. Unterschiede in den Befugnissen drücken sich hierin nicht aus: Jeder Oberkommandierende übte in seinem Territorium die militärische, steuerliche, polizeilich-administrative und gerichtliche Herrschaft aus, und zwar auf unbefristete Dauer. Mit dem noch im 17. Jahrhundert verbreiteten *kormlenie* suchte die neue Ordnung zu brechen, indem Gouverneuren p.a. 1.200 Rubel und 600 četvert' Getreide zugesichert wurden. Da die Gouverneure jedoch sehr begüterte Männer aus der Bojarenschicht oder der unmittel-

---

8 PSZ 4, Nr. 2.135.

9 PSZ 4, Nr. 2.176; kommentierte Fassung in PIB 6, Nr. 2.1o8, S. 191.

10 Text in RZ 4, S. 166-69; PRP 8, S. 36-4o. Dem PSZ folgend ist der Ukaz in beiden Ausgaben falsch datiert. Zu dieser Frage s. Wittram, Peter, Bd. 2, S. 53o; Oč. 2, S. 322.

baren Umgebung des Herrschers waren, erscheint diese Besoldung verglichen mit ihrem Eigenbesitz als recht unbedeutend.

Um dem Gouverneur zumindest ein vages Gefühl der Unterwerfung unter Kontrolle zu vermitteln, ordnete ein Ukaz vom 24.4.1713 die Berufung eines Kollegiums von „Landräten" an. Deren Zahl bemaß sich nach der Größe des jeweiligen Gouvernements und schwankte zwischen acht und zwölf. Anders als beim nicht näher definierten Amt des Vizegouverneurs wartete das Gesetz im Fall der Landräte auch mit einer Funktionsbestimmung auf. „Ihre Aufgabe ist, alle Sachen gemeinsam mit dem Gouverneur abzumachen und abzuzeichnen, so daß der Gouverneur kein Herrscher wird, sondern ein Präsident. Er hat zwei Stimmen, sie jeweils eine."[11] Zunächst war die Ernennung dieser Räte durch den Senat vorgesehen; da dieser jedoch auf Vorschläge des Gouverneurs angewiesen war, schien es um das Kontrollmoment besser bestellt zu sein, wählte der örtliche Adel die Räte.[12] Damit lebte hier der Adelsrat von 1702 wieder auf, der 1705 den Voevoden beerbt hatte.[13] Als sich das Knäuel der Reformmaßnahmen in den folgenden Jahren weiter entrollte, büßten die Landräte ihre ursprüngliche Kontrollfunktion weitgehend ein, indem sie 1715 zu Vorstehern der neugeschaffenen *doli* absanken. Die Verantwortung für den Steuereinzug wurde auf Gouvernementsebene dem sog. „Oberkommissar" übertragen;[14] ihm entsprachen der Provinz- bzw. Kreiskommissar in den beiden kleineren Verwaltungseinheiten. Ein unverkennbarer Fortschritt ist darin zu sehen, daß erstmals ein Organ geschaffen wurde, das ausschließlich für die Rechtsprechung zuständig sein sollte.

Dieser „Landrichter", den man dem schwedischen Vorbild folgend nach Rußland übertragen hatte, war für Ingermanland bereits am 15.1.1707 verfügt worden.[15] Seine Ernennung sprach der Senat aus, tw. auf Vorschlag des Gouverneurs. In Moskau hatten Gouverneur T.N. Strešnev und Vizegouverneur V.S. Eršov Ivan Topil'skij allerdings aus eigenem Gutdünken zum Landrichter ernannt. Neben ihm waren in Moskau noch zwei andere Männer in dieser Funktion tätig.[16] Die Landrichter selbst unterlagen zwar der Aufsicht des Gouverneurs, nicht aber dessen Rechtsprechung, sondern der des Senats.[17] Damit ist an dieser Stelle zumindest die Absicht erkennbar, dem Landrichter zu einer beschränkten Selbständigkeit zu verhelfen. Daneben wurde stellenweise auch die Bezeichnung eines „Gerichtskommissars" geschaffen. Seine Aufgabe scheint der des Landrichters weitgehend zu entsprechen: In Moskau oblag beiden die Ermittlung und Rechtsprechung. Im Grunde scheint es sich deshalb um neue Titel für beförderte

---

11 PSZ 5, Nr. 2.675.

12 PSZ 5, Nr. 2.762 vom 20.1.1714, S. 78.

13 Wie so oft in der Geschichte des Zarenstaats war der Wahlprozeß aber nur schwer in Gang zu bringen. Vgl. die Liste der 13 Männer, die vom Senat 1714 zu Landräten im Gouvernement Moskau bestimmt wurden, bei Mroček-Drozdovskij, Upravlenie, S. 61.

14 In Moskau nahm ein Kommissar die Funktion des Oberkommissars wahr; in anderen Gouvernements wie z.B. Archangel'sk fehlte dieses Amt ganz. Vgl. ebd., S. 97.

15 PSZ 4, Nr. 2.135.

16 Vgl. Mroček-Drozdovskij, Upravlenie, S. 54, 97-98. Ob die kaum definierte Tätigkeit des Landrichters vorwiegend im Bereich des Justizwesens lag oder nicht auch Steuererhebung oder Landvermessung umfaßte, muß aus Mangel an Quellen offen bleiben.

17 PSZ 5, Nr. 2.673 vom 30.4.1713.

D'jaken zu handeln, die an der Spitze eines Prikaz standen. So begegnen uns „Landrichter“ wie „Gerichtskommissar“ nicht nur im Zemskij Prikaz, sondern auch in dem des Großen Hofes (Vasilij Voronov, Nikifor Panov). Der Besoldung nach war das Amt des Landrichters mit p.a. 300 Rubeln (und 150 četvert' Getreide) nach dem Vizegouverneur (600 Ru., 300 čet.) im Gouvernement das höchste; Landräte sollten nur 120 Rubel (120 čet.) beziehen.[18]

Innerhalb der Gouvernements richtete die Regierung Provinzen ein, von denen uns im Gouvernement Moskau sieben bekannt sind.[19] Hier sah die Planung vor, die Leitung jeder Provinz einem „Oberkommandanten“ anzuvertrauen. Wie die Ämter des Oberkommissars und des Landrichters begegnet uns auch dieses erstmals im Statut für Ingermanland vom 15.1.1707.[20] Durch Unterstellung des Oberkommandanten unter die Weisungsbefugnis des Gouverneurs kann die Provinzverwaltung als dessen verlängerter Arm gelten. In Moskau war mit dem Posten des Oberkommandeurs zugleich der Befehl über die Stadtgarnison verbunden; neben dem Kommandanten (als Stellvertreter des Oberkommandeurs) scheint es hier auch das Amt eines Vizekommandanten oder Brigadiers gegeben zu haben.[21] Damit wiesen die drei Kommandantenämter zumindest in Moskau eine vorwiegend militärische Prägung auf, die erklären mag, warum diese Funktion keine Definition der Aufgaben erfahren hat. Als kleinste Verwaltungseinheit fixierte die erste Gouvernementsreform den von einem „Kommandanten“ geführten Kreis. Dahinter verbarg sich der *uezd* des 16./17. Jahrhunderts, dessen Grenzen zunächst unangetastet blieben. Im Fortgang der Reformen wurde jedoch auch diese älteste Verwaltungseinheit durch „Eindringen des schematisch-rationalistischen Ordnungsdenkens“ (Wittram) aufgebrochen; an ihre Stelle trat vielerorts die *dolja*. Diese „Quote“ war 1710 als Buchhaltergröße in Höhe von 5.536 Höfen eingeführt worden, um die Ermittlung der steuerpflichtigen Bevölkerung zu erleichtern.[22] Als man diese Kategorie auch zur territorialen Einheit erklärte, stellte sich heraus, daß sich das ursprünglich zugrundegelegte Muster nicht durchhalten ließ. Damit ergaben sich Schwankungen zwischen 3.000 und mehr als 11.000 Höfen pro *dolja*. Zum Vorsteher der „Quote“ war kein anderer als der Landrat vorgesehen, der an die Stelle des Kommandanten treten sollte. Ihre Funktion als Berater des Gouverneurs sollten die Landräte dennoch fortsetzen: In monatlichem Wechsel hatten zwei von ihnen dem Gouverneur zur Hand gehen, um sich zum Jahresende als vollzähliges Kollegium wieder zu versammeln, dem der Gouverneur nun Rechenschaft abzulegen hattte.[23]

Wer nach einer Zwischenbilanz dieser ersten Territorialreform Peters fragt, der wird auf der Habenseite den energischen Willen verbuchen, mit der Überlieferung überall da zu brechen, wo der Aufbau einer effizienteren Verwaltung dies erforderlich machte. Bei der Umsetzung lag jedoch vieles im Argen. Wie bei der Stadtreform von 1699 steht die mangelhafte Vorbereitung der Maßnahmen

18 PSZ 5, Nr. 2.879 vom 28.1.1715.

19 Serpuchov, Vladimir, Rostov, Zvenigorod, Kaluga, Kostroma, Kašira. Vgl. Mroček-Drozdovskij, Upravlenie, S. 24.

20 PSZ 4, Nr. 2.135.

21 Mroček-Drozdovskij, Upravlenie, S. 5o.

22 PSZ 4, Nr. 2.3o5 vom 14.10.1710.

23 PSZ 5, Nr. 2.879.

außer Frage, wiegt durch die Vielzahl der neuen Ämter hier jedoch schwerer. Nahezu völlig ausgeblendet wurde der Übergang zwischen Alt und Neu - Reibungen waren somit wohl unvermeidlich. Der landesweit einheitlichen Durchsetzung stand auch die Vielzahl der Sonderregeln entgegen. Zudem fehlte es an einer Abgrenzung der Funktionen, so daß sich z.B. die Tätigkeit des Landrichters sowohl mit der des Ober- als auch mit der des Gerichtskommissars überschnitt. Insgesamt mißlang der Versuch, die Bevölkerung vor Übergriffen der Provinzbeamten besser als im 17. Jahrhundert zu schützen. Amtsverbrechen trugen sich nach wie vor auf allen staatlichen Ebenen zu. Im Dezember 1717 setzte Peter deshalb eine Untersuchungskommission unter Leitung des Generalmajors Petr Golicyn ein, bestehend aus vier Majoren, vier Hauptleuten und drei Fähnrichen, die einer Unzahl vermuteteter Amtsvergehen nachgehen sollte. Unter den Verdächtigen fand sich auch Kirill Naryškin, der Gouverneur von Moskau, daneben der Gouverneur von Sibirien, Fürst Matvej Gagarin, der erste Gouverneur von Azov, Fedor Apraksin, Generaladmiral und Onkel des Zaren, sowie die Mehrzahl der Senatoren - von vielen kleinen Würdenträgern ganz zu schweigen. Da die erste Gouvernementsreform ja das erklärte Ziel einer Machtbündelung verfolgte, stellt sich hier die Frage, ob die neue Ordnung Amtskriminalität nicht zusätzlich begünstigt hat. Theoretisch erstreckte sich die Kompetenz der Landrichter zwar auch auf die Ahndung von Amtsvergehen. Hatte sich etwa ein Landrat strafbar gemacht, konnten Landrichter, Vizegouverneur und Oberkommissar zu dessen Aburteilung zusammentreten.[24] Daß der Landrichter auch gegen einen Gouverneur einschritt, als sich dieser gemeinsam mit dem Vizegouverneur großzügig aus der Staatskasse bedient hatte, dürfte jedoch als Ausnahme zu betrachten sein. Da der Gouverneur dem Landrichter vorgesetzt war, konnte der Senat den Landrichter wie in diesem Fall höchstens damit beauftragen, vom Gouverneur die vom Senat verhängte Geldbuße einzuziehen.[25] Andererseits war gegen Gouverneur und Landrichter kaum etwas auszurichten, wenn sich beide gegenseitig deckten. So ist aus mehreren Dörfern bei Penza überliefert, daß sich der dortige Landrichter Kuz'min-Korovaev 1716 am Land der Bauern bereicherte. Dazu setzte er die Besitzer in Haft und erpreßte ihre Unterschrift unter Abtretungsurkunden. Nachdem der Landrichter seine Opfer freigelassen hatte, verklagten ihn diese beim Gouverneur von Kazan'. Der allerdings zog die Angelegenheit in die Länge, so daß sich die Bauern nicht anders zu helfen wußten, als ihren Fall dem Senat in Petersburg vorzutragen.[26]

Im Hinblick auf die sozialen Kosten einer Bündelung der Macht erscheint es deshalb als verständlich, daß ein zweiter Reformimpuls das 1709 verhängte Kriegsregime durch eine Lokalverfassung abzulösen versuchte, die auf weitgehender Trennung militärischer, steuerlicher, administrativer und richterlicher Kompetenzen beruhen sollte. Durch diesen Vorsatz wich die zweite Gouvernementsreform von der ersten in drei wesentlichen Punkten ab. Erstens wurde der Gouverneur vieler Rechte entkleidet; z.B. leitete nun der Voevode die Steuern nach

24 PSZ 4, Nr. 2.484 vom 15.2.1712.
25 PSZ 5, Nr. 3.o78 vom 3.4.1717.
26 Mroček-Drozdovskij, Upravlenie, S. 347-48.

Petersburg weiter. Zweitens traten viele kleine Provinzen an die Stelle weniger großer Gouvernements - auch dies ein Beitrag zur Machtverteilung, und drittens wurden weitere Ämter geschaffen, um die Gewaltentrennung auch auf Provinzebene einzuführen. Die auf eine Zahl von elf vermehrten Gouvernements blieben zwar bestehen, doch behielt ihre Führung nur die militärischen Funktionen in der Hand. Soweit möglich, sollte die größte Verwaltungseinheit die Arbeit der Zentralbehörden erleichtern, so daß der Senat die nun von Voevoden geleiteten Provinzen dazu anhielt, sich bei eventuellen Rückfragen zunächst an den Gouverneur zu wenden und Petersburg nur in Ausnahmefällen wie Epidemien oder Unruhen zu verständigen. Die Zahl der Provinzen stieg auf 50, wobei man im Gegensatz zu 1709 auf einen gleichmäßigeren geographischen Zuschnitt achtete. Das Gouvernement Moskau gliederte sich nunmehr in neun (bisher sieben) Provinzen;[27] damit reduzierte sich die Entfernung zwischen Moskau und seinen Provinzstädten auf höchstens 150 Werst. Auch die Bemessungsgrundlage für den Distrikt, anstelle der Quote nun die kleinste Territorialeinheit, wurde auf 2.000 Höfe (nach der Zählung von 1678) herabgesetzt. Zwangsläufig traten bei der Ausführung jedoch auch diesmal Schwankungen zwischen 500 und 3.000 oder mehr Höfen auf, so daß viele der alten Kreise unter neuer Benennung fortexistierten. In der Provinz Moskau betrug die Zahl der Distrikte seither 19.[28] Insgesamt war das Netz der Verwaltungseinheiten damit weitaus feiner gespannt als das von 1709 und weitaus regelmäßiger als das der Kreise im 17. Jahrhundert.

Der Befehl zur Neuordnung der Provinzen erging am 29.5.1719;[29] am selben Tag wurden die Provinzvoevoden im Modellgouvernement St. Petersburg ernannt, die am 1.7. ihren Dienst aufnehmen sollten. Landesweit sah man den 1.1.1720 als Stichtag für das Wirksamwerden der Verwaltungsreform vor, doch entpuppte sich diese Vorgabe als weitgehend unrealistisch.[30] Manche der zu Voevoden ernannten Adligen suchten sich auf ihren Gütern zu verstecken, um der Verpflichtung zu entgehen; andere zogen es vor, in Moskau zu bleiben, wo ihnen das Leben besser behagte als dort, wohin man sie versetzt hatte. I. Danilov, Voevode von Tula, traf deshalb erst am 6.4.1721 in seinem Amtssitz ein; in der Zwischenzeit hatten sich die beiden Landräte, deren *doli* seine Provinz bildeten, aus dem Staube gemacht, obschon sie de jure dazu verpflichtet waren, die Geschäfte persönlich zu übergeben. Noch dazu sollte einer von ihnen in Zukunft als Richter dienen.[31] Derlei Zustände wird man wohl in vielen der 50 Provinzen vermuten dürfen, so daß noch 1721/22 viele der neugeschaffenen Ämter unbesetzt waren.

Im Unterschied zum 17. Jahrhundert, als jedem ausrückenden Voevoden ein Nakaz mit konkreten Aufträgen ausgestellt wurde, ging die Gesetzgebung des 18.

---

27 Kaluga, Vladimir und Kostroma blieben erhalten; hinzu kamen Perejaslavl'-Zalesskij, Tula, Jur'ev-Pol'skij, Suzdal', Perejaslavl'-Rjazansk und Moskau selbst. Vgl. Oč. 2, S. 326.

28 Vgl. Bogoslovskij, Oblastnaja reforma, S. 146.

29 PSZ 5, Nr. 3.38o.

30 Die Umstellungsschwierigkeiten begannen schon im Senat, der für die Ernennung und Kontrolle der Voevoden zuständigen Behörde. So wurden noch im Juni 1720 Ukaze an Fedor Apraksin als Generalgouverneur von Azov abgefertigt, obwohl dieser seit Mai 1719 Generalgouverneur von Reval war.

31 Bogoslovskij, Oblastnaja reforma, S. 71-73.

Jahrhunderts diese Frage etwas grundsätzlicher an, indem der Senat eine für alle Voevoden geltende Instruktion abfaßte, die den Voevoden zum Dienst am Wohlergehen des Staates verpflichtete. Da militärische Angelegenheiten in erster Linie dem Gouverneur, steuerliche dem vom Kammerkollegium ernannten Kämmerer oblagen, umschloß dieses Ziel vor allem den „Policeygedanken" im urspünglichen Doppelsinn, also die Fürsorge für das materielle, geistige und sittliche Wohl der Bevölkerung, verbunden mit der Kriminalitätsbekämpfung.[32] In der praktischen Umsetzung blieb von einem so weitreichenden Programm jedoch wenig übrig, nicht zuletzt deshalb, weil dem Voevoden nur spärliche Mittel zur Verfügung standen, um Schulen, Armen- oder Krankenhäuser zu errichten, obwohl sein Auftrag doch in diesem Sinne zu verstehen war.[33] So stellte M.M. Bogoslovskij in seiner umfassenden Untersuchung der Lokalverwaltung Peters fest, daß der von ihm als Beispiel gewählte Voevode von Pošechon'e so gut wie keine Eigeninitiative entwickelte, sondern allein auf Ukaz von oben bzw. Gesuch von unten reagierte. Auch dabei ließ er noch vieles versanden. In polizeilicher Hinsicht begründet Bogoslovskij diese Passivität mit der Erfahrung der Voevoden, gegen die häufig vorkommenden Räuberbanden machtlos zu sein; zu deren Bekämpfung seien nur Regimenter fähig.[34]

Auf Distriktebene installierte die zweite Gouvernementsreform den Landkommissar als zentrales Organ. Dieser wurde bis 1724 vom Kammerkollegium auf unbestimmte Zeit ernannt, das sich dabei zumeist auf Listen des örtlichen Adels stützte. Da Petersburg außerstande war, mehrere hundert Distrikte mit Landkommissaren zu versorgen, ging man 1724 zur Wahl der Landkommissare durch ortsansässige Gutsbesitzer über. Die Amtsdauer des Kommissars sollte sich nun auf ein Jahr beschränken. Während der Voevode für weitgehend unabhängig vom Gouverneur erklärt wurde, hatte man den Landkommissar zwecks straffer Führung dem Voevoden unterstellt. Die Instruktion des Landkommissars legte als dessen wichtigste Aufgabe die vom Rentmeister der Provinz beaufsichtigte Steuereintreibung fest. Dazu kam die Sorge für andere, von der Bevölkerung zu leistende Pflichten wie Getreidelieferungen an die Armee, Stellung von Rekruten, Beherbergung durchziehender oder überwinternder Truppen sowie Fuhrdienste. De jure war der Landkommissar auch dafür zuständig, die Straßen seines Distriktes instand zu halten; da der Staat den Landkommissar ebenso wie den Voevoden jedoch als Sachwalter zentraler, nicht örtlicher Interessen sah und ihm Mittel zur Pflege öffentlicher Einrichtungen verweigerte, konnte der Landkommissar hier nur wenig bewirken. Hinzu kam die Ausübung polizeilicher Gewalt, um Läuflinge, Deserteure, Landstreicher oder Verbrecher zusammen mit den Hilfspolizisten im jeweiligen Distrikt aufzuspüren und festzunehmen.[35] Damit stellt sich der Landkommissar als Nachfahr des Guba-Ältesten heraus, nur daß die Tätigkeit des Landkommissars stärkeren Beschränkungen unterlag. Vor allem hatte der Kom-

32 PSZ 5, Nr. 3.294 vom Januar 1719 (Voevodennakaz). Vgl. die Instruktion für den Landkommissar in Nr. 3.295.

33 Vgl. Bogoslovskij, Oblastnoe upravlenie, S. 1o2, der am Beispiel der Provinz Elec für 1726 ein Anteil von sieben Prozent errechnet, den die Zentralbehörde von der hier erhobenen Steuersumme (rd. 12.1oo Ru.) für örtliche Belange übriggelassen habe.

34 Bogoslovskij, Oblastnoe upravlenie, S. 91-93.

35 PSZ 5, Nr. 3.245 vom 26.11.1718.

missar gegenüber dem Guba-Starosta die Fähigkeit verloren, Recht zu sprechen und zu vollstrecken.

Die Idee der Gewaltentrennung bedingte den Aufbau einer mehrstufigen Gerichtsverfassung, der auf zentraler Ebene der Senat als vierte und das Justizkollegium als dritte Instanz angehörten. Der Ukaz vom 8.1.1719 befahl dazu die Bildung von insgesamt elf Hofgerichten als zweiter Instanz.[36] Da sich die Grenzen dieser Gerichtsbezirke mit denen der Gouvernements oftmals deckten, entfiel auf das Gouvernement Moskau nur das Hofgericht in der alten Hauptstadt selbst. Aus Mangel an geeigneten Kandidaten mußte man in sieben Bezirken jedoch damit vorliebnehmen, Gouverneure und Voevoden zu Präsidenten der Hofgerichte zu berufen - eine Entscheidung, die der Reformabsicht fundamental widersprach, da sie den Aufbau eines von der Verwaltung unabhängigen Gerichtswesens im Keim zerstörte. Auch in Moskau war es der Vizegouverneur M. Boejkov, der dem seit April 1720 tätig werdenden Hofgericht vorstand; von den sechs Assessoren hatten vier zuvor als Oberst gedient und einer als Landrat. 1721 wurde die Berufung von Voevoden sogar zur Regel erhoben. Die Arbeit der Hofgerichte stand auch deshalb unter keinem guten Stern, da ihnen keine Instruktion vorlag. Aus Unkenntnis ihrer Kompetenzen mußten sie zahlreiche Fälle als unerledigt abstapeln.[37] 1722 fertigte das Justizkollegium zwar eine Instruktion aus 49 Artikeln an, doch blieb diese beim Senat liegen, ohne Rechtskraft zu erhalten.[38] Der Text bemüht sich vor allem um eine Regelung der Geschäftsführung; das materielle Recht wird nahezu ausgeklammert, so daß man an dieser Stelle einen unterschwelligen Hinweis auf die Bedeutung des Kriegsartikels von 1715 spürt. Erwähnung findet einzig das Delikt des Straßenraubs; Art. 28 stellt es unter Todesstrafe. Nach diesem Entwurf sollte das Hofgericht für alle Steuerstreitigkeiten zuständig sein sowie für Strafsachen wie qualifizierter Diebstahl und schwerwiegendere Delikte. Das erwähnte Projekt läßt keinen Zweifel daran, daß die Hofgerichte ein untergeordnetes und weisungsabhängiges Organ des Justizkollegiums waren. Da das Kollegium den Hofgerichten eher mißtrauisch gegenüberstand, verordnete es ihnen eine Protokoll- und Archivierungspflicht. Die Tätigkeit des Hofgerichts war ganz auf den Präsidenten zugeschnitten, der Assessoren durch das Justizkollegium auch austauschen lassen konnte. Sehr drastisch heißt es in Art. 22, 3 des Instruktionsentwurfs: „Während der Verhandlung hat allein der Präsident das Wort; die Beisitzer sollen schweigen, ausgenommen den Fall, daß der Präsident dringend an etwas erinnert werden soll. Mit gebührendem Respekt ist dieses dem Präsidenten dann zu verstehen zu geben. Ohne dringende Notwendigkeit ist es jedoch zu unterlassen, damit Ordnung und richterliche Autorität gewahrt bleiben."

36 PSZ 5, Nr. 3.269. Zur Gründung des Hofgerichts in Moskau am 8.4.1719 s. PRP 8, S. 68-69.

37 Bis zur Gründung von Sudnyj und Sysknoj Prikaz 1730 stauten sich allein in Moskau 21.388 Klagen an. Vgl. PSZ 8, Nr. 5.521 vom 20.3.1730.

38 Abgedruckt bei Bogoslovskij, Oblastnoe upravlenie, Anhang S. 4-27 (für die Hofgerichte) und S. 27-39 (für die Provinzialgerichte).

Als untere Instanz sah die zweite Gouvernementsreform schließlich das Provinzialgericht vor. Es wurde in neun größeren Städten des Reiches angesiedelt, von denen sieben zugleich Sitz eines Hofgerichts waren.[39] Der Vorsitzende führte den Titel eines Oberlandrichters; ihm sollten zwei bis vier Assessoren beisitzen. In Moskau übernahm der bisherige Landrichter Ivan Topil'skij die Leitung; zwei seiner Richter hatten zuvor als Landräte gedient, zwei andere entstammten den D'jaken. Wie die teilweise übliche Bezeichnung des Moskauer Provinzialgerichts als *zemskaja kanceljarija* verrät, setzte sich hier die Tätigkeit des Zemskij Prikaz fort. An dieser Stelle deutet sich daher an, daß alte Strukturen den Wirbel neuer Bezeichnungen auch überdauern konnten. In kleineren Städten führte man eigene Gerichtshöfe ein, wo nur jeweils ein Landrichter tätig war.[40] Alles in allem war damit eine vielbödige Gerichtsverfassung entstanden, bei der drei kaum voneinander abgegrenzte Organe - Landrichter, Oberlandrichter und Hofrichter - in erster Instanz angerufen werden konnten. Dieses Durcheinander scheint dem des 17. Jahrhunderts nicht ganz unähnlich zu sein. Auch auf zentraler Ebene kann von Einheitlichkeit nur in beschränktem Maße die Rede sein, da die Städte nicht an das Justizkollegium, sondern an den Hauptmagistrat appellierten; Militär- und Kirchengerichte unterstanden dem Preobraženskij bzw. Klosterprikaz. Das wesentliche Manko scheint jedoch darin zu liegen, daß die Gerichtsreform die Scheidung von Justiz und Verwaltung nur auf der unteren Ebene verwirklichte. Beim Hofgericht, wo die einträglicheren Prozesse geführt wurden, trat wieder der Voevode auf, und auch beim Magistrat konzentrierten sich administrative wie gerichtliche Funktionen. Derartige Unzulänglichkeiten mögen dazu beigetragen haben, daß Peter mit Ukazen vom 12.3. und 4.4.1722 das soeben Verfügte in Stücke schlug, die Provinzialgerichte beseitigte und die Oberlandrichter den Hofgerichten zuwies. In Provinzen ohne Hofgericht übernahm der Voevode die Gerichtsbarkeit. Als Beisitzer sah man einen oder mehrere pensionierte Offiziere oder Adlige vor. Nur in Städten, die mehr als 200 Werst vom Sitz des Voevoden entfernt lagen, sollte dieser einen Gerichtskommissar einsetzen; dessen Zuständigkeit wurde zunächst auf Fälle mit einem Streitwert von zwanzig Rubeln begrenzt, dann von fünfzig. In den übrigen Provinzen übernahmen die ohnehin vom Voevoden beherrschten Hofgerichte die Funktion der ersten Instanz. Nach dem Tode Peters verstärkte sich die Abkehr von dessen Konstruktionen allerdings noch: Zur Entlastung der Staatsfinanzen wurden ab 1726 eine Reihe der auf Provinzebene geschaffenen Ämter wieder beseitigt, so der Rentmeister, der Kämmerer und die Beisitzer beim Voevodengericht.[41] Dem Landkommissar oblag in Zukunft die Beitreibung der Kopfsteuer, wobei ihn der Voevode überwachte. Am 24.2.1727 kehrten auch die Städte in den Weisungsbereich des Voevoden zurück; das Gericht des Magistrats verlor die Zuständigkeit für schwerwiegende Delikte wie Raub und Totschlag und sank zur unteren Instanz des Voevodengerichts ab. In dessen Hand lief die steuerliche, administra-

39 Petersburg, Moskau, Smolensk, Kazan', Nižnij-Novgorod, Jaroslavl' und Voronež. Vgl. Bogoslovskij, Oblastnoe upravlenie, S. 2o3 und 186.

40 So allein in 37 Städten des Gouvernements Moskau. Vgl. die Liste bei Bogoslovskij, Oblastnoe upravlenie, S. 2o6.

41 PSZ 7, Nr. 5.o17 vom 24.2.1727.

tive und gerichtliche Macht nach dieser „Konterreform“ (Bogoslovskij) also wieder zusammen.

Die Ursachen dieser Kehrtwendung erscheinen zugleich als Bilanz der petrinischen Gouvernementsreformen. Hauptursache ihres Scheiterns war, daß sich die Urheber schlichtweg übernommen hatten. Dies betraf zunächst die personellen Ressourcen. 1720 scheint fast jeder zweite im Justizwesen der Provinzen zu besetzende Posten vakant gewesen sein, da dem Senat zu wenige Kandidaten zur Verfügung standen. Dort, wo zunächst eine Verpflichtung mehrerer Richter gelungen war, konnten später auftretende Lücken nicht mehr geschlossen werden. Das Moskauer Hofgericht, das 1719 aus einem Vizepräsident und sechs Assessoren bestand, büßte bis November 1720 fünf Beisitzer ein; einer starb, zwei wurden nach Petersburg versetzt, zwei mit anderen Aufgaben betraut. Im Grunde mißbrauchten die Zentralbehörden die Gerichte somit als Reservoir zur Rekrutierung von Beamten. Weitere Löcher riß die Überprüfung der Richter in den Hauptstädten auf. Wie sich dieser Brauch auswirken konnte, zeigt ein Beispiel aus Kazan'. Von vier Assessoren, die 1721 beim dortigen Hofgericht arbeiteten, wurden im Dezember zwei nach Moskau beordert. Obwohl sie im Februar 1722 noch nicht zurückgekehrt waren, mußten nun die beiden anderen nach Moskau aufbrechen. Von ihnen kehrten nur zwei im Herbst nach Kazan' zurück; ihre Kollegen waren versetzt worden.[42] Daneben lebte der Staat auch beim Versuch, die zunehmende Zahl der Beamten[43] pünktlich zu besolden, über seine Verhältnisse. Schreiber wie Gouverneure wurden oftmals unregelmäßig entlohnt; mitunter blieb ihr Salär auch über mehrere Jahre aus. Vor diesem Zustand sahen sich viele Beamte geradezu gezwungen, die Gerichtsparteien um Geld anzugehen. Peters Nachfolger kehrten auch hier zu den Bräuchen des 17. Jahrhunderts zurück. 1726 wurde die mittlere und untere Beamtenschaft von der Besoldung ausgenommen und auf Gaben der Bittsteller verwiesen.[44]

Dort, wo die neuen Organe ihre Arbeit zumindest notdürftig aufgenommen hatten, fiel das Ergebnis nicht eben glänzend aus. Voevoden mußten die 1719 eingeführte Kompetenzaufteilung als Verlust der einträglichen Tätigkeit als Richter empfinden; so sind uns auch mehrere Hinweise dazu überliefert, daß sich gerade Voevoden von den Reformen nicht beirren ließen und weiterhin Recht sprachen, auch wenn ihnen das Justizkollegium einen Richter zur Seite gestellt hatte. Gewöhnt an das Voevodengericht, scheint sich auch die Bevölkerung oftmals abweisend verhalten zu haben und ignorierte das Hofgericht. Da die Gesetzgebung kein Mittel gefunden hatte, Hof- und Provinzialrichter vor Übergriffen von Voevoden zu schützen, litt das Justizwesen unter Mangel an Autorität. Die Trennung von Polizei und Gericht schwächte die Exekutive; der Landkommissar sank zu einem Erfüllungsorgan der Richter ab. Hinzu trat die schleppende Arbeitsweise, die aus dem Personalmangel und der Überzahl von Instanzen resultierte. Ein sehr anschauliches Beispiel für die Konsequenzen, die sich aus einer derartigen Justizverfassung ergeben konnten, ist der Fall des Ivan Dvornikov. 1703 hatten Bauern eines bei Kašin gelegenen Erbgutes des Moskauer

42 Bogoslovskij, Oblastnoe upravlenie, S. 279-8o.

43 Vgl. Mroček-Drozdovskij, Upravlenie, S. 88, wo von 426 Schreibern die Rede ist, die 1716/17 allein im Gouvernement Moskau beschäftigt waren.

44 Vgl. Bogoslovskij, Oblastnoe upravlenie, S. 269.

Novodevičij-Klosters einen Bauern des Gutsbesitzers Kislovskij erschlagen. Als der Guba-Älteste von Kašin einen Soldaten zum Klostergut sandte, um die Täter dingfest zu machen, kehrte der Beauftragte mit nur einem Verdächtigen, eben dem Ivan Dvornikov, zurück. Nach dem Verhör wurde dieser auf freien Fuß gesetzt. Seltsamerweise gelang es Kislovskij erst 1720 nach seiner Dienstentlassung, den Fall wiederaufzunehmen, als er den Richter von Kašin überzeugte, Dvornikov erneut zu verhaften. Da die Gefängnisaufseher Dvornikov aber nicht ernähren konnten, ließen sie ihn - wie es üblich war - tagsüber betteln. Diese Gelegenheit nutzte Dvornikov zur Flucht nach Moskau, wo er sich bei der Revision von 1722 als Bauer des Novodevičij-Klosters registrieren ließ. Kislovskij spürte ihn jedoch auch da auf und strengte nun beim Klosterprikaz eine Klage an. Dieser setzte Dvornikov zwar in Haft, erklärte sich jedoch für unzuständig, auch ein Urteil zu sprechen, und überwies die Angelegenheit an den Landkommissar von Kašin, der sie an das Provinzialgericht von Uglič weitergab. Hier wandte der Richter nun ein, ohne Zustimmung des Klosterprikazes könne er nicht tätig werden. Als Kislovskij auch diese besorgt hatte, ließ das Gericht Dvornikov am 15.10.1723 verhören und foltern. Am 5.11. starb der Angeklagte. Nach Interventionen Kislovskijs in Petersburg gelangte das Verfahren zum Voevoden von Kašin zurück, der das Kloster 1730 dazu verurteilte, dem Kläger einen Ersatzbauern mit Frau und Kind auszuliefern.[45] Manche der hier zutagetretenden Mängel wie Behördenträgheit oder Kompetenzwirrwarr, die die Hartnäckigkeit des Gutsbesitzers schließlich doch überwand, hätten sich früher oder später vielleicht beheben lassen. Da Peter die dazu erforderliche Geduld jedoch nicht aufbrachte, hatte von der Gouvernementsreform nur dasjenige Bestand, was sich zügig durchsetzen ließ, etwa die Vereinheitlichung der Territorialgliederung. Dort, wo der Gesetzgeber eine Festigung oder Reifung des soeben Verfügten hätte abwarten müssen, brach er sein Werk nach ersten Mißerfolgen wieder ab.

45 Bogoslovskij, Oblastnoe upravlenie, S. 249-51.

3.c Kriegsartikel von 1715

Mit dem Kriegsartikel vom 26.4.1715, dem Kriegsreglement vom 30.3.1716 und das Marinereglement vom 13.1.1720 hat Peter gleich drei größeren Militärcodices Rechtskraft verliehen, während seine Anstöße zur Erstellung eines Gesetzbuches für die Zivilgesellschaft im Sande verliefen. Zumindest für die Strafrechtsprechung der neugeschaffenen Gerichte war das Scheitern der Kodifizierung jedoch weniger bedeutsam als für Zivilprozesse, erfaßte der Kriegsartikel doch nicht nur militärspezifische Delikte, so daß er durch Ukaz vom 10.4.1716 auch außerhalb des Heeres Geltung erhielt.[1] Neben dem Uloženie von 1649 und dem Strafgesetzbuch von 1669 bildete er damit den dritten und letzten Grundpfeiler für die Strafjustiz im Sysknoj Prikaz. Wie die beiden noch folgenden Militärcodices hatte der Kriegsartikel zunächst eine Doppelfunktion inne. Um die außenpolitischen Ziele des Zaren durchzusetzen, mußte die buntgescheckte und daher nicht sehr schlagkräftige Moskauer Truppe des 17. Jahrhunderts aus adligem Aufgebot, Kosaken, Söldnern, Strelitzen und Ausgehobenen vereinheitlicht und zum stehenden Heer zusammengefügt werden. 1699 unternahm Peter mit der Aufstellung von drei Divisionen aus insgesamt zwei Garde-, zwei Dragoner- und 27 Infanterieregimentern einen Schritt in diese Richtung. Wie die Niederlage vor Narva am 19.11.1700 jedoch zeigte, war es allein mit der Aufstellung von Truppen nicht getan, wurden sie nicht auch effektiv geführt. Um dies zu gewährleisten, sollten die Militärgesetzbücher als Dienstanweisung fungieren, um dem Heer genaue Vorschriften über die Uniform, das Marschieren, Quartiernehmen usw. bis hin zur Taktik des Angriffs zu geben. Als zweites erfüllten die Militärcodices die Aufgabe eines Gerichtsbuches. Eine besondere Militärgerichtsbarkeit hatte es bislang nicht gegeben; zumeist hatten die Voevoden sowohl die zivile wie die militärische ausgeübt. Dies traf auch für die Zentralämter zu. Mit dem Aufkommen des stehenden Heeres begannen sich zivile und militärische Verwaltung jedoch zu entflechten; im Zuge dieser Entwicklung bildeten sich reine Militärgerichte aus, die in den Codices instruiert wurden, wie mit Deserteuren, Verrätern, Meuterern, Dieben und Totschlägern zu verfahren sei.

Angesichts der Notwendigkeit eines Militärreglements mag es überraschend erscheinen, daß ein derartiges Gesetz erst im fünfzehnten Kriegsjahr erging. Allerdings hatte Peter zwei seiner bedeutendsten Feldherrn, B.P. Šeremetev und A.D. Menšikov, lange zuvor mit der Ausarbeitung eines solchen Statuts beauftragt. Den späteren Infanteriegeneral Adam Weyde hatte Peter 1697/98 nach

---

1 Sowjetische Historiker haben die Zivilgeltung des Kriegsartikels tw. geleugnet. Gegen diese Auffassung spricht nicht nur der Ukaz vom 10.4.1716 (PSZ 5, Nr. 3.olo), sondern auch die Präambel des Artikels, die sich gleichermaßen an Soldaten und Untertanen wendete. Unter den vorrevolutionären Rechtshistorikern war die Zivilgeltung unumstritten. Vgl. die Gegenüberstellung der Ansichten in PRP 8, S. 289-93 und RZ 4, 317-19.

Ungarn entsahdt, um sich die Erfahrungen der kaiserlichen Truppen für ein solches Reglement zunutze zu machen. Nach seiner Rückkehr konzipierte Weyde 1698 auch ein derartiges Projekt, von dem sich allerdings nur ein Fragment erhalten hat.[2] 1702 trat der in Livland stehende Šeremetev mit einem als *Uloženie* bezeichneten und in Riga gedruckten Feldstatut hervor, das er anders als Weyde nicht selbst entworfen, sondern aus westeuropäischen Beispielen kompiliert hatte. Beginnend mit der Gottesfurcht, die 1715 auch der Militärartikel an den Anfang stellen sollte, behandelten 113 Paragraphen die Befugnisse des Hauptmanns, den Wachdienst, Verbrechen und Fahnenflucht, Beförderungsvorschriften usw. Diese Dienstanweisung fand zumindest in denjenigen Verbänden Anwendung, die Šeremetev unterstellt waren. Entsprechendes gilt für die Einheiten Menšikovs, nachdem dieser 1706 ein „Moscowitisches Kriegs-Reglement" herausgegeben hatte, das in deutscher Sprache abgefaßt war und gleichfalls auf westeuropäischen Vorlagen beruhte. Die russische Übersetzung dieses sog. „Kurzen Artikels" wurde seltsamerweise erst nach der Drucklegung des deutschen Textes angefertigt. Insgesamt listet das *Uloženie* 81 Delikte auf, der „Kurze Artikel" 65. Von ihnen finden sich jedoch nur 38 wiederum in Šeremetevs *Uloženie*, so daß sich die Liste der potentiell strafbaren Handlungen auf 108 verlängert.[3] Hier tritt also eine deutliche Ausdehnung des militärischen Disziplinierungsanspruchs zutage.

Dem Militärgericht wies Menšikov mit der Regiments- und Divisionsebene zwei Instanzen zu: Die erste sprach über alle Dienstgrade vom einfachen Soldaten bis zum Hauptmann Recht, die zweite für die höheren Ränge. Dem Divisionsgericht sollten der General-Auditor, der General, zehn Offiziere und zwei Offiziersanwärter angehören; dem angeklagten Offizier war auch die Hinzuziehung eines Beistands oder Verteidigers gestattet. Das Regimentsgericht umfaßte neben dem Auditor den Oberst, vier weitere Offiziere, sechs Unteroffiziere und vier Mannschaftsdienstgrade. Dabei mußte ein Todesurteil, das der „Kurze Artikel" bei 41 Delikten vorsah (das *Uloženie* bei 51), von der höheren Instanz offenbar nicht bestätigt werden. An dieser Stelle deutet sich ein weitgehend standrechtlicher Charakter dieser Gesetze an. Zu Beginn des Verfahrens schrieb der „Kurze Artikel" die Formulierung der Anklage durch den Auditor vor. Im Anschluß an sein Plädoyer sollte dieser auf den jeweils in Frage kommenden Paragraphen des Reglements hinweisen; fand sich ein entsprechender Artikel nicht, sah das Statut einen Analogieschluß vor. Das Urteil unterlag der Abstimmung, wobei der niedrigste Dienstrang sein Votum zuerst abgab; dem Präsidenten, also dem Oberst oder General, kamen zwei Stimmen zu. Daß ein kommandierender Offizier mutmaßliche Spitzbuben aus seiner Einheit dem Militärgericht in allen Fällen zu überantworten hatte, war nicht erforderlich; vielmehr sah Kap. 11 des „Kurzen Artikels" auch ein Schnellgericht vor, dessen genauere Aufgaben wohlweislich nicht näher ausgeführt wurden.[4]

---

2 Vejde, Ustav. Dazu Bobrovskij, Vejde. Weydes Vater war ein deutscher Oberst, der russischen Dienst angenommen und sich in Moskau angesiedelt hatte.

3 Rozengejm, Očerk istorii, S. 68.

4 Die Texte der beiden Reglements bei Rozengejm, Očerk istorii, S. 269-313.

Dem Ziel einer Angleichung des Regimentsbetriebs konnte es nicht förderlich sein, wenn sich - wie bei Menšikov und Šeremetev der Fall - jeder Feldherr sein eigenes Reglement schuf. Zudem entstand durch Zusammenstellung bisher Ukaze im *Ustav prežnich let* um 1705 u.U. noch ein weiteres Statut.[5] Hauptquellen des Kriegsartikels von 1715 sind indes weniger die Anweisungen von Menšikov und Šeremetev geworden als der „Kriegs-Artikel Brief", den Gustav Adolf 1632 in Nürnberg hatte drucken lassen. Die erste Ausgabe in schwedischer und finnischer Sprache erschien 1642 in Stockholm; 1683 hatte Karl XI. eine Novellierung des Briefes erlassen. Dabei umschloß dieses Statut auch eine „General- und Obergerichtsordnung". Die Verwandtschaft zwischen dem schwedischen Kriegsartikel und dem russischen von 1715 ist so unübersehbar, daß V.O. Bobrovskijs dreibändiger Kommentar zum Militärartikel auf einer Gegenüberstellung beider Gesetze aufbaut. An der Arbeit am Kriegsartikel, die sich seit 1712 intensivierte, nahm der Zar bedingt durch sein militärisches Interesse erheblichen Anteil. Im handschriftlichen Text des Artikels wurden mehr als siebzig Verbesserungen von seiner Hand festgestellt.[6] Die Ausarbeitung des Entwurfs hatte Peter dem aus Sachsen stammenden Ernst Friedrich Crompen übertragen.[7] Nachdem der Artikel wahrscheinlich 1714 fertiggestellt war, erschien er am 26.4.1715 im Druck. Am 16.11.1715 veröffentlichte eine Petersburger Werkstatt eine zweite Ausgabe sowohl in russischer als auch in deutscher Sprache. Offenbar hatte man sich aus dem Grund für diese zweisprachige Variante entschieden, um das Gesetz auch den zahlreichen in Rußland dienenden ausländischen Offizieren besser zugänglich zu machen.[8]

Vergleicht man die Form des Kriegsartikels etwa mit der des Strafstatuts von 1669, so tritt in mehrfacher Hinsicht etwas grundsätzlich Neues zutage. Zunächst spürt man das Bemühen der Verfasser, den Text so knapp wie möglich zu halten. Vor allem präsentiert sich der Militärartikel auch mit einer vergleichsweise klaren Gliederung, die aus 24 Kapiteln mit insgesamt 209 Paragraphen hervorgeht. Grob gesagt ordnen sich diese Abschnitte drei Gruppen zu. Nach der Präambel steht die Gottesfurcht wie beim Uloženie von 1649 am Anfang. Art. 9 spricht ein Gebot zur Abhaltung von Feldgottesdiensten aus; dessen Besuch wird allerdings nur für Offiziere zur Pflicht erhoben; wer betrunken zum Gebet erscheine, solle arrestiert, im Wiederholungsfall degradiert werden. Zur zweiten Gruppe zählen die Kap. 3 bis 17, die den Heeresdienst regeln und die dabei auftretenden Verfehlungen umreißen. Besonderes Augenmerk wird dabei den Deserteuren geschenkt; anschließende Kapitel widmen sich den auch im Zivilleben begangenen Verbrechen wie Mord, Unzucht, Raub, Diebstahl usw. Innerhalb mancher Kapitel

5 Vgl. den Rekonstruktionsversuch von Myšlaevskij, Voennye zakony.

6 Vgl. Rubinštejn, Hg., Voennye ustavy, S. 4o-42.

7 Daß man hierzu gerade einen Sachsen heranzog, war wohl kein Zufall, zeigte Peter an den Truppenstatuten der Kriegsgegner doch besonderes Interesse. Crompen stand als Oberauditor beim russischen Heer. Zu ihm s. Bobrovskij, Voennye zakony Petra vel. v rukopisjach, S. 1o, 44. Vgl. Schippan, Peter I. (zum Anteil des Zaren an der Gesetzgebung generell).

8 Die zweisprachige Fassung fand Eingang in: PSZ 5, Nr. 3.oo6 vom 30.3.1716, S. 318-82. Auf den Abdruck des russischen Textes beschränken sich PRP 8, S. 319-69 und RZ 4, S. 327-65.

verbirgt sich dennoch ein Mangel an Systematik. Z.B. wird die Falschmünzerei (Art. 199) zur Rubrik Meineid geschlagen; Art. 186 zum Kirchenraub hätte besser zum Gottesfrevel als zu den Eigentumsverbrechen gepaßt, auch da er weitaus härter bestraft wurde; Art. 177 zum Singen von Spottliedern gehört eindeutig zur Ehrverletzung, nicht aber zu Sodomie und Vergewaltigung.

Daneben führt das Gesetz den Begriff des „Verbrechens" *(prestupnost')* neu in die Rechtssprache ein. Als solches begreift der Kriegsartikel diejenige Tat, die ein Gesetz übertreten hat. Diese Auffassung stand in deutlichem Gegensatz zu der des Uloženie von 1649, das von *vorovstvo* gesprochen hatte; in den Sudebniki von 1497 und 1550 war zumeist von *lichoe delo* (Missetat) die Rede. Die zuvor benutzten Begriffe basierten daher nicht auf einer Vorstellung vom Recht bzw. von dessen Verletzung, sondern auf dem Ruf der Gemeingefährlichkeit der Angeklagten. Der neue Terminus schuf die Voraussetzung dafür, zwischen Zivil- und Strafrecht eine Grenze zu ziehen. Darauf aufbauend erließ die gleichzeitig mit dem Militärartikel erlassene Prozeßordnung das Verbot, die Folter zukünftig auch in Zivilsachen anzuwenden. Art. 11, 22 des Uloženie von 1649 hatte den Einsatz der Folter auch bei Zivilprozessen noch ausdrücklich gebilligt.[9] Daneben übertrug der neue Verbrechensbegriff dem Richter die Aufgabe, dem Angeklagten je nach Schwere des Verbrechens und Grad der Beteiligung individuelle Verantwortung zuzumessen. Zu diesem Zweck prägte der Kriegsartikel den Begriff der „Schuld" *(vina)*. Z.B. heißt es in Paragraph 159: „Ein ganz unversehener Todtschlag aber, dabey gar keine Schuld mit unterläufft, wird ohne Bestrafung gelassen. Als zum Exempel: Wenn öffentlich im Felde ein Scheibenschießen gehalten wird, und es begäbe sich jemand, ohne daß man es gewahr würde, hinter die Scheibe oder liefe über den Platz zwischen der Scheibe und dem Schießenden und würde also durch den Schuß getödtet, auf solchen Fall ist der Thäter billig frey."

Gänzlich neu und auf die Rezeption der westeuropäischen Vorlagen zurückgehend ist auch die Tatsache, daß vielen Paragraphen ein „Kommentar" *(tolkovanie)* nachgestellt ist. Art. 157 lautet etwa: „Es muß aber derjenige, so eine Nothwehr vorwendet, erweisen, daß er nicht Urheber des Streits gewesen, sondern von dem Entleibten überfallen und angegriffen worden, und daß er ohne Gefahr seines Lebens nicht weichen oder wegkommen können." Daran schließt sich der Kommentar an: „Man muß aber in der Nothwehr die Gränzen derselben nicht überschreiten. Denn die Nothwehr besteht 1) in der Masse; Daß die Vertheidigung mit der Beleidigung gleich sei... 2) Bestehet die Nothwehr in der Zeit: daß nemlich die Nothwehr auf frischer That, stehenden Fußes und stracks geschiehet." Unübersehbar ist auch, daß der Militärartikel die Kriminalität in neue Delikte auffächert. Dies berührt zunächst die Amtsverbrechen, die im Uloženie von 1649 nur en passant behandelt werden. Hier umreißt der Kriegsartikel den

9 Allerdings schränkt die Prozeßordnung von 1715 das zunächst ausgesprochene Verbot der Folter außerhalb von Strafverfahren dadurch wieder empfindlich ein, daß sie die Folter bei Zweifeln an der Glaubwürdigkeit von Aussagen des Zeugen in bedeutsamen Zivilsachen doch gestattet. Vgl. RZ 4, S. 421.

Tatbestand der Veruntreuung (Art. 191) und grenzt davon die Unterschlagung von Steuergeldern (194) sowie den Betrug durch einen Treuhänder ab (193). Auch die Unterscheidung zwischen passiver Korruption (184) und der Nötigung bzw. Erpressung von Schmiergeldern (183) ist aus juristischer Sicht durchaus gelungen. Bei den Eigentumsdelikten wartet der Kriegsartikel mit einem weiteren Neologismus auf und ersetzt das bisher übliche *tat'ba* für Diebstahl durch *kraža*. Als Kriterium des *grabež* nennt Art. 182 die Verwendung von Gewalt, während das Merkmal des Straßenraubs *(razboj)* im Gebrauch von Waffen besteht (185).

Einen einschneidenden Wandel hat auch das Strafsystem erfahren, das mit dem Kriegsartikel einem Höhepunkt der Grausamkeit zutreibt. Hier wird die Rückseite der Verwestlichung aufgedeckt. Dabei ist zu bedenken, daß der Militärartikel seiner anfänglichen Bestimmung nach zur Disziplinierung eines Heeres geplant war, das im fünfzehnten Kriegsjahr stand. Aus diesem Grund nehmen sich gerade die Strafen wie ein Stück Kriegsrecht aus, in dem Freiheits-, Ehr- und Vermögensstrafen eher am Rande begegnen. 74 der insgesamt 209 Paragraphen sehen allein die Todesstrafe vor, so auch bei minderschweren Delikten wie einfachem Diebstahl; dazu kommen 27 Paragraphen, die dem Richter die Wahl zwischen Hinrichtung und einer anderen Strafe lassen. Die Tendenz zu maximaler Abschreckung kommt auch in den Hinrichtungsarten zum Ausdruck. In 56 Paragraphen ordnet das Statut diese jeweils an. Dabei steht das Erhängen mit 25 Paragraphen an erster Stelle; es folgt das Enthaupten (11 Art.) und das Erschießen (7). Unter den Strafarten, die den Verurteilten vor der Hinrichtung auch noch martern sollten, begegnet das Rädern am häufigsten. Es sollte in sechs Fällen verhängt werden, so bei Giftmördern und Kirchenräubern. Im Uloženie von 1649 sucht man diese Strafe noch vergebens, obwohl sie das Moskauer Reich des 17. Jahrhunderts durchaus kannte. Als noch härter galt die Strafe des Vierteilens, die etwa dem Verräter drohte und in vier Fällen befohlen war. Auch diese Strafe führte das Uloženie nicht auf. Dafür erwähnte es den Feuertod, der Gottesfrevler, Ketzer und Brandstifter erwartete; beiden fügt der Kriegsartikel noch die Falschmünzer hinzu.[10] Seltener als die Todesstrafe ordnet das Militärgesetzbuch die verschiedenen Arten der Leibesverstümmelung an. Z.B. sieht Art. 146 den Verlust einer Hand bei vorsätzlicher Körperverletzung vor; Art. 22, 11 des Uloženie hatte in diesem Fall auf die Zahlung eines Bußgeldes und einmonatige Haft erkannt. Den Verlust zweier Finger sah der Kriegsartikel etwa beim Meineid vor (196), den das Uloženie noch mit Prügel vergelten wollte (14, 9).

Wie gesehen, umfaßte der Militärartikel ausschließlich materielles Recht. Das Prozeßrecht blieb dem in einem Band mit dem Kriegsartikel am 26.4.1715 veröffentlichten „Kurzen Entwurf derer Processen oder Rechtshändel" vorbehalten.[11] Auch diese Trennung zwischen formellem und materiellem Recht war der Moskauer Zeit vollkommen fremd. Der seit 1712 vorliegende Entwurf dieser ersten Prozeßordnung der russischen Rechtsgeschichte stammte wie der zum Kriegs-

---

10 Vgl. PRP 8, S. 306-09.

11 Kratkoe izobraženie processov ili sudebnych tjažeb. Nachgedruckt in PRP 8, S. 578-601; RZ 4, S. 408-25. Crompens Gesetzentwurf basierte nicht zuletzt auf dem römischen, österreichischen und sächsischen Recht. Vgl. Bobrovskij, Voennoe pravo v Rossii, Bd. 2, vyp. 1, S. 23.

artikel vom Oberauditor Crompen und war von Peter überarbeitet worden. In mehrfacher Hinsicht baute sie auf dem Ukaz vom 21.2.1697 auf, der einen Wendepunkt vom bisher vorherrschenden kontradiktorischen Prozeß zum inquisitorischen markierte.[12] Hatte sich der Richter bislang darauf beschränkt, sein Urteil aus Darlegungen der Parteien zu schöpfen, nahm der Richter die Wahrheitsfindung nun selbst in die Hand: An die Stelle des Parteienstreits trat somit das Verhör. Die nordwesteuropäischen Territorien hatten diesen Übergang mit der Rezeption des italienischen Rechts im Reformationszeitalter eingeleitet; dagegen stellte das Uloženie von 1649 noch das kontradiktorische Verfahren in den Vordergrund.

Die Einleitung des „Kurzen Entwurfes“ geht auf den Gerichtsaufbau ein und umreißt das Amt des schon von Weyde, Menšikov und Šeremetev vorgesehenen Auditors. Über dessen Aufgabe heißt es: „Anerwogen selbige (Offiziere) ihre Zeit mit Erlernung der zum Militairleben erforderlichen Wissenschaft, nicht aber der Jurisprudence zubringen, derowegen dann bey denen Armeen General-, Ober- und Regimentsauditeuren gehalten werden, von welchen hauptsächlich erfordert wird, daß selbige in denen Rechten wohlerfahren und gute Juristen sind, auch bey denen Kriegsrechten[13] aufs genaueste dahin zu sehen und in Obacht zu nehmen haben, daß die Processen ordentlich und wie sich gebühret geführet werden... So muß auch danebst der Auditeur genau dahin sehen, daß jedwedem ohne Ansehen der Person das Recht gesprochen werde, auch selber niemanden favorisiren, sondern nach der wahren Gerechtigkeit verfahren und solchergestalt zwischen Kläger und Beklagten gleichsam als ein Mittelsmann sich bezeigen.“ Mit Einführung dieses Amtes tat der Zarenstaat mithin erste Schritte zur Professionalisierung und Akademisierung der Rechtspflege.[14]

Auf Divisions- wie auf Regimentsebene sah die Prozeßordnung ein Militärgericht aus 13 Offizieren vor; in langwierigen Fällen seien auch sieben Richter statthaft. Der Vorsitz lag jeweils beim General oder Oberst. Auf die Einleitung folgen drei Abschnitte, wobei der erste den Rechten und Pflichten der Parteien gilt, der zweite den Beweismitteln und der dritte dem Urteil bzw. seiner Kassation. In unserem Zusammenhang ist dabei vor allem der Abschnitt zur Folter von Interesse. Nach den Zeugen räumt die Prozeßordnung ihr den größten Platz unter den Beweismitteln ein. Als Voraussetzung der Tortur nennt der „Kurze Entwurf“ den durch Aussagen zweier Zeugen untermauerten Verdacht, so daß dem Gebrauch der Folter zumindest vage Grenzen gesetzt werden; daß ein derartiges Bemühen dringend erforderlich war, ergibt sich etwa daraus, daß 1706 nach Šeremetevs Niederschlagung des Astrachaner Aufstandes 45 von 356 Angeklagten auf der Folter starben.[15] Des weiteren weist die Prozeßordnung den Richter an, nach Möglichkeit nur bei Strafprozessen zu foltern, beim Foltern Vorsicht walten

---

12 RZ 4, S. 397-4o4.

13 Gemeint sind Militärgerichte.

14 Schon der „Kurze Entwurf“ sah Advokaten vor, aber nur für den Fall, daß „Kläger oder Beklagter in eine Krankheit verfallen oder wichtige Hindernisse sich ereignen sollten, so daß selbige persönlich im Kriegsgerichte nicht erscheinen können.“

15 Golikova, Processy, S. 67.

zu lassen, niemanden mehr als dreimal „peinlich zu verhören" sowie Adlige, Alte von mehr als 70 Jahren, Jugendliche und Schwangere ganz auszunehmen.[16]

Am 30.3.1716 erließ Peter mit dem Kriegsreglement ein weiteres Militärgesetzbuch, das die Aufgaben einzelner militärischer Ämter (Quartiermeister, Fiskal, Provoß usw.) und bestimmte militärische Tätigkeiten wie Wachdienst oder Musterung umriß. Dabei hatten nur drei von 68 Kapiteln unmittelbaren Bezug zum Strafrecht, und zwar die zum Standgericht (50), zur Exekution sowie zum Verbot von Zweikämpfen (49). Am 10.4.1716 befahl der Zar, dieses Statut in 1.ooo Exemplaren drucken zu lassen.[17] In diesem Ukaz ordnete Peter ausdrücklich an, daß sein Reglement auch von Zivilrichtern zu befolgen sei. Da der Kriegsartikel von 1715 und das Kriegsreglement von 1716 seit dem 29.10.1719 unter Beibehaltung der bestehenden Paragraphenzählung zu einem gemeinsamen Gesetzbuch zusammengefaßt wurden, übertrug sich die Zivilgeltung des Kriegsreglements auf den Kriegsartikel. Das wohl bekannteste Beispiel für die Geltung des Kriegsartikels im Zivilleben ist der Prozeß gegen Radiščev, der 1790 mit Hinweis auf neun Paragraphen dieses Gesetzbuches zum Tode verurteilt wurde.[18]

---

16 „Die Tortur wird in klaren und überwiesenen Sachen, so ein Verbrechen in sich enthalten, gebrauchet. In Civil- oder bürgerlichen Sachen aber kann die Tortur nicht vorgenommen werden, es läge dann die Bosheit und Uebelthat klar am Tage, als zum Exempel: Wann der Zeuge in grossen und wichtigen Civilsachen in seiner Aussage sich furchtsam bezeiget und mit der Wahrheit nicht heraus will, sich confundiret und im Gesichte sich verändert, so kann alsdann die Tortur Statt haben. Jedoch muß bey der Tortur eine grosse Behut- und Bedachtsamkeit gebrauchet werden... Im Fall der Richter aus Malice und Vorsatz, denjenigen, der nicht hätte torquiret werden sollen, mit der Tortur belegen läßt oder sonst die gewöhnliche Art der scharfen Befragung übertritt, so soll er den Torquirten mit einer gewissen Summa Geldes befriedigen. Gleicher Maassen auch, wann ein Richter aus Vorsatz und ohne die geringste Suspicion jemanden übermäßig mit der Tortur angreifen läßt, dergestalt, daß er daran stirbet, so kann er dafür seines Lebens verlustig erkannt werden..."

17 PSZ 5, Nr. 3.o1o vom 10.4.1716. Der Text des Kriegsreglements wurde von den Herausgebern des PSZ mit dem des Kriegsartikels und des „Kurzen Entwurfes" in Nr. 3.oo6 zusammengezogen.

18 Vgl. Babkin, Process Radiščeva, S. 56-57. Auch bei der Aburteilung der Dekabristen, die zumeist allerdings Offiziere waren, berief sich das Gericht auf den Kriegsartikel von 1715.

3.d Senat und Justizkollegium

Da die erste Gouvernementsreform wesentliche Kompetenzen der Prikaze auf die Lokalverwaltung übertragen hatte, schuf diese Entlastung der Zentralbehörden zugleich die Voraussetzung für den Umbau der Regierungsorgane. Dabei stand zunächst, d.h. ab 1711, die Einrichtung des Senats als höchster Zentralbehörde im Mittelpunkt der Reformbemühungen, in einer zweiten, 1717 beginnenden Phase dann die Schaffung der Kollegien. Dem Senat hatte Peter anfangs die Aufgabe einer Stellvertretung zugedacht; nicht durch Zufall erging der Ukaz zu dessen Gründung am 22.2.1711, also an dem Tage, als das Zarenreich der Türkei den Krieg erklärte. Durch nun erforderliche Aufenthalte Peters im Hauptquartier schien diese Nachricht eine neuerliche Periode häufiger Abwesenheit des Zaren von der Hauptstadt einzuleiten. Mit diesem Ukaz vom 22.2. wurden neun Männer aus der Umgebung des Zaren zu Senatoren ernannt, unter ihnen Petr Golicyn, der auch Oberkommandierender von Moskau war.[1] Bisher hatte die aus der Bojarenduma ausgegliederte Leibkanzlei die Funktion des Reichsverwesers ausgeübt. Zwischen ihr und dem Senat treten auch personelle Kontinuitäten zutage, etwa in der Person des Bojaren und Gouverneurs von Moskau, Tichon Strešnev, der beiden Gremien angehörte. Während sich die Leibkanzlei als „Ministerkonsilium", das seit 1708 dreimal wöchentlich tagen sollte, jedoch erst auf dem Weg zu einer Bürokratisierung befand, stellt sich uns der Senat aufgrund zweier Ukaze vom 2. und 5.3.1711 schon von Anbeginn als reguläre Behörde dar. Beide Gesetze versuchten dem Senat eine grobe Richtschnur seiner Tätigkeit zu liefern, doch bezog sich nur eines der beiden auf den Fall einer Abwesenheit des Zaren. Als erste von insgesamt neun genannten Aufgaben verpflichteten sie den Senat dazu, im Justizwesen für Gerechtigkeit zu sorgen. Es folgt eine Aufforderung zur Begrenzung der Staatsausgaben, die Pflicht zur Rekrutierung des Adels für den Offiziersnachwuchs sowie Anordnungen zum Salz- und Außenhandel. Diese Auflistung recht heterogen wirkender Elemente gestattet wohl den Schluß, daß der Senat im Grunde die gesamte Innenpolitik als sein Tätigkeitsfeld betrachten konnte.[2]

Ein weiterer Ukaz vom 27.3.1711 gab dem Senat eine Struktur aus fünf Kanzleien unter Leitung der sog. Geheimabteilung vor, die zwischen Senat und Zar Kontakt halten sollte.[3] 1713 trugen die beiden hier beschäftigten Schreiber den Senatoren eine Klage vor, derzufolge sie angesichts fehlender Nebeneinnahmen - Streitfälle und Publikumsverkehr gab es hier ja nicht - vom Sold allein nicht leben könnten. Daraufhin dehnte der Senat die Zuständigkeit dieser Ab-

---

1 ZAP Nr. 24o.
2 ZAP Nr. 241, 244.
3 PSZ 4, Nr. 2.342.

teilung auch auf Ausländerfragen aus.[4] Hier deutet sich an, daß die ursprünglich angestrebte Behördensystematik peu à peu durcheinandergeriet. Auf dem zweiten „Tisch“ sammelten sich Angelegenheiten ehemaliger Prikaze, so des Kloster- oder Dienstgutamtes. Abweichend von der zunächst vorgesehenen Ordnung wurden hier auch Fragen des Gouvernements Moskau und seiner Garnison behandelt. In der nächsten Abteilung versahen drei Schreiber die Dinge aller anderen Gouvernements; zu deren Betreuung hatte der Ukaz vom 22.2. jeweils zwei Kommissare eingesetzt. Diese aus den Gouvernements in die Hauptstadt entsandten Adligen waren dem Senat (bis zur zweiten Gouvernementsreform) für die Staatsausgaben in ihrer Heimat verantwortlich. Die vierte Abteilung war zunächst gleichbedeutend mit dem bisherigen Razrjadnyj Prikaz, den der Ukaz vom 22.2. dem Senat als gesonderte Abteilung einverleibte. Ihr stand der erwähnte Tichon Strešnev vor, der den Razrjad bereits von 1689 bis 1700 geleitet hatte. Am fünften *stol* traten schließlich die „Fiskale“ zusammen. Ihnen war eine Tätigkeit zugedacht, die in der Geschichte Rußlands keinerlei Vorbild hatte und nur im Zusammenhang mit der ersten Gouvernementsreform und der von ihr begünstigten Amtskriminalität zu begreifen ist. Der Ukaz vom 5.3.1711 wies die Senatoren an, „einen klugen und anständigen Mann zum Oberfiskal zu wählen, aus welchem Stande auch immer. Dieser soll alle Dinge geheim überwachen und ungerechte Richter sowie Übergriffe gegen die Staatskasse etc. ausspähen. Wer sich einer Ungerechtigkeit schuldig gemacht hat, und sei sein Rang noch so hoch, den soll der Fiskal vor den Senat zitieren, um ihn zu überführen. Wenn dies gelingt, so steht die eine Hälfte der verhängten Geldstrafe dem Staat zu, die andere dem Fiskal. Gelingt es nicht, trifft den Fiskal keine Schuld; er soll weder am Leib noch mit Vermögenseinzug bestraft werden. Sodann soll er mehrere Provinzialfiskale unter sich haben, von denen jeder für eine Angelegenheit zuständig ist. Von ihnen hat jeder wiederum andere unter sich, die ebensolche Rechte und Freiheiten besitzen wie der Oberfiskal. Das höchste Gericht oder der Generalstab kann ohne Oberfiskal jedoch nicht vor den Richter geladen werden.“[5]

Aus der zeitgleichen Entstehung von Senat und Fiskal kann man wohl schliessen, daß eine wesentliche Aufgabe des Fiskals darin bestand, die Autorität des Senats zu bestärken. Die Dürftigkeit der oben zitierten Funktionsbestimmung war jedoch kaum dazu angetan, dem neuen Amt zu klaren Konturen zu verhelfen. Am 31.8.1711 (!) vergewisserte sich der erste Oberfiskal Jakov Bylinskij beim Senat, ob sich sein Auftrag auf alle Gouvernements und auch auf Gerichte bezöge und wieviele Provinzialfiskale einzusetzen seien. Während der Senat die beiden ersten Fragen positiv beschied, konnte er sich bei der dritten zu keiner Klärung durchringen.[6] In Reaktion auf eine Welle derartiger Anfragen sah sich der Senat zu ad hoc-Entscheidungen gezwungen, von denen er manche am 17.3.1714 wieder umstieß, als der erste detailliertere Ukaz zu den Aufgaben des Fiskals erging.

---

4 Petrovskij, O senate, S. 65.
5 ZAP Nr. 244.
6 Filippov, Senat, S. 138; Petrovskij, O senate, S. 1o1-o3.

Danach sollten unter Leitung des Oberfiskals beim Senat vier Fiskale tätig sein, davon zwei aus der Kaufmannschaft. Ebenfalls auf jeweils vier sollte sich die Zahl der Fiskale in den Gouvernements beschränken; von ihnen stand einem der Titel des Provinzialfiskals zu. Auch die Städte hatten je nach Einwohnerzahl ein bis zwei Fiskale zu wählen. Daß es an Bewerbern, die de jure aus allen Ständen kommen sollten, zumeist nicht fehlen würde, ergab sich aus dem für Fiskale geltenden Privileg der Steuerfreiheit. Gerade für Kaufleute konnte die Übernahme des neuen Amtes also ein erheblicher Anreiz sein, der durch die Aussicht auf Gewinn aus der Denunziationstätigkeit noch gesteigert wurde. Wie gesehen, strich der Fiskal ja die Hälfte der verfügten Geldstrafe ein. Die sorglose Weitergabe von Verdächtigungen konnte nach dem Ukaz vom 5.3.1711 sogar als ausdrückliche Pflicht des Fiskals gelten, bis dieser ab 1714 auch für gegenstandslose Denunziationen zur Verantwortung gezogen werden sollte. Die Aufgaben des Fiskals wurden jetzt auf die Formel gebracht, alle „stummen" Angelegenheiten zur Sprache zu bringen, die wie folgt umrissen wurden: „1. Alle Verstöße gegen einen Ukaz; 2. Jegliche Korruption und Steuerveruntreuung sowie alles, was dem Staatsinteresse schadet, in welcher Form auch immer; 3. Alle Dinge aus dem Volke, die keinen Kläger gefunden haben, z.B. der Mord an einem Fremden."[7]

Die uns überlieferten Quellen erlauben die Annahme, daß die Fiskale in drei Bereichen besonders aktiv waren. Naturgemäß betraf dies zunächst die Amtsverbrechen, um den Morast aus Geldgier und zügelloser Macht auszutrocknen, von dem der Gesetzgeber das Steuer- und Gerichtswesen umgeben sah. In Art. 45 des Generalreglements heißt es: „Jedes Kollegium soll seinen Fiskal erhalten, der darauf achten muß, daß alles mit Recht und Ordnung nach den Ukazen und Statuten abläuft; läßt sich jemand etwas zuschulden kommen, soll er (der Fiskal) dies dem Kollegium anzeigen, wie es seine Instruktion befiehlt. Der Fiskal soll Umsicht walten lassen, mit stichhaltigen Beweisen aufwarten und Schuldlose keinem Verdacht aussetzen. Wenn er Schuldige voreingenommen oder eigennützig schont oder dazu anstiftet, so steht ihm die Strafe zu, die den Schuldigen erwartet hätte. Wenn er sich in anderer Weise parteiisch verhält, ist auch dies Unrecht, das unter Strafe fällt. Gelingt ihm kein restloser Schuldbeweis oder tritt die Wahrheit nur in Stücken hervor, soll ihm daraus keine Schuld erwachsen, weil er zur vollständigen Aufdeckung außerstande war. Wenn er dem Präsidenten oder dessen Stellvertreter etwas vorzuwerfen hat, soll er dies dem Generalfiskal anzeigen." Zur Frage, welcher Mittel sich die Fiskale in der Provinz bedienen sollten, fielen die Anweisungen jedoch äußerst spärlich aus. Als einigermaßen klar kann allein eine Bestimmung des Ukaz vom 17.3.1714 gelten, nach der jeder Fiskal sein Territorium zu bereisen habe. Was aber war mit der bereits 1711 ergangenen Forderung an den Fiskal gemeint, dieser solle seine Arbeit „im Geheimen" verrichten? Sieht man die Entgegennahme von Beschwerden gegen Beamte als Hauptaufgabe des Fiskals an, mußte dieser offen auftreten. Andernfalls konnte ihm die Bevölkerung keine Anzeigen zukommen lassen; demzufolge

---

7 PSZ 5, Nr. 2.786; vgl. RZ 4, S. 173-79. Zum Plan, auch ein Fiskalkollegium einzurichten, s. Poliektov, Proekt barona Gjujsena.

ließ sich die Tätigkeit des Fiskals auch vor den Beamten nicht verbergen. Die These, daß sich die Bevölkerung sehr häufig an die Fiskale gewandt habe,[8] sagt über die tatsächliche Effizienz der neuen Behörde nichts aus und muß durch den Hinweis ergänzt werden, daß der Fiskal der ständigen Versuchung unterlag, sich von kriminellen Beamten korrumpieren zu lassen. Das beträchtliche Ausmaß der registrierten Kriminalität sogar auf höchster Ebene - drei von vier Ober- bzw. Generalfiskalen wurden straffällig - legt hier ein deutliches Zeugnis ab. Ein zweiter Schwerpunkt zeichnet sich in der Verfolgung dienstunwilliger Adliger ab. Von 150 Fällen, die die Fiskale dem Senat während dreier Monate des Jahres 1713 vorlegten, fiel ein gutes Drittel unter diese Kategorie. Zumeist waren die Gemeldeten oder deren Söhne dabei nicht zur Musterung erschienen; ebenso häufig hatten sich Gutsbesitzer dadurch strafbar gemacht, daß sie Fahnenflüchtigen Unterschlupf geboten oder diese dauerhaft bei sich angesiedelt hatten. An dieser Stelle zeigt sich, daß der Fiskal Aufgaben wahrnahm, die zuvor dem Syščik oblagen. Ein drittes Tätigkeitsfeld des Fiskals stellten schließlich Verletzungen der Zoll- und Handelsgesetze dar, vor allem Verstöße gegen das staatliche Salz-, Tabak- und Alkoholmonopol.

Als ausdrücklich bestelltem Sittenwächter schlug den Fiskalen aus der Beamtenschaft in vielen Fällen Abneigung oder Widerstand entgegen. Dies galt keineswegs nur für Provinzbeamte, sondern auch für Senatoren, die Ermittlungen der Fiskale zu verzögern und zu vereiteln suchten. Zur Veranschaulichung dessen mag ein kurzer Blick auf das Schicksal der drei Oberfiskale dienlich sein. Als erster trat im April 1711 Jakov Bylinskij diese Stellung an, der zuvor als D'jak im Preobraženskij Prikaz tätig gewesen war, d.h. bei demjenigen Amt, das politische Verbrechen richten sollte. Allem Anschein war Bylinskij mit dem Aufbau einer neuen Behörde jedoch überfordert; bereits am 15.9.1711 quittierte er den Dienst, um stattdessen die Bautätigkeit des Fürsten Ju.F. Romodanovskij in Petersburg zu überwachen.[9] Hatte Peter zunächst angeordnet, der Oberfiskal könne aus Vertretern aller Stände ernannt werden, mag es auf diesen Mißerfolg mit einem „homo novus" zurückzuführen sein, daß der Zar entschied, nun solle ein Adliger zum Oberfiskal bestellt werden. Daraufhin setzte der Senat 42 in den Prikazen bzw. in der Kanzlei des Gouvernements Moskau tätige Adlige auf eine Liste, um aus ihnen Bylinskijs Nachfolger zu bestimmen. Zwei Männer aus der Moskauer Gouvernementskanzlei kamen in engere Wahl, unter denen das Los für M.V. Željabužskij entschied.[10] Offenbar machte sich dieser zunächst auch energisch an den Aufbau seiner Behörde, da er den Senat Ende November 1711 dazu aufforderte, ihm zwölf Adlige als Fiskale, zwei D'jaken, 18 Schreiber sowie vier Wächter und Soldaten zur Verfügung zu stellen. Der Senat hielt es jedoch für angebracht, Željabužskij nur sechs Adlige zuzuordnen. Von ihnen sollte einer für das Finanz- und einer für das Gerichtswesen in Moskau zuständig sein, die anderen für die Provinzstädte dieses Gouvernements. Željabužskij wies den Senat

---

8 Vorgetragen bei Petrovskij, O senate, S. 15o-51.

9 Als Leiter des Preobraženskij Prikaz hatte sich Romodanovskij ohnehin der Abordnung Bylinskijs zur Fiskalität widersetzt.

10 Filippov, Senat, S. 137.

nun darauf hin, daß dieses Gouvernement 39 Städte zähle, für die vier Männer kaum ausreichend seien. Am 14.2.1712 stellte der Senat deshalb 17 weitere Adlige ab. Insgesamt leisteten 1713 im Gouvernement Moskau 32 Adlige und 13 Kaufleute Dienst als Fiskal. Zu diesem Zeitpunkt bahnte sich bereits ein Konflikt zwischen Fiskalität und Senat an, da Željabužskij im April 1712 u.a. den Senator Jakov Dolgorukij vor allem wegen Bestechlichkeit und Unterschlagung von Staatsgeldern beim Senat angezeigt hatte.[11] Željabužskijs Mitarbeiter Aleksej Nesterov hatte an diesem Schritt wesentlichen Anteil.

Als Abkömmling eines der ältesten Fürstengeschlechter stand Jakov Fedorovič Dolgorukij dem Hof so nahe, daß er dem 33 Jahre jüngeren Peter schon gedient hatte, als der noch Thronfolger war. Nach einer Abkommandierung als Voevode wurde Dolgorukij 1687 mit einer außenpolitischen Mission an den Hof Ludwigs XIV. entsandt. 1689 leitete er den Sudnyj Prikaz, nahm 1696 am Feldzug gegen Azov teil und wurde im folgenden Jahr zum Bojaren befördert. Nach der Niederlage der Russen vor Narva geriet Dolgorukij 1700 in schwedische Gefangenschaft, in der er 11 Jahre zubrachte. 1712 ernannte ihn Peter zum Senatoren, 1717 zum Leiter des Revisionskollegiums.[12] Jakov Dolgorukij kann damit als enger Vertrauter des Zaren gelten. Vor diesem Hintergrund ist es nicht erstaunlich, daß die Senatoren wenig Neigung verspürten, der Anzeige gegen Dolgorukij nachzugehen. Nesterov faßte jedoch nach und legte den Fall Ende Oktober 1712 Peters Privatsekretär A.V. Makarov vor. Dabei klagte Nesterov auch darüber, daß Dolgorukij die Arbeit der Fiskale u.a. durch Vorenthaltung von Ukazen zu behindern suche. Zudem habe Dolgorukij die Fiskale als „Teufel und Spitzbuben" beschimpft. In dieser Situation schlug der Senat nun eine neue Taktik ein und beförderte Željabužskij im November 1712 zum Oberst. Erwartungsgemäß ließ dessen Eifer daraufhin merklich nach. Nesterov allerdings ließ sich nicht auf die andere Seite ziehen und legte den Senatoren im April 1713 abermals die Forderung nach unverzüglicher Behandlung der Anzeige gegen Dolgorukij vor. Zugleich brachte er neues Belastungsmaterial gegen diesen bei. Als auch dieser Vorstoß nicht fruchten wollte, schaltete Nesterov den Zaren ein. Dieser warf den Senatoren mit Brief vom 2.7.1713 vor, „daß Sie nicht eine einzige der von Fiskalen eingereichten Kapitalsachen erledigt haben, sondern nur Zeit verstreichen lassen und dabei Gott und Ihre Seele mißachten."[13] Diese Rüge verfehlte zwar ihre Wirkung auf die Senatoren, spornte die Fiskale jedoch weiter an. In einem Brief an Peter vom 30.11.1714 holte der Aufsteiger Nesterov nun zum Generalangriff aus, in dem es nach der Klage über mangelnden Pflichteifer der Moskauer Fiskale hieß: „Auch in den anderen Gouvernements sind die Fiskale wie blind... Ihre Stelle haben sie vom Oberfiskal, um Dienst und Abkommandierung zu entgehen; so leben sie wie Schmarotzer auf ihren Dörfern. Ich habe zwar Strafen über sie verhängt, doch der Oberfiskal hat diese wieder aufgehoben, weil er adlige Kumpanei betreibt. So stehe ich ganz allein mit meinem Sohn, den ich

---

11 Vgl. den Katalog bei Petrovskij, O senate, S. 126-27.
12 Vgl. MERSH 9, S. 2o4-o7.
13 ZAP Nr. 249.

als Fiskal unterweise, sowie mit einem Schreiber und bin dem Haß ausgeliefert wie das Schaf den Wölfen."[14] Nesterovs Bemühungen führten schließlich dazu, daß eine vierköpfige Untersuchungskommission eingesetzt wurde, um den Vorwürfen gegen Dolgorukij auf den Grund zu gehen. Mit einem Major, zwei Hauptleuten und einem Fähnrich war dieser Ausschuß allerdings nicht sehr hochrangig besetzt.[15] Noch dazu stellte die Kommission ihre Tätigkeit bald ein und übergab die Angelegenheit ausgerechnet an den Obersekretär des Senats, A.Ja. Ščukin, einen Untergebenen Dolgorukijs. Formell hatte sich Nesterov also durchgesetzt, konnte Dolgorukij aber dennoch nichts anhaben. Immerhin hatten Nesterovs Sticheleien den Effekt, daß Željabužskij seinen Posten am 7.4.1715 an ihn abtreten mußte. Kann Nesterov hiernach offenbar als wackerer Streiter für die Gerechtigkeit gelten, fügte das Jahr 1722 dem eine Schlußpointe an. Nach Schaffung des Oberprokurors traten derart zahlreiche Verfehlungen Nesterovs zutage, daß er wegen Erpreßung und Bestechlichkeit in 69 Fällen angeklagt und am 24.1.1724 hingerichtet wurde.[16]

Als der bisherige Oberst Aleksej Mjakinin am 22.2.1723 zu Nesterovs Nachfolger bestellt wurde,[17] trat er seine Aufgabe zu anderen Bedingungen als sein Vorgänger an. Mjakinin erhielt als erster den Titel eines „Generalfiskals"; den „Oberfiskal" hatte man dem neugegründeten Justizkollegium eingegliedert, um vorwiegend mit der Rechtspflege befaßte Organe in einer Behörde zusammenzuziehen. Zur Kontrolle der Gerichte verfügte der Oberfiskal über ein Netz von Provinzbeamten, wie es nur noch dem Fiskal des Kammerkollegiums zwecks Kontrolle der Steuerorgane zu Gebote stand.[18] Da auch für die anderen Kollegien Fiskale (ohne Untergebene in der Provinz) berufen werden sollten, rückte der Generalfiskal in eine Leitungsfunktion auf. Durch Einrichtung des Generalprokurors 1722 sah sich Mjakinin einem Konkurrenzorgan gegenüber, das sowohl bei den Kollegien wie bei den Hofgerichten in der Provinz über nachgeordnete Prokuroren verfügte. Dem Aufbau nach stand das Amt des Prokurors dem des Fiskals also recht nahe, so daß es nicht überrascht, wenn der Prokuror bisherige Aufgaben des Fiskals an sich zog. Dadurch erklärt es sich, daß der 1727 abgelöste Mjakinin keinen Nachfolger fand. Am 29.12.1729 wurde das Amt des Fiskals auch formell beseitigt.[19]

---

14 F. 9, op. 2, d. 21, l. 36 ob.

15 Barsov, O fiskalach, S. 333. Vgl. dagegen die Zusammensetzung der Kommission, die 1722 den Amtsmißbrauch des Senators P.P. Šafirov untersuchen sollte. Lt. Petrovskij, O senate, S. 61, bestand sie u.a. aus drei Senatoren und drei Generälen. Dieser Ausschuß gelangte auch zu einem Urteil und verhängte die Todesstrafe, die auf dem Schafott jedoch in Verbannung umgewandelt wurde.

16 F. 248, op. 5, d. 273, bes. l. 268-74. Vgl. Anpilogov, Fiskalitet; RBS 11, S. 252-53. Zur Kriminalität von Željabužskij und Mjakinin s. Petrovskij, O senate, S. 154; Filippov, Senat, S. 138.

17 ZAP Nr. 313.

18 Den *zemskie fiskaly* des Kommerzkollegiums wurden de jure auch Funktionen des früheren Guba-Starosta übertragen, so die Läuflingssuche und die Straßenüberwachung. Vgl. Gradovskij, General-Prokurory, S. 86. Das Amt des „Landfiskals" scheint allerdings weitgehend Projekt geblieben zu sein. Vgl. Petrovskij, O senate, S. 111-15; Stešenko, Fiskaly, S. 55.

19 PSZ 8, Nr. 5.431.

Ging der Fiskal aus dem schwedischen Beispiel hervor, scheint der Prokuror auf dem Frankreichs zu beruhen.[20] Die Entstehungsgeschichte des Prokurors ist gut geeignet, den oftmals verschlungenen Gang der Reformen Peters zu illustrieren. Auch in Reaktion auf die zahlreichen Vorwürfe, die Fiskale gegen Senatoren formuliert hatten, sah sich der Zar am 27.11.1715 zur Einsetzung eines Generalrevisors veranlaßt, der bei den Sitzungen des Senats Protokoll führen und auf die Rechtmäßigkeit und Verwirklichung der Senatsbeschlüsse achten sollte.[21] Da der in dieses Amt berufene N.V. Zotov den Widerstand der Senatoren gegen seine Aufsicht aber nicht überwinden konnte, trat das Amt des Generalrevisors bald in den Hintergrund und wurde nach Umbildung des Senats zur Versammlung der Kollegiumspräsidenten nicht mehr erwähnt.[22] In deutlichem Bruch mit dem zuvor verfochtenen Kollegialitätsprinzip verfügte der Zar am 13.2.1720 eine neue Konstellation, indem er dem Obersekretär des Senats, A.Ja. Ščukin, neue Pflichten zuwies, die klarer definiert waren als die des Generalrevisors und auch Leitungsaufgaben umfaßten.[23] Diese bezogen sich vor allem auf den Geschäftsablauf im Senat, bei dessen Beeinträchtigung sich der Obersekretär unmittelbar an den Zaren wenden konnte. Da Ščukin den Senatoren aber seit 1711 untergeben war und sich nun zu deren Primus aufschwingen sollte, wirkt auch dieser Schritt improvisiert. Nach Ščukins Tod ging aus dem Amt des Obersekretärs am 8.1.1722 die Funktion des Generalprokurors hervor,[24] der bei Entscheidungen der Senatoren zwar ohne Stimmrecht war, als Chef der Senatskanzlei die Tätigkeit des Senats aber faktisch zu steuern vermochte. Um die Macht des Senats nicht außerhalb der Hauptstadt versickern zu lassen, sollte sich der Generalprokuror auf weitere, allein ihm unterstellte Prokuroren stützen, die bei den Kollegien und Hofgerichten tätig waren. Wie sich aus der am 27.4.1722 erlassenen Instruktion für den Generalprokuror entnehmen läßt, waren die Kompetenzen dieses Amtes weitaus schärfer umrissen als die seiner beiden Vorstufen. So bestimmte Art. 1, 1 den Generalprokuror dazu, „dem Senat beizuwohnen und darauf zu achten, daß der Senat seine Pflicht erfüllt und in allen Angelegenheiten, die dem Senat unterliegen, Wahrheit, Diensteifer und Ordnung walten läßt, keine Zeit vergeudet und die Reglements und Ukaze einhält." Art. 3 bzw. 4 hielten den Generalprokuror zur Beaufsichtigung von Prokuroren und Fiskalen an, sprachen etwaige Missetäter jedoch der Gerichtsbarkeit des Senats zu. Daß die Einführung des Prokurors unweigerlich auf Kosten des Fiskals ging, belegt auch Art. 7, 1, der die Prokurore in Kollegien und Hofgerichten zu Vorgesetzten der dort tätigen Fiskale erhebt.[25] Durch diese Bestimmung wurden die übergeordneten Fiskale im Senat und den Kollegien von der Basis gewissermaßen abgeschnitten. Legt man Verwaltungseffizienz als Maßstab an, scheint der Prokuror tauglicher als der Fiskal gewesen zu sein. Dies ergab sich auch aus der Tatsache, daß der Fiskal

20 Vgl. Stepanov, O formach, S. 36; Murav'ev, Prokurorskij nadzor, Bd. 1, S. 256.
21 PSZ 5, Nr. 2.957.
22 Vgl. ZAP Nr. 333 vom 3.12.1718.
23 PSZ 6, Nr. 3.519.
24 PSZ 6, Nr. 3.88o.
25 PSZ 6, Nr. 3.981.

Mißstände nur weitermelden, der Prokuror aber auch selbständig tätig werden konnte. So nahm das Justizkollegium mehrfach offenbar rechtswidrige Beschlüsse zurück, die dessen Prokuror Rževskij moniert hatte. In einigen Fällen mußte dieser dem Generalprokuror P.I. Jagužinskij allerdings seine Hilflosigkeit eingestehen; so teilte er 1723 mit, viele Mitglieder des Kollegiums erschienen verspätet zur Arbeit. Daraufhin forderte Jagužinskij den Präsidenten zur Stellungnahme auf. Die Tätigkeit des Prokurors am Moskauer Hofgericht, Fürst Vasilij Gagarin, bestand im Wesentlichen in der Urteilsberichterstattung. Zwar kritisierte er immer wieder den schleppenden Geschäftsgang, den er durch Überlastung erklärte, griff aber nur selten in die Arbeit des Hofgerichts ein.[26]

Verwaltungs- und Kontrolltätigkeit war die eine Seite der dem Senat zugewiesenen Pflichten; hinzu kam die Mitwirkung bei der Gesetzgebung. Unumstritten ist, daß die Mitwirkung bei der Vorbereitung und Verabschiedung von Gesetzen[27] vom Umfang her ganz beträchtlich war. Beginnend mit verschiedenen Senatsukazen zur Truppenaushebung noch im März 1711 erstreckte sich dieser Anteil schließlich auf so umfassende Werke wie die Rangtabelle oder das Generalreglement. 1719 übertrug Peter dem Senat z.B. auch die Aufgabe, ein neues Uloženie zu entwerfen. Umstritten ist, ob man angesichts dessen behaupten kann, der Senat habe eigene gesetzgebende Kompetenz besessen. Anhänger dieser These verweisen darauf, daß der Senat von sich aus sehr wohl Gesetze erlassen habe; Widersacher entgegnen zu Recht, dies habe nur im Rahmen der vom Zaren gesteckten Grenzen geschehen können.[28] Nach Abschluß des Nystädter Friedens 1721 wurden diese noch dazu enger und enger gezogen. Damit wird man diesen Streit wohl dahingehend schlichten können, daß es nur wenige Gesetze gab, an deren Beratung der Senat nicht beteiligt war, und keine, die er aus eigener Initiative und Verantwortung beschloß. Der gerichtlichen Tätigkeit, die der Gründungsukaz von 1711 ja als erste Aufgabe genannt hatte, mußte der Senat nur wenig Zeit opfern; zumindest im Strafrecht fand eine Appellation kaum statt.

Die zweite Phase der Umgestaltung der Zentralbehörden leitete der Ukaz vom 15.12.1717 ein, mit dem neun Männer zu Präsidenten von „Kollegien" ernannt wurden.[29] Dem Justizkollegium stand dabei Alexej Matveev vor, der zuvor als Botschafter in Den Haag, Paris, London und Wien gedient hatte und die westliche Behördenorganisation deshalb gut kannte.[30] Zum Vizepräsidenten wurde der zuvor am Hofgericht von Riga tätige Hermann von Brevern berufen. Neben zehn Übersetzern und Schreibern sollte jedes Kollegium vier Staatsräte und vier Assessoren beschäftigen.[31] Dabei wollte die ursprüngliche Planung nur jeweils

26 Vgl. z.B. F. 248, op. 31, d. 1934. Unkritisch Zvjagincev/Orlov, Oko gosudarevo. Rossijskie prokurory XVIII v.

27 Hinzu trat die Aufgabe der Veröffentlichung von Gesetzen, die allein dem Senat oblag.

28 Vgl. die Gegenüberstellung der Ansichten bei Filippov, Senat, S. 253-57.

29 ZAP Nr. 265.

30 Nach seiner Tätigkeit im Justizkollegium leitete er das Moskauer Senatskontor, dem die in Moskau verbliebenen Teile des Senats und die zentralrussischen Gouvernements unterstanden. Vgl. MERSH 21, S. 141-42; Alpatov, Russkaja istoričeskaja mysl', S. 2o7-12 (zu Matveevs Erfahrungen im Westen); Biblioteka A.A. Matveeva.

31 Vgl. ZAP Nr. 261, 263; Peterson, Reforms, S. 315.

einen ausländischen Rat oder Assessor pro Kollegium zulassen; tatsächlich sind unter den Räten des Justizkollegiums vier Nichtrussen zu finden, so auch der vom Dorpater Landgericht nach Moskau entsandte Sigismund Adam Wolff. Brevern hielt sogar sechs ausländische Räte für erforderlich, Matveev nur drei. Insgesamt sah dieser drei Abteilungen vor, von denen eine für Zivilklagen, eine für Strafsachen und eine für Landstreitigkeiten zwischen Adligen zuständig sein sollte *(Pomestnyj stol)*.[32] Am 9.5.1718 verfügte der Zar, im Justizkollegium alle Gerichtsprikaze zusammenzuführen; neben dem Zemskij Prikaz solle dorthin auch der Pomestnyj Prikaz überstellt werden, der im *Pomestnyj stol* gewissermaßen fortexistierte. Zudem wälzte der Senat am 22.12.1718 auch die Verantwortung für die Tätigkeit der Fiskale auf das Justizkollegium ab.[33] Sachlich war diese Entscheidung nicht unberechtigt, weil man schon den Sysknoj Prikaz zum Justizkollegium geschlagen hatte und sich die Aufgaben dieses Amtes mit denen der Fiskalität überschnitten. Mit der Einrichtung und Kontrolle der Provinzialgerichte kam 1722 eine weitere Aufgabe auf das Kollegium zu.[34] In einem undatierten Bericht an den Zaren sah sich Matveev deshalb zum Geständnis gezwungen, seine Behörde sei wegen Personalmangels überlastet und könne viele der ihr zugewiesenen Funktionen nicht wahrnehmen. Daneben hatte Matveev die Erfahrung gemacht, daß die Leitung der Fiskalität kein sehr dankbarer Auftrag war, hätten ihn doch mehrere hochgestellte Persönlichkeiten mit Drohungen und Haß verfolgt.[35]

Laut Plan sollten die Kollegien ihre Tätigkeit am 1.1.1719 aufnehmen; trotz mehrjährigen Vorlaufs gelang es aber nicht, ihre Statuten bis zu diesem Zeitpunkt fertigzustellen. Manchem Kollegium wurde das Reglement nachgereicht, doch vier Ämter gingen leer aus, darunter auch das Justizkollegium.[36] Ihm lag daher erst mit Verabschiedung des für alle Kollegien gültigen Generalreglements am 28.2.1720 eine Dienstanweisung vor. Innerhalb der Gesetzgebung Peters nimmt dieses Generalreglement ohne Zweifel eine zentrale Stellung ein; sie wird weniger aus dem Umfang (56 Art.) ersichtlich als aus der außerordentlichen Sorgfalt der Vorbereitung, die über zwölf Entwürfe führte.[37] Grob gesagt umkreiste das

---

32 Matveev und Brevern waren die einzigen Vertreter des Justizkollegiums, die 1720 in die neunköpfige Kommission zur Vorbereitung eines neuen Uloženie berufen wurden. Nach Breverns Tod 1721 übernahm Wolff das Amt des Vizepräsidenten. Brevern hat uns Erinnerungen hinterlassen, die sich jedoch auf seine Zeit in Riga konzentrieren. Aufhorchen läßt hier die Schilderung, daß sich Brevern als Vizepräsident des rigischen Hofgerichts mehrfacher Eingriffe des livländischen Vizegouverneurs zu erwehren hatte. Vgl. Busse, Hg., Brevern, hier S. 245. Zu Wolffs bemerkenswertem Lebenslauf - die Jahre zwischen 1708 und 1714 hatte er in Verbannung verbracht - s. DBL, S. 881. Zur Rolle der Ausländer beim Aufbau des Justizkollegiums vgl. Polenov, O prisjage, S. 1749; Bogoslovskij, Oblastnaja reforma, S. 178; Peterson, Reforms, S. 135, 313-15.

33 ZAP Nr. 384; vgl. PSZ 5, Nr. 3.28o vom 14.11.1719.

34 Summarisch dazu Bogoslovskij, Oblastnaja reforma, S. 179-84.

35 ZAP Nr. 387.

36 Zu Projekten eines Statuts für das Justizkollegium s. Bogoslovskij, Oblastnaja reforma, S. 178.

37 ZAP S. 411-513; PRP 8, S. 72-121. An sieben dieser zwölf Fassungen hat Peter Korrekturen angebracht. Vgl. Veretennikov, Očerki, S. 1-26.

Generalstatut fünf Punkte, wobei ihm eine systematische Abhandlung nur in Ansätzen gelingt. Dies ist zunächst der bemerkenswerte Versuch, zu einem Dienstethos der russischen Beamten beizutragen. Ausdruck dessen ist etwa der in Art. 1 eingefügte Eid, den alle Staatsdiener abzulegen hatten. Art. 53 sprach ein Verbot der Aufnahme von Ehrlosen in die Beamtenschaft aus. Dieser Paragraph ist zugleich ein Beispiel dafür, wie das Militärrecht auch im Zivilleben allmählich Kreise zog, ging die Strafe des Ehrverlusts doch auf Art. 98/99 sowie Art. 123/24 des Kriegsartikels zurück. Als ganz wesentliches Mittel, um das hohe Ausmaß der Amtskriminalität zu reduzieren, versucht das Generalreglement zweitens das Kollegialitätsprinzip durchzusetzen. Dessen Vorrang wird bereits in Art. 2 verankert. Um eine Entscheidung zu fällen, gestattet Art. 6 allein das Mittel der Abstimmung. Ungeachtet der Gleichrangigkeit aller Stimmen sichert Art. 26 dem Präsidenten als einem „Stellvertreter S.M. des Zaren“ besonderen Respekt zu; bei erwiesener Unfähigkeit eines seiner Mitarbeiter stand es dem Präsidenten auch zu, diesen vom Senat ersetzen zu lassen (Art. 8). Ein Beispiel für den tw. recht verschlungenen Gedankengang des Statuts bietet dieser Art. 26 dadurch, daß er von der Ehrerbietung gegenüber dem Präsidenten zur Kriminalität in Senat und Kollegien abschwenkt. Diese anzuzeigen sei Sache des Fiskals, sie zu richten aber die des Justizkollegiums. Art. 34 (zum „Kanzelarius“) ist zu entnehmen, daß dem Justizkollegium in diesem Fall auch der Vollzug der Strafe oblag. Um den Ämtern eine reibungsarme Arbeitsweise zu ermöglichen, unterzog sich das Statut drittens der Mühe, die Aufgaben der Kanzleibediensteten wie Sekretär, „Notarius“ (Protokollant), Übersetzer, „Aktuarius“ (Korrespondent), „Registrator“ (Archivar), „Kanzelarius“ (Vorschreiber), Kopist und Bürolehrling säuberlich voneinander abzugrenzen (Art. 28-36). Hier, wo es die Systematik am weitesten treibt, wirkt das Generalreglement weitgehend unrealistisch und theoretisch überfrachtet.

Viertens strebt das Reglement danach, im Geschäftsgang eine gewisse Regelmäßigkeit einzuführen. Wie das Kollegialitätsprinzip läßt sich auch dies als Präventivmaßnahme gegen die Amtskriminalität begreifen. So verfügt bereits Art. 3 eine tägliche Mindestarbeitszeit von sechs Stunden, eingeschlossen den Donnerstag, an dem die Präsidenten der Kollegien im Senat zusammentreffen sollten. Im Sommer stand den Beamten eine Erholungspause von einem Monat zu (Art. 9). Als höchst bemerkenswert kann Art. 4 gelten, der eine Höchstfrist von einer Woche vorsieht, um einen Ukaz in die Tat umzusetzen. In der Provinz sollte diese Zeitspanne maximal einen Monat betragen. Aus dem Mißtrauen des Gesetzgebers gegenüber seinen Beamten ergab sich die Archivierungspflicht (44); aus ihr resultierte die Anordnung, auch über geringfügige, in den Kollegien anfallende Ausgaben für Kerzen oder Siegellack Buch zu führen (49). Kritisch anzumerken bleibt, daß die Unzahl der hier verwendeten Fremdwörter nur einer Minderheit verständlich war; daran vermochte auch das vom Urheber angefügte Glossar nichts zu ändern.[38] Im Vergleich zum Uloženie von 1649 erscheint die Gesetzgebung des frühen 18. Jahrhunderts als wortreicher und aufwendiger, nicht

38 Darin auch das Wort *kriminal'noe*, das als „todeswürdiges Verbrechen“ übersetzt wird.

aber als präziser. Zudem ging die Ausweitung der Gesetzesproduktion zwangsläufig mit erhöhter Kurzlebigkeit der Gesetze einher. Das Hauptcharakteristikum des Generalreglements als einer Dienstanweisung für Beamte scheint jedoch darin zu liegen, daß hier ein alter Zug des Moskauer Rechts wiederauflebt, nicht etwa der Bevölkerung einen Berufungstext liefern zu wollen, sondern der Obrigkeit ein zusätzliches „Vademecum". Ansprüche der Bevölkerung an die Beamtenschaft finden keinerlei Erwähnung; vielmehr wird dieses Recht einzig und allein von den Forderungen des Staats geprägt.

Das Generalreglement spricht mehrfach davon, das Justizkollegium zu einem Gerichtshof für Amtskriminalität zu erheben. Damit dieser Kammer auch Autorität zukam, wurde 1722 ein nur für diese Behörde gültiges, sehr aufwendiges Verfahren zur Wahl des Nachfolgers von Matveev eingeführt. „Weil das Justizkollegium ganz Rußland betrifft und damit niemand den Vorwurf erhebe, die Wahl sei aus Willkür erfolgt," sollten sich sowohl der Senat als auch die in Moskau stationierten Offiziere sowie 100 bei der Musterung des Adels bestimmte Männer auf jeweils drei Kandidaten festlegen. In gemeinsamer Versammlung oblag es dann diesen drei Gremien, einen der Vorgeschlagenen zum Präsidenten des Justizkollegiums zu ernennen.[39] Diese Neuerung zielte aus gutem Grund darauf ab, auch dem Provinzadel ein Gefühl der Mitsprache zu verleihen, nahm die Häufigkeit der Amtskriminalität mit zunehmender Entfernung von Petersburg und Moskau doch zu.

Überblickt man die Justizreformen Peters des Großen, so stellt sich heraus, daß sie in zwei von drei Bereichen Bleibendes geschaffen haben. Fortdauernde Bedeutung kam zunächst dem Kriegsartikel zu, wobei vor allem der prozeßrechtliche Teil Epoche machte und erst im 19. Jahrhundert abgelöst wurde. Auch beim Umbau der Regierungsorgane war es Peter gelungen, das Wirrwarr der Prikaze durch eine systematische Aufteilung zu überwinden und die Belange der Rechtspflege in Senat und Justizkollegium zu konzentrieren. Fehlgeschlagen ist dagegen sein Versuch, auch die Gerichte zu konsolidieren. Finanziell wie personell reichten die verfügbaren Mittel bei weitem nicht dazu aus, Peters sehr ehrgeizige Vorgaben zu verwirklichen. In ruhigeren Zeiten hätten die neuen Kammern vielleicht eher Wurzeln schlagen können; da Peter die russische Bevölkerung jedoch so rücksichtslos ausgepreßt hat wie nur wenige Zaren, trat er eine neuerliche Läuflingslawine los, die zum Fiasko der Lokalbehörden wesentlich beitrug.

39 PSZ 6, Nr. 3.877 vom 12.1.1722, Art. 6. Ob diese Vorschrift tatsächlich beherzigt wurde, steht dahin, da die „Wahl" 1724 auf P.M. Apraksin fiel, einen klassischen Vertreter der Arrivierten. 1717/18 hatte Apraksin als erster Präsident des Kommerzkollegiums gedient. Die Bestimmung ist dennoch recht vielsagend, da man sie als Relikt des Prinzips der Gegenseitigkeit von Rechtsbeziehungen begreifen kann - von dem Peter ansonsten recht wenig hielt.

3.e Neuerliche Läuflingswelle

Gehen wir damit von der Justiz zu den sozialen Auswirkungen der petrinischen Reformen über. Obwohl Schollenflucht und Desertion als jeweils erster Schritt zur Kriminellenlaufbahn auch bislang Massendelikte waren, kann doch kein Zweifel daran sein, daß die Zeit Peters d.Gr. eine Läuflingswelle erlebte, die der nach 1649 vergleichbar ist. Sie nahm ein derartiges Ausmaß an, daß die Bürokratie sogar die Mühe eines Zählversuchs als gerechtfertigt ansah und dabei zu einer Ziffer von 198.876 (männlichen) Seelen gelangte, die allein zwischen 1719 und 1727 geflohen waren.[1] Auch wenn der tatsächliche Umfang der Läuflingsbewegung diese Angabe wohl überstieg, ist damit zumindest die Größenordnung bezeichnet, in der man hier denken muß. Um die Fluchtbewegung auf Zeitintervalle umzulegen, bietet sich allein der Weg über regionale Beispiele an. So hat N.V. Kozlova 1.793 Fluchtschicksale der mittleren Wolga aus dem ersten Drittel des 18. Jahrhunderts untersucht, wobei 142 auf die Jahre zwischen 1698 und 1702 entfielen, 247 auf 1703/07, 203 auf 1708/12, 333 auf 1713/17, 213 auf 1718/22, 334 auf 1723/27 sowie 65 Läuflinge auf die Jahre von 1728 bis 1732.[2] Der Höhepunkt der Abzugsbewegung scheint danach im letzten Jahrzehnt der Regierungszeit Peters gelegen zu haben. Die Frage, warum gerade dieses Jahrzehnt so herausragt, ist weitgehend identisch mit der nach den Gründen dieser Läuflingswelle. Zwei Umstände sind hier vor allem zu nennen.

Da Peter in nur zwei seiner 36 Regierungsjahre keinen Krieg führte, verdichteten sich die Aushebungen unter diesem Zaren wie selten zuvor. Allein zwischen 1705 und 1713 schrieb er zehn Einberufungen aus, denen 337.196 Männer Folge leisten mußten.[3] Durch den 1699 eingeleiteten - allerdings schon von Ordin-Naščokin empfohlenen - Übergang zum stehenden Heer verlangte der Staat, daß der Soldat nunmehr Dienst bis an sein Lebensende leistete.[4] Wie es jedoch um die Dienstbedingungen bestellt war, geht ansatzweise daraus hervor, daß während des Nordischen Krieges 45.ooo russische Soldaten tödlich verletzt wurden, aber 54.ooo an Krankheiten starben.[5] Die Zustände im Heer machten also schon denjenigen Beine, die noch vor der Einberufung standen und sich dem Elend, das sie nur vom Hörensagen kannten, nur durch die Flucht entziehen konnten.

---

1 PSZ 11, Nr. 8.619. Veröffentlicht am 17.9.1742. Vgl. die Tabelle bei Den, Naselenie Rossii, Bd. 2, S. 65. PSZ 7, Nr. 4.733 vom 9.6.1725 spricht von 3.292 (registrierten) Läuflingen im Gouv. Kazan'; für die Kreise Arzamas, Alatyr', Penza und Simbirsk ist von rd. 5.ooo (aktenkundigen) Flüchtigen die Rede (PSZ 8, Nr. 5.29o vom 21.6.1728).

2 Kozlova, Pobegi, S. 66.

3 Hellie, Petrine Army, S. 248. Vgl. Beskrovnyj, Russkaja armija, S. 22-28.

4 Es ist bemerkenswert, daß dieser Anspruch offenbar nicht schriftlich fixiert wurde. Vgl. Keep, Soldiers, S. 1o3.

5 Kahan, Plow, S. 9.

Etwas weiter muß man beim zweiten Fluchtgrund ausholen, der Einführung der Kopfsteuer. „Sintemalen das Geld die Arterie des Krieges ist", liebäugelte die Regierung mit dem Gedanken, die Erträge der Hofsteuer zu erhöhen und ordnete 1710 zu diesem Zweck eine Zählung der Höfe an. Da man eine Zunahme der Höfe erwartete, war die Überraschung groß, als sich das Gegenteil herausstellte. In der Stadt Moskau wurden 1678 26.033 Höfe gezählt, 1710 nur noch 24.566. Noch größer war der Rückgang auf dem Gebiet des Gouvernements Moskau (von 253.973 auf 190.770). In manchen Gebieten umfaßte die Einbuße sogar vierzig Prozent, landesweit betrug sie knapp zwanzig Prozent (von 791.018 auf 637.005).[6] Um zumindest keinen Steuerrückgang in Kauf zu nehmen, befahl die Regierung, weiterhin aufgrund der Unterlagen von 1678 vorzugehen, in den wenigen Gebieten aber, wo man einen Zuwachs der Hofzahl ermittelt hatte, die Schätzung von 1710 als Richtschnur anzulegen. Da sich die Kluft zwischen den Büchern von 1678 und der Realität aber als unüberbrückbar erwies, wechselte die Lokalverwaltung eigenmächtig zur Benutzung der Kataster von 1710 über. Vor dieser Situation mehrten sich die Anstöße, die Hofsteuer durch eine persönliche Abgabe abzulösen. Der Gedanke an sich war keineswegs neu und im 17. Jahrhundert etwa von V.V. Golicyn aufgebracht worden. Die einen verwiesen nun auf Ludwig XIV., der eine derartige Steuer eintreiben ließ; die anderen hatten eher die russischen Zustände im Auge. Hier ist es von besonderem Interesse, daß sich gerade der Oberfiskal A.Ja. Nesterov zum Fürsprecher der letztgenannten Gruppe machte, also derjenige unter Peters Beamten, der über das Ausmaß der Läuflingsbewegung, der Amtsvergehen und der Kriminalität wohl am besten Bescheid wußte. 1714 reichte er dem Zaren eine Denkschrift ein, in der er den Plan zu einer Zählung von Männern und Frauen „ohne jede Verheimlichung" entwarf. „Danach wird in jedem Gouvernement von jedem Menschen dieselbe Summe erhoben... Um die Steuer zu umgehen, können sie dann nicht mehr von zwei, drei oder vier Höfen auf einen Hof zusammenziehen... 1710/11 haben die Zähler immer wieder gelogen, die einen aus Gefälligkeit, die anderen, weil sie bestochen wurden, noch andere, weil man sie eingeschüchtert hatte. Deshalb zeige ich hiermit an: 1710 hat der Zähler auf einem Gut des Grafen Musin 430 Leute unterschlagen. Nach einiger Weile bekam der Graf es jedoch mit der Angst zu tun und offenbarte sich; andere aber blieben kaltschnäuzig und unterdrückten die Wahrheit."[7]

Hier lag ohne Zweifel ein Programm vor, das der späteren Kopfsteuer die Konturen vorgab; anders als von Nesterov vorgesehen, wurde die neue Steuer 1718 jedoch nur für Männer ausgeschrieben. Zwei unübersehbare Argument sprachen für diesen Entwurf: Zunächst das der größeren Steuergerechtigkeit, da mancher Hof Nesterov zufolge von dreißig oder mehr Menschen bewohnt wurde, andere dagegen nur von sechs. Außerdem erhoffte man sich eine Steigerung des Steueraufkommens, da die Kopfsteuer die Chance bot, auch Läuflinge und

---

6 Miljukov, Chozjajstvo, S. 192, 2o1-o2.

7 Gemeint ist der Senator P.I. Musin-Puškin. Zu seinem Schicksal s. Frumenkov, Musin-Puškin. Nesterovs Denkschrift ist abgedruckt in: Pavlov-Silvanskij, Proekty, S. 58-6o. Vgl. Miljukov, Chozjajstvo, S. 414-17; Kločkov, Naselenie, S. 425-35.

Steuerflüchter zur Ader zu lassen, soweit diese - wie es ja häufig geschah - auf fremden Höfen Aufnahme gefunden hatten. Nachdem die Landräte 1715 den Befehl zu einer neuerlichen Hofzählung erhalten hatten und deren Auswertung 1717/18 den Befund von 1710 bestätigt hatte, ordnete der Zar mit Ukaz vom 26.11.1718 den Übergang von der Hof- zur Kopfsteuer an.[8] Am 22.1.1719 erging Befehl zur Durchführung der dafür erforderlichen Revision,[9] wobei bis 1724 5,6 Mio. (männliche) Seelen ermittelt wurden.

Wodurch schnitt die Kopfsteuer nun so tief in das Alltagsleben ein? Die Antwort darauf hängt weniger mit der Steuerbelastung des einzelnen zusammen[10] als mit einer energischen Ausdehnung des Kreises der Steuerpflichtigen und der Art und Weise, wie die neue Steuer eingetrieben wurde. Welche Gruppen die neue Steuer zu zahlen hätten, darüber enthielt der Ukaz vom 22.1.1719 noch keine genauen Angaben; er begnügte sich mit der Aufforderung, Seelen in allen Dörfern zu zählen, ob diese nun dem Zaren, der Kirche oder einzelnen Gutsbesitzern gehörten. Die Absicht zur Ausweitung der Steuerzahler deutete sich eher unterschwellig an, da die *odnodvorcy* oder „Einhöfer", die durch das Vorrücken der Südgrenze ihre ursprüngliche Funktion als Soldaten verloren hatten, als Bauern erfaßt werden sollten. Wie Gutsbesitzern hatte der Staat auch den Einhöfern Land übertragen, das sie jedoch selbst bestellen mußten. Anders als Leibeigene kannten die „Einhöfer" jedoch keinen persönlichen Besitzer. Bis 1710, als die Einhöfer erstmals Hofsteuer leisten sollten, waren sie angesichts ihres Militärdienstes von der Steuer befreit. Da die bloße Erfassung durch die Revision über die Steuerpflichtigkeit nichts aussagte, stand der Staat vor der Entscheidung, die Einhöfer entweder dem steuerbefreiten Adel oder den Kopfsteuer leistenden Bauern zuzuordnen. Vor diesem Hintergrund erreichte das Kriegskollegium die Nachricht, daß sich fahnenflüchtige Dragoner und andere Soldaten vor den Zählkommandos als Einhöfer ausgaben. Wenn am 7.5.1722 somit der Befehl erging, Deserteure und Läuflinge unter den Einhöfern zu bestrafen, die *odnodvorcy* selbst aber dem Kreis der Kopfsteuerpflichtigen zuzuschlagen, war der Fluchtbewegung ein Schlupfloch versperrt.[11] Die bisher betriebene ad hoc-Politik versuchte der Staat zwei Jahre später unter übergreifendem Gesichtspunkt zusammenzufassen, indem alle diejenigen, die nicht in der Stadt lebten, aber keinen persönlichen Herrn hatten, durch Aushang vom 26.6.1724 zu sog. „Staatsbauern" erklärt wurden.[12] Zu ihnen zählten Einhöfer,

8 PSZ 5, Nr. 3.245.

9 PSZ 5, Nr. 3.287.

10 Ob die Kopfsteuer die Belastung des einzelnen gegenüber der Hofsteuer tatsächlich gesteigert hat, ist umstritten. Die ältere Sichtweise bei Miljukov, Chozjajstvo, S. 491 u.ö., der die chaotischen Umstände bei der Steuereinführung ebenso betont wie die Zunahme des Steuerdrucks. Hieran schloß Miljukov die These an, Peter habe sein Land um den Preis innerer Verwüstung zur europäischen Macht erhoben. Weitaus vorsichtiger dagegen Kahan, Plow, S. 331-32; Anisimov, Materialy.

11 PSZ 6, Nr. 4.ooo.

12 PSZ 7, Nr. 4.533. Art. 21 bezifferte die Kopfsteuer für Leibeigene auf 74 Kopeken. Da auf Staatsbauern keine weiteren Abgaben etwa für den Gutsherrn zukamen, erhöhte sich die Kopfsteuer bei ihnen um weitere vierzig Kopeken.

persönlich freie Bauern, die es nur noch im russischen Norden und in Sibirien gab, zahlreiche nichtrussische Ethnien sowie „Leute unterschiedlicher Herkunft".[13] Mit Schaffung dieses Standes ging von der Steuerreform also auch ein Impuls zur Vereinheitlichung des Sozialgefüges aus.

Vor Einführung der Kopfsteuer gliederten sich die Leibeigenen in drei Gruppen: Zur ersten zählten die leibeigenen Bauern, die als Mitglieder der Gemeinde Anspruch auf Boden hatten; zur zweiten gehörten diejenigen, die außerhalb der Gemeinde standen und das Land ihres Gutsherrn bearbeiteten. Teilweise besaßen sie noch einen eigenen Hof, andernfalls nahm sie der Gutsbesitzer auf.[14] Zumal in dieser Gruppe versteckten sich die ehemals Freien des 16./17. Jahrhunderts, die durch Aufnahme einer Schuld in persönliche Abhängigkeit geraten waren. Die dritte Gruppe bestand schließlich aus dem Gesinde *(dvorovye ljudi)*. Steuern zahlten bislang nur die Bauern der ersten Gruppe und die *delovye ljudi*. Gerade letzteren hatte der Übergang zur Hofsteuer 1678 jedoch einen starken Anreiz vermittelt, mehrere Höfe zusammenzulegen oder zum Herrn zu ziehen. Wie bei den Einhöfern hatte der Gesetzgeber die Frage nach der Steuerpflichtigkeit auch hier zunächst offengelassen; wie bei den Einhöfern tat sich auch an dieser Stelle eine Gasse für Steuerflüchter auf. Angesichts dessen hieß es in Peters Ukaz vom 5.1.1720: „Da ich höre, daß bei den derzeitigen Revisionen nur die Bauern erfaßt werden, das Gesinde und die anderen aber nicht, bietet sich hier ebenso die Möglichkeit zur Verheimlichung, wie sie schon bei den Höfen bestand. Aus diesem Grund ergeht der Befehl, daß die Gutsbesitzer alle ihre Leute angeben sollen, welchen Standes diese auch immer seien."[15] Von hier war es nur ein kleiner Schritt, um vom Jüngsten bis zum Ältesten alle, „die auf dem Dorf leben", für steuerpflichtig zu erklären.[16] In Reaktion auf die Steuerflucht kam der Reform damit auch große Bedeutung für die Leibeigenschaft zu, markiert die Kopfsteuer doch den Zusammenschluß aller persönlich Abhängigen zu einem Stand.

Auch in der Stadt stieß die Durchführung der Revision zunächst auf erhebliche Schwierigkeiten. Da sich Gouverneure und Voevoden außerstande zeigten, zu einer befriedigenden Erfassung der Städter vorzudringen, ordnete der Zar am 5.2.1722 einen neuerlichen Versuch dazu an. Diesmal sollten Gouverneure und Voevoden durch Beauftragte der Viertel und des Magistrats unterstützt werden. Läuflinge seien auszuweisen und zum Besitzer zurückzuschicken.[17] Wer jedoch als Läufling zu betrachten sei, diese Frage bedurfte der Klärung. In Fortführung der Praxis des 17. Jahrhunderts wurde 1723 festgelegt, daß denjenigen, die de jure in die Bürgerschaft eingetreten seien, das Bleiberecht zukäme. Wer den

---

13 Aleksandrov, K voprosu; Anisimov, Reforma, S. 165-89. Eingehend zu den *Raznočincy* jetzt Wirtschafter, Structures of Society (auch zum 18. Jahrhundert).

14 Mit eigenem Hof: *Delovye ljudi*. Ohne Hof: *Zadvornye ljudi*.

15 PSZ 6, Nr. 3.481. Bestätigt durch Nr. 3.492 vom 19.1.1720.

16 PSZ 6, Nr. 3.9o1 vom 5.2.1722 (Instruktion für den Generalmajor Černyšev, der die Zählung im Gouvernement St. Petersburg leitete). Vgl. Ključevskij, Podat'.

17 PSZ 6, Nr. 3.898. Warum der erste Anlauf scheiterte, ist nicht ganz klar. Anisimov, Reforma, S. 189-9o, will den Fehlschlag durch eine zu hohe Quote an verheimlichten Seelen erklären, sagt aber nicht, worauf sich dieser Verdacht stützte.

Standeswechsel im Hinblick auf die höhere Steuer der Posadleute jedoch gescheut habe, müsse ins Dorf zurückkehren.[18] Da die Städte - ebenfalls im Hinblick auf die von ihnen geforderte Steuer - an der Aufnahme Unbemittelter kein Interesse hatten, legte der Hauptmagistrat als Bedingung für die Einschreibung als Städter einen jährlichen Mindestumsatz von 500 Rubeln fest.[19] Für die Entwicklung gerade der großen Städte sollte diese Barriere außerordentliche Bedeutung erlangen, da sie den Zufluß der Bauern ja nicht bremsen konnte, dafür aber die große Mehrheit der Stadtbewohner vom rechtlichen Status des Städters abriegelte. Um die kleine Schar der Bürger siedelte sich damit eine buntgescheckte Menge an, die zwar auch in der Stadt lebte, mit den städtischen Institutionen aber nicht in Berührung kam. Für das Ausmaß der sozialen Kontrolle in Petersburg und Moskau sollte dieser Umstand von einiger Bedeutung sein, sahen sich in der zweiten Hälfte des 18. Jahrhunderts doch beide Hauptstädte einem ungeahnten Bevölkerungszustrom ausgesetzt.

Das städtische Bleiberecht wurde daneben auch solchen Läuflingen eingeräumt, die sich als Arbeiter verdingt hatten. Auch hier standen fiskalische, tw. wohl auch militärische Gesichtspunkte Pate, indem der Staat ein „Veröden der Manufakturen" nicht zulassen wollte;[20] damit wurden die Interessen der Kaufleute und Manufakturbesitzer erstmals eindeutig über die der Gutsbesitzer gestellt. Wer jedoch weder dem Posad noch der Fabrik angehörte, mußte de jure in die Heimat zurückkehren. Da man die Saisonarbeiter damit jedoch um einen erheblichen Teil ihres Einkommens gebracht hätte, entstand das Paßsystem, so daß die Kopfsteuer eine weitere einschneidende Neuerung nach sich zog. Ansätze dazu hatte es schon im 17. Jahrhundert gegeben,[21] erst jetzt wurde der Paß jedoch all denen zur Pflicht gemacht, die ihren Kreis verlassen wollten. Diese Maßnahme erfolgte auch und gerade im Hinblick auf Läuflinge, Bettler und Landstreicher, die sich der Steuerleistung bisher entzogen hatten. Nach Einführung von Paßpflicht und Kopfsteuer sahen sich diese einem „Kesseltreiben" des Gesetzgebers ausgesetzt, das den Zweck verfolgte, Arbeitsfähige in staatliche Fabriken einzuweisen und Gebrechliche in die (kaum bestehenden) Armenhäuser.[22] Unterderhand hatte sich die Revision sozialer Gruppen also zu einer Revision der sozialen Ordnung ausgewachsen, bei der bisher bestehende Freiräume aufgelöst werden sollten, um gerade die Unterschichten stärkerem staatlichen Zugriff zu unterwerfen.

Damit zu den Modalitäten des Steuereinzugs. Da die im jeweiligen Gouvernement aufgebrachte Steuer dem Unterhalt der dortigen Garnison dienen sollte, oblag die Steuereintreibung der Armee. Im 17. Jahrhundert hatte die Gemeinde die Steuer beim Voevoden abgeliefert, nun kamen die Soldaten selbst und fielen

---

18 PSZ 7, Nr. 4.398 vom 20.12.1723.

19 PSZ 7, Nr. 4.312, Art. 3.

20 PSZ 6, Nr. 3.919 vom 15.3.1722. Zum Hintergrund s. Zaozerskaja, Manufaktura, S. 135-46.

21 Dazu Sakovič, Pamjati kormežnye.

22 Die Gesetzgebung Peters zu diesen Randgruppen ist zusammengefaßt in: Svod pravitel'stvennych meroprijatij, S. 3-18. Zum Paßrecht s.u. 6.b.

dreimal jährlich über die Bauern her.[23] Nicht zuletzt durch Einsatz der Folter preßten die von den Regimentern ausgesandten Revisoren aus den Dörfern 1,5 Mio. zunächst verheimlichter Seelen heraus. Am 1. März 1721 hatte man dem Zaren 4,1 Mio. Seelen gemeldet, so daß dieser aus Befriedigung über das erzielte Ergebnis den zu leistenden Betrag auf einen Rubel herabsetzte. Allein im Laufe dieses Jahres kam man jedoch einer weiteren halben Million zunächst nicht angegebener Bauern auf die Spur, so daß sich das Resultat der Zählung zum 1.1.1722 bereits auf 4,6 Mio. Seelen belief. Von den bis 1724 schließlich festgestellten 5,6 Mio. Steuerzahlern war zunächst also mehr als ein Viertel verheimlicht worden.[24] Um diese Unterschlagung aufzudecken, belegten die Offiziere Überführte mit drakonischen Strafen, um andere zum freiwilligen Geständnis zu bewegen. Reumütige konnten deshalb auf weitgehende Schonung rechnen. Nicht zuletzt profitierten die Zähler auch von zahlreichen Denunziationen. Schon der Ukaz vom 22.1.1719 verlieh den Revisionsakten den Charakter einer Urkunde, da Gutsbesitzer und Verwalter ihre „Aussage“ über die Anzahl der Seelen im jeweiligen Dorf beschwören mußten. Erwies sich die Auskunft als falsch, verfiel der Betreffende - soweit es sich um Verwalter oder Starosten handelte - dem Gesetz nach der Todesstrafe.[25] Während der Ukaz vom 22.1.1719 zur Folter noch nichts hatte verlauten lassen, wurde der Brigadier und Vorsteher der Revisionskanzlei V.N. Zotov nunmehr ausdrücklich zum „peinlichen Verhör“ auch Adliger ermächtigt.[26] Diese Regelung ist jedoch weniger als Neueinführung der Folter auch in Revisionssachen denn als Versuch einer gewissen Beschränkung der Tortur anzusehen. In schneller Folge ergingen zwei weitere Gesetze, die das Recht auf Einsatz der Folter allein Zotov vorbehielten.[27] Aus dieser Mahnung läßt sich auf häufiges Foltern durch eigentlich unbefugte Zählkommandos schließen. Da die Regierung das Ausmaß der nichtdeklarierten Seelen zunächst wohl unterschätzt hatte, waren die Offiziere anfangs dazu berechtigt, ihre Nachforschungen dann einzustellen, wenn ein Gutsbesitzer bis zu einem Zehntel seiner Bauern fahrlässig unterschlagen hatte. Diese Klausel wurde am 19.1.1723 aufgehoben; alle Schuldigen seien zu bestrafen.[28] Während der Seelenverheimlichung überführte Dorfälteste und Gutsverwalter ja schon seit dem 22.1.1719 hinzurichten waren, konnten die Steueroffiziere mit Gutsherrn seit dem Ukaz vom 17.10.1720 nach Ermessen verfahren. Diese Rechtslücke, die Erpressung und Willkür breiten Raum bot, wurde seltsamerweise erst kurz vor Abschluß der Revsision beseitigt. Am 5.11.1723 erließ der Zar einen Katalog aus elf Punkten zwecks Bestrafung adliger Steuerbetrüger. Art. 1 ordnete für die vorsätzliche Verheimlichung Enteignung und Katorga an. Im Falle der Fahrlässigkeit seien

23 PSZ 7, Nr. 4.533 vom 26.6.1724, Art. 2 schrieb die Beitreibung der Kopfsteuer in drei Raten vor, und zwar während der Monate Januar/Februar, März/April und Oktober/November.

24 Vgl. die Tabelle bei Anisimov, Reforma, S. 111. Allg. zu den Ergebnissen der ersten Revision s. Kabuzan/Šepukova, Tabel'; Kabuzan, Narodonaselenie, Tab. 17/18.

25 PSZ 5, Nr. 3.287, Art. 6.

26 PSZ 6, Nr. 3.66o.

27 PSZ 6, Nr. 3.675 vom 16.11.1720; Nr. 3.762 vom 15.3.1721.

28 PSZ 7, Nr. 4.145 (korrigierte Fassung der Instruktion für Černyšev).

zehn Rubel pro unterdrückte Seele zu zahlen. Diese Strafe ermässigte sich auf fünf Rubel, wenn sich die Gutsbesitzer aus freien Stücken offenbarten, dabei aber die jeweils gesetzte Frist überschritten hatten. Vor deren Ablauf mußte pro Bauer nur ein Strafrubel entrichtet werden.[29]

Für den Staat war der organisatorische Aufwand, den der Übergang zur Kopfsteuer mit sich brachte, weitaus höher als bei der Hofsteuer. Da der Gedanke einer besseren Erfassung auch von Läuflingen und Steuerflüchtern - wie bei Nesterov gesehen - zur Entscheidung für die Kopfsteuer ohnehin beigetragen hatte, lag es nahe, die Revision mit einer großangelegten Razzia auf Läuflinge zu verbinden. In diesem Sinne erließ die Regierung am 19.2.1721 den Befehl, daß alle Läuflinge, die mit anderen auf einem Hof zusammenwohnten, einschließlich ihrer Habe zum ursprünglichen Besitzer zurückzuführen seien. Auch hier versuchte ein abgestuftes Strafsystem, Wirkung gerade durch den Kontrast zwischen Drohung und Gnade zu erzielen. Art. 2 des Gesetzes bezifferte die Strafe für die Aufnahme von Läuflingen auf zwanzig Rubel pro Hof, die der unrechtmäßige Besitzer dem ursprünglichen zahlen sollte. Für flüchtige Ehepaare waren zwanzig Rubel pro Kopf und Fluchtjahr fällig. Wer sich nach Fristablauf offenbarte, der hatte sechzig Rubel pro Hof aufzubringen und mußte zudem auch für Junggesellen die pro Kopf bemessene Strafe abführen. Wer der Seelenverheimlichung nach Verlöschen der Frist überführt wurde, für den sollte ein Betrag von hundert Rubeln pro Mann und fünfzig Rubel pro Frau gelten. Schuldige Verwalter seien zu enteignen, zu brandmarken und zu lebenslänglicher Zwangsarbeit zu verschicken. Der Gesetzgeber hatte damit einen neuen Straftatbestand geschaffen, bei dem Adel und Bauern ein und derselben Sanktion unterlagen. Art. 11 legte schließlich einmal mehr Betonung auf den Gedanken der Abschreckung: „Bei der Übergabe (an den ursprünglichen Gutsherrn) sind alle Läuflinge grausam mit der Knute zu bestrafen, daß es in Zukunft niemandem einfalle, ihnen nachzueifern."[30] In Ergänzung dieser Anordnung wurde am 6.4.1722 eine Zahlung in Höhe von fünfzig Rubeln des aufnehmenden Gutsbesitzers an den geschädigten für Kinder und Kindeskinder der Läuflinge befohlen; seien diese jedoch erst nach Verlassen der urspünglichen Gutsherrn geboren worden, verringerte sich die Strafe auf 25 Rubel.[31]

Obwohl man Revision und Kopfsteuer alles in allem als den wohl entschiedensten Versuch werten muß, den der Zarenstaat je zur Eindämmung der Läuflingsbewegung unternommen hat, kann angesichts der zu Beginn dieses Abschnitts zitierten Zahlen per saldo kein Zweifel daran sein, daß durch die große, 1719 eingeleitete Läuflingssuche eben nicht nur zahllose Entwichene aufgegriffen wurden, sondern vielleicht noch mehr Bauern zur Schollenflucht veranlaßt wurden. Stellt man die hieraus resultierende Läuflingswelle der nach 1649 einsetzenden gegenüber, treten zwei Hauptunterschiede hervor. Eine Stichprobe aus dem Gebiet der mittleren Wolga hat ergeben, daß im ersten Drittel des 18.

29 PSZ 7, Nr. 4.343, Art. 2-4.
30 PSZ 6, Nr. 3.743, Art. 2-3, 6.
31 PSZ 6, Nr. 3.939.

Jahrhunderts rund vierzig Prozent der Läuflinge in die Stadt abwanderten.[32] Derartige Untersuchungen liegen zum 17. Jahrhundert nicht vor; vieles spricht jedoch dafür, daß die damaligen Städte nicht annähernd so viele Läuflinge aufnehmen konnten. Mit diesem Wandel hängt einerseits das nicht unerhebliche Wachstum der Stadtbevölkerung an wirtschaftsgeographisch begünstigten Standorten wie Moskau oder Nižnij-Novgorod zusammen; mit dem allmählichen Ausbau der Verkehrswege stiegen diese zu überregionalen Handelszentren auf, wobei Moskau Bedeutung vor allem im Getreideumschlag zukam.[33] Sein Stadthafen in Zamoskvareč'e verwandelte sich damit zum Tummelplatz von Läuflingen und Paßlosen aller Art. Arbeitsplätze waren daneben auch den von Peter geförderten, oftmals nicht in den Städten angesiedelten Zentren der Frühindustrialisierung zu verdanken, so daß sich vom Ausbau der Manufakturen auf eine Abnahme der Fluchten zu anderen Gutsbesitzern schließen läßt. Unter den Gutsbauern zogen (nach dem Beispiel Kozlovas) etwa dreißig Prozent in die Stadt, unter Klosterbauern 38 Prozent, unter Staatsbauern 43 Prozent und unter Apanagebauern 47 Prozent. Da die wirtschaftliche Lage der Staats- und Domänenbauern deutlich besser als die der beiden anderen Gruppen war, siedelten hiernach vor allem die ökonomisch stärkeren Bauern in die Stadt über und nahmen dort ein Gewerbe auf. Der Übertritt in die Bürgerschaft - und damit die Legalisierung der Flucht - gelang jedoch nur einem verschwindend kleinen Teil von ihnen (35 Bauern von 1.322).[34]

Der zweite Unterschied gegenüber dem 17. Jahrhundert besteht darin, daß uns die Bandenkriminalität der Straßenräuber und Läuflinge in den Quellen der petrinischen Zeit weitaus häufiger entgegentritt als die Abzugskriminalität (Beraubung des Gutsherrn vor Antritt der Flucht). Nach 1649 schien sich beides die Waage zu halten. Da diese Banden im Kern oft aus Deserteuren bestanden, tritt hier eine Folge der endlosen Aushebungen während des Nordischen Krieges zutage. Mehrere Ursachen lagen der Desertionsbewegung zugrunde: Zunächst handelte es sich bei den Soldaten oftmals um eine negative Auslese aus der Bauernschaft. Gutsherr und Gemeinde machten gerade diejenigen als Rekruten namhaft, die unliebsam aufgefallen waren - auf welche Weise auch immer - und derer man sich entledigen wollte. Daneben ist unübersehbar, daß es um Verpflegung und Besoldung nicht zuletzt wegen betrügerischer Offiziere mitunter schlecht bestellt war, so daß die Soldaten nur in der Fahnenflucht einen Ausweg sahen. Der folgende Auszug aus dem Verhör des Moskauer Wachsoldaten Samson Bessonov bezeugt dies auf sehr plastische Weise: „Zwei Jahre dienten wir schon, an Sold aber haben wir keine Kopeke erhalten. Also machten Matjuška Zverev und die anderen Soldaten eine Eingabe an den Zaren. Und der Zar befahl, Sold und Brot seien in voller Höhe auszugeben. Der Bojar und Fürst Ivan Borisovič Troekurov und der Stol'nik und Fürst Fedor Jur'evič Romodanovskij lehnten dies jedoch ab und ließen die Bittsteller auspeitschen. Er, der Fürst Ivan

32 Kozlova, Pobegi, S. 48, 5o. Bei einer Kontrollgruppe von 679 Bauern waren es rund zwanzig Prozent, die in die Wolgastädte übersiedelten. Vgl. Bondarevskaja, Beglye, S. 388.

33 Dazu s. Kapustina, K istorii; Kafengauz, Očerki, S. 232-61.

34 Vgl. Kozlova, Pobegi, S. 54, 51.

Borisovič drohte dem Zverev sogar, ihn dorthin zu verbannen, wo kein Hahn nach ihm kräht... Kein Dienst ist das, sondern reine Schinderei. Also kann man nur das Gewehr nehmen, auf die Dienststube gehen, laut anklopfen und sagen: Vielen Dank, besser auf der Krim leben als hier."[35]

Einerseits resultierte aus diesen Mißständen eine hohe Kriminalität der Soldaten noch während des Dienstes, andererseits eine Welle der Desertion, deren Umfang für 1709 auf ein Sechstel des Heeres (ca. 25.000 Mann) geschätzt wird. Die Folgen dieser Desertionsbewegung hatte in erster Linie die Zivilbevölkerung zu tragen. Da viele Soldaten von der Gemeinde ja als Einzuziehende „denunziert" worden waren, mußten sie bei einer Rückkehr ins Heimatdorf mit einer Anzeige rechnen. Also sahen sich viele Fahnenflüchtige dazu gezwungen, sich auf eigene Faust durchzuschlagen, wobei sie mit den Straßenräubern nicht selten in Berührung gerieten. Im Laufe des Nordischen Krieges hat der Gesetzgeber dieser „Affinität" zwischen Soldaten und Straßenräubern auf mehrfache Weise zu entsprechen versucht. Schon unmittelbar nach Kriegsbeginn, im Jahre 1700, führte man die Todesstrafe für Deserteure ein, eine Maßnahme, deren abschreckende Wirkung sich jedoch als nicht ausreichend herausstellen sollte, so daß 1712 die Brandmarkung aller Rekruten aufkam.[36] Soldaten wurden also von vornherein als potentielle Deserteure behandelt und schon vor einer eventuellen Fahnenflucht mit Kriminellen auf eine Stufe gestellt. Gerade diesen Soldaten oblag nun die Bekämpfung der Räuberplage, so daß sich die seltsamsten Folgen ergeben konnten, rückte eine kaum besoldete und schlecht verpflegte Kompanie zur Suche nach den *Razbojniki* aus.

Am 28.2.1710 hatten sich Gutsbesitzer aus Klin, Volokolamsk und Možajsk mit einer Eingabe an den Zaren gewandt. In ihrer Bittschrift hieß es: „Im vergangenen Jahr 1709 und im jetzigen Jahr 1710 kommen in den oben erwähnten Kreisen sehr, sehr viele, mit Gewehren bewaffnete Räuber auf die Höfe und Dörfer. Nicht nur in der Nacht, sondern sogar am Tage überfallen sie die Dörfer, bringen viele Menschen um und rauben sie aus. Die Frauen und Töchter nehmen sie mit, um sie zu entehren. Auch die Pferde bringen sie fort. Das andere Vieh schlagen sie tot, holen auch das Getreide aus dem Speicher und werfen es auf die Straße. Daraufhin befahl der Senat am 30.11.1710 dem Obersten und Syščik Fedosij Jur'evič Kozin, in die genannten Städte zu fahren, diejenigen Räuber, die der Voevode bereits gefaßt hatte, zu foltern, Komplicen und Helfershelfer in Erfahrung zu bringen, diese zu ergreifen und zu richten."[37] Der *Prikaz zemskich del* forderte von der Moskauer Garnison neunzig Soldaten an, mit denen sich

35 Golikova, Processy, S. 202-03. Zur Soldatenkriminalität vgl. dies., Iz istorii (einer der wenigen Versuche, in das Innere der Armee einzudringen. Gerade die sowjetischen Historiker haben sich zumeist mit Außenansichten, d.h. mit Berichten zur de jure-Situation begnügt). Sehr lesenswert die Lebensläufe von 23 Deserteuren in DIP 4, 1, Nr. 156, von denen buchstäblich jeder an Skorbut erkrankt war oder keinen Sold, keinen Proviant bzw. keine Ausrüstung empfangen hatte.

36 Keep, Soldiers, S. 114, 107; Beskrovnyj, Russkaja armija, S. 29-30.

37 DIP 1, Nr. 99 (Instruktion für Kozin). Derartige Dienstanweisungen wurden am 24.12.1719 (PSZ 5, Nr. 3.477) zu einer generellen Instruktion für die Räubersuche zusammengefügt.

Kozin auf den Weg machte. Proviant erhielt er für fünf Monate. Als dieser aufgebraucht war, teilte Kozin dem Senat am 31.5.1711 mit, „aus reinem Hunger“ seien 21 seiner neunzig Männer verschwunden.[38] Man darf wohl annehmen, daß sich viele dieser Deserteure nun auf Kosten der Bevölkerung schadlos hielten und bei den Straßenräubern Aufnahme fanden. Anders ist es nicht zu erklären, daß die Gutsbesitzer aus Klin und Volokolamsk von „mit Gewehren bewaffneten Räubern“ sprachen. Überspitzt ausgedrückt handelte es sich bei den *Razbojniki* also um den unbeaufsichtigten, aber besser verpflegten Teil der Armee. Daß dieser jedoch nicht schlechter bewaffnet war als die reguläre Truppe, zeigt ein regelrechtes Gefecht zwischen Kozin und seinen Widersachern, bei dem der Oberst 1712 den Tod fand.[39] Alles in allem wird man den Bemühungen des Staates, dem Räuberunwesen als größtem aus der Fluchtbewegung resultierendem Übel entgegenzutreten, nicht allzu tiefgreifende Wirkung beimessen. Gegenüber dem Zaren offenbarte 1712 sogar der Vizegouverneur von Moskau, V.S. Eršov, aus Angst vor Straßenräubern lege er die Strecke zwischen Moskau und Smolensk nur unter Beklemmung zurück.[40]

---

38 DIP 1, Nr. 129. Vgl. Nr. 534.

39 Petrovskij, O senate, S. 314; vgl. DIP 3, 1, Nr. 4oo.

40 Kločkov, Naselenie, S. 214. Allg. s. Aristov, Razbojniki i beglye vremen Petra vel. Zu den Straßenräubern und der Effektivität ihrer Bekämpfung auch Kap. 6.e.

3.f Abbau der Justizorgane

Dem westeuropäischen Vorbild folgend hatte Peter versucht, auch in Rußland zu einer Trennung von Verwaltung, Steuereinzug und Justiz zu gelangen. Nach der zweiten Gouvernementsreform drückte sich dies auf Provinzebene in den Ämtern des Voevoden, des vom Adel gewählten Landkommissars und des Hofrichters aus. Das Hofgericht wiederum ordnete sich in einen Zug aus vier Instanzen ein, beginnend mit dem Landrichter auf Distriktebene und endend mit dem Justizkollegium bzw. dem Senat in der Hauptstadt. Damit werden hier Anfänge eines eigenständigen Justizwesens sichtbar. Peters Nachfolger bereiteten diesen Ansätzen jedoch ein schnelles Ende und lösten Hof- und Landgerichte wieder auf. Die Ursachen dieser Rückkehr zur Vergangenheit liegen wohl in den Mängeln der Reform selbst verborgen, vor allem im Mißverhältnis zwischen dem großen Aufwand zur Errichtung einer Judikative und dem oftmals kläglichen Resultat. Durch die immensen Ausgaben für Flotte und Heer war der Staat gänzlich überfordert, die Vielzahl neuer Zivilbeamten pünktlich zu besolden. In diesem Versäumnis liegt zugleich einer der wesentlichen Gründe dafür, warum sich viele Richter so bereitwillig bestechen ließen.[1] Da die neugeschaffenen Gerichte ihrer Tätigkeit wegen Mangel an Schulung und Personal zumeist nur schleppend nachkamen, schien das Neue dem Alten nicht überlegen zu sein. Vor diesem Hintergrund wirkt der Entschluß zur neuerlichen Verschmelzung von Justiz und Verwaltung kaum überraschend. So hieß es im Ukaz vom 24.2.1727: „Die Hofgerichte wie alle anderen überflüssigen Ämter, Kanzleien, Kontore und dergleichen erhalten den Abschied; wie früher obliegen Recht und Gerichtsbarkeit den Gouverneuren und Voevoden."[2] Zugleich wurden den Voevoden auch die Stadtmagistrate unterstellt, mit deren Herauslösung aus der überlieferten Provinzverwaltung die Reformen Peters einstmals begonnen hatten.

Der Petersburger Hauptmagistrat büßte damit seine Funktion ein und wurde noch im gleichen Jahr beseitigt.[3] Derselbe Ukaz bestätigte in den Rathäusern einen *Burgomistr* und zwei *Burmistr* als Richter über die Kaufleute; Art. 10 des Nakaz vom 12.9.1728 entzog deren Zuständigkeit jedoch die drei Schwervergehen *(tat'ba, razboj, ubijstvo)* und wies deren Ahndung dem Voevoden zu.[4] Gewissermaßen als Richtschnur bei der hiermit eingeleiteten Verwaltungsvereinfachung läßt sich eine Passage des Ukaz vom 20.3.1727 verstehen, in der es heißt: „In früheren Zeiten gab es in den Moskauer Prikazen und in den Dienststellen in größeren Städten an D'jaken und Schreibern nur eine begrenzte Anzahl,

---

1 Vgl. die Beispiele bei Bogoslovskij, Oblastnaja reforma, S. 263-69.

2 PSZ 7, Nr. 5.o17, Art. 5.

3 PSZ 7, Nr. 5.142 vom 18.8.1727.

4 Lt. Kap. 6 des Reglements des Hauptmagistrats vom 16.1.1721 unterlag dem Magistrat die gesamte Strafjustiz mit Ausnahme der Staatsverbrechen; eine Verhängung der Todesstrafe mußte der Hauptmagistrat bestätigen. PRP 8, S. 134.

die sich nach dem für die Verwaltung Nötigen bemaß, doch heute haben sie sich in den verschiedenen Moskauer Kontoren und Kanzleien wie auch in allen Provinzen derartig vermehrt, daß ihr Unterhalt alljährlich eine Unsumme verschlingt. Aus diesem Grund weisen wir den Senat an, bei der Stellenüberprüfung nach dem Beispiel früherer Zeiten, also wie es vor dem Jahr 1700 war, zu verfahren, ausgenommen die Stadt Petersburg und andere neueroberte Gouvernements und Provinzen. Erhielten die D'jaken in Moskau und den Gouvernements früher keine Sachmittel, sondern Gehalt, sollen sie auch jetzt Gehalt beziehen; in den Ämtern, die nicht besoldet wurden, soll man ihnen auch jetzt keinen Sold bewilligen."[5] In der Praxis besagte dies, daß viele Beamte in Zukunft darauf angewiesen waren, Geld von Bittstellern zu erpressen.[6]

Wie einschneidend der Verwaltungsabbau war, wird am Beispiel der Schreiber in der Moskauer Gouvernementskanzlei ersichtlich, deren Stellen von 426 im Jahre 1717 auf 128 im Jahre 1732 reduziert wurden; auch davon war de facto nur ein Viertel besetzt.[7] Die Verästelungen, die der Staatsapparat unter Peter hervorgebracht hatte, waren somit in wenigen Jahren dahin; dafür trat erneut der nackte, alles überschattende Stamm der Voevodenmacht hervor. Peters Reformen hinterließen dennoch gewisse Spuren, etwa im Fortbestehen der drei Verwaltungsebenen von Gouvernement, Provinz und Kreis (bisher Distrikt). Art. 5 des *Nakaz* zur Provinzverwaltung vom 12.9.1728 fixierte hier ein klares Machtgefälle, indem er die Voevoden dem Gouverneur unterstellte. Ein Provinzvoevode konnte den Voevoden eines Kreises zwar denunzieren; die Strafgewalt über beide stand jedoch dem Gouverneur zu. Damit erscheint der Grad der Beaufsichtigung, der ein Voevode unterlag, nun höher als im 17. Jahrhundert.

Im erwähnten *Nakaz* - die Bezeichnung greift wohl bewußt in die Moskauer Ära zurück - sticht die petrinische Erbschaft auch im klaren Instanzenzug zwischen den Gerichten des Voevoden, des Gouverneurs und des Justizkollegiums hervor (Art. 9). Um dem überlieferten Machtmißbrauch zumindest pro forma eine Grenze zu setzen, verweist der vorangehende Artikel unter dem Titel „Wo man Klage gegen Gouverneure und Voevoden einlegen kann" auf die jeweils übergeordnete Behörde des Senats bzw. des Gouverneurs. Eine ähnliche Absicht lag auch Art. 16 zugrunde, der den Vollzug der Todesstrafe und die Verschikkung zur Zwangsarbeit allein dem Gouverneur vorbehielt. Fast im Dunkeln verbleiben allerdings Ablauf und nähere Umstände des Voevodengerichts, obwohl manche der petrinischen Instruktionen noch durchschimmern; Art. 3 etwa erwähnt das Generalreglement. Recht ausführlich kommt dann die Polizeigewalt zur Sprache. Während sich das Reglement des Hauptmagistrats von 1721 auch auf den Policeygedanken im humanitären Sinne einer Fürsorge für Arme und Kranke

---

5 PSZ 7, Nr. 5.o39. Zur Zunahme der Bürokratie in den Hauptstädten s. die Tabelle bei MedUševskij, Razvitie, S. 142. Hier werden für 1675 1.428 Schreiber genannt, für 1721 3.101. Demidova, Bjurokratizacija, S. 216, 225, führt für 1686/87 1.935 Schreiber allein in Moskau auf, während für 1727 nur noch von 64 Sekretären und 382 Kanzelaristen die Rede ist (Petersburg 11 bzw. 188).

6 Vgl. Got'e, Istorija, Bd. 1, S. 32.

7 Oč. 3, S. 292.

berief, stellte der Voevodennakaz von 1728 eher die Verbrechensbekämpfung in den Mittelpunkt. Art. 15 hielt Voevoden und Gouverneure in überlieferter Weise dazu an, Räuberbanden mit Truppenkommandos nachzusetzen, Art. 40/41 befahlen die schon bei Herberstein beschriebene nächtliche Sperrung von Ausfallstraßen. Dazu sollten die Anwohner Wachen stellen, die man mit Schnarren und Knüppeln ausstattete. „Wenn sich auf den Straßen und Gassen Landstreicher, zwielichtige Krämer und Betrunkene zeigen, die herumschreien und Lieder singen, dabei nicht zur vorgeschriebenen Nachtstunde heimkehren, sondern sich umhertreiben, so sind derart liederliche Menschen nicht durch die Gatter zu lassen. Eben dies gilt auch für fahnenflüchtige Soldaten und Matrosen oder andere Verbrecher, die morden und Untaten begehen oder sich zumeist in den Kneipen, Bädern, Märkten, Garküchen, Hurenhäusern, Schenken und ähnlichen Stätten aufhalten. Genannte Örtlichkeiten sind zu beobachten, und wer sich dort oder auf den Straßen und Gassen herumtreibt, der soll festgenommen und nach dem Ukaz S.M. verhört werden, wessen Eigentum er ist. Wenn sich die Betreffenden nicht legitimieren können und sich als Läuflinge oder Deserteure erweisen, soll man mit ihnen gemäß den Ukazen verfahren, also Läuflinge dem Besitzer und Posadleute dem Starosta zurückgeben“ (Art. 47). Wer sollte diese kaum beschränkte Polizeigewalt in der Praxis jedoch ausüben? Die überlieferten, von der Gemeinde gewählten Hilfspolizisten hatte Peter nur in Petersburg (27.5.1718) und Moskau (19.1.1722) durch Berufung eines „Oberpolizeimeisters“ zu ergänzen versucht.[8] Die in der Provinz bestehenden Organe waren mit einer so intensiven Überwachung, wie sie der zitierte Artikel vorschrieb, wohl hoffnungslos überfordert. Aus diesem Grund befahl der Ukaz vom 23.4.1733, in 23 zumeist zentralrussischen Städten Polizeistationen einzurichten. In zehn Gouvernementshauptstädten sollten diese von der jeweiligen Garnison mit einem Hauptmann, einem Unteroffizier, acht Soldaten und zwei Schreibern besetzt werden.[9]

Im Grunde ließen sich Peters Nachfolger damit von zwei Hauptzielen leiten: Einer Vereinfachung der Verwaltung und einem Ausbau der Polizei. Dieser konnte allerdings Anlaß zu einem neuerlichen Ausbau auch der Gerichte geben, wenn sich die bestehenden als überlastet erwiesen. Daß dies in der Tat der Fall war, zeigt ein Ukaz vom 20.3.1730. Er nennt die fast unglaubliche Zahl von 21.388 nicht entschiedenen Fällen, die nach Auflösung des Moskauer Hofgerichts 1727 bei der Moskauer Gouvernementskanzlei aufgelaufen seien. Auch wenn sich hierin ein erheblicher Anteil von Prozessen verstecken dürfte, zu deren Abschluß schon das Hofgericht außerstande war, bewiesen derartige Folgen einer kaum dreijährigen Vakanz die Notwendigkeit einer Judikative. Da die Justiz im Dienstalltag der Voevoden und Gouverneure alles andere als einen zentralen Platz einnahm und zumeist en passant erledigt wurde, steht wohl außer Frage, daß zumindest die Moskauer Stadtverwaltung mit der laufenden Rechtsprechung überfordert war. Aus diesem Grund fuhr der erwähnte Ukaz fort: „Weil Moskau als Residenz S.M. und als Gouvernementsstadt aus allen anderen Gouvernements

8 In Kronstadt und Astrachan' sollte gleichfalls eine Polizei eingerichet werden.
9 RZ 5, S. 155-59.

so hervorragt und hoch- wie auch niedriggestellte Beamte in den anderen Gouvernements zwar ihre Dörfer haben, zumeist aber in Moskau leben, wird allein die Gouvernementsverwaltung der Zivil- und Strafsachen nicht Herr, so daß die Kläger lange Wartezeiten erdulden müssen. Aus diesem Grund beschließt S.M. zur Verbesserung der Straf- und Zivilgerichtsbarkeit, 1. einen Zivilgerichtshof *(Sudnyj Prikaz)* einzurichten, an den sich Angehörige aller Stände wenden können, wenn sie sich in Moskau aufhalten, und 2. einen Strafgerichtshof *(Sysknoj Prikaz)* zu berufen, der *tat'ba, razboj* und *ubijstvo* richten, in Moskau Verbrecher und Räuber dingfest machen und der Kanzlei des Polizeimeisters unterstehen soll."[10] Im Grunde kam diese Maßnahme einer Rückkehr zu den Prinzipien Peters gleich, da erneut reine Justizorgane gegründet wurden. Wie sich zeigen sollte, hatten die Moskauer Kammern sogar über längere Zeit Bestand als Peters Hofgerichte; die Tätigkeit des *Sysknoj Prikaz* (ab 1764 *Rozysknaja Ėkspedicija)*hielt bis 1782 an. Da die vom Gesetzgeber bisher kaum ernsthaft anvisierte Trennung zwischen Straf- und Zivilsachen auch institutionell verankert wurde, steckt in dieser Anordnung sogar ein deutlicher Schritt über Peter hinaus.

Als Appellationsorgan war dem *Sysknoj Prikaz* das Justizkollegium zugewiesen, das durch die Abschaffung der Fiskale 1727 jedoch manches von seinem früheren Gewicht verloren hatte. Galten die Kollegien bislang zumindest formell als gleichrangig, rückten die Admiralität, das Militärkollegium und das für Auswärtiges nunmehr in eine herausgehobene Stellung auf. Andererseits fiel der Senat mit der Einrichtung des „Obersten Geheimen Rates", in dem sich die jeweiligen Günstlinge oder Machthaber wie Ostermann oder Menšikov am 8.2.1726 ihr Forum schufen, auf das Niveau der Kollegien zurück.[11] Zudem beraubte die Versetzung des bisherigen Generalprokurors P.I Jagužinskij in den Marstall den Senat seiner Leitung. Das Statut vom 7.3.1726 wies den Senat dazu an, mit Katharina I. in Zukunft nur über den Geheimen Rat in Kontakt zu treten, besiegelte also die Degradierung des Senats.[12] Dessen Recht auf Entsendung der Gouverneure blieb allerdings ungeschmälert. Das Amt des Oberprokurors wurde mit dem des Generalrequêtemeisters vereint, der bisher Beschwerden entgegengenommen hatte. Durch Beseitigung der Hofgerichte hatte der Oberprokuror die Verbindung zur Provinz eingebüßt; im Nakaz von 1728 ist vom Prokuror daher nicht mehr die Rede. Mit Krönung der Zarin Anna schlug das Pendel jedoch in die von Peter vorgezeichnete Richtung zurück, so daß der Geheime Rat aufgehoben, der Senat durch Manifest von 4.3.1730 „auf eben der Grundlage und mit eben der Vollmacht" wie unter Peter dem Großen rekonstituiert wurde.[13] Mit Erlaß vom 1.6.1730 erhielt der Senat zudem einen veränderten Aufbau aus fünf Abteilungen, und zwar der für Geistliches, für das Militär, für Finanzen, für die Justiz und für Kaufmannssachen.[14] Am 2.10.1730 ordnete Anna auch die Wie-

10 PSZ 8, Nr. 5.521.

11 PSZ 7, Nr. 4.83o.

12 PSZ 7, Nr. 4.847, Art. 2. Ein Vergleich dieses Statuts mit dem vom 27.4.1722, dessen Grundlagen teilweise fortbestanden, bei Filippov, Senat, S. 326-3o.

13 PSZ 8, Nr. 5.51o. Allg. zur Gesetzgebung Annas s. Paramonov, O zakonodatel'stve.

14 PSZ 8, Nr. 5.57o.

derherstellung des Prokurats beim Senat, bei den Kollegien und Gerichten an.[15] In bewußter Anknüpfung an das Vorbild Peters übernahm Jagužinskij ein zweites Mal das Amt des Generalprokurors. In der Provinz scheint die Durchsetzung jedoch auf Schwierigkeiten gestoßen zu sein, so daß am 2.4.1731 die Präzisierung erging, derzufolge Prokurore nur in das Justizkollegium und in sieben Gouvernements zu entsenden seien.[16] Nachdem die Ausführung am 3.1.1733 ein weiteres Mal angemahnt werden mußte,[17] wurde der Befehl am 7.5.1734 auf sechs Gouvernements eingeschränkt.[18]

Da die Zarin Elisabeth mit gutem Grund darauf spekulierte, es werde ihrem Ansehen zum Vorteil ausschlagen, die unter Anna dominierenden Ausländer wie Bühren, Münnich, Ostermann zu verteufeln, Peter aber zu verherrlichen, löste sie bereits unmittelbar nach ihrem Machtantritt das von Anna berufene Ministerkabinett am 12.12.1741 wieder auf, so daß der Senat ein zweites Mal als oberste Verwaltungsbehörde bestätigt wurde. Auch Elisabeth bekannte sich zur Wiedereinsetzung der Prokuroren „mit ihren früheren Pflichten in den Kollegien, Kanzleien und Kontoren der Hauptstadt, aber auch in den Gouvernements."[19] Ob sie es damit jedoch ernster meinte als ihre Vorgängerin, bleibt dahingestellt, da der Senat die Anweisung ausgab, dort, wo Prokurore nicht tätig seien, hätten die Präsidenten der Kollegien bzw. die Gouverneure deren Pflichten wahrzunehmen.[20] Die den Prokuroren ursprünglich zugedachte Funktion, Verwaltung und Rechtsprechung zu überwachen, kam somit zum Erliegen. Vor diesem Hintergrund ist es nicht erstaunlich, daß die Zeit des „Interregnums" zwischen Peter und Katharina einen neuerlichen Höhepunkt der Amtskriminalität erlebte.[21] Ist die Vereinfachung des Justizsystems unter den Nachfolgern Peters auch unverkennbar, ging damit doch ein höheres Maß an Stetigkeit einher.[22] Noch Katharinas Gouverneursnakaz vom 21.4.1764 hat das Gesetz von 1728 keineswegs außer Kraft gesetzt, sondern in vielem bestätigt. Mit konkreten Anweisungen an den Gouverneur ging das neue Statut sparsam um; so erinnerte Art. 5 den Gouverneur zwar an die Aufgabe einer Eindämmung der Beamtenkorruption, an konkreten Mitteln dazu wird jedoch nur der Besuch aller Gerichte und Kanzleien des Gouvernements genannt. Auch dieser sollte nur alle drei Jahre erfolgen. Unüberhörbar klingt in diesem Reglement ein neuer Ton an, da es mit nur 48 Artikeln recht knapp gefaßt war und eine abstrakt anmutende Denkweise zeigt, die Begriffe verwendet wie „Vermehrung der Produkte", „Ruhe und Sicherheit", ja schon von „Vaterland" spricht.[23]

---

15 PSZ 8, Nr. 5.625.

16 Moskau, Kazan', Belgorod, Nižnij-Novgorod, Voronež, Novgorod, Smolensk. PSZ 8, Nr. 5.736.

17 PSZ 8, Nr. 5.926.

18 Moskau, Kazan', Nižnij-Novgorod, Archangel'sk, Sibirien und Astrachan'. Vgl. SIRIO 108, S. 339.

19 PSZ 11, Nr. 8.480 vom 12.12.1741.

20 Got'e, Istorija, Bd. 2, S. 8.

21 Vgl. ebd., Bd. 1, S. 234-56, 307-15; Bd. 2, S. 46-83.

22 Außer der Reihe steht hier eine Instruktion nur für den Gouverneur von Kiev vom 17.1.1737 (PSZ 10, Nr. 7.161), die vor allem auf die Aufgaben der Grenzüberwachung einging.

23 PSZ 16, Nr. 12.137.

4. AUFWERTUNG DER RECHTSIDEE

4.a Instruktion von 1767

Katharinas „Einleitung zu einem Gesetzbuch" ist lange als ein vorrangig literarisches Werk betrachtet worden. Diese Sichtweise wurde im 19. Jahrhundert beherrschend, reicht in den Anfängen aber zurück bis zu den Zeitgenossen des Nakaz. Da man dem Buch wohl auch ein exotisches Moment zugute hielt - die Instruktion war der erste (und einzige) Beitrag zur Aufklärung, der aus Rußland kommend Westeuropa erreichte -, fiel das Urteil sehr schmeichelhaft aus. Daß der Nakaz eine so große Anzahl von Übersetzungen erlebte und dem Namen der Verfasserin weltweite Geltung eintrug,[1] begründet sich aber auch durch ein juristisches Interesse. Hier fand der Nakaz ein zwiespältiges Echo: Die einen rühmten die Instruktion als „Handbuch der Philosophie der Gesetzgebung", die anderen bezichtigten Katharina mit lauter Stimme des Plagiats. Grundsätzlicher noch war die Kritik Herders, der den Nakaz 1769 auf der Schiffsreise von Riga nach Nantes gelesen hat und Katharina den Vorwurf machte, von der Gesetzgebung Westeuropas und nicht vom russischen Volkscharakter ausgegangen zu sein. Dieser befinde sich auf einer ganz anderen Stufe als etwa der französische. Von Montesquieu sei deshalb allenfalls die Methode übernehmbar, nicht aber das System. Ein glimpfliches Urteil hat 1798 der spätere Vizepräsident der Petersburger Akademie der Wissenschaften, Heinrich Storch, gefunden, als er über die Instruktion schrieb: „Von den beyden größten Geistern unseres Jahrhunderts, von Friedrich dem Zweyten und Voltaire angeführt, überließ sich das Publikum in allen Ländern einstimmig der Bewunderung, und alle Nationen wetteiferten, ein so seltenes Produkt als die philosophische Gesetzgebung einer russischen Selbstherrscherin in ihre Sprache zu übertragen. Die Zeit hat diesen Enthusiasmus abgekühlt und den Gegenstand derselben einer schärferen Prüfung unterworfen; aber selbst nach allem, was die unbefangene Kritik gegen den Plan, die Verbindung und den logischen Zusammenhang der aufgestellten Grundsätze sagen kann, selbst nach Abzug alles dessen, was diese aphoristische Kompilation einem Montesquieu und anderen verdankt - bleibt sie immer ein ehrenwertes Denkmal der Aufklärung unseres Jahrhunderts."[2]

Während sich die schöngeistig Interessierten die Entstehung des Textes vor allem aus Katharinas literarischem Ehrgeiz erklärten, bezieht eine davon ab-

---

1 Die jeweils erste Übersetzung erfolgte 1767 ins Deutsche, ins Englische 1768, ins Niederländische, Italienische und Französische 1769, ins Lateinische 1770, ins Neugriechische 1771 und 1780 ins Polnische. Vgl. MERSH 24, S. 45-49.

2 Storch, Hg., Annalen, S. 216. Die Rezeptionsgeschichte des Nakaz ist nachgezeichnet bei Andreae, Beiträge, S. 106-39. Vom Umfang der vorliegenden Literatur ist der Nakaz wohl nur mit dem Uloženie von 1649 vergleichbar. Vgl. die Zusammenstellung allein der russischen Veröffentlichungen bei Omel'čenko, „Zakonnaja monarchija", S. 406-08.

weichende Auffassung auch die politischen Entstehungsbedingungen mit ein. Die Einberufung einer gesetzgebenden Versammlung - als deren Leitfaden war der Nakaz ja gedacht - schien keinesfalls außergewöhnlich. Nach Peter hat nahezu jedes Jahrzehnt des 18. Jahrhunderts eine solche erlebt; die von Elisabeth berufene war unverrichteterdinge erst 1758 auseinander gegangen.[3] Im Gegensatz zu Elisabeth, die ja immerhin eine Tochter Peters d.Gr. war, konnte Katharina als angeheiratete Deutsche keine Rechtfertigung ihrer Herrschaft im allgemeinen und ihres Staatsstreiches im besonderen vorweisen. Wenn Katharina durch Manifest vom 14.12.1766 dazu aufrief, durch verschiedene Stände Abgesandte in die „Kommission zur Verfertigung des Entwurfs zu einem Gesetzbuch" wählen zu lassen,[4] geschah dies nicht zuletzt in Kenntnis dessen, daß diese Landesversammlung die Legitimität der neuen Zarin auf eine breitere Grundlage stellen konnte. Dies galt umso mehr, wenn man die Kommission auch zu einer Bühne erhob, auf der die Deputierten bzw. ihre Wähler Gelegenheit erhielten, ihre Anliegen vorzutragen. Daß eine derartige Möglichkeit sowohl Städtern als auch Bauern hochwillkommen war, hatte Katharina seit Regierungsantritt durch eine Vielzahl ihr überreichter Petitionen erfahren.[5]

Die Frage nach den Entstehungsumständen der Instruktion ist bis heute nicht restlos geklärt; es bleibt daher offen, ob Katharinas Idee zur Abfassung der Instruktion (als Hilfe zur Erstellung eines Gesetzbuches) dem Gedanken an die Berufung einer Landesversammlung voranging. Da Peter mit seiner Absicht, ein neues Uloženie zu verabschieden, nicht weniger als dreimal gescheitert war, setzte sich Katharina keinem geringerem Anspruch aus als dem, ihren großen Vorgänger zu übertreffen. Erste Ansätze der Arbeit am Nakaz scheinen bis zum Februar 1764 zurückzureichen; den Großteil des Textes hat Katharina jedoch in der ersten Hälfte des Jahres 1765 zu Papier gebracht, als sie gegenüber Vertrauten mit einigem Stolz durchblicken ließ, allmorgendlich drei Stunden auf ihr Projekt zu verwenden. Im September 1765 war ein Entwurf dessen fertiggestellt,

---

3 Innerhalb der Bürokratie tagte ein kleinerer Kreis noch bis 1762. Da die Kommission niemals formell aufgelöst wurde, glaubt Morrison, Catherine II's Legislative Commission, in der von Katherina einberufenen Versammlung die unmittelbare Fortsetzung hiervon zu sehen.

4 PSZ 17, Nr. 12.8o1.

5 Die legitimitätsstiftende Funktion der Versammlung haben schon die damaligen Petersburger Gesandten Englands und Frankreichs, Shirley und Rossignol, als Ursache der Einberufung bezeichnet. Ihre Auffassung ist bis heute vorherrschend geblieben. Vgl. zuletzt Madariaga, Russia, S. 151-63; Ransel, Panin Party, S. 178-86. Der Pokrovskij-Anhänger Sacke hat Kommission und Instruktion dagegen als Versuch Katharinas interpretiert, den eindeutigen Vorrang der Selbstherrschaft gegenüber Anspüchen auf Herrschaftsteilung wiederherzustellen. Eine derartige Absicht verkörperte sich für Sacke vor allem in Nikita Panins Projekt eines „Kaiserlichen Rates" aus sechs bis acht Mitgliedern, von denen jedes ein Ressort wahrnehmen sollte. Čečulin, Proekt, hatte dagegen betont, daß Panin seine Denkschrift im Auftrage Katharinas entworfen hatte. Vgl. Ransel, Imperial Council Project; ders., Catherine II's Instruction, der in diesem Entwurf gleichfalls keinen Konfliktstoff sehen kann. Zudem versuchte Sacke aus der Kommission die Absicht Katharinas herauszulesen, a) zu einer Aufwertung der Städter zu gelangen, die b) auf Kosten des Adels gegangen sei; a) ist unstrittig, b) so nicht haltbar (s.u. 4.d). Wenn Sacke, Gesetzgebende Kommission, S. 155, etwa von einer „fortschreitenden Verschärfung der Gegensätze zwischen Regierung und Adel einerseits und zwischen den einzelnen Ständen andererseits" spricht, klingt hier der Tonfall sowjetischer Historiker an. Zu Sacke und seinem Schicksal nach 1933 s. Geyer, Sacke.

den sie von ihren Sekretären aus dem Französischen ins Russische übersetzen ließ und mehreren Vertrauten vorlegte (u.a. N. Panin und A. Bibikov). Nachdem Katharina deren Hinweise 1766 aufgegriffen hatte und so zu einer zweiten, knapper gehaltenen Fassung gelangt war, legte sie diese den Delegierten der Gesetzgebungskommission bei deren Begrüßung im Moskauer Kreml' am 30.7.1767 vor. Während der ersten Sitzungstage wurde der Text den Abgesandten verlesen. In Anlehnung an die Zeremonie zur Inkraftsetzung des Uloženie von 1649 - dessen Urfassung hatte die Zarin durch langwierige Suche hervorholen und in einer silberen Truhe ausstellen lassen - wurden zwei Exemplare von allen Abgeordneten unterzeichnet.[6]

Zum damaligen Zeitpunkt bestand die Instruktion aus 526 Artikeln, denen im Februar bzw. April 1768 zwei Nachträge zu Polizei und Finanzen angefügt wurden, so daß der Gesamtumfang auf 655 Artikel anwuchs. Der bis 1767 fertiggestellte Hauptteil gliedert sich in zwanzig Kapitel, die sich wiederum vier übergeordneten Gesichtspunkten zuordnen lassen. Art. 6 lautete „Rußland ist eine europäische Macht", erklärte das Programm der Zarin also kurzerhand schon zur Tatsache. Rußlands Herrscher könne nur Autokrat sein. Gegenüber der ersten Fassung von 1765 wurde diese Passage zur Rechtfertigung der Selbstherrschaft im Text von 1767 wesentlich gekürzt, wohingegen die anschließenden Kap. 5-10 zu Rechtspflege und Kriminalgericht 1767 weitaus mehr Raum erhielten. Der dritte Teil bezieht sich auf die Stände (Kap. 11-17), und der vierte geht auf verschiedene Einzelfragen wie Erbschaften, Abfassung der Gesetze im allgemeinen oder das Delikt der Majestätsbeleidigung ein (Kap. 18-20). Unter diesen vier Teilen ist in unserem Zusammenhang vor allem der zweite von Interesse. Gerade er schöpft unverkennbar aus Montesquieu, auf dessen 1748 erschienenen *Esprit des lois* nicht weniger als 284 der zunächst 526 Artikel des Nakaz beruhen. Sowohl im Aufbau als auch in Formulierung und Gedankengang schließt sich die Instruktion eng an den Text Montesquieus an. Die negative Definition von „Gesetz" findet sich bei Montesquieu (Art. 41: „Es muß durch Gesetze nichts verboten seyn als dasjenige, was entweder einem jeden insbesondere oder dem gemeinen Wesen überhaupt schädlich seyn kann"); die Einteilung der Delikte in die vier Gattungen der Religionsverbrechen, der sittlichen Verbrechen, der gegen Ruhe und Frieden sowie gegen die Sicherheit der Mitbürger stammt von Montesquieu (Art. 68-72); ebenso die Herleitung der Strafe aus der Natur des Verbrechens, so daß Frevel durch Kirchenausstoß, die Verletzung der Sitte durch Unehre geahndet werden sollte (Art. 73-79); Montesquieu forderte den Vorrang der Verhinderung von Verbrechen vor der Bestrafung (Art. 83); von ihm stammt die Mahnung, die Schwerkriminalität durch stärkere Differenzierung der Strafen zurückzudrängen (94); auf ihn geht schließlich auch das Plädoyer auf Abschaffung der Körperstrafen (96) und der Folter zurück (123). Das zehnte, sehr umfangreiche Kapitel „Von der Form des Criminalgerichts" stellt dagegen einen Extrakt aus Beccarias 1764 erschienener Abhandlung *Dei delitti e delle pene* dar,

6 Vgl. Alexander, Catherine, S. 1o1, 113. Leicht abweichende Daten zur Entstehungsgeschichte bei Omel'čenko, Političeskaja teorija, S. 8o.

die Katherina in der französischen Übersetzung von 1765 studiert hatte. In die erste Fassung der Instruktion von 1766 hatten Beccarias Thesen noch keinen Eingang gefunden; die zweite Variante gibt seine Gedanken umso ausführlicher wieder, geht im Grunde doch jeder der 107 Artikel des zehnten Abschnitts auf ihn zurück. Neben der von Montesquieu aufgestellten floß damit noch eine zweite Typologie der Verbrechen in den Text ein, die Delikte ihrer Schwere nach ordnete. Bei Beccaria verdienen Verbrechen gegen die Gesellschaft also die schwerste Strafe, die Beleidigung eines einzelnen die leichteste (228). Erscheinen Beccaria und Montesquieu an dieser Stelle lediglich als unvereinbar, tritt in ihrer Haltung zur Todesstrafe ein Widerspruch auf. Während der auf Montesquieu zurückgehende Art. 79 des Nakaz in der Todesstrafe „ein Arzneimittel der kranken Gesellschaft“ sieht, verkündet Art. 210 im Anschluß an Beccaria: „Die Erfahrung bezeuget, daß durch den Gebrauch der Lebensstrafen ein Volk niemals gebessert worden.“ Der Abschnitt zur Polizei resümierte den ersten, 1760 erschienenen Band der *Institutions politiques* des aus Hamburg stammenden Jakob Friedrich Bielfeld, Oberaufseher der preußischen Universitäten. Da dieser seinerseits ein Montesquieu-Epigone war, bezog Katherina ihren Stoff hier nur aus zweiter Hand.[7] Beide im 21. Kapitel vertretenen Hauptgedanken - die Trennung zwischen Gesetz und Polizeiverordnung sowie zwischen ordentlicher und Polizeigerichtsbarkeit - gehen auf Montesquieu zurück.[8]

Vielleicht noch aufschlußreicher als die Frage nach den aus fremder Quelle übernommenen Artikeln ist diejenige nach Passagen, die Katharina in ihren Vorlagen zwar vorfand, für ihre Zwecke aber für unpassend erachtete und im Nakaz demzufolge überging. Hier ist unübersehbar, daß Katharina Montesquieus Gedanken außerordentlich verflacht und entstellt hat, so wenn sie unter den drei von Montesquieu charakterisierten Regierungsformen Republik, Monarchie und Despotie das der Despotie zugeordnete Kennzeichen der unumschränkten Herrschaft auf ihr eigenes Reich anwendet, dessen Gebieter aber zum Autokraten verklärt. Auch die von Montesquieu ausgemalten Schattenseiten der Despotie wischt Katharina beiseite („brutalste Leidenschaften“, „albernste Launen“, „furchtbare Grausamkeiten“). Montesquieus großartiges Werk benutzt Katherina vordergründig also dazu, um mit Liberalität und Gelehrsamkeit zu prunken, während sie es tatsächlich doch nur nach Bruchstücken ausschlachtet. Auch das Buch Beccarias wird um seine gedankliche Tiefe gebracht, ging es diesem im

---

7 Bielfeld hatte seine Schrift der Zarin erst 1765 zukommen lassen, so daß Katharina das Polizeikapitel 1768 an die Instruktion anhängte. Zu Bielfeld s. Meusel, Lexikon teutscher Schriftsteller, Bd. 1, S. 399-4o1, und Ersch/Gruber, Allgemeine Encyklopädie der Wissenschaften und Künste, Bd. 1o, S. 113-14, wo man Bielfelds Kenntnissen kein sehr schmeichelhaftes Zeugnis ausstellt. Vgl. auch Scharf, Katharina II., S. 124-28.

8 Vgl. die Synopse bei Čečulin, Ob istočnikach, S. 3o6-17; Zarudnyj, Bekkarija; Belikov, Hg., Bekkarija, S. 22o-22. Taranovskij, Političeskaja doktrina, S. 71-72, stellt nicht ganz zu Unrecht die These auf, Katharina habe Montesquieus Konzept vom Ständestaat durch ihr Bild vom Beamtenstaat ersetzt. Zur Beccaria-Rezeption s. vor allem Cizova, Beccaria; Kistjakovskij, Izloženie načal; Fel'dštejn, Ugolovno-pravovyja idei; ders., Glavnyja tečenija, S. 99-142; Vulf'ert, Bekkaria, S. 8o-84; Rešetnikov, Bekkaria, S. 91-96. Zu Montesquieu in Rußland vgl. Madariaga, Catherine II and Montesquieu; Pypin, Ekaterina II i Montesk'e; Kogan-Bernštejn, Vlijanie idej Montesk'e; Baskin, Montesk'e.

Grunde doch um eine Analyse der Verbrechensursachen. Diese Kernfrage hat Katherina jedoch ebensowenig reflektiert wie das Problem der anonymen Denunziation oder der Amtsverbrechen. Gerade letztere waren im Zarenreich ja nicht eben selten. Aus rechtsgeschichtlicher Sicht liegt die Bedeutung der Instruktion also zweifellos nicht in der Originalität, sondern im Transfer. *Nullum crimen sine lege* (14) oder *nulla poena sine lege* (194) - derartige Forderungen hatte in Rußland bislang noch kein Zar erhoben. Neu war zudem das von Montesquieu formulierte Ziel aller Gesetzgebung: „Man muß durch die Gesetze den Bürgern gute Sitten ins Herz flößen, nicht aber durch Leib- oder Lebensstrafe die Gemüter niederschlagen" (83). Auch in politischer Hinsicht wartete Katherina mit einem Bekenntnis auf, das sich keinesfalls aus der Moskauer Rechtsauffassung herleiten läßt: „Wir aber halten dafür und schätzen es Uns zum Ruhme zu sagen, daß Wir Unsers Volks wegen erschaffen sind" (519).[9] Katharina brachte sogar den Mut auf, diesem Programm auch die Leibeigenschaft zu unterwerfen. In Art 252/53 heißt es: „Wenn also das natürliche Recht uns befielt, für aller Menschen Wolergehen nach unserm Vermögen Sorge zu tragen, so sind wir verbunden, das Schicksal auch dieser Untergebenen, so viel es die gesunde Vernunft zuläßt, zu erleichtern. Folglich müssen wir auch vermeiden, Leute zu Leibeigenen zu machen." Der aufgeklärte Absolutismus dürfte kaum besser charakterisiert worden sein. Tragweite und Sprengkraft der Instruktion (als einer Beschreibung des Soll-Zustands) werden also erst dann ersichtlich, wenn man ihr den damaligen Ist-Zustand Rußlands entgegenhält.

Angesichts dieser Kluft zwischen Anspruch und Wirklichkeit schließt sich die Frage an, welche Wirkung der Nakaz denn nun entfaltet hat. Als Gesetz war die Instruktion nicht entworfen worden; sie war auch nicht geeignet dazu. Politische Bekenntnisse wechselten sich ab mit Ausflügen in die Völkerkunde, rechtsphilosophische Überlegungen mit Forderungen an die Richter. Das Gebiet des Zivilrechts, das weitaus größeren Raum als das Strafrecht beansprucht hätte, wird schnöde abgetan, nahm es im Konzept des Policeystaats doch nur untergeordneten Rang ein. Auch ein Strafgesetzbuch hat der abstrakt gehaltene Nakaz aber nicht geliefert. Da das eigentliche Gesetzbuch auch diesmal ausblieb, konnte die Instruktion außerhalb des Deputiertenkreises im Grunde nur als unverbindliche Denkschrift gelten. Als solche wurden am 24.9.1767 54 Exemplare an Gerichte und Behörden auch in die Provinz abgesandt.[10] Noch dazu ordnete der Senat am 28.4.1768 an, die Instruktion den Richtern jedes Jahr an drei Samstagen vorzutra-

9 Hieran schließt sich der Satz an: „Und dieser Ursache wegen sind Wir verbunden, von den Sachen so zu reden, wie sie seyn *sollen*". Für das Verständnis des Textes scheint dies eine Kernstelle zu sein. Die sowjetische Forschung hat den Nakaz nahezu ausschießlich am damaligen Ist-Zustand gemessen, so daß sie der Instruktion Zynismus vorwarf. Besonders prononciert bei Beljavskij, Krest'janskij vopros, S. 145-75. Faßt man den Nakaz jedoch als Beschreibung eines Zieles (oder Soll-Zustands) auf, geht diese Kritik an der Intention des Nakaz vorbei.

10 PSZ 18, Nr. 12.977. Ist es Zufall, wenn z.B. das Revisionskollegium, das sicher kein vorrangiges Organ der Rechtsprechung war, sieben Exemplare bekam, die in Moskau und Petersburg bestehenden Kriminalgerichte aber leer ausgingen? Seltsamerweise sollten auch deren vorgesetzte Dienststellen (die Moskauer bzw. Petersburger Gouvernementskanzlei) keine Ausgabe des Nakaz erhalten.

gen.[11] Welche konkrete Bedeutung der Nakaz in der Rechtsprechung aber erlangen würde, hing davon ab, welche Anstrengungen der Gesetzgeber unternahm, um die bestehende Rechtslage an den im Nakaz gesetzten Standard anzupassen. Da die Generalrevision der Rechtsnormen infolge des Scheiterns der Kommission ausblieb, bot sich als Ausweg nur an, die im Nakaz verkündeten Absichten nach und nach in geschriebenes Recht umzusetzen. Ohne diesen Zwischenschritt auf einen Wandel auch der Rechtsprechung zu hoffen, war ganz und gar illusorisch.[12]

Auf dem Gebiet des Strafrechts hat Katharina im Januar 1774 einen Anlauf dazu unternommen, ausgelöst einerseits durch den Besuch Diderots in Petersburg vier Monate zuvor[13] und eine intensive Lektüre der *Encyclopédie*, andererseits durch eine Welle von Unruhen, die das Reich erschütterten: Im September 1771 schlugen aus Petersburg herangeführte Truppen die „Pestrevolte" in Moskau nieder, im Januar 1772 erhoben sich die Ural-Kosaken am Jajk und erschlugen den General Traubenberg, Leiter einer Kommission zur Untersuchung von Beschwerden gegen die Kosakenältesten, und am 17.9.1773 machte sich der Donkosak Emel'jan Pugačev in seinem ersten als Zar Peter III. unterzeichnetem Manifest die schwelende Unzufriedenheit am Jajk zunutze, den Kosaken die Restitution alter Privilegien versprechend. Vor diesem Hintergrund blieb von Katharinas ursprünglicher Absicht, einen dem Uloženie von 1649 und dem Kriegsartikel von 1715 ebenbürtigen Kodex vorzulegen, wenig übrig; das Projekt beschränkte sich auf fünf Kapitel zur Gotteslästerung, Ketzerei, „Über die kaiserliche Macht und über Verbrechen gegen die staatliche Sicherheit und den Staat", „Über Majestäts- und Staatsvergehen *(O postupkach protivu spokojstvija imperatorskogo veličestva i gosudarstva)* und über Worte und Taten, die gegen Sitte und Anstand gerichtet sind" sowie „Über Verräter und Staatsverbrechen". Allem Anschein nach hielt die Zarin es für geboten, die staatliche Autorität stärker geltend zu machen und griff dazu auf das bewährte Mittel des Strafrechts zurück. Diderots Einfluß war, obschon sich Katharina aus der Enzyklopädie umfangreiche Exzerpte angefertigt hat, offenbar schnell verflogen, denn Kap. 1 des Projekts drohte Gotteslästerern den Feuertod an, auf Hoch- und Staatsverrat stand die Hinrichtung. Worin der von Katharina doch so gern demonstrierte „aufklärerische Impetus", das eigentlich Neue an diesem Fragment also bestehen sollte, ist nicht ganz ersichtlich.[14]

---

11 PSZ 18, Nr. 13.1o7.

12 Da Nakaz und geltendes Recht in vielen Fällen miteinander kollidierten, machte sich derjenige Richter, der sein Urteil in einer solchen Konstellation auf den Nakaz stützte, strenggenommen eines Rechtsbruchs schuldig. Hier wird ersichtlich, daß die Instruktion auch Verwirrung stiften konnte.

13 Dazu s. Proust, Diderot et l'expérience russe; Wilson, Diderot in Russia; Madariaga, Catherine and the Philosophes, S. 38-47.

14 F. 1o, op. 1, d. 19, l. 6o-128. Vgl. Omel'čenko, Ugolovnaja politika; ders., „Zakonnaja monarchija", S. 295-98, der allerdings keinerlei Zweifel daran hat, daß Katharina von guten Intentionen geleitet worden sei. Die Krise der Zarenmacht in der Provinz kommt kaum zur Sprache, so daß Omel'čenko in manchem die Antithese zur sowjetischen Lehrmeinung formuliert.

Auch in der Folgezeit hat Katharina einzelne Ukaze zwar immer wieder mit Zitaten aus ihrer Instruktion garniert;[15] den energischen Willen zur allmählichen Erneuerung des gesamten Rechtskörpers vermißt man jedoch. Folter und Körperstrafen wurden nach 1767 allmählich abgebaut; diesen Prozeß hat die Instruktion aber eindeutig nicht in Gang gesetzt und wahrscheinlich auch kaum beschleunigt, da seine Anfänge auf Elisabeth zurückgehen und zumindest die Körperstrafen noch die Strafjustiz des 19. Jahrhunderts bestimmen sollten. Ansätze zu der in Art. 166 geforderten Gefängnisreform hat Katharina nach 1770 zwar unternommen, doch erwiesen sich ihre Projekte als unrealistisch und zu kostspielig (s.u. 7.f). Die neue und schärfer gefaßte Definition der Eigentumsdelikte ließe sich vielleicht auch als stückweise Verwirklichung des Nakaz begreifen, wäre sie nicht erst 1781 ergangen, d.h. ein halbes Menschenalter nach Ergehen der Instruktion (s.u. 6.c). Die Bilanz fällt deshalb zwiespältig aus. Trotz der weitausholenden Gebärde hat Katharina die 1767 verkündeten Prinzipien selbst mißachtet, so daß der Nakaz weiterhin quer zur geltenden Rechtslage stand. Dies betraf nicht nur die fortbestehende Leibeigenschaft, sondern auch die unverwirklichte Gleichheit vor dem Gesetz sowie die unterbliebene Humanisierung des Strafprozesses. Katharina hat sich damit einerseits das unzweifelhafte Verdienst erworben, dem westeuropäischen Zeitgeist auch in Rußland eine Bühne zu schaffen; da dessen Parolen auf Rußland aber nicht passen wollten, entsteht andererseits der Verdacht, man habe hier nur Theater gespielt.

---

15 Vgl. Čečulin, Hg., Nakaz, S. CXLVII-CLIV; Madariaga, Penal Policy, S. 512-13; Belikov, Hg., Bekkarija, S. 226; Kločkov, Nakaz. Zu Katharinas Ansichten über die Folter s. Bilbassoff, Geschichte Katharinas II., Bd. 2, S. 9o-1o8.

Reifliche Überlegung hat Katharina nicht nur auf ihre Instruktion verwandt, sondern auch auf die Bestimmungen zur Wahl der Deputierten. Vorschriften dazu ergingen gleichzeitig mit dem Manifest zur Einberufung der gesetzgebenden Kommission vom 14.12.1766. Durch ein ausgeklügeltes System von Alters- und Vermögenszensus, Wahlmännern und Wahlkreisen[1] trat am 30.7.1767 eine Versammlung zusammen, die den Städtern eindeutigen Vorrang einräumte.[2] Diese stellten 207 von insgesamt 531 Abgesandten; auf den Adel entfielen 160 Deputierte, auf die sog. „freien Bauern" (Einhöfer, nordrussische *černosošnye* und angesiedelte Soldaten) 78, auf die Kosaken 54 sowie 52 auf einzelne Ethnien (u.a. Tataren, Samojeden, Baschkiren, Čeremissen und Kalmücken). Hinzu traten 28 zumeist höhere Beamte, um auch den Behörden ein Mitspracherecht zu gewähren. So hatte das Justizkollegium den Obersten Ivan Olsuf'ev abgestellt und ihn mit einer Denkschrift versehen, in die auch Vorschläge der Moskauer *Rozysknaja Ėkspedicija* eingeflossen waren. In der Provinz schritt man getrennt nach einzelnen Ständen zur Wahl; in Petersburg und Moskau bestimmten Adel und Bürger ihre Vertreter jedoch in gemeinsamer Abstimmung, wobei das Gouvernement Moskau 112 Deputierte in den Kreml' entsandte, davon fünf aus der alten Hauptstadt. Mit 58 Abgeordneten hatten die Bürger im Gouvernement Moskau ein leichtes Übergewicht, da der Adel nur 49 Deputierte stellte, die Bauern fünf.[3]

Legt man den Inhalt des Nakaz, den die Moskauer ihren Abgesandten weisungsgemäß mitgaben, als Elle zur Ermittlung des tatsächlichen Einflusses der Kaufleute an, muß das Urteil wohl lauten, eine so große Anzahl an Deputierten sei den Bürgern allein zu Dekorationszwecken zugestanden worden. An eigentlich kaufmännischen Anliegen - z.B. der Forderung nach Abbau adliger Vorrechte, vor allem bei der Beschäftigung von Leibeigenen oder nach der Zurückdrängung handeltreibender Bauern - findet sich in der Moskauer Instruktion wenig, an Vorschlägen der Bürokratie zu einer besseren Beaufsichtigung des Gemeinwesens Moskau aber sehr viel. Schon im ersten der insgesamt 45 Punkte des Moskauer Nakaz ist von der Nachtwache an den Straßensperren die Rede, der Aufgabe der Brückeninstandhaltung und anderen „von der Polizei auferlegten Pflichten". Der zweite Artikel legt ein Plädoyer für den Brandschutz ein, der dritte fordert in

1 Einzelheiten bei Ditjatin, Ekaterininskaja kommissija, S. 336-39.

2 Sacke, Gesetzgebende Kommission, S. 94, hat daraus den Schluß gezogen, Katharina habe das Bürgertum für „absolut loyal", den Adel aber für „politisch unzuverlässig" gehalten. Im Hinblick auf die Umstände der Inthronisierung Katharinas ließe sich diese Auffassung vielleicht auch rechtfertigen; wie der Verlauf der Kommissionsarbeit zeigen sollte, ging es beiden Ständen jedoch weniger um ausgreifende politische als um enge wirtschaftliche Interessen.

3 Sergeevič, Otkuda neudači, S. 2o7, 215. Leicht abweichende Tabellen zur Zusammensetzung der Versammlung bei Papmehl, Freedom of Expression, S. 49; Beljavskij, Krest'janskij vopros, S. 355-71; Longinov, Materialy. Vgl. allg. Florovskij, Sostav.

diesem Sinne eine Steigerung der Ziegelproduktion usw. Die bürokratisch übersättigte Intention mag sich dadurch erklären, daß der Moskauer Nakaz dem der Stadt Petersburg recht ähnlich ist; als Vorlage beider Instruktionen schimmert immer wieder der Nakaz der Petersburger Polizei sowie der des Senats durch. Die Moskauer scheint damit von oben inspiriert worden zu sein.[4] Ob die außerordentlich schwache Anteilnahme der Moskauer Bevölkerung bei der Abfassung dessen Ursache oder Folge war, bleibt offen. Von ca. 12.000 wahlberechtigten Moskauer Hofbesitzern übten nur 878 dieses Wahlrecht auch aus; den Text des Nakaz haben 98 Männer unterschrieben, darunter auffallend wenige Kaufleute. In Uglič zeichneten dagegen 650 Bürger die Instruktion ihrer Stadt ab, in Tula 1.375.[5]

Nachdem die gesetzgebende Versammlung am 31.7.1767 erstmals zusammengetreten war, der General A.I. Bibikov, ein Vertrauter der Zarin, zum „Marschall" bestimmt und mehrere Unterausschüsse (u.a. für die Sichtung der mitgebrachten Instruktionen oder das Abfassen des neuen Uloženie) gebildet worden waren, verbrachten die Deputierten die ersten sieben Sitzungen mit dem Anhören des „Großen Nakaz", den Katharina ja eigens zu diesem Zweck verfaßt hatte (s.o. 4.a). Durch einen schon zu diesem Zeitpunkt offensichtlich werdenden Mangel an Koordination war die Redaktion der Gesetzentwürfe, die man der Kommission hatte vorlegen wollen, noch nicht abgeschlossen. Im Verlauf der folgenden 14 Sitzungen wurde die Kommission deshalb mit dem Verlesen von Instruktionen der Staatsbauern und Nationalitäten beschäftigt. Als der zuständige Ausschuß erste Gesetzentwürfe vorlegen konnte, begann mit deren Anhörung am 11.9.1767 die eigentliche Arbeit. Nach insgesamt 77 Sitzungstagen stellte die Kommission am 14.12.1767 ihre Tätigkeit im Moskauer Kreml' ein, um sie am 18.2.1768 im Petersburger Winterpalais wiederaufzunehmen.[6] Dort gab Bibikov am 18.12.1768 bekannt, die Zarin habe angesichts der Kriegserklärung der Türkei an Rußland vom 6.10. beschlossen, die Arbeit der Versammlung vorerst zu unterbrechen. Nach 203 Sitzungen beendete diese am 12.1.1769 demzufolge ihre Tätigkeit. Unverrichteterdinge ging im September 1771 auch der leitende Unterausschuß auseinander. Wie stichhaltig der Hinweis auf den türkischen Krieg zur Begründung des Abbruchs nun tatsächlich ist, darüber läßt sich streiten. Einerseits ist unverkennbar, daß 92 der 160 adligen Deputierten Offiziere waren und viele von ihnen dem Marschbefehl entgegensahen. Auch die Mehrheit der 54 von den Kosaken in die Versammlung entsandten Deputierten mußte nun einrücken. Andererseits hatte Katharina ihrem Unmut über das angeblich unbefriedigende Niveau der Debatten sowie über das schwache Echo, das ihre Instruktion gefunden habe, schon zuvor freien Lauf gelassen.[7]

Die gesetzgebende Versammlung hat damit keine Gesetze, wohl aber bemerkenswerte Stellungnahmen auch zu Leibeigenschaft und Kriminalität hervor-

---

4 Zu dieser Frage Coquin, Commission; Daniel, Merchant's View; Voznesenskij, Gorodskie nakazy; Kizevetter, Proischoždenie; Latkin, Zakonodatel'nye kommissii, S. 425-526.

5 Sivkov, Nakaz žitelej Moskvy, S. 196.

6 Die Zarin wollte den Winter in Petersburg verbringen.

7 Madariaga, Russia, S. 164-68; Alexander, Catherine, S. 112-20.

gebracht. Zum einen kommen sie in den Instruktionen zum Ausdruck, die die Wähler ihren Abgesandten mit auf den Weg gaben; zum andern gehen sie aus den Diskussionen hervor, die die Gesetzentwürfe unter den Abgeordneten auslösten. Unter den von Bauern vorgelegten Anweisungen stand die Klage über wirtschaftliche Mißstände wohl im Vordergrund. Als Beispiel dessen kann der Nakaz der Bauern aus dem nordrussischen Kreis Kargopol' gelten, die ihren Mangel an Roggen als so groß bezeichneten, daß sie dazu genötigt seien, dem Brot auch Heu und Birkenrinde beizumischen. Angesichts dieser Armut baten sie um Errichtung staatlicher Getreidemagazine, sprachen sich für die Abschaffung der durch Ukaz vom 17.6.1763 verfügten Schonzeit bei der Jagd aus usw.[8] Die vom Adel vorgetragenen Wünsche sahen naturgemäß etwas anders aus; wieder und wieder wurde hier das alte Läuflingsproblem vorgebracht, dessen Ausmaß einzelne Deputierte mit Zahlenangaben zu verdeutlichen suchten. Sergej Mjasoedov, Abgeordneter des Adels aus Brjansk, wußte z.B. von 5.ooo Läuflingen zu berichten, die er 1742/43 als Mitglied eines Suchkommandos in und um Saratov dingfest gemacht habe.[9] Der Einhöfer Andrej Maslov aus Belgorod übertrumpfte ihn jedoch mit der Angabe, allein am 5.1.1743 seien in den Gouvernements Belgorod und Voronež 10.425 *odnodvorcy* als flüchtig gemeldet worden.[10] Im Nakaz des Smolensker Adels hieß es sogar, von dort seien mehr als 5o.ooo Leibeigene nach Polen entwichen.[11]

Fast als Typologie der Fluchtbewegung läßt sich die Instruktion des Pskover Adels betrachten, da sie drei Varianten unterschied: Die einen entliefen nach Polen, da sie Kenntnis der dortigen Bräuche und der dort herrschenden Freiheit hätten; Rekruten seien dort nicht zu stellen, an den Staat auch keine Steuern zu zahlen; zudem sei in Polen auch der Wodkahandel unbeschränkt! Die zweite Gruppe verbleibe im russischen Reich, um bei den „Reichen und Mächtigen" Zuflucht zu suchen, die den „Läuflingen gar manchen Vorteil zu bieten haben". Hier spielte die Instruktion auf das Wohlstandsgefälle zwischen großen und kleinen Gutsbesitzern an, das sich die Läuflinge in der Tat zunutze machten. Die dritte Gruppe sah man nach Livland entschwinden, dessen Grenze unbefestigt sei und von wo es keine Rückkehr gebe. Auch von der Abzugskriminalität wußte man in Pskov ein Lied zu singen. „Nicht nur Einzelpersonen oder Familien, sondern sogar ganze Dörfer laufen mit allem Besitz davon. Dabei überfallen sie ihre Gutsbesitzer und rauben sie aus, andere aber stehlen heimlich, genau wissend, daß sie, was auch immer sie angestellt, gestohlen und geraubt haben, in Polen sicheren Unterschlupf finden werden und nie zurückkommen müssen. Wenn sie ihre Beute nun aufgezehrt haben, dann stiften sie andere zur Flucht an. Mit diesen Verbrechern bilden sie große Banden, fallen in Rußland ein, marodieren und rauben nicht nur die Bauernhöfe aus, sondern auch viele Gutshäuser, verüben Mordanschläge, stecken Dörfer an und kehren dann in ihr Schlupfloch

8 SIRIO 4, S. 69-72.
9 Ebd., S. 117.
10 SIRIO 32, S. 43.
11 SIRIO 14, S. 42o.

zurück, wo ihre polnischen Herren sie freudig begrüßen, ihnen Aufnahme gewähren und sie zum eigenen Vorteil um die Beute erleichtern."[12]

Derartige Klagen brachten adlige Deputierte häufig vor; daß die Läuflingsbewegung nach wie vor großes Ausmaß habe, darüber war man sich einig.[13] Die Kontroverse brach darüber auf, wie hier Abhilfe zu schaffen sei. Die einen, zu denen auch der Pskover Adel rechnete, behaupteten steif und fest, die Fluchtbewegung der Bauern vollziehe sich „ohne jede Bedrückung von seiten der Gutsbesitzer". Demzufolge rückte diese Schule die Forderung nach Bekämpfung des illegalen Abzugs durch Polizei und Militär in den Mittelpunkt. Einerseits sprachen sich viele Adlige für eine stärkere Präsenz des Staates auf dem flachen Land aus; manche regten sogar die Schaffung von Strafverfolgungsbehörden in jedem Kreis an. Hiermit verband sich harsche Kritik an der bisherigen Tätigkeit von Voevoden und Suchkommandos, die mit der Eindämmung der Läuflingsbewegung überfordert seien.[14] Im Kreis Odoev wollte sich der Adel mit dem Ruf nach mehr Staat aber nicht zufrieden geben und setzte auf stärkere Nachbarschaftshilfe, um den Räuberbanden das Handwerk zu legen.[15] In vergleichbare Richtung wies der Vorschlag des Adels von Kolomenskoe, der an das Mittel der Steckbriefe und öffentlichen Ausrufung von Gesuchten erinnerte.[16] Andererseits traten die Anhänger dieser Sichtweise auch für härtere Strafen ein, Hinrichtungen eingeschlossen. Zur Beschleunigung der Strafjustiz forderte man sogar die Ausdehnung des Folterrechts auf die Provinzbehörden gefordert; de jure stand dieses Mittel ja nur der *Rozysknaja Ėkspedicija* in Moskau zu.[17]

Während die erste Partei die Läuflingsbewegung also aus bäuerlicher Resistenz und weitgehendem Versagen der Strafjustiz erklärte, setzte die zweite, ungleich kleinere Gruppierung bei den Gutsbesitzern an. In den adligen Instruktionen sucht man diese Haltung vergebens; einzelne Abgeordnete brachten sie jedoch in den Debatten über die Entwürfe der Ständegesetze zum Ausdruck. Ein bemerkenswertes Dokument legte dabei der Deputierte des Adels von Ljubim (nördlich von Kostroma) vor, das allem Anschein nach seiner Privatinitiative entsprang, nicht der seiner Wählerschaft. Unter ausdrücklicher Berufung auf Art. 240 der „Großen Instruktion", demzufolge Verbrechensvorbeugung über Bestrafung zu stellen sei, formulierte Nikifor Tolmačev in der Sitzung vom 6.3.1768 mehrere kriminalitätsauslösende Faktoren. So heißt es bei ihm: „Jedem Gutsbesitzer gestattet das Gesetz, seine Leibeigenen ebenso wie Bauern ohne Land einzeln oder in ganzen Familien zu verkaufen. Dieser Handel wird überall dort getätigt, wo es eine *Krepostnaja kontora* gibt, ohne dabei nach Urkunden zu fragen, ob der Besitzer seine Leute denn auch zu Recht verkaufe. Aus diesem

---

12 SIRIO 14, S. 266-69, hier S. 266.

13 Tw. wurde sogar von einer Zunahme der Kriminalität gesprochen. Vgl. SIRIO 4, S. 42o; 8, S. 533. Zusammenfassung der Läuflingsdebatte bei Firsov, Vopros o beglych.

14 SIRIO 4, S. 247-49, 289. Die Behördenkritik gründete sich auch auf das weitgehende Versagen des Paßsystems (SIRIO 4, 115) und der Polizei (ebd., S. 114, 132). Speziell dazu s. Pčelin, Kommissija, S. 15-17, 68-96.

15 SIRIO 8, S. 362.

16 SIRIO 4, S. 335.

17 Ebd., S. 288, 422.

Grund kommt es vor, daß einige, wenn auch nicht viele Verkäufer fremde flüchtige Leute und Bauern anbieten, worauf diese ihren Gutsbesitzern zum zweiten Mal entlaufen. Desgleichen kommt es vor, daß einige die eigenen Leute und Bauern, obwohl diese aus einem Haushalt stammen und Kinder eines Vaters sind, drei oder vier Menschen, Männer ebenso wie Frauen, an unterschiedliche Orte und in verschiedene Hände verkaufen. Darunter sind auch Kinder, die sich nach dem Verkauf in verschiedenen Ländern (!) wiederfinden. Bedingt durch die Unreife ihres Verstandes reißen sie nun aus und kehren zum früheren Heim zurück. Ihre Väter, die natürlich Mitleid mit ihnen haben, nehmen sie bei sich auf. Andere, die kein Zuhause haben und nirgendwo Unterschlupf finden, geraten auf unrechte Wege, um sich Nahrung zu beschaffen. Greift man sie auf, werden sie bestraft, so daß sich die Fälle bei den Gerichten bedeutend vermehren."

Mit dieser Beschreibung gab sich Tolmačev jedoch nicht zufrieden, sondern schlug der Versammlung auch Gegenmaßnahmen vor. „Um all diese Verbrechen und Mißstände abzuwenden, sollte ein derartiger Verkauf durch Gesetze verboten werden. Dadurch kehrt Ruhe ein, die Zahl der Anklagen nimmt ab. Wenn aber doch jemand einen solchen Verkauf vornehmen will, sollten nur ganze Dörfer veräußert werden. Wenn jemand aus irgendwelchen Bedürfnissen Leute und Bauern ohne Land verkaufen will, sollte man diesen Verkauf nur familienweise und mit allem Besitztum gestatten. Der Verkauf einzelner muß wie das Auseinanderreißen der Familien unbedingt beseitigt werden."[18] Daß Tolmačev aus einem der nordrussischen Kreise kam, wo sich die Leibeigenschaft kaum ausgeprägt hatte, wird ihm das Aussprechen dieser für den Adel sehr unbequemen Wahrheiten wohl erleichtert haben. Tolmačevs Sichtweise erschien den Delegierten als so radikal, daß sein Vorschlag heftigen Protest hervorrief. So wollte etwa der Deputierte des Adels von Kurmyš an der mittleren Wolga, Aleksej Afimov, die Ursachen von Läuflingsbewegung und Abzugskriminalität in bewährter Manier allein bei den Bauern suchen. „Die Ansicht des Abgeordneten Herrn Tolmačev birgt keinerlei Nutzen, da es mißratene Bauern gibt, die zum Verbrechen neigen. Solchen Leuten dient die Entfernung von der Familie als Strafe; außerdem hält sie der Verkauf von weiteren Straftaten ab."[19]

Neben Tolmačev erinnerte noch ein zweiter Abgesandter an Art. 240 des Nakaz. Katharinas Instruktion hat den reformfreudigen Kräften damit gewichtige, wenn auch keine durchschlagenden Argumente geliefert. Nachdem sich der Artillerieleutnant Grigorij Korob'in zu Beginn seiner Rede vom 5.5.1768 auf den besagten Paragraphen zum Vorrang der Verbrechensverhütung berufen hatte, führte er weiter aus: „Oft schon habe ich darüber nachgedacht, was den Bauern wohl dazu treibt, seinen (!) Boden zu verlassen, Eltern, Frau und Kind unbegreiflicherweise im Stich zu lassen und Tränen zu vergießen, um fremderorts herumzustreifen und dem Unglück, bisweilen sogar dem Tod anheimzufallen. Wann immer ich solchen Gedanken nachhänge, kann ich nicht glauben, daß nur die Bauern Ursache der Flucht sein sollen. Deshalb muß man auch die Guts-

18 SIRIO 14, S. 123-24.
19 Ebd., S. 134.

besitzer im Blick haben, und wie sie mit den Bauern umspringen. Ich denke, unter Ihnen, verehrte Herren Abgesandte, wissen viele, daß es genügend solcher Besitzer gibt, die von ihren Bauern mehr Steuern verlangen, als das Recht es gestattet; andere haben ihre Güter verschwendet und große Schulden aufgenommen, geben daher ihre Leute weg und trennen sie vom Ackerbau, damit sie jährlich ihre Zinsen bezahlen können. Noch andere sehen, daß ihre von den Bauern aufgebrachten Einkünfte zur Befriedigung ihrer Kapricen nicht ausreichen und reißen sie daher aus den Familien fort, um sie für die eigenen Bedürfnisse zu benützen. Wiederum andere machen, wenn sich ihr Bauer unter Mühe einen kleinen Vorteil verschafft hat, dessen Arbeit durch einen Schlag zunichte... Deshalb ist es nicht schwer zu sehen, daß in der Mehrheit der Fälle der Gutsbesitzer Ursache der Flucht ist.“ Korob'ins Attacke gipfelte darin, daß er auf Art. 295 des Nakaz verwies („Der Ackerbau kann nicht in Aufnahme kommen, wo der Ackersmann kein Eigentum hat“), auch den Besitzmangel unter die Fluchtursachen einreihte und für eine Beschränkung der gutsherrlichen Rechte eintrat.[20]

Hier war nun bei weitem die Grenze dessen überschritten, was der Mehrheit der Deputierten noch als zumutbar erschien. Über Korob'in schlug eine Welle der Entrüstung zusammen: Die Gutsbesitzer seien es doch, die nach Wandel zum Besseren strebten; die Läuflinge aber frönten der Trunksucht, der Faulheit und diebischen Lastern.[21] Nicht vor der Unmenschlichkeit der Gutsherrn liefen die Bauern davon, sondern einzig und allein aus eigener Verderbtheit; die Forderung nach Beschneidung der Rechte des Gutsbesitzers sei deshalb zurückzuweisen.[22] Nicht die Willkür des Gutsherrn sei an der Verelendung der Bauern schuld, sondern die Raubüberfälle der Läuflinge an der Verelendung des Gutsherrn.[23] Ein anderer Adliger unterstellte Korob'in, dieser habe von der unumschränkten Macht des Gutsherrn auf den Zusammenbruch des ganzen Staates schließen wollen;[24] noch einer warf Korob'in sogar vor, er gehöre der gesetzgebenden Versammlung zu Unrecht an.[25] Auch der auch als Historiker bekannt gewordene (und spätere Präsident des Kammerkollegiums) Fürst M.M. Ščerbatov fühlte sich bemüßigt, Korob'ins Forderung nach Stutzung der gutsherrlichen Privilegien energisch zurückzuweisen. Nicht die von Korob'in ausgemalte Willkür des Gutsbesitzers sei für die Fluchtbewegung verantwortlich zu machen; vielmehr gehe der Läuflingsstrom auf ganz andere Ursachen zurück. Erstens reize die Weitläufigkeit des russischen Reiches zur Flucht an, zweitens die dürftige Qualität der Böden, drittens versuchten sich viele der Einberufung zu entziehen. Die vierte und letzte Fluchtursache sah Ščerbatov in der Unstetigkeit und Sittenlosigkeit der Bauern, die sich zudem der Bestrafung für die von ihnen begangenen

20 SIRIO 32, S. 406-10.

21 Ebd., S. 417.

22 Ebd., S. 429.

23 Ebd., S. 485.

24 Ebd., S. 451.

25 Ebd., S. 419. In seiner Entgegnung vom 21.5. gab Korob'in zu, er habe sein Mandat von einem ausgeschiedenen Adelsdeputierten seines Kreises erhalten.

Untaten zu entziehen suchten. Auch Korob'ins Forderung nach Ausstattung der Bauern mit Land lehnte Ščerbatov rundweg ab. Wo dieses Land denn wohl herkommen solle? Und ob der wohlgeborene Stand rechtgläubige Kirche und Staat deshalb immer wieder gegen Barbaren verteidigt habe, um jetzt mit einem Tyrannen verglichen zu werden? Sei das der Dank? Darüber hinaus sei die Bodenverteilung sogar bedrohlich. Durch mangelnde Kenntnis der Landwirtschaft sähen sich viele Bauern alsbald zum Verkauf ihres Bodens gezwungen und sänken zu Lohnarbeitern herab. Mord, Totschlag und Verbrechen aller Art seien die Folge. Ein ebensolches Übel entstehe, räume man den Bauern auch nur das Klagerecht gegen ihre Gutsbesitzer ein. Bislang seien die Bauern „ungenügend aufgeklärt" darüber, wo solche Klagen denn einzureichen seien. Wenn sich dies ändere, zögen die Bauern jedoch auch gegen berechtigte Ansprüche der Herrn vor Gericht. „Der Boden bleibt unbearbeitet, die Bauern verlieren ihr Einkommen und sehen sich zu Raub und Diebstahl gezwungen."[26]

Diese Argumentation wirkte allzu grobschlächtig und provozierte daher zum Widerspruch. Am 23.5., also am Tag nach Ščerbatovs Auftritt, meldete sich Ivan Čuprov zu Wort, Delegierter der freien Bauern aus dem Gouvernement Archangel'sk. „Die Staatsbauern wohnen zumeist in den kalten Landstrichen am Meer. Obwohl manche von ihnen sehr fleißig sind, können sie sich von der Mißgunst der Kälte, häufiger Mißernten und früh hereinfallender Herbstfröste nicht freimachen. Auch wenn sie auf Ackerland wohnen, müssen sie doch in die Fabrik gehen, setzen das Pflügen aber fort, vielleicht weil früher andere Arbeit fehlte. Auf der Flucht sind die Staatsbauern selten; es gibt ja nichts, vor dem sie davonlaufen könnten." Ščerbatovs Forderung nach dem Fortbestand des Überkommenen wies Čuprov deshalb zurück; Korob'ins Ruf nach Beschränkung der gutsherrlichen Machtvollkommenheit sei gerechtfertigt.[27] In unmittelbarem Anschluß an Ščerbatov stand der Artilleriehauptmann Jakov Kozel'skij auf. „Wenn man den Bauern Faulheit, Trunksucht und Verschwendung vorwirft, so mag daran etwas sein. Ich möchte allerdings auf das Beispiel der fleißigen Biene verweisen. Warum und zu wessen Nutzen arbeitet sie denn? Daß sie nicht für sich selbst arbeitet, sieht sie ja nicht voraus. Ihr Erworbenes hält sie für ihr Eigentum, verteidigt es und sticht, sobald der Mensch oder ein anderes Lebenwesen ihrem Stock zu nahe kommt. Auch der Bauer hat seine Gefühle, auch er hat Verstand und weiß im voraus, daß alles, was immer er auch besitzen mag, offenbar nicht Seines ist, sondern das des Gutsbesitzers... Aus diesen Gedanken heraus hielte ich es für nützlich, alle Teile des russischen Reiches zu vermessen und auf diejenigen Untertanen zu verteilen, die in den Sloboden (!) mit den Besitzern zusammen wohnen und das zu diesen Sloboden gehörende Land innehaben, damit die Bauern ihren Anteil für ihr Eigentum erachten, sich besser einrichten und beständiger leben können." Daß Kozel'skij diese Maximallösung - als erster Deputierter dehnte er die Debatte auf die Bodenfrage aus - wohl selbst

---

26 SIRIO 32, S. 488-91. Zu Ščerbatovs Rechts- und Strafrechtsauffassung s. Utkina, Hg., Russkaja mysl', S. 175-83; Lentin, Beccaria, Shcherbatov.

27 SIRIO 32, S. 5o2-5o5.

nicht für allzu realistisch hielt, läßt sich daraus ableiten, daß er auch zwei pragmatische Vorschläge einbrachte. Zunächst stellte er Korob'ins Forderung nach Beschränkung der gutsherrlichen Ansprüche auf eine konkrete Grundlage, indem er den Umfang der von Leibeigenen für Gutsbesitzer zu leistenden Fron auf zwei Tage wöchentlich begrenzen wollte.[28] Daneben warf er auch die Frage nach Eindämmung der Läuflingswelle auf. Damit die Bauern nicht länger illegal abzögen und den Gutsherrn durch Raubüberfälle nicht großen Schaden zufügten, müsse der Abzug durch Ausgabe von Pässen legalisiert werden. Garantiere man den Bauern dieses Recht, werde unter hundert oder tausend nur einer straffällig. Durch die Legalisierung des Abzugs gehe auch das Vagabundieren zurück, da ein betreffender Bauer nicht länger außerhalb des Rechts gestellt werde, also auch zurückkehren, seßhaft werden und heiraten könne.[29]

Als sich die Kommission nun daran machte, die vom zuständigen Unterausschuß formulierten Gesetzesentwürfe zu diskutieren, wählte man hinter den Kulissen gerade Grigorij Korob'in aus, um den Delegierten am 17.9.1768 u.a. den Art. 13 des Entwurfes zum adligen Standesrecht vorzustellen. Dieser Paragraph lautete: „Sofern es ihnen beliebt, können die Wohlgeborenen den Rechtsstatus ihrer leibeigenen Dörfer in den freier Dörfer umwandeln; freie Dörfer jedoch wieder in leibeigene umzuwandeln, ist nicht zulässig." Auch hier schwang sich Ščerbatov zum Wortführer der konservativen Mehrheit auf, indem er kategorisch erklärte, alles, was dem Adel schade, sei auch dem Staate schädlich. In einem unaufgeklärten Volk könne auch Freiheit Schaden anrichten. Korob'in wiederholte demgegenüber seinen Standpunkt, von der Freiheit gehe allein Nutzen aus, und zwar für Bauern und Gutsbesitzer ebenso wie für den Staat.[30]
Alles in allem sind vier Punkte an dieser Debatte bemerkenswert.
1. Unter den Deputierten der großen Kommission war eine Front zwischen Gutsbesitzern als Anhängern des status quo und einer Minderheit von reformfreudigen Abgeordneten aufgebrochen. Letztere machten nicht zuletzt die Willkür der Gutsherrn für die Fluchtbewegung verantwortlich; die Kriminalisierung des Abzugs suchten sie aufzuheben, um Läuflingsbewegung und Läuflingsverbrechen zu reduzieren. Dieser Weg hätte das Übel in der Tat an der Wurzel gepackt und das Verhältnis von Gutsherrn zu Leibeigenen auf eine neue Grundlage gestellt.
2. Von konservativer Seite suchte man das Drängen auf Beschneidung der gutsherrlichen Ansprüche mit der Behauptung zurückzuweisen, dieser Eingriff wirke sich staatsgefährdend aus. Von der eigentlichen Ursache der Läuflingsbewegung

---

28 Dazu veranschlagte Kozel'skij zwei Tage, die der Bauer pro Woche zur Erarbeitung der staatlichen Steuer verwenden solle. Für die eigene Wirtschaft der Leibeigenen verblieben dann gleichfalls zwei Tage (ungerechnet den Sonntag). Paul I. hat den Umfang der *barščina* nach seinem Regierungsantritt am 5.4.1797 bekanntlich auf drei Wochentage festgesetzt. Vgl. Kločkov, Manifest 1797 g. Bei Kozel'skijs (recht wolkigen) Plänen zur Bodenaufteilung ist vielleicht auch zu bedenken, daß er selbst offenbar keine Leibeigenen besaß. Dazu s. Kogan, Kozel'skij, S. 51.

29 SIRIO 32, S. 494-5o2. Vgl. Ransel, Panin Party, S. 15o-53; Beljavskij, Krest'janskij vopros, S. 211-13; Dukes, Russian Nobility, S. 219-21 u.ö.; MERSH 18, S. 11-12. Zum Hintergrund der Debatte s. Florovskij, Iz istorii. Einige Beiträge der liberal gesinnten Redner auch in: Izbrannye proizvedenija russkich myslitelej vtoroj poloviny XVIII v., Bd. 2, S. 49-83.

30 SIRIO 36, S. 26-27.

lenkte diese Partei ab und entzog sich damit der sachlichen Auseinandersetzung darum, welche Wege zu beschreiten seien, um zu einer allmählichen Befriedung der Gesellschaft zu gelangen. Durch Zurückweisung aller Reformvorschläge erklärte man auf konservativer Seite die leibeigenschaftliche Ordnung damit im Grunde für nicht reformierbar.

3. Eine vorsichtige Liberalisierung der Paßgesetze hätte sich einerseits wohl auch wirtschaftlich günstig ausgewirkt, da Gewerbe und Handel von einer Zunahme der geographischen Mobilität zumeist profitieren. Andererseits hätte man auch einen Schritt zur Hebung der Rechtskultur tun können; weite Teile der bisher bestehenden Paßgesetzgebung hatten sich als nichtdurchsetzbar erwiesen.[31] Die unübersehbare Kluft zwischen de jure und de facto hätte sich durch einen Reformversuch also verringert.

4. Aufgabe des Staates hätte es (aus unserer Sicht) sein müssen, beide Lager zusammenzuführen. Wie die Wahl Korob'ins zum Sprecher der Reformpartei zeigt, war die „Regie" auch liberaler gesinnt als die Mehrheit der Statisten. Sie unterließ jedoch den Versuch, zur Einigung beider Seiten beizutragen. Das Konzept der Selbstherrschaft schrieb dem Staat eine andere Rolle vor, derzufolge die Autokratie den Interessen einzelner sozialer Gruppen wenig oder kein Gehör schenkte. In politischer Hinsicht fällt die Bilanz der Großen Kommission also zwiespältig aus: Erstmals in der Geschichte der russischen Öffentlichkeit waren reformfreundliche und reformfeindliche Kräfte offen aufeinander geprallt; diesen Konflikt hatte die Kommission sichtbar gemacht, den Versuch einer Schlichtung noch im Frühstadium jedoch unterlassen.

31 Vgl. dazu Kap. 6.b.

4.c S.E. Desnickij

Die außerordentliche Bedeutung der gesetzgebenden Kommission tritt auch dadurch hervor, daß hier erste Früchte der in der Rechtspflege inzwischen eingeleiteten Akademisierung spürbar werden. Der Nakaz für den Generalprokuror, der wie die Große Instruktion am 30.7.1767 vorgelegt wurde, bringt dies zum Ausdruck. Zunächst teilte der Nakaz das Recht „nach wissenschaftlichen Gesichtspunkten" in einzelne Gebiete auf, und zwar in das göttliche Recht, das Kirchenrecht, das natürliche Recht, das Recht des Volkes (Gewohnheitsrecht), das Staatsrecht im allgemeinen, das Staatsrecht im besonderen, worunter auch das Strafrecht zu verstehen war, das bürgerliche Recht und schließlich in das Familienrecht. Unter Hinzuziehung von vier „gelehrten Jurisprudenten" sollte der Generalprokuror über die Vereinbarkeit der von der Kommission formulierten Gesetzesentwürfe mit der bestehenden Rechtslage wachen. Dazu stand es dem Generalprokuror frei, bei der Universität, der Akademie der Wissenschaften sowie bei der juristischen Klasse im Kadettenkorps Gutachten einzuholen.[1]

Die durch Ukaz vom 28.1.1724 gegründete, am 27.12.1725 eröffnete Petersburger Akademie der Wissenschaften hatte dem russischen Recht und seiner Geschichte zunächst wenig Beachtung geschenkt. Zwar sah man neben einer mathematischen und einer physikalischen Klasse als dritte auch eine für „Humaniora", Geschichte und Recht vor; wenn die Erforschung des russischen Rechts dennoch wenig Aufmerksamkeit fand, so auch deshalb, weil unter den 44 ständigen Mitgliedern, die die Akademie zwischen 1725 und 1744 umfaßte, nur ein Russe war.[2] Die befristet angeworbenen Juristen aus dem Westen beherrschten die Landessprache nicht. Gegen das Drängen von russischer Seite auf mehr Engagement machten sie tw. aber auch andere Vorbehalte geltend. Der 1725 eingestellte Königsberger Johann Simon Beckenstein verlieh ihnen in einem Brief aus Petersburg etwa folgenden Ausdruck: „Ein Systema in meinem Scibili zu schreiben ... würde auch, weil so viele Theile des Rechts sind, sehr schwer... Ich habe zudem alle Zeit bekannt, daß ich zum Bücherschreiben nicht aufgelegt bin, insonderheit an diesem Orte."[3]

Die akademische Rechtspflege erfuhr erst dann mehr Beachtung, als der aus Pyrmont stammende Friedrich Heinrich Strube (1704-1790), der in Helmstedt studiert und in Halle gelehrt hatte, 1746 einen Vierjahresvertrag der Petersburger Akademie annahm.[4] Sein Auftrag lautete, Digesten des russischen Rechts anzufertigen. Zu diesem Zweck forderte er Kopien aller großen Rechtsdenkmäler der Moskauer Geschichte an (Russkaja Pravda, Sudebnik von 1550, Uloženie von

1 PSZ 18, Nr. 12.95o. Dieser Nakaz sollte auch für den Marschall der gesetzgebenden Versammlung Geltung haben.

2 Der Mathematiker V.E. Adadurov.

3 Fel'dštejn, Glavnyja tečenija, S. 8o. Zu Beckenstein s. RBS 2, S. 664-66.

4 Strube hatte von 1738 bis 1741 bereits im diplomatischen Dienst Rußlands gestanden.

1649, Strafgesetzbuch von 1669), um sie, da er des Russischen nicht mächtig war, ins Deutsche übertragen zu lassen. 1750 wurde Strube zusammen mit dem in Herford geborenen Historiker Gerhard Friedrich Müller auf unbefristeter Basis in den russischen Staatsdienst übernommen.[5] Das von Strube auf Grundlage dieser Übersetzungen erstellte *Compendium juris ruthenici oder Introduction au droit russien* verdient deshalb besonderes Interesse, weil es der erste Versuch zu einer Systematisierung des russischen Rechts ist. Es umfaßte zwei Teile, wobei der erste und allgemeine aus vier Kapitel bestand. Im ersten behandelte Strube grundsätzliche Fragen, so die nach der Natur des Rechts oder den Methoden der Jurisprudenz. Das zweite beschrieb das Recht, soweit es sich auf Personen bezog (Ständerecht, Eherecht, Leibeigenschaft), das dritte summierte die verschiedenen Besitzrechte (Handwerk, Handel) und das vierte widmete sich dem Prozeßrecht. Der zweite Teil des Compendiums umfaßte das „öffentliche Recht". Auch hier gliederte Strube den Stoff in vier Kapitel, die auf Person und Titel des Zaren eingingen, auf die Kollegien, das Militär sowie die Gerichte.[6] Als Zwischenstufe auf dem Weg zu einem neuen Kodex hätte Strubes Arbeit zweifellos gute Dienste geleistet; für sich genommen war sie zu Lehrzwecken kaum und als Mittel zu einer Popularisierung von Recht und Rechtsdenken gar nicht zu gebrauchen, da sie dem Entwicklungsstand der russischen Justiz nicht gerecht wurde. Die von Peter eingeleitete Trennung von materiellem und formellem Recht führte Strube nicht konsequent durch; ebensowenig hatte er die 1730 sogar institutionell verankerte Trennung von Zivil- und Strafrecht rezipiert. Auch bei der Systematisierung der Delikte treten Zweifel an Strubes Ratschluß auf, lehnt er sich hier ausgerechnet an das Uloženie von 1649 an. Dessen Bestimmungen zu Attentaten auf den Zaren, Aufstand und Verrat, Urkundenfälschung und Falschmünzerei waren ja noch weitgehend in Kraft. Die überlieferten Kategorien wie *kraža, razboj* und *ubijstvo* ließ Strube außer Acht, um nach Aspekten der Fahrlässigkeit *(pod vidom prava)*, des Affekts *(ne s zlosti)* und der niederen Beweggründe vorzugehen *(ot javnoj zlosti)*. Nachdem Strube der Akademie den letzten Abschnitt seines Compendiums im Januar 1753 eingereicht hatte, fiel deren Urteil auch keineswegs günstig aus. Vor allem warf man Strube vor, Rechtstexte im Übermaß zitiert zu haben und zu keiner Synthese vorgedrungen zu sein. Die Unzufriedenheit war derart groß, daß man vom Druck des Werkes absah und sogar Strubes Salär beschnitt. Als die Zarin Elisabeth 1754 einen neuerlichen Ausschuß damit beauftragte, ein Uloženie abzufassen, lag diesem Strubes Ausarbeitung vor. Strube selbst hat das von ihm zusammengetragene Material dazu benützt, um 1756 auf vierzig Seiten eine Chronik der russischen Gesetzgebung zu erstellen, die als erste Geschichte des russischen Rechts bezeichnet worden ist.[7] 1757

---

5 Müller hat sich auch auf dem Gebiet der Rechtsgeschichte betätigt. So gab er das Gerichtsbuch von 1550 mit den Kommentaren von V.N. Tatiščev heraus. Zu Müller zuletzt s. Black, Müller; Hoffmann, Hg., Geographie, Geschichte und Bildungswesen.

6 Nach Fel'dštejn, Glavnyja tečenija, S. 155-66. Leicht abweichend Butler, Strube de Piermont, S. 131-33.

7 Strube de Piermont, Discours sur l'origine et les changements des lois russiennes. Die Übersetzung ins Russische erfolgte noch 1756, die ins Deutsche ein Jahr darauf.

entband ihn die Akademie von weiterer juristischer Tätigkeit, so daß Strube bis zu seiner Pensionierung 1775 im Kollegium für Auswärtiges diente.[8]

War die Wissenschaft vom Recht, wie sie in Rußland betrieben wurde, aus dem Gelehrtenkabinett bis dahin nicht herausgedrungen, trat mit Gründung der Universität Moskau 1755 eine neue Phase ein. Auch wenn die Zahl der Studenten zunächst sehr klein war und nur langsam wuchs (von anfangs 30 auf 82 im Jahre 1787 bzw. 215 im Jahre 1811), bot sich der Jurisprudenz hier die Chance, Beamte auszubilden, um aufgeklärtem Denken zumindest auf höherer Verwaltungsebene ein Podium zu verschaffen. Lomonosov, der den Anstoß zur Schaffung der Universität gegeben hatte, sah Fakultäten für Medizin, Jura und Philosophie mit insgesamt zehn Professoren vor. Davon sollten drei auf die juristische Fakultät entfallen, wobei ein Professor allgemeines und römisches Recht lehren sollte, der zweite russisches Recht und der dritte Staatsrecht. Wie sich herausstellte, blieb der Tiroler Philipp Heinrich Dilthey (1723-1781), der 1753 in Wien den Doktor der Rechte erworben hatte, jedoch lange auf sich allein gestellt. Am 31.10.1756 nahm er den Lehrbetrieb mit Vorlesungen in lateinischer Sprache zur allgemeinen Geschichte auf, trug seit 1757 auch die Naturrechtslehre von Pufendorf, römisches Recht, Staats- und Strafrecht vor, weigerte sich jedoch standhaft, auch das russische Recht zum Gegenstand seiner Veranstaltungen zu machen. Vielleicht im Hinblick darauf wurde er 1765 entlassen, 1766 aber wieder eingestellt. Spätestens in den siebziger Jahren gab Dilthey seinen Widerstand gegen ein Kolleg zum russischen Recht auf und begann über Marinestatut und Kriegsartikel zu lesen - beide Gesetze hatte Peter sowohl in deutscher als auch in russischer Sprache veröffentlicht. Daß Dilthey sich mit dem Russischen auch später nicht allzu sehr angefreundet hat, zeigt sein in lateinischer Sprache verfasstes Hauptwerk, das 1779 in einer russisch-lateinischen Parallelausgabe erschien. Dieser *Tractatus juridicus de foro competenti jurisdictione officio judicis* ist in mehrfacher Hinsicht bemerkenswert. Mit 209 Seiten übertrifft er den Umfang der unter Juristen sonst oft bevorzugten Form der „Rede" von ein oder zwei Dutzend Seiten erheblich, gab sich das 18. Jahrhundert der Geschwätzigkeit doch in geringerem Maße als noch folgende Zeitalter hin. Zudem ist Diltheys *Tractatus* in Gegensatz zu Strubes *Compendium* auf Lehrbedürfnisse zugeschnitten, wandte sich daher auch an zukünftige Richter. Kap. 1 stellt diejenigen russischen Ämter vor, die mit der Rechtsprechung befaßt waren. Hier wird z.B. die Gerichtsbarkeit der Magistrate umrissen, der Gilden und Zechen, der einzelnen Kollegien und der Universität. Dilthey beschränkt die Zuständigkeit des Polizeigerichts (im Anschluß an die Instruktion für den Moskauer Oberpolizeimeister vom 10.12.1722) darauf, Verstöße gegen das Baurecht, die Brandverhütung, die öffentliche Ordnung usw. zu ahnden. In den folgenden vier Abschnitten zu den Befugnissen eines Gerichts, zum Einreichen von Klagen sowie zu den Beweismitteln bezieht Dilthey in seine Darstellung aber nicht nur das russische Recht ein, sondern auch den römischen und westeuropäischen Rechtskreis. Die russischen Gesetze werden

8 Zu ihm s. Pypin, Ekaterina i Montesk'e, bes. S. 283-89; Scharf, Katharina II., S. 119-122; Strube de Piermont, Lettres russiennes; Meusel, Lexikon teutscher Schriftsteller, Bd. 13, S. 494-95.

daher einem ständigen Vergleich ausgesetzt, der selten zu ihren Gunsten ausfällt. Z.B. lautet der Paragraph zum gerichtlichen Zweikampf: „Der Anfang des Duells als gesetzmäßiges Beweismittel geht zurück auf die Zeit des Burgunderkönigs Gundewald zu Beginn des 6. Jahrhunderts. Andere Völker folgten dieser gottlosen Gewohnheit, die derartige Verbreitung erlangte, daß Papst Coelestin III. 1195 gefragt wurde, ob man das Duell auf Kirchenbesitz dulden könne? Der Papst beschied, dies könne man nicht. Dennoch hielt man den im Zweikampf Erschlagenen stets für schuldig, sowohl im bürgerlichen wie auch im Strafrecht. Wie trügerisch dieses Beweismittel jedoch war, kann man aus der Anordnung des Papstes Innozenz III. aus dem Jahre 1212 ersehen. Dieser befahl, das Eigentum eines im Zweikampf getöteten mutmaßlichen Diebes, das man schon dem Sieger übergeben hatte, der Familie des Erschlagenen auszuhändigen, nachdem sich das Diebesgut bei einem anderen anfand. In Halle, das in Deutschland liegt, wurde ein Gericht gegründet, als sich der deutsche Adel zum Austragen von Zweikämpfen nach alter Art versammelte. Maximilian I. untersagte dies und verbot die Teilnahme am Duell unter grausamer Strafe. Daß Zweikämpfe auch in Rußland statthaft waren, kann man aus dem Sudebnik des Zaren Ivan Vasilevič von 1580 ersehen."[9] Der entsprechende Artikel wird nun in voller Länge zitiert. Über die im 17. Jahrhundert ergangenen Verbote des gerichtlichen Zweikampfes verlor Dilthey kein Wort; fortschrittliche Gesinnung mußte über Lücken in der Kenntnis der russischen Rechtsgeschichte also hinweghelfen.

Auch bei der Behandlung der Folter griff Dilthey weit zurück in die Rechtsgeschichte. „Viele, die Folter und Tod entgehen wollen, legen ein falsches Geständnis ab. Cicero sagt, diejenigen, die die Folter ertragen, seien ebensolche Lügner wie die, die sie nicht aushalten. Sogar die Anhänger der Folter stellen fest, ein durch Folter erzieltes Geständnis sei allein genommen ungültig, da sich der Verdächtige später wieder davon lossagen könne. Deshalb fordern sie, daß die Aussage unter Folter durch eine zweite, nicht durch Tortur erlangte bestätigt werden solle, bevor man zum Urteil kommt. Überall, wo man die Folter anwendet, ist man sich darüber einig. Nicht am Platze ist es zu sagen, daß die Folter zumindest für die Ermittlung von Spießgesellen erforderlich sei. Ein Verdächtiger oder Geständiger soll ja nicht über andere ausgehorcht werden, weil sich ein solcher Mensch durch sein Geständnis ehrlos gemacht hat. Glauben schenken kann man ihm nicht. Ein solcher Mensch will nur Begnadigung erlangen, seinen Widersachern Schaden zufügen, oder er hat Angst vor dem Tod. Dem römischen Recht zufolge soll man Beschuldigten und Geständigen nicht glauben, wenn sie Mittäter namhaft machen. Deshalb hat es keinen Sinn, die Folter zur Aufdeckung der Wahrheit zu verwenden, da dies mit der Gefahr einhergeht, daß Unschuldige belangt werden. Wenn es also unmenschlich ist, jemanden unter dem Verdacht zu foltern, er selbst habe ein Verbrechen begangen, dann umso mehr, um andere zu überführen." Nach einem Exkurs zum römischen Recht fuhr Dilthey fort: „Während andere Völker wie Dänen und Engländer die Folter schon abgeschafft haben, ist dies in Rußland leider noch nicht der Fall, wird jedoch, so ist zu

---

9 Diltej, Izsledovanie juridičeskoe o prinadležaščem dlja suda meste, S. 188-9o.

hoffen, in kurzer Zeit geschehen. Zulässig ist die Folter 1. nach Art. 20, 28 des Uloženie[10] bei solchen, die Vater, Mutter, Brüder, Schwestern, Onkel und Tanten verleugnen; 2. nach Art. 21, 32-35 bei Dieben und Straßenräubern; 3. nach Art. 21, 40 bei denen, die von Straßenräubern belastet werden; 4. nach Art. 21, 47-51 bei Adligen, wenn Spießgesellen sie unter Folter belastet haben. Das sechste Kapitel des Kriegsartikels schreibt vor, die Folter in sehr wichtigen Fällen des Straf- und Zivilrechts bei ausreichendem Verdachtsmoment maßvoll zu verwenden. Überschreitet der Richter die zulässige Grenze, wird er zu Geld- oder Todesstrafe verurteilt. Adlige, Klerus, Alte über siebzig Jahren, Kinder und Schwangere sind von der Folter befreit. Auf die übrigen russischen Gesetze zu dieser Materie werde ich nicht eingehen und will in den Anmerkungen zeigen, was Gutes und Schlechtes darin ist. Die ruhm- und ehrenreiche Kaiserin und allrussische Selbstherrscherin Katharina II. hat in ihrer Instruktion für das Projekt eines neuen Gesetzbuches auf gnädigste Weise der Hoffnung Ausdruck verliehen, daß diese Art der Beweisführung gänzlich abgeschafft wird."[11] Auch hier ergibt sich der Eindruck, daß Dilthey über wesentliche Teile der russischen Rechtsgeschichte nicht im Bilde ist; so war der Kreis der von der Folter ausgenommenen Personen seit Elisabeth weitaus genauer definiert worden, als es Diltheys Aufzählung glauben macht (s.u. 7.c). Da Dilthey mit seiner Entrüstung über das Fortbestehen der Folter in Rußland aber nicht hinter dem Berg hält, wird an diesem Beispiel offensichtlich, welch breites Tor die Akademisierung der Rechtspflege dem Rechtstransfer aufgestoßen hatte.

Nachdem man von den vorgesehenen drei Lehrstühlen zunächst nur einen besetzt hatte, nahm 1764 mit Karl Heinrich Langer ein zweiter Jurist seine Lehrtätigkeit auf. Er ging einen Dreijahresvertrag ein, der zweimal (bis 1774) verlängert wurde. Langer, der in Göttingen und Jena studiert hatte, hing wie Dilthey der naturrechtlichen Lehre von Christian Wolff an, die an den deutschen Universitäten des 18. Jahrhunderts weithin maßgebend war. Wolffs Überzeugung, nach der das logisch Ableitbare das Vernünftige und deshalb Natürliche sei, durchdrang auch Langers 1767 veröffentlichtes *Wort über Entstehung und Wesen des heutigen Kriminalgerichts*, die erste explizit strafrechtliche Abhandlung, die in Rußland entstanden ist. Wie Dilthey fiel es aber auch Langer schwer, einen Zugang zum russischen Recht zu finden; in aller Regel stützen sich seine Erörterungen deshalb auf das römische Recht. „Strafe" sah Langer ganz rationalistisch als Mittel zur „Beachtung des Gemeinwohls" an. Um eine Strafe im Einzelfall festzulegen, müsse man die Überlegungen des Delinquenten ebenso wie Tatzeit, Tatort und andere Umstände berücksichtigen. Langer plädierte für die Angemessenheit der Strafe und sprach sich im Zweifelsfall eher für zu leichte als zu schwere Strafen aus. Die Hinrichtung lehnte er ganz ab. „Sind harte Strafen denn zur Abschreckung nicht unabdingbar? Um diese Auffassung zu widerlegen, ist es nicht nötig, viele sich wiederholende Zeugen zu benennen. Allein die Erfahrung

---

10 Richtig: Art. 2o, 25.

11 Ebd., S. 198-2o8. Zu Dilthey s. Donnert, Dilthey; Koževnikov, Kratkij očerk, S. 7-8; RBS 6, S. 381-82; Ersch/Gruber, Allgemeine Encyklopädie der Wissenschaften und Künste, Bd. 25, S. 214; Meusel, Lexikon teutscher Schriftsteller, Bd. 2, S. 368-71.

reicht dazu aus. Von der unaufhörlichen Wiederholung allergrausamster Strafen nehmen die Gesetzlosen nicht ab, sondern werden von Tag zu Tag mehr. Das ist die Wahrheit! Zunächst schreckt die Quälerei tatsächlich viele ab, doch nach kurzer Zeit verfliegt der Schreck, und Verbrechen werden wie vorher verübt. Und dann? Eine Unmenge von Beispielen zeigt, daß Untaten sogar während der Hinrichtung begangen werden. In der Jurisprudenz halten viele, mit denen ich ganz einverstanden bin, es für überflüssig, darüber noch länger zu debattieren. Diejenigen Lenker eines Staatswesens verhalten sich deshalb vernünftig, die so vorgehen, daß sie die Herzen ihrer Untertanen zum Guten hinlenken und schon die Jugend von derartigen Folgen der Frevelhaftigkeit abzuhalten versuchen."[12] Eine treffendere Widerlegung von Foucaults Satz „Vor der Milderung der Gesetze gab es eine Milderung der Verbrechen" dürfte sich schwerlich finden lassen.

So energisch Dilthey und Langer als Fürsprecher einer Humanisierung der Strafjustiz auch hervorgetreten sind, so kann doch kein Zweifel daran sein, daß beide in Moskau Fremde blieben; in Rußland wirkte ihre Lehre wie aufgepfropft. Trotz - oder wegen - der Ankunft dieser ausländischen Rechtsgelehrten war das Feld einer eigentlich „russischen" Jurisprudenz noch kaum bestellt. Dieser Herausforderung nahm sich vor allem S.E. Desnickij an (ca. 1740-1789). Da er seine westeuropäischen Kollegen nicht nur durch Landeskenntnis, sondern auch durch rege Publikationstätigkeit übertraf, hat er wesentlich dazu beigetragen, die russische Jurisprudenz bodenständig zu machen. Desnickij, Sohn eines ukrainischen Kleinbürgers aus dem seinerzeit noch unter Magdeburger Recht stehenden Städtchen Nežin, wurde 1759 in das bei der Universität Moskau bestehende Gymnasium, 1760 in die Universität aufgenommen. Zusammen mit I.A. Tret'jakov (1735-1776), der wie Desnickij später Rechtsprofessor in Moskau werden sollte, entsandte ihn die Universität 1761 nach Glasgow, wo Desnickij bei Adam Smith und John Millar hörte. Als er 1767 den Doktor der Rechte erworben hatte, kehrte Desnickij nach Moskau zurück, mußte sich dort ironischerweise aber einer neuerlichen Prüfung auch in Mathematik unterziehen, um seine im Ausland erworbenen Kenntnisse unter Beweis zu stellen. 1768 wurde er zum außerordentlichen Professor ernannt; fünf Jahre darauf übertrug man ihm den bis dahin vakanten Lehrstuhl für russisches Recht. Er und Tret'jakov waren die ersten Professoren, die in russischer Sprache lasen. Beide schieden vor der Zeit aus dem Lehrbetrieb aus: Tret'jakov bereits 1773, Desnickij 1787, wobei zumindest bei ersterem festzustehen scheint, daß er diesen Schritt nicht aus freien Stücken tat.[13]

Schon Desnickijs erstes gedrucktes Werk, das *Wort über die besten Mittel zur Lehre der Jurisprudenz* von 1768, legt von der Denkart des Verfassers beredtes Zeugnis ab. So sparte er nicht an Polemik gegen Dilthey und Langer, die im

---

12 Langer, Slovo o proischoždenii i svojstve vyšnjago kriminal'nogo suda, S. 22-23. Zu Langer s. Fel'dštejn, Glavnyja tečenija, S. 169-73; RBS 1o, S. 58; Meusel, Das gelehrte Teutschland, Bd. 4, S. 352. Zum Hintergrund s. jetzt Cattaneo, Strafrechtsphilosophie der deutschen Aufklärung.

13 Anlaß war vielmehr ein von Tret'jakov verfaßter allzu liberaler Zeitungsartikel, der von offizieller Seite mißliebig aufgenommen wurde. Vgl. Brown, Desnitskii, S. 121.

Gegensatz zu Tret'jakov und ihm ja schon zu ordentlichen Professoren aufgerückt waren und sich ihrem Versuch, auf Russisch zu lesen, widersetzt hatten. Z.B. heißt es an einer Stelle: „Diese und andere principia juris naturae entsprechen dem deutschen Meridian mehr, als dem Prozeßverlauf guttut. Je lückenhafter das Wissen dieser Gelehrten, desto mehr machen sie von sich Aufhebens *and like empty vessels make the greatest noise.* Eigentlich ist ja gar nichts zu sehen, doch er verkündet schon in den Zeitungen, daß ihm die quadratura circuli gelungen sei. Das nächste Mal wird er vielleicht sein perpetuum mobile veröffentlichen."[14] Auf der anderen Seite ist unübersehbar, daß Russen und Ausländer in fachlicher Hinsicht an einem Strang zogen. Zunächst wollte Desnickij außer Adam Smith zwar niemanden gelten lassen. In teilweise wörtlicher Übernahme des in Glasgow Gehörten propagierte er in seinem *Wort über die besten Mittel* auch Smith' Einteilung der „natürlichen Jurisprudenz" in die vier Gebiete Entstehung des Staates, Rechte einzelner Stände, Rechte aus dem Umgang der Einwohner miteinander sowie Polizei und Wohlfahrt. Daß mit solchen „Systemen" in der Praxis jedoch wenig auszurichten war, sah auch Desnickij und scheute sich demzufolge nicht, seinen ausländischen Kollegen deren Schemata zum Vorwurf zu machen.

Was Desnickij zum Strafrecht zu sagen hatte, schloß sich sehr eng an die Thesen der „Deutschen" an. „Die ersten und heiligsten Tugendgesetze sind diejenigen, die unser Leben und unsere Gesundheit schützen. An zweiter Stelle kommen diejenigen, die Besitz und Eigentum wahren. An letzter Stelle befinden sich die Gesetze, die unsere persönlichen Rechte verteidigen und auf Grund derer man gegenüber Dritten Verpflichtungen und Versprechungen eingeht. In der Tat, wenn uns jemand gewaltsam um unser Eigentum bringt, ist dies ein größeres Übel als das, in einer Erwartung betrogen zu werden. Demzufolge ist die Beeinträchtigung von Eigentum ein größeres Verbrechen als eine Vertragsverletzung." Hieran knüpft Desnickij eine Erörterung der Delikte *tat'ba, vorovstvo* und *razboj* an, wobei er sein Material allerdings nicht dem russischen, sondern dem römischen und britischen Rechtskreis entnimmt. Als Kennzeichen von *tat'ba* sah er die Heimlichkeit an, als das von *razboj* Offenheit und Gewalt.[15] Wie Langer tritt auch Desnickij für die Angemessenheit der Strafe ein; wie für Langer steht auch für Desnickij außer Frage, daß die Reform der Justiz längst überfällig sei, um einer feiner abgestuften Strafzumessung den Weg zu ebnen. Allerdings brachte Desnickij ein anderes Argument vor. „Nehmen wir an, jemand wird nur deshalb

14 Desnickij, Slovo o sposobe k naučeniju jurisprudencii, nachgedruckt in: Juridičeskie proizvedenija progressivnych russkich myslitelej, hier S. 156. Ein weiterer (weniger vollständiger) Nachdruck der Werke Desnickijs in: Izbrannye proizvedenija russkich myslitelej vtoroj poloviny XVIII veka, Bd. 1, S. 187-334. Desnickij ist unter Stalin zum Vorkämpfer von Russentum und Fortschritt umgedeutet worden. Zu ihm vor allem Korkunov, Desnickij; von sowjetischer Seite Gracianskij, Desnickij; ders., Pravovaja mysl', S. 87-111; Pokrovskij, Vzgljady Desnickogo; Morjakov, Russkoe prosvetitel'stvo, S. 148-49. Allg. zum Verhältnis von Russen und Ausländern in der Akademie jetzt der Beitrag von Schulze, Russification.

15 Desnickij, Slovo o pričinach smertnych kaznej, S. 195-98. Diese 1770 vor der Moskauer Universität vorgetragene Rede bereitete durch das Bemühen um Präzisierung der Straftatbestände den Ukaz vom 3.4.1781 zur Neudefinition der Besitzdelikte vor (s.u. 6.c).

zum Tode verurteilt, weil er aus Mangel an Vorsicht irgend etwas Gotteslästerliches gesagt hat, ein zweiter aber, weil er viele Unschuldige beraubt und erschlagen hat. Den ersten wird das Volk bemitleiden und genau den Gott, gegen dessen Gesetze der Schuldige sich versündigt hat, darum bitten, diesen vor der Bestrafung zu bewahren, damit er nicht lebendig verbrannt wird. In vielen Staaten sind die Herrscher auch einsichtig genug, um diesen Unglücklichen zu begnadigen, damit Gott in diesem Fall selbst richten kann. Im anderen Fall jedoch werden sie, wenn der Mörder entwischt, alle hinter ihm herlaufen, um ihn wieder einzufangen."[16]

Desnickijs Plädoyer mündete also darin, daß der Gesetzgeber auch das Rechtsempfinden der Bevölkerung in Rechnung stellen müsse - ein Gedanke, den zu äußern bis dahin noch kein Russe gewagt hatte. Verstoße die Justiz gegen das öffentliche Rechtsbewußtsein, könne das Mitleid, das die Menge mit dem Delinquenten empfinde, sehr schnell in Zorn über den Richter umschlagen. „Dadurch verliert die Todesstrafe ihren Effekt. Die Regierung muß also Sorge dafür tragen, sie nur dann zu verhängen, wenn auch das Volk den Schuldigen verurteilt und dieser auf kein Mitgefühl rechnen kann."[17] Die Volksmeinung lehne Grausamkeit jedoch ab. „Gerechte Strafen schneiden das Verbrechen nur dann zurück, wenn die Geschädigten sie billigen, die unbeteiligten Zeugen ihnen beistimmen, die Strafen gemäßigt sind, jedermann ohne Ausnahme gleich behandelt wird und die Strafen nicht gegen die Menschlichkeit verstoßen." Unter unverkennbarer Anspielung auf die Knute heißt es in der Anmerkung: „Jemanden lebendigen Leibes öffentlich zu zerstückeln, ist ein Vorgang, den die Menschheit nicht dulden kann, wie groß die Entrüstung über den Schuldigen auch immer sei."[18]

Desnickijs hier vorgetragene Auffassung verdient in zweierlei Hinsicht Interesse. Zunächst deutet sich durch die Berufung auf das öffentliche Rechtsbewußtsein die Neigung an, „Recht" als Ausdruck eines Konsensus zwischen Bevölkerung und Staat zu begreifen. Hier klingt vielleicht Rousseaus Theorie vom *Contrat social* (1762) an. Verbarg sich im russischen bzw. Moskauer Recht bislang eine zumeist einseitige und vom Staat geprägte Beziehung, nimmt das Recht durch das Pochen auf den Konsens einen zweiseitigen Charakter an. Gleichfalls quer zur überlieferten Rechtsidee stand der von Desnickij geäußerte Gedanke der Gleichheit aller vor dem Gesetz - auch dies ein zentrales Anliegen der Naturrechtslehre. In Zusammenhang mit der seit 1767 tagenden Kommission zur Ausarbeitung eines neuen Gesetzbuches leitete Desnickij der Zarin im Februar 1768 ein weitausholendes Projekt zur Reform von Legislative, Exekutive und Judikative zu, das in rechtspolitischer Hinsicht sein Hauptwerk darstellt. Hier hat Desnickij den Gedanken der Rechtsgleichheit näher ausgeführt, zugleich aber deutlich gemacht, daß er auch Schranken zu akzeptieren gewillt war. „Die Wohlgeborenen, die wegen Mord- und Kriminalsachen belangt werden, können eine Sonderstellung vor der Strenge und Heiligkeit (!) des Rechts für sich selbst

16 Desnickij, Slovo o pričinach smertnych kaznej, S. 195.
17 Desnickij, Predstavlenie o učreždenii zakonodatel'noj vlasti, S. 113.
18 Desnickij, Slovo o pričinach smertnych kaznej, S. 191-92.

nur dann erbitten, wenn sie diese Gesetze um ihre Wirksamkeit bringen wollen. Als Söhnen des Vaterlands kann ihnen daran jedoch nicht gelegen sein. Wie der Pöbel öffentlich und vor aller Augen ehrlos gemacht zu werden, ist für die Wohlgeborenen eine unmäßige Bestrafung, weil dem Adel die Ehre soviel wie das Leben gilt... Den Adel kann man daher bestrafen, verbannen und hinrichten, nicht aber ehrlos machen."[19]

In dieser erstmals 1905 gedruckten Denkschrift hat Desnickij zugleich Grundzüge einer umfassenden Erneuerung des Justizwesens entworfen, die, hätte man sie verwirklicht, vom Ausmaß allein mit den Reformen Peters vergleichbar gewesen wäre. Wie Peter strebte Desnickij eine Entflechtung von Administrative und Judikative an, um in mehreren Städten[20] „gelehrte Kammern" aus jeweils sechs allgemeinen Richtern, fünf Strafrichtern und einem Generaladvokaten einzurichten. Um die Korruption soweit möglich aus dem Gerichtssaal zu verbannen, sah Desnickij die Ernennung aller Richter auf Lebenszeit mit hoher Besoldung vor.[21] Dem „Generaladvokaten" fielen sowohl die Kontrollaufgaben des bisherigen Prokurors zu als auch die des „prosecutor" (Ankläger), den Desnickij in Großbritannien kennengelernt hatte. Um die Justiz auch in abgelegene Landstriche hineinzutragen, sollten einige der Richter zweimal jährlich jeweils sechs Tage lang in den Provinzstädten ihres Gouvernements Recht sprechen. Damit nicht genug. Desnickijs vorsichtig geäußerte Auffassung vom Recht als einer Vertragsbeziehung legte es nahe, der gegenseitigen Beaufsichtigung von Beamten und Bürgern mehr Aufmerksamkeit zuzuwenden. „Damit bei der Verurteilung Schuldiger größere Vorsicht und Gerechtigkeit waltet, wäre es nicht von Schaden, wenn sich die russische Monarchie nach dem Vorbild der englischen dazu herabließe, aus vierzig Unbeteiligten 15 Schöffen auszuwählen, die den Richtern in Straf- und Zivilsachen zur Seite stehen. Diese Leute können nach Gutdünken der Richter für jedes Gericht aus den Stadtbewohnern ausgewählt werden, jedoch nur befristet. Diese 15 Leute sind deshalb vonnöten, damit es während der Untersuchung Augenzeugen gibt." Nachdem diese Schöffen das Urteil (mit einfacher Stimmenmehrheit) gefällt hätten, könnte man den Spruch drucken und öffentlich aushängen lassen. „In der Justiz wird damit der Erfolg erzielt, daß sich die Richter mehr in acht nehmen. Wenn aber auch das Volk die Entscheidungen liest, wird es bei Handel und Wandel stärker auf der Hut sein."[22] Eine ebenso entschiedene Meinung vertrat Desnickij auch in Bezug auf die Anwälte. „Advokaten werden deshalb gebraucht, damit die Dinge mit größerer Vorsicht und Gerechtigkeit entschieden werden. Viele denken, daß Advokaten dem Richter durch ihre Geschwätzigkeit nur Schwierigkeiten machen. In vielen

---

19 Desnickij, Predstavlenie o učreždenii zakonodatel'noj vlasti, S. 113. Die Tragweite dieser Forderung ist daraus zu ersehen, daß das Befreiungsmanifest für den Adel vom 18.2.1762 den wohlgeborenen Stand ausdrücklich von allen Körperstrafen ausnahm. Die Gnadenurkunde für den Adel von 1785 bestätigte dieses Privileg.

20 Riga, Petersburg, Tobol'sk, Novgorod, Moskau, Kazan', Orenburg, Gluchov sowie eine ungenannte Stadt an der polnischen Grenze.

21 Bis zu 2.000 Rubel p.a. Den Voevoden wollte Desnickij jährlich nur 600 Ru. aussetzen (in Moskau und Petersburg je 1.000 Ru.).

22 Desnickij, Predstavlenie o učreždenii zakonodatel'noj vlasti, S. 109.

Staaten zeigt jedoch die Erfahrung, daß es außer der Auseinandersetzung vor Gericht kein Mittel gibt, um zur Gerechtigkeit zu gelangen. In den Hauptkammern des regierenden Senats sollten Straf- und Zivilklagen nur unter Hinzuziehung von Advokaten angestrengt werden, wie es Gesetzesstrenge, Gerechtigkeit und richterliche Vorsicht gebieten. In den untergeordneten Gerichten wie z.B. dem Magistrat, den Provinzial- und Voevodenkanzleien können Kanzlisten und Schreiber dies besorgen."[23]

Desnickij ließ keinen Zweifel daran, daß der Ausbau des Justizsystems auch zur Intensivierung der Strafverfolgung beitragen sollte. Am Beispiel Moskaus hat er eine außerordentliche Verdichtung des Polizeinetzes angeregt, in deren Verlauf jeweils ein Offizier mit 180 Infanteristen und zwanzig Kavalleristen in den zwölf (ab 1767 14) Stadtteilen zu stationieren seien. Diese Forderung läßt erkennen, daß sich aus der Professionalisierung der Rechtspflege Bestrebungen nach Professionalisierung weiterer Staatsbereiche ableiteten. „In jedem Kommando obliegt es den Infanteristen, auf den Straßen ohne Unterlaß Wache zu halten und auf den ihnen zugewiesenen Plätzen für Ruhe und Ordnung zu sorgen. Den Kavalleristen kommt die Aufgabe zu, auf Patrouille zu reiten und Läuflinge, Diebe, Straßenräuber und aus den Gefängnissen entflohene Verurteilte dingfest zu machen. Die Pflicht der Offiziere besteht darin, ihre Soldaten streng zu beaufsichtigen und die eingelieferten Schuldigen ins Gefängnis zu setzen, bis der Voevode Weisung erteilt. Bei Mördern, Dieben, Aufständischen und anderen Kriminalfällen überstellt dieser die Verhafteten an den Generaladvokaten zur Verurteilung."[24] Bedenkt man, daß der gesamte Wachdienst auf den Straßen der Stadt Moskau bis dahin allein von den Hilfspolizisten der *desjatskie* geleistet wurde und jeder Stadtteil bis dato nur über einen Offizier bzw. Berufspolizisten verfügte, wird offensichtlich, daß es Desnickij hier wie bei vielen seiner Vorschläge zur Justizreform an Augenmaß für die finanziellen Möglichkeiten Rußlands fehlte.

Wenn auch dieses Projekt alsbald unter Verschluß kam und in Vergessenheit geriet, ist dies nicht nur auf mangelnden Realitätssinn zurückzuführen, sondern auch darauf, daß sich der Verfasser als ausgemachter Gegner der Autokratie entpuppte. Im ersten Teil seiner Ausarbeitung schlug Desnickij die Wahl eines Parlaments oder „Senats" aus 600 bis 800 Personen vor, die von Adel, Kaufleuten, Künstlern, Klerus und Lehrpersonal der Gouvernements zu entsenden seien. Derartige Wahlen seien alle fünf Jahre abzuhalten. „Ohne Weisung und Zustimmung des Monarchen kann der regierende Senat Gesetze nicht verabschieden. Solange sich in Großbritannien beide Parlamente mit dem König nicht geeinigt haben, solange in Frankreich Sekretär und Parlament ihre Unterschrift verweigern, kann keine Vorlage Rechtskraft erlangen. In Rußland verlangt jedoch der Zustand der Monarchie und die Einheit des Vaterlandes, eine Ordnung einzuführen, die der dieser Länder zuwiderläuft. Demzufolge kann nichts öffentlich verkündet und zum Ukaz erklärt werden, dem der Monarch nicht zugestimmt

23 Ebd., S. 11o. Bei einem Streitwert von weniger als 25 Rubeln sei nicht das Schöffengericht, sondern eine Laienjury zuständig. Die Kompetenzabgrenzung gegenüber dem Voevodengericht ließ Desnickij im unklaren.

24 Ebd., S. 115-16.

hat."[25] Um der Gesellschaft auch auf lokaler Ebene zu mehr Gewicht zu verhelfen, sah Desnickij in Petersburg und Moskau die Einrichtung von sechs Verwaltungsdepartements vor, in denen insgesamt 18 Adlige und 55 Kaufleute die Geschicke ihrer Stadt selbst in die Hand nehmen sollten. Wie die Zusammensetzung dieser Departements verrät,[26] ging es Desnickij hier darum, zwischen Polizei und Magistrat eine Aufgabenteilung zu vereinbaren, die Bürgerschaft aus der Vormundschaft des Generalpolizeimeisters also zu entlassen.

Bei einem so weitgespannten Reformentwurf mußte wohl auch die Leibeigenschaft zur Sprache kommen. Zwischen den Vorschlägen Desnickijs und denen von Korob'in und Kozel'skij trat dabei eine bemerkenswerte Übereinstimmung zutage. Einhöfer, Landwirtschaft betreibende Soldaten, *černosošnye* sowie Jasakleute wollte Desnickij zum „Eigentum" des Staates erklären, damit sie in Zukunft nicht mehr verkauft oder verschenkt werden könnten. Ihre steuerlichen Pflichten und Besitzrechte seien gesetzlich zu fixieren. Eine erhebliche Besserstellung auch der Leibeigenen sah Desnickij als wünschenswert an, unterlag hinsichtlich des adligen Widerstands aber keinerlei Illusion. „Ohne Beeinträchtigung der Staatsruhe ist es nicht möglich, diesen Bauern Recht und Besitz zu verleihen. Es gibt jedoch andere Mittel, um vernünftige Institutionen zum Nutzen benachteiligter Bewohner zu schaffen. Einige Mißbräuche, die ihnen und dem Staat zum Schaden sind, werden dadurch beseitigt." Wie diese Institutionen auszusehen hätten, darüber hat Desnickij nur vage Andeutungen fallen lassen. Jeglicher Verkauf von Bauern ohne Land sei zu untersagen. Bei der Schaffung bäuerlichen Eigentums schwebte ihm das Beispiel Livlands vor, wo es ja keine Umverteilungsgemeinde gab. Der dort bestehende (zumeist sehr schmale) Eigenbesitz der Bauern an Land habe den Fleiß sehr beflügelt, so daß die dortigen Bauern den Gutsherrn mehr zu zahlen in der Lage seien als irgendwo in Rußland.[27]

Alles in allem besteht die Bedeutung der 1755 eingeleiteten Verwissenschaftlichung der Rechtspflege darin, daß der Zarenstaat nunmehr eine Institution geschaffen hatte, die sich anschickte, eine Verrechtlichung der sozialen und politischen Beziehungen einzufordern. Da diese Verrechtlichung an den naturrechtlich geprägten Vorstellungen der westeuropäischen Aufklärung gemessen wurde, dämmerte hier die Frage auf, ob sich die Grundpfeiler des Zarenstaats, Autokratie und Leibeigenschaft, mit der neuen Lehre überhaupt vereinbaren ließen. Da die Zensur eine Diskussion der Selbstherrschaft unterdrückte, konzentrierte sich die Auseinandersetzung auf die Bauernfrage.

---

25 Ebd., S. 1o5. Die Stelle ist nicht ganz klar. Offenbar ist gemeint, die Gesetzesinitiative des Senats stark zu beschränken. Von den Zuständen in Frankreich besaß Desnickij wohl keine detaillierten Vorstellungen.

26 Als Aufgabenbereiche schlug er vor: 1. Kreditwesen, 2. Vorräte, 3. Bauwesen, 4. Sanitäres, 5. Zölle sowie 6. Verschiedenes. Ebd., S. 118.

27 Ebd., S. 123-24.

4.d Bauernfrage

> In den Geschichten wird von der Kindererziehung der Japoneser gesagt, man müsse die Kinder gelinde behandeln, weil ihre Herzen durch die Strafen verhärtet würden; desgleichen, daß man auch mit den Knechten nicht allzu hart umgehen müsse, weil sie leicht zur Gegenwehr schritten.
>
> (Nakaz Art. 92)

Wenn das Problem der Leibeigenschaft in den sechziger Jahren des 18. Jahrhunderts einen neuen Charakter annahm und sich zur Bauernfrage auswuchs, so hat dies vor allem zwei Gründe. Einerseits kündigte sich in diesem Zeitraum das Entstehen einer politisch-literarischen Öffentlichkeit an, deren entschiedenste Vertreter auf die Überfälligkeit einer Reform der Leibeigenschaft hinwiesen; damit löste die überlieferte Sozialordnung erstmals eine öffentliche Kontroverse aus. Andererseits blieb Katharina die Einlösung der im Nakaz verkündeten Versprechen aber schuldig und weitete die Befugnisse der Gutsbesitzer in mancher Hinsicht sogar aus. Das hier schwelende Konfliktpotential kam durch den Aufstand unter Führung des Donkosaken Emel'jan Pugačev 1773/74 zum Ausbruch. Beide Vorgänge, öffentliche Diskussion und Machtzuwachs der Gutsbesitzer, sollen im Folgenden kurz umrissen werden.

Mit den adligen Deputierten Korob'in und Kozel'skij sowie dem Rechtswissenschaftler Desnickij sind uns Befürworter einer Zurückstutzung gutsherrlicher Befugnisse bereits entgegengetreten. Reformgedanken wurden aber nicht nur von Juristen, sondern auch von Ökonomen vorgebracht. Als Beispiel dessen können die Antworten auf die 1766 ausgeschriebene Preisaufgabe der Petersburger „Freien Ökonomischen Gesellschaft" gelten. Diese Gesellschaft war im Jahr zuvor gegründet worden, wobei die 1756 in England bzw. 1761 in Paris geschaffenen ökonomischen Gesellschaften offenbar das Vorbild abgaben. Nach dem Statut der Petersburger Vereinigung bestand ihr Hauptziel darin, durch Vermehrung und Verbreitung wirtschaftlicher und zumal landwirtschaftlicher Kenntnisse „die Glückseligkeit des Volkes zu befördern". Mit Schreiben vom 31.10.1765 hat Katharina, die an der Gründung der neuen Organisation zumindest mittelbaren Anteil hatte, die Verfassung der Gesellschaft wie folgt bestätigt: „Das von Euch zur Verbesserung des Ackerbaus und der Landwirtschaft gefaßte Vorhaben ist uns sehr angenehm zu vernehmen gewesen, und Eure daraus entspringenden Bemühungen werden als wirkliche Zeugnisse eines wahren Eifers und Liebe für Euer Vaterland anzusehen sein. Den Plan und die Einrichtung, vermittelst welcher Ihr Euch untereinander verbunden, finden wir Unseres Beifalls würdig und bewilligen demzufolge allergnädigst, daß Ihr den Namen einer Freien Ökonomischen Gesellschaft führen möget."

Am 1.11.1766 gingen der Gesellschaft 1.000 Červoncen und der mit „I.E." unterzeichnete Vorschlag zu, diese Summe als Preis auf die beste Beantwortung der Frage auszusetzen: „Ist es dem gemeinen Wesen nützlicher, daß der Bauer

Land oder nur bewegliche Güter zum Eigenthum besitze, und inwieweit soll sich sein Recht auf dieses Eigenthum erstrecken, daß es am nützlichsten für das gemeine Wesen sey?"[1] Da Hochadel und Spitzenbürokratie unter den damals 24 Mitgliedern der Gesellschaft den Ton angaben,[2] sah man ein derartiges Thema als Fauxpas an. Als jedoch durchsickerte, daß „I.E." vielleicht als „Imperatrica Ekaterina" zu verstehen sei, schrieb die Gesellschaft tatsächlich diese Fragestellung aus. Bis zum 19.3.1767 gingen 162 Lösungen ein, davon 121 auf Deutsch, 21 auf Französisch, sieben auf Russisch, drei auf Lateinisch sowie je eine in holländischer und schwedischer Sprache. Den ersten Preis erkannte man der aus Aachen eingesandten Schrift des Juristen und Agrarwissenschaftlers Beardé de l'Abbaye zu, der den bäuerlichen Bodenbesitz lebhaft befürwortete und Freiheit als Voraussetzung des Eigentums ansah. Mit Hinweisen zur praktischen Umsetzung hielt sich der Preisträger jedoch sichtlich zurück; er begnügte sich mit der Bemerkung, fleißige Bauern seien als erste mit Land auszustatten. Wer diesen Fleiß attestieren, von wem das Land stammen und wie groß es pro Familie sein solle, darüber schwieg sich de l'Abbaye aus. Keinen Zweifel gestattete er jedoch an der Schlußfolgerung, daß der Staat über das höhere Steueraufkommen von der Bodenaufteilung profitiere.

Neben dem Hauptpreis vergab die Gesellschaft noch drei weitere Auszeichnungen, darunter eine an Erich Johann von Meck, Gutsbesitzer aus Absenau in Livland, der in Königsberg studiert hatte und 1767 von der livländischen Ritterschaft in die Gesetzgebende Kommission entsandt wurde. Auch er sprach sich für das Recht des Bauern auf Eigentum aus, machte aber gewichtige Vorbehalte geltend und drang - sicherlich zu Recht - auf Allmählichkeit: „Die Leibeigenen sollen also ein Eigenthum haben. Sie sollen dadurch lernen, sich selbst und ihre Handthierung zu lieben, an sich selbst zu dencken, an der Verbesserung ihres Zustandes zu arbeiten. Eine jede Art des Eigenthums aber enthält zugleich eine gewisse Art von Freyheit in sich, die dem Begriffe der Leibeigenschafft entgegengesetzt ist. Es wird also nothwendig sein, auf die Mittel zu dencken, wie man dem Leibeigenen ein Eigenthum geben und seinen Zustand der Sclaverey in einen gewissen Stand der Freyheit verändern könne, ohne daß diese Verwandlung dem Staat oder dem Herrn oder auch dem Bauren selbst gefährlich oder schädlich werde. Man übereile nichts. Man gebe ihnen kein Eigenthum, ohne sie vorher den Werth desselben kennen gelehrt zu haben. Man setze sie erst in den Stand, daß sie die Freyheit, unter dem Schutz der Gesetze mit Sicherheit gut zu seyn, nicht mit der Ungebundenheit, alles was sie wollen thun zu können, vermischen. Man sieht leicht, daß dieses ohne aufmercksame Vorbereitung nicht möglich sey... Man erhalte einen jeden bey seinem Stande, Gewerbe und Handthierung,

1 Donnert, Politische Ideologie, S. 143-44, 159. Vgl. Confino, Domaines et seigneurs, S. 24-27; Semevskij, Krest'janskij vopros, Bd. 1, S. 45-94; Beljavskij, Konkurs; ders., Prosvetiteli na konkurse.

2 U.a. gehörten der Vereinigung die Brüder Grigorij und Vladimir Orlov an, der Generalprokuror A.A. Vjazemskij, Jakob Sievers, der Gouverneur von Novgorod, die Staatssekretäre A.V. Olsuf'ev und G.N. Teplov, der stellvertretende Präsident des Justizkollegiums v. Klingstedt sowie der Präsident des Manufakturkollegiums A.P. Mel'gunov. Zur Literatur s. MERSH 12, S. 1o-14.

man erlaube dem Bauren nicht, sich von seinem Ackerbau zu entfernen: so wird gewiß ein jeder Stand in seiner Art glücklich werden, und das Total dieser besonderen Glückseligkeiten wird einen blühenden und glücklichen Staat ausmachen... So ist es auch natürlich, daß die Bestimmung des Eigenthums und die damit verknüpfte Freyheit nur stuffenweise eingeführet werden müße. Erziehung, Liebe zum Ackerbau und gute Wirthschafft muß zum beweglichen Eigenthum und die gute Verwaltung des beweglichen Vermögens zum unbeweglichen Eigenthum führen. Soll die Erlangung des Eigenthums eine Belohnung fleißiger und guter Wirthe und eine Aufmunterung der übrigen seyn, so ist wiederum natürlich, daß diese Verbesserung des Zustandes nicht mit allen Bauern auf einmal, sondern nur einzeln geschehen müße. Wenn man also diesen Weg folget, so kann die Erreichung des letzten Endzweckes, nemlich die Aufhebung der Leibeigenschafft, zum wahren Vortheil des Staates nicht fehlen. Der gute und vortheilhaffte Erfolg wird zwar etwas langsamer, aber auch desto unfehlbahrer und zuverläßiger seyn."[3]

Die beiden anderen Preisträger waren der Franzose Jean Joseph Graslin und der Deutsche Johann Christoph Wöllner. Beide sprachen sich gleichfalls für den Landbesitz von Bauern aus, wobei Wöllner in offene Begeisterung ausbrach: „Das eintzige Wort Eigenthum wird so mächtig seyn, daß Millionen Bauern wie aus einem Schlummer erwachen, ihrer angeborenen Trägheit mit einmal gute Nacht geben und gantz andere Menschen seyn werden. Der eintzige Gedancke: der Acker gehöret zu dir; von nun an arbeitest du für dich und für deine Kinder; alle Verbeßerungen, die du auf auf deinem Felde vornimst, hast du und deine Nachkommen zu genießen; niemand kann und wird dich aus dem Besitz deines Eigenthums verstoßen; du hast die Mittel in Händen, wohlhabender zu werden, als du jetzt bist; dieser Gedancke, sage ich, wird mit einmal alles in Bewegung setzen. Ein frohes Getümmel wird allenthalben entstehen und der Geist des Fleißes und der Arbeitsamkeit wird sich schnell über die gantze Nation verbreiten. Wer will, wer kann, wer darf hier noch einen Augenblick zweifeln, daß nicht die Landwirtschaft bald in Aufnahme kommen und bald zum Besten des Staats sich in der blühendesten Gestalt darstellen werde."[4]

Anders als Meck wollte Wöllner an einer modifizierten Leibeigenschaft aber festhalten. „Ich bin weit entfernet, denen Rechten der Herrschaft dieser leibeigenen Bauern irgend nahe zu treten. Diese Rechte müßen beständig aufrecht erhalten werden, und die Bauern sollen und müßen um ihres eigenen Besten willen ihren bißherigen Oberherren schlechterdings unterthänig und gehorsam seyn. Sie müßen ihre Abgaben und Dienste nach wie vor leisten, ja, es soll in der Folge erwiesen werden, daß die Bauern als Eigenthümer unter gewissen Bedingungen noch mehr zu geben schuldig sind, als sie bey der jetzigen Verfaßung nicht thun können. Kurz, es muß das Verhältniß zwischen Obrigkeit und Unterthanen auf keinerley Weise gestöhret werden. Alles, was ich in Absicht der Leibeigenschaft der Bauern wünsche und was jeder redlicher Patriot in Rußland

3 Gekrönte Preisschrift, S. 15o-7o, hier S. 156-57, 159, 165-66.
4 Ebd., S. 63-1o8, hier S. 74.

gewiß noch lebhafter wünschet, bestehet darinn, daß diese Leibeigenschaft mit Einstimmung der sämtlichen Grundherrenschaft durch ein Landesgesetz nur in soweit mögte abgeändert werden, daß durch diese Leibeigenschaft das künftige Eigenthumsrecht der Bauern über den ihnen verliehenen Acker auf keine Weise gekräncket, sondern... mögten beseelet werden."[5] Zu diesem Zwecke schlug Wöllner vor, die Freie Ökonomische Gesellschaft solle von sich aus die Initiative ergreifen, um das erforderliche Gesetz zur Besserung der Leibeigenschaft zu entwerfen.

Unter den wenigen russischen Einsendungen wurde als einzige die A.Ja. Polenovs (1738-1816) prämiert.In Herkunft und Bildungsweg ist er Desnickij in manchem vergleichbar. Polenovs Vater war Soldat, der Desnickijs Kleinbürger, so daß beide als Aufsteiger gelten können. 1762 wurde Polenov von der Petersburger Akademie mit zwei anderen jungen Russen zum Jurastudium an die Universität Straßburg beordert. Nach Petersburg zurückgekehrt, arbeitete Polenov als Sekretär im Senat. Auch er plädierte für das Eigentumsrecht von Leibeigenen, da Handel und Gewerbe dadurch einen Aufschwung erleben würden. Desgleichen sprach sich Polenov für eine Reglementierung gutsherrlicher Ansprüche aus, um den Verkauf von Bauern zumindest einzuschränken und den Bauern pro Woche nur einen Tag fronen zu lassen.[6] Damit hatte man nur solche Teilnehmer prämiert, die für eine tiefgreifende Reform der agrarischen Beziehungen eintraten. Meck stellte sogar eine Perspektive zur Aufhebung der Leibeigenschaft her. Unverkennbar spiegelte sich in diesen Traktaten die in Westeuropa vorherrschende Lehre der Physiokraten vom Vorrang der Agrarwirtschaft über die Manufaktur wider, eine Sichtweise, die zwangsläufig zur Verneinung der in Rußland bestehenden Verhältnisse führen mußte. Auf der anderen Seite ist unübersehbar, daß dem Zustand der russischen Leibeigenschaft Kritik nicht allein aus dem engen Zirkel der gelehrten Juristen und Ökonomen entgegenschlug; vielmehr hatte der Reformgedanke auch in der literarischen Öffentlichkeit Fuß gefaßt.

Als Beispiel dessen können die satirischen Zeitschriften N.I. Novikovs gelten, in denen die Verrohung vieler Gutsbesitzer immer wieder zur Sprache kam. 1769 hatte Katharina mit *Vsjakaja vsjačina* das Vorbild englischer Zeitschriften auf Rußland zu übertragen versucht und noch in der ersten Nummer der Hoffnung auf Nachahmer Ausdruck verliehen. Da noch im selben Jahr sechs dieser (zumeist sehr kurzlebigen) Periodika erschienen, hatte die Zarin mit ihrer Aufforderung offenbar einen Nerv getroffen. Während sich Katharinas Journal in Ermahnungen zu Tugend und Bescheidenheit erging, schlugen ihre Nachfolger

---

5 Ebd., S. 98.

6 Kozel'skij wollte den Umfang der Fron dagegen auf zwei Tage begrenzen (s.o. S. 184). Vgl. Polenov, O krepostnom sostojanii. Neuerdings dazu Morjakov, Russkoe prosvetitel'stvo, S. 14o-41; Utkina, Hg., Russkaja mysl', S. 216-17. Außerdem Bak, Polenov; ders., Antifeodal'nye učenija, S. 43-46; Štrange, Demokratičeskaja intelligencija, S. 161-69 u.ö.; Donnert, Polenov; MERSH 28, S. 176. Die sowjetische Literatur hat von der Tätigkeit der liberalen Schriftsteller ein einseitiges Bild gezeichnet, da sie das Ideengut des 18. Jahrhunderts auf die sozialantagonistisch-materialistischen Züge reduzierte und dem Ablauf des Aufklärungsprozesses in keiner Weise gerecht wurde. Der hohe Anteil von Balten und Ukrainern am Fortgang dieses Prozesses in Rußland wurde konsequent verleugnet.

andere Töne an und wiesen auch auf soziale Notstände hin. Hier ist von besonderem Interesse, daß Novikov, mit Radiščev vielleicht Rußlands bedeutendster „Aufklärer", nach fünfjährigem Besuch des Moskauer Gymnasiums und anschließendem Offiziersdienst im Izmajlovskij-Regiment 1767/68 ausgerechnet als Protokollist der Gesetzgebenden Kommission gearbeitet hatte, mit der Debatte zwischen Reformgegnern und -befürwortern also bestens vertraut war. Von 1769 bis 1774 gab er in Petersburg insgesamt vier satirische Zeitschriften heraus. Kurz gefaßt war seine Haltung zur Leibeigenschaft die, daß die Armut der Bauern zwar Folge ihrer Faulheit sei, diese Faulheit jedoch aus der Rechtlosigkeit resultiere. Um seinen Lesern das Beispiel eines tyrannischen Gutsbesitzers vor Augen zu stellen, entwarf er die Figur des *Bezrassud* („Ohne Verstand"), über den es an einer Stelle heißt: „*Bezrassud* krankt an der Meinung, daß Bauern keine Menschen seien, sondern nur Bauern. Was Bauern betrifft, so weiß er, daß sie seine leibeigenen Sklaven sind. So geht er auch mit ihnen um, treibt die von ihnen zu leistenden Abgaben ein, redet mit ihnen kein Wort und würdigt sie keines Kopfnickens, wenn sie sich vor ihm nach östlicher Gewohnheit auf die Erde legen. Er denkt dann: Ich bin der Herr, sie sind meine Sklaven, sie sind dafür geschaffen, daß sie, alle Nöte duldend, Tag und Nacht arbeiten und meinen Willen durch pünktliche Zahlung des Zinses erfüllen. Wenn sie an meine und an ihre Stellung denken, sollen sie zittern."[7] Abhilfe sah Novikov weniger in Gesetzen als im Bemühen um Menschlichkeit. Daß sein Publikum (vor allem aus den Petersburger Oberschichten) Novikovs Standpunkt weitgehend teilte, zeigt die Auflage seiner Blätter. Während der Absatz von Katherinas belehrender *Vsjakaja vsjačina* von zunächst 1.692 auf 500 Exemplare pro Nummer zurückging, erlebte Novikovs *Truten'* (Die Drohne) eine Steigerung von 626 auf 1.240 Exemplare.[8]

Obwohl sich Angehörige des Hochadels an den Debatten der Gesetzgebenden Kommission nicht beteiligt und es somit Vertretern des Provinzadels überlassen hatten, für die Reform der Leibeigenschaft einzutreten, teilten auch bekannte Vertreter der Aristokratie Novikovs Kritik. So entwarf der Fürst Dmitrij Alekseevič Golicyn (1734-1803), von 1762 bis 1768 russischer Botschafter in Paris, 1765 in mehreren Briefen an seinen Vetter, den Vizekanzler Aleksandr Michajlovič Golicyn, ein Programm zur Neuregelung der Agrarverhältnisse. Ausgehend von der Beobachtung, daß die auf Zins gesetzten Dörfer wohlhabender seien als die unter Fron, müsse die Geldwirtschaft ausgeweitet werden. Landbesitz wollte Golicyn den Leibeigenen jedoch vorenthalten und ihnen allein das Recht auf Besitz von beweglichen Gütern einräumen. Golicyns Vorschlag verdient deshalb Interesse, weil er zur Befriedung des flachen Landes auch das Mittel der Justiz einsetzen wollte. Zu diesem Zweck seien zwei Richter regelmäßig in die Provinz zu entsenden, um dort Streitigkeiten zwischen Gutsbesitzern und Bauern zu schlichten. Zum Schutz des Eigentums der Bauern vor Übergriffen des Adels sei

---

7 Novikov, Stat'i, S. 149-5o. Eingehend zu den satirischen Zeitschriften Berkov, Istorija žurnalistiki; ders., Žurnaly Novikova. Zuletzt zu Novikov s. Martynov, Novikov; Jones, Novikov. Zur Beziehung zwischen Katharina und *Vsjakaja vsjačina* vgl. auch Herzen, Catherine II.

8 Russkie satiričeskie žurnaly, S. 17. Diese Zahlen weisen darauf hin, wie klein die literarisch interessierten Kreise noch waren.

in jeder Provinzhauptstadt zudem auch die Berufung eines Laiengerichts aus 15 Männern erforderlich.[9] Den Kreisen bei Hofe gehörte auch der General Petr Panin an, dessen Bruder Nikita von 1763 bis 1781 dem Kollegium für Äußeres vorstand. Petr Panin leitete der Kaiserin 1763 eine Denkschrift zu, um auf die Läuflingsbewegung nach Polen aufmerksam zu machen. Als Ursache der Bauernflucht führte er erstens die rücksichtslosen Rekrutierungen an, zweitens die Gewohnheit, Bauern zu verkaufen, sowie drittens die Willkürherrschaft vieler Gutsbesitzer. Aufgrund dieser Mißbräuche machte sich Panin zum Anwalt einer Reglementierung gutsherrlicher Befugnisse, wobei auch die finanziellen Ansprüche der Gutsherrn an ihre Bauern umrissen werden sollten. Dabei sah er zwei Rubel Zins bzw. vier Wochentage Fron als Obergrenze der bäuerlichen Leistungen an.[10] Nicht zuletzt hatte sich ja auch Katharina in Art. 254 ihres Nakaz zur Absicht einer Einhegung der Leibeigenschaft bekannt. Art. 261 verkündete sogar: „Die Gesetze können dadurch etwas Gutes stiften, wenn sie den Leibeigenen ein Eigentum bestimmen." In einem undatierten, erst in ihrem Nachlaß aufgefundenen Projekt aus 95 Artikeln hat sie einen vagen Versuch zur Umsetzung dieser Maxime unternommen. Da sich dieser Entwurf aber nur auf Staatsbauern bezog, wich er dem eigentlichen Problem der leibeigenen Gutsbauern aus. Einige wenige Punkte dieser Ausarbeitung gingen in das Statut für die Staatsbauern von 1787 ein, so z.B. die Bestimmungen zur Wahl des Starosta.[11] Ansonsten trat hier ein so überzogener Regelungsanspruch hervor, daß Zweifel am Realitätssinn Katharinas erwachsen. Z.B. wollte Art. 62 das Delikt der Ehrverletzung in die bäuerliche Lebenswelt einführen und sah eine Geldstrafe sogar dann vor, wenn Jungen unter 15, Mädchen unter zehn Jahren Opfer dieser „Straftat" geworden waren.[12] Insgesamt gesehen wurden in den Anfangsjahren der Regierung Katharinas Vorschläge zur Umgestaltung der Leibeigenschaft also in einer solchen Fülle produziert, als könnten, um mit Mrożek zu sprechen, 3.000 Kaninchen (Projekte) einen Elefanten (Reform) ersetzen.

Wie sah die Bauerngesetzgebung Katharinas tatsächlich aus? Anläßlich der dritten Revision wurde die Kopfsteuer 1764 von bisher siebzig Kopeken auf 1,70 Rubel erhöht; das Recht auf den Verkauf von Leibeigenen blieb unangetastet,[13] und auch in wirtschaftlicher Hinsicht beließ man alles beim Alten und bestätigte den ausschließlichen Anspruch des Adels, sich die Arbeitskraft von Leibeigenen

9 Golicyn, Pis'ma; Semevskij, Krest'janskij vopros, Bd. 1, S. 23-37, 160-68; Račinskij, Mysl'; Bak, Golicyn; Donnert, Golicyn; MERSH 12, S. 241-43.

10 Auf Klingstedts Initiative ergab eine Umfrage der Freien Ökonomischen Gesellschaft von 1765, daß landesweit zumeist drei Tage Fron üblich waren. Die Bedeutung von Panins Vorstoß lag daher allein in der Ausdehnung des staatlichen Regelungsanspruchs. Vgl. Ransel, Panin Party, bes. S. 150-53; Semevskij, Krest'janskij vopros, Bd. 1, S. 22-23.

11 PSZ 22, Nr. 16.603 (ohne Datum).

12 Vešnjakov, Hg., Proekt imp. Ekateriny, hier S. 468. Vgl. Bartlett, Catherine II's Draft Charter. Zu einem anderen Projekt Katherinas, demzufolge alle nach 1785 geborenen Kinder von Leibeigenen die Freiheit erhalten sollten, s. Romanovič-Slavatinskij, Dvorjanstvo, S. 378.

13 Lediglich Auktionen wurden verboten (PSZ 19, Nr. 13.634 vom 5.8.1771). Die Abschaffung der Bauernverkaufs blieb dem 19. Jahrhundert vorbehalten. Noch durch Ukaz vom 28.5.1801 (PSZ 26, Nr. 19.892) wurden allein Zeitungsanzeigen zum Verkauf Leibeigener untersagt.

zunutze zu machen.[14] Gleichlautenden, während der Kommissionsdebatten vorgebrachten Forderungen von Kaufleuten wurde eine klare Abfuhr zuteil. Das unermüdlich vorgetragene Bekenntnis von Ökonomen und aufgeklärter Bürokratie, eine Liberalisierung der Agrarverhältnisse wirke sich für die Volkswirtschaft als Ganzes günstig aus, drang also nicht durch. Obwohl die Gruppe der an dieser Diskussion beteiligten Fachleute zweifellos sehr klein war und es der konservative Adel an Widerstand nicht hatte fehlen lassen, zog die Reformdebatte dennoch weitere Kreise. Wie so oft fungierte auch hier das Gerücht als „Denkschrift des kleinen Mannes" und weckte Erwartungen, die alsbald zerschellen mußten. So ging unter Bauern die Kunde von einem angeblichen Ukaz um, nach dem der Status derjenigen Leibeigenen, die ihrem Herrn „übermäßigen" Zins oder Fron leisten müßten, in den von Staatsbauern umgewandelt werden sollte, die Betreffenden aus der Leibeigenschaft also ausschieden.[15] Dieser Wunschvorstellung trat die Zarin am 5.5.1766 kompromißlos entgegen.[16] Im gleichen Atemzug sollte sogar das Bittschriftenwesen eingedämmt werden - auch dies ein Kanal friedlichen Bauernprotests.[17] Betrogene Hoffnung kann in Wut umschlagen, Wut in offene Gewalt. Die unübersehbar gewordene Krise der Leibeigenschaft kam daher nicht allein in fruchtlosen Reformdebatten zum Ausdruck, sondern viel stärker noch in einer Welle des Aufruhrs, in deren Verlauf allein die Bauern des Gouvernements Moskau zwischen 1764 und 1769 21 Gutsherrn und neun Gutsfrauen erschlugen.[18] Der Senat sah sich zum bitteren Eingeständnis genötigt, daß die überlieferten Zuchtinstrumente wie Auspeitschung aufsässiger Bauern an Wirkung eingebüßt hatten. Vor diesem Hintergrund erging am 11.7.1763 ein recht seltsamer Ukaz, demzufolge Bauern die Kosten für Truppenkontingente übernehmen sollten, die zur Unterdrückung von Unruhen ausgesandt werden mußten.[19] Anstatt also, wie von Kozel'skij und Desnickij gefordert, zu einem Abbau der sozialen Spannungen beizutragen, setzte die Regierung auf die Verstärkung gutsherrlicher Autorität. Im Rechtssystem des Zarenstaats legte diese Entscheidung einen tiefgreifenden Widerspruch bloß.

Auf der einen Seite baute der Staat seine Strafhoheit ab. Noch Elisabeth hatte am 13.12.1760 die rechtliche Möglichkeit dafür geschaffen, daß sich Gutsbesitzer „Dieben, Trunkenbolden, Querköpfen und anderen Unruhestiftern" unter ihren Leuten entledigten, um sie ohne Zutun staatlicher Stellen zur Ansiedlung nach Sibirien zu verschicken. Diese Maßnahme war bei arbeitsfähigen Männern und

---

14 Vgl. z.B. PSZ 16, Nr. 11.638 vom 8.8.1762. Verbessert hat sich allein die Lage der ehemaligen Klosterbauern. Die Säkularisierung von 1762/63 hob die Fron auf, vergrößerte tw. die Landanteile und verbesserte auch die Möglichkeiten zur Einschreibung in die Stadtstände.

15 Dieses Gerücht kam wohl auch deshalb auf, weil die Regierung, um die nach Polen geflüchteten Läuflinge zurückzulocken, diesen die Umwandlung zu Staatsbauern in Aussicht gestellt hatte. Die Dichte der Läuflingsgesetzgebung - Beljavskij zählte rd. sechzig zwischen 1757 und 1766 ergangene Ukaze zu dieser Frage - ist ein weiteres Indiz für den krisenhaften Zustand der Leibeigenschaft zu diesem Zeitpunkt. Vgl. Beljavskij, Krest'janskij vopros, S. 38-42.

16 PSZ 17, Nr. 12.633.

17 PSZ 17, Nr. 12.648 vom 14.5.1766.

18 Vgl. die Liste bei: Iz bumag gr. Panina, S. 426-28.

19 PSZ 16, Nr. 11.875.

Frauen unter 45 Jahren zulässig, sollte also auch der Kolonisation dienen. Ein Verlust entstand dem Gutsherrn nicht, da er diese Bauern auf die Rekrutenliste setzen konnte.[20] Am 15.3.1761 erfuhr diese Anordnung eine Ausweitung, indem der Gutsbesitzer nunmehr auch diejenigen Leibeigenen abschieben konnte, die bereits mit der staatlichen Strafjustiz kollidiert waren.[21] Katharina hat die Machtbefugnisse des Adels durch Ukaz vom 17.1.1765 aber weiter ausgedehnt, so daß Gutsherrn Leibeigene nunmehr auch zu (unbefristeter) Zwangsarbeit in Sibirien bestrafen konnten. Dem Besitzer stand es zu, seine Leute von dort zurückzufordern.[22] Während der Musterung von 1771 wurden insgesamt 7.823 verschickte Männer auf die Rekrutenquote angerechnet, d.h. rund elf Prozent der Eingezogenen insgesamt (69.825).[23]

Damit hat es den Anschein, als ob die Gutsbesitzer nicht gerade selten von ihrem neuen Recht Gebrauch gemacht hätten. Da sie niemandem Rechenschaft ablegen mußten, tat sich der Willkür ein neues Feld auf. Dies bezeugt der Bericht des Peter Simon Pallas, der 1773 in seinem Reisejournal vermerkte: Ein „widriger Umstand, der nicht verschwiegen werden darf, ist, daß die in den rußischen Provinzen bey den Edelleuten statt der Rekruten zur Bevölkerung Sibiriens ausgehobne Bauern zum Theil auf die unverantwortlichste Weise ausgesucht sind. Ich habe kranke, gebrechliche, am Verstande fehlerhafte, beweibte, die schon längst in einer unfruchtbaren Ehe leben, und eine gute Zahl alter und grauer Leute, die zur Fortpflanzung ganz ungeschickt sind, wahrgenommen. Noch unverantwortlicher ist's, daß eine Menge bejahrter Hausväter von ihrer gehabten zahlreichen Familie, ja sogar von ihren Weibern durch unmenschliche und eigennützige Herrschaften getrennt und in diese Gegenden voll Gram und Elend einsam verschickt worden sind. Diejenigen, welche ihre zurück gebliebne Gattin und Kinder endlich vergessen, sehn sich oft gezwungen, um nicht bey ihrer Haus- und Feldarbeit ohne Gehülfin zu seyn, in ihren Wohnplätzen elende Weibspersonen zu heyrathen und also aus Noth eine unerlaubte Vielweiberei zu begehn. Unzählige haben mir mit Thränen den Gram über ihre zurück gebliebne Kinder bezeugt, mit welchen sie sich in Sibirien viel glücklicher als unter mancher tyrannischer Herrschaft schätzen und mit vollem Herzen die Hand, welche sie in Freyheit gesetzt hat, segnen würden."[24] Pallas' Eindruck war also der, daß zur Besiedlung Sibiriens nicht nur rebellische, sondern auch alte Bauern abgeschoben wurden, da beide der Gemeinde zur Last werden konnten.

Die eigentliche Bedeutung der Ukaze von 1760/65 bestand darin, daß sie die staatliche und die gutsherrliche Strafjustiz sowohl bei den jeweils zu ahndenden Delikten als auch bei den jeweils auszusprechenden Strafen weitgehend anglichen.

---

20 PSZ 15, Nr. 11.166.

21 PSZ 15, Nr. 11.217.

22 PSZ 17, Nr. 12.311. Aus Anlaß von Sievers' Widerstand bestätigt durch PSZ 17, Nr. 12.556 vom 28.1.1766.

23 Semevskij, Krest'jane, Bd. 1, S. 161. Diese Zahlen sprechen gegen die Vermutung von Madariaga, Serfs, S. 45, über den Ukaz vom 17.1.1765 habe gewisse Konfusion bestanden. Madariagas Urteil über die Bauernpolitik Katharinas fällt wohl zu freundlich aus. Eher kritisch Dukes, Problem of Serfdom.

24 Pallas, Reise, Bd. 3, S. 46o.

Zahlreiche Adlige haben dies genutzt, um sich ihr eigenes *Uloženie* zu schreiben. Als Beispiel kann das „Gesetzbuch" des Grafen Vladimir Grigor'evič Orlov gelten, des jüngeren Bruders von Katharinas langjährigem Favoriten Grigorij Grigor'evič Orlov. Zur Verwaltung der ausgedehnten Familiengüter unterhielt V.G. Orlov in Moskau ein eigenes Kontor. Dort entstand eine detaillierte Instruktion für die Gutsverwalter, die von 1784 bis 1831 gültig war. Insgesamt 23 Kapitel unterwerfen weite Teile des bäuerlichen Alltags einer straffen Regelung, z.B. die Einsetzung der Bürgermeister (Kap. 1), die Steuern (3), die Ablieferung des *obrok* (5), die Rekrutenstellung (8), die Aufnahme von „Fremden" (9), die Familienteilung (10), unehelich geborene Kinder (14), den Ankauf von Leuten (15), die Pässe (16), die Landvermessung (19) und den Gottesdienst (22). So engmaschig die Gebote, so weitmaschig die Vorschriften zum jeweiligen Strafmaß. Wie das russische Recht den Beamten, räumte auch diese Verwaltungsinstruktion dem Ältesten großen Ermessensspielraum ein. Orlov ging soweit, den Bauern sogar das Sammeln von Rebhuhneiern zu verbieten; bei der Festsetzung der Sanktion wird jedoch nur das Verfahren vorgeschrieben (Spitzrute oder Gerte, keine Plette), nicht die Anzahl der Schläge. Nach Art. 9, 5 war zudem auch die wirtschaftliche Stellung des Delinquenten zu berücksichtigen. Reiche Bauern seien so abzustrafen, daß ihr Gewerbe keinen Schaden erleide. An die Verschickung nach Sibirien knüpfte die Dienstanweisung mehrere Bedingungen. So heißt es in Art. 9, 3: „Wenn der Verwalter sieht, daß Ermahnungen und Strafen nicht fruchten, soll er sich mit dem Mir und meinem Kontor darüber beraten, ob der Betreffende in die Rekruten gegeben, verkauft oder zur Ansiedlung verschickt werden soll."[25]

Das Paradoxe ist nun, daß sich der Staat wie gesehen aus der Justiz über Leibeigene einerseits bewußt zurückzog oder, besser gesagt, die größte Bevölkerungsgruppe der Jurisdiktion des Adels auslieferte, andererseits aber doch versuchte, die Offizialklage gegen Leibeigene zumindest bei Eigentums- und Schwerdelikten durchzusetzen. Ein namentlicher Ukaz vom 18.10.1770 griff den Fall der Witwe des Generalmajors v. Öttinger auf, die einen ihrer Bauern derartig ausgepeitscht hatte, daß er gestorben war.[26] Dieser Ukaz unterschied explizit zwischen „Stadtjustiz" (d.h. staatlicher Justiz) und „Hausjustiz" *(domašnoe sledstvie i nakazanie)*, wobei die Ahndung von „Flucht, Diebstahl und dergleichen" allein der Stadtjustiz unterliegen solle.[27] De jure war damit zwar eine Basis geschaffen, um unmenschliche Gutsbesitzer zur Rechenschaft zu ziehen; de facto erwies sich diese Grundlage aber als brüchig, da es dem Strafrecht an

---

25 Oševovič, Očerki, S. 4o-44; Aleksandrov, Sel'skaja obščina, S. 277-8o, 32o-21 u.ö. Diese nichtstaatliche Strafjustiz hat auch in den Fabriken existiert. Vgl. Poljanskij, Pervonačal'noe nakoplenie kapitala, S. 28o-81, 3o7-13; Zaozerskaja, Razvitie legkoj promyšlennosti, S. 483-86.

26 Derartige Fälle waren nicht ganz selten und wurden zumeist mit vier bis sechs Wochen Haft und der Auflage zu kirchlicher Buße bestraft. In aller Regel behielt sich die Zarin das Urteil vor; der Senat trat für schärfere Strafen ein, drang bei Katharina jedoch nicht durch. Vgl. die Beispiele bei Soloviev, History of Russia, Bd. 48, S. 2o3. 1774 scheint Katharina ein Gesetz gegen Gewalttaten von Gutsbesitzern an Leibeigenen entworfen zu haben, das - wohl aus Rücksicht auf den Adel - Projekt geblieben ist. Vgl. Omel'čenko, „Zakonnaja monarchija", S. 298.

27 PSZ 19, Nr. 13.516.

präzisen Definitionen der Delikte fehlte, um Haus- und Stadtjustiz zu trennen. Was hieß „Diebstahl und dergleichen"? Daß die Hausjustiz auch von gebildeten Gutsbesitzern und -verwaltern nicht sehr glimpflich gehandhabt wurde, dafür liefert Andrej Bolotov ein Beispiel, der in seinen Erinnerungen - hier an das Jahr 1774 - berichtet: „So führte man eines Tages zum Beispiel zwei Diebe zu mir, die man bei gemeinsamer Tat ertappt und gefaßt hatte. Bei ihrer Befragung jedoch ließ sich keinerlei Übereinstimmung in ihren Aussagen feststellen: Der eine sagte dies, der andere das. Als ich jedoch nach einer Stunde von beiden immer noch keine plausible Antwort auf meine Fragen erhielt, befahl ich sie unverzüglich auszupeitschen; zum Bekenntnis der Wahrheit ließen sie sich dadurch allerdings nicht bringen. Mein Gott, wie haben sie mich damals durch ihre Verstockheit in Wut und Raserei gebracht! Ich verlor beinahe den Verstand, erst nach der dritten und äußerst grausamen Züchtigung ließ sich etwas Licht in die Angelegenheit bringen."[28]

Festzuhalten bleibt, daß die Bauernpolitik Katharinas in denkbar scharfem Gegensatz zu den allseits bekundeten Vorsätzen stand. Art. 34 der Instruktion verkündete, „die Gleichheit aller Bürger besteht darinnen, daß sie sämmtlich einerlei Gesetzen unterworfen sind;" der Grad der Verfügbarkeit von Gutsherrn über ihre Bauern nahm jedoch zu. Zusammen mit dem 1768 von der Türkei erklärten Krieg, der Teuerung und einer Welle von Einberufungen hat er die Ausbreitung des Pugačev-Aufstandes 1773/74 begünstigt. Weiterreichende Bedeutung hat die Erhebung, die im Gegensatz zu der unter Razin zeitweise sogar Moskau zu erschüttern schien,[29] vor allem in zweierlei Hinsicht gehabt. Daß Pugačev am 18.7.1774 ein Manifest zur Aufhebung der Leibeigenschaft erließ, hat die bis dahin diskutierte Bauernfrage zum Tabuthema verwandelt, das anzurühren Repressionen des Staates heraufbeschwor. Daneben brachte die Pugačevščina das Versagen der Provinzialverwaltung an den Tag. Ganz abgesehen von chronischen Amtsvergehen, die gleichfalls den Unmut der Bevölkerung schürten, war die Beamtenschaft vor Pugačev entweder rechtzeitig geflohen oder hatte mit den Aufständischen kollaboriert. Als die Erhebung im November 1773 die Grenze zum Gouvernement Kazan' noch kaum überschritten hatte, nahmen die dortigen Beamten ebenso Reißaus wie Adel und Kaufleute. Vor diesem Hintergrund machte sich Katharina 1775 im unmittelbaren Anschluß an die Niederschlagung der Revolte an die Reform der Gouvernementsverwaltung, um sie stärkerer Kontrolle zu unterwerfen.

---

28 Bolotov, Leben und Abenteuer, Bd. 2, S. 2o3. Daran anschließend beschreibt Bolotov die Auspeitschung eines Diebes, der seine Komplicen auch dann nicht verraten wollte, als sein Rücken schon völlig zerschlagen war und man befürchtete, „dieser Trotzkopf würde an den Schlägen womöglich noch sterben". Daraufhin griff Bolotov zu einem anderen Mittel, ließ den Mann in eine tüchtig geheizte Banja sperren, gewaltsam mit salzigem Fisch füttern und großen Durst leiden. Erst diese Methode tat ihren Zweck.

29 Ein Senatsbeschluß vom 25.7.1774 sah vor, die 14 Stadtteile in acht Gebiete unter dem Kommando je eines Senators aufzuteilen. Arbeiter und Leibeigene sollten bewaffnete (!) Formationen bilden. Diese Anordnung wurde nicht in die Tat umgesetzt. Dazu s. Filippov, Moskva i Pugačev; Golubcov, Moskovskaja vlast'.

4.e Gouvernementsreform von 1775

Obwohl Katharinas Ratgeber immer wieder auf die Notwendigkeit einer Reform der Provinzialverwaltung hingewiesen hatten, billigte die Zarin diesen Vorschlägen erst seit Pugačev höhere Priorität zu. Dessen Aufstand hatte gezeigt, daß rebellische Provinzen auch der Zentralmacht bedrohlich werden konnten, wenn diese nicht energische Schritte zur Besserung der dortigen Zustände unternahm. Aus diesem Grund verfolgte auch die Gouvernementsreform von 1775 das alte Ziel, die Effizienz der russischen Provinzverwaltung zu verbessern. Dabei setzte Katharina wie Peter bei einer Neudefinition der Verwaltungsgrenzen an, ging jedoch weitaus systematischer vor. Um die Zugriffsmöglichkeiten der Zentralmacht auf die lokale Ebene zu vergrößern, wurde die zwischen Gouvernement und Kreis liegende Stufe der Provinz beseitigt. Bei der gleichzeitigen Verkleinerung der Verwaltungseinheiten ließ man sich von einer Vorstellung von 300.000 bis 400.000 männlichen Einwohnern pro Gouvernement bzw. 20.000 bis 30.000 pro Kreis leiten, schon um den Zentralbehörden durch diese Standardisierung die Kontrolle der einlaufenden Beträge aus der Kopfsteuer zu erleichtern. Die Zahl der Gouvernements erhöhte sich damit von 25 im Jahre 1775 auf fünfzig im Jahre 1796, die der Kreise stieg von 169 auf 493. Die Verknüpfung des russischen Verwaltungsapparats zu engeren Maschen hatte zur Folge, daß der Bedarf an Provinzialbeamten stark zunahm. Während sich die Zahl der Kreise wie oben gesehen annähernd verdreifachte, ließ sich die Zahl der Beamten aus Mangel an ausreichend gebildeten Bewerbern naturgemäß nicht beliebig vermehren. Von rund 12.000 1774 stieg sie auf 27.000 im Jahre 1796, steigerte sich also nur um etwas mehr als das Doppelte, und das obwohl die Reform eine erneute Trennung zwischen den drei Bereichen der Lokalverwaltung, der Besteuerung und der Rechtsprechung anstrebte. Diese Kluft zwischen Fähigkeit und Bedarf suchte der Staat durch Rückgriff auf die Gesellschaft im allgemeinen und den Adel im besonderen zu schließen. Seit 1736 war der Adel dazu verpflichtet, seine Söhne im Alter von sieben Jahren inspizieren zu lassen. Nach einer Überprüfung der Schreib- und Lesefähigkeit im Alter von 16 Jahren hatten sie sich mit Erreichen des zwanzigsten Lebensjahres für den Staatsdienst zur Verfügung zu halten. Die Zwangsrekrutierung des Adels zog jedoch eine Verödung der Provinz nach sich, so daß Peter III., um dem Adel die Rückkehr auf die Güter zu ermöglichen, die adlige Dienstpflicht durch Manifest vom 28.2.1762 aufhob. Nachdem Katharina ihren Gatten vier Monate darauf gestürzt hatte, unterließ sie es, dieses Manifest zu bestätigen, und setzte vielmehr eine Kommission ein, die in ihrem Bericht an die Zarin vom 18.3.1763 empfahl, Amts- und Geburtsadel in Zukunft unabhängig voneinander Geltung einzuräumen. Dieses Votum lief also auf eine Anerkennung des Manifests hinaus, dem Katharina 1785 mit der Gnadenurkunde für den Adel auch nachkam. Mancher Adlige nutzte deshalb die Möglichkeit, aus dem Dienst auszuscheiden und sich auf sein Gut zurückzuziehen. Das Potential verwaltungserfahrener Männer auf dem Land nahm damit zu.[1]

Die Gouvernementsreform von 1775 sollte sich dies zunutze machen. Sie knüpfte an das Manifest vom 14.12.1766 an, das Adel, Stadtbewohner, Einhöfer und Staatsbauern dazu aufforderte, zur Beratung des neuen Gesetzbuches Abgeordnete in die Gesetzgebende Kommission zu entsenden. Dem Adel jedes Kreises wurde befohlen, einen Adelsmarschall zu bestimmen, der die Wahl des Abgeordneten des Kreises zu leiten hatte. Nach einer Wiederholung der Wahlen zum Kreisadelsmarschall 1768 wurde 1771 angeordnet, daß diese Wahlen auch weiterhin alle zwei Jahre zu erfolgen hätten. 1773 zog der Staat die Kreisadelsmarschälle dann zu Pflichten wie der Rekrutenaushebung und der Überwachung des Handels heran. Das Gouvernementsstatut vom 7. November 1775 sanktionierte diese Aufgaben, indem es den Adelmarschall auf Kreis- wie auf Gouvernementsebene in den Rang der lokalen Amtsträger erhob. Es spricht für das große Interesse des russisches Staates an diesem neugeschaffenen Amt, wenn das Statut den Kreisadelsmarschall weitaus klarer beschrieb als den Gouvernementsadelsmarschall, der nicht näher umrissen wurde. Über den Kreisadelsmarschall hieß es dagegen, daß er alle drei Jahre gewählt werden solle, zum Amtsantritt der Bestätigung des Gouverneurs bedürfe und im siebten Rang stehe.[2]

Bei der Tätigkeit, die das Gouvernementsstatut Adel und Stadteinwohnern zuwies, stand die Rechtsprechung ohne Zweifel im Mittelpunkt, um sie durch Vermehrung der Gerichte nunmehr auch in entlegene Ortschaften zu befördern. Die Gouvernementsordnung von 1775 sah eine vor allem ständisch gegliederte Gerichtsverfassung vor, wobei das Kreisgericht über Adlige, der Magistrat über Städter und die „niedere Behörde“ *(nižnjaja rasprava)* über freie Bauern Recht sprach. In dieser ersten Instanz wurden alle Beisitzer von den Ständen bestimmt. Adel und Städter wählten auch die Richter, während sie der Senat für die niedere Behörde ernannte. Über Leibeigene urteilte in Zivilsachen nach wie vor der Gutsherr. In der zweiten Instanz des Oberlandesgerichts, des Gouvernementmagistrats bzw. der mittleren Behörde wählten die Stände gleichfalls die Beisitzer; die Richter ernannte der Zar. In der mittleren Behörde war auch die Wahl von Städtern und Adel zu Beisitzern statthaft. Für die dritte Instanz, der Straf- und Zivilkammer, die als erste über alle Stände Recht sprach, berief zunächst der Zar die Mitglieder. 1801 wurde bei den Beisitzern jedoch auch hier die Wahl durch den Adel eingeführt.

Damit war allein der Senat als letzte Appellationsinstanz von der Beteiligung der Stände ausgenommen. Dieser weitläufige Instanzenzug entsprang der Hoffnung, jede Revision stelle eine neue Überprüfung der untergeordneten Behörden

---

1 Madariaga, Russia, S. 82-89; Jones, Emancipation, bes. S. 91-97; Troickij, Absoljutizm i dvorjanstvo, S. 14o-54 u.ö.; ders., Komissija o vol'nosti dvorjanstva 1763 g.; Raeff, Peter III. In den Arbeiten von Želudkov, Krest'janskaja vojna; ders., Vvedenie gubernskoj reformy, wird die Gouvernementsreform vor allem andern auf den Pugačev-Aufstand zurückgeführt. Damit bleibt außer Betracht, daß Ansätze zu einer Reform der Lokalverwaltung unter Katharina bis in die sechziger Jahre zurückgehen. Weniger kategorisch Beljavskij, Trebovanija dvorjan.

2 Der Text des Gouvernementsstatuts wurde mehrfach nachgedruckt. Vgl. Beljavskij, Hg., Dvorjanskaja imperija, S. 54-121. Leicht gekürzt, aber kommentiert in RZ 5, S. 17o-295.

dar. Wie sich nach 1775 aber zeigen sollte, strebte der wohlhabende und gebildete Adel eher nach höheren Ehren, so daß die Wahlämter zur Pfründe des armen und ungebildeten Provinzadels verkamen. Da die Geschworenen noch dazu der Bestätigung durch den Gouverneur bedurften, schlug auch die Absicht der Regierung fehl, eine von der Lokalverwaltung unabhängige Judikative einzurichten.[3] Neben der Bestimmung der Laienrichter oblag der Kreisadelsversammlung die Wahl eines Landkommissars mit zwei Stellvertretern. Dieser war zuständig für die öffentliche Ordnung bei den Bauern in seinem Kreis, die Gesundheitsvorsorge, das Aufspüren von Läuflingen, die Kontrolle von Bettlern und ähnliche Polizeifunktionen. Im Gouvernementsstatut ist an keiner Stelle davon die Rede, in welchem Verhältnis der Landkommissar zu den Hilfspolizisten der Bauern stehen sollte, die jedes Dorf lt. Gesetz vom 19.12.1774 einmal jährlich im Dezember zu wählen hatte. Diese Männer sollten Standeswechsler an die Behörde melden, überhöhte Steuerforderungen abwehren und Verbrechen vorbeugen. Durch das Sozialgefälle zwischen den Inhabern beider Ämter ist jedoch zu vermuten, daß sich die Landkommissare zumeist als Vorgesetzte der *sotskie* fühlten.[4]

Eine derartige Dienstbarmachung der Stände durch den Staat setzte eine hinreichend klare Definition der einzelnen sozialen Gruppen voraus. Im Falle des Adels lag diese Definition vor, da der Senat die Zugehörigkeit registrierte. Im Fall der Stadtstände war eine zentrale Erfassung unmöglich, da sich die Mitgliedschaft nicht aus einer rechtlichen, sondern aus einer wirtschaftlichen Eigenschaft ergab, die vom Geschäftserfolg abhing. Zudem hatte Peter die Neugliederung der Stadtbevölkerung im Reglement des Hauptmagistrats vom 16.1.1721 nach unscharfen Kennzeichen vorgenommen. Zur ersten Gilde sollten Bankiers, Großkaufleute, Ärzte, Apotheker, Schiffsbesitzer, Goldschmiede oder Ikonenmaler zählen, zur zweiten Gilde Kleinhändler und Handwerker. Von ihnen hatten die Handwerker zu eigenen Zünften zusammenzutreten. Nicht zu den „regulären Bürgern", wohl aber zur Bürgerschaft gehörten die Angehörigen der Unterschichten wie Arbeitsleute, Läuflinge oder Veteranen. Gleichfalls nicht zur Bürgerschaft wurde schließlich die vierte Gruppe aus Adel, Beamten, Klerus und Ausländern gerechnet. Diese Berufsordnung lösten Gesetze vom 17.3. bzw. 25.5.1775 durch eine strengere, allein am Vermögen ausgerichtete Gliederung ab. Wer Kapital von mehr als 10.000 Rubeln nachwies, durfte der ersten Kaufmannsgilde beitreten, in der Kutsche fahren und Empfängen bei Hof beiwohnen.[5] Kaufleute im Besitz von wenigstens 1.000 Rubeln bildeten die zweite, von mehr als 500 Rubeln die dritte Gilde. Alle anderen wurden zu Kleinbürgern erklärt. Diese Neustrukturierung zog eine bis dahin kaum erlebte Dezimierung der Kaufleute nach sich, deren Zahl von rd. 222.000 vor 1775 auf rd. 27.000 zurück-

3 Kaiser, Justizreform, S. 11-27; LeDonne, Ruling Russia, S. 152-65; ders., Judicial Reform; Pavlova-Sil'vanskaja, Sozdanie.

4 LeDonne, Ruling Russia, S. 91-97; Grigor'ev, Reforma mestnogo upravlenija, S. 210-13 u.ö. Vgl. die Instruktion für die *sotskie* in PSZ 19, Nr. 14.231 vom 19.12.1774.

5 Kaufleute im Besitz von zumindest 30.000 Rubeln durften auch einen Degen tragen, bei mehr als 80.000 Rubeln erhielt der Betreffende den achten Rang.

ging. Während die Kleinbürger der Kopfsteuer unterlagen, waren die Kaufleute davon durch Zahlung einer Summe von p.a. eines Prozents auf ihr Kapital befreit. Anders als die Kleinbürger konnten sich Gildenmitglieder auch vom Wehrdienst freikaufen.[6]

Die sozialen Grenzen innerhalb der Stadtbevölkerung schienen somit klar markiert. Das Gouvernementsstatut griff diese Sozialordnung auf, indem es die Städte anwies, ein in sechs Kategorien gegliedertes Register der Bürger anzulegen, wie sich auch das des Adels aus sechs Gruppen zusammensetzte. Die erste Kategorie der Städter bestand aus den Immobilienbesitzern; nur diese durften bei der Wahl des Bürgermeisters teilnehmen. Die zweite setzte sich aus den Mitgliedern der drei Gilden zusammen, sofern diese keinen Hausbesitz aufwiesen, die dritte aus den eingeschriebenen Kleinbürgern und Handwerkern, die vierte aus Ausländern und Bürgern anderer Städte, die fünfte aus den „namhaften Bürgern", die mehr als einmal amtliche Funktionen ausgeübt hatten, sowie aus Universitätsabsolventen, Künstlern, Bankiers und Reedern, und die sechste aus all denjenigen, die in keine andere Kategorie fielen (*rabočie ljudi* oder Bauern). Bei der Wahl des Magistrats waren die Bürger der ersten fünf Kategorien teilnahmeberechtigt, bei der des Bürgermeisters nur die der ersten. Das beim Adel eingeführte Prinzip der ständisch aufgebauten Verwaltung durchbrach das Statut im Bereich der Städte insofern, als es einen vom Senat einzusetzenden „Polizeimeister" *(gorodničij)* im achten Rang als Entsprechung zum Landkommissar an die Spitze jeder Kreisstadt stellte. Dessen Autorität und die seiner Männer erstreckte sich auf alle Stadtbewohner, ungeachtet ihres Standes. Bei Angelegenheiten, die in die Geschäfte der Stadtbürger eingriffen, war er dazu verpflichtet, sich mit einem eigens dazu gewählten Mitglied des Magistrats abzustimmen. In vielen Fällen wird dies der Bürgermeister gewesen sein.[7] Zugleich bildete der Magistrat in Kreisstädten die Appellationsinstanz für das jährlich von den Einwohnern zu besetzende „mündliche Gericht" *(slovesnyj sud)* in Zivilsachen.

Wurden Institutionen wie Adelsmarschall oder Bürgermeister im Gouvernementsstatut nur bestätigt, war das „Amt für öffentliche Wohlfahrt" *(prikaz obščestvennogo prizrenija)* eine gänzlich neue Einrichtung. Unter Vorsitz des Gouverneurs trafen hier je zwei Mitglieder der zweiten Instanz der Ständegerichte zusammen (Oberlandesgericht, Gouvernementsmagistrat, mittlere Behörde). Zusätzlich konnten die Adelsmarschälle und Bürgermeister des Gouvernements zu den Sitzungen geladen werden, die in jedem Jahr zwischen Dreikönigstag und Karwoche stattfinden sollten. Artikel 380 des Statuts wies den Wohlfahrtsämtern eine sehr breite Aufgabenspanne zu, vor allem die Einrichtung und Betreuung von

---

6 Jones, Provincial Development, S. 99-1o8; ders., Catherine II and the Provincial Reform; Klokman, Istorija russkogo goroda, S. 1o9-2o; Hittle, Service City, S. 191-212; Hildermeier, Bürgertum und Stadt, S. 73-75; Hudson, Urban Estate Engineering; Pavlova-Sil'vanskaja, Social'naja suščnost'.

7 Das Gouvernementsstatut führt für „Bürgermeister" die Begriffe *golova* und *starosta* ein. Vgl. dazu Grigor'ev, Reforma mestnogo upravlenija, S. 3o2, der vermutet, hier habe es sich um zwei Ämter gehandelt, zwischen denen das Statut aus Mangel an Systematik allerdings keinen Unterschied getroffen habe.

Schulen, Kranken-, Armen- und Waisenhäusern, Irrenanstalten, Zuchthäusern und Gefängnissen.[8] Da die Mehrzahl dieser Einrichtungen in den Gouvernements 1775 zumeist noch fehlte, sollte die Staatskasse jedem Amt als einmalige Zahlung 15.ooo Rubel zur Verfügung stellen. Neben Adel und Städtern konnten auch Einhöfer und Staatsbauern ihre Vertreter in das Amt entsenden.[9] In Ergänzung des Gouvernementsstatuts verfolgte die Polizeiordnung vom 8.4.1782 den Zweck, die Aufgaben der Polizei mit denen des Wohlfahrtsamts abzustimmen. Hier tritt deutlich zutage, daß die Entwicklung der Justiz weiter fortgeschritten war als die der Polizei, da sich Straf- und Zivilrechtsprechung bereits getrennt hatten, Wohlfahrts- und Sicherheitspolizei aber noch nicht.

Den Abschluß der Reformpolitik Katharinas markieren die beiden Gnadenurkunden vom 21.4.1785 für Adel und Städter, die den Kern der Standesprivilegien fixierten. Ein Adliger durfte nur von seinesgleichen gerichtet werden; er unterlag weder der Körperstrafe noch einer persönlichen Steuer noch dem obligatorischen Staatsdienst. Er allein hatte das Recht, Leibeigene zu besitzen, ihm stand es frei, ins Ausland zu reisen. Namhafte Bürger sowie Kaufleute der ersten und zweiten Gilde durften gleichfalls nicht öffentlich abgestraft werden, sie hatten das Recht, Manufakturen zu betreiben und Häuser auch außerhalb der Stadt zu besitzen.[10] Der zeitliche Abstand zwischen dem Gouvernementsstatut von 1775 und den Gnadenurkunden von 1785 weist darauf hin, daß es dem Staat nicht um die Einführung der Selbstverwaltung ging; zu diesem Zweck hätte man die Schaffung der Korporationen an den Anfang stellen müssen. Vielmehr kam es der Zentralbehörde darauf an, aus der Provinzgesellschaft Wahlbeamte und Richter zu rekrutieren. Daneben verrät die verzögerte Gewährung der Korporationen, daß das Interesse der Stände an der Ausübung der ihnen auferlegten Funktionen recht bescheiden war. Vor allem der Adel suchte sich seinen Diensten oftmals zu entziehen; viele Gutsbesitzer meldeten sich vor der Wahl zum Adelsmarschall krank, so daß oft nur wenige Kandidaten zur Verfügung standen. Damit traf es die Anwesenden mit umso größerer Wahrscheinlichkeit. Hatte man schließlich doch jemanden für das Amt bestimmt, zahlte mancher lieber eine Buße, als seine Tätigkeit auch tatsächlich anzutreten. Wenn der Staat zehn Jahre nach dem Gouvernementsstatut also die Bildung der ständischen Korporationen verfügte, vergrößerte er damit zugleich den Druck auf die Stände, die für die ihnen zugewiesenen Pflichten geradezustehen hatten.

Insgesamt gesehen hat das Justizwesen Rußlands 1775/85 unverkennbar die Schwelle zur Moderne erreicht. Die Armee schied aus der Lokalverwaltung mehr und mehr aus; an ihre Stelle trat die Bürokratie. Erstmals war eine Judikative dauerhaft auch in der Provinz etabliert; durch Einrichtung der Steuerhöfe *(kazennaja palata)* trat auch zwischen allgemeiner und Finanzverwaltung eine Differen-

---

8 Neuerdings dazu Hartley, Boards of Social Welfare.

9 Semevskij, Krest'jane, Bd. 2, S. 649-6o, 762-7o u.ö.; ders., Krest'janskij vopros, Bd. 1, S. 177-96, 223-3o.

10 Text bei Beljavskij, Hg., Dvorjanskaja imperija, S. 15o-69, hier Art. 1-36; RZ 5, S. 23-53. Vgl. Jones, Charter to the Nobility; Munro, Charter to the Towns; Griffiths, Catherines's Charters.

zierung ein. Diese Gewaltenteilung setzte sich auf zentraler Ebene fort: Die Gouverneure unterstanden dem Senat, die Strafkammern dem Justizkollegium, die Zivilkammern einem gemeinsamen Department von Justiz- und Votčinakollegium, und die Steuerhöfe dem Kammer- und Revisionskollegium. In Fortführung von Peters Prinzipien hat Katharina zum Entstehen eines effizienteren Behördenwesens damit wesentlich beigetragen. Wie Peter verfiel jedoch auch Katharina in den Fehler, beim Aufbau des Justizapparats zunächst zu einer zu komplizierten Lösung zu greifen. Da sich der 1775 eingeführte Gerichtsaufbau als zu schwerfällig erwies, wurde die niedere Behörde und alle Gerichte der zweiten Instanz 1797 wieder abgeschafft.

An dieser Stelle werden mehrere Faktoren erkennbar, warum Rußland ein so klassisches Beispiel für das Studium steckengebliebener, auf halbem Wege abgebrochener oder gegen den Urheber zurückschlagender Reformen war - und ist. Zum einen haben es Zentralstaaten immer schwerer als föderative, sich ein realistisches Bild vom Zustand „draußen im Lande“ zu machen. Die von Pugačev und der Peripherie ausgehende Gefährdung hat Petersburg lange Zeit unterschätzt. Erfüllt von grenzenloser Staatsgläubigkeit haben Peter und Katharina sich selbst und das Zentrum ebenso chronisch überschätzt wie den Grad der Gestaltbarkeit ihres „Landes“ durch Eingriff von oben; auch daher zogen die Gouvernementsreformen beider einen Wust von Änderungen nach sich, die nichts anderes anstrebten, als das ursprünglich Befohlene wieder zurückzunehmen. Zum andern bedarf es im autokratisch verfassten Staat besonderen Nachdrucks, um politische Entscheidungen vom Zentrum per Provinzverwaltung auf das flache Land zu befördern und dort zu vollziehen; die Möglichkeit einer sozialen Anlehnung der Exekutive, da gleichbedeutend mit Herrschaftsteilung, schlug die Autokratie ja aus. Daß der Zarenstaat mit diesem „Transport von Macht“ bislang immer wieder krass überfordert war, hat Katharina außerordentlich klar erkannt und zu korrigieren versucht, indem sie das Verhältnis von Volk und Obrigkeit auf eine neue Grundlage stellte.

4.f Kodifizierungsversuche 1700-1804

Die Aufgabe der „gelehrten Jurisprudenz", die russische Rechtspflege auf eine neue Stufe zu heben, schloß den Ruf nach einem neuen Uloženie zwangsläufig ein. Desnickij hat diese Forderung bei einer Rede vor der Universität Moskau am 22.4.1778 auch vorgebracht: „Da ein Kodex des russischen Rechts fehlt, liegt das Alte wie das Neue, will man sich dieser Wissenschaft zuwenden, in unzugänglichen Archiven und Kammern über allerlei Ämter zerstreut."[1] Bei den Debatten der Gesetzgebenden Kommission 1767/68 hatte sich gezeigt, daß auch die Bevölkerung zur Vergrößerung der Rechtsgewißheit einen neuen Kodex befürwortete.[2] An Versuchen, ein neues Gesetzbuch zu erstellen, hat es der Zarenstaat zwischen dem Erlaß des Uloženie von 1649 und dem Svod Zakonov von 1832 nicht fehlen lassen; zwischen 1700 und 1804 wurden nicht weniger als zehn Kommissionen mit dieser Aufgabe betraut.[3] Sie alle gelangten jedoch nicht zum Ziel. Der folgende Abschnitt skizziert die Arbeit dieser Ausschüsse und fragt nach den Gründen des Scheiterns.

Mit Order vom 18.2.1700 setzte Peter eine *Palata ob uloženii* ein, um das Gesetzbuch von 1649 mit den seither ergangenen Ukazen zu ergänzen.[4] Der Kommission gehörten jeweils drei Bojaren, Okol'ničie, Dumaadlige, Dumad'jaken und Dvorjane an, dazu fünfzig Stol'niki sowie sechs D'jaken aus verschiedenen Prikazen. Mit insgesamt 71 Mitgliedern war dieses Gremium also erheblich größer als dasjenige aus fünf Männern, das 1648/49 unter Leitung N.I. Odoevskijs den Entwurf zum Uloženie erarbeitet hatte. Ein weiteres Manko der von Peter berufenen Versammlung bestand darin, daß ihre Mitglieder während der Beratung des neuen Gesetzbuches ihrer bisherigen Aufgaben nicht enthoben wurden. Die Sitzungen der Kommission litten daher unter erheblicher Teilnehmerfluktuation. Den widrigen Voraussetzungen zum Trotz gelang es dem Ausschuß, vom 27.2.1700 bis zum 14.11.1703 die 25 Kapitel des Uloženie zu revidieren. Die solcherart entstandene *Novouložennaja kniga* fand allerdings nicht die Billigung des Zaren und erhielt keine Gesetzeskraft, wobei man als Hauptursache dessen das Festhalten der Kommission am Aufbau des alten Uloženie ansehen kann. Die Gliederung des Stoffes zählte schon 1649 zu den unübersehbaren Schwächen des Gesetzbuches; viele der seither verabschiedeten Ukaze

---

1 Desnickij, Juridičeskoe rassuždenie o zakonoiskusstve, S. 234. Gleichzeitig legte Desnickij den Entwurf einer Gliederung für einen solchen Kodex vor. Dieser umfaßte einen theoretischen Teil (Wesen des Rechts, persönliche Freiheiten) und einen praktischen (Stellung des Monarchen, Behördenverfassung, Geschäftsformen, Ständerechte).

2 Vgl. z.B. den Nakaz des Adels von Zarajsk (SIRIO 4, S. 346, Art. 12).

3 1. 1700, 2. 1714, 3. 1718/20, 4. 1728, 5. 1730, 6. 1754, 7. 1760, 8. 1767, 9. 1797 und 10. 1804. Vgl. allg. Obozrenie istoričeskich svedenij, S. 12-41; Pachman, Istorija kodifikacii graždanskogo prava, Bd. 1, S. 244-38o; Meduševskij, Utverždenie absoljutizma, S. 1o7-2o (zum Aspekt sozialer Konflikte in den Kommissionen); Makarov, Voprosy kodifikacii.

4 PSZ 4, Nr. 1.765.

ließen sich dem überkommenen Schema nur unter Mühe einpressen.[5] Am 3.6.1714 erteilte Peter deshalb erneuten Befehl auf Erstellung eines Kodex; zu diesem Zweck sollte jeder Prikaz einen D'jaken und mehrere Schreiber in die Kanzlei des Senators V.A. Apuchtin abstellen, dem zunächst die Federführung oblag.[6] Später gab der Senat den Auftrag an die *Kanceljarija zemskich del* und den Pomestnyj Prikaz weiter. In diesem Fall lösten sich die Verantwortlichen auch vom Vorbild des Uloženie und fertigten bis 1718 zehn Kapitel als Teil eines *Svodnoe uloženie* an.

Durch Verabschiedung des Kriegsartikels 1715 war dieser Entwurf jedoch Makulatur geworden, da sich die beteiligten Prikaze bei ihrer Kompilation naturgemäß auf das Moskauer Recht gestützt hatten, der Kriegsartikel jedoch weitgehend auf westeuropäischen, insbesondere schwedischen Vorlagen aufbaute. Am 9.5.1718 wurde das Justizkollegium deshalb angewiesen, einen weiteren Kodifikationsanlauf unter Zugrundelegung der schwedischen und dänischen Gesetze zu unternehmen.[7] Das Gutsrecht *(Pomestnoe pravo)* sollte dabei nach dem Beispiel des est- und livländischen kodifiziert werden. Um das Verfahren abzukürzen, legte der Senat am 9.12.1719 den Oktober 1720 als Termin für die Ablieferung des Entwurfes fest. Bei Überschreiten dieser Frist drohte der Ukaz den Beamten Bestrafung an.[8] Als sich jedoch abzeichnete, daß dieser Zeitpunkt nicht einzuhalten war, schob der Senat durch Ukaz vom 8.8.1720 einer Kommission die Aufgabe zu. Sie bestand zunächst aus fünf russischen Justizbeamten sowie dem Vizepräsidenten des Kammerkollegiums v. Nieroth, dem Vizepräsidenten des Justizkollegiums v. Brevern sowie dem Staatsrat des Justizkollegiums Sigismund Adam Wolff. Nachdem der Senat das Gremium am 8.6.1722 durch drei Männer verstärkt hatte, u.a. durch einen Richter am Moskauer Hofgericht und Ernst Friedrich Crompen, der maßgeblichen Anteil an der Entstehung des Kriegsartikels gehabt hatte, ordnete der Senat den Umzug der Kommission nach Moskau um. Als endgültiger Termin für die Fertigstellung des Kodex wurde der September 1722 angesetzt. Während sich der Redaktionsausschuß in Petersburg über fehlende Unterstützung nicht beklagen konnte und dort je fünf Kanzelaristen und Kopisten beschäftigt hatte, war er in Moskau auf sich allein gestellt. Auf Anweisung des Senats mußten die Moskauer Ämter zwar elf Schreiber und einen Sekretär abtreten, der Mangel an Übersetzern ließ sich aber offenbar nicht beheben. Im Mai 1723 kehrte der Ausschuß deshalb nach Petersburg zurück, mußte dort jedoch feststellen, daß sein früherer Anspruch auf Personal verfallen war. Dies hatte wiederum zur Folge, daß die Sitzungen nur noch von wenigen Ausschußmitgliedern besucht wurden; von insgesamt neun Männern waren z.B. am 14.2.1724 nur vier erschienen.[9] Nach der Krönung Katharinas I. stockte der

5 Polenov, Hg., Palata ob uloženii; Bogoslovskij, Palata ob uloženii; ders., Petr, Bd. 4, S. 192-243; Valk, „Sud o krest'janech"; Man'kov, K istorii vyrabotki; ders., Krest'janskij vopros.

6 PSZ 5, Nr. 2.819.

7 PSZ 5, Nr. 3.2o2.

8 PSZ 5, Nr. 3.463.

9 Einzelheiten bei Latkin, Zakonodatel'nyja kommissii, S. 2o-39.

Senat den Personalbestand der Kommission deshalb auf.[10] Als sich der Anfang 1726 gegründete „Oberste Geheime Rat" des Projekts erstmals annehmen und seine Fertigstellung durch neuerliche Fristsetzung beschleunigen wollte, stellte man fest, daß sich der Ausschuß unterderhand aufgelöst hatte. Der von ihm hinterlassene Entwurf umfaßt vier Abschnitte zu einem Kodex, dessen systematischer Aufbau den Umfang des von Peter angestoßenen Rechtstransfers deutlich macht: Der erste Teil umfaßte das Prozeßrecht, wobei man auf dem „Kurzen Entwurf derer Prozessen" von 1715 aufbauen konnte; der zweite widmete sich dem Strafprozeßrecht, der dritte dem Strafrecht und der vierte dem zivilen Recht. Am Beispiel der Paragraphen zur Leibeigenschaft (im vierten Abschnitt) hat A.G. Man'kov die Herkunft der 138 hier genannten Artikel näher aufgeschlüsselt. Davon entfielen 42 auf das schwedische Vorbild, waren also gänzlich neu. Im Unterschied zum Uloženie von 1649, das vor allem ja eine Kompilation des geltenden Rechts darstellte, hatte die dritte der petrinischen Kommissionen einen tatsächlichen Kodex mit einem hohen Anteil neuer Normierungen entworfen. Fünfzig Artikel fußten auf Gesetzen Peters, die zumeist erst in den zwanziger Jahren seit Einführung der Kopfsteuer ergangen waren, 13 gingen auf die zweite Hälfte des 17. Jahrhunderts zurück und nur 16 auf das Uloženie.[11] Von der Rezeption des schwedischen Rechts hatte vor allem andern das Prozeßrecht profitiert, dem der russische Gesetzgeber bis dahin weniger Beachtung als dem materiellen Recht geschenkt hatte.

Unter Peter II. setzte auch für die Geschichte der Kodifizierung eine neue Phase ein, da die antipetrinisch-moskowitisch orientierte Geisteshaltung nun die Oberhand bekam; vom westeuropäischen Recht wollte diese nichts wissen. Hatte Peter bei allen drei Kodifizierungsversuchen nur die Bürokratie eingespannt, knüpfte der Ukaz vom 14.5.1728 zur Ausarbeitung eines neuen Gesetzbuches an das Vorbild der Landesversammlungen von 1549 und 1648 an, die zumindest formell an der Entstehung des Sudebnik von 1550 bzw. des Uloženie von 1649 beteiligt waren.[12] Im Unterschied zu 1648, als auch Kaufleute Vertreter entsenden konnten, sollte der Sobor von 1728 jedoch allein vom Adel getragen werden. Jedes der acht berücksichtigten Gouvernements konnte fünf Deputierte benennen.[13] Ihnen wurden sogar Diäten in Aussicht gestellt, die aus den Steuerrückständen des flachen Landes eingetrieben werden sollten. Als Tag der Zusammenkunft aller Abgeordneten in Moskau war der 1. September 1728 vorgesehen. Als dort bis zum 23.11. jedoch nur 24 Abgesandte (von vierzig) erschienen waren, begann man auch so mit der Arbeit; aus Unbehagen über das schwache Echo löste der Zar die Versammlung am 16.5.1729 bei gleichzeitiger Ankündigung von Neuwahlen jedoch auf.[14] Unter Aufsicht der Gouverneure fanden diese auch

---

10 PSZ 7, Nr. 4.658 vom 19.2.1725.

11 Man'kov, Krepostnoe pravo i dvorjanstvo, S. 16o. Vgl. ders., Proekt uloženija; ders., Ispol'zovanie v Rossii švedskogo zakonodatel'stva; ders., Krepostnoe zakonodatel'stvo.

12 PSZ 8, Nr. 5.287.

13 Moskau, Novgorod, Belgorod, Voronež, Nižnij-Novgorod, Kazan', Archangel'sk und Smolensk. Vgl. Polenov, Zakonodatel'naja kommissija.

14 PSZ 8, Nr. 5.412.

statt, doch vereitelte diesmal der Tod Peters II. am 18.1.1730 den weiteren Fortgang. Mit Ukaz vom 1.6.1730 knüpfte die Zarin Anna an das Projekt ihres Vorgängers an, wollte anders als dieser jedoch einen Sobor nach alter Sitte unter Einschluß auch der Kaufleute abhalten.[15] In Anknüpfung an Peter den Großen strebte man nun - anders als 1728 - auch keine Kompilation des alten Rechts an *(Svodnoe uloženie)*, sondern ein gänzlich neues Gesetzbuch, das westeuropäisches Recht rezipieren sollte. Auch diesmal wurde der 1. September (1730) als Eröffnungstag ins Auge gefaßt; bis zum 8.12. hatten sich jedoch nur fünf Deputierte in Moskau eingefunden, sie alle aus dem Adel.

Vor diesem Hintergrund entband die Regierung den Sobor von seiner Pflicht und übertrug die Arbeit am Uloženie einer Kommission aus 21 Beamten. Der Ausschuß erhielt die Weisung, die Lesung der Gesetze zum Prozeßrecht und zu den Gütern an den Anfang seiner Tätigkeit zu stellen. 1735, als der Senat das Gremium zu einer Beschleunigung seiner Arbeit ermahnte, mußte er sich allerdings darüber belehren lassen, daß noch keiner der beiden Abschnitte fertiggestellt war. So faßte man den Beschluß, vom Entwurf eines neuen Uloženie Abstand zu nehmen und sich mit einer Sammlung *(Svodnoe uloženie)* zu begnügen. Abermals griff man auf die Kapiteleinteilung des Uloženie von 1649 zurück, mit deren Aktualisierung das jeweils zuständige Kollegium betraut wurde.[16] Dort zeigte man sich jedoch nicht in der Lage, die seit 1649 ergangenen Ukaze auch nur zusammenzustellen. Da lediglich ein Amt der Aufforderung zur Vorlage der erhaltenen Ukaze nachgekommen war,[17] schickte man durch Order vom 18. März 1736 einige Soldaten aus, um auf jeder Behörde einen Sekretär so lange unter Arrest zu nehmen, bis die gewünschten Kopien übergeben seien. Diese seltsame Maßnahme förderte in der Tat zahlreiche Ukaze zutage; sieben von insgesamt 28 Behörden versagten jedoch auch in diesem Fall, darunter die Moskauer Gouvernementskanzlei und der *Sysknoj Prikaz*. Als der Senat das Gremium am 8.3.1737 von Moskau nach Petersburg versetzte, stellte sich heraus, daß der Ausschuß von ursprünglich 21 Männern auf sechs geschrumpft war. Einen neuerlichen Rückschlag beschwor der Brand Moskaus vom 29.5.1737 herauf, der in der Hofkanzlei eine Sammlung von Ukazen der Jahre zwischen 1649 und 1714 vernichtete, im Senatsarchiv, in der Gouvernementskanzlei und im Rathaus Erlasse aus der Zeit von 1714 bis 1736. Ungeachtet dieser Widrigkeiten lagen die Entwürfe zum Prozeß- und Gutsrecht im Herbst 1737 vor, so daß der Senat nunmehr die Stellungnahme der Kollegien einholen konnte. Darüber hinaus hatte der Ausschuß auf Initiative des Senats auch ein Verbot der Folter bei Bagatellsachen sowie ein neues Generalreglement entworfen. Nachdem aus den Kollegien wie üblich eine nur schwache Reaktion eingegangen war, machte sich der Senat am 23.3.1739 selbst an die Anhörung des Gutsrechts, verwandte aber nur drei Sitzungen darauf. Das Redaktionsgremium selbst arbeitete weiter und wurde im Oktober 1737 durch den Adjunkt Johann Taubert von der Akademie

15 PSZ 8, Nr. 5.667.

16 Kap. 4, 5, 21 und 22 sollten gleichermaßen vom Justizkollegium und vom *Sysknoj Prikaz* ergänzt werden.

17 Der Moskauer *Sudnyj Prikaz*.

der Wissenschaften verstärkt, der als Dolmetscher zwischen den russischen und deutschen Mitgliedern der Kommission dienen sollte. Nach ihrer Thronbesteigung löste die Zarin Elisabeth das Komitee zwar nicht auf, versetzte aber dessen eigentlichen Kopf, den Staatsrat Avram Sverčkov, in den Ruhestand, so daß sich die Spuren des fünften Kodifizierungsversuches nach 1744 verlieren.[18]

Anders als Peter hat sich dessen Tochter Elisabeth den Belangen der Rechtspflege erst spät und nur durch Anstoß von seiten des Senats zugewandt. Während eines Besuches der Zarin beim Senat am 11.3.1754 wies P.I. Šuvalov, der am Umsturz vom 25.11.1741 zugunsten Elisabeths maßgebenden Anteil gehabt hatte und als treibende Kraft der elisabethanischen Innenpolitik gelten kann, auf das nach wie vor ausstehende Uloženie hin. Dieses sei auch deshalb überfällig, da es in Rußland keine Gesetze gebe, die jedermann klar und verständlich seien. Diese Mahnung lieferte den Anstoß zur Berufung einer neuerlichen Kodifizierungskommission durch Senatsorder vom 28.7.1754. Ihr gehörten acht Mitglieder an, darunter Friedrich Heinrich Strube, dessen Systematisierung des russischen Rechts nicht die Billigung der Akademie gefunden hatte, der Vizepräsident des Justizkollegiums v. Emme sowie je ein Richter des Sudnyj und *Sysknoj Prikaz*. Offenbar hatte man damit endlich die richtige Mischung aus Vertretern von Zentral- und Lokalverwaltung gefunden, da es dem Komitee gelang, in vergleichsweise kurzer Zeit, d.h. vom 3.8.1754 bis zum 10.4.1755, die ersten beiden Abschnitte des neuen Uloženie zum Straf- und Prozeßrecht zu formulieren. Gemäß einem Kommissionsvorschlag, den der Senat am 24.8.1754 gebilligt hatte, hätten die noch ausstehenden Teile das Stände- und Zivilrecht umfassen sollen.[19] Als der Senat den Text redigiert hatte, legte man ihn am 25.7.1755 in vermeintlich beschlußreifem Zustand der Zarin vor. Elisabeth verweigerte jedoch die Zustimmung, obwohl dieser Entwurf die umfassendste Zusammenstellung des Strafrechts bot, die der Zarenstaat seit 1715 erlebt hatte. Kapitel 1 bis 14 handelten den Strafprozeß ab, Kapitel 15 bis 19 Kirchenverbrechen und Kapitel 20 bis 23 die Majestätsbeleidigung. Die folgenden vierzig Kapitel gehen auf alle übrigen Delikte ein, eingeschlossen Hexerei und Falschspiel, so daß man der Kommission nicht vorwerfen konnte, sie habe Stückwerk abgeliefert. Durch die kasuistische Denkweise, die nicht definierte, sondern beschrieb, war es zwar zu mancherlei Überschneidungen gekommen; bei erneuter Durchsicht hätte man derlei aber noch korrigieren können. Allerdings fiel dieses *Svodnoe uloženie* hinter die geltende Rechtslage zurück, so daß man hier den Grund für die Ablehnung vermuten darf. Am Beispiel der Todesstrafe wird das Defizit recht deutlich. Elisabeth hatte seit den ersten Tagen ihrer Herrschaft Schritte dazu veranlaßt, um die Hinrichtung allmählich zurückzudrängen. Diesen Prozeß hatte sich die Redaktionskommision nicht zu eigen gemacht, so daß ihr Entwurf die Todesstrafe z.B. bei Diebstahl von Gegenständen im Werte von mehr als 40 Rubeln vorsah (Kap. 33, 1) oder im Falle eines Angriffs vom Sohn auf den Vater (30, 2). Auch das Rädern und Vierteilen hatte der Ausschuß durch Rückgriff auf den Militärartikel von 1715 in

---

18 Latkin, Zakonodatel'nye kommissii, S. 42-79.
19 PSZ 14, Nr. 1o.283.

seinen Strafkatalog aufgenommen, obwohl diese Strafen außerhalb der Militärgerichtsbarkeit kaum vollstreckt wurden. Damit ergibt sich der Eindruck, Kaiserin und Senat hätten es an genauer Anweisung fehlen lassen, wann die Kommission den ihr vorgezeichneten Pfad der Kompilation verlassen durfte.[20]

Nachdem 1759 auch die beiden übrigen Teile erstellt waren und man die schon vorliegenden zumindest oberflächlich überarbeitet hatte, berief der Senat durch Ukaz vom 29.9.1761 für den 1. Januar des folgenden Jahres eine gesetzgebende Versammlung nach Petersburg ein.[21] Der Adel jedes Gouvernements sollte je zwei Deputierte entsenden, die Kaufleute je einen. Obwohl sich beim Eintreffen der Abgeordneten herausstellte, daß die Stände die Tätigkeit in der Kommission offenbar als Dienst auffaßten und nicht immer die Fähigsten bestimmten, nahmen die 22 bis Ende Januar erschienenen Männer doch die Beratung auf. Katharina II. schickte die Delegierten nach ihrem Machtantritt wieder nach Hause,[22] griff in die Tätigkeit der Beamten jedoch nicht ein. Diese tagten bis 1767, so daß dieses Gremium unmittelbar in die nun berufene Deputiertenversammlung überleitet.[23] Die weitausholende Intention Katharinas, die in ihrem Nakaz für die Abgesandten so schillernd zum Ausdruck kommt, konnte sich mit der ja schon vorliegenden Kompilation nicht begnügen, sondern strebte ein gänzlich neues *Uloženie* an. Die Voraussetzungen dieses achten Kodifizierungsversuches waren fraglos besser als die der vorangehenden: Vielerorts hatten Deputiertenwahlen tatsächlich stattgefunden, so daß am 31.7.1767 rd. 500 Abgeordnete im Moskauer Kreml' eintrafen; auch zahlreiche Ämter waren der Aufforderung nachgekommen, Gravamina aufzulisten; auftragsgemäß legten sogar viele der Delegierten „Instruktionen" ihrer Wähler vor. Da es der Zarin und ihrer Umgebung letztlich aber am Willen fehlte, die unterschiedlichen Standpunkte der Debattenredner durch eine Kompromißformel zu überbrücken, ging man auch diesmal mit leeren Händen heim. Die Deputiertenversammlung und ihre 19 Unterausschüsse hatten bis dahin immerhin Bruchstücke zu einem neuen Kodex hervorgebracht, u.a. 43 Artikel der adligen Standesgesetze, 13 Kapitel über den Bürgerstand, fünf Kapitel über die Kosaken,[24] 45 Kapitel eines Strafgesetzbuches, 381 Artikel eines Polizeigesetzes sowie 114 Artikel eines Gesetzentwurfes zu den Volksschulen. Zumindest das letztgenannte Projekt deutet darauf hin, daß dem Mißerfolg auch eine Verzettelung der Kräfte durch Mangel an Zielstrebigkeit und Koordination zugrunde lag.

Katharinas Sohn und Nachfolger Paul I. hat durch namentlichen Ukaz vom 16.12.1796 einen neuerlichen Anlauf auf Erstellung eines *Svodnoe uloženie* gewagt und der dazu eingesetzten Kommission eine Gliederung in drei Hauptkapitel vorgegeben, wobei eines dem Strafrecht, ein weiteres dem Zivilrecht und

---

20 Vostokov, Hg., Proekty ugolovnogo uloženija; vgl. Rubinštejn, Uložennaja kommissija.

21 PSZ 15, Nr. 11.335.

22 PSZ 16, Nr. 11.732 vom 13.1.1763.

23 Eigens zu diesem Übergang Morrison, Catherine II's Legislative Commission. Vgl. den Überblick über die Kodifizierungsbemühungen der zweiten Jahrhunderthälfte bei Omel'čenko, „Zakonnaja monarchija", S. 39-54, 191-96.

24 Veröffentlicht in SIRIO 32, S. 575-85; 36, S. 179-288.

ein drittes dem Staatsrecht gelten sollte.[25] Der bescheideneren, rein kompilatorischen Zielsetzung des neuen Projekts trug eine am 30.12.1796 verfügte Änderung der Kommissionsbezeichnung Rechnung.[26] Der aus vier Mitgliedern bestehende, vom Generalprokuror geleitete Auschuß formulierte 17 Kapitel zum Prozeßrecht, 13 zum Strafrecht sowie neun zum Gutsrecht, die durch die Kürze der Regierungszeit des Zaren Paul aber keiner Prüfung durch gesetzgebende Stellen unterzogen wurden. Der zehnte und letzte erfolglose Kodifizierungsversuch fiel bereits ins 19. Jahrhundert, als Alexander I. 1804 eine neue Kommission bestellte. 1810 wurde sie zu einer ständigen Abteilung, dem *Departament zakonov*, beim Staatsrat umgewandelt. Bis 1826 entstanden hier Teilentwürfe zum Bürgerlichen, Straf- und Handelsrecht, aus denen bis 1832 die erste Ausgabe des Svod Zakonov erwuchs. Der ursprünglichen Planung gemäß sollte dieser allerdings nur eine Zwischenstufe von der chronologischen Sammlung aller seit 1649 ergangenen Gesetze *(Polnoe sobranie zakonov)* zu einem neuen Kodex sein. Da dieser nicht erschienen ist, blieb das Uloženie von 1649 das letzte Gesetzbuch für alle Rechtsgebiete, das der Zarenstaat hervorgebracht hat.

Im 18. Jahrhundert, also demjenigen Zeitalter, das sich der Losung des „construire à neuf" wie kaum ein zweites verschrieben hatte und das z.B. mit der preußischen Kriminalordnung von 1717, dem Codex Juris Bavarici Criminalis von 1751, der Constitutio Criminalis Theresiana von 1768 oder dem Allgemeinen Landrecht für die Preußischen Staaten von 1794 eine ganze Reihe von Codices hervorgebracht hat, gerade in diesem Jahrhundert scheinen Rußlands Gesetzgeber bei der Kodifizierung als einer Grundmauer der Rechtspflege kläglich versagt zu haben. Noch im 17. Jahrhundert hatte der Zarenstaat ja nicht nur das Uloženie von 1649 verfügt, sondern auch das Handelsgesetzbuch vom 22.4.1667 oder das Strafgesetzbuch vom 22.1.1669. Demgegenüber ist im 18. Jahrhundert allein Peter durch den Kriegsartikel von 1715 zu einem Gesetzbuch gelangt, das noch dazu neues Recht gesetzt hatte, nicht - wie zumeist das Uloženie - altes Recht fixierte. Auch wenn dieser Militärkodex umgehend Geltung für zivile Gerichte erhielt, kann doch kein Zweifel daran sein, daß man es hier mit einem Notbehelf zu tun hat, schenkte der Kriegsartikel doch vielen Delikten des Zivillebens keine Beachtung. Hierzu zählen Tatbestände wie Flucht von Leibeigenen, Gewalttätigkeiten zwischen Gutsherrn und Bauern, der überaus häufige Betrug beim Vermessen der Flur usw. Das Einsetzen der Bemühungen um Humanisierung der Strafjustiz im zweiten Drittel des 18. Jahrhunderts ließ viele Passagen des Militärartikels zudem auch veralten.

Daß die einzig gelungene Kodifikation russischer Gesetze des 18. Jahrhunderts ausgerechnet das Strafrecht erfaßte, ist wohl kein Zufall. Zum einen ist dieses Rechtsgebiet weniger umfangreich als das Zivilrecht; im Uloženie von 1649 umfaßten die strafrechtlichen Bestimmungen nur fünf von 25 Kapiteln. Vor allem aber wies der Staat deshalb ein gesteigertes Interesse am Strafrecht auf, weil sich

25 PSZ 24, Nr. 17.652.

26 PSZ 24, Nr. 17.697. Bis dahin: *Kommissija dlja sočinenija proekta novogo uloženija.* Seither: *Kommissija dlja sostavlenija zakonov.*

hier ein wesentliches Mittel zur Durchsetzung staatlicher Ansprüche bot. Diese Tatsache allein reicht aber nicht dazu aus, um den Fehlschlag der zivilrechtlichen Kodifizierungsversuche zu begründen. Hinzu treten vier weitere Ursachen.

1. Zunächst ist unübersehbar, daß die Kodifizierung im 18. Jahrhundert schon deshalb mühsamer als im 17. Jahrhundert war, weil sich die Gesetzesproduktion spürbar belebte. Umgerechnet auf einen Monat der Regierungszeit ergingen unter Aleksej Michajlovič durchschnittlich 2 Ukaze (618 Gesetzesakte und 324 Regierungsmonate), unter Fedor Alekseevič 4 Ukaze (295:75), unter Peter 9 (3.110:348), unter Anna 21 (2.767:129), unter Elisabeth 12 (2.922:241) und unter Katharina 14 (5.957:401).[27] Andererseits stellt sich angesichts dieses Zuwachses die Frage, wie man ohne Kodex überhaupt auskommen konnte bzw. welche Folgen dessen Fehlen in der Praxis Folgen haben mußte.

2. Wenn die Kodifizierungsversuche zumeist schon an der Sammlung dieser Ukazmassen gescheitert sind, so weil diese Gesetze an keinem Ort systematisch gesammelt wurden. Im 17. Jahrhundert konnte die Odoevskij-Kommission bei der Zusammenstellung des Uloženie auf die Ukazbücher der Zentralämter zurückgreifen; im 18. Jahrhundert hatte Peter durch Erlaß vom 16.3.1714 zwar die Erfassung aller Gesetze angeordnet, doch verrät die mehrfache Wiederholung dieses Befehls, daß es Grund zu Beanstandung gab.[28] Von 1714 bis 1730 scheint die Mehrzahl der Ukaze dennoch gedruckt und vom Senat registriert worden zu sein. 1735, 1743 und 1760 unternommene Versuche, die Sammlung der Gesetze fortzuführen, schlugen jedoch fehl, so daß der Senat der neuen Zarin Katharina II. am 14.2.1763 peinlicherweise eingestehen mußte, über die seit 1730 erlassenen Ukaze nicht im Bilde zu sein. Die Kanzlei des Generalprokurors nahm die Verzeichnung der erlassenen Gesetze nun wieder auf. Dabei verfolgte man das Ziel, die im Laufe eines Jahres verabschiedeten Gesetze nach dessen Ablauf zusammenzustellen, zu drucken und an die Provinzen zu verteilen. Durch Mangel an Druckkapazität traten hierbei jedoch erhebliche Verzögerungen auf, so daß man z.B. den Sammelband der Erlasse des Jahres 1766 erst nach 1779 versenden konnte.[29]

3. Durch Hinweis auf die städtischen Aufstände des 17. Jahrhunderts im allgemeinen und den Moskauer von 1648 im besonderen kommt ein vielleicht noch gewichtigeres Moment zum Tragen, das den Beschluß des Uloženie von 1649 nachgerade erzwungen hat. Vergleichbare Erhebungen haben im 18. Jahrhundert weder Moskau noch Petersburg erlebt. Die Ursache dessen wird man weniger in einschneidenden Veränderungen der städtischen Lebensbedingungen suchen als darin, daß Peter den zwölf Strelitzenregimentern, die Moskau 1683 noch beherbergte, nach der neuerlichen Revolte von 1698 den Garaus machte. Damit entfiel derjenige Faktor, der Bevölkerungsunruhen im 17. Jahrhundert so oft die militärische und damit auch politische Durchschlagskraft verliehen hatte. 1648/49 waren also beide Seiten an einem Gesetzbuch interessiert: Die Regierung strebte die

27 Vgl. die Aufstellung in: Obozrenie istoričeskich svedenij, S. 196-97.

28 PSZ 5, Nr. 2.785. Bestätigt durch: PSZ 6, Nr. 3.574 vom 29.4.1720, PSZ 7, Nr. 4.347 vom 6.11.1723 und durch Nr. 4.483 vom 11.3.1724.

29 Vgl. Lappo-Danilevskij, Sobranie i svod zakonov, S. 6o-61.

Befriedung von Stadt und Land an; die Dienstleute wollten die unbefristete Suche nach Läuflingen durchsetzen bzw. die Städter die Aufhebung von Steuerprivilegien der Bojaren. „Recht" entwuchs dem Dialog und hatte Vertragscharakter. Die Abzeichnung dieses Vertrags stellte die vornehmste Aufgabe der Landesversammlung von 1648 dar, wie schon der Sobor von 1549 das Gerichtsbuch Ivans IV. beglaubigt hatte.

4. Unter Peter büßte das russische Recht die - ohnehin nicht allzu stark ausgeprägten - Vertragselemente mehr und mehr ein. Es erscheint hier als höchst charakteristisch, daß Peter alle drei seiner Kodifizierungsversuche ohne Einberufung eines Sobor unternommen hat und statt dessen allein der Bürokratie vertraute.[30] Auch wenn die bisherigen Landesversammlungen zumeist wohl nur akklamatorisch tätig werden konnten, schlug Peter hiermit doch eine neue Richtung ein. Mit dem Wandel der Form ging der des Inhalts einher, hat sich der staatliche Regelungsanspruch im 18. Jahrhundert doch tiefgreifend ausgedehnt. In den unter Punkt 1 genannten Zahlen zum Umfang der Ukazproduktion kommt dies klar zum Ausdruck. Die bisher überwiegenden abwehrend-konservativen Züge des russischen Rechts traten zurück hinter soziale und administrative Erneuerungsbestrebungen, in deren Verlauf die Kodifizierungsbemühungen zwar nicht auf der Strecke blieben. Ihrem Erfolg oder Mißerfolg maß der Gesetzgeber aber keine entscheidende Bedeutung bei. Wenn Peter und Katharina dennoch um eine Aufwertung der Rechtsidee bemüht waren, so lag dem ein „policeystaatliches" Rechtsverständnis zugrunde, das Vertragselemente weitgehend abgestreift hatte. Die Geschichte der mißlungenen Kodifizierung macht daher deutlich, daß sich das Wesen des russischen Rechts im 18. Jahrhundert nicht unerheblich gewandelt hat.

30 Ob Peter jemals einen Sobor abgehalten hat, ist nach wie vor unklar. Die Versammlung von 1698 ist nur durch eine Quelle bezeugt (Korb). Latkin, Bogoslovskij und Čerepnin neigen der Ansicht zu, hierbei könne es sich nur um eine Versammlung der Provinz Moskau gehandelt haben. Vgl. die Erörterung bei Čerepnin, Zemskie sobory, S. 37o-72.

ZWEITER TEIL

KRIMINALJUSTIZ IN MOSKAU

5. ENTSTEHUNGSUMSTÄNDE DER DELINQUENZ

Das fünfte Kapitel leitet vom chronologischen Teil zum systematischen über, indem es nach der Vergleichbarkeit Moskaus und nach Entstehungsbedingungen der Kriminalität in dieser Stadt fragt. Die Voraussetzungen der Delinquenz liegen hier auf vier Ebenen: Der topographischen (5.a), der sozialen (5.b und 5.c), der administrativen bzw. karitativen (5.d) sowie der ethnographischen (5.f).

5.a Stadtkern und Stadtrand

Der Bauplan der altrussischen Stadt bestand in der Regel aus drei konzentrischen Ringen. Im Zentrum lag die Festung *(detinec* oder *kreml')*, die den Sitz des Voevoden, die Kirche und Magazine beherbergte. Der mittlere Ring setzte sich aus dem sog. *Posad* zusammen, d.h. der Kanzlei des Starosta, der Zollstube, größeren Märkten bzw. Warenhäusern *(gostinyj dvor)* und den Höfen der bessergestellten Kaufleute. In der Randzone schließlich reihten sich kleinere Märkte, Höfe der Mittel- und Unterschichten sowie die sog. *Slobody* (Vorstädte) aneinander. Die Stadt Moskau gibt diesen Aufbau recht genau wieder. Ihr Kreml' entstand auf einem Plateau über der Moskwa, das noch im 17. Jahrhundert eine Insel war und nach Süden zur Moskwa abfiel, nach Westen zum Flüßchen Neglinnaja und vom Roten Platz durch einen Graben abgeriegelt wurde. Östlich des Roten Platzes schloß sich der *Posad* an, die sog. *Kitaj-Gorod*, die vom Umland nach 1530 durch eine Mauer abgegrenzt wurde. Das Gebiet der Vorstädte begann in der *Belyj Gorod*, um die man zwischen 1586 und 1593 gleichfalls eine Mauer zog. 1592/93 wurde auch der damalige Stadtrand mit einer Palisade umgeben, die 1611 während des Kampfes der Russen gegen die den Kreml' besetzt haltenden Polen jedoch abbrannte. Um 1638 trat ein Erdwall an ihre Stelle, von dem sich die Bezeichnung dieses Stadtteils als *Zemljanoj Gorod* ableitete (s. die Karte im Anhang).

Bei den rund 150 Vorstädten, die um die Mitte des 17. Jahrhunderts gezählt wurden, kann man fünf Typen unterscheiden. In den staatlichen Vorstädten wohnten diejenigen, die entweder für den Bedarf des Hofes oder auf Bestellung der Zentralämter arbeiteten. Da sich der Staat zur Versorgung nicht oder nur in kleinem Maße auf den Markt verlassen konnte, war das Spektrum der benötigten Gewerbe sehr breit und reichte vom Tischler und Schmied bis zum Ikonenmaler und Münzpräger. Mit 51 derartiger Sloboden war diese Gruppe die größte. Zur zweiten zählten die vom Militär, zumeist also von Strelitzen bewohnten Vorstädte, die insgesamt 33 ausmachten. Allein 23 davon befanden sich unweit der Stadttore in der Zemljanoj Gorod, die ältesten in Zamoskvareč'e im Süden der Stadt, d.h. der Angriffsrichtung der Krimtataren. 1591 waren diese letztmals bis in die Nähe Moskaus vorgestoßen und hatten damit wohl den Anlaß für den Bau des oben erwähnten Palisadenzaunes geliefert. Die dritte Gruppe umfaßte 26 Vorstädte, die entweder dem Patriarchen oder einzelnen Klöstern unterstanden; ihr bisheriges Steuerprivileg wurde durch das Uloženie von 1649 beseitigt. Eifrige Befürworter dessen waren die Posadleute, die sich durch dieses Vorrecht der Kirche benachteiligt fühlten. Auf diese Posadbewohner entfielen 25 Vorstädte, zumeist in oder vor der Zemljanoj Gorod gelegen. Die fünfte und letzte Gruppe machten schließlich die acht Sloboden der Nichtrussen bzw. Ausländer aus. Vor dem Staat stand die Gemeinde jeder Vorstadt für die Erfüllung der ihr auferlegten Pflichten gerade. Die Begriffe *Sloboda* und *Sotnja* waren somit sehr oft gleichbedeutend, da jede Gemeinde einen *Sotskij* oder Hundertschaftsführer zu wählen hatte, der die Hilfspolizisten seines Stadtteils befehligte. Wie der Starosta jeder Vorstadt wurde auch der *Sotskij* von deren Mir gewählt. Der Starosta war dafür verantwortlich, daß sich jeder Fremde in der Amtsstube registrieren ließ; zudem sammelte er die Steuer ein und lieferte sie dem zuständigen Prikaz ab. Bei den „schwarzen" Sloboden der Posadleute war dies der Zemskij Prikaz, während die kirchlichen dem Klosteramt unterstanden, die Ausländer-Vorstädte dem Posol'skij Prikaz.[1]

Die Moskauer Vorstädte scheinen damit so zahlreich und unübersichtlich zu sein, daß sie dem Zustand der Zentralämter in vielem ähneln. Wie bei den Prikazen hat Peter auch bei den Sloboden versucht, den Verwaltungsaufbau zu vereinfachen und dem 1699 neugeschaffenen Moskauer „Rathaus" dazu auch die staatlichen Vorstädte unterstellt. Da die hier wohnenden Handwerker durch den Umzug des Hofes nach Petersburg 1713/14 viele ihrer Aufgaben einbüßten, mußten sie vermehrt auf eigene Rechung für den Markt arbeiten und glichen sich damit den Posadleuten an. Mit Auflösung der Strelitzenverbände nach deren Aufstand von 1698 zogen auch in deren Vorstädte steuerpflichtige Bauern und Kleinbürger ein. Darüber hinaus führte Peter neue sozialökonomische Kategorien ein, die der Einbindung des Individuums in eine Vorstadt nicht mehr bedurften. Einerseits waren dies die Gilden, deren erster Bankiers, bedeutende Kaufleute, Ärzte, Apotheker, Ikonenmaler usw. beitreten sollten, während die zweite Kleinhändlern und Handwerkern offenstand. Andererseits siedelte er in den Außenbezirken Manufakturen an, wobei man wegen des Wasserbedarfs der Textilfabriken die Nähe der Neglinnaja und der Presnja suchte. Unweit der Moskwa lagen auch die Vorstädte Kadaševskaja und Chamovnaja, denen die Zaren 1623 und 1648 das Privileg der Leinwandherstellung erteilt hatten. Beide wurden unter Peter in Fabriken umgewandelt.[2] Im Grunde war es nur folgerichtig, dieser sozialen Umgestaltung der Stadt eine administrative folgen zu lassen. Auch diese Aufgabe hat Peter zu lösen versucht und die Vorstädte zu acht Polizeibezirken

---

1 Bogojavlenskij, Moskovskie slobody; ders., Sostav; Snegirev, Slobody; Čistjakova, Moskva; Belokurov, Plany; Gol'denberg, Planirovka.

2 Smirnov, Tkači; Bazilevič, Kadaševcy; Jakobson, Tkackie slobody. Am Beispiel der Ledermacher in Koževniki (wie die Kadaševskaja sloboda in Zamoskvareč'e gelegen) hat Zvjagincev, Koževniki, den Weg von der Gewerbevorstadt zur Manufaktur vor allem anhand der zunehmenden sozialen Durchmischung der Arbeitskräfte nachgezeichnet.

zusammengefaßt.[3] Verbunden mit einer Neuordnung der Polizei unter Anna und einer Aufstockung des Personals wurde die Zahl der Polizeibezirke am 18.3.1731 auf zwölf erhöht.[4] Erst jetzt werden uns auch die Grenzen der einzelnen „Kommandos" ersichtlich. Ausgehend vom Zentrum dehnten sich diese in einer dem Uhrzeigersinn folgenden Kreisbewegung auf die Randbezirke aus, so daß die zwei ersten Polizeiviertel auf Kreml', Kitaj- und Belyj Gorod entfielen, die Kommandos 3, 6 und 7 auf die Zemljanoj Gorod; sieben von zwölf Bezirken lagen außerhalb des ehemaligen Erdwalls. Da sich das von der Moskauer Polizei beaufsichtigte Territorium weiterhin ausdehnte - 1752 stieß z.B. die Pokrovskaja-Sloboda an der Jauza dazu -,[5] nahm man 1767 eine Neueinteilung der Polizeiviertel vor, erhöhte deren Zahl von zwölf auf 14 und fügte im Nordosten und Südwesten zwei neue Viertel ein.[6] Die ehemalige Posadvorstadt Pokrovskaja und die früheren Vorstädte von Peters Spielregimentern Semenovskaja und Preobraženskaja lagen damit im 13. Polizeiabschnitt; hier hatten sich zahlreiche Tuchfabriken angesiedelt, deren Arbeiter die Reorganisation der Polizeibezirke einer stärkeren Aufsicht unterwerfen wollte. Das 14. Kommando umfaßte den Moskwabogen um das Novodevičij-Kloster, wo sich vor den Toren der Zemljanoj Gorod schon im 17. Jahrhundert eine der zwei großen Moskauer Ziegeleien und die Chamovniki-Textilarbeitervorstadt angesiedelt hatten. Die Einführung der Gouvernementsordnung 1782 stieß den bisherigen Aufbau völlig um und ersetzte ihn durch zwanzig Stadtteile à 200 bis 700 Häuser bzw. durch Quartiere à 50 bis 100 Häuser.

Welche Bedeutung hatte der Wandel von Sloboden zu Polizeibezirken nun für unser Thema? Zunächst wirkte die topographische Struktur des 16./17. Jahrhunderts dadurch fort, daß sich noch zu Beginn des 19. Jahrhunderts ausgedehnte Grünflächen zwischen die Siedlungskerne schoben. Dies galt zumal in den äußeren Stadtteilen, war aber auch in der Zemljanoj Gorod unübersehbar.[7] Zu einer durchgehend bewohnten Zone waren die ehemaligen Vorstädte nur innerhalb der Belyj Gorod zusammengewachsen; jenseits des ersten und zweiten Polizeikommandos hatten die Brände und Seuchen des 18. Jahrhunderts das Entstehen einer geschlossenen Stadtlandschaft verhindert. Im östlichen Teil des Zamoskvareč'e (zwölftes Kommando) sowie an der Mündung der Presnja in die Moskwa erschwerten Sümpfe die Besiedlung; um die deutsche Vorstadt an der Jauza und beiderseits der Neglinnaja wurden die Grünflächen von Handwerkern und Posadleuten sogar landwirtschaftlich genutzt. Auch die Zarengärten gegenüber dem Kreml' auf dem anderen Moskwaufer, die einstmals den Hof beliefert hatten, wurden im 18. Jahrhundert nicht aufgelassen, sondern teilweise in Zier-

---

3 Sizikov, Učreždenija, S. 25; ders., O načale, S. 265. Über diese Maßnahme ist nichts weiteres bekannt. Da die Instruktionen für die Moskauer Polizei von 1722 dazu nicht Stellung nehmen, dürfte die Anordnung erst danach ergangen sein.

4 PSZ 8, Nr. 5.721.

5 PSZ 13, Nr. 1o.oo3 vom 30.6.1752.

6 Sytin, Istorija planirovki, Bd. 2, S. 36. Beste Beschreibung der 14 Viertel durch Ruban, Opisanie; vgl. Chavskij, Hg., Semisotletie, S. 192-215.

7 Vgl. die Farbpläne der einzelnen Stadtteile in: Istoričeskoe opisanie. Die ausgedehnten Grünflächen treten hier deutlich hervor.

gärten umgewandelt. Von einer „Stadt" als durchgängig bebauter Fläche kann in Moskau also nur im Hinblick auf die beiden inneren Polizeibezirke die Rede sein; außerhalb der Belyj Gorod treffen wir vielmehr eine Mischung aus ehemaligen Sloboden und Fabriken, Äckern und Brache an. Dieses aufgelockerte Territorium war zehnmal größer als Kreml', Kitaj- und Belyj Gorod, bot Läuflingen, Deserteuren, Paßlosen oder Straßenräubern hervorragende Deckungsmöglichkeiten und war durch die geringen Moskauer Polizeikräfte kaum zu überwachen. Diese Eigenart der Moskauer Topographie schlug sich auch in den Polizeiprotokollen nieder; in der Stadtmitte lag die registrierte Kriminalität weitaus höher als in den Außenbezirken, weil Märkte, Schenken und Handel im Zentrum das Verbrechen anzogen (s.u. Tab. 21). Andererseits kamen viele Kriminelle über Nacht in der dünnbesiedelten Peripherie unter.

Unter den Vorstädten am Rande Moskaus konnten Läuflinge in denen der Kutscher und Soldaten am ehesten mit Aufnahme rechnen. Auch dies geht regelmäßig aus den Vernehmungen hervor. Wiesen diese Vorstädte auch nicht mehr die ursprüngliche Homogenität auf, erhielten sich gewisse Kontinuitäten doch bis ins 18. Jahrhundert. In schwächerem Maße als die Sloboden der Kutscher und Soldaten wurden auch die Vorstädte der Nichtrussen als Orte der Beherbergung von Läuflingen genannt. Unter ihnen zählte die vor allem von Polen und Litauern bewohnte Meščanskaja sloboda am linken Ufer der Neglinnaja mit 692 Höfen (1684) weitaus mehr Einwohner als die größere der beiden deutschen an der Jauza (206 Höfe 1665).[8] Daß man hier Läuflinge gern im Haushalt beschäftigte, wird einerseits daran gelegen haben, daß sich viele Ausländer wenig um russische Bräuche scherten; mit Strafanzeigen durch Russen hatte man in diesem Mikrokosmos kaum zu rechnen. Auch vor Gericht war die Stellung der Ausländer eindeutig privilegiert. Außerhalb der Gemeinde standen in mancher Hinsicht auch die Soldaten. Müssen die Nichtrussen jedoch als Elite gelten, stellten die Mannschaften eine negative Auslese dar, da sie der Mir wegen ihrer Trunk- und Streitsucht oftmals abgeschoben hatte, damit sie ihm nicht auf der Tasche lagen. Häufig waren Soldaten auch ehemalige Läuflinge, die ihresgleichen aus materiellen Gründen aufnahmen. Da der Sold recht mager blieb, waren sie auf zusätzliche Einkünfte angewiesen, etwa durch das Brennen von Wodka oder den Tabakhandel, d.h. illegalen Tätigkeiten, bei denen ihnen die Hilfe von Läuflingen sehr willkommen war, hatten diese den Boden von Recht und Gesetz doch gleichfalls verlassen.[9]

---

8 Die Literatur zu den „deutschen" Vorstädten ist recht einseitig auf die Frage nach ihrem vermeintlichen Beitrag zur Europäisierung des Zarenstaats ausgerichtet. Sowjetische Historiker versuchen diesen weitaus niedriger anzusiedeln als westliche. Vgl. Baron, Origins; Amburger, Schicksale; Bogojavlenskij, Nemeckaja sloboda; allg. zu den Ausländervorstädten s. Nečaev, Inozemskija slobody; Zvjagincev, Slobody. Zum inneren Aufbau einer Vorstadt vor allem Bogojavlenskij, Nasledie, S. 9-17o (am Beispiel der Meščanskaja sloboda).

9 Benehmen und Rechtsbewußtsein der Soldaten hat Bogojavlenskij, Vojsko, S. 78, durch die Bemerkung gekennzeichnet, in fremden Sloboden hätten sich diese aufgeführt „wie in Feindesland". Zur Bedeutung der Soldatenvorstädte als „Hochburgen" der Läuflingsbewegung s. auch Kap. 6.b.

Ein ganz eigenes Völkchen waren auch die Kutscher, die in fünf Sloboden lebten: Der Dorogomilovskaja an der Ausfallstraße nach Smolensk, der Kolemenskaja an derjenigen nach Tula, der Rogožskaja an der Chaussee nach Vladimir, der Perejaslavskaja sowie der Tverskaja. Diese Vorstädte zählten nur wenige Höfe - mehr als 100 hatten allein die Rogožskaja (142 1653) und die Tverskaja (107 1686) -, lagen ihrer Bestimmung gemäß allesamt aber am Stadtrand, so daß man den Kutschern Grundstücke von 30 auf 50 Metern Größe zuweisen konnte. Äußerlich haben sich diese *Jamskie slobody* von Dörfern wohl kaum unterschieden. Da es diesen Kutschern oblag, die zumeist von staatlichen Stellen aufgegebene Post auf den dafür eingerichteten „Trakten" zu befördern, erhielten sie Sold, zahlten keine Steuern und stellten (bis 1758) keine Rekruten. Ursprünglich Bauern, waren diese Kutscher zwangsverpflichtet worden, hatten zur Bearbeitung ihres Landes oftmals keine Zeit mehr und griffen dazu gern auf die Hilfe von Läuflingen zurück. Teilweise brachten es die Kutscher sogar fertig, sich von ihren Arbeitskräften bezahlen zu lassen, um diese als Gegenleistung bei der Revision zu verheimlichen.[10] Aus dem Kontakt zu Läuflingen resultierte auch, daß viele Kutscher falsche Pässe herstellten bzw. damit Handel trieben.[11] Überhaupt ist bei den Kutschern offensichtlich, daß dieser Stand von seiner Selbständigkeit manchmal im Übermaß Gebrauch machte, wurden doch manche Kutscher des Versuchs beschuldigt, eilige Fahrgäste zu erpressen.[12] Einige mußten sogar dazu ermahnt werden, bei Überfällen durch Straßenräuber nicht mit diesen gemeinsame Sache gegen die mitreisenden Beamten zu machen.[13] Damit verglichen mutet es schon als als Bagatelldelikt an, wenn die zahllosen nach Moskau strömenden Diebe, Deserteure und Läuflinge im Polizeiverhör immer wieder angaben, sie seien von Kutschern beherbergt worden.

10 DIP 3, 2, Nr. 1.254 vom 16.12.1713 (Aufnahme von 22 Läuflingen durch die Kutscher von Murom). Vgl. Kločkov, Naselenie, S. 234, der die Läuflingsaufnahme durch Kutscher allein von der durch Gutsbesitzer übertroffen sieht. Bei der ersten Revision wurden in Moskau ca. 1.500 Kutscher gezählt. Vgl. IM 2, S. 62.

11 Vgl. z.B. F. 4oo, op. 5, d. 42o.

12 AMG 3, Nr. 75 vom 19.5.1660; Gastev, Materialy, S. 3o5-o8.

13 ODD 1, 1, Nr. 575 vom 13.8.1722. Vgl. allg. Gurljand, Jamskaja gon'ba (eine der besten Arbeiten zum 17. Jahrhundert aus der Feder vorrevolutionärer Rechtshistoriker); Semevskij, Krest'jane, Bd. 2, S. 8o4-21.

5.b Zunahme der Bevölkerung

Mit den topographischen Voraussetzungen einer Stadt sind die demographischen eng verbunden, auch und gerade im Hinblick auf die Besiedlung des Stadtrands, bei der die Unterschichten weitgehend unter sich blieben. Deren Wachstum und ethnische Zusammensetzung beeinflußte wiederum das Ausmaß der sozialen Kontrolle. Da uns ethnische Daten für diesen Zeitraum aus Moskau kaum überliefert sind, steht hier allein der quantitative Aspekt im Vordergrund. Im folgenden soll das hier Wesentliche in fünf Thesen zusammengefaßt werden.

1. In unserem Zeitraum, grob gesagt also von 1650 bis 1800, erlebte Moskau eine außerordentliche Bevölkerungsvermehrung. Der Welle von Enteignungen, die die Moskauer Posadleute 1648 mit ihrer Forderung nach Einschränkung der Steuerprivilegien auslösten, sind zugleich erste zuverlässigere Daten für die Größe des Posad zu verdanken. Da der Patriarch 742 Höfe einbüßte, verschiedene Klöster 495 Höfe und J.K. Čerkasskij, N.I. Romanov sowie S.L. Strešnev insgesamt 173 Höfe, wuchs die Anzahl der „schwarzen" Höfe um 1.410 auf 3.628 im Jahre 1652 an.[1] Da die zum Posad zählenden Höfe in Moskau aber nur eine unter fünf Kategorien ausmachten[2], läßt sich über die Zahl der Gesamteinwohner keine stichhaltige Aussage treffen. Die erste Zählung aller Hofbesitzer datiert aus dem Jahre 1701 und schafft eine neue Grundlage, da sie die Summe von 16.357 Höfen sowohl nach Stadtteilen als auch nach sozialen Schichten aufschlüsselt. Auf die eigentlichen Posadleute entfallen dabei 6.568 Höfe (40 Proz.), auf Adel, Klerus und Beamte 6.189 Höfe (38 Proz.); alle weiteren Höfe waren im Besitz von Bauern, Arbeitern oder Ausländern. 43 Höfe wurden innerhalb des Kreml' erhoben (0,2 Proz.), 271 in der Kitaj-Gorod (1,6 Proz.), 2.532 in der Belyj Gorod (15 Proz.), 7.394 in der Zemljanoj Gorod (45 Proz.) und 6.117 außerhalb des ehemaligen Erdwalls (37 Proz.).[3] Diese Verteilung ist insofern recht interessant, als sich damit schon zu Beginn der petrinischen Industrialisierungspolitik mehr als zwei Drittel aller Moskauer über den weitläufigen Stadtrand verteilten. Auch diese Zählung erfaßt jedoch nur einen Teil der Bevölkerung, da sie sich nur auf die Hofbesitzer bezieht. Die große Gruppe der Mieter aus Wanderarbeitern oder handeltreibenden Bauern blieb also ausgespart. Alles in allem dürfte die Zahl der ständigen Einwohner Moskaus spätestens zu Beginn des 18. Jahrhunderts die Marke der 100.000 wohl überschritten haben.

Da sich die Zähltechnik mit dem Übergang von Hof- zu Kopfsteuer erheblich verbesserte, weiten sich damit auch die demographischen Quellen aus. Von der ersten Revision 1724/25, die nur männliche „Seelen" erhob, war es bis zur ersten Zählung aller Einwohner offenbar kein großer Schritt. Sie wurde um 1730 vom

---

1 Smirnov, Posadskie ljudi, Bd. 2, S. 331; ders., Goroda, Bd. 2, S. 89. Vgl. Eaton, Decline, vor allem S. 250-51; daneben auch Vodarskij, Čislennost'. Auf einen städtischen Hof werden im 17. Jahrhundert sechs Personen gerechnet, im 18. Jahrhundert fünf.

2 S.o. S. 225-26.

3 IM 2, S. 56.

Synod abgehalten und gelangte zu einem Ergebnis von 138.792 Einwohnern.[4] Da die Straffälligkeit der Männer die der Frauen um ein Vielfaches übertrifft, kommt einer geschlechtsdifferenzierten Betrachtung in unserem Zusammenhang große Bedeutung zu. Leider liegt uns diese erst für die Jahre um 1790 vor und ist noch dazu gerundet.

Tabelle 1

Bevölkerung Moskaus nach Geschlechtern und Ständen um 1790[5]

	Frauen	Männer	insges.
Adel	3.8oo	4.8oo	8.6oo
Klerus	1.5oo	2.1oo	3.6oo
Beamte/ Raznočincy	6.5oo	11.1oo	17.6oo
Kaufleute	4.8oo	7.1oo	11.9oo
Kleinbürger/ Handwerker	3.1oo	6.ooo	9.1oo
Soldaten	1.8oo	5.2oo	7.ooo
Bauern	15.ooo	38.7oo	53.7oo
Gesinde	23.8oo	37.5oo	61.3oo
Ausländer	7oo	1.5oo	2.2oo
insges.	61.ooo	114.ooo	175.ooo

Hier zeigt sich in deutlicher Weise, daß die Überzahl der Männer in den Unterschichten zunahm. Beim Adel entfiel auf die Frauen ein Anteil von 79 Prozent bezogen auf die Zahl der Männer, beim Klerus von 71 Prozent, bei den Kaufleuten von 67 Prozent, bei den Beamten von 58 Prozent und bei den Kleinbürgern von 51 Prozent. Mit nur 38 Prozent erreichte der Frauenanteil bei den Bauern sein Minimum, da es sich diese oftmals nicht leisten konnten, ihre Frauen in die Stadt nachzuholen, wegen Weiterführung des Hofes auch kein Interesse daran hatten und spätestens im Alter selbst ins Dorf zurückkehrten. Einen Sonderfall

4 IM 2, S. 3o7. Vgl. Oč. 3, S. 18o.
5 Gastev, Materialy, S. 264.

stellen die Hofleute dar, die größte Bevölkerungsschicht überhaupt, bei denen die Frauen 63 Prozent der Männer erreichten, da sie ihrer adligen Herrschaft als Zofe, Köchin, Dienstmädchen oder Kinderfrau in die Stadt folgten. Zur Zahl der Gesamteinwohner Moskaus ist für 1785 eine Angabe überliefert, die von 188.654 Einwohnern spricht und somit über der von M.S. Gastev ermittelten Ziffer liegt.[6] Grob gerechnet kann man also davon ausgehen, daß sich die Zahl der Einwohner Moskaus im Laufe des 18. Jahrhunderts zumindest verdoppelt hat.

2. Die Zunahme der Bevölkerung Moskaus vollzog sich nicht kontinuierlich, sondern wurde von tiefen demographischen Einschnitten unterbrochen. Häufigkeit und Ausmaß dieser Krisen gehen aus den Quellen jedoch nur schemenhaft hervor. 1654 überfiel eine Pestepidemie die Stadt und raffte allein in 15 Sloboden 3.296 von 3.977 Menschen hinweg.[7] Da es in anderen Vorstädten kaum besser aussah, büßte Moskau in diesem Jahr rund drei Viertel seiner Bevölkerung ein. Im 18. Jahrhundert war es die Pest vom April 1771 bis März 1772, die Moskau die größten Verluste zufügte. In ganz Rußland kamen 1oo.ooo bis 12o.ooo Menschen um, etwa die Hälfte davon in Moskau.[8] Auch in der Besiedlung der Stadt hat diese Epidemie tiefe Kerben hinterlassen, da sich die Zahl der Höfe von 12.538 1771 auf 8.878 im Jahre 1775 verringerte, also ein knappes Drittel der Wüstung zum Opfer fiel. Dabei verzeichnete die Stadtmitte (Kreml', Kitaj- und Belyj Gorod) Verluste von zwanzig Prozent (bisher 1.339 Höfe, seither 1.116), die Zemljanoj Gorod von 23 Prozent (bisher 2.416 Höfe, seither 1.853); die ausserhalb der Zemljanoj Gorod gelegenen Vorstädte nahmen um 36 Prozent ab (bisher 6.756 Höfe, seither 4.298).[9] Die ärmeren Stadtteile am Rande Moskaus, deren sanitäre Bedingungen besonders prekär waren und wo mehr Menschen in einem Raum zusammenlebten als in den besseren Vierteln, wurden also spürbar stärker heimgesucht als die vorwiegend von den Oberschichten bewohnten im Zentrum. Bedingt durch derartige Phasen extrem hoher Sterblichkeit waren Fluktuation und Bevölkerungszustrom also noch größer, als es im ersten Punkt deutlich wird.

3. Ursache des Bevölkcrungsanstiegs in Moskau war vor allem die Zuwanderung aus dem Umland. Bedingt durch Frauenmangel und hohe Geburtensterblichkeit erzielte die Bevölkerung Moskaus Zuwachsraten, die deutlich unter denen Rußlands lagen. So nahm Moskau (und Petersburg) um die Mitte des 18. Jahrhunderts jährlich um 0,34 Prozent zu, während der Landesdurchschnitt bei 0,78 Prozent lag.[10] Zum engeren Einzugsgebiet Moskaus gehörte der Raum zwischen Kaluga und Tver' im Westen und der Wolga im Osten, zum weiteren im Grunde ganz Rußland, sieht man von den um Petersburg gelegenen Provinzen einmal ab. Daß dieser Zustrom an Bevölkerung ganz wesentlich zu Lasten der Provinzstädte

6 Sytin, Istorija planirovki, Bd. 2, S. 197 (64.451 Frauen, 124.203 Männer). Vgl. IM 2, S. 3o6, wo für 1785 bereits 216.953 Einwohner genannt werden.

7 IM 1, S. 453.

8 Alexander, Plague, S. 257-58. Alexander nimmt rd. 25o.ooo Einwohner Moskaus am Vorabend der Seuche an (S. 77).

9 Sytin, Istorija planirovki, Bd. 2, S. 82.

10 Berechnet nach IM 2, S. 3o6, Fn. 1/2. Vgl. Očerki istorii Leningrada, Bd. 1, S. 295.

ging, zeigt der Vergleich, daß Moskau 1652 3.628 Posadhöfe umfaßte, Jaroslavl' 3.042, Kostroma 2.086, Nižnij-Novgorod 1.874 usw. Das Wachstum dieser Provinzstädte blieb in der Folgezeit jedoch mehr und mehr zurück, so daß zu Ende des 18. Jahrhunderts allein Petersburg und Moskau mehr als 1oo.ooo Einwohner zählten, Kazan' und Tula zwischen 3o.ooo und 5o.ooo, Jaroslavl' sowie Kaluga und Orel zwischen 2o.ooo und 3o.ooo.[11] Der schnelle Bevölkerungszuwachs von Petersburg und Moskau schnürte das der mittleren Großstädte also ab; von deren wirtschaftlicher Schwäche profitierte wiederum der zentralrussische Standort Moskau, sein Arbeitsmarkt und dessen Anziehungskraft für Saisonarbeiter und Läuflinge.

4. Auch wegen des großen Bevölkerungszuflusses von außen nahm der Anteil der Posadleute an der Bevölkerung Moskaus im Verlauf des 18. Jahrhunderts deutlich ab. Um 1730 stellten Kaufleute und Handwerker rund 17 Prozent der Moskauer Einwohner (23.707), um 1790 nur noch zwölf Prozent (21.ooo). Noch stärker fiel der Rückgang von Adel, Klerus und Beamten aus: Um 1730 machten sie 43 Prozent der Stadtbevölkerung aus (60.512), sechs Jahrzehnte später nur noch 21 Prozent (36.800). Ursache dessen waren Umzüge nach Petersburg, die Säkularisation bzw. der Abbau der Moskauer Garnison. Gesinde und Bauern, die 1730 39 Prozent umfaßten (54.269), nahmen dagegen auf 65 Prozent zu (115.ooo). Gestützt auf diese Zahlen läßt sich behaupten, daß Moskaus soziale Zusammensetzung im 18. Jahrhundert weithin bäuerliche Prägung aufwies. Petersburg wies dagegen einen erheblich kleineren Anteil an Unterschichten auf. 1801 stellten Bauern und Hofleute dort nur 39 Prozent, Kaufleute und Handwerker 18 Prozent, während auf Adel, Klerus und Beamte 24 Prozent entfielen (202.033 insgesamt).[12] Auch in absoluten Zahlen wiesen die Moskauer Kaufleute und Handwerker als die eigentlich städtischen Schichten ein nur bescheidenes Wachstum auf. 1725 ermittelte die erste Revision 13.930 männliche Posadseelen, 1747 die zweite 13.100. Durch Einberufungen bzw. Abgänge von Steuerflüchtern erhob die dritte Revision 1764 nur noch 9.250 männliche Posadleute, deren Zahl sich bis zur vierten Revision 1782 auf 8.170 verringerte. In Zusammenhang mit einer tw. Neudefinition der Stadtstände durch das Städteprivileg von 1785 nahm die Zahl der männlichen Kleinbürger und Kaufleute bis zur fünften Revision 1795 aber auf 17.100 zu.[13] Auch hier entfielen knapp zwei Drittel der Neuzugänge auf Bauern. Vom kulturellen Hintergrund waren sich Kaufleute und Bauern daher oftmals gleich; in der Kriminalstatistik wirkte sich dies derart aus, daß wir dort immer wieder auf Banden von ständisch heterogener Zusammensetzung stoßen; z.B. betätigten sich Läuflinge als Einbrecher und Kaufleute als Hehler.

---

11 Eaton, Decline, S. 221; Kahan, Plow, S. 27. Zum Städtewachstum allg. s. Kizevetter, Obščina, S. 113-26; Vodarskij, Naselenie Rossii, S. 129-34; Kabuzan, Narodonaselenie. Die Ergebnisse der ersten Revision von 1718-27 sind zusammengestellt bei Kabuzan/Šepukova, Tabel' pervoj revizii.

12 Petersburg beherbergte dafür eine weitaus größere Garnison als Moskau. Vgl. Očerki istorii Leningrada, Bd. 1, S. 513; Kopanev, Naselenie, S. 25. Zur außerordentlichen Steuerbelastung Moskaus unter Peter (und der daraus resultierenden Abnahme der Posadleute) s. Zaozerskaja, Moskovskij posad; Lebedev, Moskva.

13 IM 2, S. 31o, 314.

5. Durch saisonale Zuwanderung stieg die Bevölkerung Moskaus im Winter zu Ende des 18. Jahrhunderts von rd. 200.000 auf maximal 400.000 an. Zum kleineren Teil speiste sich dieser Zustrom aus Adligen, die den Sommer auf den Gütern verbrachten, in Moskau des gesellschaftlichen Umgangs wegen aber zu überwintern pflegten und dabei auch Gesinde mitbrachten. Der Löwenanteil entfiel jedoch auf diejenigen Bauern, die vom Ertrag ihrer Felder allein nicht leben konnten und deshalb auf einen Zusatzverdienst angewiesen waren. Neben dem großen Anteil an Unterschichten war der winterliche Zuwachs ein weiteres Charakteristikum, das wir nur in Moskau erleben. Mit 219.000 ständigen Einwohnern hatte die fünfte Revision 1795 Petersburg zwar erstmals zur bevölkerungsreichsten Stadt Rußlands erhoben, doch war dessen saisonale Zunahme mit der Moskaus nicht zu vergleichen. Durch ihr großes Angebot an Arbeitsplätzen, das nicht zuletzt auf ihrer Bedeutung als Knotenpunkt von Handel und Verkehr beruhte, verwandelte sich Rußlands alte Hauptstadt von Oktober bis März nach wie vor zur größten Metropole des Landes.[14]

14 Morrison, Urbanization, bes. S. 101-222; Rozman, Urban Networks, S. 160-64 u.ö.

5.c Abnahme der Bürgerschaft

Daß die Zahl der Pestopfer 1771 in den Außenbezirken der Stadt die in zentralen Stadtteilen weit überstieg, ist auch auf das Sozialgefälle zwischen Stadtkern und Stadtrand zurückzuführen. In der unterschiedlichen Verteilung des Hofbesitzes auf einzelne Stände tritt es deutlich zutage. Nach den von M.S. Gastev gesammelten Zahlen (s.o. Tab. 1) entfiel auf den Adel um 1790 ein Bevölkerungsanteil von rd. fünf Prozent, aber ein Anteil von 32 Prozent aller Höfe. In den Innenstadt, also im Kreml', der Kitaj- und Belyj Gorod (1. und 2. Polizeibezirk), hatte der Adel sogar 47 Prozent aller Höfe inne. Auch in der Zemljanoj Gorod (3., 6. und 7. Bezirk) war nahezu jeder zweite Hof in adliger Hand (46 Proz.), am Stadtrand außerhalb der Zemljanoj Gorod aber nur jeder vierte (26 Proz.). Die gleiche Tendenz tritt beim Klerus auf, der 1790 zwei Prozent der Stadtbevölkerung ausmachte, aber 14 Prozent der Höfe besaß. In den beiden ersten Polizeibezirken waren 34 Prozent der Höfe kirchlich, in der Zemljanoj Gorod 16 Prozent, aber nur zehn Prozent in der Vorstadt. Rechnet man in der Innenstadt noch sieben Prozent an Kaufmannshöfen dazu, wird ersichtlich, daß die Oberschicht hier fast unter sich war und 581 von 672 Höfen erworben hatte. Umgekehrt entfielen auf alle übrigen Stände, darunter auch die Beamten, in den beiden ersten Stadtvierteln nur elf Prozent aller Höfe (91 von 672). In der Zemljanoj Gorod stieg ihr Anteil auf 23 Prozent, in der Vorstadt auf 41 Prozent.

Soziale Schichtung und Topographie stehen hier in enger Beziehung zueinander. Die Schwelle zwischen Stadtkern, wo die Oberschichten lebten, und Stadtrand, dem Wohngebiet der Unterschichten, drückt sich auch in der Anzahl von Zimmern pro Hof aus. In der Innenstadt zählte der Adelshof durchschnittlich 11,6 Zimmer, der eines Kaufmanns 5,8. Mit zunehmender Annäherung an den Stadtrand wurden die Anwesen aber nicht größer, wie man unter Hinweis auf abnehmende Grundstückspreise und zunehmendes Flächenangebot wohl vermuten könnte. In der Vorstadt außerhalb des ehemaligen Erdwalls umschloß ein Adelshof im Schnitt nur noch sechs Zimmer, der des Kaufmanns 3,9 Zimmer und der eines *Raznočinec* nur noch 1,7 Zimmer.[1] Je niedriger der Stand, desto kleiner der Wohnraum und desto enger das Zusammenleben in den einzelnen Höfen. Auch dies erklärt, warum die große Pest in den Außenbezirken stärker als im Stadtzentrum gewütet hat. Nicht im Bezug auf Seuchen, wohl aber im Hinblick auf die nicht seltenen Brände lag die Bedeutung der Tatsache, daß die adligen Höfe der Innenstadt 1787 zu zwei Dritteln aus Stein gebaut waren, in der Zemljanoj Gorod aber nur zu einem Viertel. Kaufleute besaßen in der Zemljanoj Gorod immerhin zu 43 Prozent einen gemauerten Hof, in der Vorstadt aber nur zu 22 Prozent. Betrachtet man die Kleinbürger, verwandelt sich das aus Ziegeln erbaute Moskau der Oberschicht endgültig in eines aus Balken und Brettern: In der Zemljanoj Gorod hatte das *Meščanstvo* 1787 insgesamt 100 Höfe inne, von denen

1 Sytin, Istorija planirovki, Bd. 2, S. 84.

sieben aus Stein errichtet worden waren; im weitläufigen Gebiet der Sloboden und Gewerbevorstädte jenseits der Zemljanoj Gorod war nur einer von 183 Höfen gemauert, die das Kleinbürgertum dort besaß.[2] Da Moskaus Außenbezirke viele Äcker und Weiden einschlossen, könnte man anstelle von Kleinbürgern in diesem Zusammenhang tw. wohl auch von „Ackerbürgern“ sprechen.

Tabelle 2

Bevölkerung Moskaus (in Höfen) nach Ständen und Stadtteilen 1780[3]

Polizei-bezirk	Adel	Klerus	Kaufl.	Übrige	insges.
1.	293	248	4o	91	672
2.	264	16o	43	44	511
3.	361	1o4	19	11o	594
4.	234	67	88	324	713
5.	3o4	58	112	517	991
6.	176	64	89	65	394
7.	233	1o4	142	21o	689
8.	124	41	151	124	484
9.	183	61	94	243	549
1o.	96	7o	275	368	8o9
11.	342	111	174	2o2	829
12.	128	87	299	213	727
13.	91	5o	136	421	698
14.	9o	37	8	44	179
insges.	2.914	1.23o	1.67o	2.752	8.884

2 IM 2, S. 354. Nach dem Brand von 1699 sollte in der Kitaj- und Belyj Gorod nur noch mit Stein gebaut werden. Da sich der Ziegelbedarf in Petersburg aber als unerwartet hoch erwies, setzte man die Anordnung 1714 wieder aus. Vgl. Kločkov, Moskva, S. 25-26; Nečaev, Obščij vid, S. 8-1o.

3 Ruban, Opisanie, S. 155-59. Für 1775 vgl. Sytin, Istorija planirovki, Bd. 2, S. 81.

Tabelle 2 ist schon deshalb von Interesse, weil das 18. Jahrhundert das Größenverhältnis der einzelnen Schichten zwar nachhaltig verschoben hatte, die Besitzstruktur (hier am Beispiel der Immobilien) von dieser Umschichtung aber kaum erfaßt worden war. Moskau zeigt sich hier als eine nach wie vor vom Adel geprägte Stadt, obwohl die Manufakturen auf dessen ja auch wirtschaftlich begründete Vorrangstellung einen ersten Schatten warfen. In absoluten Zahlen blieb sich der Moskauer Adel im Verlauf des 18. Jahrhunderts annähernd gleich und umfaßte um 1790 rd. 8.600 Personen. Durch die Verdoppelung der Moskauer Bevölkerung schrumpfte sein Anteil prozentual jedoch langsam zusammen und lag 1790 bei rund fünf v.H. Einen prozentualen Rückgang erlebten auch die Posadleute, das heißt die Kaufleute und Handwerker, die um 1730 mit ca. 23.ooo Menschen veranschlagt wurden (17 Prozent der Gesamtbevölkerung), 1790 mit rund 21.ooo (zwölf Proz.). Die eigentlichen Stadtstände profitierten von der außerordentlichen Zunahme der Moskauer Einwohnerschaft daher nicht. Lange Zeit nahm die Zahl der Bürger sogar deutlich ab. So wurden bei der ersten Revision 1725 13.930 Moskauer Kaufleute und Handwerker erhoben, 1782 bei der vierten Revision nur noch 8.170.[4] An 22 von insgesamt 33 Sloboden lassen sich die Verluste der Städter zwischen der zweiten Revision 1747 und der dritten 1764 näher verfolgen. In dieser Zeit büßten die 22 Vorstädte insgesamt 4.577 Steuerpflichtige ein. Davon waren 3.621 verstorben (79 Proz.), 327 wurden eingezogen (sieben Proz.), 523 verschwanden, um dem Steuerdruck zu entgehen (elf Proz.), und 106 traten auf besondere Anordnung aus den Posadleuten aus (zwei Proz.). Von ihnen wurden 24 zu Offizieren befördert, neun fanden im Zivildienst Aufnahme, sechs im Hofdienst, acht ließen sich scheren, drei schlossen sich den Kaufleuten in Provinzstädten an, 13 wurden zu Zwangsarbeit oder Verbannung verurteilt und neun gingen ins Armenhaus. An Neuzugängen registrierten die 22 Sloboden im genannten Zeitraum 2.189 Personen, von denen 1.777 auf Neugeborene entfielen (81 Proz.) und 412 auf Orts- bzw. Standeswechsler (19 Proz.).[5] Bezogen auf die Gesamtheit der 8.114 in den 22 Vorstädten eingeschriebenen Posadleute machten diese 412 tatsächlichen Neuzugänge zwar noch fünf Prozent aus, stellt man sie aber den Abertausenden von neuen „Städtern" gegenüber, läßt sich ihr Anteil nur noch in Promille bemessen. Auf das Ganze gesehen erwiesen sich die ständerechtlichen Barrieren zwischen Bauern und Bürgern als derart hoch, daß letztere auch in einem wirtschaftlich so begünstigten Standort wie Moskau zur krassen Minderheit herabgedrückt wurden und gegen Ende des Jahrhunderts nur noch mit rund zwölf Prozent der ständigen Einwohner zu Buche schlugen (s.o. Tabelle 1).[6]

Dabei hatten Staat und Städte aus fiskalischen Gründen ein starkes Interesse daran, die Zahl ihrer Bürger zu vermehren. Zwei Wege erschienen dazu als denkbar. Der erste lief darauf hinaus, den Bürgern das Monopol auf Handel und Gewerbe einzuräumen. Bauern, die auch in Zukunft Handel treiben wollten,

4 IM 2, S. 31o, 314 (s.o. Kap. 5.b.).

5 Zvjagincev, Rost naselenija, S. 138.

6 In ganz Rußland betrug ihr Anteil bei der fünften Revision 1795 rd. vier Prozent. Zu Beginn des Jahrhunderts hatte er bei drei Prozent gelegen.

hätten damit vor der Entscheidung gestanden, sich entweder in die Bürgerschaft einzuschreiben und deren höhere Steuern zu teilen oder auf ihr Gewerbe zu verzichten. Es kann nicht überraschen, daß es die Städter waren, die diese Forderung vorbrachten, als ihnen die Große Kommission 1767 dazu Gelegenheit bot. Im Grunde kam dieser Vorschlag der Gewährung eines Markt- und Stadtrechtes gleich, das bäuerliche Interessen übergangen hätte. Da der Adel von den ihm Zins leistenden Bauern profitierte, stand hier die Bürgerschaft allein. Als sie noch dazu die Frage nach der Berechtigung des staatlichen Handelsmonopols aufwarf, war offensichtlich, daß dieser Weg auch mit dem Konzept der Selbstherrschaft kollidierte.

Die zweite Variante bestand darin, die von den Stadtständen ausgehende Anziehungskraft zu erhöhen und mehr Anreiz zu Übertritten in die Posadgemeinde zu schaffen, um die Kluft zwischen Bürgern und Städtern auf diese Weise zu verringern. Diese Richtung hat die ständische Neuordnung der Jahre 1775/85 denn auch tatsächlich eingeschlagen und erstmals klare Zugehörigkeitsregeln definiert. Sie befreite die Kaufleute von der als entwürdigend empfundenen Kopfsteuer und erlaubte ihnen, sich der Rekrutenstellung durch Zahlung einer Abgabe zu entziehen. Zugleich gestand man den Kaufleuten erster Gilde gewisse Prestigesymbole zu, z.B. das Privileg auf Führen eines Degens, so daß sich mancher der Illusion einer Annährung an den Adel hingeben konnte. Als Scharnier zwischen Bauern und Bürgern sollte das *Meščanstvo* dienen, der untere der beiden Stadtstände. Anders als Leibeigene waren Kleinbürger aus persönlicher Abhängigkeit ausgeschieden; wie der Stand des Bauern, aber anders als der des Kaufmanns war auch der des *Meščanin* erblich. Obwohl der Gesetzgeber mit dieser Neukonstitution der Stadtstände auf Forderungen aus deren Reihen eingegangen war, blieb manches Hemmnis der sozialen Aufwärtsmobilität doch unberührt. Zu ihnen zählte vor allem der für Standeswechsler geltende Zwang zur Leistung der Doppelsteuer, also der Abgabe sowohl für die alte als auch für die neue Korporation. Dennoch ist unübersehbar, daß die Sozialreform von 1775/85 eine deutliche Zunahme der Stadtstände zur Folge hatte. In Moskau wuchsen sie zwischen der vierten Revision 1782 und der fünften 1795 von 8.170 auf 17.100 Personen an, verzeichneten damit also den ersten Anstieg überhaupt im Laufe des 18. Jahrhunderts. Von diesen rund 9.000 Neueintritten entfielen 29 Prozent auf Bürger aus anderen Städten, 57 Prozent auf Bauern und Hofleute sowie 14 Prozent auf Entlassene aus anderen Ständen, das heißt aus dem Klerus, der Beamtenschaft oder dem Militär.[7]

Alles in allem hat sich, auch wenn die Durchlässigkeit des Ständesystems nach 1775/85 etwas zunahm, an der Gesamtsituation wenig geändert. Noch immer stellten die Nichtbürger in den Städten die übergroße Mehrheit. Vielen Bauern war mit der Einschreibung in die Kleinbürger auch gar nicht gedient, da sie ihre Familie nur durch das Pendeln zwischen Land (Sommer) und Lohnarbeit (Winter)

---

7 IM 2, S. 316-17. Zum Hintergrund der Sozialreform s. Ryndzjunskij, Gorodskoe graždanstvo, S. 4o-61; Hittle, Service City, S. 19o-212; Hildermeier, Bürgertum und Stadt, S. 73-1o1; Madariaga, Russia, S. 277-3o7; Hudson, Urban Estate Engineering; Knabe, Struktur der russischen Posadgemeinden.

ernähren konnten und mit zunehmendem Alter dauerhaft ins Dorf zurückkehrten. Ließ sich der Bauer einen Paß ausstellen, war sein Aufenthalt in der Stadt auch legal. Da der russische Staat jedoch nicht in der Lage war, ein funktionierendes Paßsystem einzuführen (s.u. 6.b) und da auch die Moskauer Polizei völlig überfordert war, jeden Neuankömmling zu überprüfen geschweige denn zu registrieren, sammelte sich in den Moskauer Außenbezirken eine bunte Menschenmenge an, deren Status mit der Frage nach „legal" oder „illegal" kaum beschrieben werden kann. Indem die Bevölkerung Moskaus um 1790 zu 88 Prozent aus Nichtbürgern bestand, der Magistrat also nur von zwölf Prozent getragen wurde, ergibt sich das Bild einer gespaltenen Gesellschaft. Es erscheint hier als Beispiel von hoher Symbolkraft, daß die Moskauer Armenspeisung 1735 zumeist an denjenigen Stadttoren erfolgte, die Stadtkern (Kreml', Kitaj- und Belyj Gorod) und Stadtrand voneinander abriegelten (s.u. Tab. 4). Eine vergleichbare Trennung verlief zwischen Bürgern und Städtern. Wenn viele „Städter" dies nicht als Verlust, sondern als unzweifelhaften Gewinn ansahen - auch daher Moskaus große Bedeutung als Läuflingsstadt -, zog diese Spaltung doch nach sich, daß das Regiment des Magistrats auf die „Bürger" beschränkt blieb und die „Städter" in einer Vorzone beließ, in der sich von Staats wegen allein die Polizei bewegen sollte. Durch die Teilung in „helle" und „graue" Zone stimmen Stadtbild und Stadtgesellschaft also in einem wesentlichen Merkmal überein. Für die Entstehung der Kriminalität sollte sich dieser topographische und soziale Kontrast und die mit ihm einhergehende Beeinträchtigung der sozialen Kontrolle als konstitutiv erweisen.

5.d Magistrat und Obdachlose

Im Hinblick auf Stadtrand und Subkultur haben die Organe der Stadtverwaltung nur geringe Bedeutung, da sie mit den Unterschichten kaum in Berührung kamen. Deren Kontrolle oblag vielmehr der Polizei. Wenn der Moskauer Magistrat hier dennoch gestreift werden soll, so um zu fragen, welche Zielsetzung für den Wandel der russischen Stadtverwaltung maßgebend war und ob dieser Schritt hielt mit den Erfordernissen, die im Sog des Bevölkerungswachstums aufkamen. Da vom Archiv des Zemskij Prikaz kaum mehr als Splitter erhalten sind, liegen uns zu dieser Keimzelle des Moskauer Rathauses nur wenige Quellen vor. Dies ist zum einen die Liste der im 17. Jahrhundert fungierenden Richter, deren Laufbahn in fünf von 37 überprüfbaren Fällen auch eine Tätigkeit im Moskauer bzw. Vladimirer Gerichtsprikaz einschloß. Mit Ausnahme des regelmäßigen Wechsels zwischen dem Dienst in der Hauptstadt und in der Provinz lassen sich andere Gemeinsamkeiten nicht erkennen. Obwohl die Zustände im Zemskij Prikaz eine der Hauptursachen des Aufstandes von 1648 waren, scheinen Fälle von Amtskriminalität hier seltener als im Razbojnyj Prikaz registriert worden zu sein. Unter den 37 von Bogojavlenskij und Veselovskij erfaßten Richtern begegnet uns nur ein derartiger Vorgang.[1] Zum andern stützt sich unsere Kenntnis auf das Ukazbuch des Zemskij Prikaz, eine Zusammenstellung von 52 Anordnungen der Jahre 1622 bis 1648. Aus der Vielfalt der hier behandelten Gegenstände geht unzweideutig hervor, daß der Prozeß der Arbeitsteilung innerhalb der Verwaltung Moskaus während des 17. Jahrhunderts noch kaum eingesetzt hatte. So war der Zemskij Prikaz Straf- und Zivilgericht, zählte die Moskauer Höfe (Nr. 20), sorgte für die Brunnen (Nr. 21), hielt die Brücken instand (Nr. 28), beaufsichtigte den Immobilienhandel (Nr. 30), ging gegen Faustkämpfe vor (Nr. 34) oder suchte nach Dieben und Läuflingen (Nr. 37).[2]

Noch vor Peters Machtantritt wurde jedoch das Ende der alten Ordnung eingeleitet, indem die Polizeifunktionen des Zemskij Prikaz 1686 an den Strelitzenprikaz übergingen.[3] Im Anschluß an den Strelitzenaufstand von 1682 mag diese Entscheidung zunächst überraschend erscheinen. Sie wird jedoch verständlich durch die Absicht Sophias, ihrer Regentschaft im Strelitzenprikaz (nach der Hinrichtung von I.A. Chovanskij als dessen Leiter am 17.9.1682) eine feste Stütze zu errichten.[4] Die Gerichtsfunktionen trat der Zemskij Prikaz 1699 an den Moskauer Sudnyj Prikaz ab, da Peter mit Einführung des „Rathauses" einen ersten entschiedenen Versuch zur Entflechtung der Verwaltung unternahm. Im

---

1 Bogojavlenskij, Sud'i, S. 45-52. Während des Strelitzenaufstandes von 1682 wurde die Verbannung D.L. Poljanskijs gefordert. Als Beleg gibt Veselovskij, D'jaki, S. 422, eine Stelle in RIB 8, S. 1215 und 1221 an. Der Grund für die Forderung nach Poljanskijs Ablösung wird dort aber nicht ersichtlich. Eingehend zum Razbojnyj Prikaz s.o. Kap. 2.e.

2 PRP 5, S. 327-424; dazu s. Serbina, Knigi. Vgl. Kotošichin, O Rossii, S. 112-13; Bogojavlenskij, Upravlenie. Zu den vom Zemskij Prikaz eingezogenen Steuern s. Lappo-Danilevskij/Miklaševskij, Materialy.

3 Nevolin, Obrazovanie, S. 158.

4 Vgl. Bogojavlenskij, Chovanščina.

Vordergrund seines Interesses stand dabei die Absicht, das Steueraufkommen zu erhöhen, indem er nurmehr die Städte, nicht wie bisher die durch ihre Allmacht zumeist korrumpierten Voevoden mit dem Einzug der städtischen Abgaben betraute. Zugleich verloren die Voevoden das ebenfalls recht einträgliche Gericht über die Posadleute, die in Moskau ihre Klagen nun beim Rathaus vorbrachten; Adel und Beamte wandten sich zeitweise an den Moskauer Gerichtsprikaz. Vieles spricht dafür, daß die Moskauer Vorstädte in der Wahl des Bürgermeisters kein Privileg, sondern eine zusätzliche Pflicht sahen. Daher bedurfte es zweier Wahlgänge, das neue Rathaus auch tatsächlich zu besetzen (s.o. 3.a). Wie sich bald zeigte, war die Ablösung ernannter Beamter (Voevoden) durch gewählte (Bürgermeister) kein taugliches Mittel, um den Amtsmißbrauch zu durchkreuzen. So sind Beispiele dessen überliefert, daß sich auch Bürgermeister in Moskau an Steuergeldern schadlos hielten.[5] Da zahllose Ungereimtheiten dieser Reform sogar das Hauptziel der Zurückdrängung der Voevoden in Frage stellten, wurden die Rathäuser in den acht neugeschaffenen Gouvernements 1708 durch *Zemskie izby* unter Aufsicht der Gouverneure ersetzt. Nur das in Moskau existierte fort, verlor aber die ihm 1699 zugewiesene Kompetenz als „städtisches Zentralamt". Der Steuereinzug innerhalb Moskaus verblieb in Händen des Rathauses und unterstand nunmehr dem Oberkommandanten. Oberster Gerichtsherr wurde der Gouverneur, so daß die Bürgermeister ihrer Jurisdiktion zwar nicht entkleidet wurden, doch die Unabhängigkeit einbüßten. Im Gouvernement sollte ein „Landrichter" über alle Stände Recht sprechen, mithin das erste Lokalorgan in der russischen Geschichte, das ausschließlich im Bereich der Rechtsprechung tätig war. Um seine Unabhängigkeit vom Gouverneur zu wahren, sollte der Landrichter de jure vom Senat ernannt werden und auch an diesen appellieren. Moskaus erster Gouverneur T.N. Strešnev betrieb die Ernennung Ivan Topol'skijs jedoch aus eigenem Machtbewußtsein. Obwohl pro Gouvernement nur ein Landrichter vorgesehen war, amtierten in Moskau mit Karp Sytin und dem D'jaken Nikifor Panov noch zwei andere. Ihre Amtsdauer blieb ungeregelt, so daß Topil'skij die Tätigkeit des Landrichters von 1708 bis 1719 versah.[6] Er befand sich noch mit Einsetzen der zweiten Gouvernementsreform 1718 im Amt, die fünfzig Provinzen unter Leitung je eines Voevoden schuf. Als Vorsteher eines der sieben neueingerichteten Hofgerichte rückte Topil'skij gleichzeitig zum Oberlandrichter auf. Zwei seiner Richter hatten zuvor als Landräte gedient, zwei andere entstammten den D'jaken. Dieses Gericht ist das erste überhaupt, zu dem uns für das Moskauer Beispiel Akten überliefert sind.[7]

---

5 Ditjatin, Ustrojstvo, Bd. 1, S. 18o-82. Die Amtskriminalität ergab sich auch daraus, daß dem Moskauer Rathaus von 1699 bis 1708 eine Fülle neuer Pflichten aufgebürdet wurden. Vgl. die Aufzählung bei Plošinskij, Gorodskoe sostojanie, S. 163-64.

6 Mroček-Drozdovskij, Upravlenie, S. 54, 97-98; Bogoslovskij, Reforma, S. 186-87, 226. Zum Wandel des Gerichtsaufbaus s. auch das Schema im Anhang.

7 Der betreffende F. 348 umfaßt 305 Aktenstücke aus den Jahren 1710 bis 1727, unter ihnen nur zwei Strafsachen im engeren Sinne, das heißt ein Pferdediebstahl (d. 6) und ein Raubüberfall (d. 30). Rd. zwei Drittel aller Fälle betrafen Eingaben von Adligen, die die Flucht von Leibeigenen anzeigten oder sich Bauern bzw. Läuflinge streitig machten.

Es kann kein Zweifel daran sein, daß die erste, unter dem Druck des Nordischen Krieges hervorgegangene Gouvernementsreform im Hinblick auf die städtische Autonomie ein Rückfall gegenüber der Einführung des Rathauses 1699 war. Die seinerzeit durchgesetzte administrative Trennung von Stadt und Land wurde 1708 ja beseitigt. Daß diese Nivellierung nicht sinnvoll war, gestand Peter im Reglement des Kommerzkollegiums vom 3.3.1719 ein. So wie das Moskauer Rathaus von 1699 bis 1708 zur kommunalen Oberbehörde aufgerückt war, sollte nun das Kommerzkollegium die Steuern aller Städte kassieren, der städtischen Gerichtsbarkeit als Berufungsorgan dienen und die polizeiliche Aufsicht über die Städte ausüben. Letzteres hatte Art. 20 des Reglements als Neuerung gegenüber dem 1699 eingeführten Zustand verfügt.[8] Da die Städte (mit Ausnahme Moskaus) seit der ersten Gouvernementsreform aber keine Rathäuser mehr aufwiesen, fehlte zur Umsetzung dieses Modells der komplette Unterbau. Daß der Plan zur Einrichtung von Magistraten zu diesem Zeitpunkt über das Diskussionsstadium nicht hinaus war, zeigt der Vorstoß des Hamburgers Heinrich Fick, eines der an der Einrichtung der Kollegien beteiligten Ausländer, der die Gründung städtischer *Magistrate* am 9.5.1718 als eine der vordringlichsten Aufgaben bezeichnet hatte. „Die gewünschte Ordnung herzustellen und gute Früchte zu erzielen, ist ohne sie nicht möglich." Dem hatte Peter am 11.6.1718 zugestimmt und Riga und Reval als Vorbild bezeichnet.[9] Die Voevodeninstruktion vom Januar 1719 hielt am Bestehenden jedoch hartnäckig fest und bestätigte den Voevoden die Aufsicht über das gesamte städtische Leben.[10] Offenbar lagen hier zwei Schulen miteinander im Streit, wobei sich der Sieg der „Traditionalisten" vom Januar 1719 schon im März als Scheinsieg entpuppte, zog nun das Kommerzkollegium die Aufsicht über die Städte an sich. Die Neuerer errangen erst dann die Oberhand, als der Zar am 13.2.1720 den Petersburger Hauptmagistrat ins Leben rief.[11] Das Reglement der neuen Behörde vom 16.1.1721 rechnet ohne Zweifel zu den hervorragenden gesetzgeberischen Akten des großen Reformers; in 25 teilweise sehr eingehenden Artikeln unternimmt es den Versuch, den Städten eine Verfassung, dem Hauptmagistrat (als deren Zentralorgan) eine Dienstanweisung und dem Staat eine Garantie auf ungeschmälerten Steuerfluß zu geben. In überaus typischer Weise für die russische Gesetzgebung dieses Zeitalters ging mit der Neuordnung der Verwaltungsorgane auch eine Neuordnung der Sozialordnung einher. Die „regulären Bürger" *(reguljarnye graždane)* wurden zwei Gilden zugeteilt: Der ersten sollten Bankiers, Großkaufleute, Ärzte, Apotheker, Gold- oder Silberschmiede beitreten, der zweiten Tischler, Schmiede, Schuster und andere Handwerker oder Kleinhändler. Nicht zur Bürgerschaft rechneten Adel, Klerus und Beamtenschaft, nicht zur regulären Bürgerschaft die Lohnarbeiter (Art. 7). Auf Veranlassung des Hauptmagistrats betraute der Gouverneur die Bürgermeister und „ersten Leute" mit den Wahlen zum Magistrat, bei denen die „regulären Bürger" Kluge und Rechtschaffene aus ihren Reihen mit einfacher

8 PSZ 5, Nr. 3.318.
9 ZAP Nr. 269.
10 PSZ 5, Nr. 3.294, Art. 17/18.
11 PSZ 6, Nr. 3.52o. Zu den Aufgaben des Hauptmagistrats s. Vodarskij, Iz istorii.

Mehrheit zum Präsidenten, Bürgermeister und Ratsmann bestimmten. Nach Bestätigung durch den Petersburger Magistrat (d.i. der Hauptmagistrat) oblag diesen die Pflege der heimischen Ökonomie sowie die Umlage der Steuer auf die einzelnen Bürger. Wegen des Fehlens jeglicher Finanzautonomie hat I.I. Ditjatin das Ausmaß der städtischen Autonomie denn auch als „allerniedrigstes" bezeichnet und die Städte mit Rädern in einem großen Verwaltungsmechanismus verglichen.[12]

Tatsächlich drängte das finanzielle Interesse des Staates schon in der 1724 nachgelieferten Instruktion für die einzelnen Magistrate mehr und mehr in den Vordergrund, so etwa in der Anweisung, Kaufleute und Handwerker, die aus den Sloboden ausgeschieden seien und keine Steuer mehr abführten, unverzüglich zur Leistung aller Abgaben heranzuziehen (Art. 8), so indem man die Pflichten der Gemeinde zur Zählung ihrer Mitglieder umriß (10/14) oder Richtlinien zur Form der Steuerbücher des Magistrats (25) bzw. zur Paßkontrolle vorgab (39/40). Hatte das Reglement von 1721 die Größe des Magistrats von der der jeweiligen Stadt abhängig gemacht, setzte die drei Jahre darauf erlassene Instruktion den klaren Befehl zur Wahl eines Präsidenten, zweier Bürgermeister und von vier Ratsleuten an dessen Stelle. Je ein Sekretär und „Kanzelarius", zwei Unterkanzelaristen, vier Kopisten und vier Wächter sollten ihnen zur Seite stehen (2). Auch was den bürokratischen Ablauf anging, zog die zweite Instruktion die Zügel an und forderte dazu auf, jeglichen Vorgang binnen Wochenfrist zu erledigen. Bei Überschreiten von sechs Wochen stellte sie bereits die Todesstrafe in Aussicht.[13] Zwar bekannte sich auch das Statut von 1724 zu Leitbegriffen wie „gute Ordnung" und „Gottesfurcht" (1), doch tritt gegenüber dem Reglement von 1721 gerade auf Ebene der Ausführungsbestimmungen zutage, daß der „bürgerliche Nutzen" (Art. 14 Instr. von 1721) vom „staatlichen Wohl" (ebd. Art. 1) schnell erstickt werden konnte. Nach Peters Tod wurde die kommunale Selbstverwaltung erneut zu Ballast erklärt, der Hauptmagistrat aufgelöst und die Magistrate (in größeren Städten) und Rathäuser (in kleineren) zum wiederholten Mal der Voevodenwillkür ausgeliefert. Gleichzeitig verlor das Magistratsgericht die Zuständigkeit für die drei Schwerdelikte *tat'ba, razboj* und *ubijstvo.*[14] Wenige Monate später wurden die Magistrate in Rathäuser umbenannt; damit verband sich eine weitere, gleichfalls auf Minderung ihrer Autorität abzielende Neuerung, nach der die Stadtväter nicht mehr wie bislang auf Lebenszeit, sondern nur noch für die Dauer eines Jahres amtieren sollten.[15] Da die Übergriffe der Voevoden alsbald wieder auflebten, untersagte Elisabeth es ihnen ausdrücklich, sich in den Steuereinzug der Rathäuser einzumischen.[16] Magistrate und Hauptmagistrat wurden

---

12 Ditjatin, Ustrojstvo, Bd. 1, S. 225. Optimistischer die Sichtweise bei Wittram, Peter, Bd. 2, S. 152, der die Befugnisse der Magistrate als „weitreichend" bezeichnet. Dieses Urteil kann Gültigkeit wohl nur dann beanspruchen, wenn man die bis 1699 herrschenden Zustände als Maßstab anlegt. Der Text des Statuts in PRP 8, S. 127-5o. Zu den Moskauer Kaufleuten, die in den Magistrat gewählt wurden, s. Murav'ev, Obrazovanie.

13 Art. 4. Dies in Anschluß an Kap. 4 des Generalreglements vom 28.2.1720 (PRP 8, S. 76).

14 PSZ 7, Nr. 5.o17 vom 24.2.1727.

15 PSZ 8, Nr. 5.3o2 vom 5.7.1728.

16 PSZ 1o, Nr. 7.2o7 vom 20.3.1737.

1743 „auf früherer Grundlage" zwar wiederhergestellt,[17] so daß die Städtepolitik Elisabeths eine ebensolche Pendelbewegung durchlaufen hat wie die Peters; dennoch ist der Moskauer Magistrat unter Elisabeth mit dem unter Peter kaum zu vergleichen. Am Beispiel von Gericht und Polizei soll dies kurz erläutert werden.

Das Reglement des Hauptmagistrats von 1721 hatte den Kommunen in Kap. 9 die volle Gerichtsbarkeit über Städter zugestanden, eingeschlossen die Ahndung der Schwerkriminalität. Ausgenommen blieben allein Verbrechen gegen den Staat wie Hochverrat. Auch im Hinblick auf die Strafen unterlag die städtische Justiz keinerlei Auflage; Todesurteile mußten vom Hauptmagistrat allerdings gegengezeichnet werden. Fiel ein Bürger der Straftat eines Nichtstädters zum Opfer, sollten Magistrat und Hofgericht eine gemeinsame Kammer bilden. Damit haben wir hier ein Beispiel voll ausgeformter städtischer Gerichtsbarkeit vor uns, die 1724 durch die Instruktion für die einzelnen Magistrate auch bestätigt wurde (Art. 9). Bereits 1727 wurde sie jedoch der Rückkehr zur Voevodenallmacht geopfert; vom Voevodengericht ging die Ahndung von Diebstahl, Straßenraub und Tötung 1730 auf den *Sysknoj Prikaz* über. Der Moskauer Magistrat sah sich damit in erster Linie zum Zivilgericht reduziert, eine Funktion, die die Moskauer Bürgermeister auch fleißig wahrgenommen haben. Streitfälle aus dem Schuld-, Erb- und Handelsrecht haben sie so zügig als möglich beigelegt und sich dabei einen weit über ihre Stadt hinausreichenden Ruf erworben.[18] Auf der anderen Seite ist unbestreitbar, daß der Magistrat durch den Verlust des Strafprozesses einen wesentlichen Teil seiner „Autonomie" verloren hatte, da zwischen Zivil- und Strafrecht ja noch keine exakte Grenze verlief.

Schwerwiegend war auch die Einbuße, die die Stadt Moskau bei den Polizeibefugnissen erlitt. Art. 10 des Reglements des Hauptmagistrats von 1721 hatte den Bürgermeistern den Auftrag der „guten Policey" erteilt, d.h. Sozialfürsorge, Gewerbeentwicklung und Verbrechensbekämpfung. In Zusammenziehung dieser Ziele sprach das Statut von der „Policey als Seele der Bürgerschaft und aller guten Ordnung". Mit Ernennung des Moskauer Oberpolizeimeisters im Jahr darauf wurde diese Passage jedoch Makulatur; die beiden Dienstanweisungen von 1722 gaben der Moskauer Polizei nicht nur ein detailliertes Programm zur Beaufsichtigung des Handels vor. „Reguläre Bürger" waren von der Polizeigerichtsbarkeit, d.h. der Auspeitschung von Straßenverschmutzern, Ruhestörern usw. ohne förmlichen Prozeß keinesfalls ausgenommen, so daß dem Magistratsgericht nicht nur die Kapitalgerichtsbarkeit entglitt, sondern auch die in Bagatellsachen. Noch dazu erhob man den Moskauer Oberpolizeimeister zum Aufseher über den städtischen Magistrat.[19] An dieser Stelle wird einmal mehr erkennbar, daß sich der Zarenstaat außerordentlich schwer damit tat, durch Beiordnung mehrerer

17 PSZ 11, Nr. 8.734 vom 21.5.1743.

18 Vgl. CGIAM F. 32, op. 17, t. 1, wo 5.369 derartige Vorgänge aus der Zeit zwischen 1744 und 1769 keinesfalls nur von Klägern aus Moskau nachgewiesen sind.

19 Vgl. die beiden Anweisungen für die Moskauer Polizei: PSZ 6, Nr. 4.o47 vom 9.7.1722, Art. 48; ebd., Nr. 4.13o vom 10.12.1722, Art. 46. Darüber hinaus forderte auch die Instruktion von den Ältesten der drei Moskauer Gilden, diese hätten der Polizei strikten Gehorsam zu leisten (PSZ 11, Nr. 8.5o4 vom 19.1.1742, Art. 3).

Institutionen „horizontale“ Machtverhältnisse herzustellen und auf zentraler wie lokaler Ebene zumeist in „vertikale“, durch Unterordnung gekennzeichnete Konstellationen zurückfiel.[20]

Die Aushöhlung der Magistratskompetenzen wurde dadurch begünstigt, daß der Gesetzgeber eine Allianz zwischen Steuer- und Machtelite von vornherein vereitelt hatte und Adel und Beamte aus der „regulären Bürgerschaft“ ausschloß. Das von Peter bemühte Vorbild Rigas und Revals täuscht über die tatsächlichen Verhältnisse also hinweg, war dem Zarenstaat ein Gegenüber von Ständen bzw. Städten und Fürstenmacht doch gänzlich unbekannt. Dem Phänomen „Recht“ haftete in Rußland zumeist denn auch kein Vertrags-, sondern nur ein Verordnungscharakter an. Dies erklärt zum Teil, warum das russische Recht so überaus oft Papier geblieben ist, durch das sich weder der Gesetzgeber noch die Beamten geschweige denn das Volk gebunden fühlten. Auch das Reglement des Hauptmagistrats führt uns ein eklatantes Beispiel des nicht zu Recht gewordenen Gesetzestextes vor, da es den Städten den Bau von Schulen, Hospitälern oder Zuchthäusern auferlegte, der Staat den Magistraten die dafür nötigen Mittel jedoch vorenthielt. Nach einem Beschluß von 1735 hatten die Kommunen neun Zehntel des von ihnen aufgebrachten Steuerertrags an zentrale Kassen abzuführen. Zur Befriedigung eigener Bedürfnisse verblieb den Rathäusern somit nur ein Zehntel. Auch darauf legte das Kammerkollegium mitunter jedoch seine Hand, um Steuerausfälle der einen Städte durch erhöhte Leistungen der anderen wettzumachen. Die der Stadt Moskau verbleibende Summe war zumeist also derart spärlich, daß die Stadtväter zur Einziehung zusätzlicher und de jure außerordentlicher, de facto aber regelmäßig beanspruchter Abgaben nur für kommunale Zwecke Zuflucht nehmen mußten.

Tabelle 3

Ausgaben der Stadt Moskau 1766-68 (in Rubeln)[21]

	Verwaltung	Dienste	Repräsentation	Soziales	Übriges	insgesamt
1766	3.452	3.888	2.648	2.3o1	65o	12.939
1767	3.6o6	1.687	9.132	1.68o	1.234	17.6o5
1768	5.251	3.46o	437	1.82o	4.5oo	15.517

20 Wie im ersten Teil gesehen, resultierten vertikale Machtstrukturen in unzureichender Kontrolle der Lokalverwaltung und einem großen Maß an Kriminalität im Amt.

21 Kizevetter, Obščina, S. 626-27, 585-91. Kizevetter rechnet die Repräsentationsausgaben tw. zu den Dienstleistungen, so daß sich das Bild verzerrt. Tabelle 2 versucht dagegen, beides auseinanderzuhalten.

Auf Verwaltungsausgaben entfielen die Gehälter der Schreiber im Magistrat und bei den Gilden sowie für den Kauf von Brennholz, Kerzen, Papier, Tinte usw. Die Gruppe der Dienstleistungen umfaßte z.B. Bau und Instandsetzung von Brücken, Unterbringung und Beköstigung von zukünftigen Rekruten, die aus Moskau stammten, nicht selten auch Kosten für deren Ergreifung, wenn sich diese wieder aus dem Staub gemacht hatten. Daran schlossen sich Ausgaben für den Empfang der Zarin sowie für den Bau eigens dazu errichteter Triumphbögen und dergleichen an. Auch bei den Ausgaben nur für die Stadt Moskau hat man somit den Eindruck, daß zentrale Bedürfnisse (in diesem Fall solche der Repräsentation) der Stadt den Stempel aufdrückten. Die vierte Gruppe umfaßte Sozialausgaben für Bau und Unterhalt von Armenhäusern, Gefängnissen oder dem Erziehungshaus. Zum Übrigen zählen etwa die Ausgaben für die Magistratskirche oder die Begleichung von Steuerschulden. Tabelle 3 zeigt, daß zwischen dem schnellen Wachstum der Moskauer Bevölkerung und den sich daraus ergebenden baulichen, sanitären oder sozialpolitischen Aufgaben und den zu deren Bewältigung aufgewandten Mitteln ein außerordentlicher Zwiespalt klaffte. Dieser Zwiespalt war eine von mehreren Ursachen der Pestepidemie von 1771, mitbedingt durch Rattenscharen, die das ausgedehnte Gewässernetz der Stadt bevölkerten;[22] er schuf das Nebeneinander von Obrigkeit und Läuflingsbewegung, da Deserteure, Paßfälscher, Diebe und Straßenräuber im Labyrinth der Stadt Moskau ein gutes Auskommen fanden; nicht zuletzt tritt uns das Vollzugsdefizit des Staates auch in einer Unmenge von Obdachlosen vor Augen.

Gerade die Bettler sind in unserem Zusammenhang von besonderem Interesse, weil viele Gauner und Läuflinge im Polizeiverhör zugaben, sich zeitweise auch als Bettler durchgeschlagen zu haben. Kriminalität und Bettelei rückten damit eng zusammen. Moskau, bis Ende des 18. Jahrhunderts ja die bevölkerungsreichste Stadt Rußlands, kann aus mehreren Gründen auch als „Hauptstadt der Bettler" gelten. Erstens fiel Moskau nicht unter das Konzept der „Modellstadt", dem Petersburg gerecht werden sollte. Krüppel, Zigeuner, Bettler, Gebrechliche, Arme und Alte wollte man aus der neuen Hauptstadt deshalb systematisch fernhalten,[23] nicht jedoch aus Moskau. Zweitens versprach die aufgelockerte Topographie Moskaus (s.o. 5.a), aber auch die geringe Effektivität von Polizei und Magistrat den Bettlern ein weitgehend unbehelligtes Dasein; der Umfang von Handel und Wandel verhieß reichliche Almosen. Zudem wurden in Moskau seit Peter zumindest drei größere Armenhäuser unterhalten. Der Prikaz des Großen Hofes unterstützte die Kirche des hl. Ivan Bogoslov v Bronnoj mit jährlich 300 Rubeln, um 100 Arme für die Eltern des Zaren beten zu lassen; 100 Bettler betreute das Moiseevskij-Jungfrauenkloster, und weitere 100 lebten in einem Armenhaus bei Pokrovskoe. Neben drei kleineren, vom Staat getragenen Häusern unterhielt auch der Patriarch mehrere Anstalten, so vor dem Arbat-Tor bei der Kirche des hl. Tichon Amafuntskij oder bei der Kirche der hl. Kir und Ivan na

22 Vgl. dazu Alexander, Plague, S. 67-7o.

23 Zahlreiche Ukaze bestätigen diese Absicht. Vgl. z.B. PSZ 11, Nr. 8.4o7 vom 26.6.1741 (Aussperrung der Bettler); PSZ 12, Nr. 9.o57 vom 2.11.1744 (der Kranken); ebd. Nr. 9.136 vom 1.4.1745 (der Landstreicher); PSZ 15, Nr. 1o.981 vom 16.8.1759 (der Zigeuner).

Kuliškach.[24] Während das 17. Jahrhundert den Bettler zum demütigen Gottsucher verklärte und der Staat Bettelprivilegien an Klöster ausgab,[25] machte das 18. Jahrhundert auch hier einen kalten Rationalismus geltend. Der Begriff „Bettler“ wurde synonym zu „Läufling“ und „Tunichtgut“. Dieser Bedeutungswandel kommt auch an hervorgehobener Stelle zum Ausdruck, etwa im Statut des Geistigen Kollegiums vom 25.1.1721. Hier heißt es: „Über seine mildtätigen Gaben soll das Geistige Kollegium Mitteilung machen, weil damit nicht selten gesündigt wird. Viele Nichtstuer treiben sich schamlos herum, reiner Faulheit wegen und nur um zu betteln, obschon sie bei bester Gesundheit sind; in den Armenhäusern wollen sie von den Starosten Almosen haben, doch ist dies gottwidrig und schadet dem ganzen Vaterland. Fordert Gott doch von uns, das Brot im Schweiße unseres Angesichts zu essen, durch rechtschaffenes Gewerbe und verschiedenartige Tätigkeiten... Auf den Straßen rauben sie, wann immer es ihnen paßt, setzen alles in Brand, bei den Aufständischen und Verrätern verdingen sie sich als Spione, verleumden die höchste Macht und hetzen das Volk gegen sie auf... Ihre Gewissenlosigkeit und Unmenschlichkeit geht sogar soweit, daß sie ihre Kinder blenden oder ihnen die Gliedmaßen verkrüppeln, damit diese von vornherein Bettler seien und der Barmherzigkeit würdig. Wahrhaftig, gesetzlosere Menschen gibt es nicht.“[26]

Die Instruktion für die Magistrate von 1724 sann auf Abhilfe und ordnete in Art. 32 an: „Es ist bekannt, daß viele Leute ein Gewerbe, von dem sie sich ernähren und Steuern zahlen könnten, nicht ausüben und dies auch nicht wollen; so leben manche in großer Armut, die Mehrheit aber treibt sich herum und fängt das Stehlen und Rauben an. Auf diese ist scharf achtzugeben, daß sie nach Möglichkeit ein Gewerbe oder Handwerk aufnehmen, damit sie von der Nutzlosigkeit abgebracht werden und Gewerbe und Handwerk in Aufschwung kommen. Die als Bettler bezeichneten Landstreicher sollen also nicht müßig gehen.“[27] Die Umsetzung dieses Programms blieb jedoch stecken, da den Städten die Mittel zur sinnvollen Beschäftigung der Obdachlosen fehlten. Durch eine Vielzahl von Anordnungen haben die Zaren seit Peter deshalb den einfacheren Weg beschritten und versucht, das Betteln gerade in Moskau als einer für dieses Gewerbe sehr einträglichen Stadt zu verbieten, „damit Männer und Frauen, Kinder und Alte nicht länger auf den Brücken sitzen und betteln, sondern sich allein in den Armenhäusern aufhalten“.[28] Läuflinge sollten durchgeprügelt und zu ihren Besitzern zurückgeschickt werden, mehrfach beim Betteln Ertappte konnten zu

24 Snegirev, Moskovskie niščie. Vgl. allg. Pryžov, Niščie. Poležaev, Opisanie, nennt für 1795 bereits 18 Armenhäuser, darunter nur zwei aus Holz erbaute. Vgl. Sostojanie stoličnogo goroda, S. 9-1o. Zur Verteilung von Almosen an die Bettler durch die Zaren während mancher Feiertage s. Gurljand, Prikaz tajnych del, S. 213-16.

25 Die überlieferte Einstellung bringt Nečaev, Uličnaja žizn’, S. 64-65, zum Ausdruck, wenn er sagt, der Bettler habe ebenso zur Frömmigkeit gehört wie die Ikone.

26 PSZ 6, Nr. 3.718, č. 3, Art. 12.

27 PSZ 7, Nr. 4.624.

28 PSZ 4, Nr. 2.47o vom 21.1.1712. Die von 1681 bis 1893 zu den Bettlern ergangene Gesetzgebung ist tw. zusammengetragen in: Svod o niščich.

Zwangsarbeit verurteilt werden.[29] Die Vielzahl derartiger Gesetze macht deren Erfolglosigkeit jedoch augenfällig, reichten die Moskauer Armenhäuser auch nicht annähernd dazu aus, alle Bedürftigen aufzunehmen.[30]

Ein weiterer Grund für Moskaus Bedeutung als Bettlerstadt besteht schließlich darin, daß der Magistrat in Fällen großer Not eine Bettlerspeisung durchführte, die Arme von weither nach Moskau trieb. Eine derartige Situation trat während der Hungersnot von 1735 ein, die der Senat zunächst dadurch abzuwenden versuchte, daß er am 27.1.1735 an die Pflicht der Gutsbesitzer erinnerte, notfalls für ihre Bauern einzustehen und diese aus eigenem Korn zu versorgen.[31] Da die Ermahnung offenbar nicht fruchtete, sah sich die Moskauer Stadtverwaltung dazu genötigt, vom 25.2. bis 29.7.1735 zehn Versorgungspunkte einzurichten, die insgesamt 203.409 Roggenportionen à rd. 200 Gramm abgaben. Durch den Rechenschaftsbericht von Rathaus und Gouvernementskanzlei an den Senat ist uns bei dieser Gelegenheit eine vergleichsweise exakte Aufstellung zur Verteilung der Bedürftigen auf die Bezirke überliefert (s. Tab. 4).

Dabei lagen die beiden ersten Versorgungsstationen in der Innenstadt, vier an den Stadttoren zwischen Belyj und Zemljanoj Gorod (4., 5., 6., 8.), und je eine befand sich innerhalb der Zemljanoj Gorod (7.) bzw. außerhalb dieser (9.). Am Stadtrand wurde weit mehr Getreide ausgegeben als im Stadtkern, so daß hier die Bedürftigkeit größer gewesen sein muß - eine Einsicht, die nicht sehr überraschend kommt und sich mit dem in Kap. 5.a formulierten Eindruck deckt, nach dem die aufgelockerte Besiedlung der Zemljanoj Gorod Rand- und Unterschichten stärker anzog als die polizeilich schärfer kontrollierte Stadtmitte (s.u. Tab. 21). Bei der sozialen Zusammensetzung sticht der hohe Anteil der Soldatenfrauen hervor, auf die mehr als die Hälfte aller Portionen entfiel. Diese Personengruppe blieb nach Abkommandierung oder Tod der Männer oftmals kaum versorgt zurück und wies unter den Frauen auch die mit Abstand höchste Straffälligkeit auf (s.u. Tab. 14/15). Daß Frauen auch bei den drei anderen Ständen in der Überzahl sind, belegt die eindeutige wirtschaftliche Schlechterstellung dieses Geschlechts. Die in den Senatsakten überlieferte Aufstellung ist ein erstaunliches Dokument auch für die potentielle Leistungsfähigkeit der russischen Bürokratie, da der Magistrat nicht nur soziale Zugehörigkeit und Geschlecht erhob, sondern teilweise auch die regionale Herkunft der Bedürftigen. Von 7.129 Befragten gaben 2.299 als Heimat den Kreis Moskau an, 1.041 die unmittelbar nördlich davon liegenden Kreise Dmitrov, Kašin (775) und Klin (517). Lassen sich diese Städte noch zur erweiterten Nachbarschaft Moskaus rechnen, gilt dies nicht für Tver' (250), das rund 200 Werst östlich von Moskau gelegene Vladimir (205) und das 220 Werst westlich von Moskau befindliche Vjaz'ma (363). Durch die Größe dieses Einziehungsgebietes kann wohl kein Zweifel daran sein, daß Moskau auch als Stadt der Bettler und Landstreicher zentrale Bedeutung zukam.

---

29 Vgl. Art. 31 der ersten Moskauer Polizeiinstruktion: PSZ 6, Nr. 4.o47 vom 9.7.1722.

30 Über die Aufnahme entschied das *Sinodal'noe ėkonomičeskoe pravlenie*, das Veteranen und Soldatenwitwen eindeutig bevorzugte. Vgl. F. 39o, op. 1, č. 1.

31 PSZ 9, Nr. 6.682. Zum Hintergrund s. Kahan, Natural Calamities.

Tabelle 4

Verteilung der Moskauer Stadtarmen auf Geschlechter, Stände und Stadtteile 1735[32]

Ausgabeort	Leibeigene		Hofleute		Klosterbauern		Soldaten		insges.	Pud
	Männer	Frauen	Männer	Frauen	Männer	Frauen	Männer	Frauen		
1. Kreml'	496	422	22o	338	2o8	19o	3.729	11.727	17.38o	217
2. Kitaj-Gorod	16o	12o	19o	268	18o	18o	7.574	7.373	16.o45	2oo
3. Kalužskie	1.642	2.335	22	58	8o9	552	1.7o4	6.159	13.281	166
4. Prečistenskie	4.ooo	9.o56	92o	824	552	864	1.816	4.368	22.4oo	28o
5. Nikitskie	256	912	144	256	24o	312	1.264	2o.616	24.ooo	3oo
6. Tverskie	3.323	4.219	53	98	1.o85	1.971	2.814	8.8o3	22.366	279
7. Krasnye	358	126	478	443	1.167	932	4.432	14.464	22.4oo	28o
8. Pokrovskie	2.2oo	2.878	99	77	1.161	1.847	2.348	1o.19o	2o.8oo	26o
9. Tagan'ka	2o2	4o8	533	635	964	884	4.546	14.224	22.396	279
1o. Tatarskaja	1.561	1.962	409	561	2.759	3.954	2.217	8.918	22.341	279
insgesamt	14.198	22.438	3.o68	3.6o8	9.125	11.686	32.444	1o6.84o	2o3.4o9	2.542

32 F. 248, op. 15, kn. 84o, l. 193-193 ob. Über die Gesamtzahl der Bedürftigen läßt sich nur spekulieren. Teilt man die Zahl der ausgegebenen Portionen durch die Zahl der Speisetage, ergibt sich eine Ziffer von rd. 1.35o Tagesrationen. Auch wenn mehr Roggen ausgegeben wurde als hier registriert, dürfte er nur für eine Minderheit der Stadtarmen ausgereicht haben. Die Ausgabeorte von Nr. 3 bis 8 lagen an den jeweiligen Stadttoren, Nr. 9 und 10 in den betreffenden Vorstädten.

5.e Herkunft der Angeklagten

Die Frage nach der Zusammensetzung der Angeklagten läßt sich einmal im Hinblick auf deren soziale Schicht beantworten, daneben aber auch in Bezug auf ihre regionale Herkunft. Da Sysknoj Prikaz und Rozysknaja Ėkspedicija per definitionem dazu bestellt waren, Schwerdelikte nur aus Stadt und Gouvernement Moskau zu ahnden, beschränkt sich die Frage nach der regionalen Herkunft auf diese beiden Varianten. Kam der Verdächtige aus Moskau oder wurde er dort verhaftet, überwies ihn die Kanzlei des Moskauer Oberpolizeimeisters (MPK) an das Gericht; stammte er aus dem Gouvernement, ging die Überstellung entweder von der Kanzlei des Moskauer Generalgouverneurs (MGK) oder unmittelbar vom jeweiligen Provinzvoevoden aus. Daneben verzeichnete das Gericht auch Zugänge von den in Moskau ansässigen Behörden wie dem Manufakturkollegium, dem *Sudnyj Prikaz*, dem Senatskontor oder dem Magistrat. Schließlich wandten sich auch zumeist aus dem Adel stammende Privatpersonen an die Kammer, um einen mutmaßlichen Missetäter dort anklagen zu lassen. Die zwei letztgenannten Fälle gestatten keine regionale Zuordnung. Aus der folgenden Stichprobe von zwei Jahrfünften geht aber klar hervor, daß auf die zwei letzten Varianten nur ein kleiner Teil der Festnahmen entfiel.

Tabelle 5

Verteilung der Strafanzeigen auf einzelne Ämter 1764-68 und 1778-82[1]

	MPK	MGK	Prov.	and. Beh.	privat	Summe
1764	136	25	27	24	6o	272
1765	77	35	14	29	5o	2o5
1766	1o1	5o	2o	27	38	236
1767	126	35	12	35	52	26o
1768	1o8	42	3	21	41	215
1778	81	44	3	9	13	15o
1779	127	55		6	14	2o2
1780	168	42		8	1o	228
1781	146	51	3	7	3o	237
1782	114	78		17	4	213

1 F. 373, op. 1. Diese Angaben sind nicht zu allen Fällen überliefert. Aus dem Inventar zum Sysknoj Prikaz geht die zuweisende Behörde generell nicht hervor. Im Unterschied zu Tab. 11 sind hier nur diejenigen Anzeigen erfaßt, die mit einer Festnahme des Verdächtigen zusammenfielen und deshalb auch zur Anklage durch die Rozysknaja Ėkspedicija führten.

Rechnet man die vom Generalgouverneur und den Provinzvoevoden veranlaßten Zuführungen zusammen, schwankt der Anteil des Gouvernements Moskau um 25 Prozent; die Quote der Stadt Moskau lag bei etwa sechzig Prozent. Bezogen auf die Bevölkerungszahl ist dies ohne Zweifel ein überraschendes Ergebnis, da das Gouvernement 1781 365.370 Einwohner umfaßte,[2] die Stadt aber lediglich 200.000 Einwohner. Hier ist jedoch zu bedenken, daß wir es nur mit der registrierten Kriminalität zu tun haben, nicht mit der tatsächlich begangenen. Immerhin scheint die Strafverfolgung in der Stadt weitaus dichter als im Gouvernement gewesen zu sein, wurde die Polizei ja zunächst nur in den großen Städten geschaffen, wo sich die Kriminalität konzentrierte.[3] Im Hinblick auf die soziale Herkunft der Angeklagten stellt sich heraus, daß es fast ausschließlich Angehörige der Unterschichten waren, die bei den drei Schwerdelikten qualifizierter Diebstahl, Straßenraub und und Tötung *(tat'ba, razboj, ubijstvo)* als Täter registriert wurden. Typische Oberschichtdelikte wie Amtsmißbrauch oder Läuflingsaufnahme fielen nicht in die Kompetenz der Kammer; dasselbe gilt für Betrug, ein vor allem von Kaufleuten begangenes Vergehen. Greifen wir auch hier das erste und letzte Jahrfünft in der Tätigkeit der Rozysknaja Ėkspedicija heraus.

Tabelle 6

Verteilung der Anklagen auf Geschlechter und Stände (MPK) 1764-68 und 1778-82[4]

	Bauern		Hofleute		Arbeiter		Soldaten		Kleinb.		Kaufl.	
	M.	F.	M.	F.	M.	F.	M.	F.	M.	F.	M.	F.
1764	32	9	35	11	9		10	21	2			1
1765	21	2	25	5	4		8	10			2	
1766	23	5	34	8	7	2	8	13	1	1		
1767	37	11	40	12	11	1	13	19	3		1	
1768	19	8	27	10	5		9	15			1	
1778	16	2	30	4	2		6	12	1		1	
1779	20	5	33	6	4	1	5	14		1		
1780	42	10	56	17	12	3	6	19	2			
1781	29	6	36	10	6	2	9	18		1	1	
1782	24	8	22	8	5		8	16	1			

2 Gastev, Materialy, S. 7. Nach der Neuordnung von 1781 zählte das Gouvernement 15 Kreise mit jeweils rd. 25.000 Einwohnern.

3 Der Abnahme der Anzeigen von privater Seite und von anderen Behörden, wie sie in Tab. 5 hervortritt, liegt wohl eine Zunahme an Institutionalisierung zugrunde, so daß sich die Kläger mehr und mehr an die Polizei wandten, nicht wie zuvor an das Gericht.

4 F. 373, op. 1. Übrige und Angeklagte ohne Standesangabe werden nicht aufgeführt.

Tabelle 7

Verteilung der Anklagen auf Geschlechter und Stände (MGK) 1764-68 und 1778-82[5]

	Bauern		Hofleute		Arbeiter		Soldaten		Kleinb.		Kaufl.	
	M.	F.	M.	F.	M.	F.	M.	F.	M.	F.	M.	F.
1764	1o	1	3									
1765	14	3	8		2		1					1
1766	25	4	1o	2	1				1			
1767	9	4	9	3	2	1	1		1	1	1	1
1768	11	3	9	2			1	2				
1778	27	7	17	2	1		1					
1779	25	8	16		4		2		1			
1780	19	5	12	2			1				1	
1781	14	6	8	3	2			1	1			1
1782	22	4	11	3			2	1			1	

Bei der Delinquenz sozialer Gruppen treten hier in Stadt und Gouvernement zwei Muster zutage - von Unterschieden zwischen den Geschlechtern einmal ganz abgesehen, da Männer auch hier weitaus öfter mit dem Gesetz in Konflikt gerieten als Frauen. Im Gouvernement erscheinen Bauern und Bäuerinnen als Gruppe mit der höchsten Delinquenz. Da sie ja auch die Mehrheit der Gouvernementsbevölkerung stellten, ist dies wenig erstaunlich. In der Stadt sind es jedoch die Hofknechte und Soldatenfrauen, die am häufigsten auf der Anklagebank saßen. Soldatenfrauen gab es im Gouvernement nur selten, da die Kasernen zumeist in Moskau lagen, und auch männliche Dienstboten waren im Gouvernement nicht so zahlreich wie in der Stadt, wo sie 1790 ein Drittel der männlichen Bevölkerung ausmachten (s.o. Tabelle 1). Grob gerechnet entsprach diesem Wert auch ihr Anteil an der Straffälligkeit. Da auf die Soldatenfrauen aber nur drei Prozent der weiblichen Bevölkerung Moskaus entfielen, steht die überproportional hohe Delinquenz in diesem Fall wohl außer Zweifel. Bei den Arbeitern scheint es schwer, zu einer klaren Aussage zu gelangen. Einerseits ist schon die ständische Zuordnung unscharf, da zahllose Bauern in den Manufakturen tätig waren, ohne als „Arbeiter" zu gelten. Zumeist wurden nur diejenigen als *fabričnyj* bezeichnet, die die persönliche Abhängigkeit vom Gutsbesitzer bzw. bei Staatsbauern von der Gemeinde abgestreift hatten und dem Betrieb auch im Sommer erhalten blieben;

5 F. 373, op. 1.

ständerechtlich rechneten aber auch sie zumeist noch zu den Bauern.[6] Andererseits hatte der Staat den Fabriken ein erhebliches Ausmaß an Strafgewalt überantwortet, da er ihnen ja auch Bettler oder Landstreicher zuwies.[7] Gerade aus den Manufakturen gelangten Delikte oftmals also nicht vor ordentliche Gerichte. Nimmt man für 1767 eine Zahl von rd. 1o.ooo Moskauer Arbeiterinnen und Arbeitern an,[8] erscheinen sie in Tabelle 6/7 in der Tat als unterrepräsentiert.

Wie begründet sich nun das hohe Ausmaß der Straffälligkeit unter Hofknechten und Soldatenfrauen? Per Ukaz vom 23.12.1700 wurde den Frauen einrückender Rekruten das Recht zugestanden, mit ihren Männern in deren Standort zusammenzuleben.[9] Der Zweck dieser Maßnahme bestand wohl darin, den mit der Heeresvermehrung zu Beginn des Nordischen Krieges zunehmenden Desertionen entgegenzutreten. Da es offenbar nicht selten geschah, daß Gutsbesitzer die abziehenden Frauen zurückhielten, um den Verlust an Leibeigenen so klein wie möglich zu halten, sah sich der Senat 1744 dazu genötigt, das Recht der Soldatenfrauen auf freie Wahl ihres Wohnorts (beim Mann oder im Dorf) zu bestätigen.[10] Wieviele Frauen die erstgenannte Möglichkeit vorzogen, über diese Frage kann man nur mutmaßen. 1739 lebten von 2.235 Mannschaften bzw. Unteroffizieren des Petersburger Semenovskij-Garderegiments 1.154 oder 52 Prozent mit ihren Frauen zusammen; beim gleichfalls in Petersburg stationierten Izmajlovskij-Garderegiment waren es nur 383 von 2.491 oder 15 Prozent.[11] Mit den Zuständen bei einem Linienregiment wird man dieses Beispiel jedoch kaum vergleichen können, da sich die Garde zu einem hohen Teil aus Adligen rekrutierte. Entschied sich die Frau dafür, trotz der Einberufung ihres Mannes im Dorf zu bleiben, kam dieser Schritt nicht selten dem Abbruch der Ehe gleich, da im friedensarmen 18. Jahrhundert viele dieser Frauen über Jahre hinweg ohne Nachricht von ihren Männern blieben. Vor diesem Hintergrund ist es kein Zufall, wenn außerehelich geborene Kinder unter Soldatenfrauen so häufig waren, daß der Senat 1744 ihre Zählung befahl.[12] Aus materiellen Gründen waren diese Frauen fast genötigt dazu, bei einem anderen Mann Anlehnung zu suchen, da sie mit dem Übertritt ihres Ehemannes in den Soldatenstand ebenso wie dieser aus der Bauerngemeinde ausschieden und nun auf die Hilfsbereitschaft der Schwiegereltern angewiesen waren. Folgte die Frau ihrem Ehemann, war dessen Regimentskommandeur dazu verpflichtet, sie mit einem Paß und einer Arbeitsstelle zu versorgen - letztere im Hinblick darauf, daß der Mannschaftssold zu kümmerlich

6 Vgl. Artemenkov, Sostav, S. 159, der 14.832 zwischen 1738 und 1779 in Moskauer Manufakturen aufgenommene Arbeiter nach ihrer Standeszugehörigkeit aufschlüsselte und 5.931 Gutsbauern (40 Proz.) zählte, 3.521 Ökonomiebauern (25 Proz.), 2.391 Hofleute (16 Proz.), 1.263 Apanagebauern (zehn Proz.) sowie 688 Posadleute (fünf Proz.). Vgl. ders., Račočie, S. 134. Sehr oft erforderte der Standeswechsel zwei Generationen, so daß der Anteil der „Arbeiter" unter Kindern höher lag als bei Erwachsenen. Vgl. Moskovskij sukonnyj dvor, S. XVIII.

7 Vgl. die hilfreiche Zusammenstellung derartiger Gesetze in Social'nyj sostav, S. 127-66.

8 Davon 4.500 Lohn- und 5.500 verpflichtete Arbeiter. Mešalin, Promyšlennost', S. 58. Für das Gouvernement veranschlagt er noch dazu 4.400 Fabrikbeschäftigte, davon 1.100 gegen Lohn. Vgl. Zaozerskaja, Manufaktura, S. 146.

9 PSZ 4, Nr. 1.82o.

10 PSZ 12, Nr. 9.o19 vom 22.8.1744.

11 PSZ 1o, Nr. 7.875 vom 20.8.1739.

12 PSZ 12, Nr. 8.989 vom 11.7.1744.

zum Unterhalt einer Familie war.[13] Sei es, daß viele Regimenter damit überfordert waren, den Soldatenfrauen zu einer Beschäftigung zu verhelfen, sei es, daß man aus anderen Gründen schlechte Erfahrung mit dem Zuzug der Frauen gemacht hatte: 1772 wurde das bisher geltende Recht auf Wahl des Wohnsitzes abgeschafft und die Übersiedlung zum Ehemann an die Zustimmung des Regiments geknüpft.[14] Da die Frauen mit dem Abmarsch der Männer ins Feld zumeist unversorgt zurückblieben und ein Großteil des russischen Heeres zu diesem Zeitpunkt schon längere Zeit in Polen stand, sah die Etappe offenbar keinen anderen Weg, um sich der aus purer Not zu Diebinnen gemachten Soldatenfrauen zu erwehren. Moskau, das in der zweiten Hälfte des 18. Jahrhunderts kein herausragender Truppenstützpunkt mehr war,[15] zog durch seinen Ruf als Hauptstadt der Bettler die Soldatenfrauen aber von weither an, so daß auf die an sich kleine Gruppe der Soldatenfrauen mitunter mehr als die Hälfte der bei Armenspeisungen ausgegebenen Getreideportionen entfiel (s.o. Tabelle 4). Das Aufnahmevermögen der Moskauer Armenhäuser war so gering, daß hier nur wenige Soldatenfrauen Unterschlupf fanden; die große Mehrheit war zum Betteln verurteilt - auch wenn ihnen dies immer wieder verboten wurde. Auf Betreiben der Moskauer Polizei erging 1763 ein Ukaz eigens im Hinblick auf die Soldatenfrauen, demzufolge die Arbeitsfähigen unter ihnen, die man beim Betteln erwischt hatte, in Fabriken des Manufakturkollegiums einzuweisen seien.[16] Was die Soldaten selbst angeht, so tritt ihre Straffälligkeit aus Tabelle 6/7 nur zum Teil hervor, da Mannschaften der Gerichtsbarkeit ihrer Offiziere unterlagen. Einen derartigen Sonderstatus hatten auch die Fabriken inne.

Unter der männlichen Bevölkerung Moskaus stellten Hausknechte 1790 die größte Gruppe (s.o. Tab. 1). Daß sie auch der Delinquenz nach den ersten Rang einnahmen, ist deshalb nicht so erstaunlich wie bei den Soldatenfrauen. Dennoch lassen sich auch bei den männlichen „Hofleuten“ *(dvorovye ljudi)* spezifische Gründe für die hohe Straffälligkeit finden. Da der Umfang von Gesinde und Hauspersonal beim Adel als Prestigesymbol galt, umgaben sich begüterte Familien mit mehreren hundert Dienstboten. Im „Historisch-Statistischen Gemählde des Russischen Reiches“, das Heinrich Storch, der spätere Vizepräsident der russischen Akademie der Wissenschaften, am Ende des 18. Jahrhunderts verfaßt hat, heißt es zu diesen Hofleuten: „Die Anzahl der Bauern, welche auf diese Weise der nützlichsten aller Beschäftigungen entzogen[17] und zu häuslichen unfruchtbaren Diensten angewendet werden, übersteigt alle Vorstellung, die man sich in andern Ländern davon machen kann, da hier die Leibeigenschaft diesen

13 Einzig den Soldatenkindern zwischen sieben und 15 Jahren, die seit Ukaz vom 21.11.1732 (PSZ 8, Nr. 6.188) zum Besuch der Garnisonsschule verpflichtet waren, wurde eine „Vergütung“ in Aussicht gestellt. Mit Erreichen des 15. Lebensjahres zog sie die Truppe ein. Vgl. Wirtschafter, Soldiers' Children.

14 PSZ 19, Nr. 13.816 vom 5.6.1772.

15 Eingehend dazu LeDonne, Outlines, hier S. 337-41, der für 1765 vier Infanterieregimenter und ein Kavallerieregiment in Moskau ermittelt hat. Je nach Waffengattung schwankte die Stärke eines Regiments bei der Infanterie zwischen 2.000 (Musketiere) und 4.000 (Grenadiere) Mann, bei der Kavallerie zwischen 1.000 (Kürassiere, Husaren) und 2.000 (Dragoner) Mann.

16 PSZ 16, Nr. 11.859 vom 11.6.1763. Vgl. allg. Den, Naselenie, Bd. 2, S. 127-36.

17 Gemeint ist der Ackerbau.

orientalischen Luxus begünstigt, so wie sie überhaupt den Werth der Menschen und ihrer Dienstleistungen vermindert. In einem Lande, wo man die Menschen zu seiner Bedienung miethen muß, kann dieser Luxus nie so sehr überhand nehmen als hier, wo der Erbherr durch die Verwandlung seines Bauern in einen Hausbedienten nur eine geringe Geldabgabe oder unbeträchtliche Frohndienste einbüßt, und wo die Unterhaltung desselben selten über die kärglichste Befriedung der ersten Lebensbedürfnisse hinausgeht. Man kann ohne Uebertreibung sagen, daß in einem russischen herrschaftlichen Hause drey- bis fünfmal mehr Domestiken gehalten werden als in einem deutschen, das ungefähr eine gleiche Einrichtung hat; in den Häusern der Großen findet vollends gar kein Verhältnis mehr statt. Auf allen Edelhöfen wimmelt es von sogenannten Hofsleuten, deren zahlreiche Nachkommenschaft selten oder niemals zum Pfluge zurückkehrt, sondern, im Müßiggange aufgewachsen, einer ähnlichen Bestimmung entgegen reift."[18]

Aus der großen Zahl der Dienstboten pro Haushalt ergab sich, daß sich der Adel diesen Luxus nur dann leisten konnte, wenn er die Aufwendungen für das Personal möglichst gering hielt, also auf Kleidung und Brot reduzierte. Als das Gesinde 1861 mit Aufhebung der Leibeigenschaft aus der persönlichen Abhängigkeit ausschied und regulär bezahlt werden mußte, jagte der Adel die Mehrzahl der Hofleute kurzerhand davon. Weitaus stärker als Bauern war das Gesinde einem extremen Machtgefälle ausgesetzt, da es eng mit der Herrschaft zusammenwohnte und tagtäglich deren Willkür zu erdulden hatte. Nicht zuletzt waren die Dienstboten auch der herrschaftlichen Strafgewalt ausgeliefert. Da das Hauspersonal oftmals jedoch von den Preziosen der Herrschaft wußte, ergab sich nicht selten eine Situation, die Matvej Komarov in seiner Lebensbeschreibung des Moskauer Meisterdiebes Van'ka Kain 1779 sehr plastisch beschrieben hat: Kain „war oft betrunken, übernachtete nicht zu Hause und brach allenthalben Streit und Schlägereien vom Zaune, worüber seinem Herrn häufig Klagen zugetragen wurden. Deshalb sah sich dieser genötigt, ihn manchmal mit übertriebener Strenge zu bestrafen... Da er aber Filatjevs leibeigener Diener war, kam ihm zur Erlangung seiner Freiheit kein anderes Mittel bei, als von diesem seinem Herrn einfach wegzulaufen; um jedoch nicht mit leeren Händen aus dem Haus seines Wohltäters zu scheiden, faßte er den Entschluß, in einem rechten Augenblick der in dessen Schlafkammer stehenden Geldtruhe, auf die er schon öfters mit heimlicher Freude seine Blicke geworfen, einen Besuch abzustatten."[19]

Das beim Herrn wohnende Gesinde machte freilich nur einen Teil der Hofleute aus; 1810 zählte man in Moskau 14.288 derartiger Dienstboten (beiderlei Geschlechts). Ihnen standen 72.588 Hofleute gegenüber, die als nicht bei der Herrschaft wohnend registriert wurden, teilweise also nach Moskau geschickt worden waren, um dort einem Gewerbe nachzugehen.[20] Dabei lebten sie zumeist in den Außenbezirken der Stadt, wo sie mit der Moskauer Unterwelt oftmals in

---

18 Storch, Gemählde, Bd. 2, S. 358-6o.

19 Komarow, Kain, S. 13. Zu den Hofleuten s. auch Semevskij, Krest'jane, Bd. 1, S. 124-45.

20 Sytin, Istorija planirovki, Bd. 2, S. 563 (leibeigene Bauern 38.511, Staatsbauern 35.050, Einwohner insgesamt 262.934).

Kontakt gerieten. Leibeigenen Bauern bot ihr Hof oder der Gemeindewald zumindest eine erste Chance, um ländliche Waren in der Stadt zu vermarkten. Dem Gesinde fehlte auch dieser Rückhalt, da es buchstäblich nichts außer seinen Händen besaß; noch die Kleidung gehörte dem Herrn, der sie seinen „Leuten" nur gestellt hatte. In mancher Hinsicht scheinen die *dvorovye ljudi* ebenso wie die Soldatenfrauen also auf der untersten sozialen Stufe zu stehen. Daß von hieraus viele Wege zur Straffälligkeit führten, illustriert ein namentlicher Ukaz Elisabeths vom 13.2.1749, der das Verbrechen eines Dieners aufgriff, um angesichts der hohen Kriminalität dieses Standes den Adel zu höherer Wachsamkeit aufzufordern und saumseligen Gutsherrn sogar die Ungnade der Zarin androhte. „I.K.H. ist bekannt, daß sich die Moskauer Dienstboten Aufsässigkeiten zuschulden kommen lassen und Passanten nicht nur des Nachts, sondern auch tagsüber schlagen und berauben, wie es vor kurzem dem Kammerdiener I.K.H., dem Großfürsten Stepan Karpovič beim Arbat-Tor widerfuhr, als ein ihm unbekannter Lakai aus einer Ecke hervorsprang, ihn mit den Fäusten und einem Eichenknüppel schlug und ihm die Epauletten von den Schultern reißen wollte. Als dies mißlang, ergriff er dessen Halstuch und Geldbörse und verschwand. Die Budenbesitzer und Vorbeigehenden sahen dies zwar, leisteten jedoch keine Hilfe. Auch als Karpovič nach der Wache schrie, zeigte sich diese nicht. Entweder taten die Wachleute so, als hätten sie die Schreie nicht gehört, oder als hätten sie die Livree des Flüchtenden nicht erkannt. Einige von ihnen sagten jedoch aus, es habe sich um einen Lakaien des Fürsten Šachovskoj gehandelt, kannten jedoch nicht dessen Namen. Noch dazu gab ein Bierbrauer denjenigen Hof an, in den der Täter geflüchtet war, wodurch sich die Wachmänner als Spitzbuben herausstellten. Angesichts dessen befiehlt I.K.H.: Die Polizeikanzlei soll alldem energisch nachgehen, die Budenbesitzer und Wachen eindringlich verhören und nach besagtem Täter suchen. Dem Fürsten Šachovskoj ist mitzuteilen, daß er diesen Mann ohne jede Schonung zur Rechenschaft ziehen solle. Mit ihm und seinen Helfershelfern ist gemäß der Ukaze zu verfahren und dies I.K.H. mitzuteilen."[21]

Es mag zunächst erstaunlich wirken, daß ein Großteil der in Moskau registrierten Delikte auf nur zwei soziale Gruppen entfiel. Hausknechte und Soldatenfrauen standen jedoch beide außerhalb der bäuerlichen Gemeinde, die so vielen das Existenzminimum garantierte. Das Gesinde gehörte ihr von jeher nicht an; Soldatenfrauen schieden mit der Heirat aus ihr aus. Es wäre dennoch einseitig, die hohe Straffälligkeit beider Gruppen allein mit ihrer materiellen Benachteiligung zu erklären. Viele Knechte und Soldatenfrauen waren ebenso arm, wurden aber nicht kriminell. Aus diesem Grund sind weitere Faktoren zu berücksichtigen, um das Abgleiten in die Delinquenz plausibel zu machen. Einer davon stellte sich durch die Bekanntschaft zu anderen Hofleuten, Bauern oder Läuflingen her, die bereits kriminell waren. In den Außenbezirken Moskaus ergab sich dieser Kontakt sehr schnell (s.o. 6.b). Hinzu tritt ein eher ethnographisch zu fassender Gesichtspunkt, der im nächsten Abschnitt zur Sprache kommen soll.

---

21 PSZ 13, Nr. 9.574 vom 13.2.1749. Recht interessant ist hier auch das Verhalten der Wache (s.u. 7.b).

5.f Schenke und Feiertag

Der russische Brauch des Wodkatrinkens ist weniger alt, als man angesichts seiner alles in allem doch recht tiefen Verwurzelung vielleicht denken mag. Im 16. Jahrhundert erstmals nach Moskau importiert, verrät die noch im 19. Jahrhundert übliche Bezeichnung dieses Getränks als *vino* dessen ursprüngliche Herkunft. Nichtrussischer Herkunft ist eventuell auch das Wort für „Schenke" *(kabak)*,[1] das sich seit dem 16. Jahrhundert für staatlich konzessionierte Gasthöfe einbürgerte. Private Brennereien und Kneipen wurden für illegal erklärt, es sei denn, Adel oder Klerus destillierten ihre Roggenüberschüsse, die ja nur befristet gelagert werden konnten, für den eigenen Gebrauch. Das Uloženie von 1649 nahm daher auch das Delikt des *korčma* in seinen Strafkatalog auf, verhängte über die Missetäter aber zumeist nur Geldbußen, um den Steuerausfall des Staates wettzumachen. In Art. 25, 1 heißt es: „Wird jemand erstmals beim Betrieb eines illegalen Krugs oder beim gewerblichen Destillieren ertappt, soll er fünf Rubel und jeder seiner Gäste 25 Kopeken Strafe zahlen. Ein Rückfalltäter soll zehn Rubel zahlen und auf dem Marktplatz geknutet werden. Seine Gäste sollen je fünfzig Kopeken zahlen und mit Ruten geschlagen werden." Die Tatache, daß dieses Gesetzbuch ein eigenes, mit 21 Artikeln noch dazu recht ausführliches Kapitel vorwiegend zum illegalen Alkoholverkauf enthielt, bezeugt sowohl die Energie, mit der die Obrigkeit das Alkoholmonopol durchzusetzen versuchte, als auch das Ausmaß an Widerstand.[2]

Im 17. Jahrhundert kannte der Moskauer Staat zwei Formen des Betriebs einer Schenke. Den ersten Typus verkörperte die sog. „Zarenkneipe" *(carskij kabak)*. Sie unterstand der Aufsicht des Voevoden; Kornbrennerei und Ausschank oblagen einem von der Gemeinde gewählten, vereidigten Wirt, der aus der Oberschicht der Posadleute stammen sollte. Ihm gingen sowohl vom Posad als auch von den Bauern der umliegenden Kreise gewählte Kräfte zur Hand. Um die Gefahr der Steuerhinterziehung so klein als möglich zu halten, sollten nur solche Männer zu Wirten bestimmt werden, denen ein guter Leumund bescheinigt wurde und die Vermögen hatten, mit dem sie bei Unregelmäßigkeiten geradestehen konnten. Einnahmen und Ausgaben waren monatlich aufzulisten, um sie vom Prikaz des Neuen Viertels prüfen zu lassen. Die zweite Form des Schenkenbetriebs war die Pacht. Auch sie kam nur für Begüterte in Frage, da die Pachtsumme im voraus zu entrichten war. Gegenüber dem ersten Typus bot die Verpachtung dem Staat wesentliche Vorteile, weil sie das Steueraufkommen erhöhte und die Verwaltungsorgane entlastete. Da die Pächter aber Interesse daran hatten, ihren Gewinn

---

1 Die altrussische Entsprechung war *korčma*, das seither sinnigerweise die Nebenbedeutung des „illegalen Alkoholausschanks" annahm. Vgl. Pryžov, Korčma. Die Etymologie von *kabak* ist unsicher. Dazu s. Grimm, Deutsches Wörterbuch, Bd. 11, S. 6; Vasmer, Russisches etymologisches Wörterbuch, Bd. 1, S. 494.

2 Vgl. Veselovskij, K voprosu.

zu steigern, eröffnete das zweite Modell die Gefahr des *korčma*, d.h. die Abgabe des Wodkas unter dem vom Staat festgesetzten Preis zu Ungunsten des Fiskus. In der ersten Hälfte des 17. Jahrhunderts überwog ohne Zweifel die Form der „Zarenkneipe", bis Aleksej Michajlovič, gedrängt von dem soeben zum Patriarchen aufgestiegenen Nikon, 1652 zum Schlag gegen Trunksucht und Unmoral ausholen wollte, die vom Uloženie 1649 begünstigte Form der Schenkenpacht wieder abschaffte und die Kneipe durch den Krug *(kružečnyj dvor)* ersetzte, in dem Alkohol nur außer Haus und nach 15.00 Uhr verkauft wurde, nicht aber während der Oster- und Weihnachtsfeiertage. Noch dazu sollten mit Ausnahme der Wirtshäuser in größeren Städten alle Schenken geschlossen werden.[3] Wie so viele Abstinenzkampagnen hatte aber auch diese vor allem den Effekt, daß heimlich gebrannter Alkohol an die Stelle des legal verkauften trat. Nach dem Bruch zwischen Aleksej und Nikon stellte die Regierung mit Rücksicht auf die Steuereinnahmen das Nebeneinander von staatlicher und verpachteter Schenke 1663 wieder her. Die nach 1652 eingerissenen Zustände wirkten jedoch fort, indem verpachtete Häuser einerseits den Umsatz benachbarter „Zarenkneipen" - durch welchen Kunstgriff auch immer - beeinträchtigten, andererseits in den Pachtbetrieben aber erhebliche Steuerrückstände aufliefen. 1681 kam es deshalb zu einem erneuten Verbot der Pacht.[4]

Auch Peter hat sich zunächst für das überlieferte Prinzip der Wahl des Kneipenbetreibers entschieden und die neuerrichteten Rathäuser am 12.9.1699 angewiesen, *kabackie burmistry* mit dem Einzug der Steuer zu betrauen.[5] Vor dem Hintergrund wiederholten, auch durch Bürgermeister verübten Betrugs[6] regte sich aber auch die Pachtform wieder, so daß die Rathäuser 1707 daran erinnert werden mußten, keine Leibeigenen, Kloster- oder Apanagebauern als Wirte einzusetzen. Dies bleibe vielmehr den „Namhaften und Begüterten" vorbehalten.[7] Wenn der Staat den fiskalischen Interessen in der Folge endgültigen Vorrang einräumte, wollte man dabei zunächst gewisse Umsicht walten lassen, um nach der Abkehr von weitgehender Reglementierung nicht ins andere Extrem zu verfallen. So wurden die Gouverneure 1712 angewiesen, die Pacht nur allmählich *(po malu)* durchzusetzen, anfangs also in einer oder zwei Städten und erst später im ganzen Land.[8] Dem Moskauer Gouverneur F.Ju. Romodanovskij ermangelte ein derartiger Langmut; er schrieb die Pacht der Kneipen noch im selben Jahr für das ganze Gouvernement aus. Als Bewerber sollten nur Kaufleute in Frage

3 Veselovskij, Reforma.

4 Ditjatin, Kabak; Pryžov, Istorija; Christian, Vodka; Smith/Christian, Bread; Pokhlebkin, History (umstritten); Petriščeev, Iz istorii; Volkov, Očerki, bes. S. 25-86. Zur Kneipe als Sujet der Literatur des 17. Jahrhunderts s. Adrianova-Peretc, Očerki po russkoj satiričeskoj literatury, bes. S. 27-123.

5 PSZ 3, Nr. 1.697.

6 Vgl. PSZ 4, Nr. 1.816 vom 29.11.1700; Nr. 1.819 vom 22.12.1700.

7 PSZ 4, Nr. 2.165 vom 29.10.1707. Die Dauer der Pacht schwankte zumeist um drei Jahre.

8 PSZ 4, Nr. 2.467 vom 16.1.1712. Kurz darauf wurde auch das Brennen des Wodkas für den Hausbedarf gestattet, wenn der Betreffende dafür Steuern abführte. PSZ 5, Nr. 2.99o vom 28.1.1716.

kommen.[9] 1717 gelangte die Neuordnung des Schenkenwesens insofern zu einem Abschluß, als diesem mit Gründung des Kammerkollegiums auch eine Zentralbehörde zugeordnet wurde.

Im Grunde kam Peters Schenkenreform einer Liberalisierung gleich, auch da sie das bisher nur in der Stadt anzutreffende Wirtshaus auf das flache Land hinaustrug. Der Übergang zum Pachtsystem zog daher eine beträchtliche Vermehrung der Kneipen nach sich, deren Zahl im europäischen Rußland um 1730 auf 3.279 veranschlagt wird, davon 2.399 in ländlichen Gebieten.[10] Ein Steuerregister der Moskauer Schenken nannte für den März 1735 156 Wodkastuben, doch traten hier starke jahreszeitliche Schwankungen auf, so daß im Juni nur noch 127 Häuser erfaßt wurden.[11] In Reaktion auf den Bevölkerungsrückgang Moskaus im Sommer nahm daher auch die Zahl der Krüge ab. Daß diese Fluktuation der staatlichen Kontrolle nicht eben förderlich war und den illegalen Ausschank begünstigte, liegt auf der Hand. Ungeachtet dieser Grauzone resultierte aus der Kneipenverpachtung eine der ertragreichsten Gewerbesteuern überhaupt. 1725 nahm das Gouvernement Moskau aus dieser Quelle 181.393 Rubel ein, während die Zölle nur 141.664 Rubel erbrachten. Gegenüber diesen beiden Posten sind alle anderen Steuern dieser Art als Bagatelleinkünfte zu bezeichnen; so entfielen 15.754 Rubel auf Verkaufsbuden, 12.846 Rubel auf Mühlen, 8.982 Rubel auf den Tabakverkauf oder 4.659 Rubel auf Dampfbäder, die bisweilen auch in Wirtshäusern untergebracht waren.[12] In unserem Zusammenhang ist nun von Bedeutung, etwas über die Verteilung der Kneipen auf die einzelnen Stadtteile zu erfahren. Eine solche Liste hat sich erst für 1775 erhalten (s. Tabelle 8).

Als „Herberge" wurden diejenigen Höfe bezeichnet, die Übernachtungsmöglichkeiten anboten; Gasthäuser verfügten zusätzlich dazu auch über eine Küche, Wirtshäuser warteten mit Speisen und Getränken auf, Schenken nur mit Bier und Wodka. Gast- und Wirtshäuser hatten im Moskau demnach nur zweitrangige Bedeutung; die Menge des Volkes kehrte hier nicht ein. Dementsprechend finden wir beide eher im Stadtkern, wo die besseren Stände wohnten. Mit Herbergen, Schenken und Bädern waren dagegen alle Stadtteile gut versorgt; durch das Übergewicht des Stadtrands - neun von 14 Polizeikommandos lagen außerhalb der Zemljanoj Gorod - entfiel die Mehrheit dieser drei Einrichtungen auf die Vorstädte. Topographisch trat zwischen Schenken und Herbergen ein leichter Unterschied auf, da sich bei ersteren immerhin vierzig Prozent in der Innenstadt innerhalb des ehemaligen Erdwalls befanden, bei letzteren nur 17 Prozent. Diese Differenz ist insofern recht interessant, als sie zur Vermutung berechtigt, es sei eher die Vorstadt gewesen, die das Geschäft der Nachtquartiere begünstigt hat. Dies wird auch auf den niedrigeren Preis der Vorstadtherbergen zurückzuführen sein. Zur Tatsache, daß die Polizeikontrolle mit zunehmender Entfernung vom Stadtkern nachließ (s.u. Tab. 22), wird man hier keinen Bezug suchen, da zumal

9 PSZ 4, Nr. 2.61o vom 9.12.1712.

10 Volkov, Očerki, S. 35.

11 Vgl. die Zusammenstellung in: F. 248, op. 15, kn. 834, l. 1114 ob.-1144 ob.

12 Kirilov, Sostojanie, S. 13o-31. Pryžov, Istorija, S. 215, nennt für 1723 sogar 249.175 Rubel, die aus den Kneipen im Gouvernement Moskau eingelaufen seien.

die Zuwanderer ohne Paß zumeist nicht in Herbergen übernachteten, sondern unter Brücken oder in Gärten (s.u. 6.b). Bei den Kneipen wies der Stadtkern jedoch eine bemerkenswerte Dichte auf, die sich nicht zuletzt durch die Bedeutung der Schenke als Kommunikationszentrum erklärt. Diese Bedeutung reichte auch und gerade in kriminalitätsauslösende Funktionen der Kneipe hinab. Dabei lassen sich vier Ebenen unterscheiden.

Tabelle 8

Verteilung der Schenken auf 14 Stadtteile Moskaus 1775[13]

Polizeibezirk	Herbergen	Gasthöfe	Wirtshäuser	Schenken	Bäder
1.	6	2	7	18	1
2.	2	5		lo	1
3.	11			lo	
4.	6	1	3	lo	3
5.	31			13	4
6.	3			6	3
7.	lo	2		15	4
8.	11			lo	3
9.	9	4	2	7	2
lo.	lo			5	3
11.	31	1		17	4
12.	29	3	3	16	6
13.	24	3		11	5
14.	5	2		3	1
insgesamt	188	23	15	151	4o

13 Ruban, Opisanie, S. 7-49. Vgl. Sytin, Istorija planirovki, Bd. 2, S. 85. Eine Aufstellung von 49 Bädern mit Angabe der 1724 und 1735 jeweils gezahlten Steuern bei Esipov, Kain, S. 338-42.

1. Ganz abgesehen davon, daß es dem Zarenstaat zu keinem Zeitpunkt gelang, dem illegalen Wodkaausschank einen Riegel vorzuschieben, siedelten sich auch die legalen Pachtkneipen in einer Dunkelzone außerhalb des Rechts an, da Steuerbetrug unter Wirten ein Massendelikt war. Über die Korruption pflanzte sich der Rechtsbruch in den Staatsapparat fort. Appelle der Zentralbehörden, den Steuerbetrügern das Handwerk zu legen, drangen demzufolge nicht durch. Das Netz zwischen Beamten und Wirten zerriß nur dann, wenn sich diese untereinander entzweit hatten. In Moskau trat eine derartige Situation etwa am 10. September 1734 ein, nachdem die Kaufleute D. Železov, K. Gavrilov und M. Smirnov mehrere Kneipenpächter wegen Fälschung der Steuerunterlagen und Betrugs anzeigten, um sich an ihren ehemaligen Komplicen für eine Zurücksetzung zu rächen.[14] Da sie ihre Anzeige wohlweislich nicht beim Moskauer Magistrat, sondern beim Senat eingereicht hatten, setzte S.A. Saltykov als Gouverneur von Moskau am 2.10.1734 eine Kommission ein, um die Anschuldigungen prüfen zu lassen.[15] Als diese die Vorwürfe als berechtigt ansah, verhängte Saltykov am 25.4.1735 über die Pächter eine Geldstrafe von 155.826 Rubeln.[16] Um zu weiteren Anzeigen anzuregen, wurde Železov am 5.5.1735 mit 6.ooo Rubeln belohnt.[17] Daß zumindest Železov alles andere als ein Ehrenmann war, brachte schon das folgende Jahr ans Tageslicht, als er des Mordes an Fedos'ja Nikitina, der Witwe eines Leutnants beim Semenovskij-Regiment, angeklagt wurde.[18] Der Ausgang des Verfahrens ist nicht überliefert, doch kam Železov mit dem Leben davon. 1740 suchte er sich durch erneute Anzeige eines Schenkenpächters vor der Behörde zu rehabilitieren.[19] Die Verstrickungen zwischen Kneipen und Ämtern sind für uns deshalb von Interesse, weil die Wirte ihre Lokale durch Bestechung der Beamten in „exterritoriales Gebiet“ verwandeln konnten. Noch 1735 kam Saltykov zu Ohren, daß die angeblichen Kaufleute S. Frolov und A. Čel'cov in Begleitung zweier Soldaten durch Moskauer Kneipen die Runde machten, sich als Beauftragte der Untersuchungskommission ausgaben und nach Entgegennahme von Bestechungsgeld wieder verschwanden.[20] Wenn die Pächter derart bereitwillig Schutzgeld zahlten, liegt der Schluß nahe, das Geschäft jeder Kneipe habe vom „exterritorialen Status“ nur profitiert.

2. Damit rücken die Gäste ins Blickfeld. Um wen es sich dabei oftmals handelte, deutet ein Auszug aus der Dienstanweisung für den Moskauer Oberpolizeimeister vom 9.7.1722 an. „Verdächtige Häuser, wo man trinkt, sich mit Glücks- und Kartenspiel abgibt oder Unzucht betreibt, sind der Kanzlei des Polizeimeisters anzuzeigen und von dieser zu überwachen. Kommt es zu einer Durchsuchung, ist so vorzugehen, wie es die Ukaze verlangen, ohne diese zu beugen, um all diese Abscheulichkeiten, von denen alles Übel herrührt, zu vernichten. Weil sich auf

14 ODD 3, 1, Nr. 2.672. Vgl. SIRIO 1o8, S. 365-66.
15 ODD 3, 1, Nr. 2.696. Vgl. SIRIO 1o8, S. 395.
16 In Verdoppelung der unterschlagenen Summe. ODD 3, 1, Nr. 3.o36.
17 ODD 3, 1, Nr. 3.o68.
18 F. 248, op. 15, kn. 833, l. 414-16.
19 F. 248, op. 15, kn. 832, l. 23-23 ob.
20 ODD 3, 1, Nr. 3.4o7. Vgl. SIRIO 111, S. 43o.

den Gassen und Straßen viel Volks herumtreibt, Tagediebe, die sich als Händler ausgeben, Betrunkene, die des Nachts Krakeel machen, Lieder singen und zur vorgeschriebenen Zeit nicht zuhause sind, viele fahnenflüchtige Soldaten, Matrosen und andere Verbrecher, die töten und rauben, sich zumeist in Kneipen aufhalten *(živut)*, in Bädern, Garküchen, öffentlichen Häusern, Trinkstuben, auf den Märkten oder anderen Plätzen, und weil es sich bei all diesen um unnütze Leute handelt, sind die genannten Örtlichkeiten im Auge zu behalten."[21] Bemerkenswerterweise wird die Schenke hier nicht als Ort des zeitweiligen Aufenthaltes betrachtet, sondern als ständiges Domizil von Dieben und Läuflingen. In diesem Sinne spricht der Text davon, daß die „unnützen Leute" in den Wirtshäusern „leben" *(živut)*. Dies ist nicht allein darauf gemünzt, daß manche Kaschemme ihren Gästen auch mehr oder weniger komfortable Übernachtungsgelegenheiten anbot, sondern bezieht sich gleichermaßen auf die Verdienstmöglichkeiten, zu der die Welt der Kneipen den Nichtseßhaften durch Glücksspiel und Tabakhandel verhalf. Zu letzterem heißt es im Uloženie von 1649: „Im verflossenen Jahr 1634 wurde auf Anweisung S.M., des Zaren und Großfürsten von ganz Rußland Michail Fedorovič unter Androhung der Todesstrafe verboten, daß Russen und Ausländer in Moskau und den Provinzen Tabak bei sich haben, ihn rauchen oder damit handeln. Wenn jemand dieses Verbot mißachtet, ist der Betreffende festzunehmen und in den Prikaz des Neuen Viertels zu bringen, wo der Schuldige ohne Gnade eine harte Strafe, unter Umständen auch die Todesstrafe, zu erwarten hat. Außerdem sollen die Höfe und sämtliches Eigentum des Verurteilten eingezogen, verkauft und der Erlös an die Kasse S.M. abgeführt werden."[22]

Da das Tabakverbot ohnehin längst unterlaufen war, auch weil die Engländer dem Voevoden von Archangel'sk das stillschweigende Einverständnis zur Tabakeinfuhr abgekauft hatten, legitimierte Peter 1698 den Tabakimport, legte dafür jedoch hohe Zölle fest. Neben Archangel'sk war Moskau und hier besonders die deutschen Vorstädte ein zweites Zentrum der Tabakeinfuhr. Wie beim Wodka ließ Peter in der Folge auch beim Tabak das Vertriebsmonopol des Staates fallen und ersetzte es durch die Pacht.[23] Damit war eine Lage geschaffen, die ebenso zum Mißbrauch reizte wie die Verpachtung der Schankrechte. Der konzessionierte Tabakhändler verkaufte mehr, als er gegenüber der Behörde abrechnete, während der nichtkonzessionierte die staatlich festgelegten Preise unterbot. Man geht wohl nicht fehl in der Annahme, die Kunden gerade der illegalen Tabakverkäufer im Umkreis der Kneipen zu suchen.[24] Hier siedelte sich auch das Würfel- und Kartenspiel an, das im 17. Jahrhundert zwar nicht verboten war;[25] mit dem Vordringen der Pachtschenke lagerte sich aber auch dem Glücksspiel eine Grau-

---

21 PSZ 6, Nr. 4.o47, Art. 28/29.

22 Art. 25, 11. Das Verbot ging auf kirchlichen Einfluß zurück. Vgl. Čulkov, Istorija zakonodatel'stva o tabačnoj promyšlennosti.

23 PSZ 5, Nr. 3.o43 vom 10.10.1716.

24 Zeitweise sah man die Wirtshäuser ausdrücklich als Ort des Tabakhandels vor. Vgl. PSZ 3, Nr. 1.57o vom 1.2.1697. Keep, Soldiers, S. 1o3, weist darauf hin, daß die Schenken unter Peter zur bevorzugten Stätte des Rekruteneinzugs avancierten.

25 Ul. 21, 15 stellt allein das Falschspiel unter Strafe.

zone vor. Zur Steigerung des Ausschanks hatten viele Wirte auch die Konzession zur Veranstaltung solcher Spiele erworben und stachelten ihre Gäste zu Einsätzen an.[26] Die Konsequenz war, daß sich viele Zecher überschuldeten und nun der Versuchung unterlagen, dem Wirt zur Begleichung ihrer Trink- und Würfelrechnung Güter zweifelhafter Herkunft anzubieten. Im Zuge der Liberalisierung des Schankwesens unter Peter muß dieser Brauch so häufig geworden sein, daß sich der Senat 1735 dazu gezwungen sah, den Wirten die Entgegennahme von Dingen anstelle von Geld mit der Begründung zu verbieten, diese Gegenstände seien oftmals entwendet.[27]

3. Da sich die Verbindung von Glücksspiel und Alkohol oftmals in Tätlichkeiten entlud, gedieh im Umkreis der Schenke eine Atmosphäre der Rohheit und Gewalt, die uns noch aus den Gerichtsakten entgegenschlägt. Zwei Beispiele sollen hier genügen. Am 24.7.1767 hatte der erste Polizeibezirk den Kaufmann dritter Gilde Alexej Okulov an die Rozysknaja Ėkspedicija überstellt. Diese nahm bei seiner Vernehmung folgendes Protokoll auf: „Alexej Okulov, 32 Jahre alt, aus der Stadt Kaluga. Nach dem vom Magistrat in Kaluga ausgestellten Paß wohnhaft in Moskau. Lebt im Haus der Anna Jakovlevna, Witwe des Hofrats Semen Rogovskij. Nach einem dem Okulov vom verstorbenen Hofrat Rogovskij gewährten Vertrag soll er dessen Schenken beaufsichtigen. Am 1. Juli fuhr er um 18.00 Uhr zur Kneipe an der Mochovaja, um nach dem Ausschank zu sehen. Da er den Unterpächter Ivan Mokeev nicht antraf, fragte er den Arbeiter Prokofij, den Vatersnamen weiß er nicht, wo dieser geblieben sei. Er antwortete, dieser sei Wodka holen. Als er, Okulov, einen Betrunkenen sah, der in der Kneipe lag, fragte er den Prokofij, wer das sei. Dieser entgegnete, das sei der Arbeiter Alexander. Darauf versetzte Okulov diesem zwei Peitschenschläge, worauf der erwachte. Okulov befahl ihm, er solle zum Pferd gehen, und verfluchte ihn dafür, daß er soviel saufe. Als Okulov aus dem Wirtshaus kam, zog er dem Alexander mit seiner Peitsche noch zwei Hiebe über, mehr jedoch nicht. Auch danach will er, Okulov, den Alexander noch bei der Arbeit in der Kneipe gesehen haben, doch war Alexander sechs Tage nach diesen Schlägen tot."[28] Zwar fuhr der Kaufmann Okulov mit Pferd und Wagen zur Arbeit, sein Benehmen wies aber noch recht „grobschlächtige" Prägung auf und erinnert daran, daß viele Kaufleute bäuerlicher Herkunft waren. Als keineswegs selbstverständlich erscheint es, daß sich Okulov überhaupt wegen Totschlags verantworten mußte. Da sich der Kaufmann nicht aus freien Stücken gestellt hatte - eine Spanne von zwei Wochen zwischen dem Ableben des Alexander und dem Zeitpunkt des Gerichts-

---

26 Vgl. Smirnov, Kabaki, S. 72. Zur Bedeutung der Kneipe als Stützpunkt der Läuflingsbewegung s. Kozlova, Pobegi, S. 121.

27 PSZ 9, Nr. 6.786 vom 12.8.1735. Bei Olearius, Beschreibung, S. 195, heißt es: „Zu unserer Zeit waren allenthalben offentliche Kabacke und Krüge, daß jeder, wer nur wolte, sich hineinsetzen und für sein Geld trincken mochte, da dann die gemeinen Leute, was sie nur erwerben kunten, in den Krug trugen. Saßen so feste, bis sie nach ausgeleertem Beutel ihre Kleider, ja das Hembde gar auszogen und dem Wirthe hingaben und hernach nackend, wie sie auff die Welt gekommen, nach Hause giengen." Es folgt eine recht deftige Schilderung der Trinksitten auch von Frauen.

28 F. 373, d. 962, l. 3-3 ob.

verhörs spricht gegen diese Annahme -, muß Okulov von seinen Untergebenen angezeigt worden sein. Dies kann als Hinweis darauf verstanden werden, daß es auch in der Kneipe strenge Verhaltensregeln gab. Damit verschluckte die Grauzone im Umkreis der Krüge vor allem diejenigen Delikte, bei denen der Staat geschädigt wurde; bei Verstößen gegen Besitz oder Leben einzelner setzte die soziale Kontrolle dagegen weitaus häufiger ein.

Anders als im vorangehenden Beispiel gingen sich oftmals die Trinker untereinander an die Kehle. Am 10.11.1765 hielten die Schreiber der Rozysknaja Ėkspedicija folgende Aussage des Grigorij Lukjanov fest: „Am 8. November gegen 19.00 Uhr kam Grigorij Lukjanov, Hilfspolizist *(Pjatidesjatskij)* der ersten Hundertschaft und Hofknecht der Anna Ivanovna, auf den Polizeihof des sechsten Bezirks. Als er in die Schenke *Nagrjazi* an der der Petrovskaja Straße kam, um den Sotskij Naum Savel'ev, Hofknecht des Leutnants Karp Ivanovič, zum Polizeirevier des sechsten Kommandos zu holen, sah er den Sotskij, wie er mit seiner Frau Wodka trank und schon sturzbetrunken war *(ves'ma pjan)*. Nach einiger Zeit raffte sich der Sotskij jedoch auf und ging mit seiner Frau auf die Treppe; er, der Pjatidesjatskij, blieb in der Schenke zurück. Plötzlich hörte er durch die geschlossene Tür von der Straße die Stimmen des Sotskij und seiner Frau. Als er hinausgegangen war, sagte ihm der Sotskij, er und seine Frau seien auf der Treppe mit dem Hofknecht Timofej des Fürsten Grigorij Aleksejevič Ščerbatov zusammengestoßen, der seiner Frau die Mütze vom Kopf geschlagen habe. Also borgte er, der Pjatidesjatskij, von Petr Nikitin, der in der Kneipe arbeitete, eine Lampe, um die Mütze zu suchen, fand sie aber nicht. Dafür sahen sie, daß das Gesicht des Sotskij ganz blutig war. Der Sotskij und seine Frau gingen zum Haus des Fürsten Ščerbatov, um nach dessen Mann zu fragen. Als sie aber in die Kneipe zurückkamen, sahen sie ihn dort und forderten von ihm die Mütze zurück. Der aber machte keine Anstalten dazu. Er, der Pjatidesjatskij, brachte den Sotskij und dessen Frau nun zur Polizeiwache. Als sie das Schilderhäuschen an der Uspenskaja-Straße erreicht hatten, brach der Sotskij zusammen. Die Wächter hoben ihn jedoch auf und brachten ihn zum Revier. Als sie dort eingetroffen waren, wurde der Sotskij ganz still und starb kurz darauf."[29] Dieser Bericht kann insofern als typisch gelten, als uns Totschlag bzw. fahrlässige Tötung in den Gerichtsakten weitaus häufiger begegnen als Mord; sehr oft standen Täter und Opfer wie hier unter Alkoholeinfluß. Durch die hohe Gewaltbereitschaft des Kneipenpublikums konnte ein nichtiger Anlaß schwerwiegende Folgen nach sich ziehen. Eine soziale Distanz zwischen Hilfspolizisten und Trinkern ist nicht zu erkennen, so daß man wohl auf einen gravierenden Autoritätsmangel der Sotskie schließen kann.

4. Daß sich das Gewaltpotential nicht nur nach innen entlud, mit anderen Worten über Zechkumpane, sondern auch nach außen über vorderhand Unbeteiligte,

---

29 F. 373, d. 552, l. 3-3 ob. Das Delikt des *ubijstvo* (Tötung) war offenbar die einzige schwere Straftat, bei deren Häufigkeit die Stadt Moskau hinter dem Gouvernement zurückstand (s.u. Tab. 18/19).

dafür sorgte die Bedeutung der Kneipe als Kommunikationszentrum der Unterwelt. Hier wurden falsche Pässe verkauft (s.u. 6.b), Läuflinge zum illegalen Tabakverkauf angeworben, neue Bandenmitglieder gesucht und Raubüberfälle geplant (s.u. 6.e). Damit kam der Schenke zentrale Bedeutung nicht nur für die im Affekt begangenen Straftaten zu, sondern auch für die vorsätzlichen. Beide Formen der Kriminalität konzentrierten sich an den in Rußland nicht gerade seltenen Feiertagen, so daß es gewisse Berechtigung hatte, wenn die Schenkenreform von 1652 den Alkoholverkauf während der Oster- und Weihnachtstage zu unterbinden suchte.[30] Die folgende Zeugenaussage des Hofknechts Ivan Petrov vom 11.9.1766 kann als Beispiel dafür dienen, welch tiefe Spur die Kumulation von Kneipe und Feiertag auch in den Familien hinterlassen hat. „Am Feiertag des Propheten Elias war Ivan Petrov bei Rodion Stepanovič Žukov zu Gast; dessen (Žukovs) Schwiegermutter Praskov'ja Ivanovna und dessen Vetter Isaj Fedorov waren auch gekommen. Als sie zu Mittag gegessen und Wodka getrunken hatten, so daß sie schon betrunken waren, erhielt Žukov von seiner Frau Ul'jana Ivanovna einen Rubel, nahm einen Krug und ging in die Schenke, um Bier zu kaufen. Als er wieder zuhause war, fragte ihn seine Frau, wo das übrige Geld sei. Darauf holte er es aus der Tasche und warf es auf den Boden. Bei dieser Gelegenheit bemerkte Žukov, daß ihm ein Silberrubel fehlte. Also fragte er seine Frau, ob sie ihn genommen habe, was diese verneinte. Vor Jähzorn wollte Žukov in seinem Rausch sie schlagen. Als die anderen dazwischentraten, fegte er das Geschirr vom Tisch, ergriff ein auf dem Tisch liegendes Messer und stieß es ihr den Hals, bis Blut kam. Des Nachts ist seine Frau gestorben."[31]

Für die planmäßig verübte Kriminalität lag die Bedeutung der Feste darin, daß sich das Volk an solchen Tagen in die Kirche begab, viele Höfe Einbrechern also weitgehend schutzlos ausgeliefert waren. Ein derartiger Fall soll hier genügen. Am 21.1.1641 wurde der Voevode von Vologda, Grigorij Antonovič Chovanskij, zu den Gutsbesitzern Fedor Palibin und Danilo Zmeev beordert, deren Bauern unter Raubverdacht standen. Unter anderem wurde der Bande zur Last gelegt, am Ostersamstag 1640 den Hof des Bauern Larka Moseev aufgebrochen zu haben, 15 Rubel, Kühe, Kleider und zwei Pelze gestohlen zu haben.[32] So wie Feste den delinquenzauslösenden Effekt der Kneipe verstärkten, spitzte sich die ohnehin hohe Kriminalität an Feiertagen während der Nacht weiter zu. Obwohl es in westeuropäischen Städten der Frühen Neuzeit wohl kaum anders aussah, berichten z.B. Olearius und Korb mit Eifer davon, wie in Moskau das ohnehin zerbrechliche Regiment der Obrigkeit mit Anbruch der Dunkelheit ins Regiment der

30 Vgl. BE 48, S. 942, wonach Rußland mit 98 Feiertagen p.a. in Europa an der Spitze lag (England 87, Preußen 60, Ungarn 53). Zuletzt dazu s. Roberti, Spectacle; Propp, Prazdniki; Nekrylova, Prazdniki; dies., Kruglyj god; Čičerov, Zimnij period; Semenova, Očerki, S. 161-74; Kir'janov, Uroven', S. 72-89. Während der Debatten der Großen Kommission von 1767 wurde sogar die Forderung laut, während des Sommers alle Kneipen zu schließen. Vgl. SIRIO 4, S. 31o.

31 F. 373, d. 696, l. 14. Am 16.10.1766 wurde der Hofknecht Rodion Žukov, da er geständig war, zu 25 Knutenschlägen verurteilt.

32 AJU 1, Nr. 345.

Spitzbuben umschlug.[33] Kotošichin veranschaulicht diese Bedeutung der Nacht auf geradezu klassische Weise. Über die Beisetzung des Zaren Michail Fedorovič 1645 schreibt er: „Um der Trauer der Menschen Ausdruck zu geben, fand die Beerdigung in der Nacht statt. Des Volkes war sehr, sehr viel *(mnogoe množestvo)*, aus Moskau, den Provinzstädten und vom Land. Da das Moskauer Volk eine Natur hat, die keine Gottesfurcht kennt, raubten sich Männer ebenso wie Frauen auf den Straßen die Kleider und brachten sich um; allein an dem Tag, als der Zar beigesetzt wurde, zählte man mehr als hundert Ermordete und Erstochene."[34] Auch dabei wird der Wodka keine geringe Rolle gespielt haben. Alles in allem war die Rolle der Schenke als Pflanzstätte der Kriminalität auch der Regierung so offensichtlich,[35] daß die von Peter aus fiskalischen Motiven durchgesetzte Liberalisierung der Schankgesetze im zweiten Drittel des Jahrhunderts einer zögernden Reglementierung wich. Deren Einsetzen wird zuerst in der „Musterstadt" Petersburg spürbar, wo die Wirte 1746 den Befehl erhielten, aus den belebten Straßen in abgelegenere umzuziehen.[36] In ähnliche Richtung zielte ein Ukaz vom 11.9.1772, nach dem in Klosternähe keine Krüge zu dulden seien.[37] Von sozialdisziplinierenden Bemühungen ist damit auch die Kneipe erfaßt worden, doch fielen diese Versuche hier so sporadisch aus, daß sich an der kriminalitätsauslösenden Funktion der Schenke während des 18. Jahrhunderts insgesamt gesehen wenig geändert hat.

---

33 Vgl. die Zusammenstellung bei Nečaev, Uličnaja žizn', S. 74. Zur Bedeutung der Nacht für die westeuropäische Delinquenz der Frühen Neuzeit s. jetzt Schindler, Widerspenstige Leute, S. 215-57.

34 Kotošichin, O Rossii, S. 21.

35 Im Hinblick auf die Ausländervorstädte Moskaus wird der Bezug zwischen Kneipe und Kriminalität ganz unmittelbar hergestellt in DIP 4, 1, Nr. 517 vom 27.5.1714.

36 PSZ 12, Nr. 9.278 vom 11.4.1746.

37 PSZ 19, Nr. 13.864 a.

6. UMRISSE DER KRIMINALSTATISTIK

Dieses Kapitel versucht, am Beispiel zweier Gerichte Einblick in Umfang und Wandel der registrierten Kriminalität Moskaus zu geben. Personal und Gebäude des Sysknoj Prikaz (1730-63) gingen unmittelbar an die Rozysknaja Ėkspedicija (1764-82) über, so daß es sich bei beiden Gerichten im Grunde um ein und dieselbe Behörde handelt, die nach dem Amtsantritt Katharinas II. nur eine Umbenennung erfuhr.[1] Da uns ab 1737 p.a. mehrere Hundert Vorgänge überliefert sind, ermöglicht es dieses Beispiel, in die Nähe einer Kriminalstatistik zu gelangen. Die Gesamtzahl der in den Inventarien jährlich verzeichneten Akten schwankt dabei zwischen 128 (1739) und 353 (1752). Insgesamt beläuft sich die Summe der hier registrierten Vorgänge für den Sysknoj Prikaz auf 5.840, für die Rozysknaja Ėkspedicija auf 4.389. Das im RGADA derzeit zur Verfügung stehende Findbuch zum Sysknoj Prikaz entstammt dem späten 19. Jahrhundert, das zur Rozysknaja Ėkspedicija dem späten 18. oder frühen 19. Jahrhundert. Zu beiden Reposituren wurden nach 1945 zwei kleinere Nachträge angefertigt, die 524 bzw. 305 Nummern von Anklagen und zumeist undatierten Verwaltungsvorgängen enthalten. Von diesen Nachträgen wurden für Tabelle 9/10 allein die Anklagen berücksichtigt; die Gesamtzahl der Akten ist demnach etwas größer als in Tabelle 9/10 angegeben. Während das Inventar des Sysknoj Prikaz allein Datum, Name und Stand sowie Delikt des Angeklagten nennt, führt das ältere und mit größerer Sorgfalt erstellte der Rozysknaja Ėkspedicja auch die jeweils zuweisende Behörde auf. Für unseren Zusammenhang ist dies von besonderem Interesse, da sich Stadt und Gouvernement Moskau dadurch unterscheiden lassen. Im ersten Fall stellte die Moskauer Polizei (MPK)[2] den Verdächtigen zu, im zweiten die Gouvernementskanzlei (MGK). Die Mehrzahl der Tabellen zur sozialen Herkunft der Angeklagten beruht aus diesem Grund auf den Unterlagen der Rozysknaja Ėkspedicja. Kapitel 6.a gliedert die in diesen Inventarien registierten Anklagen in zwangig Kategorien auf, von denen fünf Hauptdelikte (Flucht, Diebstahl, Kirchenraub, Straßenraub und Tötung) im Anschluß näher erörtert werden.

---

1 Zum inneren Aufbau beider Gerichte s.u. 7.d. Soweit nicht anders vermerkt, beziehen sich im Folgenden alle Angaben von *Fond* und *opis'* auf das RGADA.

2 *Moskovskaja policmejsterskaja kanceljarija.*

6.a Anklagen 1730-82

Die Summe der in den Inventarien aufgeführten, aber nicht unbedingt auch erhaltenen[3] Vorgänge (Spalte 1) gehört zwei unterschiedlichen Gruppen an. Die erste umfaßt die Verwaltungsakten (Spalte 2), die zweite die eigentlichen Anklagen (Spalte 3). Bei den Verwaltungsakten, die für unsere Fragestellung geringere Bedeutung haben, laufen vier Stränge zusammen: Schriftverkehr mit anderen Behörden, Buchführung über Einnahmen und Ausgaben, Personalangelegenheiten sowie die Gefangenenfürsorge.[4] Da namentlich die Rozysknaja Ėkspedicjia zur Zentralstelle für den Transport von Häftlingskonvois nach Sibirien wurde, auch wenn ein anderes Gericht den Angeklagten verurteilt hatte, ist die in Tabelle 9/10 erkennbare Zunahme der Verwaltungsakten vor allem auf den letzten Punkt zurückzuführen. Obwohl ursprünglich nicht zum Aktenbestand des Sysknoj Prikaz zählend, wurden diesem nach Einrichtung des *Archiv starych del* 1782 mehrere Konvolute von Untersuchungskommissionenen beigefügt, die über das später zusammengestellte Inventar auch in Tabelle 9 eingingen. Dies betrifft vor allem die Untersuchung gegen den Polizeispitzel Van'ka Kain von 1749 bis 1755 (s.u. 7.c), in geringerem Maße auch den 1755/56 tagenden Ausschuß zur Ermittlung gegen den des Amtsmißbrauchs angeklagten Staatsrat und Vizegouverneur von Belgorod, B.I. Passek.[5] Da es sich hierbei nicht um Anklagen vor dem Sysknoj Prikaz handelte, wurden diese Vorgänge gleichfalls unter Spalte 2 verzeichnet.

Überblickt man das Auf und Ab der Vorgänge im gesamten Zeitraum, so treten zwei deutliche „Täler" hervor. Dies sind zunächst die Jahre von 1730 bis 1736. Da der Sysknoj Prikaz seine Tätigkeit mit einem erheblichen Überhang von Altfällen begann, - der Gründungsukaz vom 2.3.1730 nennt eine Zahl von 21.388, deren Mehrheit aber wohl das Zivilrecht betraf - fielen zahlreiche Akten wohl dem Brand Moskaus vom 29.5.1737 zum Opfer, der auch das Gebäude des Sysknoj Prikaz in der Kitaj-Gorod am Moskvareckij-Tor (vor der Südostecke des

---

3 Aus den derzeit erhältlichen Inventaren des RGADA zu F. 372 (Sysknoj Prikaz) und F. 373 (Rozysknaja Ėkspedicja) geht nicht hervor, ob die jeweilige Akte die diversen Umzüge des Archivs innerhalb Moskaus bis zum Einzug 1886 in das auch heute noch benutzte Gebäude sowie die Auslagerung nach Saratov 1941 überstanden hat. Desgleichen fehlen Angaben zum Erhaltungszustand. Nach meiner Schätzung dürften beim Sysknoj Prikaz 1/4 bis 1/3, bei der Rozysknaja Ėkspedicija 1/5 bis 1/4 aller in den Inventarien aufgeführten Akten derzeit nicht mehr zugänglich sein. Die Zahl der Verluste pro Jahrgang weicht aber erheblich voneinander ab. Anders als im damaligen CGADA wurden im Moskauer Stadtarchiv Akten des 18. Jahrhunderts auch bewußt vernichtet. Z.B. reduzierte man den Bestand in Repositur 8o *(Moskovskij verchnij nadvornij sud)* zwischen 1954 und 1960 um ein Drittel von 5.317 Faszikeln auf 3.477. Unlängst zur Geschichte der Moskauer Archive s. Samošenko, Istoričeskie archivy.

4 Einzelheiten bei Severnyj, Opisanie, S. 37-198; Lazovskij, Rozysknaja Ėkspedicija, S. 148-92.

5 Zu ihm s. RBS 12, S. 348.

Kreml') heimsuchte.[6] Einen weniger scharfen Einschnitt zog die Moskauer Pest des Jahres 1771 nach sich, in deren Verlauf durch Ukaz vom 19.8.1771 alle Moskauer Behörden den Publikumsverkehr einstellen mußten.[7]

Aus der Differenz von Spalte 1 und 2 ergibt sich die Gesamtzahl der Anklagen in Spalte 3. Vergleicht man den Fünfjahresdurchschnitt der Anklagen von 1740-44 (164), 1745-49 (191), 1750-54 (186) usw. bis 1770-75 (155) bzw. 1775-79 (158), so tritt trotz des Moskauer Bevölkerungswachstums eine leichte Abnahme zutage, die sich mittelbar aus der Finanzkrise Rußlands zum Regierungsantritt Katharinas II. 1762 erklärt. In Reaktion auf diesen Notstand wurde der Personalbestand zahlreicher Ämter herabgesetzt. Verfügte der Sysknoj Prikaz zeitweise über vier Richter und 41 Sekretäre, Protokollisten und Kopisten, mußte die Rozysknaja Ėkspedicija mit zwei Richtern und 24 Kanzleimitarbeitern auskommen - und dies, obwohl schon der Prikaz über Personalmangel geklagt hatte.[8] Zumindest an dieser Stelle ist eine Intensivierung der Strafverfolgung also nicht zu erkennen. Der Liste der Anklagen läßt sich leider keine Statistik der Urteile gegenüberstellen, da die Inventarien dazu keine Angaben machen. Von Einzelfällen abgesehen[9] sind uns auch keine derartigen Rechenschaftsberichte an den Gouverneur (ab 1739 Generalgouverneur) von Moskau als die unmittelbar übergeordnete Behörde erhalten; bei Todesurteilen hatte dieser das Urteil ohnehin zu bestätigen. Aus Stichproben entsteht jedoch der Eindruck, daß Freisprüche - im Gegensatz zur Revision - keineswegs selten waren. Da Spalte 3 alle Delikte summiert, ergibt sich hier das Problem der Mehrfachnennung. Wurde ein Läufling z.B. wegen Flucht, Paßfälschung und Diebstahls angeklagt, wie es ja sehr häufig geschah, hätte eine Eintragung sowohl unter Spalte 4 als auch unter Spalte 5 und Spalte 6 den Eindruck der registrierten Kriminalität insgesamt unzulässig aufgebläht. Aus diesem Grund ging jeweils nur das schwerste Delikt in die Tabelle ein. Im Hinblick darauf ordnen sich die Kategorien von Spalte 4 (Flucht) bis Spalte 15 (Tötung) mit aufsteigendem Verweis nach der Schwere der Straftat. Die Zahl der registrierten Läuflinge insgesamt war damit weitaus größer als in Spalte 4 ausgewiesen. Da beide Inventarien bei Anklagen gegen Gruppen die Zahl der Verdächtigen zumeist verschwiegen, wurde auch dieser Fall nur einmal gezählt. Dies betrifft vor allem den Straßenraub als klassisches Bandendelikt (Spalte 13). Da die in den Spalten 4 bis 16 erfaßten Verstöße in den Abschnitten 6.b bis 6.f zur Sprache kommen, werden im Folgenden nur die unter Punkt 17 bis 20 aufgeführten Straftaten berührt.[10]

Anklagen wegen der fälschlichen Behauptung, staatswichtige Aussagen machen zu können (*Slovo i delo)*, stellen in Tabelle 9 einen Sonderfall dar. Da die Formel des *Slovo i delo* im 17. Jahrhundert oftmals die Willkür von Provinzbe-

6 Vgl. Severnyj, Opisanie, S. 2; Ivanov, O moskovskom bol'šom požare.

7 PSZ 19, Nr. 13.642. De jure aufgehoben durch PSZ 19, Nr. 13.9o6 vom 15.11.1772. Dazu allg. Alexander, Bubonic Plague.

8 Vgl. Severnyj, Opisanie, S. 39, 49; Lazovskij, Rozysknaja, S. 145-48.

9 Vgl. die Liste der vom 12.1. bis 4.10.1738 vollzogenen Todesstrafen (52 Fälle) in F. 372, d. 6195 (s.u. 7.f).

10 Alle Tabellen des sechsten Kapitels beruhen auf F. 372, op. 1; F. 373, op. 1.

Tabelle 9

Verteilung der Anklagen auf einzelne Delikte 1730-63

	1. Vorgänge insgesamt	2. Verwaltungs-vorgänge insges.	3. Anklagen insgesamt	4. Flucht *(pobeg)*	5. Paßver-gehen	6. Diebstahl (Gegenstände)	7. Diebstahl (Geld)	8. Diebstahl (Pferde)	9. Kirchen-raub	10. *Vorovstvo*
1730	17	2	15			5				
1731	25	3	22	1	1	7	1	1		
1732	25	1	24			13	1			1
1733	43	5	38	3	1	14	4	2	1	1
1734	13	1	12	1	2	3		1	2	
1735	49	5	44	2	5	30	2			
1736	55	5	50		4	24	3	2	2	2
1737	152	12	140	5	6	61	4	4	7	2
1738	157	15	142	2	5	57	3	7	6	3
1739	128	12	116	5	7	44	7	8	4	9
1740	161	17	144	13	5	56	8	9	3	4
1741	204	25	179	7	3	64	5	14	7	9
1742	245	19	226	18	9	109	18	5	4	3
1743	145	12	133	13	5	67	9	3	4	
1744	163	23	140	7	9	55	12	8	5	5
1745	203	24	179	11	8	78	11	4	3	10
1746	204	20	184	10	11	81	5		4	9
1747	203	17	186	19	7	89	8	11	5	6
1748	296	42	254	13	15	65	12	2	7	14
1749	245	93	152	13	2	49	11	7	3	2

	1. Vorgänge insgesamt	2. Verwaltungs-vorgänge insges.	3. Anklagen insgesamt	4. Flucht *(pobeg)*	5. Paßver-gehen	6. Diebstahl (Gegenstände)	7. Diebstahl (Geld)	8. Diebstahl (Pferde)	9. Kirchen-raub	10. *Vorovstvo*
1750	151	36	115	3	5	37	9	10	2	9
1751	169	33	136	12	8	60	8	5	2	
1752	353	88	265	15	21	115	21	17	9	8
1753	238	29	209	16	19	81	15	15	2	6
1754	233	26	207	20	20	77	24	12	9	3
1755	185	18	167	16	8	65	16	5	4	10
1756	223	69	154	3	9	66	11	7	2	6
1757	187	56	131	6	8	53	10	5	4	4
1758	163	27	136	15	17	55	16		1	1
1759	285	46	239	35	17	96	18	8	6	
1760	257	22	235	31	23	87	22	10	4	5
1761	324	32	292	37	27	87	27	18	9	11
1762	214	25	189	17	9	88	16	9	5	
1763	315	29	286	31	16	121	28	16	10	6

	11. *Poboj*	12. *Grabež*	13. *Razboj*	14. Tötungsversuche	15. Tötung	16. Leichenfunde	17. *Slovo i delo*	18. *Blud*	19. *Vol'šebstvo*	20. Übrige
1730		1	4		4					
1731			6		2					3
1732			4		5					
1733	2	2	3		4	1				
1734			2		1					
1735					5					
1736	1	3	2		7					
1737	3	5	8		20	1	2	2	4	6
1738	2	10	7		23			1	5	11
1739	5	6	4		16			1		
1740	1	10	3		18		2		3	9
1741	4	11	2		36	2	3	1		11
1742	2	6	3	1	29	1	8	4	2	4
1743	1	6	4		10				3	8
1744		4	2		23	1	2	2		5
1745	4	3	6		25		11		2	3
1746	2	4	10		27		6	1	3	11
1747	2	5	6		20		2		1	5
1748	6	4	4	1	19	2	12		6	72
1749	3	8	9		20	1	14		2	8

	11. *Poboj*	12. *Grabež*	13. *Razboj*	14. Tötungs-versuche	15. Tötung	16. Leichen-funde	17. *Slovo i delo*	18. *Blud*	19. *Vol'šebstvo*	20. Übrige
1750	1	6	2		12		7	2		1o
1751	1	8	4		14		9	1		4
1752		5	1	1	34	1	7	2	3	5
1753	2	4	5	1	18		7	4		14
1754		1o	2		19		4	1		6
1755	1	4			17		5	4	1	11
1756		2	4	1	15		9	1	2	16
1757	3		1	1	15		4	2	1	14
1758	2	4	3	1	16		4		1	
1759	3	8	12		2o		6	3		7
1760	4	11	6		23		8	1		
1761	3	15	18		18	1	8	2	1	1o
1762	3		8		21		1	4	1	7
1763	2		11		31	1		7		6

Tabelle 10

Verteilung der Anklagen auf einzelne Delikte 1764-82

	1. Vorgänge insgesamt	2. Verwaltungs-vorgänge insges.	3. Anklagen insgesamt	4. Flucht *(pobeg)*	5. Paßver-gehen	6. Diebstahl (Gegenstände)	7. Diebstahl (Geld)	8. Diebstahl (Pferde)	9. Kirchen-raub	10. *Vorovstvo*
1764	316	39	277	31	24	110	32	19	10	5
1765	226	19	207	6	12	75	21	16	10	11
1766	264	23	241	9	4	95	34	25	6	19
1767	304	37	267	10	15	135	20	20	8	3
1768	259	30	229	3	17	102	23	17	9	15
1769	312	41	271	5	18	85	36	21	8	13
1770	227	42	235	6	21	74	23	22	14	11
1771	194	27	167	3	24	46	21	8	4	19
1772	152	23	129	5	7	32	6	8	10	9
1773	157	23	134	12	10	38	17	12	8	6
1774	138	25	113	7	4	31	11	8	4	10
1775	196	29	167	3	9	52	28	25	2	2
1776	126	26	100	1	11	22	16	16	3	6
1777	176	31	145	4	20	40	24	15	4	3
1778	199	37	162	16	19	28	17	15	5	11
1779	260	41	219	15	19	38	34	37	7	12
1780	284	45	239	18	23	59	58	28	5	3
1781	290	43	247	6	13	87	54	29	12	7
1782	258	40	218	19	28	40	44	29	11	2

	11. *Poboj*	12. *Grabež*	13. *Razboj*	14. Tötungs-versuche	15. Tötung	16. Leichen-funde	17. *Blud*	18. Kindsmord	19. *Vol'šebstvo*	20. Übrige
1764	3	10	9	1	14	2		1	1	5
1765		4	11	2	12	1		1	1	24
1766	1	6	9	3	16	1		1	1	11
1767		11	6		14	4				21
1768	2	5	6		11	2		1	1	15
1769	1	12	16	3	29		1	1		22
1770	4	7	22	2	19		1			9
1771		1	12		14			1		14
1772	2	5	5	5	25	2				8
1773	2	3	3	1	15					7
1774		3	5	3	18		1	1		7
1775		4	1	2	10			1		28
1776	2		2		14				1	6
1777		2	2	1	11	1	2	1		15
1778	4	2	1		22			1		21
1779	2	4		2	16	2		1		30
1780	1	1		1	18	3				21
1781		2	1		17					19
1782	1	4			14			2		24

amten an den Pranger stellte, ging ein derartiger Fall in die Zuständigkeit der Zentralbehörden über, ab 1654 vor allem in die des Tajnyj Prikaz.[11] Wenn ein Angeklagter oder schon Verurteilter also *Slovo i delo* rief, konnte er damit zumindest einen Aufschub erwirken.[12] Bereits im Uloženie von 1649 deutet sich jedoch an, daß ein Mißbrauch dieses Rechts nicht eben selten war. So heißt es in Artikel 2, 14: „Wann jemand, weß Standes er sey, vorgäbe, daß er etwas, so Sr. Maj. Leben oder Staat angienge, vorzubringen hätte, nachgehends aber leugnen wolte, daß er nichts dergleichen wüste, sondern solches nur um denen Schlägen zu entgehen oder in trunckenem Mute geredet, so soll derselbige mit der Knute gestraffet und hernach seinem Herrn, welchem er angehöret, wieder gegeben werden."[13] In Anbetracht dieses Mißbrauchs schränkte Peter, der mit Prokuror und Fiskal neue und vermeintlich bessere Instrumente zur Kontrolle der Voevoden geschaffen hatte, die Zulässigkeit des *Slovo i delo* am 23.12.1713 auf Angelegenheiten der Ehre und Gesundheit des Zaren sowie auf Fälle von Aufstand und Verrat ein. Im Falle des Mißbrauchs drohte der Ukaz vom 25.1.1715 den Feuertod an.[14] Im Gerichtsalltag fiel die Strafe allerdings glimpflicher aus und beschränkte sich zumeist auf die Auspeitschung.[15] Als Relikt einer Zeit mit unzureichender Kommunikation zwischen Zentrum und Provinz wurde das Institut des *Slovo i delo* am 19.10.1762 beseitigt,[16] so daß es uns in Tabelle 10 nicht mehr begegnet.

Auch das folgende Delikt der „Unzucht" *(blud)* läßt sich dem Strafrecht nicht in allen Aspekten zuordnen. Noch die erste Fassung des Svod Zakonov von 1832 zog drei gänzlich verschiedene Tatbestände zum Begriff des *blud* zusammen: Uneheliche Geschlechtsbeziehungen, uneheliche Geburt und Kindsmord.[17] Dabei sah der Kriegsartikel von 1715 im zweiten Fall von Strafe u.U. ab. In Paragraph 176 heißt es: „Beschläfe ein lediger Mann eine ledige Dirne und zeuget ein Kind mit ihr, soll er zu der Mutter und des Kindes Unterhalt nach Beschaffenheit seines Standes und Lohns ein gewisses abgeben, und überdem mit Gefängnis und öffentlicher Kirchenbuße gestraft werden, es sey denn, daß er sie hernach eheliche und zu seinem ächten Weibe nehme, auf welchen Fall sie mit der Strafe verschonet werden." Eine offenbar nicht ganz seltene Variante erwähnt das Uloženie von 1649 in Artikel 20, 80. Hatte ein Gutsbesitzer eine Leibeigene geschwängert, konnte ihn diese vor einem Kirchengericht verklagen. Hier finden wir den einmaligen Fall, daß das Uloženie die Klage von Leibeigenen gestattet.

11 Durch die politische Bedeutung des *Slovo i delo* ist diese Formel vergleichsweise häufig erörtert worden. Vgl. vor allem Novombergskij, Slovo i delo (Quellensammlung); Chartulari, Pravo suda; Tel'berg, Očerki; Golikova, Političeskie processy.

12 Durch Ukaz vom 16.4.1730 (PSZ 8, Nr. 5535) verfiel dieser Anspruch, wenn sich der Angeklagte erst unmittelbar vor dem Vollzug der Todesstrafe auf das *Slovo i delo* berief.

13 Vgl. Ul. 21, 1o3. Zur Interpretation des Uloženie in dieser Hinsicht s. zuletzt Pokrovskij, Sibirskie materialy, bes. S. 56-61.

14 PSZ 5, Nr. 2.877. Vgl. Gol'cev, Policija nravov, S. 254-55.

15 Beispiele in F. 248, op. 5, kn. 321, l. 811-17, 854-64, 891-919.

16 PSZ 26, Nr. 11.687.

17 SZ 15, 1832, Art. 669-74. Die wohl beste Zusammenfassung der russischen Gesetzgebung zu *blud* und *vol'šebstvo* bei Popov, Sud.

Durch die Ausrichtung des Sysknoj Prikaz auf Schwerkriminalität war *blud* hier zumeist gleichbedeutend mit Kindsmord, der de jure wie gewöhnlicher Mord bestraft werden sollte.[18] Im letzten Drittel des 18. Jahrhunderts setzte sich im Gerichtsalltag eine allmähliche Differenzierung zwischen *blud* im Sinne von unehelichen Geschlechtsbeziehungen und *ubijstvo mladenca* als Kindsmord durch. Wie am Beispiel des Svod Zakonov von 1832 gesehen, drang diese aber nicht bis auf die gesetzliche Ebene vor. Immerhin gestattet es die begriffliche Trennung, beiderlei in Tabelle 8 voneinander abzusetzen. Da der Richter Kindstötung zumeist nicht nachweisen konnte, nahm man hier zu einem offensichtlichen Kriterium Zuflucht, um Kindsmord und Totgeburt nicht auf eine Stufe zu stellen. Am 21.2.1779 wurde Salamanida Pankrat'eva, eine entflohene Magd im Alter von 27 Jahren, des Mords an ihrer unehelich geborenen Tochter für schuldig befunden und nach Sibirien verschickt. Ihrem Gutsherrn entflohen, hatte sie mit einem Moskauer Hauptmann fünf Jahre „in Unzucht" *(bludno)* zusammengelebt.[19] Ganz anders lautete das Urteil bei der verheirateten Leibeigenen Afinja Sergeevna. Diese hatte 1746 mit 19 Jahren ihr erstes Kind geboren; zwei weitere verlor sie nach der Geburt. Im November 1753 lief sie ihrem Mann davon und kam bei ihrem Vater unter. Da er sie schlug, entfloh sie auch ihm und brachte am 17.1. (!) im Wald ein nach ihren Angaben totes Kind zur Welt. Diese Frau befand der Sysknoj Prikaz am 22.2.1754 allein der Flucht von ihrem Gutsbesitzer für schuldig; da sie verheiratet war, sprach sie der Richter vom Verdacht auf *blud* frei.[20]

Spalte 19 führt Anklagen wegen *vol'šebstvo* an, das hier eher mit Zauberei als mit Hexerei zu übersetzen wäre. Hexenprozesse hat es zwar auch im Moskauer Staat gegeben, doch ermangelte es ihnen dort des Epidemischen und Fanatischen, wie es die Verfolgung sogenannter Hexen in manchen westlichen Ländern prägte. Eine Ursache für diesen Unterschied liegt wohl darin begründet, daß der Teufelsglaube in der orthodoxen Kirche weitaus geringeren Platz einnahm als in den westlichen.[21] Nicht selten verbargen sich hinter dem Vorwurf der Zauberei auch ganz handfeste Interessen, so etwa im Fall des Bojaren Fedor Šaklovityj. Dieser hatte nach dem Moskauer Aufstand von 1682 dem Strelitzenprikaz vorgestanden und die Regentin Sophia gegen ihren Halbbruder Peter unterstützt. Da Peter aus dem Machtkampf von 1689 aber als Sieger hervorging, wurde Šaklovityj mit seinen Genossen als Anhänger der unterlegenen Partei wegen Verrats und des

18 Ul. 22, 26; PSZ 5, Nr. 2953 vom 4.11.1715.

19 F. 373, d. 3321.

20 F. 372, d. 3o41. Die von Ulbricht, Kindsmord, für Schleswig und Holstein neuerdings angezweifelte These vom Säuglingsmord als Massendelikt geht für den Moskauer Staat namentlich auf Hellie, Slavery, bes. S. 452-59, zurück, der von sowjetischer Seite allerdings heftigen Widerspruch erntete. Eher Hellie zuneigend Levin, Infanticide, und Ransel, Mothers in Misery, bes. S. 19-3o. Allg. zu Sexualdelikten in der orthodoxen Welt vor 1700 s. Levin, Sex and Society, bes. S. 212-46.

21 Vgl. Levack, Witch-Hunt, S. 199: „In Russia the abscence of demonological theory was of paramount importance in accounting for the relative mildness of witch-hunting." Allg. s. Zguta, Witchcraft Trials. Durch die katholischen Einflüsse nahm die Ukraine eine Sonderstellung ein. Zu ihr Seleckij, Koldovstvo, und die Quellensammlung von Antonovič, Materialy (siebzig Beispiele von 1700 bis 1768). Von polnischer Seite unlängst Baranowski, O hultajach.

angeblichen Versuchs, Peter zu verzaubern, zum Tode verurteilt.[22] Ein vergleichsweise undramatisches Beispiel aus der Praxis des Sysknoj Prikaz ist der Fall des Danilo Varlamov, eines sechzigjährigen Leibeigenen, den der Gutsherr am 3.4.1738 an den Sysknoj Prikaz überstellte. In Varlamovs Heimatdorf Ivanovo bei Kašira seien durch dessen Zaubereien viele Bauern erkrankt; als er jedoch nach Moskau floh, habe sich deren Zahl nicht weiter vermehrt. Am 20.10. nahm sich der Richter erstmals dieser Sache an und bestätigte zunächst das in Artikel 21, 48 des Uloženie verbriefte Recht des Gutsbesitzers, in seinen Augen verdächtige Leibeigene auch ohne Schuldbeweis an Gerichte auszuliefern. Des weiteren ordnete der Prikaz die Folter an. Daraufhin erhielt Varlamov am 1.11. zwanzig Knutenschläge, die ihn zum Geständnis der Flucht veranlaßten, nicht jedoch zum Geständnis der Hexerei. Gestützt auf die Artikel 20 und 23 des Strafgesetzbuches von 1669 - wie das Uloženie enthält auch dieser Kodex keine Passagen speziell zur Zauberei - wurde Varlamov am 20.12 wegen seiner Flucht mit 25 Knutenschlägen bestraft. Da ihn sein Besitzer in Hinblick auf Varlamovs Alters nicht zurückerhalten wollte, ordnete das Gericht die Ansiedlung auf Lebenszeit in Orenburg an.[23] Es kann kein Zweifel sein, daß sich der Sysknoj Prikaz mit diesem Urteil zugunsten des Angeklagten über die bestehende Rechtslage hinweggesetzt hatte. Bereits in Punkt 1 des Kriegsartikels von 1715 heißt es: „Die Strafe des Feuers ist die ordentliche Strafe vor einen Zauberer, wenn derselbe nemlich durch seine Zauberey Schaden gethan hat oder in würckliches Verbindniß mit dem Satan getreten ist; hat er aber mit Zauberey keinen Schaden gethan oder stehet in keinem teuffelischen Verbindniß, so haben die andern Straffen nach Bewandniß der Sachen statt nebst öffentlicher Kirchenbusse." Aus Anlaß einer Anfrage des Generalgouverneurs von Kiev erging am 12.6.1735 eine Präzisierung hierzu, nach der ein nichtgeständiger Angeklagter beim Fehlen von Beweisen dreimal gefoltert werden sollte. Unter Androhung der Todesstrafe für den Wiederholungsfall sei er dann gegen Stellung von Bürgen freizulassen.[24] Damit hatte der Prikaz Varlamov zumindest die zweimalige Folter erspart.[25]

Die letzte Kategorie stellt schließlich alle übrigen Anklagen zusammen, vor allem die wegen illegalen Alkoholausschanks, Taschendiebstahls, Urkundenfälschung, Falschmünzerei und Brandstiftung, für deren Ahndung der Sysknoj Prikaz laut Statut nicht zuständig war, die ihm mitunter aber dennoch übertragen wurden.[26] Auch Verfahren wegen Amtsvergehen begegnen uns bei diesem Gericht nur selten, bei den übergeordneten Instanzen, vor allem dem Justizkollegium, dagegen sehr häufig. Unter den hier genannten Delikten ist das der Brandstiftung für uns am interessantesten, da es der Plünderei oft als Voraussetzung

22 Truvorov, Volchvy; Rozysknye dela, bes. Bd. 2, S. 365-4oo. Zu Šaklovityj s. MERSH 34, S. 146-48; SIE 16, S. 115.

23 F. 372, d. 5o4.

24 PSZ 9, Nr. 6.748 (in Ergänzung von PSZ 8, Nr. 5.761 vom 25.5.1731). Vgl. allg. vor allem Zguta, Witchcraft; dort nicht erwähnt die Bibliographie von Semcov, Kolduny.

25 Weitere Beispiele aus den Akten des Sysknoj Prikaz bei Esipov, Koldovstvo; Beljaev, Vorožeja.

26 Vgl. dazu Fojnickij, Mošenničestvo; Žižilenko, Podlog; Sokol'skij, O narušenijach; Besedkin, Očerk; Esipov, Povreždenie imuščestva.

diente. Nehmen wir als Beispiel die Feuersnot vom 10., 15., 23., 24. und 25. Mai 1738, als Moskau an acht Stellen gleichzeitig brannte und ca. 2.ooo Höfe vernichtet wurden. Da eine derartige Serie von Bränden den Verdacht der Brandstiftung nahelegte, setzte V.Ja. Levašev, der Gouverneur von Moskau, beim Sysknoj Prikaz einen Untersuchungsausschuß ein. Noch dazu ernannte die Zarin mit dem Generalmajor F.I. Ušakov im Juni einen ausschließlich mit der Brandaufklärung beauftragten Beamten. In seinem Rechenschaftsbericht vom September führte Ušakov die Verhaftung von mehr als hundert Verdächtigen an, die sich der sozialen Herkunft nach wie folgt aufschlüsseln: 26 waren Soldaten, 17 Bauern, 16 Arbeiter, 14 entstammten den Hofleuten, acht waren Handwerker, sechs Kutscher und vier Landstreicher. Hinzu kamen 14 Angehörige des Kaufmannsstandes, von denen aber nur drei ihr Gewerbe auch ausübten. Mit Ausnahme der Soldaten, die der Militärgerichtsbarkeit unterstanden, wies man diese Verdächtigen dem Sysknoj Prikaz zur Aburteilung zu.[27] Besieht man sich die soziale Zusammensetzung der mutmaßlichen Brandstifter, so weicht diese kaum von der sonstiger Angeklagter ab (s.o. Tabelle 6/7). Damit tritt für uns allein die quantitative Seite in den Vordergrund, bei der Brandstiftung (aus Rache oder zur Vertuschung eines Einbruchs) als kriminalitätsauslösender Faktor gelten kann, da ihr die Plünderung teilweise folgte.[28]

Jede Kriminalstatistik baut naturgemäß nur auf der registrierten Kriminalität auf. Innerhalb der Grauzone der nichtregistrierten Kriminalität lassen sich für unseren Zusammenhang zwei Bereiche unterscheiden. Die erste umfaßt die „administrative Dunkelziffer", also diejenigen Delikte, die bei anderen Behörden registriert wurden oder nicht zur Anklage durch die Moskauer Strafkammer führten; die zweite schließt die „tatsächliche Dunkelziffer" ein, also solche Straftaten, die nirgendwo aktenkundig wurden. Was die administrative Dunkelziffer angeht, so kann sich eine realistische Abschätzung nur auf diejenigen Delikte beziehen, zu deren Ahndung der Sysknoj Prikaz auch de jure aufgerufen war, also auf *tat'ba* (Diebstahl), *razboj* (Straßenraub) und *ubijstvo* (Tötung). Anknüpfend an die Tradition des 16. und 17. Jahrhunderts hatte auch der Nakaz vom 12.9.1728 diese drei Vergehen der Voevodengerichtsbarkeit entzogen. Die Chance, daß eine derartige Straftat in der Stadt Moskau tatsächlich zum Sysknoj Prikaz weitergeleitet wurde, ist wohl als relativ groß zu beurteilen. Erstens hatte es der Richter im Bereich der Strafjustiz zumeist mit Angehörigen der Unterschichten zu tun, von denen Bestechungsgelder selten zu erhoffen waren; in der Zivilrechtsprechung sah das schon anders aus. Zweitens zeigt die nähere Betrachtung der russischen Bürokratie, daß jedwede Möglichkeit, nichteinträgliche Angelegenheiten an andere Stellen abzuschieben, rege genutzt wurde, weil sie den Arbeitsumfang des überweisenden Amtes herabsetzte. Da der Sysknoj Prikaz seiner Konzeption nach darauf ausgerichtet war, andere Behörden zu entlasten

---

27 Zvjagincev, Ognennoe zapalenie; Smirnov, Požary.

28 Vgl. den anregenden Aufsatz von Auerbach, Brände. Die hier verfochtene These vom Brand als Symptom sozialer Krise hat aber nur dann Gewicht, wenn Brände als Ausnahme gelten können. In Moskau gehörten sie jedoch zum Alltag und machten der Polizei mehr zu schaffen als Kriminalität.

und eher im unteren Bereich der Moskauer Ämterhierarchie angesiedelt war, stand der Überweisung von Verdächtigen an den Sysknoj Prikaz kaum etwas im Wege. Diese Vermutung läßt sich durch die monatlichen Rechenschaftsberichte des Prokurors im Sysknoj Prikaz an das Moskauer Senatskontor stützen, in denen dieser die beim Gericht eingegangen Anzeigen aufführte. Deren Gros beruhte auf Meldungen anderer Behörden und übertraf die der Anklagen ganz erheblich. Umgelegt auf ganze Jahre ergibt sich dabei folgendes Bild:

Tabelle 11

Verhältnis von Anzeigen zu Anklagen 1742-60[29]

	1. Anzeigen insgesamt	2. davon durch Privatpers.	3. Anklagen
1742	811	150	226
1743	714	141	133
1744	849	121	140
1745	923	104	179
1746		75	184
1747	715	103	186
1748	688		254
1749	534	108	152
1750	606	150	115
1751		142	136
1752			265
1753	1.350	112	209
1754	2.361	111	207
1755	2.610	72	167
1756	2.294	81	154
1757	2.256	83	131
1758	2.385	79	136
1759	1.428		239
1760	507		235

29 Severnyj, Opisanie, S. 187, 139; Tabelle 9, Spalte 3. Für Spalte 1 sind weitere Jahrgänge nicht erhalten. Vgl. Sharpe, Crime, S. 44, der für das London des 18. Jahrhunderts davon spricht, von zehn Fällen begangener Kriminalität hätte nur einer die Behörden erreicht. Anzeigen in Spalte 1 können gleichfalls auf Meldungen von privater Seite zurückgehen, sind als solche aber nicht mehr erkennbar.

Zur Schätzung der administrativen Dunkelziffer ist diese Gegenüberstellung in mehrfacher Hinsicht von Interesse. Zunächst deutet sich hier an, daß es bei fünf Anzeigen im Durchschnitt nur einmal gelang, auch Anklage zu erheben. Durch ein so ausgedehntes Dunkelfeld kann man aus Tabelle 9/10 bestenfalls grobe Tendenzen ablesen. Allerdings traten erhebliche Schwankungen auf. Z.B. ist bereits vor Beginn des Krieges im Jahre 1757 ein Höhepunkt registrierter Kriminalität zu verzeichnen; dabei verhält sich die Zahl der Anzeigen umgekehrt proportional zur Zahl der Anklagen. In ruhigen Jahren schien der Justizapparat des Zarenstaats also wirksamer zu arbeiten als in bewegten. Außerdem treten hier zwei gegenläufige Tendenzen auf: Innerhalb des hier erfaßten Zeitraums nimmt das Ausmaß der registrierten Kriminalität zu, während das der Anklagen stagniert oder sinkt. Da sich ein grundlegender Wandel der sozialen Kontrolle und Behördentätigkeit nicht erkennen läßt, liegt die Annahme einer Steigerung der tatsächlichen Kriminalität nahe; nach Tabelle 9/10 ging sie in erster Linie auf eine Zunahme der Besitzkriminalität zurück. Mit diesem Anstieg hielt die Effektivität der Strafverfolgung nicht Schritt. Im Hinblick auf die in Tabelle 9/10 ausgesparte Grauzone bleibt damit festzuhalten, daß die dort erfaßten Delikte nur rd. zwanzig Prozent der beim Sysknoj Prikaz gemeldeten Straftaten insgesamt ausmachten.

Damit zur Frage nach der tatsächlichen Dunkelziffer. Ein eher geringes Ausmaß ist naturgemäß überall da zu vermuten, wo eine Straftat vor dem Hintergrund hoher Sozialkontrolle begangen wurde. Dies traf z.B. auf den Kirchendiebstahl zu, bei dem nicht das Entwenden, sondern der Verkauf der Beute die Klippe darstellte. Manch Kirchendieb gestand im Verhör ein, er habe schon vor der Tat Angst gehabt, eine Ikone am Straßenrand feilzubieten.[30] In der Tat war der Kontrast zwischen Habitus des Verkäufers und Kostbarkeit der Ware oftmals zu groß, um nicht Verdacht zu erregen. Als Delikte aus einem Umfeld mit hoher Meldefreudigkeit müssen dazu auch diejenigen gelten, bei denen Gutsbesitzer geschädigt wurden. Unter allen Ständen waren Adel und Beamte diejenigen, die bei Strafsachen am häufigsten als Kläger auftraten (s.u. Tabelle 20). Kam einem Bauern jedoch ein Pferd abhanden, kann man die Bereitschaft zur Anzeige als weniger ausgeprägt veranschlagen. In den Akten des Gerichts sind uns etliche Beispiele dafür überliefert, wie sich das Opfer zunächst durch eigene Initiative schadlos halten wollte und Staatsorgane erst dann hinzugerufen wurden, als der Dieb schon erschlagen war.[31] Deshalb ist anzunehmen, daß die Dunkelziffer bei Verbrechen im Dorf und bei Besitzkriminalität weitaus höher lag als bei Verbrechen in der Stadt bzw. bei Schwerkriminalität.

30 F. 373, d. 3396, l. 4; vgl. übereinstimmend F. 373, d. 4259, l. 14.

31 Vgl. z.B. F. 373, d. 1264 (Totschlag unter Bauern wegen angeblichen Diebstahls von achtzig Kopeken; s.u. 6.f).

6.b Flucht

Beim Verhör eines Läuflings vor Gericht unterzog sich der diensthabende Schreiber in aller Regel nicht der Mühe, die Motive des *Pobeg* (eigentlich: Lauf) festzuhalten.[1] Kann man aus diesem Desinteresse schließen, daß die Flucht Leibeigener trotz ihrer Kriminalisierung als weitgehend „normale“ Erscheinung galt? Zwei Gründe legen diese Vermutung nahe. Einmal sind es fast alle Schichten der Bevölkerung, die uns im Stadium der Flucht begegnen: Der Adel, vor allem dessen Söhne, entzog sich der Musterung, Mönche der Klosterdisziplin, Kaufleute den Folgen des Bankrotts, Kleinbürger der Gemeinde, Bauern dem Steuerdruck, das Gesinde entlief der Herrschaft und Frauen ihren Männern. Daß Gutsbesitzer die Flucht als unnütz betrachteter Alter begrüßten oder diese sogar auf die Straße setzten, war lange Zeit sogar üblich.[2] Der Zustand der Flucht erscheint damit als weitverbreitete Lebensform. 1719 war die erste Revision zu einer Summe von 5.794.928 männlichen Steuerpflichtigen (Bauern und Städter) gelangt, von denen bis 1727 988.456 als fehlend gemeldet wurden. Davon waren 733.158 (74 Proz.) gestorben, 198.876 (20 Proz.) entlaufen, 53.928 (fünf Proz.) eingezogen und 2.494 (0,2 Proz.) verbannt worden. Bis 1736 reduzierte sich die Zahl der „Seelen“ um weitere 1.112.013, davon waren 824.802 (74 Proz.) Tote, 147.418 (13 Proz.) Rekruten sowie 139.793 (zwölf Proz.) Läuflinge und Verbannte.[3] An dieser Stelle - und dies ist der zweite Grund - deutet sich an, daß es dem Staat zu keinem Zeitpunkt gelang, das Abzugsverbot auch tatsächlich durchzusetzen; er selbst ließ es an Konsequenz fehlen. Z.B. nötigte der Mangel an Arbeitskräften die oftmals staatlichen Fabriken und Bauvorhaben zur Einstellung von Läuflingen. Der Staat geriet also in einen Interessenkonflikt, in dessen Folge politische Opportunität Recht und Gesetz zu durchlöchern drohte. Einerseits erhöhte man, um alle Nischen zu verstopfen, die Strafgelder für die Aufnahme eines Läuflings von zwanzig auf hundert Rubel pro Beherbergungsjahr durch Ukaz vom 19.2.1721;[4] andererseits riß man jedoch wieder neue Schlupflöcher auf, so im Erlaß vom 15.3.1722, nach dem Arbeiter „nicht gegen ihren Willen“ von Manufakturen zum Erstbesitzer abtransportiert werden sollten.[5] Einerseits kündigte der Ukaz vom 19.5.1733 strengere Maßnahmen gegen Landstreicher an, die zu ihrem Gutsbesitzer zurückzuschicken seien;[6] andererseits gestattete der Senat am 31.5.1733 allen Paßlosen, die beim Bau des Kronstädter Kanals be-

1 Diese Beobachtung schon bei Kozlova, Pobegi, S. 57-58.

2 Für unstatthaft erklärt etwa durch PSZ 21, Nr. 15.6o3 vom 2.12.1782.

3 Diese Zahlen nennt der Ukaz zur Vorbereitung der zweiten Revision (PSZ 11, Nr. 8.619 vom 17.9.1742).

4 PSZ 6, Nr. 3.743. Wiederholt durch PSZ 6, Nr. 3.939 vom 6.4.1722.

5 PSZ 6, Nr. 3.919.

6 PSZ 9, Nr. 6.4o6.

schäftigt waren, dort bis zu dessen Fertigstellung zu verbleiben.[7] Da die eigentliche Ursache der Fluchtbewegung, die rechtliche Lage der Leibeigenen, unangetastet blieb, erscheint uns die Läuflingsgesetzgebung des 18. Jahrhunderts insgesamt gesehen als endloser Wust von Anordnungen, der durch innere Widersprüche seine Wirkung verlor.

Die sowjetische Forschung hat vor allem drei Anlässe der Läuflingsbewegung herausgestellt.[8] Dies war zunächst die Verschickung von Bauern auf nicht oder kaum besiedelte Güter, eine gerade im 18. Jahrhundert sehr häufige Maßnahme zur Erschließung der Gouvernements um Petersburg und im Süden des Reiches. An dieser Umsetzung hatte der Adel starkes Interesse, da Land ohne Bauern für ihn wertlos war. Für Bauern kam der Umzug jedoch einer ökonomischen Katastrophe gleich, mußten sie den bestehenden Hof doch mit einer Baustelle vertauschen und bewirtschaftete Flächen mit tw. noch zu rodenden. Es ist deshalb keine Überraschung, wenn sich viele dieser Belastung entziehen wollten. Als Beispiel sei ein Ukaz vom 25.9.1745 genannt, der die Umsetzung von 7.000 Apanagebauern aus dem Gouvernement Moskau in das Gouvernement Voronež befahl. Tatsächlich in Bewegung gesetzt wurden 6.019 Bauern, von denen bis 1751 1.903 (31 Proz.) verstarben, 542 (neun Proz.) davonliefen, 79 (1,3 Proz.) in die Armee einrückten und 75 verschenkt wurden. Von den verbliebenen 3.420 Bauern gelang es nur 1.569, in Voronež wieder einen regulären Hof einzurichten.[9] Auch wenn Gutsbesitzer ihre Bauern auf neue Güter verschicken wollten, setzte der Senat dem keine Hindernisse in den Weg. Allerdings machte er, da man eine Verheimlichung von Steuerseelen befürchtete, die Bestätigung durch das Kammerkollegium zur Auflage. Anderenfalls hatte der Gutsherr eine Strafe von drei Rubeln pro Bauer zu entrichten.[10] Da dieser Ukaz - wie so viele - wiederholt werden mußte, scheint auch er viele Adressaten nicht erreicht zu haben.

Was den Verkauf von Bauern als zweiten Fluchtanlaß betrifft, ist vorauszuschicken, daß die Manufakturen eine erhebliche Nachfrage nach Arbeitskräften

---

7 PSZ 9, Nr. 6.427. Ein Widerruf erging durch PSZ 10, Nr. 7.827 vom 30.5.1739, ein Widerruf des Widerrufs durch PSZ 12, Nr. 8.886 vom 5.4.1744.

8 Vgl. die Diskussion der vorrevolutionären und sowjetischen Literatur bei Mamsik, Pobegi, S. 6-22, und Kozlova, Pobegi, S. 5-22. Ein Sonderfall, der in unserem Zusammenhang nur am Rande erwähnt werden kann, ist die Auslandsflucht, von der es in Lomonosovs Arbeit „Über die Erhaltung und Vermehrung des russischen Volkes" von 1761 heißt: „Nun, da ich damit fertig bin, über die Dezimierung des russischen Volkes durch Krankheit, Unglücksfälle und Mordtaten zu sprechen, muß ich die lebenden Leichen erwähnen. Aus den Grenzorten wandern die Menschen aus in fremde Staaten, besonders nach Polen, wodurch die russische Krone Untertanen verliert. Zwar ist es richtig, daß an der litauischen Grenze Vorsichtsmaßregeln getroffen worden sind, jedoch ist es unmöglich, eine so große offene Linie mit Zwangsmaßnahmen vollkommen abzuriegeln: Besser ist es, mit Sanftmut zu verfahren. Das Fortlaufen geschieht meistens wegen gutsherrlicher Bedrückungen der Bauern und wegen der Soldatenerhebungen. Daher scheint es mir besser zu sein, denen, die an der polnischen Grenze wohnen, eine Steuererleichterung zu gewähren, sie vom Wehrdienst zu befreien und diese auf den ganzen Staat umzulegen." Vgl. Lomonossow, Ausgewählte Schriften, Bd. 2, S. 141. Die innerrussische Abzugsbewegung schien Lomonosov dagegen keine Sorgen zu bereiten. Jones, Runaway Peasants, hat die Auslandsflucht unlängst sogar mit den Motiven Rußlands zur Aufteilung Polens in Zusammenhang gebracht.

9 Indova, Dvorcovoe chozjajstvo, S. 106, 35.

10 PSZ 8, Nr. 6.117 vom 5.7.1732; PSZ 15, Nr. 11.423 vom 29.1.1762.

verspürten. Da der Bedarf an Arbeitskräften durch die von Peter geförderte Frühindustrialisierung zunahm, erklärte ein Ukaz vom 18.1.1721 den Bauernkauf auch für recht und billig.[11] Als Verkäufer traten zumeist Angehörige des niederen Adels auf, die sich überschuldet hatten.[12] Dem höheren Adel war diese Praxis ein Dorn im Auge, da er seine Leibeigenen oftmals in eigenen Fabriken arbeiten ließ und so in Konkurrenz zu den Manufakturbesitzern und Kaufleuten stand. Unter dem Druck des höheren Adels erging am 7.1.1736 eine Einschränkung des Verkaufsrechts, nach der Kaufleute Bauern nicht dörfer-, sondern nur noch höfeweise erwerben durften.[13] Am 27.7.1744 wurde diese Anordnung wieder zurückgenommen[14] und 1752 durch eine branchenabhängige Regelung ersetzt, nach der z.B. ein Tuchmacher 42 männliche Bauern aufkaufen konnte; weibliche Arbeitskräfte fielen nicht unter die Bestimmung. Wenn dieser Richtwert als beschränkende Maßnahme gedacht war, sind Zweifel an ihrem Gelingen angebracht: Nach den kaum vollständigen Unterlagen des Manufakturkollegiums erwarben 16 der größeren Moskauer Textilunternehmer zwischen 1754 und 1762 5.678 männliche Leibeigene. Insgesamt arbeiteten in den Fabriken der Stadt Moskau 1769 7.760 gekaufte Leibeigene.[15] Fünf Wochen, nachdem sich Katharina ihres Gatten entledigt hatte, wurde der Erwerb von Arbeitskräften am 8.8.1762 für generell unzulässig erklärt - wohl ein deutliches Zugeständnis der neuen Zarin an den Adel.[16]

Als Arbeitskräfte begehrter waren die den Fabriken überschriebenen Staats- oder Klosterbauern. Ihren Hof behielten diese zumeist bei, so daß sie nur während des Winters in die Manufakturen ziehen mußten. Auch diese Variante bürgerte sich unter Peter in allen Industriezentren ein. In den metallverarbeitenden Fabriken des Ural legte V.N. Tatiščev als Leiter der dortigen Staatsbetriebe am 23.3.1734 eine Ausstattung von maximal dreißig zugeschriebenen Höfen pro Hüttenhammer fest; auf einen Hochofen entfielen danach 150 Höfe. In Moskau ließ sich der Leinwandhersteller Ivan Tames bereits 1719 das bei Suzdal' gelegene Dorf Kochma mit 641 Höfen zuweisen, das ihm ein Senator und ein Kammerherr 1727 jedoch wieder abnahmen. Nachdem ein Ukaz vom 27.7.1760 jeder weiteren Zuschreibung von Bauern eine Befristung zur Auflage gemacht hatte,[17] erteilte der Gouverneur von Kazan' dem Kaufmann Pochodjašin 1761 ein zehnjähriges Anrecht auf 4.200 Bauern des Kreises Čerdin nördlich von Perm. Von

11 PSZ 6, Nr. 3.711. Der Ukaz stellte drei Bedingungen auf: 1. Das Berg- und Manufakturkollegium stimmte zu; 2. Die Dörfer waren der betreffenden Fabrik schon zuvor verbunden; 3. Ein Weiterverkauf war unzulässig. Vgl. dazu Zaozerskaja, Razvitie legkoj promyšlennosti, S. 443.

12 Vgl. die Tabelle bei Golikova, Torgovlja, S. 3o9.

13 PSZ 9, Nr. 6.858.

14 PSZ 12, Nr. 9.oo4. Der Ukaz kam durch Betreiben des Moskauer *gost'* Afanasij Grebenščikov zustande, der sich an den Senat gewandt hatte, um bei Moskau fünfzig Höfe zu kaufen.

15 Poljanskij, Nakoplenie, S. 357, 363. Als Preis pro Arbeiter gibt er für 1743 rd. sechzig Rubel an. 1720 habe er noch bei rd. zwanzig Rubel gelegen. Ebd., S. 35o. Die abnehmende Häufigkeit des Arbeiterkaufs betont Rubinštejn, Nekotorye voprosy, bes. S. 83-86.

16 PSZ 16, Nr. 11.638. Allerdings berief sich die Anordnung auf einen Ukaz vom 29.3.1762 (PSZ 15, Nr. 11.49o).

17 PSZ 15, Nr. 11.o87.

ihnen wurden dem Nutznießer 1.227 (30 Proz.) als verstorben gemeldet, 606 (1,4 Proz.) als krank und 135 als eingezogen; 395 hatten sich aus dem Staube gemacht. Von 4.200 traten damit nur 1.837 die Arbeit in Pochodjašins Eisenwerk an.[18] Mit knapp zehn Prozent erreicht das Ausmaß der Läuflingsquote hier das der oben erwähnten, von Moskau nach Voronež umgesiedelten Bauern.

Wohl noch stärker als Übereignung und Umsetzung schnitt die Einberufung als dritter Fluchtanlaß in das Leben der Leibeigenen ein. Üblicherweise bevorzugten Gutsherr und Gemeinde dazu a) unverheiratete Söhne kinderreicher Eltern, b) Angehörige wirtschaftlich schwächerer Familien, die der Gemeinde auf der Tasche lagen, sowie c) diejenigen jungen Männer, die eher durch Trink- als durch Arbeitsfreude auf sich aufmerksam machten. Damit erschien die Wehrpflicht als gänzlich legitimes Mittel, um unliebsame oder bereits straffällig gewordene Dorfbewohner dauerhaft abzuschieben. Nicht nur Gutsbesitzer und deren Verwalter beherzigten diese Maxime;[19] sie lag auch einer Reihe von Ukazen zugrunde. So bestätigte eine Anordnung vom 28.1.1766 den Brauch, aufsässige und nicht zur Feldarbeit tauglich Erscheinende in die Armee abzugeben.[20] Als vierte, von sowjetischen Historikern zu Unrecht vernachlässigte Fluchtursache ist der Hunger zu nennen.[21] Am Beispiel der Mißernten nach 1733 haben wir gesehen, wie Moskau in dieser Zeit eine Vielzahl von Bettlern aufnehmen mußte (s.o. Tabelle 4). Die bisher aufgeführten Fluchtmotive könnte man damit in zwei Gruppen aufteilen: Einmal - wie oben angedeutet - Umsiedlung, Überschreibung oder Einberufung als schwerwiegender und dauerhafter Eingriff in das Leben der Bauern; hinzu kamen vorübergehende Fluchtantriebe, die eine Rückkehr des Läuflings aus freien Stücken nicht ausschlossen. Die russische Gesetzgebung hat erstaunlich lange gebraucht, um diesen Unterschied zu berücksichtigen. Noch der Ukaz vom 19.2.1721 stellte alle Läuflinge ungeachtet ihrer Motive auf eine Stufe und befahl in allen Fällen die „grausame" Bestrafung mit der Knute.[22] Erst unter dem Eindruck der erwähnten Hungersnot erging am 6.5.1736 die Einschränkung, daß die Knutung nur für diejenigen gelten solle, die „lange Zeit entwichen waren, eine Untat begingen und andere für sich die Steuer entrichten ließen. Wer aber aus Mangel an Brot, durch Anstiftung, aus eigenem Unverstand oder aus irgendeinem geringfügigen Anlaß entlief, bereits nach kurzer Zeit zurückkam und niemanden für sich zahlen ließ, der soll auch milder bestraft werden."[23] Von den hier unterschiedenen Gruppen

---

18 Poljanskij, Nakoplenie, S. 323.

19 Vgl. Aleksandrov, Sel'skaja obščina, S. 252.

20 PSZ 17, Nr. 12.556. Der unmittelbar folgende Ukaz vom 30.1. räumte auch der Flotte diese Möglichkeit ein. Erneute Bekräftigung beider Gesetze durch PSZ 2o, Nr. 14.734 vom 19.4.1778.

21 Vgl. die Auflistung bei Dulov, Geografičeskaja sreda, S. 235, bei der 79 Gruppenfluchten der Jahre 1796 bis 1860 auf einzelne Monate umgelegt werden. Dabei erreichte die Abzugsbewegung im Spätfrühling und Frühsommer den Höhepunkt. Neben klimatischen Gründen kann dies auch darauf zurückzuführen sein, daß die Lebensmittelvorräte zu diesem Zeitpunkt erschöpft waren.

22 PSZ 6, Nr. 3.743, Art. 11.

23 PSZ 9, Nr. 6.951.

begegnet uns die zweite vor den Schranken des Sysknoj Prikaz entschieden häufiger. Dies mag damit zusammenhängen, daß Läuflinge der ersten Kategorie planvoller und energischer handelten und ihre Rückführungsquote deshalb geringer als bei der zweiten Gruppe ausfiel. Daß es zudem auch solche „Läuflinge" gab, die ihr Dorf nicht aus freien Stücken verließen, zeigt das folgende Verhör.

„Dar'ja Ivanovna heißt sie, ist siebzig Jahre alt. Sie und ihr Mann, der Bauer Ivan Andreev, sind Leibeigene der Mar'ja Matveeva, Frau des Sekundmajors Michail Nikolaevič Cvileev aus dem Dorf Aniskin, Kreis Moskau. Im Mai 1776 lief ihr Mann nach dem Nikolajtag davon; wo er sich aufhält, weiß sie nicht. Sie, Ivanovna, blieb bei ihrem Sohn, dem Bauern Matvej Ivanovič. Mit ihrer Enkelin, der neunjährigen Avdot'ja Matveeva, lief dann auch sie nach einigen Wochen. Während ihrer Flucht lebte sie in verschiedenen Dörfern. Im Sommer übernachtete sie im Wald, auf den Feldern oder in Scheunen, im Winter kam sie in verschiedenen Dörfern für jeweils eine Nacht bei Bauern unter, ohne zu sagen, daß sie geflohen sei. Den Lebensunterhalt verdiente sie durch Betteln. 1777 ging sie, Ivanovna, mit ihrer Enkelin Avdot'ja Matveeva nach dem Petertag in das Dorf Šelkova, Kreis Moskau - dessen Besitzer weiß sie nicht -, um zu betteln. Da traf sie ihren Sohn, den Bauern Matvej Ivanovič aus dem Dorf Aniskin, der mit seinem Schwager Semen Andreev zur gleichen Zeit geflohen war wie seine Frau Varvara Dmitrieva und sein Sohn Dementij. Sie, Ivanovna, fragte, wo sie gewesen seien und wohin sie gehen würden. Dieser gab zur Antwort, daß sie in verschiedenen Dörfern Zimmermannsarbeit verrichten würden und nach Moskau gehen wollten, um dort Äxte herzustellen. Sie fragte, wo seine Frau und sein Sohn seien, und er antwortete, er wisse es nicht. Weitere Gespräche führte sie nicht, weder mit ihrem Sohn noch mit dem Schwager. Daraufhin gingen sie in den zehnten Stadtteil (von Moskau), wo ein Polizist sie, ihre Enkelin und den Schwager Semen Andreev festnahm. Ihr Sohn aber lief davon; wohin, das weiß sie nicht. Zunächst wurden sie an die Moskauer Gouvernementskanzlei überstellt, wo sie ungefähr eine Woche zubrachten, dann unter Bewachung von zwei Soldaten an die Votčina, um dem Gutsbesitzer ausgehändigt zu werden. Als sie einen halben Werst vor Aniskin waren, sprang der Schwager Andrej in den Wald; einer der Soldaten lief hinterher, doch konnte er ihn nicht mehr einholen. Als sie mit der Enkelin im Dorf Aniskin angekommen war, verweigerte ihnen der Gutsbesitzer die Aufnahme, so daß sie mit den beiden Wachsoldaten zur Gouvernementskanzlei zurückkehrte. Wie sie hörte, soll ihr Mann Ivanov gestorben sein; wer dies gesagt hat, daran kann sie sich wegen ihres Alters nicht besinnen. Geflohen ist sie wegen der unerträglichen Steuer und der unaufhörlichen Schläge des Gutsbesitzers, der ihnen Pferd, Vieh, Getreide und alle Vorräte unter der Behauptung abnahm, das Dorf Aniskin sei bei ihm verschuldet und die Bauern dieses Dorfes hätten ihn in seinem Haus bestohlen und in seinem Wald Holz geschlagen. In diesem Verhör hat sie die reine Wahrheit gesagt und nichts als die Wahrheit."[24]

24 F. 373, d. 3o22, l. 6-7. Da Ivanovna bei ihrer Flucht nicht gestohlen hatte, wurde sie am 18.8.1777 nicht zur Knutung, sondern zur Plettenstrafe verurteilt.

Hinter dem Delikt der „Flucht" verbirgt sich auch in diesem Fall eine Lebensform, diesmal die einer ganzen Familie, die durch das Verhalten des Gutsherrn zum Abzug offenbar gezwungen wurde; an der Rückkehr der Ivanovna hatte dieser kein Interesse. Untypisch ist der Bericht der Ivanovna insofern, als das Fluchtmotiv nur selten so klar zur Sprache kam wie in diesem Fall. Das Motiv an sich ist zweifellos typisch: Das steile Machtgefälle zwischen Herrschaft und Leuten. Dies betraf das Gesinde wohl noch stärker als Bauern, da es oft mit im Gutshaus wohnte. Z.B. gab der zwanzigjährige Hofknecht Ivan Belikov im Verhör 1774 an, nachdem ihm die Zubereitung einer Speise für seinen Herrn mißlungen sei, habe er sich aus Angst vor dessen Schlägen davongemacht.[25] Im Grunde ebenso harmlos war das Motiv, das Andrej Korsakov anführte, gleichfalls ein Hausknecht im Alter von zwanzig Jahren. In seinem Verhör vom 16.7.1781 heißt es: „Am Dienstag letzter Woche, das Datum weiß er nicht, gab ihm sein Herr siebzig Kopeken und schickte ihn in die Stadt, um Öl zu kaufen. Dieses Geld verspielte er jedoch in der Schenke, traute sich aus Angst vor seinem Herrn nicht mehr nach Hause und lief ohne jeden Ausweis davon."[26] Geradezu als Parodie auf das Leben, das der Adel in Augen der Leibeigenen führte, läßt sich die Flucht des Hausknechts Vasilij Sedel'nikov begreifen. Ohne seinen Herrn, einen Moskauer Hauptmann, bestohlen zu haben, entwich er aus dessen Haus, mietete sich in der Rogožskaja-Kutschervorstadt eine Droschke und fuhr in das nahebei gelegene Dorf Vychino, um dort in mehreren Kneipen dem Wodka zuzusprechen. Als er bereits „sturzbetrunken" war, verfiel er auf die Idee, dem Kutscher das Pferd abzukaufen. Für einen Preis von 13 Rubeln willigte dieser auch ein. Offenbar im Sinne des zitierten Ukaz vom 6.5.1736 erkannte das Gericht in diesem Fall auf mildernde Umstände und verurteilte Sedel'nikov am 28.3.1762 nicht zur Knutung, sondern zur Bestrafung mit der Plette.[27]

Wenn der Läufling als Arbeiter, Hofknecht usw. nicht schon vorher in Moskau gelebt hatte, kann das Wort *bežal i pošel na Moskvu* („lief davon und ging nach Moskau") als geradezu klassischer Bestandteil der Läuflingsvernehmungen gelten, in dem sich die Anziehungskraft der bis Ende des 18. Jahrhunderts größten russischen Stadt auf die Unterschichten offenbart. Dabei hat die Frage nach „Moskau als Läuflingsstadt" zwei verschiedene Gesichter, das der Unterkünfte und das der Arbeitsmöglichkeiten. Wer als Fremder illegal nach Moskau kam und vorher von keinem Unterschlupf wußte, der hegte bescheidene Ansprüche. Der am 14.1.1761 entlaufene, zwanzigjährige Hausknecht Vasilij Glatkoj übernachtete zunächst in verschiedenen Scheunen vor dem Il'jinskij-Tor. Nachdem er sich durch Verkauf seiner Stiefel zwölf Kopeken verschafft hatte, brachte er die folgenden Tage in Wirtshäusern, die Nächte unter den Brücken vor dem Nikol'skij-Tor zu. Als es ihm dort zu kalt wurde, drang er in Pferdeställe ein, um sich dort ins Heu zu betten. In einem dieser Ställe wurde er am 19.2.

25 F. 373, d. 2754.

26 F. 373, d. 4o13. Ein anderer Hofknecht motivierte seine Flucht damit, er habe seine ihm vom Herrn gegebene Mütze verloren und befürchte eine Strafe. F. 373, d. 2398.

27 F. 372, d. 4.582, l. 15, 25.

entdeckt.[28] Ein in Sommernächten häufig aufgesuchtes Ziel war der weitläufige Zarengarten gegenüber dem Kreml' am anderen Moskwaufer, im Winter richtete sich das Augenmerk zunehmend auf die Schenken und Bäder. Sicherer, da am Stadtrand gelegen, schienen jedoch die Kutscher- und Soldatenvorstädte zu sein. Kutscher waren schon deshalb auf enge Kontakte zu Läuflingen bedacht, da sie das ihnen verbliebene Land ihrer Fahrdienste wegen nicht mehr selbst bestellen konnten und zu diesem Zweck gern ausgerückte Bauern anheuerten.[29] Daneben nahmen die fünf Moskauer Kutschervorstädte zwangsläufig auch die Funktion von Pferdemärkten wahr, wobei man der genauen Herkunft des jeweiligen Pferdes nicht immer große Aufmerksamkeit schenkte. Die Soldatenvorstädte boten Läuflingen den Vorteil, daß die Kasernen während der langjährigen Feldzüge des 18. Jahrhunderts weitgehend leerstanden. Als z.B. das Semenovskij-Garderegiment im Jahre 1700 nach Moskau verlegt wurde und ein Teil des Voroncovo-Feldes bei dieser Gelegenheit den Namen *Semenovskaja sloboda* erhielt, zog man dort Truppenunterkünfte hoch. Da Teile des Regiments erst 1721 nach Friedensschluß hierher zurückkehrten, befanden sich die hinterlassenen Gebäude auch wegen der ungebetenen Inanspruchnahme durch Läuflinge in unübersehbarem Verfall.[30]

Bedingt durch die Zusammensetzung der Soldaten als negative Auswahl aus der Bauernschaft dienten den Läuflingen aber auch die von der Truppe bewohnten Kasernen als Zuflucht. So hatte der als Straßenräuber verurteilte Semen Mesnikov, dem 1761 die Flucht aus dem Gebäude des Sysknoj Prikaz gelang, nach seiner Wiederfestnahme keinerlei Scheu zuzugeben, er sei in der Preobraženskaja-Vorstadt bei einem entlassenen Kanonier untergetaucht.[31] Nicht nur die Kasernen, sondern auch viele andere Gebäude des frühneuzeitlichen Moskau wiesen einen baufälligen Zustand auf, der die Bedeutung der Stadt als Hochburg der Läuflinge in doppelter Hinsicht begünstigte. Jakov Ignatev, ein Hausknecht von 21 Jahren, der bei seinem Herrn im zweiten Stadtteil lebte, brach am 22.12.1778 seine Schlosserlehre ab und entlief. Da er noch Geld bei sich hatte, trieb er sich tagsüber in Kneipen herum und übernachtete in einer Kirchenruine des 14. Kommandos,[32] d.h. am Stadtrand, dessen aufgelockertes, mit Wiesen und Mooren durchsetztes Weichbild Läuflingen ausreichende Deckung bot. Zudem setzte die Notwendigkeit einer Erneuerung der städtischen Baumasse eine stete, von den Folgen häufiger Brände noch gesteigerte Baukonjunktur in Gang. Nach billiger Arbeitskraft bestand damit große Nachfrage. Ironischerweise war es nicht selten der Staat, dessen Bauvorhaben zur Versorgung der Läuflinge beitrugen. Manch einer arbeitete z.B. als Maurer im Kreml';[33] auch das Erziehungshaus, seinerzeit eines der großen Moskauer Bauprojekte, scheint nicht zu-

28 F. 372, d. 4.537, l.4.
29 Vgl. DIP 3, 2, Nr. 1.254. Zu den Kutschern s.o. 5.a.
30 Karcov, Istorija semenovskogo polka, S. 25o.
31 F. 372, d. 5697, l. 1o.
32 F. 373, d. 33o1, l. 3-3 ob.
33 Vgl. etwa F. 373, d. 1853, l. 5.

letzt von paßlosen Saison- und Gelegenheitsarbeitern sowie von Läuflingen errichtet worden zu sein.[34]

Wollte ein Läufling seiner Existenz den Anschein von Sicherheit geben, bedurfte er eines Passes. Jede ernsthaft betriebene Flucht zog das Delikt der Paßfälschung damit zwangsläufig nach sich. Vom Ausmaß beider Delikte vermittelt Tabelle 9/10 allerdings keinen Begriff, da beide Straftaten de jure nicht in die Zuständigkeit des Sysknoj Prikaz fielen. Um der Läuflingswelle nach Einführung der Kopfsteuer entgegenzutreten, hatte Peter 1724 vor Kirchen und Märkten anschlagen lassen, daß jeder arbeitsuchende Bauer dazu verpflichtet sei, sich beim Verlassen des Dorfes vom Gutsbesitzer, dessen Verwalter bzw. vom Popen eine Entlassungsurkunde ausstellen zu lassen, die nicht länger als drei Jahre gültig sein und Angaben zu Namen, Größe, Gewicht sowie unveränderlichen Kennzeichen des Betreffenden enthalten sollte. Da man unter Treidlern bereits unmittelbar darauf Fälschungen festgestellt hatte, erhielten die Landkommissare die Anweisung, ab dem 1.2.1726 ausschließlich gedruckte Pässe auszugeben. Die handschriftlichen Entlassungsurkunden der Gutsbesitzer behielten Gültigkeit nur im jeweiligen Kreis bzw. bis zu einer Entfernung von dreißig Werst. Da die zweite Revision eine Rückführung aller Läuflinge an ihren Heimatort vorsah, wurde mit deren Ankündigung am 21.5.1743 die 1726 in Kraft getretene Paßvorschrift erneuert. Derjenige, der außerhalb der dreißig Werst keinen gedruckten Paß vorweisen konnte, sollte als Läufling behandelt werden.[35]

Soweit die Theorie. Das Studium der gerichtlichen Praxis läßt keinerlei Zweifel daran, daß sich der Staat einen zu hohen Anspruch stellte, wenn er jeden Wanderarbeiter mit einem Druckwerk versorgen wollte. Schon in den Behörden Moskaus rissen Klagen über Mangel an Pässen nicht ab -[36] ganz zu schweigen von der Versorgung der Provinz. Mißverständlich ist auch die Bezeichnung „gedruckter" Pass, konnte doch nur dessen Eingangspassage gedruckt werden, die dem Inhaber das Verlassen des Dorfes gestattete bzw. das Überschreiten der Frist unter Strafe stellte. Der Name des Bauern, die Liste seiner äußeren Charakteristika, die ausstellende Behörde sowie Ort und Datum - dies alles war in das Formular von der Größe eines Briefumschlags nachträglich und von Hand einzusetzen. Da diese Pässe noch dazu durch minderwertigen Bleisatz auf herkömmliches Schreibpapier gedruckt wurden, leistete dieser bescheidene technische Standard dem Handel mit Blankopässen außerordentlichen Vorschub. Zum Teil hatten korrupte Beamte diese in Umlauf gebracht, zum Teil waren sie in großer Auflage illegal nachgedruckt worden.[37] Durch das Netzwerk der Schenken stellte auch deren Absatz kein schwerwiegendes Problem dar. So gab der Hausknecht Kalina Ivanovič 1777 zu Protokoll: „Aus Angst vor den Schlägen seines

---

34 F. 373, d. 1646, l. 17, l. 18 ob; d. 1874, l. 27; d. 222o, l. 3 ob. Das Erziehungshaus war eines der ersten großen Bauvorhaben, das nach dem Ukaz vom 12.6.1763 (PSZ 16, Nr. 11.682) aus Stein errichtet werden mußte. Vgl. Sytin, Istorija planirovki, Bd. 2, S. 15-16.

35 PSZ 11, Nr. 8738. Der Ukaz bietet zugleich eine Zusammenfassung der bisherigen Paßgesetzgebung.

36 Vgl. z.B. F. 931, op. 3. d. 3oo, l. 3.

37 Vgl. F. 373, d. 2o11 und d. 2828.

betrunkenen Herrn lief er davon, ohne etwas gestohlen zu haben. Tagsüber trieb er sich in verschiedenen Moskauer Schenken herum; die Nächte verbrachte er bei Artilleristen im Arsenal, die er dafür zum Wodka einlud. Wie diese heißen, weiß er nicht. Bis der Frühling kam, blieb er bei ihnen, sagte jedoch niemandem, daß er ein Läufling sei... Am Sonntag nach Ostern, als er die Sretenka entlangging, traf er beim Sretenka-Tor den ihm bekannten Kutscher Semen Zacharov. Aus alter Bekanntschaft nahm Zacharov ihn in die Wirtschaft am Sretenka-Tor mit, wo beide auf Kalinas Kosten Wodka tranken. Bei dieser Gelegenheit fragte er den Kutscher, ob dieser jemanden kenne, der ihm einen Paß schreiben könne. Darauf antwortete Zacharov, daß er einen Strjapčij kenne und diesen fragen werde. Sie verabredeten, sich nach einer Woche in Zacharovs Wohnung in der deutschen Vorstadt wiederzutreffen." Dort erwarb Ivanovič eine gefälschte Entlassungsurkunde für zehn Rubel und einen Paß für zwei Rubel, worauf man den Handel in der Schenke am Sretenka-Tor begoß.[38] Wohl weil ein Beamter dahintersteckte, fiel der Preis für die Papiere bei diesem Beispiel recht hoch aus. Fedor Nikolaevič, ein leibeigener Bauer von 44 Jahren, der vor 1758 nach Moskau geflohen war, bat in einer Kneipe der Preobraženskaja-Vorstadt einen ihm (seiner Aussage nach) unbekannten Mann um das Schreiben eines Passes und mußte daür nur 15 Kopeken bezahlen. Nikolaevič besaß sogar die Frechheit, sich mit diesem Machwerk bei der Revision registrieren zu lassen, ohne dabei auf Argwohn zu stoßen.[39] Gleichfalls 15 Kopeken - immerhin mehr als ein Tageslohn - legte der Hausknecht Ivan Komonov an. Nachdem er zwei Monate in den Gärten Moskaus übernachtet hatte, entschloß er sich in einer Kneipe der Kolomenskaja-Kutschervorstadt zum Paßkauf, um sich am Arbat-Tor für monatlich drei Rubel einzumieten.[40] Wer nicht die Muße hatte, in den Moskauer Schenken auf Schreibkundige zu warten, der konnte auch im Gewimmel des Roten Platzes fündig werden. Dorthin wandte sich Michail Kotel'nikov, ein in Moskau bei seinem Herrn lebender Bauer, der die Absicht hatte, zusammen mit drei Hausknechten nach Saratov zu entlaufen. Bereits vier Wochen vor der Flucht erstand er dort am 1.5.1751 vier Pässe für insgesamt 15 Rubel - deutlich teuerer als in den Kneipen. Infolge eines Streites wurden er und seine Begleiter am 2.8.1751 in Tambov von einem Polizisten angehalten, verhört und nach Moskau zurückgeschickt. Hier ordnete der Sysknoj Prikaz am 1.9.1752 die Folter an, um den Verkäufer der Pässe zu ermitteln. Als Kotel'nikov diesen preisgegeben hatte und dem Mann gegenübergestellt worden war, ließ ihn der Richter zur Bestrafung an den Besitzer übergeben.[41]

Alles in allem entsteht der Eindruck, daß die Läuflingsbewegung Urvoraussetzung für die Existenz einer Grauzone war, in der jegliches Recht zu versickern drohte. Im Moskauer Zentrum waren es die Schenken und Bäder, die sich staatlichem Zugriff zu entziehen suchten und der Unterwelt als Kommunikations- und Versorgungspunkte dienten. Oft traf schon die Straße eine soziale Vorauswahl

---

38 F. 373, d. 3o87, l. 11 ob.-14.
39 F. 372, d. 3995, l. 12 ob.
40 F. 373, d. 3o84, l. 4.
41 F. 372, d. 5427, l. 11, 32.

und führte Paßkäufer und -verkäufer zusammen. Am Moskauer Stadtrand drohte die Grauzone die legale sogar zu überwuchern, reihten sich hier die Sloboden der Kutscher, Treidler und Soldaten doch fast lückenlos aneinander. Da diese Viertel polizeilicher Kontrolle nur sporadisch unterlagen (s.u. Tabelle 21/22), konnten Läuflinge hier auf ein sicheres Obdach rechnen. Es regt sich der Verdacht, daß Polizei und Gericht als zuständige Staatsorgane im Zentrum der Stadt die Existenz dieser Grauzone vielleicht sogar hinnahmen und nur bei außergewöhnlichen Vorkommnissen in die Peripherie einmarschierten. Ein derartiger Fall ergab sich am 16.4.1746, als Van'ka Kain, der berüchtigte Polizeispitzel, den Treidler Savel' Usačov beim Sysknoj Prikaz ablieferte. Usačov sollte einen Brigadier überfallen haben. Da der Verdächtige zu einer Gruppe von Treidlern gehörte, die mit mehreren Getreidekähnen erst vor kurzem in Moskau eingetroffen waren und sich noch in Zamoskvareč'e aufhielten, sah sich das Gericht durch die hohe Stellung des Opfers zu energischer Aktion genötigt und beorderte Sergej Šeremetev, einen Leutnant des in Moskau liegenden Jaroslaver Infanterieregimentes, am 20.4. zur Kontrolle der Treidler auf die andere Moskvaseite. Diese Order war Šeremetev jedoch nicht geheuer, so daß er Mangel an Soldaten vorschützte und eine Verstärkung von „nicht weniger als zwanzig Mann" anforderte. Dieser recht vielsagende Wunsch scheint Šeremetev auch erfüllt worden zu sein, da er sich nun in Bewegung setzte und auf einen Schlag 15 Treidler aushob. Von ihnen war ein einziger im Besitz eines ordentlichen Passes. Ivan Gusev, so sein Name, war mit fünfzig Jahren zugleich der älteste der Gruppe; da er bereits dreißig Jahre als Treidler zugebracht hatte, scheint er der Vormann gewesen zu sein. Sein Paß war erst 1745 von der Provinzialkanzlei in Perejaslavl' verlängert worden. Entweder hatten seine Männer gar keinen Paß und gestanden, entlaufen zu sein, oder sie gaben zu, sich in Orel, dem Ausgangspunkt vieler für Moskau bestimmter Getreidetransporte, bei einem Treidler mit falschen gedruckten Pässen versorgt zu haben. Dabei schwankte der Preis pro Paß zwischen 15 Kopeken und einem Rubel. Einem der Männer entfuhr sogar die Aussage, er sei bereits acht Jahre ohne Paß unterwegs und habe in dieser Zeit sehr oft auch in staatlichen Häfen gearbeitet. Ein weiterer wurde des Raubes verdächtigt, ein dritter gestand, in Zamoskvareč'e zwanzig Rubel gestohlen zu haben.[42] An die Annahme einer vom Staat nur in Ausnahmefällen aufgesuchten, ansonsten aber geduldeten Grauzone schließt sich an dieser Stelle unübersehbar die Frage an, welche Umstände manchen Läufling zum Dieb gemacht haben. Ihr geht der folgende Abschnitt nach.

42 F. 372, d. 1479, l. 17-29.

6.c Diebstahl

Bei der Frage nach den sozialen Begleitumständen der Kriminalität sind unsere Quellen naturgemäß einseitig. Sie präsentieren uns nur diejenigen Läuflinge, die den agrarischen Lebenskreis - wenn sie ihm vorher denn angehörten - auf Dauer verlassen wollten. Aus diesem Grund hatte es sie nach Moskau getrieben, wo sie jedoch Schiffbruch erlitten und sich auf der Anklagebank wiederfanden. Ingesamt gesehen erscheint uns diese Gruppe als Minderheit, stellt man ihr diejenigen Läuflinge und Wanderarbeiter gegenüber, die sich in Zentren der Frühindustrialisierung wie Pavlovo, Ivanovo, den Moskauer Textilmanufakturen usw. auf Dauer einrichten konnten; gestützt auf die in Tabelle 11 zutage tretende Dunkelziffer läßt sich zugleich behaupten, daß die Gruppe der dingfest gemachten Straftäter auch gegenüber denen auf freiem Fuß in der Minderzahl blieb. Bei den registrierten Straffälligen haben wir es vor allem mit jungen Männern zu tun; diese stellten zwar auch unter den Moskauer Arbeitern die Mehrheit, auf der Anklagebank aber waren sie nahezu unter sich.[1] Bedingt durch die niedrige Lebenserwartung waren diese Jugendlichen oftmals ohne Vater aufgewachsen, waren daher in mehrfacher Hinsicht deklassiert. In den gerichtlichen Vernehmungen wie auch in den tw. gedruckt vorliegenden Biographien von Moskauer Arbeitern des 18. Jahrhunderts[2] offenbart sich die äußere Not z.B. im Zwang, häufig den Wohnort zu wechseln. Die Häufigkeit dieser Umzüge war dem Ausmaß sozialer Kontrolle zweifellos nicht förderlich. Auch das Phänomen des Stellenwechsels ist bei Delinquenten häufig zu beobachten.

Dieses Umhergeworfensein tritt am Beispiel des späteren Straßenräubers Ivan Kononov deutlich hervor. Am 28.11.1777 fertigten Schreiber der Rozysknaja Ėkspedicija nach seiner Aussage das folgende Protokoll an: „24 Jahre ist er alt, kann schreiben und lesen, ist leibeigener Hofknecht des Fürsten Vasilij Fedorovič Meščerskij, bei dem er bei der dritten Revision[3] für die Kopfsteuer im Kreis Novgorod, Dorf Michajlovskoe, registriert wurde. Danach war er, Kononov, wohnhaft im Hause seines Herrn in Moskau, aus dem er Ende Juni 1775 entlief, ohne etwas gestohlen zu haben und ohne dazu angestiftet worden zu sein. Hatte Angst vor der Strafe des Herrn, da ihm der Hofknecht Andrej Nikitič Kurlakov aus dem Hause seines Herrn in Moskau ihm, Kononov, gesagt hatte, er wisse von seiner und seines Gefährten Egor - den Nachnamen weiß er nicht - Absicht zu fliehen und bei S.K.M. wegen der unerträglichen Schläge des Herrn eine Eingabe zu machen. Dabei hatten sie jedoch nicht die Absicht, zu fliehen und eine Eingabe zu machen. Nach der Flucht trieb er sich einen Monat in den Moskauer Kneipen herum und übernachtete im *Lesnoj rjad* und in den Gärten. Im

---

1 Die generell hohe Delinquenz junger Männer hat den Heidelberger Juristen Karl Mittermeier 1829 zu dem Ausspruch veranlaßt, offenbar gelange der Mensch erst im Alter von mehr als dreißig Jahren zu festeren Moralbegriffen.

2 Vgl. PMP Nr. 182-2o4.

3 1762-64.

Gasthaus am Sucharev-Turm traf er einen Mann - dessen Herrn weiß er nicht -, dem er beim Gespräch sagte, er sei ein Läufling. Auch bat er ihn, ihm einen Paß zu schreiben. Dieser sagte, er solle am nächsten Tag in dieselbe Kneipe kommen. Als er, Kononov, morgens dorthin kam, gab ihm dieser einen Paß für fünfzig Kopeken. Auf Bitten Kononovs nannte ihn der einen Hofknecht des Gutsbesitzers Nikolaj Semenovič Karsakov. Nachdem er diesen Paß erhalten hatte, verdingte er, Kononov, sich als Dienstbote und Kutscher beim Moskauer Kaufmann Ivan Ivanovič Kvasnikov für zwei Rubel im Monat. Sagte nicht, daß er ein Läufling sei. Von dem ging er stiften und lebte in der Kolomenskaja-Kutschervorstadt, dann anderswo vier Monate bei dem Kutscher Stepan Melnikov in dessen Haus. Den Paß schrieb er sich selbst nach dem Vorbild des ersten, als dessen Frist abgelaufen war, diesmal als Leibeigener Vasilij Zmulev des Majors Nikolaj Karsakov. Mit diesem Paß ging er in die Stadt zur *Ovošnoj rjad* und kaufte in einer Bude einen Stempel für zwanzig Kopeken. Als er zurück im Hause des Kutschers war, stempelte er den Paß damit selbst. Mit diesem Paß verdingte er sich als Lakai bei dem französischen Arzt Monsieur du Bré für drei Rubel, der am Arbat-Tor bei der Aleneva wohnt. Bei dem brachte er drei Monate zu. Dann ging er zu dem Gutsbesitzer Pavel Afanasevič Rostopčin, Flottenkapitän in Ruhestand, für zwei Rubel im Monat..."[4]

Vom hier sichtbar werdenden Mangel an Stetigkeit geht aber noch kein hinreichendes Kennzeichen für die Entwicklung zur Straffälligkeit aus; vielmehr dürfte er für weite Teile der Unterschichten charakteristisch gewesen sein. Entscheidend für den Weg zur Straffälligkeit war dieser Mangel erst dann, wenn sich Kontakte zur Unterwelt anbahnten. Wie unter 6.b beschrieben, konzentrierte sich diese in Moskau vor allem in den Gasthöfen sowie in den Vorstädten der Kutscher und Soldaten. Nehmen wir das Beispiel des leibeigenen Bauern Mitrofan Unjatin vom 12.11.1772, das insofern eine Ausnahme darstellt, als der Angeklagte hier sowohl vom Hintergrund seiner Straftat berichtet als auch von seiner Festnahme. Beide Punkte interessierten vor Gericht nur am Rande und kamen in den Protokollen deshalb kaum zur Sprache. Mit 23 Jahren floh Unjatin, nachdem er in seinem Dorf einen Diebstahl begangen hatte, nach Moskau, fand bei einem Kutscher der Rogožskaja-Vorstadt Unterkunft und arbeitete als Zimmermann. In dieser Kutschervorstadt lernte er zwei Brüder Ivanov kennen, entlaufene Bauern wie er, die sich schon länger als er in der Rogožskaja-Sloboda aufhielten. Als die Brüder Ivanov Kunde von lohnender Beute erhielten, setzten sie dem Unjatin zu, um mit ihm und anderen Läuflingen bzw. Deserteuren im Dorf Podberez'e (Kreis Vladimir) das Gut des Andrej Borisovič Vladykin zu überfallen; dort sei viel Gold und Silber zu holen. Da Unjatin gegen dieses Ansinnen offenbar wenig einzuwenden hatte, brachen sie nachts in das Gutshaus ein und kehrten mit Säcken voller Silber nach Moskau zurück. Hier kam Unjatin bei seiner Schwester in der Semenovskaja-Vorstadt unter, ohne ihr von diesem Raubzug zu berichten. Durch einen Streit zwischen Mittätern und Mitwissern flog die Bande jedoch auf, so daß Unjatin drei Tage nach seiner Rückkehr auf dem

---

4 F. 373, d. 3084, l. 4-5.

Roten Platz verhaftet wurde.[5] Sein Bericht weist deutlich auf die Funktion des Ganovenmilieus zur Rekrutierung neuer Spießgesellen und auf seine Bedeutung als Nachrichtenbörse hin. Nicht die Gelegenheit war es also, die Diebe machte, sondern die Bekanntschaft. Zur Weitergabe einschlägiger Hinweise bot Moskau auch deshalb ein günstiges Pflaster, weil Herr und Knecht hier oftmals eng zusammenlebten, Geheimnisse also schwer zu hüten waren. Die rastlose Tätigkeit des Van'ka Kain hat uns auch dafür ein Beispiel hinterlassen. Am 6.5.1745 lieferte er auf dem Sysknoj Prikaz drei Männer ab, die er beschuldigte, den in Zamoskvareč'e lebenden Kaufmann Petr Ivanovič Gorskij bestohlen zu haben. Wie das Verhör ergab, hatte ein Arbeiter Gorskijs, der mit seinem Herrn unter einem Dach wohnte, von der Existenz einer größeren Summe Geldes erfahren. Verstärkt durch zwei Kumpane aus der Unterwelt wartete er daraufhin Gorskijs vorübergehende Abwesenheit ab, um die Barschaft an sich zu bringen.[6] Der Welt der Kneipen und Kriminellen kam schließlich auch Bedeutung als Zentrum der Hehlerei zu. „Legal" und „illegal" verflossen schon auf dem Roten Platz ineinander, bot dieser Markt doch Gelegenheit, Waren aller Art und Herkunft abzusetzen, so etwa Schmuck, Geschirr, Kleidung, Werkzeug, Geflügel, in seltenen Fällen sogar Bücher. Die Aussicht, für Diebesgut hier einen Käufer zu finden, wird manchen Räuber zu seiner Tat zusätzlich ermuntert haben. Tückisch war allein der Versuch, Kirchenschmuck oder Ikonen anzubieten; nach Lage der Dinge wies dies zu deutlich auf einen Kirchendiebstahl hin. Hier lag die Hemmschwelle der Käufer offenbar weitaus höher.

Im Juli 1781 schickte der Fähnrich Michail Belikov seinen dreiundzwanzigjährigen Hausknecht Petr Zabelkin aus der Butyrskaja-Vorstadt nach Moskau und befahl ihm, dort Arbeit zu suchen; er, Belikov, brauche Geld. Als Zabelkin des Abends jedoch unverrichteterdinge wieder nach Hause kam und behauptete, keine Arbeit gefunden zu haben, richtete Belikov ihn übel zu. In der Nacht suchte Zabelkin daraufhin das Weite und verdingte sich auf dem Bau. Eine Woche darauf brach er nachts in Belikovs Haus ein und stahl Kleidung und Hausrat, die er Händlern auf dem Roten Platz verkaufte.[7] Derartige Einbrüche ehemaliger Bediensteter waren in Moskau nicht ganz selten. Im Haus ihres Herrn kannten die Getürmten Schlösser und Schränke; ein zusätzlicher Antrieb erstand aus dem Bedürfnis, sich für erlittene Willkür zu rächen. In vielen Fällen haben Dienstboten die Herrschaft somit um hohe Summen erleichtert. Überhaupt hat sich bei den Eigentumsdelikten im 18. Jahrhundert eine merkliche Umschichtung vollzogen. Nach 1740 überwogen Diebstähle von Gegenständen und Wertsachen die von Geld im Verhältnis 7:1; im letzten Drittel des Jahrhunderts verringerte sich dieser Faktor auf 3:1 (s.o. Tabelle 9/10). Als Ursache dieses Wandels ist die allmähliche Ausweitung des Geldkreislaufs anzunehmen. Alles in allem läßt sich auf die Frage nach den Begleitumständen des Abgleitens in die Kriminalität sagen, daß allein dauerhafte Arbeit eine Chance zur de facto-Integration der

---

5 F. 373, d. 2259, l. 15.
6 F. 372, d. 1292, l. 1-3.
7 F. 373, d. 4o17, l. 4-4 ob.

Läuflinge bot. War diese gefunden, stand auch der formellen Reintegration durch Kauf eines Passes, erneute Registrierung usw. nichts mehr im Wege. Wer die Möglichkeiten des ausgedehnten Moskauer Arbeitsmarktes jedoch ausschlug, unterlag mit großer Wahrscheinlichkeit dem Sog der Unterwelt. Gehen wir damit zur sozialen Zusammensetzung der Angeklagten über. Dabei soll die Aufmerksamkeit zunächst der Verknüpfung von Flucht und Diebstahl gelten. In den folgenden beiden Tabellen werden nur diejenigen Diebstähle erfaßt, die der Angeklagte nach Auffassung des Gerichts schon im Moment der Flucht begangen haben sollte.[8]

Tabelle 12

Verteilung der Anklagen wegen Flucht und Diebstahls (MPK) auf Geschlechter und Stände 1764-68 und 1778-82

	Bauern	davon hatten gestohlen	Bäuer.	gest.	Hauskn.	gest.	Hausm.	gest.
1764	3	2	2	2	2o	15	4	3
1765	4	1			16	15	4	4
1766	5	3	3		13	11	2	2
1767	6	6	1	1	17	14	5	2
1768	2	1			11	8	4	1
1778	1				1o	7	2	2
1779	5	3	4	4	18	12	6	5
1780	5	4	2		16	14	3	3
1781	6	6	2	2	18	14	5	3
1782	2	2	3	1	12	9	3	1

8 In aller Regel stattete die Herrschaft das Gesinde auch mit Kleidung aus. Diese verblieb im Eigentum des Herrn, so daß sich der Hausknecht damit schon bei Fluchtantritt auch des Diebstahls (dieser Kleidung) schuldig gemacht hatte. Beschränkte sich das Vergehen des Angeklagten aber allein auf die Flucht, legte der Sysknoj Prikaz den „Diebstahl" der Kleidung nicht als strafverschärfend aus. Das Folgende bezieht sich nur auf Fälle anderweitiger Übegriffe gegen das Eigentum des Herrn.

Tabelle 13

Verteilung der Anklagen wegen Flucht und Diebstahls (MGK) auf Geschlechter und Stände 1764-68 und 1778-82

	Bauern	davon hatten gestohlen	Bäuer.	gest.	Hauskn.	gest.	Hausm.	gest.
1764					6	5	1	1
1765	1	1			9	5		
1766	2	2	2	1	6	3		
1767	4	2			6	5		
1768	2		2	2	8	6	2	1
1778	2				9	4	2	1
1779	2	2	1	1	6	3	1	
1780	3		2	1	7	3	1	1
1781			1	1	5	5		
1782	1	1			5	3		

Hinzu kamen Anzeigen privater Herkunft, die beim Gericht selbst eingingen. Der Unterschied zwischen Stadt (MPK) und Gouvernement (MGK) ist in diesem Fall nicht ersichtlich. Z.B. nahm die Rozysknaja Ėkspedicija 1765 sieben Anzeigen wegen Flucht von Hausknechten entgegen, davon sechs in Tateinheit mit Diebstahl, eine wegen Flucht-Diebstahls durch eine Hausmagd sowie zwei wegen Flucht und Diebstahls durch Bauern. Daneben liefen auch von Behörden Anzeigen ein, wobei uns Flucht-Diebstahl vor allem in Meldungen des Manufakturkollegiums begegnet. 1765 überstellte es fünf flüchtige Arbeiter an die Rozysknaja Ėkspedicija, davon ein Flucht-Diebstahl. Aus Tabelle 12/13 geht deutlich hervor, daß die Versuchung von Flucht-Diebstahl bedingt durch das Zusammenleben auf engem Raum beim Gesinde weitaus höher war als bei Bauern. In beiden Jahrfünften nahm die Moskauer Polizei mehr Läuflinge fest als die Voevoden im Gouvernement - im Grunde eine kaum überraschende Beobachtung, hinter der sich die Anziehungskraft der Großstadt auf die Entwichenen verbirgt. Über die Herkunft des Läuflings sagt der Ort der Festnahme jedoch nichts aus. Daß die Hofleute vor den Schranken des Gerichts die Bauern so eindeutig überwogen, besagt nicht automatisch, daß sie auch häufiger flohen. Da Hausknechte ihre Flucht zumeist mittellos antraten - auch daher die hohe Straffälligkeit -, waren ihre Voraussetzungen schlechter und das Risiko höher. Zudem wurde die Flucht eines Hausknechts zumeist prompt entdeckt und deshalb auch schneller zur Anzeige gebracht. Frauen entliefen alles in allem seltener, stahlen aber, wenn sie denn flohen, ebenso oft wie Männer. Vom Umfang der Läuflingsbewegung insgesamt können beide Tabellen keinen Eindruck vermitteln, da hier nur diejenigen Angeklagten aufgeführt werden, die die Flucht von sich aus gestanden bzw. denen man sie nachweisen konnte. Dies gelang naturgemäß nicht bei allen. Lag der Zeitpunkt der Flucht schon längere Zeit zurück, so daß sich der Betreffende mittlerweile einen legalen Status verschafft hatte, wurde der Gedanke an eine Anklage wegen Flucht gegenstandslos. Unterschwellig fließt das Delikt der Flucht deshalb in die folgenden Tabellen 14/15 ein, tritt dort aber schon in anderen Kategorien auf.

Auch hier übersteigt die in der Stadt registrierte Kriminalität die des Gouvernements bei weitem; auch hier stehen die Hausknechte an erster Stelle, während bei den Frauen die materiell oftmals unversorgten Soldatenfrauen und -witwen dominieren. Betrachtet man die Gesamtzahl der Anklagen wegen Einbruchs und Diebstahls *(kraža)* von 1730 bis 1782 in Tabelle 9/10, so erscheinen zwei Muster: Vor 1760 und nach 1770 lag die Gesamtzahl der Anklagen im Jahresdurchschnitt zwischen 150 und 190. In diesem Zeitraum umfaßte Einbruch-Diebstahl etwa die Hälfte aller Anklagen. Von 1760 bis 1769 springt die durchschnittliche Zahl der Anklagen auf 220 bzw. 240. Auf *kraža* entfallen jetzt rd. sechzig Prozent der Anklagen insgesamt. Da sich bei den Gewaltverbrechen kein derartiger Gipfel abzeichnet, entsteht der Eindruck, daß die registrierten Eigentumsverbrechen größeren Schwankungen unterlagen als Totschlag und Mord.

Tabelle 14

Verteilung der Anklagen wegen Diebstahls (MPK) auf
Geschlechter und Stände 1764-66 und 1778-82

	Bauern		Hofleute		Arbeiter		Soldaten		Kleinb.		Kaufl.	
	m.	w.	m.	w.	m.	w.	m.	w.	m.	w.	m.	w.
1764	18	3	35	8	4		8	11	1	2	1	2
1765	18		9	5	2	2	4	5				
1766	17	1	29	6	5	1	5	1o	1	1		
1767	3o	9	34	9	9	1	1o	15	3		1	
1768	16	6	24	7	3		8	12				
1778	9	1	9	2			3	7	1			
1779	14	3	2o	4	2		3	11				
1780	19	6	21	12	5	1	5	15	1			
1781	22	4	31	8	4	1	6	14				
1782	27	1	22	2	3		4	2			3	4

Tabelle 15

Verteilung der Anklagen wegen Diebstahls (MGK) auf Geschlechter und Stände 1764-68 und 1778-82

	Bauern		Hofleute		Arbeiter		Soldaten		Kleinb.		Kaufl.	
	m.	w.	m.	w.	m.	w.	m.	w.	m.	w.	m.	w.
1764	7		2									
1765	9	1	6		1							
1766	16	2	6	1			1					
1767	5	1	3									
1768	8	1	6	1				1				
1778	8	4	7	1								
1779	15	5	9		2		1					
1780	14	2	9									
1781	12	3	4	1	1							
1782	9		8				1	1	1			

Die im ersten Drittel des 19. Jahrhunderts entstehende Kriminologie bzw. Moralstatistik hat auf die Frage nach den Ursachen derartiger Schwankungen große Mühe verwandt. Vor allem Guerry und Quetelet wiesen dabei auf Kräfte der *mécanique sociale* hin, also z.B. auf das Überwiegen der Eigentumsverbrechen im Winter, das der Gewaltverbrechen im Sommer, ein Verhältnis zwischen der von Männern verübten Kriminalität zu der von Frauen wie 5:1, den Gipfel in der kriminellen Aktivität des Menschen zwischen dem 25. und 30. Lebensjahr oder die umgekehrte Proportionalität zwischen Gewaltkriminalität und Suizidhäufigkeit. Sehr skeptisch waren beide in der Beurteilung der Volksbildung als eines verbrechensverhütenden Faktors - hier in deutlicher Wendung gegen die Bildungseuphorie der Aufklärung. Erst die englische Kriminologie versuchte, Wirtschafts- und Verbrechensstatistik in unmittelbare Beziehung zu setzen. In Zeiten der Prosperität beobachtete man eine Zunahme der Gewaltdelikte, heraufbeschworen durch höhere Löhne und größeren Alkoholkonsum, während eine zumeist am Getreidepreis abgelesene Krise eine Steigerung der Diebstähle nach sich zog. Daran anknüpfend hieß es bei dem Münchner Kriminalstatistiker Georg von Mayr 1867 ganz explizit, die Kurven von Diebstahl und Getreidepreis verliefen „so überraschend parallel, daß man nicht anstehen kann zu bekennen, es habe in der Periode 1835/61 so ziemlich jeder Sechser, um den das Getreide im Preis gestiegen sei, auf je 100.000 Einwohner im bayerischen Gebiet diesseits des Rheins einen Diebstahl mehr hervorgerufen, während andererseits das Fallen der Getreidepreise um einen Sechser je einen Diebstahl bei der gleichen Zahl von Einwohnern verhütet hat.“[9] Die Behauptung einer so engen Korrelation ist wohl mit der Einschränkung zu versehen, daß hohe Getreidepreise zwar den Konsumenten belasten, niedrige aber den Produzenten.

Auch in unserem Zusammenhang drängt sich die Frage nach möglichen Beziehungen zwischen Brotpreis und Eigentumskriminalität auf. Dank der Forschungen B.N. Mironovs liegen uns die Getreidepreise für die Jahre 1712-1723, 1744-1753 sowie von 1757 bis 1781 seit kurzem auch gedruckt vor. In der zweiten Hälfte des 18. Jahrhunderts entfielen etwa vierzig Prozent des russischen Getreideanbaus auf Roggen, rd. dreißig Prozent auf Hafer, sieben Prozent auf Gerste und sechs Prozent auf Weizen. Im Nichtschwarzerdegebiet um Moskau dürfte der Roggenanteil eher noch höher gewesen sein. In Moskau-Stadt zeichnet sich ein erster Preisgipfel für 1749 ab. In den Jahren zuvor hatte man pro četvert’ Roggen ca. einen Rubel zahlen müssen, jetzt sprang der Betrag auf 1,70 Rubel. Schon im Gouvernement Moskau fiel die Teuerung wesentlich bescheidener aus; hier stieg der Preis von 0,90 auf 1,36 Rubel, überragte damit aber noch den Zuwachs in den umliegenden Gouvernements. Einer Periode vergleichsweise günstiger Roggenpreise zwischen 1753 und 1761, in der die Händler in Moskau-Stadt achtzig bis neunzig Kopeken pro četvert’ verlangten, schloß sich in den sechziger Jahren ein längerer Zeitraum hoher Preise an. Für 1766 werden erstmals über zwei Rubel genannt, für 1767 sogar 2,83 Rubel. Auch im Gouvernement Moskau kletterte der Preis auf 2,71 Rubel, so daß die ursprünglich festgestellte Kluft zwischen Stadt und Gouvernement damit kaum noch zu spüren ist. In den siebziger Jahren ebbte die Teuerung langsam ab, so daß Roggen zumeist für 1,50 Rubel angeboten wurde.[10] Mit der schon im 19. Jahrhundert beobachteten Verzögerung von ein bis drei Jahren, bedingt durch die Tätigkeit des Justizapparats, schlug damit sowohl der kurzzeitige Preisgipfel von 1749 wie der anhaltende der sechziger Jahre auf die Zahl der Anklagen wegen Diebstahls durch. Von 1745 bis 1749 erhob der Sysknoj Prikaz im Jahresdurchschnitt 87 Anklagen wegen Einbruchs und Diebstahls, von 1750 bis 1754 101 und von 1755 bis 1759 erneut 87. Auch die oben erwähnte Kriminalitätszunahme zwischen 1765 und 1769 mit mehr als 144 Anklagen wegen *kraža* geht unbestreitbar mit einer Brotverteuerung einher; infolge nachgebender Roggenpreise in der ersten Hälfte der siebziger Jahre sank der Jahresdurchschnitt der Anklagen dann auf rd. siebzig ab.

Als ein zweiter wesentlicher Faktor für einen Kriminalitätsanstieg wird in der englischen Literatur neuerdings immer wieder der Frieden genannt, da junge Männer, die Gruppe mit der höchsten Delinquenz, in dieser Zeit aus der Armee

---

9 Mayr, Gesetzmäßigkeit, S. 346-47. Spätere Untersuchungen kamen zu dem Ergebnis, daß der Arbeitsmarkt den Getreidepreis in Preußen nach 1870 als Indikator abgelöst habe. Vgl. die ausgezeichnete Übersicht von Mechler, Studien, hier S. 147. Tarnovskij, Vlijanie, hält am Zusammenhang von Ernteausgang und Besitzkriminalität für Rußland bis ins 20. Jahrhundert fest.

10 Mironov, Chlebnye ceny, S. 44 sowie die Tabellen 3, 4 und 6 im Anhang. Die Preiskurve des generell etwas billigeren Hafers folgte i.W. der des Roggens.

in das Zivilleben zurückkehrten.[11] An längeren Friedensperioden verzeichnete man während unseres Zeitraums in Rußland allein die Jahre zwischen 1743 und 1757 sowie von 1774 bis 1787. Gerade während des Preisgipfels der sechziger Jahre hat der Zarenstaat damit ausdauernd Krieg geführt: Zunächst - bis 1762 - gegen Preußen, ab 1768 dann gegen die Türkei. Der in Tabelle 9/10 erfaßte Zeitraum ist jedoch zu kurz, um Auswirkungen von Krieg und Frieden auf die Kriminalstatistik unabhängig vom Brotpreis beobachten zu können; Krieg und Preisauftrieb gingen vielmehr Hand in Hand. Unbezweifelt aber ist die Bedeutung der Brände als Ursache weiterer Kriminalität, vor allem von Plünderung (dazu s.o. 6.a).

Bei der individuellen Straffestsetzung ließ sich das Gericht von fünf miteinander verwobenen Begriffen leiten. Deren Abgrenzung ist nicht ganz einfach. Der Geringfügigkeit nach an erster Stelle steht das *mošenničestvo*, das uns bereits in den Sudebniki von 1550 und 1589 begegnet. Einerseits bezeichnete es den Maß- und Gewichtsbetrug durch Händler, andererseits stand es für leichtere Eigentumsdelikte wie z.B. den Taschendiebstahl, der im 18. Jahrhundert der Polizeigerichtsbarkeit unterlag;[12] vor den Sysknoj Prikaz gelangte er daher nur selten. Dessen Gründungsukaz vom 22.7.1730 nennt neben zwei Schwerdelikten *(razboj, ubijstvo)* mit *tat'ba* nur ein Eigentumsvergehen. Das Uloženie von 1649 verwendete *tat'ba* im Sinne von Einbruch und Diebstahl schlechthin, vor allem wenn das Delikt heimlich und ohne Gewaltanwendung verübt wurde. In eben dieser Bedeutung löste der Kriegsartikel von 1715 den Begriff *tat'ba* durch *kraža* ab. In Paragraph 185 heißt es: „Sonst ist auch in denen Rechten vergönnet, einen Dieb *(vor)*, der zu Nachtzeit in die Häuser einbricht, ohne Furcht der Strafe zu töten, wenn man sonst sich seiner ohne Gefahr nicht hat bemächtigen können. Denn es ist zu muthmassen, daß ein Dieb nicht allein Stehlens halber *(ne dlja edinoj kraži)*, sondern auch Menschen zu ermorden des Nachts einbreche.“ Wenn der Ukaz von 1730 erneut von *tat'ba* anstelle von *kraža* sprach, ist dies eines der zahlreichen Beispiele für die vorübergehende Rückkehr zu Moskauer Traditionen nach Peters Tode. Als Sammelbegriff für alle Eigentumsdelikte verwendet der Kriegsartikel das bisher im Sinne von „Verbrechen im allgemeinen“ verwendete *vorovstvo*: „Wird jemand sonsten in gemeinem Diebstahl *(vorovstvo)* ergriffen und die Summe des Gestohlenen beträgt sich nicht über zwantzig Rubel, so soll der Dieb das erstemahl mit sechsmahl Gassenlaufen durch das Regiment, zum andernmahl mit zwölffmal Gassenlauf, zum drittenmahl aber mit Abschneidung von Nase und Ohren und Sendung nach den Galeeren abgestraft, und das Gestohlene allzeit von ihm wieder erstattet werden.“[13]

---

11 Herausgearbeitet durch Hay, War; Beattie, Pattern of crime. Vgl. McLynn, Crime, S. 32o-4o; Sharpe, Crime, S. 62. Es ist die Frage, ob man diese Beobachtung auf Rußland übertragen kann, da dort Friedensschlüsse nicht unbedingt mit Demobilisierung verbunden waren. Vor dem Ukaz vom 2.9.1793 (PSZ 23, Nr. 17.149), der die Wehrpflicht auf 25 Jahre beschränkte, kehrten Eingezogene de jure nicht in das Zivilleben zurück.

12 In Tabelle 9/10 wird dieses Delikt unter Spalte 20 aufgeführt.

13 Art. 189. Bei einer Beute im Werte von mehr als zwanzig Rubeln sowie nach dreimaligen Rückfall sah Art. 191 den Tod durch den Strang vor.

Mit einer derartigen Auffassung von *vorovstvo* stimmte die des Sysknoj Prikaz nicht überein, da dieser Begriff hier Verwendung fand, wenn man zu keiner restlosen Klärung des Tatbestands gelangt war bzw. unterschiedliche Delikte zu einer Anklage zusammenfaßte. So lieferte die Moskauer Polizei den Kaufmann dritter Gilde Ilja Cholščevnik und den Bediensteten Ivan Nozovoj am 30.1.1752 an das Gericht aus; der Kaufmann gestand insgesamt sieben Diebstähle, Einbrüche und Raubüberfälle und wurde demzufolge des *vorovstvo* angeklagt.[14] Zur Bezeichnung des qualifizierten Diebstahls hielt die russische Rechtssprache schließlich den Ausdruck des *grabež* bereit. Hier setzte der Kriegsartikel den Sprachgebrauch des Uloženie fort, wenn er in Paragraph 185 feststellt: „Wer Leute auf Wegen und Straßen mit bewaffneter Hand angreiffet und sie mit Gewalt beraubet *(ograbit)* oder auch wohl gar schläget, verwundet oder tödtet oder des Nachts mit Waffen in die Häuser einbricht, raubet *(pograbit)*, schläget, verwundet oder tödtet, der soll nebst allen denen so dabey gewesen und dazu geholfen mit dem Rade zerstossen und der Körper aufs Rad geflochten werden." Vom Tatbestand an sich mußte zwischen Raub *(grabež)* und Straßenraub *(razboj)* kein Unterschied bestehen; *razboj* faßte man jedoch als Bandendelikt von Gewohnheitstätern auf. Da *grabež* im 17. Jahrhundert die Todesstrafe nach sich ziehen konnte,[15] im frühen 18. wie gesehen sogar mußte, zog der Schritt von *kraža* zu *grabež* de jure eine drastische Strafverschärfung nach sich.

De facto ließ es der Richter jedoch auch bei *grabež* manchmal recht glimpflich abgehen. Am 29.12.1778 spannten der Bauer Nikita Andreev und sein Sohn Ivan dem Fabrikbesitzer Nikita Egorov auf der Straße von Moskau nach Kašira das Pferd aus und nahmen es mit. Als der alarmierte Gutsbesitzer vier Tage später auf dem Hof der beiden eintraf, entdeckte er dort nur noch die Hufe des Pferdes. Formal richtig erkannte das Gericht hier auf *grabež*. Da es sich jedoch offenbar um Mundraub handelte, sah das Gericht unter Berücksichtigung des guten Leumunds der beiden Bauern von einer Strafe seinerseits ab und übergab sie dem Gutsbesitzer.[16] Im Grunde wurde auch bisher Beherzigtes nur bestätigt, wenn ein Ukaz vom 3.4.1781 die drei Eigentumsdelikte *mošenničestvo, kraža* und *grabež* erstmals gemeinsam zu definieren versuchte und jeweils den Kennzeichen der Täuschung, der Heimlichkeit bzw. der Gewaltanwendung zuordnete. *Vorovstvo* blieb als Sammelbegriff für alle Eigentumsdelikte bestehen.[17] Der 1767 im Nakaz verkündete Vorsatz, zu einer Präzisierung der russischen Gesetze zu gelangen, wurde also erst mit geraumer Verspätung eingelöst.

---

14 F. 372, d. 38o5, l. 21. Beide wurden zu Knute, Brandmarkung und Zwangsarbeit verurteilt.

15 Ul. 2, 21.

16 F. 373, d. 3299. Zur Begriffsgeschichte s. Glötzner, Strafrechtliche Terminologie; Unbegaun, „Le Crime" et le „criminel"; Materialy dlja starinnoj juridičeskoj terminologii (eigens zum *vor*). Zu den Delikten vgl. Belogric-Kotljarevskij, O vorovstve-kraže; Fojnickij, Mošenničestvo; Tal'berg, Pochiščenie; Sokolsky, Eigenthumsverbrechen.

17 PSZ 21, Nr. 15.147. Vgl. Madariaga, Penal Policy, S. 514.

6.d Kirchenraub

Unter den hier behandelten Delikten verdient der Kirchenraub auch deshalb besonderes Interesse, da man kirchliche und weltliche Gesetzgebung an dieser Stelle vergleichen kann. De jure war dieses Delikt mit dem Sudebnik von 1497 zwar von der kirchlichen in die staatliche Rechtsprechung übergegangen;[1] de facto ergänzten sich Kirche und Staat jedoch noch im 17. Jahrhundert sowohl bei der Normsetzung als auch bei der Normanwendung. Im Zuge der sich ausbreitenden Staatlichkeit entzog das Uloženie dem Klerus die Fähigkeit, seine Leute zu richten, und räumte dieses mit den üblichen Gefällen verbundene Privileg in Art. 12, 1 allein dem Patriarchen ein. Für die übrige Geistlichkeit setzte Art. 13, 1 mit dem Klosterprikaz eine staatliche Behörde als Gerichtsinstanz ein. Dieser unterlagen sowohl das Straf- wie auch das Zivilrecht; die Gerichtsbarkeit der Kirche wurde - mit Ausnahme des Patriarchengerichts - also auf innerkirchliche Dinge beschränkt. Da es bei jedem Kirchenraub aber auch um Interessen der Kirche ging, ergab sich im zweiten Drittel des 17. Jahrhunderts die Situation, daß der Staat zwar eine Sanktion dieses Delikts aussprach, dessen Definition jedoch der Kirche überließ. In Nachfolge der Sudebniki drohte Art. 21, 14 des Uloženie Kirchenräubern die Todesstrafe an; Kotošichin zufolge wurde diese wie bei Ketzern auf dem Scheiterhaufen vollstreckt.[2]

Ob das Delikt des Kirchendiebstahls jedoch ausnahmslos alle Übergriffe auf fremdes Eigentum innerhalb von Kirche und Kloster umfassen sollte oder nur solche gegen Kircheneigentum, dieser Frage kam bei der Schärfe der vorgesehenen Strafe einige Bedeutung zu. Der Kirchensobor von 1666/67 entschied eindeutig zugunsten der zweiten Auffassung, wies die bisher geltende erste Meinung also zurück. Art. 12 des Strafgesetzbuches von 1669 übernahm diese Einschränkung, ersetzte die noch vom Uloženie bestätigte Todesstrafe jedoch durch das Abschlagen der linken Hand und des rechten Beines. Hatte sich der Dieb in der Kirche am Eigentum von Gemeindemitgliedern bereichert, sollte er die linke Hand verlieren; bei gewöhnlichen Dieben befahl Art. 8 demgegenüber das Abschlagen von zwei Fingern der linken Hand. Gelangte ein Fall von Kirchenraub jedoch vor das Patriarchengericht, war dieser lt. Beschluß des Kirchensobors von 1669 gehalten, ausschließlich den nächtlichen Raub von Kirchengut mit dem Tode zu ahnden. Für den als minder schwer geltenden Kirchendiebstahl am Tage verfügte der Sobor eine Strafe von hundert Knutenschlägen. Noch dazu stufte der Sobor das Strafmaß sogar nach dem Motiv der Tat ab - eine in der staatlichen Gesetzgebung bis dahin noch weitgehend unbekannte Differenzierung. Die Knutung sollte nur dann ausgesprochen werden, wenn der Betreffende aus Not gehandelt hatte; andernfalls sah der Sobor die härtere Strafe der Verbannung

1 Sud. 1497, Art. 9; vgl. Jaruševič, Cerkovnyj sud, S. 186.

2 Kotošichin, O Rossii, S. 116.

vor.[3] Das Nebeneinander von kirchlicher und weltlicher Rechtsetzung gestattet uns in diesem Fall also die Beobachtung, daß die Kirche ihre Statuten weitaus präziser als der Staat zu formulieren wußte, die Gesetze des Staates aber drakonischere Strafen vorsahen.

Mit Peter d.Gr. trat das Verhältnis von Staat und Kirche in eine neue Ära ein, sank die Kirche doch endgültig zu einer halbstaatlichen Behörde ab, ein Umstand, dem die Eingliederung des Synods in die Kollegien auch formalen Ausdruck verlieh. In Ergänzung des Geistlichen Reglements grenzte eine Resolution des Zaren vom 12.4.1722 die Rechtsprechung des Synods auf fünf Delikte ein: 1. Gotteslästerung, 2. Ketzerei, 3. Raskol, 4. Hexerei sowie 5. Ehebruch.[4] Kirchendiebstahl fiel damit in die alleinige Kompetenz des Staates. Vor diesem Hintergrund wiegt es umso schwerer, daß der Kriegsartikel von 1715 in Paragraph 186 erneut die Todesstrafe aussprach, die auf dem Rad vollzogen werden sollte. Diese Anordnung kam einem Rückschritt in die Zeit vor 1669 gleich, da man sowohl die Frage nach dem Geschädigten als auch die nach dem Motiv des Täters fallen ließ. Ein allmähliches Umdenken setzte erst in den vierziger Jahren ein, als der Senat das Strafmaß für jugendliche Kirchendiebe wesentlich herabsetzte. Hier deutet sich der auch in den Akten des Sysknoj Prikaz bestätigte Hinweis an, daß gerade Heranwachsende zahlreiche Kirchendiebstähle begangen haben.[5] So nahm ein Ukaz vom 23.8.1742 jugendliche Kirchendiebe (wie Mörder und Brandstifter) von Folter und Todesstrafe aus, wenn sie jünger als 17 Jahre waren; stattdessen sollten sie mit Plette oder Stock bestraft werden, 15 Jahre schwere Arbeit in den Klöstern verrichten und zur Vergebung ihrer Schuld ebenso häufig wie Mönche die Kirche besuchen.[6] Eine Revision erging am 18.9.1763. Nachdem Tat'jana Žemčužnikova, die elfjährige Tochter eines Einhöfers, aus einem Frauenkloster in Kazan' liturgische Gerätschaften gestohlen hatte, verschickte sie der Senat zur Ansiedlung nach Nerčinsk. Im gleichen Atemzug wurde der sechzehnjährige Kirchendieb Matvej Krekalev zur öffentlichen Bestrafung mit dem Stock sowie zu lebenslanger Arbeit in den Minen verurteilt.[7]

„Ein jeder, der über Kriminalsachen zu befinden hat, möge sich eher als milder denn als grausamer Richter erweisen, eingedenk dessen, daß auch er ein Mensch ist."[8] Dieser Ukaz aus den ersten Regierungsjahren Katharinas II. schlug einen Ton an, den man in der russischen Gesetzgebung bis dahin kaum vernommen hatte. In weiterer Präzisierung der Bestimmungen zur Strafmündigkeit erklärte er bei Jugendlichen zwischen 15 und 17 Jahren - dies ungeachtet der Straftat! - allein die Bestrafung mit der Plette für zulässig, bei Zehn- bis Fünfzehnjährigen allein die mit der Rute, nicht mit dem Stock. Kinder unter zehn Jahren sollten zur Bestrafung entweder den Eltern oder dem Gutsbesitzer überge-

---

3 Popov, Sud, S. 132-39; vgl. S. 385-92; Esipov, Grech, S. 115-24.
4 PSZ 6, Nr. 3.963.
5 Dies betont noch für das 19. Jahrhundert Chartulari, O svjatotatstve, S. 5o3.
6 PSZ 11, Nr. 8.6o1; bestätigt durch PSZ 12, Nr. 8.996 vom 18.6.1744.
7 PSZ 16, Nr. 11.925, Art. 6, 9.
8 PSZ 17, Nr. 12.424 vom 26.6.1765.

ben werden. Offenbar empfand die Regierung die hier ausgesprochene Reduzierung des Strafmaßes als so weitgehend, daß sie die Behörden anwies, diesen Ukaz als geheim zu betrachten, „damit von ihm keine Verführung ausgeht". Schon am 14.11.1765 widerrief der Senat jedoch diesen Ukaz, indem er Vasilij Fedoseev, einen sechzehnjährigen Bauernsohn, der eine Achtjährige vergewaltigt und ermordet hatte, zur „grausamen" Auspeitschung mit der Plette und anschließender Zwangsarbeit in den Bergwerken von Nerčinsk verurteilte. Zugleich ordnete der Senat für weitere derartig schwere Vergehen an, auch den Leumund des Angeklagten durch einen *obysk* (allgemeine Umfrage) zu prüfen.[9] Kam diese Umfrage zu einem belastenden Ergebnis, mußte der Richter dies in der Strafzumessung wohl berücksichtigen, stellte den Geheimukaz damit hintan. Zwei Jahre darauf setzte sich diese Tendenz fort, als der sechzehnjährige Kompanieschreiber Nikolaj Boguš, der im Kreis Sevsk Heiligenbilder und ein Meßgewand gestohlen hatte, vom Senat zur Bestrafung durch den - noch 1765 ausgeschlossenen - Stock verurteilt wurde.[10]

Trotz unübersehbaren Schwankens, die 1765 verkündete Humanisierung auch tatsächlich durchzusetzen, hat die russische Gesetzgebung zu minderjährigen Kirchendieben seit dem Tode Peters doch einen derart tiefen Wandel durchgemacht, daß sich das für Kirchendiebstahl vorgesehene Strafmaß an das für gewöhnlichen Diebstahl angenähert hatte. Diese Tendenz läßt sich vielleicht auch als Säkularisierung begreifen. Wie so oft in der russischen Geschichte tut sich zwischen Rechtsetzung und Rechtanwendung aber auch hier eine Kluft auf. So hielt das Journal des Sysknoj Prikaz vom 7.8.1757 den Beschluß fest, den fünfzehnjährigen Ivan Petrov aus Moskau der Folter zu unterwerfen, um zu klären, ob dieser Kirchenschmuck gestohlen und an eine Soldatenfrau verkauft hatte. Petrov gestand und wurde „grausam" mit der Plette bestraft.[11] In ebenso krassem Gegensatz zum erwähnten Ukaz vom 23.8.1742 stand 1753 die Folterung des dreizehnjährigen Lehrlings Vasilij Fedorov, der ein silbernes Kruzifix entwendet hatte.[12] Die schwere Verletzung des geltenden Rechts ist zumindest teilweise dadurch zu erklären, daß der Sysknoj Prikaz zur Urteilsfindung vor allem die großen, zur Synthese neigenden Rechtstexte heranzog, auch wenn deren Entstehung schon viele Jahrzehnte zurücklag. Während des gesamten hier behandelten Zeitraums blieben das Uloženie von 1649, das Strafstatut von 1669 sowie der Kriegsartikel von 1715 die grundlegenden Quellen, aus denen das Gericht schöpfte und mit denen es die gefällten Urteile begründete. Obwohl der Sysknoj Prikaz wie alle Behörden dazu verpflichtet war, den Empfang eingegangener Ukaze schriftlich zu bestätigen, war er de facto überfordert, angesichts einer Fülle sich aufhebender, widersprechender, korrigierender oder auch nur wiederholender Gesetze auf dem Laufenden zu bleiben. Auch die Kontrollinstanzen wie Prokuror und Generalgouverneur waren dazu nicht in der Lage. Im Senat war man sich dieses Notstands auch völlig bewußt; dies zeigen die unaufhörlichen

9 PSZ 18, Nr. 12.51o.
10 PSZ 18, Nr. 12.873.
11 F. 372, d. 371o.
12 F. 372, d. 2741, l. 36.

Ermahnungen an alle Dienststellen in Moskau und der Provinz, jedem Ukaz korrekt und zügig Folge zu leisten.

Der hohe Anteil der Jugendlichen unter Kirchendieben erklärt sich auch dadurch, daß Kircheninventar trotz seines hohen materiellen Wertes schlecht oder gar nicht bewacht war; der notwendige Aufwand an physischer Kraft blieb somit gering. Die beiden folgenden Tabellen versuchen, die soziale Herkunft der wegen Kirchenraubs Angeklagten aufzuschlüsseln. Da die Anklagen wegen Kirchendiebstahls weniger als ein Zehntel der Anklagen wegen *kraža* ausmachten, in Jahren überdurchschnittlicher Eigentumskriminalität aber ebenfalls zunahmen, wurden hier jeweils fünf Jahre zusammengezogen.

Tabelle 16

Verteilung der Anklagen wegen Kirchendiebstahls (MPK) auf Geschlechter und Stände 1764-68 und 1778-82

	Bauern		Hofleute		Arb.		Sld.		Klb.		Kaufl.		Beamte[13]		Ki.pers.[14]	
	m.	w.	m.	w.	m.	w.	m.	w.	m.	w.	m.	w.	m.	w.	m.	w.
1764-68	4	3	3		2		1	4	1		3	1	2		3	
1769-73	3	2	2	1		1		1	1	1	1		2	1	2	1
1774-78	1			1				3			1		2	1	2	
1779-82	2	2	2	2				2	2	1	2		2	2	1	1

Tabelle 17

Verteilung der Anklagen wegen Kirchendiebstahls (MGK) auf Geschlechter und Stände 1764-68 und 1778-82

	Bauern		Hofleute		Arb.		Sld.		Klb.		Kaufl.		Beamte		Ki.pers.	
	m.	w.	m.	w.	m.	w.	m.	w.	m.	w.	m.	w.	m.	w.	m.	w.
1764-68	2	1	1	1				1		1	1		1		1	
1769-73	1		2	1					1			1			2	
1774-78	1		1						1			1			2	
1779-82	1		1			1			1		1				2	

13 Kopisten, Kanzleidiener, Sekretäre.

14 Kirchendiener, Psalmenleser, Popen.

Diesen Tabellen lassen sich mehrere Beobachtungen ablesen, die im Folgenden an vier Beispielen verdeutlicht werden sollen.

1. Beim Kirchendiebstahl tritt uns ein nicht unbeträchtlicher Anteil an Frauen entgegen, gemessen an ihrer sonst recht niedrigen Straffälligkeit.[15] Zumindest in Umrissen deutet sich die wirtschaftliche Lage einer Angeklagten im folgenden Geständnis vom 4.6.1779 an. „Marta Vasil'evna heißt sie, ist 47 Jahre alt. Verheiratet war sie mit dem Moskauer Kaufmann zweiter Gilde Sergej Prjažnikov, der 1771 durch ein Unglück ums Leben kam. Danach wohnte sie mit ihren minderjährigen Töchtern Agrafenova und Maria im fünften Stadtteil im Hause ihres Mannes. Nach einem Jahr verkaufte sie das Haus an den Bauern des Grafen P.B. Šeremetev, Stepan Ivanov. Zunächst lebte sie jedoch weiter darin, dann im zehnten Stadtteil bei ihrem Bruder, dem Moskauer Kleinbürger Vasilij Vasil'ev. Im vergangenen Jahr ging sie betrunken in das Badehaus und stahl der Hausmagd Ženja - den Vatersnamen weiß sie nicht - ein Kleid und ein Hemd... Es traf sich, daß sie zur Zeit des Mittagessens vor die Voznesenskij-Kirche kam. Es kam ihr in den Sinn, wie um zu beten in die Kirche zu gehen, tatsächlich jedoch in der Absicht, etwas zu entwenden. Als sie eingetreten war und feststellte, daß niemand da war, trat sie näher heran und stahl einen goldenen Rahmen aus der Ikonostase. Sie ging hinaus und bot ihn unweit der Kirche in einer Gasse feil, doch war es ihr sehr peinlich. Eine Wache nahm sie fest und brachte sie zum Polizeihof des dritten Stadtteils."[16] Verwitwet, unversorgt, vorbestraft - das waren die Stichworte, die die äußere Situation der Vasil'evna widergeben. Typisch für Verhöre von Kirchendieben ist an dieser Stelle, daß offenbar nicht die Tat innere Überwindung erforderte, sondern der Verkauf der Beute. Hier scheint die soziale Kontrolle dichter als beim Verkauf etwa von Haushaltsgegenständen gewesen zu sein, so daß die Dunkelziffer beim Kirchenraub wohl kleiner als bei der übrigen Eigentumskriminalität war.

2. Erstaunlich häufig entstammten die Verdächtigen dem Kirchenpersonal. Sakrale Güter waren diesem Personenkreis gewissermaßen ausgeliefert. Recht eigentümlich mag der Fall der Marja Andreevna wirken, einer Frau im Alter von 28 Jahren, deren Mann Kirchendiener in einem Gotteshaus der Kolomenskaja-Kutschervorstadt war. Im April 1751 wohnte sie in betrunkenem Zustand dem Gottesdienst in dieser Kirche bei, blieb danach allein in der Kirche zurück und stahl eine Perle, die sie einem unbekannten Mann in Moskau für vierzig Kopeken verkaufte. Drei Tage darauf nahm sie in dieser Kirche wieder eine Perle an sich, die sie ebenfalls verkaufte. Nach fünf Wochen erhielt sie Besuch von Tatjana Evdokimova, der Frau eines Kaufmanns dritter Gilde, mit der sie zu Hause Wodka trank. Ohne dies im Verhör näher zu begründen, nahm sie die Kirchenschlüssel ihres Mannes an sich, betrat zusammen mit der Evdokimova die Kirche und stahl zwei Ikonen, fünf Heiligenkronen sowie die Kollekte. Die Kronen

---

15 Als eher untypisch muß allerdings der Fall gelten, daß eine Mutter gemeinsam mit ihren Kindern einen Kirchenraub verübte. Vgl. F. 373, d. 227.

16 F. 373, d. 3396, l. 3-3 ob.

verkauften sie für einen Rubel, gingen dann in die Kneipe und tranken Wodka.[17] Anders als bei der Andreevna scheinen wirtschaftliche Ursachen im engeren Sinne hier keine Rolle gespielt zu haben; vielmehr war es in diesem Fall der Alkohol, der die Bedenken ausschaltete.

3. Aus dem Vergleich beider Tabellen geht hervor, daß es sich beim Kirchenraub stärker noch als beim Diebstahl um ein Stadtphänomen handelt. Dorfkirchen wurden sogar von Dieben aus Moskau überfallen, wie das Geständnis des aus Astrachan' desertierten Matvej Grigor'evič zeigt: „Im März lief er dem Bataillon zusammen mit seinem Kameraden Ivan Leont'ev davon. Mit einem Salzkahn des Posadbürgers Michail Kokarev aus Saratov zogen sie wolgaaufwärts bis Saratov; von dort ging sein Kamerad nach Hause ins Dorf Malykovka, Kreis Simbirsk. Er aber ging nach Moskau, wohnte bei verschiedenen Leuten und arbeitete im Kreml' als Maurer. In der Tverskaja-Kutschervorstadt lernte er in der Schenke am Tverer Tor den Deserteur Fedor Petrov und den Soldatensohn Ivan Petrov kennen; sie kamen überein, gemeinsam zu rauben. Am letzten Samstag, d.h. dem 12.7.1770, gingen sie in das Dorf Troickoe an der Istra im Kreis Moskau; wem dieses Dorf gehört, weiß er nicht. Des Nachts gingen sie zur Kirchentreppe und sahen, daß die Kirche nicht verriegelt war. Er und Fedor traten ein, der dritte blieb auf der Treppe zurück und stand Schmiere. In der Kirche zündeten sie eine Lampe an und nahmen daraufhin eine Ikone, ein Evangelium, ein silbernes Kruzifix und weitere Gerätschaften an sich." Nachdem die drei den Rest der Nacht in einem Roggenfeld verbracht hatten, raubten sie am nächsten Tag eine zweite Kirche aus. Auf dem Heimweg nach Moskau, wo sie die Beute losschlagen wollten, wurden sie vom Sotskij des Dorfes Nachabina jedoch angehalten und nach ihren Papieren befragt. Dabei kam ihr Gepäck ans Licht, so daß der Hilfspolizist die Bande unter Bewachung zur Voevodenkanzlei von Zvenigorod schickte.[18] Dieses Verhör zeigt, daß sich Diebe in Dorfkirchen offenbar ungestörter fühlten, ihnen Moskau zum Absatz der Beute aber geeigneter erschien. Im übrigen belegt es einmal mehr die kommunikationsfördernde Rolle der Moskauer Kneipen.

4. Stärker als beim Diebstahl tritt uns unter den Angeklagten allem Anschein nach die Mittelschicht entgegen. Raubten Bauern eine Kirche aus, bot ihnen sehr oft die Gruppe den Rückhalt, um das Tabu zu durchbrechen.[19] Unter Kaufleuten, Kleinbürgern und niederen Beamten finden wir eher den Einzeltäter. Eine Zählung der Täter und nicht der einzelnen Straftaten verwischt also den hohen Anteil der Stadtstände. Hier und in Punkt 3 deuten sich städtische Säkularisierungstendenzen an, die, angeschoben von einer allmählichen Materialisierung des Denkens, auch in das Justizwesen eingedrungen sind. Vage anknüpfend an den Kriegsartikel von 1715, der gewöhnliche Diebstähle nach dem Wert der Beute klassifiziert hatte, haben sich aus dem letzten Viertel des 18. Jahrhunderts Bei-

---

17 F. 372, d. 2517, l. 3. Nach dreimaliger Folterung der Angeklagten ordnete das Gericht am 13.8.1752 an, Marja Andreevna nach Sibirien zu verschicken.

18 F. 373, d. 1853, l. 5. Alle drei wurden zu Knute, Brandmarkung und Zwangsarbeit in den Silberminen von Nerčinsk verurteilt.

19 Vgl. F. 372, d. 4875; F. 373, d. 4225.

spiele dafür überliefert, daß der Richter auch bei Kirchendiebstählen mehr und mehr nach dem materiellen Wert der Beute fragte und Listen mit Preisangaben zu den jeweils entwendeten Gegenständen erstellen ließ. 1782 wurde z.B. dem Bauern Afanasij Danilov zur Last gelegt, aus der Troickaja Sergievskaja Lavra u.a. folgende Gegenstände erbeutet zu haben: Einen silbernen Siegelring im Werte von 2,20 Rubel, eine silberne Perle für vier Rubel, ein silbernes Kruzifix für fünfzig Kopeken sowie eine Popenmütze für zwei Rubel.[20] Indem sich die Aufmerksamkeit zur materiellen Seite verschob, deutet sich hier eine Nivellierung oder Profanisierung des Kirchenraubs an.

In diesem Zusammenhang kann nur am Rande darauf verwiesen werden, daß frühneuzeitliche Säkularisierungsprozesse, die ja so viele Bereiche erfaßt haben, auch im Justizwesen von tiefgreifender Bedeutung waren. Wie das materielle nahm auch das formelle Recht einen anderen Charakter an. Noch im Uloženie von 1649 heißt es über die Eidesleistung: „Nichts ist schlimmer, als den Creutzeskuß übertreten und das H. Creutz und der H. Mutter Gottes oder eines anderen Heiligen Bildniß fälschlich küssen. Dieses ist dasjenige, was der Prophet Zacharias sah als eine feurige Sichel vom Himmel fahren, und da er den Herrn um dessen Bedeutung fragte, zur Antwort erhielt, es sey der Grimm GOTTES, ausgesandt gegen diejenigen, welche fälschlich schwören, damit der Blitz sie verzehre und ihre Seele dem unauslöschlichen Feuer überantwortet werde."[21] Schon die Militärprozeßordnung von 1715 enthält sich im Abschnitt zur Vereidigung des Angeklagten auch des kleinsten Hinweises auf göttliche Mächte; vielmehr konzentriert sie sich auf den Versuch, dem Richter präzise Regeln dafür vorzugeben, wann der Beklagte einen Reinigungseid leisten dürfe und wann nicht. Daß der Staat die Kirche als normsetzende Kraft beiseite schob - dies ohne Zweifel eine Kernursache der Säkularisierung -, wurde aber nicht nur vor Gericht, sondern auch in der dörflichen Welt augenfällig. Bei Landstreitigkeiten hatten die Parteien ihre Aussagen über den Grenzverlauf im 17. Jahrhundert etwa durch eine Prozession beglaubigt, bis die Bürokratie auch diese Aufgabe an sich zog und die Bemühungen zur Vermessung der Flur in der zweiten Hälfte des 18. Jahrhunderts intensivierte.[22] Der Beamte löste den Popen ab, der Zirkel das Kruzifix.

---

20 F. 373, d. 4257, l. 3. Eine ähnliche Aufstellung in F. 373, d. 3551, l. 47-47 ob.

21 Art. 14, 1o. Sehr plastisch gibt auch Olearius, Beschreibung, S. 271-72, die religiöse Bedeutung der Eidesleistung wieder. U.a. heißt es bei ihm: „Daferne er recht geschworen, darff er nicht ehe biß nach Verfliessung dreyer Jahren das Abendmahl empfangen, aber (oder) man hält doch wenig von ihm. Wird es aber bekand, daß er einen falschen Eyd gethan, wird er nackend mit der Knutpeitsche gehawen und in Ungnaden nach Sibirien geschicket, und mag das Abendmahl nicht theilhafftig werden, bis er fast in letzten Zügen lieget."

22 Dazu s. German, Istorija russkogo meževanija; Rudin, Meževoe zakonodatel'stvo; Milov, Issledovanie; Eeckauté, La mensuration générale. Grenzkonflikte wurden nicht selten gewaltsam ausgetragen (s.u. S. 330).

6.e Straßenraub

„In keinem Land, sei es heidnisch oder christlich, gibt es derartige Raubüberfälle wie bei uns in Rußland, und alles deshalb, weil man in jenen Ländern nicht die kleinste Nachsicht übt. Wenn sie jemanden fangen, dann halten sie ihn nicht lange im Kerker, sondern richten ihn, so daß dort keiner wagt, viel zu rauben. Wenn man bei uns jedoch einen Dieb oder Straßenräuber ergreift, wird man mit ihm nicht fertig, wirft ihn in den Turm und füttert ihn sogar, als sei's ein guter Kerl, und hält ihn zehn oder zwanzig Jahre fest. Durch dieses lange Sitzen entweichen viele, und kaum sind sie draußen, beginnen sie auf's neue zu rauben. Auch die Häscher, so viele es immer sein mögen, kommen ihnen nicht bei."[1] Das Räuberunwesen, das Pososkov in seinem 1724 entstandenen Hauptwerk so bitter beklagt, fand in den Volksliedern eine leicht abweichende Beurteilung, in die neben Elementen der Angst auch solche der Bewunderung eingingen.[2] Es wäre jedoch verfehlt, hieraus solche Schlüsse zu ziehen, wie es P.K. Alefirenko in ihrem Buch zur Bauernbewegung des 18. Jahrhunderts getan hat, in dem die Räuberbanden unter dem Blickwinkel des Klassenkampfes betrachtet werden. Anstelle von „Straßenräubern" ist deshalb konsequent von „Partisanen" die Rede.[3] Unter den hier behandelten Delikten stand der *razboj* damit sogar einer nachträglichen Politisierung offen. Trotz unverhohlener Sympathie für diese Form „bäuerlichen Widerstandes" hat es die sowjetische Forschung unterlassen, dessen Ausmaß genau zu verorten, so daß der fälschliche Eindruck entstehen kann, dieser „Widerstand" habe ganz Rußland in gleichem Maße erfaßt. Unter den Regionen des russischen Reiches nimmt die mittlere Wolga eine Sonderstellung ein,[4] weil auf Rußlands größter Verkehrsader auch Rußlands größte Warenströme zusammenliefen, die Beuteaussichten hier also weitaus besser erschienen als anderswo. Die Form des hier anzutreffenden *razboj* unterschied sich von der um Moskau denn auch erheblich. An der Wolga treffen wir oft sehr große Banden von fünfzig bis sechzig Räubern an;[5] ihr bevorzugtes Fortbewegungsmittel war das Schiff. Anders als die Räuber des Moskauer Typus konnten die der Wolga es notfalls sogar wagen, Soldaten ein regelrechtes Gefecht zu liefern. So stießen ein Major Bražnikov und seine Truppe 1756 vor der Okamündung mit

1 Pososkov, Kniga o skudosti i bogatstve, S. 228. In diesem Sinne auch Lomonossow, Über die Erhaltung und Vermehrung des russischen Volkes, S. 138-39.

2 Vgl. z.B. Aristov, Ob istoričeskom značenii; Putilov, Folklor, bes. S. 218-26, 251-55.

3 Alefirenko, Krest'janskoe dviženie, bes. S. 114-36.

4 So auch Eeckauté, Brigands, S. 184-86 (Material mehrheitlich zum 19. Jahrhundert). Vgl. allg. Mordovcev, O razbojnikach; Gessen, Napadenija beglych krest'jan (nach Akten des Sysknoj Prikaz); Prochorov, K voprosu o suščnosti „razbojnogo" dviženija (hält nicht, was der Titel verspricht). Sehr lesenswert dagegen der Beitrag von Kamler, Robbery in the Polish Lands, hier S. 75-76, der den Anteil der Straßenräuber in Polen (16. und 17. Jahrhundert) mit rd. zwölf Prozent an dem aller Angeklagten deutlich über dem veranschlagt, was für England ermittelt wurde (vier bis sieben Proz.). Im Hinblick auf die Eigenheiten der russischen Räuberbekämpfung, die vor allem dem militärischen Standrecht oblag, geben die Unterlagen der ordentlichen Gerichtsbarkeit und des Sysknoj Prikaz für eine derartige Schätzung keine triftige Grundlage ab.

5 Vgl. PSZ 12, Nr. 9.o2o vom 28.8.1744.

rd. achtzig Räubern in zwei Booten zusammen, die sich sogar Kanonen beschafft hatten. Den Verlusten nach zu urteilen behielten die Räuber die Oberhand; Bražnikov meldete 27 gefallene Soldaten, aber nur sechs getötete Räuber.[6]

Wie nicht anders zu erwarten, ist die Läuflingsbewegung eine wesentliche Voraussetzung auch dieser Form von Straffälligkeit geworden. Im Lichte unserer Akten war eine andere Gruppe für die Entstehung von Banden aber zumindest ebenso entscheidend: Die Deserteure. Bei der Suche nach Ursachen dessen ließe sich vermuten, daß deren Gewaltbereitschaft durch die im Dienst erlittene Brutalisierung besonders hoch gewesen sei, daß sie Erfahrung im Umgang mit Waffen aufwiesen oder sich diese leicht beschaffen konnten. Ebenso bedeutungsvoll scheint jedoch der Umstand gewesen zu sein, daß Soldaten als negativer Auswahl aus der Bauernschaft der Rückweg in ihr Dorf und damit in die Zivilgesellschaft abgeschnitten war. Da die Gemeinde viele Rekruten wegen mißliebigen Verhaltens ausgemustert hatte, konnte der als Deserteur dauerhaft Zurückkehrende nahezu sicher mit einer Anzeige rechnen.[7] Durch die Härte des Dienstes, das oftmals schlechte Essen und die Willkür der Vorgesetzten vergingen zwischen Einberufung und Flucht oft nur wenige Wochen. Z.B. war Ivan Žmureev, Mitglied einer Räuberbande, der dreißig Morde an der Straße von Moskau nach Vladimir zur Last gelegt wurden, im November 1769 in das Erste Moskauer Infanterieregiment eingerückt und schon im Februar davongelaufen. Ebenfalls zu dieser Bande gehörte Prokofij Poluektov. Sein Geständnis ist deshalb recht interessant, weil es darauf eingeht, wie sich Räuberbanden bildeten. Poluektov war noch als Bauer in die Rogožskaja-Kutschervorstadt geflohen, wurde gefaßt und eingezogen. Nachdem er desertiert war, „lernte er in der Moskauer deutschen Vorstadt einen gewissen Ivan Petrov kennen, kam mit ihm ins Gespräch und sagte ihm, er sei auf der Flucht. Daraufhin lud ihn dieser zum Rauben ein *(priglasil ego dlja razboev)* und erklärte ihm, sie hätten viele Genossen. Poluektov willigte ein, und so gingen sie in einen Wald an der Straße nach Kolomna, wo sich die Räuber versammelt hatten. Als er ankam, stimmten dort alle dem Plan zu rauben bei." Petr Krasavcov, gleichfalls ein Deserteur in dieser Bande, gab vor Gericht an, ihn habe der Räuberhauptmann Ivan Kolomenskij (d.i. Ivan Petrov) zusammen mit zwei anderen Fahnenflüchtigen auf der Straße aufgelesen und mit einem falschen Paß ausgestattet.[8] In diesem Fall kam die Bande also erstens über Rekrutierung durch den Anführer und zweitens durch allgemeine Abrede zustande. Eine förmliche Übereinkunft der Räuber war offenbar nicht ganz selten, konnte jedoch auch erst nach einer Straftat vollzogen werden. Dies

6 PSZ 14, Nr. 1o.571 vom 11.6.1756.

7 Dies widerspricht nicht der Beobachtung, daß Bauern sehr häufig Deserteure aufnahmen, da sich die Fahnenflüchtigen in diesem Fall nicht dauerhaft ansiedeln wollten.

8 F. 373, d. 18o4, l. 7-7 ob., l. 12-12 ob. Vgl. auch die ausführliche Wiedergabe eines derartigen Verhörs bei Got'e, Oblastnoe upravlenie, Bd. 1, S. 335-38. Die nahezu typischen Merkmale: Fahnenflucht, einschlägige Bekanntschaft - hier vermittelt durch Wolgatreidler -, sowie der gemeinsame Beschluß zu rauben, treten auch in diesem Lebenslauf deutlich hervor. Bei dem von Got'e angeführten Beispiel war es jedoch nicht der Räuberhauptmann, der neue Mitglieder anwarb; vielmehr scheint sich diese Bande eher spontan gebildet zu haben, so daß man den Anführer erst nach der Abrede wählte.

geht aus dem Bericht des Paramon Ivanovič hervor, der vor der Einberufung geflohen war. Er geriet an eine Gruppe von fünf Deserteuren und Läuflingen, die ihn dazu anstifteten, mit ihnen zusammen einen Bauern zu bestehlen. „Danach kamen sie überein, auf die Straße zu gehen und beliebig Daherkommende auszurauben." Sie verschafften sich Knüppel und überfielen auf der Straße nach Vladimir als ersten einen Bauern. Dessen Besitz wurde in sechs Teile geteilt, wobei auf Ivanovič elf Rubel entfielen sowie die Kleider des Bauern.[9] An dieser Schilderung fällt auf, wie „Aktiv" auf „Passiv" prallt; da der Unterschied zwischen Anstiftung und Beihilfe nicht strafverschärfend wirken mußte - für die Richter entscheidend war die Schwere des Vergehens -, ist die Frage, ob man dies allein auf die Situation des Verhörs zurückführen kann. Ein Beispiel für diesen Aufprall liefert das Geständnis des Vasilij Ivanovič, eines leibeigenen Bauern von 25 Jahren, der im Dorfe Novosel'skij (Kreis Moskau) einen Hof besaß. Zusammen mit vier anderen Bauern begab er sich im Dezember 1772 in die Gaststätte eines anderen Dorfes. Beim Zechen lernten die Bauern einen Deserteur kennen, der sie überredete, auf der Straße zur Troickaja Sergievskaja Lavra zu rauben. Die angetrunkenen Bauern stimmten dem Vorschlag zu, so daß sich die Gruppe in derselben Nacht mit Knüppeln bewaffnet auf die Lauer legte und schließlich über drei andere Bauern herfiel. Diese büßten Bargeld und sämtliche Kleider ein. In diesem Fall genügte also ein Deserteur, um vier bis dahin unbescholtene Bauern aus der Bahn zu werfen. Mit einem Beuteanteil von 19 Rubeln, einem Schafspelz und einem Pferd begab sich Ivanovič nach dem Überfall wieder nach Hause; da ihn der Besitz des fremden Pferdes jedoch verriet, wurde er schon am nächsten Tag verhaftet.[10]

Poluektovs Geständnis weist auf die große Bedeutung der Moskauer Unterwelt für die Rekrutierung von neuen Bandenmitgliedern hin. Zugleich veranschaulicht es die Art und Weise, wie Moskauer Räuber zwischen Stadt und Land hin und her pendelten. Hieraus resultierte ein weiterer Unterschied zum Typus des Wolgaräubers, da die vergleichsweise kurze Dauer gemeinsamer Tätigkeit einen geringeren inneren Zusammenhalt der Moskauer Räuberbanden nach sich zog. Denkbar erscheint, daß die Moskauer Räuber deshalb ein größeres Risiko eingingen, von der Polizei gefaßt zu werden, als die der Wolga. Das folgende Beispiel vom 11.9.1744 legt diese Vermutung zumindest nahe, da Polizeispitzel wie Van'ka Kain in das soziale Umfeld der Räuber einsickern konnten. Die Rückkehr des Räubers in die Stadt führte - wie anschließend berichtet - mitunter also auch zu seiner Verhaftung. „Ivan Jakovlevič Besonov heißt er, 36 Jahre alt, Bauer der Votčina des Marineleutnants Aleksej Ivanovič Skuratov im Dorf Isaev, Kreis Romanovskij. In diesem Dorf lebte er mit seiner Frau Vasil'ja Timofeevna und seinem Schwiegervater, dem Bauern Timofej Ivanovič aus eben diesem Dorfe. Lief davon und ging nach Moskau. Am Troica-Tor stellte er beim Küster Egor Gubin, der im letzten Winter verstarb, Kerzen her, danach lebte er sieben

9 F. 373, d. 1646, l. 17 ob.-18 ob.

10 F. 373, d. 24o9, l. 9-9 ob. Der Sysknoj Prikaz verurteilte Ivanovič zu Knutung, Brandmarkung und lebenslanger Zwangsarbeit in den Minen von Nerčinsk.

Jahre im Arsenal und erlernte das Handwerk des Waffenschmieds, danach stellte er ohne Paß in der Fabrik eines Ausländers bei Perejaslavl'-Rjazanskij zwei Jahre lang Waffen her. Anschließend ging er nach Tula und arbeitete drei Jahre im Arsenal, danach zwei Jahre beim Schmied Ivan Kugučev in der staatlichen Vorstadt von Tula, wo er ohne Paß auch für verschiedene andere Meister tätig war. 1744 ging er nach der Osterwoche - an das genaue Datum kann er sich nicht besinnen - nach Moskau, verdingte sich beim Gräbenausschachten und übernachtete in verschiedenen Herbergen. Dabei lernte er in der Tverskaja-Kutschervorstadt den Treidler Petr Karpov kennen, der mit ihm Gräben aushob. Dieser Karpov sagte zu ihm, er solle mitkommen, um einen Bauern im Kirchspiel Gžersk zu überfallen; wie dieser heiße, sagte Karpov nicht. Besonov sagte, er gehe mit. Sie trafen sich in der Tagan'ka vor dem Schlagbaum am Kreuz, insgesamt 16 Mann. Petr Karpov, Gerasim Simonov, Semen Medvedev, der zweiter Anführer war, Fedor Kazanaev, der Hauptmann war, Ekim Smirnov, Merkul Paršin; wie die anderen heißen, weiß er nicht. Zwölf Spieße hatten sie und zwei Pistolen. So marschierten sie in den Wald von Gžersk, wo sie zweimal übernachteten. Am dritten Tag führte sie Gerasim Simonov aus diesem Wald in ein Dorf des Kirchspiels von Gžersk. Hier brachen sie das Tor eines Hofes auf, drangen in den Hof ein, schlugen die Haustür in Stücke und malträtierten den Bauern mit Feuer. Bei diesem Überfall erbeuteten sie und der Hauptmann 400 Rubel. Aus dem Schrank nahmen sie zwei Pelze mit Daunen und fünf ohne, zwei Röcke, drei Mützen, 40 Kleider, ein goldbesticktes Hemd und 13 Kittel. Was seine Genossen sonst noch fanden, weiß er nicht. Nach diesem Überfall marschierten sie 15 Werst in den Wald und teilten ihre Beute. Auf ihn, Ivan, entfielen 25 Rubel; das übrige Geld und die Kleider teilten seine Genossen unter sich auf. Anschließend kehrten sie nach Moskau zurück, wo sie sich wieder trennten. Er, Ivan, und Petr Karpov gingen in die Preobraženskaja-Vorstadt in das Haus des Matrosen Aleksandrovič, mit dem Petr bekannt war; den Vornamen weiß er nicht. Dort brachten sie zwei Nächte zu, ohne zu sagen, daß sie Räuber seien. Er, Ivan, ging dann von der Preobraženskaja Sloboda in die Stadt und kaufte sich ein Hemd, einen grauen Rock, eine Mütze, Handschuhe und einen Gürtel. Dafür gab er vier Rubel aus. Danach betrank er sich. Da er vom Popen gehört hatte, daß ein Brief seiner Frau angekommen sei, ging er zu Fedor Petrov, dem Gärtner. Dort wurde er von einem Spitzel verhaftet und zum Sysknoj Prikaz abgeführt."[11]

Sehr oft gehörten diesen Banden auch Frauen an. An den Überfällen nahmen sie ihren Aussagen nach aber weniger häufig teil und behaupteten, währenddessen im Lager zurückgeblieben zu sein. Von Anklagen wegen „Flucht" abgesehen hatten sie sich in diesem Fall auch nicht strafbar gemacht. Die Distanzierung von den angeklagten Straßenräubern fiel aber noch stärker aus, wenn die Frau wie im folgenden Beispiel behauptete, entführt worden zu sein. „Avdot'ja Nikolaevna heißt sie, ist zwanzig Jahre alt, Tochter des Ökonomiebauern Nikolaj Michajlov aus dem Dorf Klement'ev. Dem Bauern Maksim Sergeevič Filipov aus eben

---

11 F. 372, d. 1124, l. 2-3 ob.

diesem Dorfe wurde sie zur Frau gegeben. 1770, den Monat weiß sie nicht, wurde ihr Mann eingezogen und dem (in Moskau stationierten) Velikolucker Infanterieregiment zugewiesen, in dem er auch jetzt seinen Dienst tut. Beide lebten in Moskau zusammen. Als ihr Mann den Marschbefehl bekam, erhielt sie einen Paß vom Oberst ihres Mannes und fuhr mit einem gemieteten Pferd nach Klement'ev, um bei ihren Verwandten zu leben. Als sie auf der Troica-Straße fünf Werst vor das Dorf Tolic gekommen war, ergriff sie der Deserteur Ivan Pirožnikov mit seinen Genossen, insgesamt sechs Mann, und nahm sie mit in den Wald. Wie die anderen heißen, weiß sie nicht. Sie holten sie aus dem Wagen, schlugen ihr ins Gesicht und führten sie zu einer Hütte, die sie sich im Wald gebaut hatten. Sie wurde geprügelt und bewacht, Pirožnikov beging Unzucht mit ihr. Als sie weggingen, sagten sie nicht, wohin. In diesem Wald lebten sie bis zum ersten Schnee. Als der gefallen war, brachte Pirožnikov sie in das Haus seiner Frau Nastaja Afanasjeva bei der Troickaja Sergievskaja Lavra, die Straße weiß sie nicht."[12]

Als Knotenpunkt der russischen Landstraßen bot Moskau und sein Umland den Räuberbanden insgesamt gesehen einen günstigen Boden. Da der Adel den Sommer zumeist auf den Gütern, den Winter jedoch in Moskau verlebte, machten sich während der Wintermonate viele Bauern oder Verwalter nach Moskau auf, um den Zins abzuliefern. Sich am Moskauer Stadtrand auf die Lauer zu legen, konnte daher recht einträglich sein. So wurde am 15.12.1738 auch der Bauer Kuzma Grigor'ev mit zwei Begleitern aus dem Dorf Osipov nach Moskau geschickt, um dem Gutsherrn 300 Rubel *obrok*, neun Pud Schweinefleisch und ein Pud Honig abzuliefern. „Als wir auf der Vladimirer Straße nach Moskau fuhren, überfielen uns plötzlich drei Räuber, schrien, drangen mit Spießen auf uns ein und fügten uns tiefe Wunden zu" (an denen einer von Grigor'evs Begleitern kurz darauf sterben sollte). „Von der großen Straße zogen sie uns ins Unterholz und nahmen uns nicht nur den *obrok*, sondern auch unser eigenes Geld ab, dazu unsere ganze Habe und verschwanden dann mit unseren Pferden."[13] Da das Leben in russischen Wäldern während des Winters jedoch unbehaglich werden kann, diente Moskau den Straßenräubern auch als Winterlager. Als Beispiel dessen steht das Verhör des Gavril Grebnev, eines Bauern im Alter von 22 Jahren, der mit 19 Jahren eingerückt war und nach vier Monaten desertierte. Zunächst kam er bei Bauern unter, die wußten, daß er ein Fahnenflüchtling war, ihm Brot gaben und bei sich arbeiten ließen. Nach vier Wochen „brach er auf, um sich im Kirchspiel Želessk in verschiedenen Dörfern Arbeit zu suchen. Die Nächte brachte er zumeist im Dorfe Rečicy beim Bauern Fedor Il'jin zu. Als er, Grebnev, einmal von diesem Il'jin ins Dorf Ploskina ging, begegnete ihm auf der Straße im Wald der Räuberhauptmann Aleksej Vasil'evič Elenin, den er aus dem Dorfe Straškovo im Kirchspiel Želessk kannte. Zu dieser Zeit hatte Elenin vier Mann bei sich, so den Deserteur Zachar Medvedev aus dem Dorf Derčaevoj; wie die anderen heißen, weiß er nicht. Sie setzten ihm zu, er, Grebnev, solle mit

12 F. 373, d. 1962, l. 16.
13 F. 372, d. 533, l. 16.

ihnen rauben gehen; er willigte ein und so gingen sie nach Straškovo in Elenins Haus und tranken Wodka." Die nächsten drei Wochen verbrachte Grebnev im Wald, wurde jedoch krank, so daß er nach seinen Angaben nicht wie die anderen rauben konnte und von ihnen Brot erhielt. Als der Winter kam, ging er nach Moskau in die Textilfabrik des Kaufmanns Gavril Nekljuev, wo er zu einem Monatslohn von 1,20 Rubel Arbeit fand. Daß er keinen Paß hatte, gab er zu erkennen; daß er desertiert war, sagte er nicht. „Als der Frühling kam, machte er sich davon, da er keinen Paß hatte, und ging in das Dorf Ženina im Kirchspiel Gželsk zum Bauern Nikita Larinov, der ihm Brot gab und zu ihm sagte, er solle zu den Räubern in den Wald von Ramenskij gehen. Also ging er in diesen Wald und traf dort den Hauptmann Elenin und dessen Spießgesellen. Eine Woche lebten sie in diesem Wald, dann verließen sie ihn mit 14 Mann - wie diese heißen, weiß er nicht -, um auf der Straße nach Kasimov zu rauben. Im Dorf Šmelenka, das an dieser Straße zwei Werst vom Dorf Vjalka entfernt liegt, überfielen sie einen Bauernhof zweier Brüder, erbeuteten Geld und Kleidung, wieviel weiß er nicht. Auf ihn, Grebnev, entfielen bei der Teilung zwei Rubel und acht aršin Tuch, von denen er einen aršin für dreißig Kopeken verkaufte. Zwei Wochen später überfielen sie im Dorf Vešinkach einen anderen Bauernhof und erbeuteten 39 Rubel, einen Rock, zwei Schafsfelle, vier aršin weißes Tuch sowie zehn Hemden. Nach diesem Überfall gingen sie in den Wald beim Dorf Safronovoj, wo sie die Beute aufteilten. Auf ihn entfielen 2,25 Rubel, die Felle und vier Hemden. Beides verkaufte er für achtzig Kopeken dem Il'jin, der wußte, daß er ein Räuber war."[14]

Grebnev erweitert die Frage nach den Umständen der Anwerbung also um das Moment des *zemljačestvo*, so daß sich die Bedeutung des Faktors Bekanntschaft (in diesem Beispiel zwischen Grebnev und Elenin) als wichtigstem Schrittmacher auf dem Weg in die Kriminalität einmal mehr bestätigt. Da Il'jin den Grebnev zuvor schon beherbergt hatte, deutet sich an dieser Stelle auch das Problem der Beziehungen zwischen Bauern und Straßenräubern an. Die eingangs gestreifte Sichtweise der Straßenräuber als „Partisanen" des Klassenkampfes beansprucht wie selbstverständlich die Unterstützung der Räuber durch Bauern. Aus den hier zugrundeliegenden Akten entstehen allerdings große Zweifel an dieser These. Sehr oft hatten Bauern, die wissentlich Räuber aufnahmen, ein materielles Interesse daran wie der oben erwähnte Il'jin, der sich als Hehler entpuppte. Da die Straßenräuber in der Wahl ihrer Opfer nicht zimperlich waren, litten vornehmlich Bauern unter den Straßenräubern. Zudem setzt die „Partisanenthese" voraus, daß sich Räuber den Bauern bewußt als solche zu erkennen gaben. Gerade dies erscheint jedoch als unwahrscheinlich, da der Straßenräuber hierdurch ein zusätzliches Risiko schuf. Gegenüber Fremden bestand unter Bauern ohnehin eine so hohe Aufnahmebereitschaft, daß Räuber besser daran taten, sich zu tarnen.[15] Sandte die Moskauer Garnison Truppen zur Bekämpfung der Räuber aus, arbeite-

14 F. 372, d. 4786, l. 114-16.

15 Im übrigen entsteht bei der Lektüre der Vernehmungsprotokolle der Eindruck, als habe der aufnehmende Bauer dem Fremden nur wenige oder gar keine Fragen zu dessen genauer Identität gestellt - vielleicht auch dies ein Gebot der Gastfreundschaft.

ten die Bauern soweit ersichtlich bereitwillig mit den Soldaten zusammen. Mehrfach sind uns sogar Zeugnisse dessen überliefert, daß Bauern selbst zur Waffe griffen, um sich gegen Räuber zur Wehr zu setzen. Ein Beispiel dafür hielt die Provinzkanzlei von Perejaslavl'-Zalesskij am 21.10.1770 fest. Danach überfiel eine Bande, bestehend aus einem Deserteur, einem Klosterbauern und einer Frau, des Nachts gegen zwei Uhr einen Bauernhof. Bewaffnet war die Bande mit einem Gewehr, einer Pistole und einem Spieß; außerdem hatten sie sieben Pferde bei sich. Da es einem Bauern jedoch gelang, in das nächste Dorf zu laufen und Hilfe zu holen, setzten die mit Knüppeln und Spießen ausgerüsteten Bauern den Räubern nach, erschlugen einen der drei Angreifer, machten die beiden anderen dingfest und lieferten sie an den Voevoden aus.[16] Wohl ermutigt hatte die Bauern die Gewißheit, daß diese Bande aus nur drei Mitgliedern bestand; bei zehn oder mehr Räubern hätten die Bauern den Gedanken an Gegenwehr vermutlich aufgegeben.

Da Straßenraub ein Bandendelikt war und sich das Dasein dieser Banden nach zwei Polen - Straße und Wald - ausrichtete, stellt *razboj* unter den hier behandelten Vergehen das einzige dar, dem der Staat aktiv entgegentreten konnte. Die amtliche Sichtweise dessen hat sich vor allem in vier Instruktionen niedergeschlagen, die die Bürokratie zwischen 1719 und 1756 zu Papier brachte. Die wesentlichen Elemente dieser Dienstanweisungen für Offiziere, die zur Bekämpfung der Straßenräuber abkommandiert wurden, finden sich schon in der ersten Fassung vom 24.12.1719. Sie knüpfte wiederum an einen Ukaz vom 19.3.1719 an, der den Gouverneuren drei Aufgaben stellte: Zur Verfolgung der Räuber seien Leute auszusenden; jedes Suchkommando habe gefaßte Räuber ohne Gnade hinzurichten; Gutsbesitzer, die mit Räubern gemeinsame Sache machten, seien zu enteignen und an das Justizkollegium auszuliefern.[17] In Ergänzung dessen erging am 30.10.1719 Befehl zur Eindämmung der Fahnenflucht als Voraussetzung des *razboj*.[18] Die daraufhin abgefaßte Instruktion vom 24.12.1719 umriß ein recht detailliertes Programm, das bei der Suche nach Räubern vier Phasen vorsah. Als erstes sei den beteiligten Offizieren der Eid abzunehmen, ihre Macht nicht zu mißbrauchen. Nach Ankunft vor Ort habe der Kommandeur mit den dortigen Staatsorganen Verbindung aufzunehmen und Nachrichten einzuziehen, wo sich Deserteure, Diebe und Straßenräuber versteckt hielten. Auf Standesrechte verdächtiger Personen sei keine Rücksicht zu nehmen; beschuldigte Angehörige des Klerus seien der geistlichen Würde zu entkleiden, um die Vorwürfe bei ihnen ebenso gründlich wie bei anderen zu überprüfen. „Weil die Diebe vielerorts zahlreiche bewaffnete Nester unterhalten, nimmt die ausgesandte Abteilung mit ihnen sodann den Kampf auf. Wenn sie derartige Nester also ausfindig gemacht hat, greift sie diese so vehement wie möglich an, um sie auszurotten. Dabei trachtet sie danach, die Räuber bei lebendigem Leibe zu erwischen, vor allem deren Anführer." Zur Verstärkung der Truppe seien aus der Bevölkerung ge-

---

16 F. 372, d. 1922, l. 1 ob.-2 ob. Vgl. übereinstimmend F. 372, d. 5515, l. 3.
17 PSZ 5, Nr. 3.334.
18 PSZ 5, Nr. 3.445.

eignete Männer anzuwerben, die als Entgelt fünf Rubel erhalten sollten. Zur Zahlung dieser Prämie sei die Beute der Straßenräuber heranzuziehen. „Wenn es mit Gottes Hilfe gelingt, dieser Räuber habhaft zu werden, sind diese auf der Stelle zu verhören, wo sie geraubt haben, was sie dort an sich brachten, welche Quälereien und Morde sie begingen, bei wem sie unterkamen, wer ihre Beute aufbewahrte oder weiterverkaufte, mit wem sie Verbindung hatten und ob ihnen weitere Diebesnester bekannt sind." Mörder seien an den Rippen aufzuhängen, alle anderen je nach der Grausamkeit ihrer Taten zu rädern.

Der Ablauf der Suche war damit umrissen; es folgen Bestimmungen zu Einzelfragen. Die aufgefundene Beute der Räuber sei schriftlich festzuhalten; Deserteure seien unabhängig von der Schwere ihrer Straftaten wegen Bruch ihres Eides auf das Rad zu legen; ein Gutsbesitzer als Mitwisser oder Helfershelfer der Räuber sei zu hängen, ein Starosta zu rädern, ein Bauer zu knuten. Ferner seien Daherkommende nach der Gültigkeit ihres Passes zu fragen. Schließlich war das Kommando dazu verpflichtet, über seine Tätigkeit ein Protokoll anzufertigen.[19] Im Zuge der nach 1725 vorübergehend einsetzenden Abkehr von der Gesetzgebung Peters d.Gr. verkürzt und vergröbert die zweite Instruktion vom 7.6.1731 die 1719 fixierten Anweisungen beträchtlich; die dritte Instruktion vom 7.9.1744 kehrt jedoch zur Fassung von 1719 zurück und nimmt deren Wortlaut in weiten Passagen wieder auf. Für das Vorgehen der Soldaten spricht sie zwei Änderungen aus. Anders als in den früheren Ausgaben bestätigt sie ausdrücklich, daß die Offiziere bei der Vernehmung der Räuber auch zur Anwendung der Folter berechtigt seien. Wenn dies de facto wohl nichts Neues brachte, so ist die zweite Revision doch überaus schwerwiegend. In Zusammenhang mit der am 7.5.1744 ausgesprochenen Aussetzung der Todesstrafe bei nicht politisch motivierten Verbrechen ordnet die Neufassung an, nach Abschluß der Untersuchung die Vergehen des Angeklagten aufzulisten, unter Anwendung der Gesetze einen Strafvorschlag *(mnenie)* zu formulieren, beides an den Senat einzusenden und dessen Ukaz abzuwarten.[20] Das bisher ausgeübte Standrecht war damit hinfällig. Die vierte Dienstanweisung vom 19.11.1756 lehnte sich gleichfalls an die unter Peter ergangene an, brachte in organisatorischer Hinsicht aber eine Novelle, indem der Senat in vier besonders betroffenen Gebieten Beauftragte für die Räubersuche ernannte.[21]

Wie erfolgreich waren nun die Regimenter, die sich mit derartigen Anweisungen in die Wälder aufmachten? Da die Soldaten zum Führen eines Journals verpflichtet waren und uns diese Dokumente tw. überliefert sind, können wir uns ein ungefähres Bild hiervon machen. Nach Erlaß der Instruktion vom 7.9.1744, die einer Intensivierung der Räuberbekämpfung den Weg ebnen sollte, rückten in

---

19 PSZ 5, Nr. 3.447.

20 PSZ 12, Nr. 9.o26. Der Befehl zur Einschaltung des Senats erfolgte nach dem Beispiel des erwähnten Ukaz vom 7.5.1744 (PSZ 12, Nr. 8.944).

21 PSZ 14, Nr. 1o.65o. Die vier Regionen waren: 1. Die Wolga von Nižnij-Novgorod bis Astrachan'; 2. Moskau, Novgorod, Smolensk; 3. Belgorod und Voronež sowie 4. Archangel'sk. Das Gebiet um Petersburg blieb hier wohl deshalb ausgespart, weil man bei der dortigen Polizei bereits am 1.5.1746 (PSZ 12, Nr. 9.284) eine *Ėkspedicija dlja rozyskov po delam vorov i razbojnikov* gegründet hatte.

den verschiedenen Gouvernements insgesamt rund 3.000 Soldaten aus.[22] In Nižnij-Novgorod setzten sich drei Schwadronen des Troica-Dragonerregiments unter dem Befehl des Oberst von Frauendorf in Bewegung. Diese Streitmacht umfaßte neun Offiziere, 25 Unteroffiziere, drei Schreiber, zwei Schmiede, einen Feldscher sowie 250 Soldaten. Laut Meldung vom 1.12.1744 gelang es ihr, 26 Männer zu fassen, denen unterschiedliche Straftaten vorgeworfen wurden, fünf Deserteure, die verdächtigt wurden, gestohlen zu haben, sowie sieben Räuber, die gestanden, ein Gut überfallen zu haben. Eine etwas genauere Auflistung erhielt der Senat am 21.1.1745 vom Obersten Feofilatov, Kommandeur des Jamburgskij-Dragonerregiments, dessen Abteilung von rd. 300 Mann im Gouvernement Voronež insgesamt 51 Belastete verhaftet hatte, darunter 14 wegen Verdachts auf Straßenraub, zehn wegen Verdachts auf Pferdediebstahl, sechs wegen Verdachts, ein gestohlenes Pferd gekauft zu haben, vier wegen Verstosses gegen die Paßgesetze und jeweils zwei wegen Verdachts auf *grabež* bzw. Tötung. Aus dem Gouvernement Vologda kehrte der Oberst Grekov vom Kargopol'skij-Regiment mit elf Deserteuren heim, acht Bauern, die Deserteure beherbergt haben sollten, sechs mutmaßlichen Dieben, drei angeblichen Straßenräubern, zwei Popen und einem Diakon, die man aus ungenannten Gründen festgesetzt hatte, sowie einem Bauern, der verdächtigt wurde, einen Räuber aufgenommen zu haben.[23]

Am 14.4.1749 legte der Hauptmann Kačalov vom Nevskij-Regiment dem Senat Rechenschaft über seine Suche in den Kreisen Olonec, Kexholm, Kargopol' und Novgorod ab. Er führte 244 Bauern an, die angeblich Deserteure bei sich aufgenommen hatten, 124 Deserteure, 111 Läuflinge, zwölf vermeintliche Straßenräuber, darunter eine Frau, sechs angebliche Diebe, vier Arbeiter ohne Paß, drei Bauern, die Räuber bei sich untergebracht haben sollten, zwei Personen mit gefälschten Pässen, je einen vermeintlichen Hehler und Totschläger sowie einen entsprungenen Mönch.[24] Bedingt durch den vergleichsweise langen Zeitraum seiner Suche zwischen Oktober 1748 und April 1749 hatte Kačalov also weitaus mehr Verdächtige dingfest gemacht als Frauendorf und Feofilatov. Da Kačalov allerdings im Winter ausmarschiert war, weist seine Ausbeute ein eklatantes Mißverhältnis zwischen Deserteuren und Läuflingen einerseits und vermeintlichen Dieben und Straßenräubern andererseits auf. Als recht bezeichnend für die Wirksamkeit des Einsatzes erscheint auch die Differenz zwischen 244 Bauern, denen man zur Last legte, Fahnenflüchtigen Obdach gewährt zu haben, und „nur" 124 eigentlichen Deserteuren. Alles in allem entsteht der Eindruck, daß den Kommandos zwar viele Läuflinge ins Netz gingen, diejenigen jedoch, auf die man es aber eigentlich abgesehen hatte, durch die Maschen schlüpften. Wenn also viele Soldaten dazu nötig waren, um wenige Räuber zur Strecke zu bringen, kann man der Bekämpfung des *razboj* durch die Armee weitgehende Erfolglosigkeit bescheinigen.

22 F. 248, op. 6, kn. 346, l. 1051.
23 F. 248, op. 6, kn. 347, l. 71, 131-34, 123.
24 F. 248, op. 6, kn. 358, l. 564-65.

Vier Ursachen sind hier denkbar. 1. Zunächst gibt die nicht abreißende Flut der Klagen zur Verpflegung und Besoldung der Truppe gerade während der „Räuberkampagne“[25] Anlaß zur Frage, wieviel Energie unzufriedene Soldaten bei dem gewiß nicht einfachen Unterfangen an den Tag legten, einer Bande von Straßenräubern habhaft zu werden. Stellt man dies in Zusammenhang mit dem Charakteristikum der Soldaten als negativer Auslese aus der Bauernschaft, klingt es nicht verwunderlich, wenn wir davon hören, Soldaten seien in Scharen zu den Räubern übergelaufen.[26] Im Grunde jagten zukünftige Deserteure also ehemaligen nach - gewiß keine Situation, die der Pikanterie entbehrte.[27]
2. Daneben ist ganz offensichtlich, daß sich hinter den papierenen Vorstellungen der Instruktionen ein schwerwiegender Mangel an Konzeption oder - schlimmer noch - an Entschlossenheit verbarg. Auf den ersten Blick mag eine Zahl von 3.ooo Soldaten zwar stattlich erscheinen; bewerten kann man sie jedoch erst, wenn man sie zur Größe des zu durchkämmenden Gebiets in Beziehung setzt. Unbeschönigt geht dies aus dem Bericht einer im Juli 1744 aus Moskau ausziehenden Truppe des Kazaner Dragonerregiments hervor. Fünf Offiziere, zehn Unteroffiziere, vier Trommler, zwei Feldscher und 162 Mann verteilten sich demnach auf sechs Straßen: Die nach Petersburg, Borovsk, Smolensk, Kaluga, Dmitrov und Voskresensk. Eine derartige Zersplitterung zog augenblicklich die Klage der Offiziere über das bekannte Phänomen des *maloljudstvo* (Leutemangel) nach sich. Sie selbst räumten ein, zur Bewachung etwaiger Festgenommener stünde niemand mehr zur Verfügung. Zudem stellte sich (seltsamerweise erst nach dem Aufbruch) heraus, daß es diesen Kavalleristen an Pferden mangelte. Da sich auch die mitgeführten Wagen für Fourage usw. als Hemmnis erwiesen, geriet der Vormarsch mehr und mehr ins Stocken.[28]
3. Der Rückgriff auf Kapazitäten der Voevoden hätte manchen Engpaß zwar überbrücken können; in diesem Sinne ordneten die Instruktionen auch eine Zusammenarbeit von Offizieren und Voevoden an. Tatsächlich lag aber auch dies im argen, weil Voevoden die Suchkommandos zu Recht als Kontrolle empfanden und sich standhaft weigerten, an die Truppe vorübergehend Personal abzustellen. Während die Offiziere den Voevoden gemeinhin *bezdejstvie,* also Passivität, vorwarfen, beschuldigten die Voevoden das Militär der Einmischung. Zumeist erleben wir, wie beide Seiten ihre Standpunkte auch dem Senat vortrugen, von dem eine schnelle Entscheidung jedoch nicht zu erwarten war. In Einzelfällen ist sogar davon die Rede, daß sich der Konflikt zwischen Armee und Verwaltung in Tätlichkeiten entlud.[29]

---

25 Vgl. z.B. F. 248, op. 6, kn. 347, l. 21-22, 76, 78. Mit Ukaz vom 30.7.1735 (PSZ 9, Nr. 6.781) wurde angeordnet, daß täglich fünf Kopeken zusätzlichen Soldes an diejenigen Soldaten auszuzahlen seien, die Reisende auf den Straßen vor Überfällen zu schützen hatten. Auf Suchkommandos bezog sich der Ukaz nicht.

26 Vgl. z.B. F. 248, op. 6, kn. 35o, l. 67-74.

27 Ein krasseres Beispiel für die „Produktion“ von Kriminalität durch den Staat läßt sich kaum denken.

28 F. 248, op. 6, kn. 346, l. 1o61 ob.-62.

29 F. 248, op. 6, kn. 347, l. 368-7o ob., 524-3o.

4. Die Weigerung der Voevoden, mit dem Militär zusammenzuarbeiten, hatte ihre tiefere Ursache auch darin, daß Machtmißbrauch durch Suchkommandos keineswegs selten war. So ging - um nur ein Beispiel unter vielen zu nennen - beim Senat am 22.10.1745 eine Beschwerde des Hauptmagistrats ein, derzufolge der oben erwähnte Oberst Grekov in Murom einen unbescholtenen Bürger in den Kerker geworfen hatte.[30] Ein derartiges Vorgehen bezweckte zumeist die Erpressung größerer Summen und war z.Zt. der petrinischen Oberfiskale auch auf höchster Ebene gang und gäbe. Vor diesem Hintergrund deutet sich an, daß man der Bezeichnung eines Verdächtigen als Dieb oder Räuber durch ein Suchkommando nicht allzuviel Gewicht beimessen sollte. Die russische Regierung hat das weitgehende Scheitern ihrer Bemühungen wohl auch selbst begriffen[31] und bei der Räuberbekämpfung wie im 17., so auch im 18. Jahrhundert zwischen Zentralisierung und Dezentralisierung geschwankt. Hatte man, wie oben erwähnt, erst 1756 die Ernennung von Hauptbeauftragten für vier Großregionen ausgesprochen, kam es durch Einführung von Suchkommandos auf Gouvernementsebene bereits 1764 zu einem Kurswechsel.[32] Die in Tabelle 9/10 deutlich hervortretende Abnahme der Anklagen wegen Straßenraubs ist deshalb weder auf eine Abnahme des Delikts noch seiner Bekämpfung zurückzuführen, sondern auf die Verlagerung der Räubersuche in kleinere territoriale Einheiten. In den siebziger Jahren wirkte sich dies auch auf die Anklagenstatistik des Moskauer Sysknoj Prikaz aus. 1770 waren hier noch 22 Straßenräuber belangt worden, nach 1775 waren es jährlich nur noch ein bis zwei. Allem Anschein nach bedurfte es daher eines Jahrzehnts, um den 1764 aus Petersburg angeordneten neuen Kurs „draußen im Land“ tatsächlich durchzusetzen.

---

30 F. 248, op. 6, kn. 347, l. 271-71 ob. Zum Amtsmißbrauch eines Syščik z.B. auch PSZ 12, Nr. 9.181 vom 26.6.1745.

31 Als offenes Eingeständnis dessen läßt sich z.B. der Ukaz vom 14.10.1735 (PSZ 9, Nr. 6.822) auffassen, der befahl, an gefährdeten Stellen beiderseits der Straße zwischen Moskau und Novgorod den Wald abzuholzen, um damit die Räubernester zu vernichten.

32 PSZ 16, Nr. 12.187 vom 17.6.1764.

6.f Tötung

Der Begriff „Tötung" *(ubijstvo)* soll hier als Sammelbezeichnung für den im Affekt begangenen Totschlag und vorsätzlichen Mord stehen. Dieser Unterschied hatte seit 1625 auch Eingang in die Moskauer Gesetzgebung gefunden;[1] das Uloženie sah für Totschlag allein die Bestrafung mit der Knute vor (21, 69), währenddessen Mord mit Hinrichtung zu ahnden war (21, 18; 21, 72). Zudem arbeitete es auch die Grenze zur fahrlässigen Tötung heraus und erläuterte dieses nicht unter Strafe gestellte Delikt am Beispiel eines Fehlschusses (22, 20).[2] Beim Totschlag lassen sich zwei Typen unterscheiden: Den unter Einfluß von Alkohol, das mit Abstand häufigste Tötungsverbrechen, sowie Beziehungsdelikte zwischen Mann und Frau. Am 25.4.1778 gab der dreißigjährige Bauer Il'ja Ivanov aus dem Dorf Pavlovsk im Kreis Moskau der Rozysknaja Ėkspedicija zu Protokoll:

„In der Osterwoche war er, Ivanov, zu Besuch beim Popen Stefan Ivanov im Dorf Staryj Jam. Als sie schon betrunken waren, schickte der Pope ihn und den Egor Ivanov in die Schenke, um für zehn Kopeken Wodka zu kaufen. Als Ivanov zurückkam, sagte er, daß die Bauern in der Kneipe zusammensäßen, machte wieder kehrt und ging in die Schenke. Noch in der Kneipentür geriet er mit Ivan Korenin aus dem Dorfe Pavlovsk in Streit, worüber weiß er nicht. Da nahm er einen Eichenknüppel, der in der Schenke lag, und schlug den Korenin, worauf dieser zu Boden fiel. Darauf ließ er den Korenin in Ruhe und ging nach Hause. Nach einiger Zeit kam er zurück in das Wirtshaus; da lag der Korenin immer noch da und lebte. Bei Sonnenuntergang brachten sie den Korenin in ein Haus, von dem er hörte, es sei das des Kozma Michajlov. Als die Schenke die Türen schloß, ging er nach Hause und schlief. Am nächsten Tag trank er zwei Gläser oder mehr und wollte gerade frühstücken, da kamen der Verwalter Danilo Strumjanov, der Sotskij Fedor Dmitriev und die anderen, um ihn zu holen."[3] An diesem Bericht können mehrere Punkte als weitgehend charakteristisch gelten. Sehr oft fanden Schlägereien unter Bauern im Winterhalbjahr statt, wenn die landwirtschaftliche Arbeit weitgehend ruhte. Auch bei diesem Beispiel kumulierten sich die Faktoren „Kneipe" und „Feiertag" zu einem Streit; in anderen Fällen war es das Glücksspiel, das die Bauern gegeneinander aufbrachte. Sehr bezeichnend für die hohe Toleranzschwelle gegenüber der Gewalt ist die Verzögerung zwischen dem Niederschlag Korenins und der Festnahme Ivanovs; hätte Korenin die Prügelei überlebt, so darf man annehmen, wäre ein derartiger Vorgang wohl kaum aktenkundig geworden.

Daß die Bereitschaft zur Gewaltanwendung unter Bauern jedoch auch in nüchternem Zustand recht ausgeprägt war, verdeutlicht die folgende, nach einem

1 AI 3, Nr. 167 vom 17.2.1625, Art. 72; vgl. Kolosovskij, Vmenenie, S. 65.

2 Der Kriegsartikel von 1715, der ansonsten quer zur Moskauer Rechtsüberlieferung steht, griff dieses Beispiel in Art. 158/59 wieder auf, unterschied jedoch zwischen fahrlässiger Tötung beim Gewehrreinigen (strafbar) und beim Scheibenschießen (nicht strafbar).

3 F. 373, d. 3158, l. 5.

Totschlag festgehaltene Vernehmung vom 29.7.1768: „Ivan Uljanov heißt er, 22 Jahre alt, Bauer von der Votčina des Grafen Aleksej Grigor'evič Orlov, Kreis Moskau, Kirchspiel Beseck, Dorf Mamonov. Vor drei Tagen fuhr er mit dem Bauern Andrej Alekseev aus demselben Dorf in das Apanagendorf Mjagkovo, um dort Gurken zu verkaufen. Als sie ihre Gurken verkauft hatten, fuhren sie in ihr Dorf zurück, das von Mjagkovo sieben Werst entfernt liegt, und nahmen noch einen anderen Bauern mit. Unterwegs sagte der als zweiter fahrende Alekseev zu Uljanov, er solle auf sein Pferd aufpassen; er wolle sich etwas hinlegen. Als Uljanov einmal einen Blick auf Alekseevs Wagen warf, sah er, wie der andere Bauer von Alekseevs Wagen in den Wald lief. Da sprang Uljanov von seinem Wagen herab, weckte Alekseev auf und fragte ihn, ob er sein Geld noch bei sich habe. Alekseev sagte, er habe achtzig Kopeken im Hemd gehabt, die jetzt jedoch fehlten. Da liefen sie dem anderen Bauern hinterher und holten ihn ein, fanden das Geld jedoch nicht bei ihm. Deshalb fragten sie ihn, wo er das Geld habe, und schlugen mit den Fäusten auf ihn ein..."[4] Wie im Falle Ivanovs ging auch diesem Totschlag ein geringfügiger Anlaß voraus. Manches spricht dafür, daß Konflikte nicht nur unter Fremden, sondern auch in der Familie ein blutiges Ende finden konnten. Auch im folgenden Beispiel entlädt sich eine Auseinandersetzung im Totschlag, doch diesmal waren es Mann und Frau, die sich gegenüberstanden.

„Beim Verhör gab Ivan Ivanov zu, seine Frau erschlagen zu haben. Im Juli 1764, das genaue Datum weiß er nicht, war seine Frau Alena Timofeevna in Serpuchov, um ihre Schwester Avdotja Timofeevna zu besuchen und um im Hause des Kaufmanns Vasilij Popov zu arbeiten. Als Ivanov nach Serpuchov kam, ging er in das Haus des Kaufmanns und zur Schwägerin, um seine Frau abzuholen und mit ihr nach Hause zu gehen. Als sie auf dem Rückweg beim Flüsschen Michajlovka in den Wald kamen, trat er beiseite. Seine Frau blieb auf der Straße stehen. Als er wieder auf die Straße kam, sah er, wie seine Frau in den Wald lief, warum, das wußte er nicht. Da lief er hinterher, holte sie ein und fragte sie, wo sie hinlaufe. Sie sagte, ihr sei schlecht und sie wisse nicht, wo sie hinlaufe. Wegen dieser Flucht nahm er seinen Stock und schlug sie auf den Rücken und den Bauch. Danach wollten sie weitergehen, doch hatten sie den Wald noch nicht verlassen, da sagte sie, wegen der Schläge könne sie nicht mehr gehen. Er ließ sie zurück und ging nach Hause, um Pferd und Wagen zu holen. Er holte sie ab, und so fuhren sie nach Haus. Abends starb die Frau. Als er sie schlug, wollte er sie nicht umbringen. Geschlagen hat er sie, weil sie auch früher nicht selten von ihm weggelaufen sei. Als die Frau gestorben war, ging er zum Dorfältesten Fedor Prokof'ev, um es anzuzeigen."[5]

Dieses Geständnis überschreitet wohl die Grenze dessen, was aus heutiger Sicht als erklärbar gelten kann. Aus damaliger Pespektive scheint es sich jedoch um kein ganz außergewöhnliches Ereignis gehandelt zu haben, hätte man den Ivanov doch andernfalls nicht mit einer so oberflächlichen Wiedergabe davonkommen lassen. Nicht selten finden sich in den Akten des Gerichts aber auch

4 F. 373, d. 1264, l. 4.
5 F. 373, d. 268, l. 6-6 ob.

Vorgänge, bei denen Frauen ihre Männer umbrachten. Als Beispiel dessen kann das Geständnis der Fekla Jakovleva vom 2.8.1778 stehen: „19 Jahre ist sie alt, verheiratet mit Maksim Stepanov, leibeigener Bauer des Fürsten S.N. Golicyn aus dem Kreis Moskau, Dorf Nedarev. Am 29. Juli schlug ihr Mann sie in der Scheune auf die Schulter. Daraufhin sagte sie ihm, von der Arbeit täten ihr ohnehin die Schultern weh. Als er sie nun auf den Rücken schlug, nahm sie ein Messer, das in der Scheune lag, und stieß es ihm in den Leib. Als er umfiel und auf dem Boden lag, schnitt sie ihm den Hals durch."[6] Das hier ungekürzt wiedergegebene Geständnis verdient auch deshalb Beachtung, weil die lakonische Art der Protokollanten diesem Gattenmord eine gewisse Beiläufigkeit verleiht. In diesem Zusammenhang erscheint es als charakteristisch, daß der Fall eines Kanzleidieners, der sich an einer Kasse vergriff, die Strafjustiz zur Produktion ungezählter Seiten veranlaßte, der Totschlag an einer Bauersfrau aber zumeist mit wenigen Zeilen abgetan wurde. Um ein weiteres Beispiel anzuführen, sei ein Verhör vom 12.3.1766 zitiert, das durch scharfen Kontrast zwischen nichtigem Streitanlass und grausamer Reaktion gekennzeichnet ist. „Prokof'eva Ivanovna heißt sie, dreißig Jahre alt, Hofmagd, verheiratet mit dem Hofknecht und Tischler Ivan Fedorov, wohnhaft im Hinterhaus des Hofes ihres Herrn, des Fürsten N.S. Bagrationov, im fünften Polizeibezirk in der georgischen Vorstadt. Vom 10. auf den 11. März, das heißt von Freitag auf Samstag, war sie in der Kirche Georgs des Märtyrers. Als sie nach dem Gottesdienst nach Hause kam, begann ihr Mann sie zu beschimpfen, weil sie Eier zerschlagen hatte. Das war ihr zuviel *(ne sterpela)*. Als der Mann sie nun prügeln wollte, um sie wegen der Eier zu bestrafen, nahm sie die Axt ihres Mannes und zerschlug ihm den Hals bis zum Knochen."[7] Der Kirchenbesuch allein - das zeigt dieses Verhör wohl recht deutlich - vermochte Gewalt offenbar nicht hinreichend zu zügeln.

Wenn uns der im Streit begangene Totschlag in den Gerichtsakten weitaus häufiger als Mord entgegentritt, dürfte eine wesentliche Ursache dessen darin liegen, daß der Totschlag sehr oft unter Zeugen, z.B. in der Schenke, stattfand, Mord zumeist jedoch heimlich verübt wurde, so daß die Aufklärungsrate bei Mord hinter der von Totschlag zurückblieb. Wenn es der Polizei nicht gelang, einen Verdächtigen zu ermitteln, registrierte das Polizeijournal, seltener auch die Gerichtsunterlagen, den Vorgang als „Leichenfund" *(mertvoe telo)*. Zwar sind um die Mitte des 18. Jahrhunderts Bemühungen unverkennbar, die Aufklärungsquote in derartigen Fällen etwa durch ein 1761 ausgesprochenes Autopsiegebot zu verbessern,[8] doch dürfte diese Maßnahme nicht allzuviel bewirkt haben. Da Gutsbesitzer den Fall eines zu Tode geprügelten Leibeigenen unter dem Mantel der ihnen zustehenden Strafjustiz verbergen konnten, finden sich beim Moskauer Strafgericht ausschließlich Anklagen gegen Bauern wegen Mordes an Gutsbesitzern. Auch diese sind eher selten. Demgegenüber fertigte der General P.D. Eropkin (und spätere Generalgouverneur von Moskau) für den damaligen Ver-

---

6 F. 373, d. 3222, l. 2. Jakovleva wurde zu Knutung und lebenslanger Katorga verurteilt, nicht jedoch zur Brandmarkung, „da sie in Sibirien dann keinen Mann mehr findet".

7 F. 373, d. 6o3, l. 4.

8 PSZ 15, Nr. 11.291 vom 10.7.1761. Vgl. Leonov, Reč'.

trauten Katharinas N.I. Panin 1770 eine Aufstellung an, nach der allein die Bauern des Gouvernements Moskau zwischen 1764 und 1769 21 Gutsherrn und neun Gutsfrauen erschlagen hatten.[9] Das Ausmaß der Gewalt war jedoch nicht in allen Zeiten so hoch wie hier, hatte das Manifest Peters III. zur Dienstbefreiung des Adels vom 18.2.1762 unter Bauern doch Hoffnungen und Gerüchte provoziert, nun werde sich auch an ihrem Status etwas verbessern. Als die neue Zarin derartige Erwartungen jedoch zurückwies, löste sie eine Welle von Bauernunruhen aus, die vielerorts erst durch Truppeneinsatz niedergeschlagen werden konnten. Zahlen erschlagener Gutsherrn sind uns erst wieder für das frühe 19. Jahrhundert überliefert. Danach erfaßte das Innenministerium 1816 (in ganz Rußland) nur einen Mord an einem Gutsbesitzer, 1817 drei, 1818 einen sowie einen Mordversuch, 1820 zwei Morde usw.[10] Auch wenn diese Angaben kaum komplett sein dürften, erscheinen die sechziger Jahre des 18. Jahrhunderts damit verglichen doch als ein Höhepunkt der Gewalttätigkeit.

In aller Regel wurden Bauern, die ihren Herrn auf dem Gewissen hatte, vor keinem regulären Gericht angeklagt. Dafür gab es drei Gründe. Da die Rozysknaja Ėkspedicija in der Ämterhierarchie weit unten rangierte, empfanden es die Voevoden als geboten, Fälle von außerordentlicher Tragweite unmittelbar dem Justizkollegium vorzulegen. Daneben war der tödlich endende Zusammenstoß oftmals nicht der erste Konflikt zwischen Gutsherr und Bauern; die Familie des Gutsbesitzers glaubte den mutmaßlichen Täter daher zu kennen. Seit 1760 hatte jeder Gutsbesitzer das Recht, Leibeigene zur Ansiedlung nach Sibiren zu verbannen; 1765 konnte er sie sogar zu Katorga auf Lebenszeit dorthin schicken.[11] Durch einen solchen Beschluß mußte der Gutsherr keinen Verlust an Leibeigenen hinnehmen, da er jeden Verbannten auf die Rekrutenliste setzen konnte. Lieferte das Gut den Täter jedoch an ein ordentliches Gericht aus - wozu es bei Schwerdelikten de jure verpflicht war -, sah das Gesetz nicht vor, den Angeklagten als Rekruten zu registrieren. Da auch das Gericht seit der Aussetzung der Todesstrafe 1744 kein härteres Urteil als Knutung, Brandmarkung und lebenslange Zwangsarbeit aussprechen konnte, erscheint es als verständlich, wenn die Familien der Gutsbesitzer auf Einschaltung der Gerichte oftmals verzichteten und stattdessen halblegale Selbstjustiz übten. War der örtliche Adel drittens jedoch außerstande, den Täter zu ergreifen, weil sich die Bauern zusammentaten und weitere Schritte unternahmen, sei es, daß sie Bittschriften aussandten, sei es, daß

9 Iz bumag gr. N.I. Panina, S. 426-28. Dazu Semevskij, Krest'jane, Bd. 1, S. 347, der auf die Unvollständigkeit dieser Liste hinweist und ein weiteres Beispiel anführt. Vgl. Alefirenko, Krest'janskoe dviženie, S. 137-38, die schon für die fünfziger Jahre von einem Höhepunkt der Tätlichkeiten von Bauern an Gutsbesitzern spricht. Sie weist zugleich auf die räumliche Konzentration dieser Welle in den zentralen Nichtschwarzerdegouvernements um Moskau hin, deren Anteil an Gutsbauern höher lag als in den benachbarten Provinzen.

10 Romanovič-Slavatinskij, Dvorjanstvo, S. 368. Vgl. demgegenüber die Aufstellung bei Rachmatullin, Krest'janskoe dviženie, S. 2o. Hiernach wurden aus zwanzig mittelrussischen Gouvernements zwischen 1827 und 1846 252 Bauern (davon 53 Frauen) wegen Ermordung des Gutsbesitzers nach Sibirien verschickt.

11 PSZ 15, Nr. 11.166 vom 13.12.1760; PSZ 17, Nr. 12.311 vom 17.1.1765 (s.o. 4.d). Wie immer setzte die Verbannung voraus, daß der Delinquent die Knutung überlebte. Zur Strafjustiz der Gutsbesitzer vgl. Ščepetov, Krepostnoe pravo, S. 119-24.

sie die Steuer verweigerten, das Gutshaus ansteckten oder sich bewaffneten, dann lag bereits eine Erhebung vor, die den Voevoden mitsamt Truppen auf den Plan rief. In diesem Fall wurden die vermeintlichen Rädelsführer standrechtlich erschossen.[12]

Aus den genannten Gründen sind uns in den Akten der Rozysknaja Ėkspedicija Anklagen gegen Bauern, die einen Gutsherrn umgebracht hatten, nur spärlich überliefert. Im Grunde beschränkt sich unsere Kenntnis auf diejenigen Fälle, bei denen der Täter aus mehreren Verdächtigen erst noch ermittelt werden mußte. Dies traf auch bei demjenigen Fall zu, der unter den von Eropkin verzeichneten Morden die größte Beachtung fand und für Eropkin als einem Verwandten des Opfers erst den Anlaß geschaffen hatte, die erwähnte Liste abzufassen. Dieser Prozeß war der gegen den Mörder des Generals Nikolaj Michajlovič Leont'ev; in seinem Verlauf ging die Rozysknaja Ėkspedicija gegen 23 Verdächtige vor, von denen sie sechs foltern ließ. Am 20.9.1769 erschienen mehrere Bauern des Leont'ev gehörenden Gutes Gološčapov auf der Voevodenkanzlei von Krapivna, um zu berichten, Leont'ev sitze in seinem Hause erschossen im Stuhl. Der Voevode brachte daraufhin eine Voruntersuchung in Gang, deren Ergebnisse er dem Justizkollegium weiterleitete. Da sich dieses wegen Personalmangels jedoch außerstande sah, Vorwürfen gegen 23 Verdächtige nachzugehen, überwies es den Fall in Wiederherstellung des üblichen Geschäftsgangs am 19.10.1769 an die Rozysknaja Ėkspedicija als eigentlich zuständige Behörde. Bei den Verhören stellte sich heraus, daß der General es gewohnt war, bei seinen Bauern ein scharfes Regiment zu führen. So wies er es nach der Mißernte des Jahres 1767 von sich, den Bauern die Steuer zu stunden und drohte Widerspenstigen vielmehr damit, den Zins zu verdoppeln.

Daraufhin suchten die Bauern in einer Bittschrift an die Zarin Zuflucht, doch scheint der aus diesem Anlaß ergangene Appell Panins an Leont'evs Menschenliebe nicht gefruchtet zu haben. Auch mit seinen Verwaltern Šebanov und Belousov sprang Leont'ev skrupellos um, z.B. indem er Šebanov nach einem Brand auspeitschen ließ. Der Verwalter fühlte sich jedoch unschuldig und sah als Ursache des Feuers nicht eigene Unachtsamkeit, sondern einen Befehl des Generals an. Mithin brachte Leont'ev sowohl die Bauern als auch die Verwalter gegen sich auf. Wenn Šebanov vor Gericht aussagte, Leont'ev habe ihm „so übel mitgespielt, daß er begann, nach einem Weg zu suchen, den Herrn umzubringen," so drückte er damit eine unter den Leuten Leont'evs verbreitete Stimmung aus. Als Schützen ermittelte man schließlich den Hofknecht Matvej Sadočkoj, der zunächst in Leont'evs Hause gelebt hatte, doch nach einem Zusammenstoß mit einem anderen Bediensteten von Leont'ev bestraft worden war und daraufhin das Weite suchte. Während der Flucht gelang es ihm, einem Ulanen das Gewehr zu stehlen. Sadočkojs Aussage nach hatte ihn der Sotskij Larion Kručinin zu diesem Mord gedungen. Kručinin allerdings berief sich darauf, daß Šebanov und Belousov ihn dazu angehalten hätten. Diese stritten den Vorwurf ab und redeten sich

12 Beispiele für derartige Militäreinsätze bei Alefirenko, Krest'janskoe dviženie, S. 142-53; vgl. Semevskij, Volnenija.

auf ihre Frauen heraus. Durch die hohe Stellung des Opfers, das nicht nur mit Eropkin verwandt war, sondern auch mit der Fürstin Daškova sowie mit P.A. Rumjancev, dem zeitweisen Oberbefehlshaber des russischen Heeres und anschließendem Generalgouverneur der Ukraine, fand Leont'evs Ermordung ein weites Echo. Als Vetter Leont'evs (und Leiter des Kollegiums für Äußeres) arbeitete N.I. Panin eine für Katharina bestimmte Denkschrift aus, die sich kategorisch für die Wiedereinführung der Todesstrafe aussprach. Im Falle Sadočkojs waren der Rozysknaja Ėkspedicija die Hände jedoch gebunden, so daß die auch in diesem Fall verhängte Höchststrafe auf Knutung, Brandmarkung und lebenslange Zwangsarbeit lautete.[13]

Daß es dem Gericht an Rigorosität dennoch nicht mangelte, läßt sich etwa daran ablesen, daß der versuchte Mord an einem Gutsbesitzer mit vollendetem hinsichtlich des Strafmasses gleichgestellt wurde. Auch im folgenden Beispiel war es namentlich die Strafgewalt des Herrn, die dessen Bauern gegen ihn mobilisiert hatte. Der Leutnant Ivan Alekseevič Kašincov, der ein Gut im Dorf Gridin unweit von Suzdal' besaß, ließ seinem achtzigjährigen Hofknecht Petr Afanas'ev 1752 dreißig Plettenschläge verabreichen, als dieser von ihm zum Milchholen ausgeschickte alte Mann nicht wie befohlen unverzüglich zurückkehrte, sondern in der Zwischenzeit ein Stück Brot verzehrte. Auch in diesem Fall trat unter Gesinde und Bauern eine Solidarisierung ein, noch begünstigt durch die Furcht, von Kašincov auf dessen Gut im Gouvernement Simbirsk umgesetzt zu werden. Auch in diesem Fall waren es die mit Ämtern betrauten Bauern, hier vor allem der Starosta Elisej Denisov, die unter Kašincovs Willkür besonders zu leiden hatten und deshalb die Initiative ergriffen. Denisov warb jedoch keinen Schützen an, sondern schickte zwei Männer zu dem im Rufe eines Zauberers stehenden Bauern Maksim Markov. Für einen Rubel rührte dieser ein Mittelchen an, um den Gutsherrn zu vergiften. Da sich das Pulver jedoch als zu schwach erwies, überlebte der Leutnant insgesamt drei Anschläge unbeschadet. Erst als sich einer der Bauern bei ihm Liebkind machen wollte und ihm den Plan hintertrug, schöpfte Kašincov Verdacht und ließ Denisov, Afanasev und weitere vier Bauern am 2.4.1753 zur Polizei nach Moskau bringen. Am 28.4. verstarb Afanas'ev im Kerker des Sysknoj Prikaz. Am 18.6. unterwarf das Gericht die fünf Angeklagten einer erstmaligen Folter von dreißig Schlägen, so daß diese ihren Vorsatz gestanden und Markov als Giftmischer namhaft machten. Da dieser jedoch leugnete, wurden die Bauern am 21.10.1753 und 14.1.1754 nochmals auf den Bock gelegt. Als sie ihre Anschuldigung wiederholten, unterzog man am 4.2. auch den Markov eines peinlichen Verhörs von vierzig Schlägen, worauf er gestand. Am 15.7. entschied das Gericht, die Bauern und Markov zu einer Strafe von siebzig Knutenschlägen, Brandmarkung und lebenslanger Zwangsarbeit in Rogerwik zu verurteilen.[14]

---

13 F. 373, d. 1623, bes. l. 244-48. Vgl. Semevskij, Krest'jane, Bd. 1, S. 53, 347; Ransel, Panin Party, S. 151.

14 F. 373, d. 5531. Vgl. Beljaev, Bytovye očerki: Vol'šebstvo.

Schon das alleinige Wort des Gutsbesitzers reichte dem Gericht dazu aus, um einen des Mordversuchs verdächtigten Bauern für schuldig zu befinden. Am 14.1.1774 erstattete die verwitwete Fürstin Ekaterina Ivanovna Chilkova Anzeige gegen ihren Hofknecht Ivan Osipovič Zubov. Ihren Angaben zufolge hatte sie diesen des Lesens und Schreibens kundigen Mann von 53 Jahren am 1.10.1773 mit 51 Rubeln nach Zamoskvareč'e geschickt, um eine Schuld zu begleichen. Zubovs Behauptungen nach sei er jedoch von zwei Soldaten überfallen und ausgeraubt worden, so daß er aus Angst vor Schlägen seiner Herrin Reißaus nahm. Wie die Chilkova weiter ausführte, sei Zubov am 15.10. des Nachts in ihr Haus zurückgekehrt, um sie zu ermorden. Sogar unter Folter stritt Zubov diese Anschuldigung kategorisch ab. Auch als der Pope ihn ins Gebet nahm, blieb er standhaft. Da Beweise also fehlten, ordnete das Gericht am 21.3.1774 an, Zubov nach Gutdünken seiner Herrin zu bestrafen. Die Fürstin, die sich ihres ehemaligen Vertrauensmannes entledigen wollte, teilte dem Gericht mit, Zubov solle geknutet und zur lebenslangen Katorga nach Reval geschickt werden; für Zehr- und Fahrgeld, Kleidung und Schuhe werde sie schon aufkommen. Diesem Wunsch kam das Gericht auch uneingeschränkt nach, bemaß die Schläge jedoch auf die vergleichsweise geringe Zahl von 25.[15]

Damit zu den statistischen Beobachtungen, soweit sie aus Tabelle 9/10 hervorgehen. Von 1740 bis 1749 lag die Zahl der Anklagen wegen Tötung bei 13 Prozent der Anklagen insgesamt, von 1750 bis 1759 bei zehn Prozent, von 1760 bis 1769 bei acht Prozent und von 1770 bis 1779 abermals bei zehn Prozent. Da die Gouvernements- und Justizreform 1782 den territorialen Einzugsbereich der Moskauer Gerichte reduzierte und einen neuen Instanzenzug schuf, läßt sich diese Entwicklung auf vergleichbarer Ebene nicht weiter verfolgen. Die Zahl der von den neuen Strafkammern wegen Tötung Angeklagten hielt sich aber auch nach 1782 durchweg bei weniger als zehn Prozent der Delinquenten insgesamt. Z.B. lagen dem *Nižnij nadvornyj sud* in Moskau 1783 unter fünfzig Fällen zwei Tötungsdelikte vor, 1784 unter 76 drei, 1785 unter 28 keines, 1786 unter 36 eines, 1787 unter 26 eines, 1788 unter 22 eines und 1789 unter 19 Fällen zwei Tötungsdelikte.[16] Die erste gedruckte Statistik zu Todesopfern in Moskau bezieht sich auf die Jahre zwischen 1835 und 1840. Da sie auf Unterlagen der Krankenhäuser beruht, umfaßt sie sowohl Unglücksfälle als auch Verbrechen und sogar Krankheiten, kann zur weiteren Überprüfung des Trends also nicht herangezogen werden.[17] Dennoch scheint sich in der zweiten Hälfte des 18. Jahrhunderts eine gewisse Abnahme der Anklagen wegen Tötung in absoluten und

15 F. 373, d. 2471.

16 CGIAM F. 81, op. 1. Bei der Berufungsinstanz des *Verchnij nadvornyj sud* lag der Anteil der Anklagen wegen Tötung noch niedriger; vgl. ebd. F. 8o. op. 1, l. 1-45.

17 In diesem Zeitraum wurden an Todesursachen registriert: Schlaganfall 780 Männer, 222 Frauen; Ertrunken 103 M., 14 F.; Todesursache unbekannt 65 M., 29 F.; Äußere Gewalteinwirkung 54 M., 13 F.; Erwürgt 51 M., 15 F.; Überfahren 51 M., acht F.; Trunksucht 33 M., 20 F.; Innere Blutung 36 M., sechs F.; Gas- oder Wasservergiftung 22 M., fünf F.; Erstochen 18 M., vier F.; Verbrannt acht M., 13 F.; Vergiftet zwölf M., sieben F.; Erfroren acht M., vier F.; Erschossen fünf M. Nach Gastev, Materialy, S. 279.

Prozentzahlen anzudeuten.[18] Sie tritt noch deutlicher hervor, wenn man ihr das Bevölkerungswachstum Moskaus gegenüberhält und die Fünfjahresdurchschnitte der Anklagen bildet.[19] Alles in allem lag der Umfang der gerichtlich registrierten Tötungsverbrechen im genannten Zeitraum für Stadt und Gouvernement Moskau also bei rd. zehn Prozent der Anklagen insgesamt. Um die Lücke zwischen registrierter und begangener Kriminalität zu schließen, sind aber auch die versteckten Positionen wie Straßenraub, Unregelmäßigkeiten im Instanzenzug, Hausjustiz der Gutsbesitzer sowie von Truppen abgehaltene Standgerichte zu berücksichtigen. Dies eingerechnet ist für Moskau ein höheres Niveau an Gewaltverbrechen anzunehmen als für England, das bisher besterforschte westeuropäische Land, dessen registrierte Gewaltkriminalität im gleichen Zeitraum ebenfalls bei etwa zehn Prozent lag, ohne daß dort jedoch so schwerwiegende zusätzliche Faktoren in die Rechnung einfließen.[20] Zudem tritt in England und Frankreich während des 18. Jahrhunderts ein noch deutlicherer Rückgang der Schwerdelikte als in Moskau zutage. Diesen bemerkenswerten Wandel der Kriminalität haben sich bereits englische Zeitgenossen mit Faktoren wie verbesserter Erziehung, höherer Gewerbeentwicklung und gestiegenem Lebensniveau erklärt -[21] eine Einschätzung, an der sich bis heute nicht viel geändert hat. Wenn überhaupt, trifft sie für das Rußland des 18. Jahrhunderts aber nur in geringem Maße zu, so daß sich die Frage nach spezifisch russischen Gründen dieses offenbar kulturübergreifenden Wandels ergibt. Prüfen wir deshalb zunächst, wie sich die wegen Tötung belangten Delinquenten auf Stadt und Land verteilen.

Tabelle 18

Verteilung der Anklagen wegen Tötung (MPK) auf Geschlechter und Stände 1764-82

	Bauern		Hofleute		Arbeiter		Soldaten		Kleinb.		Kaufl.	
	m.	w.	m.	w.	m.	w.	m.	w.	m.	w.	m.	w.
1764-68	8		7	1	1				2		1	
1769-73	15	3	16		3		2		1			
1774-78	7	1	7		1	1	1	1			1	
1779-82	5	2	9	2	1	1		1	2		1	

18 Hier sei ausdrücklich an das in Kapitel 6.a Gesagte erinnert, nach dem die außerordentlich große Dunkelziffer (vgl. Tabelle 11) zu sehr vorsichtigen Schlüssen zwingt. Manches spricht jedoch dafür, daß die Grauzone im Bereich der Schwerverbrechen kleiner als bei der Eigentumskriminalität war (s.u. S. 332).

19 Durchschnittliche Zahl der Anklagen wegen Tötung pro Jahr: 1740-44 23; 1745-49 22; 1750-54 19; 1755-59 16; 1760-64 21; 1765-69 16; 1770-74 18; 1775-79 14.

20 Vgl. die Aufstellung bei Sharpe, Crime, S. 55; Beattie, Crime, S. 9o. Zu Paris s. Petrovitch, Recherches, bes. S. 2o3.

21 Vgl. Beattie, Crime, S. 137.

Tabelle 19

Verteilung der Anklagen wegen Tötung (MGK) auf Geschlechter und Stände 1764-82[22]

	Bauern		Hofleute		Arbeiter		Soldaten		Kleinb.		Kaufl.	
	m.	w.	m.	w.	m.	w.	m.	w.	m.	w.	m.	w.
1764-68	15		11	1					1			
1769-73	19	1	23	1								
1774-78	13	1	15	2	1	1						
1779-82	14	2	16	2					1		1	

Verglichen mit den bisherigen Ergebnissen zur Land-Stadt-Verteilung der Delinquenz stellen die Tabellen 18/19 insofern eine Ausnahme dar, als Tötung im Gouvernement häufiger als in der Stadt Moskau registriert wurde. Die Behördentätigkeit war in der Provinz wohl weniger ausgeprägt als in der Stadt, die informelle soziale Kontrolle im Dorf aber dichter. Dagegen wurden die von der Obrigkeit verfügten Normen in der Stadt früher und strenger durchgesetzt als auf dem Land. Das Beispiel des *kulačnyj boj* (Faustkampf) zeigt dies auf recht anschauliche Weise. Etwas überschwenglich heißt es in Sacharovs Volkskunde von 1841: „Im russischen Alltagsleben galt der Faustkampf als Beweis der Tapferkeit, der Stolz und Hader ganzer Dörfer und Städte nach sich ziehen konnte. Sich im Kampf durchzusetzen und andere ohne Mitleid zu schlagen, dies stellte für unsere Vorväter ein köstliches Vergnügen dar."[23] Sehr beliebt war der Faustkampf vor allem in der Butterwoche, trug er zu deren Reiz doch ebenso bei wie der Verzehr von Pfannkuchen oder das Karussell- und Schlittenfahren.[24] Da viele dieser Kämpfe tödlichen Ausgang nahmen - als listig geltende Männer standen im Ruf, ihre Handschuhe mit Eisen zu füttern -, versuchte der Staat, dem Faustkampf entgegenzutreten. In unserem Zusammenhang ist bezeichnend, daß der Faustkampf 1641 nur in Moskau und auch dort nur in den inneren Stadtteilen

22 Der sozialen Herkunft nach setzen sich die Opfer von 1764 bis 1768 wie folgt zusammen (MPK und MGK): 28 Bauern, davon fünf Frauen; zwölf Hofleute, davon zwei Frauen; drei Gutsverwalter und je zwei Arbeiter, Popen und Gutsbesitzer sowie je ein Kaufmann bzw. Kauffrau. 1778-82: 31 Bauern, davon sechs Frauen; zwanzig Hofleute, davon fünf Frauen; fünf Arbeiter, davon zwei Frauen; zwei Gutsverwalter; eine Gutsfrau und je ein Kaufmann bzw. Soldat.

23 Sacharov, Skazanija, Bd. 1, T. 2, S. 87. Eine „Zauberformel" speziell für den Faustkampf bei Zabylin, Russkij narod, S. 358. Zu diesem Ritual und seiner Verwurzelung im Volksleben s. auch Zelenin, Vostočnoslavjanskaja ėtnografija, S. 378 (dort weitere Literaturhinweise).

24 Dazu s. Snegirev, Prazdniki, Bd. 2, S. 115-37, bes. S. 126-27.

unter Strafe gestellt wurde. Außerhalb der Zemljanoj Gorod und in der Provinz wurde kein Verbot ausgesprochen.[25] 1722 erneuerte Peter diesen Bann und dehnte ihn zugleich auf das ganze Land aus.[26] Zugleich kann man seine Bemühungen um neue und unblutige Vergnügungsarten, etwa die um Einbürgerung der Maskerade,[27] auch als Beitrag zur Überwindung des Faustkampfes verstehen. Wie zäh sich diese Sitte dennoch erhielt, geht daraus hervor, daß uns Beispiele noch für das ganze 18. Jahrhundert auch aus Moskau überliefert sind. „Damit kein Totschlag geschehe", trieb die Moskauer Polizei am 24.4.1743 eine ganze Reihe von Kämpfern auseinander, die ihre Rauflust im Apothekergarten der Belyj Gorod befriedigen wollten.[28] Offenbar mit Bezug auf diesen Vorgang wiederholte der Senat das Verbot des Faustkampfes durch Ukaz vom 3.7.1743, beschränkte es jedoch auf Petersburg und Moskau.[29]

Hier sehen wir die Stadt eindeutig in der Rolle des Vorreiters, das Land spart der gesetzliche Regelungsanspruch noch aus. Man wird nicht fehlgehen in der Vermutung, daß dies im Hinblick auf die tiefreichende Verwurzelung des Faustkampfes im Brauchtum geschah. Wie zur Bestätigung dessen führt Čulkovs „ABC des russischen Aberglaubens" von 1786 den Faustkampf noch als eigenes Stichwort auf, unter dem es heißt: „Gang und gäbe *(v velikom obyknovenii)* in ganz Rußland. Man schlägt sich einer gegen einen oder eine Partei gegen die andere. Eigentlich ein Spaß, doch passiert es immer wieder, daß der eine dem anderen den Schädel zertrümmert oder die Knochen bricht, und mancher ist bei diesem Vergnügen schon ums Leben gekommen."[30] Čulkovs Ablehnung dieser rohen Sitte klingt deutlich heraus, und doch wirkt es seltsam, daß der städtische Bann über den Faustkampf mit keiner Silbe zur Sprache kommt. Als hoher Beamter, der zeitweise auch im Senat tätig war, hätte dieser aufgeklärte Schriftsteller eigentlich Kenntnis davon haben müssen.

Noch unter den letzten Aktenstücken der Rozysknaja Ėkspedicija findet sich eine Anklage wegen Faustkampfes mit Todesfolge, bei der das Urteil jedoch nicht

---

25 AI 3, Nr. 92-XXXII vom 9.12.1641.

26 PSZ 6, Nr. 4.099 vom 27.9.1722. PSZ 7, Nr. 4.939 vom 21.7.1726 erklärte den Faustkampf für genehmigungspflichtig (durch die Polizei), schränkte den Ukaz von 1722 also wieder ein. Vgl. Bobrovskij, Artikul voinskij, Bd. 2, Teil 3, S. 249-50.

27 Aus Anlaß des Nystädter Friedens fand in Moskau erstmals 1722 eine große Maskerade statt. Dazu Šubinskij, Maskerad; der Bericht eines Augenzeugen bei Berchgol'c, Dnevnik, Bd. 2, S. 60-83.

28 F. 248, op. 99, kn. 7862, l. 1.

29 PSZ 11, Nr. 8.754. Aus unersichtlichen Gründen erging ein gleichlautender Ukaz nochmals am 11.7.1743 (Nr. 8.759). Vgl. Vybrannomu v silu, Art. 115, der die Körperstrafe bzw. zwölf Tage Zwangsarbeit als Sanktion vorsah.

30 Čulkov, Abevega russkich sueverij, S. 8. Vgl. die aus dem 19. Jahrhundert stammende Abbildung eines Faustkampfs bei Rovinskij/Sobko, Russkie narodnye kartinki, Nr. 270. Als rituelle Volksbelustigung hatte der Faustkampf eine andere Funktion als das Duell, das durch Manifest vom 21.4.1787 (PSZ 22, Nr. 16.535) verboten wurde. Mehrfachen Duellanten wurde der Entzug der adligen Standesrecht sowie Verbannung auf Lebenszeit nach Sibirien angedroht. Das Manifest blieb jedoch ebenso Papier wie die Versuche zur Eindämmung des Faustkampfes. Zur Geschichte des Duells in Rußland s. Lotman, Besedy o russkoj kul'ture, S. 164-79 (alles andere als erschöpfend); aus rechtsgeschichtlicher Perspektive auch Omel'čenko, „Zakonnaja monarchija", S. 300-03.

erhalten ist. Der zwölfte Polizeibezirk hatte den Beschuldigten an den Oberpolizeimeister ausgeliefert, dieser an das Gericht. Im Protokoll vom 10.8.1782 heißt es: „Lukjan Ivanov heißt er, 46 Jahre alt, aus dem Kreis Jaroslavl' von der Votčina des Generals P.B. Šeremetev im Dorf Rašin. Zahlt Obrok. In diesem Dorf ist er bei der Revision registriert worden. Wohnhaft in Moskau in der Kolomenskaja-Kutschervorstadt im eigenen Hof. Arbeitet als Schmied. Am letzten Sonntag nach dem Mittagessen ging er mit einem anderen Schmied namens Zacharov, dessen Herrn weiß er nicht, in seiner Vorstadt in die Schenke. Tranken Wodka für acht Kopeken. Auf dem Heimweg sah er, Ivanov, wie der betrunkene Bauer Semen, den Vatersnamen weiß er nicht, Leibeigener des Gutsbesitzers Timirjazev, den in der erwähnten Kutschervorstadt wohnenden Gutsbauern Fedor Borisov auf die Nase schlug. Da sagte er, Ivanov, dem Semen, er solle sich nicht mit dem Fedor, sondern mit ihm schlagen. Semen sagte, er sei einverstanden, ihm einen Faustkampf zu liefern *(davaj so mnoju bitsja v kulačši)*...“ Und so prügelten sie sich, bis Semen auf der Straße lag.[31] Im Grunde scheint sich die Volksbelustigung des *kulačnyj boj* hier nur wenig vom ordinären *drak* oder *poboj* (Schlägerei) zu unterscheiden, der gleichfalls immer wieder im Totschlag endete, jedoch nicht strafbar war, wenn er folgenlos blieb. Die Polizei stand also vor keiner leichten Aufgabe, ein Delikt zu verfolgen, das im Umkreis der Kneipenwelt weitverbreitet war.

Allein mit der Tatsache, daß Moskau staatlichen Versuchen zur Gewalteindämmung in stärkerem Maße als das Land unterlag, läßt sich das niedrigere Niveau registrierter Gewaltverbrechen in der Stadt also nicht begründen. Streben nach Ausgleich und Konstanz, Sorge um Ansehen und Kredit, all dies brachte neue, eben „urbane“ Formen des Umgangs hervor - und der Kriminalität. Zudem stellt sich die Frage, ob das Dorf Konflikten mit blutigem Ausgang vielleicht eher ausgesetzt war als die Stadt. Nicht durch Zufall ist es ein so „archaischer“ Ort wie die Schenke, in der sich Tätlichkeiten häufen - während des beschäftigungsarmen Winterhalbjahres auch und besonders auf dem Lande. Vor allem aber unterlag die bäuerliche Gemeinde regelmäßig streitauslösenden Prozeduren wie der Bodenumverteilung und dem Landvermessen, von dem für die Bauern derart viel abhing, daß Gegensätze nicht selten gewaltsamen Ausgang nahmen. Im Hinblick darauf begann ein Ukaz von 1731 zur Aussendung von Landvermessern in die Provinzen mit den Worten: „Uns ist bekannt, daß viele Apanagegüter wie auch gutsherrliche und klösterliche nicht vermessen sind, bei denjenigen jedoch, die vermessen wurden, die Meßzeichen im Laufe der Jahre verdorben sind, so daß sich hieraus unaufhörlicher Streit, Schlägereien und Totschlag ergibt.“[32] Um diese Tätlichkeiten einzuschränken, sah der Ukaz drakonische Strafen vor. Ging die Prügelei ohne Todesopfer ab, sollten die Beteiligten geknutet, gebrandmarkt und zur (unbefristeten) Zwangsarbeit verurteilt werden. Bei Totschlag seien Verwalter oder Starosta hinzurichten; dazu sei aus den Bauern je einer auf zwanzig auszulosen, den dasselbe Schicksal erwartete; alle übrigen Bauern seien

31 F. 373, d. 4337, l. 2.

32 PSZ 8, Nr. 5.793 vom 28.6.1731.

mit der Knute zu bestrafen. In einigen Fällen richtete sich der Zorn der Bauern unmittelbar gegen den Landvermesser, von dessen Tätigkeit sie eine wirtschaftliche Schlechterstellung befürchteten. Ein derartiges Beispiel trug sich 1741 bei Vladimir zu, wo die Offizierswitwe Anna Borisovna Prozorovskaja den Verwalter mit einer Neuvermessung beauftragte, die Bauern diesem Vorhaben jedoch mit ihren Knüppeln ein blutiges Ende machten.[33] In der Mehrzahl der Fälle gingen die Bauern zweier Güter aber aufeinander los. Der Ukaz von 1731 verzichtete deshalb wohlweislich darauf, bei einer von beiden Seiten die Initiative zu suchen, sondern stellte Bestrafung für alle Teilnehmer in Aussicht. Zudem lassen die Modalitäten des Losverfahrens den Schluß zu, daß an derartigen Schlägereien oft sehr viele Bauern beteiligt waren. Ein späterer Ukaz bestätigt diese Vermutung. 1750 fand im Kreise Kašira wegen strittiger Flurgrenzen eine Massenschlägerei statt, bei der ein Verwalter und 64 Bauern des Brigadiers Petr Archarov über die Bauern des Assessors Aleksej Eropkin herfielen und 26 von ihnen den Garaus machten. Aus diesem Anlaß wurde der Ukaz von 1731 im Jahre 1752 unverändert bestätigt.[34]

Im Moskauer Alltag kannte man vergleichbare Situationen ebenfalls, doch waren sie rar. Z.B. gerieten 1760 zwei Kleinbürgerinnen in einen Streit darüber, wer zuerst an die Wasserpumpe dürfe. Ihr Herumzetern alarmierte deren Männer, die sich eine Schlägerei mit tödlichem Ausgang lieferten. Unter korrektem Hinweis auf Art. 21, 69 des Uloženie von 1649 verurteilte die Rozysknaja Ėkspedicija den Überlebenden wegen Totschlags zu vierzig Knutenschlägen, dessen Frau zu zwanzig Knutenschlägen.[35] Infolge einer langsamen Anonymisierung der Sozialbeziehungen, einhergehend mit der Ablösung bisher von Anwohnern geleisteter Bau-, Wach- oder Kehrdienste durch Steuern, entließ die Stadt ihre Bürger in der Folgezeit aus gemeinschaftlichen Zwängen. Damit - und durch den Rückgang der Schwerdelikte in Moskau -[36] deutet sich eine gewisse Parallelität zum westeuropäischen Zivilisationsprozess der Frühen Neuzeit an, der gleichfalls von den Städten ausging.

---

33 F. 372, d. 62o8 (Urteil nicht erhalten).

34 PSZ 13, Nr. 9.932 vom 24.1.1752. Weitere Beispiele bei Vdovina, Obščina, S. 197. Vgl. German, Istorija meževanija, bes. S. 156-58.

35 Lipinskij, K istorii, S. 6-7.

36 Vgl. zuletzt Bogucka, Law and Crime in Poland, S. 184, die gleichfalls von einem Gewaltgefälle zwischen Land und Stadt spricht: „Towns were by no means peaceful oases, but acts of violence did not occur there every day." In diesem Sinne auch Österberg/Lindström, Crime and Social Control in Medieval and Modern Swedish Towns.

7. STRAFVERFOLGUNG

7.a Soziale Kontrolle

Formelle Sozialkontrolle (Überwachung der Gesellschaft durch Behörden) setzt informelle Sozialkontrolle (Selbstüberwachung der Gesellschaft) in aller Regel voraus, da der Staat z.B. eine Straftat nur dann verfolgen kann, wenn die Gesellschaft sie vorher als solche wahrgenommen und angezeigt hat. Während man soziale Kontrolle zeitweise zu dem Problem der Soziologie schlechthin erklärt hat und auch in Bereichen wie Kirche, Öffentlichkeit und Erziehung nach ihrer Wirksamkeit gefragt hat,[1] soll es hier allein um das Rechtsbewußtsein der Bevölkerung als eines wesentlichen Trägers sozialer Kontrolle gehen. Konturen dieses Bewußtseins werden ersichtlich, wenn man nach den Abweichungen zwischen Recht und Rechtsbewußsein, zwischen gesetzlichem und moralischem Imperativ fragt. Für unsere Zwecke drängt sich ein Modell aus zwei konzentrischen Kreisen auf, wobei der äußere Kreis für die Summe der verfügten Strafrechtsnormen stehen soll, der innere für die tatsächlich durchgesetzten. Von sozialer Kontrolle kann man demzufolge nur im inneren Kreis sprechen. Zur Gruppe derjenigen Straftaten, die die Gesellschaft in der Regel nicht als solche registrierte und die deshalb dem äußeren Kreis zuzuordnen sind, zählten vor allem die Flucht von Leibeigenen und Paßvergehen. Bauern brachten Läuflinge nicht zur Anzeige, weil es die Gastfreundschaft so verlangte. Da sich Straßenräuber aber oftmals erfolgreich als Läuflinge und Deserteure tarnten, hat sich die Bekämpfung auch des *razboj* außerordentlich schwer getan.

Nehmen wir als Beispiel die Aussage des Bauern Nikifor Željabov aus dem Dorf Nagorno im Kreis Moskau. Dieser geriet 1752 unter Verdacht, einer Räuberbande Unterschlupf geboten zu haben. Željabov führte bei seiner Vernehmung jedoch aus, zunächst sei ein unbekannter Mann auf seinem Hof erschienen und habe um ein Nachtlager gebeten. Am Morgen habe er den Fremden gefragt, wes Standes er sei und wie er heiße. Dieser habe geantwortet, er sei Deserteur und sein Name sei Maksim. Nach einem Monat, als Željabov eines Abends aus Moskau zurückkam, hatte sich ein zweiter „Deserteur“ auf seinem Hof eingefunden. Erst als die beiden fremde Pferde mitbrachten und behaupten wollten, diese seien gekauft, schöpfte Željabov Verdacht.[2] Dieser Fall dokumentiert, daß das Versagen der Sozialkontrolle im Randbereich der Flucht bzw. Desertion die Bedingungen dafür schuf, daß die Selbstüberwachung der Gesellschaft teilweise auch im Kernbereich der Gewaltdelikte außer Kraft gesetzt wurde. Nicht nur Bauern, sondern auch Adlige unterdrückten die Anzeige von

---

1 Zur Geschichte des Begriffs s. Janowitz, Soziale Kontrolle, sowie die in der Einleitung genannte Literatur. Vgl. auch das Schema zur Sozialkontrolle aus den Säulen Kirche, Öffentlichkeit/Wissenschaft, Eltern/Schule und Polizei/Justiz bei Kaiser, Kriminologie, S. 1o2, das in unserem Zusammenhang allerdings um Faktoren wie Militär und Fabrik erweitert werden müßte.

2 F. 372, d. 5428, l. 26.

Läuflingen, diesmal jedoch aus Eigennutz, um sie bei sich anzusiedeln. Es spricht von der Doppelmoral der Oberschichten, wenn man zugelaufene Bauern nie, entlaufene aber fast immer an die Staatsorgane meldete. Peter d.Gr. hatte Gutsbesitzer wegen der Aufnahme von Läuflingen selten, dann aber drakonisch (Knutung, Galeere) bestraft;[3] in der Folgezeit wurde dieses Delikt praktisch nicht mehr verfolgt. Dieser Schluß erscheint unabweisbar, lassen sich unter mehreren tausend Fällen unserer beiden Gerichte doch nur wenige finden, bei denen ein Gutsherr wegen Läuflingsansiedlung belangt wurde.[4] Diese Kapitulation vor der Doppelmoral markiert zugleich einen tiefen Riß im Fundament des russischen Rechts.

Bei der Besitzkriminalität wird ersichtlich, wie die soziale Kontrolle allmählich zu greifen beginnt, doch sind hier mehrere Abstufungen erkennbar. Auszuschließen ist zunächst die Welt der Kutschervorstädte, Spelunken und Dampfbäder, die ihren Zusammenhalt gerade aus der Negation staatlicher Normen bezog. Zu dieser Subkultur rechnete auch der Rote Platz als Zentrum der Hehlerei. Eine zweite Einschränkung ergibt sich daraus, daß auch die sich verfestigende soziale Kontrolle nicht zwangsläufig zur Einschaltung des Staates führte. Gerade unter Bauern war die Neigung zur Selbsthilfe recht ausgeprägt, begünstigt allerdings durch die geringe Effektivität der staatlichen Strafjustiz, wie das folgende Beispiel zeigt: Des Nachts war Sergej Alekseev, Bauer eines Dorfes bei Kaluga, ein Pferd gestohlen worden. Als er den Verlust am Morgen bemerkte, spannte er unverzüglich an, um sein Tier entlang der Straße nach Kaluga zu suchen. Von seiten der Passanten wurde ihm dabei vielfältige Unterstützung zuteil: Zunächst begegnete ihm der Bauer Spiridon Vasil'ev, den er um Hilfe bat. Vasil'ev willigte ein und fuhr mit. Als zweites traf Alekseev einen Deserteur, dem er zu essen gab und den er gleichfalls dazu aufforderte, sich an der Suche zu beteiligen. Auch er stimmte zu. Dank Hinweisen von Passanten gelang es den drei Männern schließlich auch, das Pferd bei einem Bauern ausfindig zu machen und wieder an sich zu bringen.[5] Anders als z.B. der Diebstahl von Geld begünstigte der von Pferden die Sozialkontrolle, da Pferde für den Besitzer unverwechselbar sind. Nur beim Kirchenraub läßt sich ein noch höheres Maß an Überwachung beobachten, einerseits ebenfalls begründet durch die Einzigartigkeit der Beute, andererseits durch die Ächtung des Kirchendiebs in der Gesellschaft, der ein Tabu durchbrochen hatte. Die Schwelle zwischen dem Entdecken einer Straftat und ihrer Meldung an die Polizei war beim Kirchenraub deshalb niedriger als bei anderen Delikten. Aus diesem Grund sehen wir Bauern bei der übrigen Besitzkriminalität als der häufigsten Form der Delinquenz in der Rolle des Klägers vor Gericht ebenso selten wie Gutsbesitzer in der Rolle des Angeklagten. Die folgende Tabelle verdeutlicht dies.

---

3 Vgl. DIP 3, 2, Nr. 552 vom 17.5.1713.
4 Etwa F. 373, d. 23o9.
5 F. 373, d. 32o2. Alekseev war der Aufnahme dieses Deserteurs angeklagt.

Tabelle 20

Soziale Herkunft der Kläger 1764-68[6]

	Kaufleute	Fabrikbes.	Gutsbes.	Beamte	Soldaten	Offiziere	Klöster
1764	2	1	5	6	1	19	2
1765			11	7		11	1
1766			6	7	1	16	
1767	1	1	7	6	1	15	1
1768		1	9	6		13	

Das hier zutagetretende Fehlen der Unterschichten mag nicht nur mit den Gerichtskosten zusammenhängen, die Bauern umgehen wollten und sich eher selbst zu helfen suchten, sondern auch damit, daß es oftmals die Begüterten waren, die Opfer von Einbruch und Diebstahl wurden. Während sich die Besitzkriminalität häufig gegen die Oberschichten richtete, fielen nicht wenige Bauern Schwerverbrechen wie Straßenraub zum Opfer. Erst mit diesem und anderen Gewaltdelikten befinden wir uns im Kernbereich der sozialen Kontrolle, wo eine Straftat in der Regel auch als solche eingestuft und angezeigt wurde. Am 14.8.1740 erschien die Polizei des dritten Moskauer Stadtteils nachts im Haus des Leutnants Kozma Borisov vor dem Arbat-Tor. Am Vortag war dessen neunjährige Magd Vasilissa Prokof'eva gestorben, nachdem Borisov sie drei Tage zuvor mit der zweischwänzigen Plette geschlagen hatte. Als Grund gab Borisovs Frau Nastasja Ignateva an, sie habe das Mädchen und ihren achtjährigen Sohn Michail im Schreiben unterrichtet, doch sei ihr Mann wegen Vasilissas Dickköpfigkeit schließlich außer sich geraten und habe zur Plette gegriffen. Borisov und seine Frau hatten wohl vor, den Tod des Mädchens als Unfall zu vertuschen, kamen damit jedoch nicht durch, da ihr Sohn den Tod Vasilissas vor den Nachbarn ausplauderte, diese die Polizei alarmierten und die Polizisten die Verletzungen am Kopf und im Gesicht des Mädchens entdeckten. Borisov wurde daraufhin verhaftet, der Leichnam von Ärzten begutachtet. Auf der Polizeistation hatte der Kanzelarius Petr Krasovskij jedoch ein Einsehen mit Borisovs verwickelter Lage und schlug ihm vor, Borisov solle ihm dreißig Rubel aushändigen; sodann werde er, Krasovskij, schon für Borisovs Freilassung sorgen. Dieses Angebot lehnte der Leutnant jedoch ab, da ihm die Summe - immerhin das Jahresgehalt eines Arbeiters - als zu hoch er-

6 Für 1778-82 führt das Inventar von F. 373 die soziale Herkunft der Kläger nur lückenhaft an. Zu den nicht unerheblichen Kosten, die beim Einreichen einer Klage entstanden, s. Lazovskij, Rozysknaja Ėkspedicija, S. 155.

schien. Durch Borisovs Leugnen sah sich das Gericht als überfordert an und erbat am 25.10.1740 einen Senatsukaz.[7] Für uns ist dieser Fall vor allem deshalb bemerkenswert, weil sich hier zeigt, daß der gesetzliche und moralische Imperativ beim Totschlag wieder zur Deckung kamen und die Reaktion der Nachbarn den Vertuschungsversuch daher vereitelte.

Da die Protokolle der Moskauer Polizeikanzlei bei angezeigten Straftaten oft auch Angaben zum betreffenden Polizeikommando bzw. zum Stadtteil enthalten, läßt sich die Frage nach der Wirksamkeit der sozialen Kontrolle auch auf die 14 Polizeibezirke umlegen. Allerdings wurde die zuweisende Polizeistation nicht durchweg genannt, so daß die Anzahl der von den Polizeirevieren an das Hauptquartier gemeldeten Fälle die in der folgenden Tabelle festgehaltenen deutlich übertraf.

Tabelle 21

Verteilung der Strafanzeigen auf 14 Stadtteile Moskaus 1778[8]

Bezirk	Quartal			
	1.	2.	3.	4.
1.	33	15	(4)	2o
2.	9	7	(2)	8
3.	14	3		4
4.	15	5		5
5.	15	8	(2)	4
6.	6	4	(1)	5
7.	6	4		9
8.	8	5	(1)	4
9.	8			6
1o.	13	6	(1)	4
11.	7	3	(1)	5
12.	7	3		7
13.	4	4	(1)	4
14.	2			3

7 F. 372, d. 6oo5 (Urteil nicht erhalten).

8 F. 931, op. 3, d. 3oo-o9. Die Protokolle sind nur lückenhaft überliefert; viele Jahre fehlen ganz, andere sind unvollständig. Auch für 1778 liegen keine Akten aus den Monaten Juni und August vor, so daß die Angaben für das dritte Quartal in Klammern gesetzt wurden.

Hier wird eine saisonale Schwankung erkennbar, die im Grunde nicht überrascht, da die Bevölkerung Moskaus in den Wintermonaten deutlich zunahm (s.o. 5.b). Dieser Anstieg hatte auch eine Erhöhung der registrierten Straftaten zur Folge. In dieser Deutlichkeit überraschend erscheint jedoch der starke Kontrast zwischen dem meldefreudigen Stadtzentrum und dem fast indifferent wirkenden Stadtrand. Hier kommen zwei Umstände zum Tragen, die uns schon mehrfach begegnet sind: Die anzeigewilligen Oberschichten wohnten fast durchweg in der Stadtmitte; bei ihnen lebten viele der Hofleute, deren Delinquenz unter allen sozialen Gruppen am höchsten war. Daneben zog der Stadtkern aber auch viele Bettler an; Diebe und Hehler trafen sich auf dem Roten Platz, Kriminelle in den zahlreichen Kneipen der Kitaj- und Belyj Gorod. Unterkunft fanden viele der Läuflinge zwar in den Vorstädten, doch suchten sie für ihr illegales Tagewerk gern die Innenstadt auf. In den zentralen Polizeibezirken kumulierte sich also ein gesteigertes Ausmaß begangener Kriminalität mit einer intensiven Sozialkontrolle. Alles in allem findet sich ein Kontrast zwischen gesetztem und durchgesetztem Recht sowohl bei einzelnen Delikten als auch bei sozialen Schichten und schließlich auch bei Stadtteilen.

Dieser Befund deutet darauf hin, daß das russische Recht eine nur mäßige Wirksamkeit entfaltet hat. Da man im Westeuropa der Frühen Neuzeit aber gleichfalls derartige Abstriche vornehmen muß, drückt die Spannung zwischen Legalität und Realität zunächst kein Charakteristikum Rußlands aus. Wer danach fragt, für den rückt viererlei in den Vordergrund: Selbstbild des Gesetzgebers, Ethos der Beamtenschaft, Dienstadel und Leibeigenschaft. Das Recht des Zarenstaats erhob einen Anspruch, den Paragraph 20 des Kriegsartikels 1715 in bleibende Formen goß: „Denn Seine Majestät sind ein souverainer Monarch, der niemanden auf Erden von Seinen Verrichtungen Rede und Antwort geben darf, sondern Macht und Gewalt haben, Dero Reich und Länder als ein christlicher Potentat nach eigenem Willen und Gutdüncken zu regieren." Indem der *Ukaz* als Wille und Befehl des Kaisers die einzige Quelle positiven Rechts verkörperte, ermangelte diesem Recht ein „im Ideellen wurzelndes Gegenseitigkeitsverhältnis" (Hellmann). Gingen Fürst und Lehnsmann im westeuropäischen Recht einen Vertrag ein, duldete der Zaren niemanden neben sich und beschränkte sein Recht daher auf einen einseitigen Verordnungscharakter. Legt man die Zweiseitigkeit als Kennzeichen von „Recht" an, erscheint Ključevskijs These als nicht ganz unbegründet, Moskau habe im Grunde kein Recht gekannt, sondern nur Gewohnheit.[9]

Von seinem Zuschnitt her konnte das Moskauer Recht daher nur ein Beamtenrecht sein, das seinen Adressaten vor allem im Richter sah - bei Fallrechtssystemen eine häufig zu beobachtende Erscheinung, während sich das kodifizierte Recht in erheblichem Maße auch an das Rechtssubjekt wendet. In dieser Hinsicht hat sich vom „Gerichtsbuch" des Jahres 1497 bis zum Militärprozeßrecht von 1715 wenig geändert; erst Katharinas Nakaz von 1767 gab vor, mit diesem Erbe zu brechen, blieb die Einlösung des Versprochenen jedoch schuldig. In Ermange-

9 Ključevskij, Bojarskaja duma, S. 5o3, 525 u.ö.

lung eines Gegenübers - den innerbürokratische Kontrollmechanismen nicht ersetzen konnten -, genoß die Obrigkeit einen außerordentlich großen Machtspielraum, der nicht selten Willkür und Amtsmißbrauch nach sich zog. Hier rächte sich, daß ein „Verordnungsrecht" zwangsläufig nicht die Reichweite eines „Vertragsrechts" haben kann. Peter selbst hat dies beklagt: „Nichts ist zur Lenkung eines Staates so notwendig wie Achtung vor den Rechten der Bürger. Es entbehrt jedweden Sinns, Gesetze zu erlassen, sie aber dann nicht zu achten oder mit ihnen wie mit Karten zu spielen und Farbe zu Farbe zu legen. Eigentlich ist es undenkbar, doch bei uns geschieht es immer noch. Unter das Bollwerk des Rechts werden also ständig Minen gelegt."[10]

Der russische Adel bietet nun ein Beispiel dafür, wie Behörde und Recht die Mentalitätsentwicklung prägen können. Wenn Gesetzestreue die Voraussetzung für „Ehre" ist,[11] dann, so steht zu befürchten, scheinen die russischen Oberschichten oftmals in anderen Kategorien gedacht zu haben. Auch in hohen Verwaltungspositionen war erwiesene Korruption nicht ehrenrührig, wurden Beamte mangels Besoldung zur Annahme von „Geschenken" ja fast gezwungen. Wie sich der Adel im Staatsdienst über das Recht hinwegsetzte, so auch daheim: Unter großen Gutsbesitzern galt es nicht als ehrenrührig, kleinere durch Aufnahme von Läuflingen in den Bankrott zu treiben, und es war gleichfalls nicht ehrenrührig, arbeitsunfähige Bauern davonzujagen, obwohl der Gesetzgeber dem Gutsherrn für diesen Fall eine Fürsorgepflicht auferlegt hatte. Ausgehend von den staatlichen Vorgaben ist der Ehrbegriff des russischen Adels offenbar nicht zu erfassen; darauf weist auch der generationsübergreifende Widerstand hin, der sich dem 1787 von Petersburg verfügten Duellverbot entgegenstemmte (s.o. S. 329).

Da das Volk anders als die Eliten nurmehr das von den Behörden gesprochene Recht kennenlernen konnte und vom geschriebenen Recht weitgehend abgeriegelt war, mußte es immer wieder die Erfahrung machen, daß Justiz mit Gerechtigkeit sehr wenig zu tun hatte, mit Amtsmißbrauch aber sehr viel. Zudem war die Mehrheit infolge der Leibeigenschaft in einen nichtrechtsfähigen, vom Gesetzgeber nicht erreichbaren Zustand abgesunken; gegen den Spruch des Gutsherrn half keine Berufung.[12] Auf das Ganze gesehen scheint das Moskauer Modell der Sozialkontrolle also zu denjenigen zu rechnen, für die informelle Faktoren wie Sitte, Ansehen oder persönliche Autorität größere Bedeutung hatten als streng formelle wie das positive Recht.[13] Um diese Beschränkung zu überwinden, hat der russische Absolutismus erhebliche Mühe aufgewandt. Da er dem Medium Ukaz dabei jedoch zuviel abverlangte und zahllose Gesetze nicht exekutiert werden konnten, hat er selbst die graue Zone zwischen Recht und Wirklichkeit genährt.

---

10 PSZ 6, Nr. 3.97o vom 17.4.1722 (gedruckt am 27.1.1724).

11 Vgl. Kollmann, Honor and Dishonor, S. 141, bei der es mit schöner Klarheit heißt: „First of all, honor demanded lawful behavior."

12 So spricht Zajtzeff, Rechtsbewußtsein, S. 45o, davon, noch im 19. Jahrhundert habe die russische Bauernschaft kein „Recht" im westlichen Sinne gekannt.

13 Auf dieser Unterscheidung baut Keenans (wohl überzogene) These vom Moskauer und Novgoroder Typus der Sozialkontrolle auf (s.o. S. 17).

7.b Polizeiorgane

Es unterliegt keinem Zweifel, daß die Polizei der Bürokratie ein gewichtiges Mittel zur sozialen Kontrolle und Disziplinierung anbieten konnte. Vor dem Hintergrund der sozialen Erschütterungen nach Beschluß der Kopfsteuer hat Peter diese Option auch erkannt und einen unübersehbaren Einschnitt markiert, indem er den bisher gebräuchlichen Begriff der „berittenen Streife" *(ob-ezžaja golova)* durch den der *Policey* ersetzte, erstmals verwendet bei Schaffung des Petersburger Generalpolizeimeisters am 25.5.1718 bzw. des Moskauer Oberpolizeimeisters am 19.1.1722.[1] Die Frage ist, wie tief die Neuerung reicht, die diese Umbenennung mit sich brachte. Um mit den Diskontinuitäten zu beginnen, so stechen mehrere Punkte hervor. Der „Gendarmerie" des 16./17 Jahrhunderts waren keineswegs alle Bevölkerungsgruppen unterworfen; die für Klerus und Adel zuständigen Prikaze unterhielten vielmehr eigene Wachtruppen, die in den Vorstädten dieser Stände zum Einsatz kamen. Nachdem das Uloženie 1649 jedoch die Steuerprivilegien dieser Sloboden beseitigt hatte, mußte das Fortbestehen ihrer polizeilichen Eigenständigkeit als offenkundiger Anachronismus erscheinen. Begünstigt durch die Vakanz des Patriarchenamts versuchte der Zemskij Prikaz als städtische Polizeibehörde auch die Aufsicht über alle Stadtteile an sich zu ziehen, doch gelang es dem neuen Patriarchen Ioakim mit Nakaz vom 13.4.1675, eine erneute Sonderstellung durchzusetzen. Wie brüchig diese jedoch schon geworden war, zeigt die Einschränkung, daß der Polizei des Patriarchenprikazes nicht mehr alle Bewohner kirchlicher Höfe unterworfen waren, sondern nur noch die Angehörigen des Klerus.[2] Ob dieses der Kirche eingeräumte Privileg faktisch noch große Kraft entfaltet hat, ist zu bezweifeln, da es den Kommandanten der Moskauer Streife im gleichen Jahr gelang, das Vorrecht der Kirche endgültig umzustoßen und die Zuständigkeit für alle Stände zu erlangen. Eine Bestrafung von Adligen setzte allerdings die Einwilligung des Razrjad voraus.[3] Um die Unterstützung der Kaufleute für das 1699 geschaffene Rathaus sicherzustellen, hat Peter dieser fiskalisch so wichtigen Gruppe im Jahre 1700 eine neuerliche Befreiung von der Aufsicht durch die „berittene Streife" gewährt.[4] Das Prinzip einer allständischen Polizeigewalt war also erst mit Ablösung der Rathäuser durch die erste Gouvernementsreform erreicht.

Begleitet wurde dieser Prozeß der sozialen Vereinheitlichung von dem einer Systematisierung der Behördenstruktur. Im Zuge der Beseitigung des zerklüfteten Prikazgefüges gingen die Polizeifunktionen 1712 auf die Moskauer Garnison über und konzentrierten sich damit erstmals an einer Stelle.[5] Diese Verlagerung bildet gewissermaßen den Zwischenschritt zur endgültigen Trennung von Polizei und

---

1 PSZ 5, Nr. 3.2o3; PSZ 6, Nr. 3.883.

2 PSZ 1, Nr. 593.

3 PSZ 1, Nr. 6o3 vom 24.5.1675.

4 PSZ 4, Nr. 1.787 vom 24.5.1700.

5 PSZ 4, Nr. 2.5o4 vom 18.3.1712.

Verwaltung, der in Petersburg 1718, in Moskau 1722 durch Einrichtung des General- bzw. Oberpolizeimeisters vollzogen wurde. Fast im gleichen Atemzug ordnete ein Ukaz vom 17.9.1722 die Entsendung eines Polizeimeisters nach Kronstadt an, ein weiterer vom 10.2.1723 auch nach Astrachan'. In beiden Städten, so ist zu vermuten, waren der Polizei einerseits Aufgaben zum Schutz von Kaufleuten und ihrer Ware, andererseits bei der Unterstützung der Zöllner zugedacht. Beide Polizeistationen sind jedoch zunächst Projekt geblieben,[6] so daß es eines erneuten Gründungsbefehls bedurfte, der für Kronstadt am 22.9.1732 erging.[7] Unmittelbar zuvor hatte sich der soeben zum Generalpolizeimeister berufene General V.F. Saltykov, ein Vetter und Günstling der Zarin Anna, der noch zu ihrem Generaladjutanten aufsteigen sollte, die Polizei im ganzen Reich unterstellt.[8] Davon war auch die Moskauer Polizei betroffen, die zunächst dem Generalpolizeimeister unterstanden hatte, 1727 dem Moskauer Gouverneur übertragen wurde, 1729 dem Senat und mit Saltykovs Anordnung also zur Petersburger Polizeikanzlei zurückkehrte.[9] Der Titel des neuernannten Generalpolizeimeisters - von einer Polizei „im ganzen Reich" konnte bis dato wohl keine Rede sein - wird erst dann recht verständlich, wenn man ihn mit dem Ukaz vom 13.3.1733 in Beziehung setzt. Dieser ordnete die Ernennung von Polizeimeistern in zehn Gouvernementsstädten und 13 Provinzstädten an, nahm den Gedanken an Polizeistationen außerhalb der Hauptstädte also wieder auf. Hatte der Stellenetat eines so exponiert liegenden Polizeikommandos wie dem auf Kronstadt noch einen Polizeimeister, zwei Unteroffiziere, drei Korporäle, 24 Soldaten und zwei Trommler vorgesehen, die von der Petersburger Garnison zu stellen waren, sollte sich der Personalbestand in den Gouvernementsstädten auf einen Hauptmann, einen Unteroffizier, acht Soldaten und zwei Schreiber reduzieren.[10] Trotz dieser Selbstbescheidung stellte sich bald heraus, daß man sich auch damit übernommen hatte. Um keine Zweifel an der Polizeigewalt der Voevoden zu nähren, trug man diese Reform jedoch nicht stillschweigend zu Grabe, wie es in vergleichbaren Fällen fast die Regel war, sondern ordnete 1737 auch formell die Rückkehr zur Praxis des 16./17 Jahrhunderts an, d.h. zur Rekrutierung der Wachmänner durch die Gemeinde als einziger Form der Polizei und zu deren Unterstellung unter die

---

6 Vgl. Sizikov, O načale organizacii, bes. S. 269.

7 PSZ 8, Nr. 6.19o.

8 PSZ 8, Nr. 6.164 vom 29.8.1732.

9 Diese Unstetigkeit offenbart ein hohes Maß an Ungewißheit, wie mit der neuen Behörde am besten zu verfahren sei. Diese Unsicherheit äußerte sich auch darin, daß der Moskauer Oberpolizeimeister (ab 1762 Generalpolizeimeister) erst 1780 die formelle Unabhängigkeit von Petersburg erlangte. Belegstellen bei Eroškin, Učreždenija, S. 412-14; weniger detailliert auch bei Amburger, Behördenorganisation, S. 138-4o.

10 RZ 5, S. 155-59. Die Gouvernementsstädte waren: Novgorod, Kiev, Voronež, Astrachan', Archangel'sk, Smolensk, Belgorod, Kazan', Nižnij-Novgorod und Tobol'sk. Hinzu kamen folgende Provinzstädte: Pskov, Vologda, Kaluga, Tver', Perejaslavl'-Rjazanskij, Kolomna, Jaroslavl', Kostroma, Simbirsk, Brjansk, Orel, Schlüsselburg und Ladoga (s.o. 3.f). Vgl. Ditjatin, Ustrojstvo, Bd. 1, S. 361, der mit Berufung auf Solov'ev behauptet, in Kazan', Tver', Voronež, Simbirsk und Orel habe der Polizeimeister dennoch weiterexistiert. Die Notwendigkeit einer umfassenden Reorganisation der Polizei nach 1775 läßt jedoch vermuten, daß es bis dahin generell zu keinem geregelten Polizeidienst gekommen war.

Provinzbeamten. Als Grund führte der Ukaz unumwunden die zu hohen Kosten an.[11] Mit Ausnahme von Petersburg und Moskau war der Versuch, eine vom Staat getragene Polizei zu errichten, also glattweg gescheitert.

Gehen wir auf das Verhältnis von Alt und Neu nun auch in den polizeilichen Aufgaben ein. Im zehnten Kapitel des Reglements des Hauptmagistrats von 16.1.1721 hatte Peter diesen Aufgabenkreis nach dem Vorbild westeuropäischer Polizeiordnungen zu umreißen versucht, indem er *Policey* als Synonym zu Begriffen wie „Verbesserung der Bürgerordnung", „Seele der Bürgerschaft" oder „Fundament menschlicher Sicherheit und Annehmlichkeit" erklärte. Namentlich in fünf Eigenschaften wurde die Polizei für das Gemeinwohl verantwortlich gemacht: 1. Als Diener von Recht und Gerechtigkeit, 2. als Garant von Ordnung, Sittsamkeit und Gewerbefleiß, 3. als Schutz vor dem Verbrechen, 4. als Wächter über städtische Sauberkeit, auch im Hinblick auf die Verhütung von Epidemien sowie 5. als Bollwerk gegen Teuerung und überzogene Preise.[12] Schon die nachfolgende Dienstanweisung für die Moskauer Polizei vom 9.7.1722, die weit ausführlicher ist als die Instruktion für den Petersburger Generalpolizeimeister vom 25.5.1718, reduzierte das schöne Programm der Wohlfahrtspolizei auf grobe Striche. Von insgesamt 48 Artikeln bezogen sich zehn auf das Bauwesen,[13] sieben auf den Handel, fünf auf die Brandverhütung, je vier auf die Brückenunterhaltung und die Schenken, je drei auf die bürokratischen Abläufe innerhalb der Polizeikanzlei, zwei auf die Straßenwache und jeweils einer auf Fragen wie Truppenunterbringung, Fremdenerfassung, Bettelwesen oder Straßenreinigung. Anders als im Reglement des Hauptmagistrats gefordert, kam die Pflege von Recht und Gesetz eher beiläufig zur Sprache, so daß die Kompetenz des Polizeigerichts kaum eine Klärung erfuhr. Art. 35 berechtigte die Polizei dazu, dingfest gemachte „Verbrecher" zu überführen, behielt die Strafgewalt jedoch dem Hofgericht vor. Lag aber eine Anzeige wegen Diebstahls oder Straßenraubs vor, wurde die Aufklärung zur alleinigen Sache des Gerichts erhoben.[14] Zusätzliche Verwirrung stiftete eine zweite Dienstanweisung für die Moskauer Polizeikanzlei vom 10.12.1722, die sich im Grunde auf eine weitgehende Wiederholung der ersten vom 9.7. beschränkte. Hier schrieb der betreffende Artikel der Polizei jedoch vor, mit dem aufgegriffenen Verbrecher gemäß der Ukaze zu verfahren, ihn also zu bestrafen. Ausgenommen waren allein Münzfälscher, deren Aburteilung dem Bergkollegium oblag. Eine Benachrichtigung des Moskauer Hofgerichts war nur dann vorgesehen, wenn der Festgenommene jemanden aus dem Gouvernement Moskau belastet hatte; hier wird die Zuständigkeit des Moskauer Oberpolizeimeisters nur für die Stadt Moskau spürbar. Brach der Angeklagte jedoch in

---

11 PSZ 1o, Nr. 7.211 vom 28.3.1737.

12 PRP 8, S. 135-36. Vgl. Wittram, Peter, Bd. 2, S. 156-57.

13 Daß die Bedeutung der Bausachen (aus Steuer-, Sanitäts- und Brandschutzgründen) die aller anderen Polizeiaufgaben deutlich überragte, geht auch aus dem Aktenbestand der Kanzlei des Moskauer Oberpolizeimeisters (F. 931) hervor. Unter insgesamt 8.3oo Faszikeln sind mehr als 6.ooo Anträge auf Baugenehmigung überliefert. Im Gegensatz zur Kriminalität bedrohten Epidemien und Brände die Stadt ja auch existentiell. Das Überwiegen der Baufrage geht auch aus dem gedruckten Auszug aus F. 931 hervor. Vgl. Opisanie del moskovskoj upravy blagočinija.

14 PSZ 6, Nr. 4.o47 vom 9.7.1722.

Anschuldigungen gegen hochgestellte Persönlichkeiten aus, sollte die Polizei unverzüglich den Senat hinzuziehen.[15] Über den kritischen Punkt der Abgrenzung zwischen polizeilicher und gerichtlicher Strafkompetenz breitete also schon das Gesetz Konfusion aus.

Stellt man der Instruktion für den Moskauer Oberpolizeimeister vom 9.7.1722 die für die Moskauer Streifen des Strelitzenprikaz vom 19.3.1686 gegenüber, so hat sich das Feld der Aufgaben kaum verändert. Erfassung der Fremden, Bekämpfung der Kriminalität, Straßensäuberung sowie die bekannte Sorge für Ruhe und Ordnung - diese Pflichten wurden auch 1686 aufgeführt.[16] Handels- und Bauaufsicht sowie Brandschutz unterlagen zum damaligen Zeitpunkt dem Zemskij Prikaz und kamen hier nicht zur Sprache. Innerhalb dieser Aufgabenbereiche strebte die Instruktion von 1722 gegenüber dem Text von 1686 jedoch eine deutliche Intensivierung der Polizeiarbeit an, indem sie deren Ziele zwar unsystematisch, aber vergleichsweise detailliert beschrieb und der Polizei sogar Fristen vorgab. So seien Feuerstellen einmal in drei Monaten nachzusehen, Hofbesitzer zur allmorgendlichen Reinigung ihres Straßenabschnitts anzuhalten; bei Verstoß drohte ihnen eine Geldstrafe. Auf den Märkten sei streng darüber zu wachen, daß kein stinkender Fisch feilgeboten werde. Ggf. sei dieser den Hunden vorzuwerfen und der Verkäufer mit der Rute zu bestrafen. Zugereiste aus anderen Städten seien nur zwei Wochen und keinen Tag länger zu dulden, es sei denn, die Fremden meldeten sich bei der Polizei an. Die Reihe derartiger, 1686 noch fehlender Vorgaben ließe sich beträchtlich verlängern.

Dennoch markiert das Moskauer Polizeistatut von 1722 erst den Anfang eines Prozesses, in dessen Verlauf der Staat seinen Regelungsanspruch auf immer neue Bereiche ausdehnte und Fragen, die bis dahin im Belieben des einzelnen standen, einer gesetzlichen Bestimmung unterwarf. Dies geschah einmal auf mittelbarem Wege, indem der Staat Verbote, jetzt immer häufiger auch Gebote erließ, ohne ein spezifisches Organ mit der Durchsetzung zu betrauen. Nach Lage der Dinge war jedoch klar, daß nur die Polizei diese Anordnungen durchsetzen konnte. Z.B. wurde 1737 verboten, im Umkreis von dreißig Werst um Moskau Holz einzuschlagen;[17] ein Jahr darauf untersagte man die Jagd im Umkreis von fünfzig Werst;[18] innerhalb Moskaus seien keine Bären mehr zu halten;[19] Verheiratete sollten nicht getrennt leben;[20] eheliche Geburten seien von unehelichen zu unterscheiden;[21] Eltern sollten ihre Kinder im Katechismus unterweisen;[22] nach der Beisetzung sei keine Trauerkleidung mehr zu tragen.[23] Daneben wurden der Polizei aber auch unmittelbar neue Aufgaben zugewiesen. Auch hier müssen

---

15 PSZ 6, Nr. 4.13o vom 10.12.1722, Art. 34.
16 PSZ 2, Nr. 1.181.
17 PSZ 1o, Nr. 7.337 vom 30.7.1737.
18 PSZ 1o, Nr. 7.575 vom 6.5.1738.
19 PSZ 13, Nr. 9.959 vom 13.3.1752.
20 PSZ 12, Nr. 9.o52 vom 18.10.1744.
21 PSZ 14, Nr. 1o.448 vom 18.8.1755.
22 PSZ 11, Nr. 8.726 vom 20.4.1743.
23 PSZ 12, Nr. 9.327 vom 1.9.1746.

wenige Beispiele genügen. So erleben wir, wie die Polizei an der Revision mitwirken mußte, zur Eintreibung der Kopfsteuer herangezogen wurde, die Mieten überwachen, an Bettler Almosen verteilen und die Fürsorge für Geisteskranke übernehmen sollte -[24] eine Aufgabe, die bis dahin vor allem den Klöstern oblag. 1734 wurde der Polizei auch die Aufsicht über die Fabriken zugeschoben,[25] 1761 sogar die über das Verhältnis von Gutsherren zu ihren Leibeigenen.[26] Durch diese Inflation von Aufgaben wurde die Polizei schließlich ebenso zum Wächter über die Qualität von Ikonen bestimmt[27] wie darüber, daß Mann und Frau das Dampfbad nicht länger gemeinsam besuchten.[28]

Aus der Auffächerung der Polizeipflichten ergibt sich die Frage, in welchem Umfang die Moskauer Polizeiorgane ihren Aufgaben denn nun tatsächlich nachkommen konnten. Dies hing wiederum von der Personalausstattung ab, wobei zwischen staatlichen Polizeibeamten und von der Gesellschaft gestellten Hilfspolizisten zu unterscheiden ist. Der erste überlieferte Stellenplan der Kanzlei des Oberpolizeimeisters entstammt dem Jahre 1725 und umfaßt deren Leiter, einen Brigadier, drei Sekretäre, 14 Kanzlisten bzw. Unterkanzlisten sowie 22 Kopisten. In den (zur damaligen Zeit wohl acht) Stadtvierteln waren jeweils ein Offizier, zumeist ein Hauptmann, und ein Kopist tätig.[29] Diese Zusammensetzung gestattet wohl keinen Zweifel daran, daß die beamteten Polizisten in Bürotätigkeit aufgingen, Streifendienst also allein von Hilfspolizisten geleistet wurde. Da die eigentliche Polizeiarbeit ja nicht in der Kanzlei, sondern auf der Straße bzw. in den Polizeihöfen *(s-ezžij dvor)* der Stadtteile anfiel, erwies es sich angesichts einer so kümmerlichen Besetzung dieser Polizeistationen als unumgänglich, ihre Zahl 1731 auf zwölf zu erhöhen und den Personalbestand auf je zwei Offiziere, zwei Unteroffiziere, sechs Soldaten und einen Trommler zu verstärken.[30] Der betreffende Ukaz deutete jedoch an, daß die Abstellung der somit benötigten 24 Offiziere, 24 Unteroffiziere und 72 Soldaten Probleme aufwarf. Zum damaligen Zeitpunkt bestand die Moskauer Garnison aus zwei Infanterieregimentern und einer Dragonerschwadron, die jedoch zu vielfältigsten Arbeiten herangezogen wurden. Vor diesem Hintergrund darf man vermuten, daß auf allen Ebenen der Hierarchie zahlreiche Stellen unbesetzt blieben. Eine Zusammenstellung aller in Moskau diensttuender Beamter vom Juni 1764 bestätigt, daß von den drei höheren Stellen der Polizeikanzlei (Oberpolizeimeister, Kollegialrat, Assessor) die des

---

24 Vgl. die Vielzahl der Nachweise besonders bei Tarasov, Istorija, S. 187-96. Daneben s. auch Jusupov, Materialy; Leškov, O drevnej policii.

25 PSZ 9, Nr. 6.546 vom 13.2.1734.

26 PSZ 15, Nr. 11.291 vom 10.7.1761.

27 PSZ 15, Nr. 1o.977 vom 26.7.1759. „Schlechte“ (nicht von der Kirche gebilligte) Ikonen seien zum Verkauf nicht zugelassen.

28 PSZ 11, Nr. 8.842 vom 21.12.1743. In welch hohem Maße sich die Polizei die Aufblähung ihrer Aufgaben zumindest in der Theorie zu eigen machte, zeigt der Nakaz der Polizei vom 14.12.1766 für den Deputierten der Kodifizierungskommission. Mit insgesamt 403 Bestimmungen enthält die Instruktion eine annähernd vollständige Kompilation der Polizeipflichten. Vgl. Vybrannomu v silu. Weniger umfassend die Zusammenstellung von Polizeigesetzen der Jahre zwischen 1708 und 1823 durch Chavskij, Hg., Sobranie zakonov.

29 Kirilov, Sostojanie, S. 114.

30 PSZ 8, Nr. 5.721 vom 18.3.1731.

Kollegialrats offenbar über einen längeren Zeitraum vakant blieb.[31] Am Anstieg der Bevölkerung gemessen erscheint uns die beamtete Polizei deshalb trotz der nominellen Personalaufstockung von 1731 als unterbesetzt. Auch die folgenden Jahrzehnte haben hier keinen grundsätzlichen Wandel herbeigeführt. Eine deutliche Tendenz zum Ausbau der Bürokratie ist zwar unverkennbar, doch kam sie - wie so oft in der russischen Geschichte - allein dem Zentrum zugute, in unserem Fall also der Kanzlei des Oberpolizeimeisters, nicht den zwölf Polizeikommandos. 1763 sah der Stellenplan der Kanzlei drei höhere Polizeichargen vor mit einem Jahresgehalt zwischen 375 und 750 Rubeln, vier Sekretäre (à 375 Ru.), 34 Protokollisten, Kanzlisten und Kopisten (100-225 Ru.), einen Feldscher (250 Ru.), einen Popen (40 Ru.) sowie einen Küster (15 Ru.). Aus den Armeeveteranen kamen hinzu: Vier Unteroffiziere (14-30 Ru.), zwei Wächter (18 Ru.), vier Trommler (18 Ru.) und zwanzig Dragoner (11 Ru.). Immerhin hatte die überbordende Aufgabenlast eine Spezialisierung innerhalb der Polizei in Gang gesetzt, derzufolge ein Major und vier Schreiber für das Einwohnermeldeamt *(kvartirnaja kontora)* vorgesehen waren, ein Architekt und 21 Schreiber für das Bauamt sowie 25 Feuerwehrmänner und 73 Schornsteinfeger für die Brandverhütung. Die Stadtteile jedoch hatten gegenüber 1731 eine deutliche Schlechterstellung hinzunehmen. Unter Leitung eines Majors (389 Ru.) in der Kanzlei mußten sie mit je einem Hauptmann (247 Ru.), einem Leutnant (126 Ru.) und zwei Schreibern (40 Ru.) auskommen.[32] Die Streichung der 1731 geplanten sechs Soldaten pro Polizeihof dürfte wohl auf die Überforderung der Moskauer Garnison zurückzuführen sein. Wenn also schon Moskau zur Etablierung beamteter Polizisten außerstande war, wie sollte dann die Provinz dazu in der Lage sein? Die 1737 verfügte Beseitigung der Polizeibeamten in den Gouvernements erscheint demzufolge als berechtigte Korrektur unrealistischer Vorgaben.

Obwohl die in jährlichem Wechsel aus den Stadtteilen rekrutierten Hilfspolizisten auch zum damaligen Zeitpunkt den Löwenanteil der Polizeiarbeit verrichten mußten, beim Patrouillendienst sogar auf sich allein gestellt waren, bezog sich die Instruktion von 1722 fast ausschließlich auf die Berufspolizei. Vage Andeutungen über den Dienst der *Desjatskie* enthielt erst der Voevodennakaz von 1728; da die erste eigens für die Hilfspolizisten abgefaßte Dienstanweisung bis 1774 auf sich warten ließ,[33] blieb die Streife, eigentlich ja im Kern des Polizeiwesens stehend, bis dahin dem Gewohnheitsrecht überlassen. Hier tritt ein seltsamer Widerspruch zutage, da es der Staat unternahm, per Gesetz mehr und mehr in das Alltagsleben seiner Untertanen einzugreifen, die institutionellen Träger der sozialen Kontrolle von diesem legislativen Eifer jedoch ausnahm. Die Bezeich-

31 F. 248, op. 122, d. 547, l. 8.

32 PSZ (zu Nr. 11.991 vom 15.12.1763) kniga štatov Bd. 2, otd. 3/4, S. 67.

33 PSZ 19, Nr. 14.231 vom 19.12.1774. Diese Instruktion aus 26 Punkten deckt alle Bereiche der öffentlichen Ordnung ab, beschreibt die Kriminalitätsbekämpfung aber eher oberflächlich. Aus ethnographischer Sicht ist die Dienstanweisung wesentlich interessanter als aus kriminalitätshistorischer. Z.B. ordnet Art. 1 den sonntäglichen Kirchgang aller Bauern an, Art. 9 verbietet Prügeleien beim Landvermessen (s.o. Kap. 6.f), Art. 20 verbietet Eichensärge (nur solche aus der wohl billigeren Fichte seien statthaft), Art. 22 schreibt sogar die Meldung von „Monstern" und Mißgeburten an den Voevoden vor.

nung der Hilfspolizisten als „Zehner“ *(desjatskie)*, „Fünfziger“ *(pjatidesjatskie)* oder „Hunderter“ *(sotskie)* geht zurück auf den Anspruch des Moskauer Staates, daß je zehn Höfe einen Wachmann, je fünfzig einen Unterführer und je hundert einen Vorsteher bereitzustellen hätten; allzu wörtlich sollte man diese Zuordnung aber nicht nehmen. Entscheidend war das Kriterium der wirtschaftlichen und damit auch personellen Stärke des einzelnen Hofes. Der erwähnte Strelitzennakaz von 1686 hatte dieses Merkmal auch festgeschrieben und vom Adel sogar einen Wachmann pro Hof verlangt.[34] Über Anzahl und Verteilung der Hilfspolizisten auf die Stadtteile liegen uns Angaben zum 18. Jahrhundert nur in der statistischen Beschreibung Moskaus durch V.G. Ruban vor. Sie ist 1782 erschienen und liefert Zahlen zum Dezember 1780. Danach schlüsselten sich die 2.274 Hilfspolizisten wie folgt auf die 14 Stadtteile auf:

Tabelle 22

Verteilung der Hilfspolizisten und Wachbuden auf 14 Stadtteile Moskaus 1780[35]

Bezirke	*Budki*	*Budočniki*	*Desj.*	*Pjatid.*	*Sotsk.*	Männer insg.	Erfassung (%)
1.	47	141	6o	12	6	219	32
2.	41	123	52	1o	5	19o	37
3.	43	129	55	11	6	2o1	33
4.	3o	9o	45	9	5	149	2o
5.	3o	9o	45	15	8	158	15
6.	21	63	5o	1o	5	128	32
7.	35	1o5	5o	9	5	169	24
8.	22	66	5o	1o	5	131	27
9.	26	78	44	8	4	134	24
1o.	14	42	46	7	8	1o3	11
11.	54	162	83	17	8	27o	32
12.	44	132	9o	18	9	249	34
13.	18	54	6o	12	6	132	18
14.	7	21	15	3	2	41	23
insg.	432	1.296	745	151	82	2.274	26

34 PSZ 2, Nr. 1.181 vom 19.3.1686, Art. 3.

35 Ruban, Opisanie, S. 155-59. Vgl. Sostojanie stoličnogo goroda, S. 1o, wo für 1785 nur noch von 410 Wachhäuschen und 1.171 Wächtern die Rede ist. Offenbar baute man die nächtliche Straßenüberwachung ab (s.u. 7.c).

Wachhäuschen *(budki)* wurden an den innerstädtischen Straßenabsperrungen *(rešetki* bzw. *rogatki)* errichtet, um des Nachts vor allem die Kreuzungen zu sichern. Bemannt waren diese Schilderhäuschen mit den *Budočniki*, die zugleich die Funktion von Nacht- und Brandwächtern erfüllen sollten. Auf die *Desjatskie* kam somit vor allem der Streifendienst zu. In unserem Zusammenhang geht es zunächst darum, aus dieser Tabelle Unterschiede in der Intensität der Polizeiüberwachung herauszulesen. Zu diesem Zweck bietet es sich an, die Gesamtzahl der Wachmänner und Hilfspolizisten pro Viertel durch die Anzahl der dortigen Höfe (s.o. Tabelle 2) zu teilen. Umgewandelt in Prozent drückt dieser Quotient damit eine „Erfassungsquote" der Höfe aus. Wenn diese im Dezember 1780 z.B. im ersten Stadtteil am Kreml' bei 32 Prozent lag, hatte im Durchschnitt jeder dritte Hof einen Wachmann abgestellt. Zwischen den 14 Polizeikommandos treten nun in der Tat erhebliche Abweichungen auf, die sich zwischen einer Erfassungsquote von 37 Prozent als oberem und elf Prozent als unterem Extrem bewegen (Durchschnitt 26 Proz.). In den beiden zentralen Stadtbezirken lag die Erfassung bei 35 Prozent, in der Zemljanoj Gorod bei 29 Prozent und in den Außenbezirken nur noch bei 22 Prozent, so daß die Dichte der polizeiliche Überwachung von Stadtmitte zu Stadtperipherie immer mehr abnahm (vgl. Tabelle 20). In dieser Differenz drückt sich das oben angesprochene Prinzip der Rekrutierung nach wirtschaftlichen Gesichtspunkten aus. Z.B. entfiel auf den Adel im zehnten Stadtteil (s. Karte im Anhang) ein Anteil von nur elf Prozent aller Höfe; mit gleichfalls elf Prozent sank hier auch die Erfassungsquote ab. Schon im nördlich angrenzenden neunten Kommando besaß der Adel jedoch 33 Prozent aller Höfe, so daß die Erfassungsquote auf 24 Prozent anstieg.

Die Notwendigkeit einer Reform der Polizei stand für Katharina wohl außer Frage, da die Zeit des Interregnums von 1725 bis 1762 durch ein weitgehendes Erlahmen polizeilicher Tätigkeit gekennzeichnet war. Sowohl die Ergebnisse der Untersuchung gegen den Moskauer Oberpolizeimeister N.A. Obolduev 1735 wie die gegen Van'ka Kain 1749/52 lassen kein anderes Urteil zu (s.u. 7.c). Als sich die Zarin Elisabeth 1752 zu einem Besuch Moskaus anschickte, stellte sich peinlicherweise heraus, daß die Moskauer Polizei sogar auf dem Gebiet versagt hatte, wo es für jedermann offensichtlich war: Der Straßenreinigung. Um der Zarin dennoch ein ansehnliches Moskau vorzuführen, nahm der Petersburger Senat (!) die Sache selbst in die Hand, stieß einem Bericht des Generalprokurors zufolge jedoch schon im Kreml' auf derartige Berge von Schmutz und Abfall, daß man kaum zu den dortigen Kirchen vordringen konnte.[36] Katharina gestand die Dringlichkeit einer Polizeireform in einem Brief an den Moskauer General-

---

36 Ditjatin, Ustrojstvo, Bd. 1, S. 369-7o. Zum überwältigenden Schmutz in Moskau s. auch Nečaev, Uličnaja žizn', S. 7-8. Vgl. Ditjatin, Ustrojstvo, Bd. 1, S. 459, wo der Verf. für diesen Zeitraum generell von einem „beklagenswerten Zustand" der Polizei spricht. Dieses Urteil dürfte der Wahrheit weitaus näher kommen als die neueren, auf eine Beschreibung des de jure-Zustands begrenzten Arbeiten von LeDonne, Ruling Russia, S. 85-1o1; Absolutism, S. 121-57. Von der weitgehenden Unfähigkeit der russischen Polizei spricht die klaffende Lücke zwischen begangener und registrierter Kriminalität doch wahre Bände (s.o. Tabelle 11). Völlig außer acht bleibt bei LeDonne auch die Amtskriminalität, die bei der Polizei zumindest nicht seltener war als in der übrigen Beamtenschaft.

gouverneur P.S. Saltykov zwar schon 1768 offen ein, doch wurde deren Verwirklichung bis zur Gouvernementsreform aufgeschoben. Da die Gründung des Gouvernements Moskau 1782 zugleich das Ende der Rozysknaja Ėkspedicija herbeiführte, blieb die Polizeireform im Rahmen unseres Zeitraums ohne Wirkung. Im Folgenden sei sie dennoch gestreift, da sich hier eine neue Epoche ankündigt. Das Gouvernementsstatut von 1775 nahm das schon von Peter angestrebte Prinzip einer Trennung von Polizei, Gericht und Verwaltung auch für die Provinzstädte wieder auf und übertrug die Polizeigewalt in den Garnisonsstädten den Oberkommandanten; in allen anderen Städten wurde das Amt des Polizeivorstehers *(gorodničij)* geschaffen.[37] Obwohl über dessen Besoldung jedes Wort fehlte, begriff ihn das Gesetz als Beamten. Die Verstaatlichung der Polizei hatte sich damit auch in der Provinz durchgesetzt.[38] Wie so oft in der russischen Gesetzgebung gerade des 18. Jahrhunderts warf jedoch schon das folgende Statut, hier die Polizeiordnung von 1782, Teile des wenige Jahre zuvor Verfügten wieder um - ohne dessen Bewährungsprobe auch nur abzuwarten.

Mit einem Umfang von 274 Artikeln stellt das Polizeistatut von 1782 die detaillierteste Ausarbeitung des Postulats der *guten Policey* dar, die Rußland bis dahin erlebt hatte. Neben einer Liste von 41 Verboten und ebensovielen Bestrafungen formuliert Artikel 41 einen sog. Spiegel für das Polizeiamt, bestehend aus sieben „Regeln der Rechtschaffenheit" (Art. 5: „Erbarme dich des Sinkenden, biete dem Fallenden hülfreiche Hand"), vier „Regeln gesellschaftlicher Pflichten" (Art. 8: „Der Mann hange an seinem Weibe in Einigkeit und Liebe, ehre und vertheidige sie, entschuldige ihre Fehler, stütze ihre Schwäche und verschaffe ihr Nahrung und Unterhalt nach jedes Hausherrn Stande und Vermögen") sowie vier „Eigenschaften der zur Policey verordneten Obrigkeit". Hier wurden an die Polizei nicht nur Anforderungen gestellt wie „gesunde Beurtheilung" (was immer das auch heißen mochte), „Menschenliebe" oder „Sorgfalt für das gemeine Beste"; vielmehr kam auch eine Sitte zur Sprache, die im Alltag zwar recht häufig anzutreffen war, von den Gesetzen zumeist aber durch ratloses Schweigen übergangen wurde. So gebietet Art. 15 die „Verabscheuung aller Bestechungen, denn sie machen die Augen blind, verkehren Verstand und Herz und legen der Zunge einen Zaum an."[39]

Im einzelnen sah das Polizeistatut vor, den *Gorodničij* in Gouvernementsstädten zum Polizeimeister zu ernennen. Ihm bzw. dem Polizeivorsteher traten zwei weitere Beamte zur Seite, und zwar der „Vorsteher der peinlichen Sachen" *(pristav ugolovnych del)* und der „Vorsteher der bürgerlichen Sachen" *(pristav graždanskich del)*; außerdem stellte die Gemeinde noch zwei Ratmänner ab. Dazu

---

37 Zugleich wurde die Polizei von wohltätigen Pflichten tw. wieder entlastet, da hierfür in den Gouvernements Kollegien der öffentlichen Fürsorge eingerichtet werden sollten. RZ 5, S. 167-32o; Beljavskij, Hg., Dvorjanskaja imperija, S. 54-121. Zeitgenössische deutsche Übersetzung in: Annalen der Regierung, S. 25-114 (s.o. 4.e).

38 Genau genommen verwarf das Statut den Polizeibegriff, so daß sich die Moskauer Polizeibehörde mit Neueinrichtung des Gouvernements Moskau 1782 zum „Ordnungsamt" *(uprava blagočinija)* wandelte.

39 Rußisch-kaiserliche Polizeyordnung, hier S. 12. Der russische Text jetzt in RZ 5, S. 321-413; Beljavskij, Hg., Dvorjanskaja imperija, S. 122-146.

entsandte man einen Polizeivorsteher auch in die Garnisonsstädte, wo er dem Oberkommandanten unterstand. Aufgegeben wurde der noch 1775 beschworene Grundsatz einer Trennung von Polizei und Gericht, so daß die Polizei bei einem Streitwert von weniger als zwanzig Rubeln in allen Zivil- und Strafsachen auch das Urteil fällte. Den Zugriff des Staates über die Polizei endlich auch in abgelegenen Stadtteilen zu verstärken, diese Absicht wird wohl am deutlichsten in der Anordnung, alle Städte in Bezirke von 200 bis 700 Häusern und alle Bezirke in Quartiere von fünfzig bis hundert Häusern einzuteilen. Bezirk und Quartier unterstanden jeweils einem eigenen aus der Bürgerschaft gewählten Polizeivorsteher. Gemäß dieser Vorschrift richtete man in Moskau noch 1782 statt bisher 14 nun zwanzig Stadtteile ein.[40]

Aufsicht und Fürsorge sollten dabei zusammengehen. Z.B. schrieb Art. 119 vor: „Der Vorsteher des Stadttheils sorget für die in seinem Stadttheile befindlichen Armen, beschüzet und vertheidiget sie gegen alle Beleidigung, Bedrückung und Gewalt, verschaft den Dürftigen ehrlichen Unterhalt, hält sie vom liederlichen und müßigen Leben ab und bemühet sich, ihnen entweder eine Stelle zu verschaffen oder ihnen Gelegenheit zu geben, sich durch ihre Arbeit, Gewerbe, Handthierung oder Handwerk Nahrung und Unterhalt zu erwerben". In diesem Sinne verpflichtete Art. 156 auch den Quartieraufseher, darauf zu achten, „daß in seinem Quartier ein jeder sich den Gesetzen gemäß ehrlich nähre". Dem Ziel einer Institutionalisierung sozialer Kontrolle wollte der Gesetzgeber mit diesem Polizeistatut also einen großen Schritt näher kommen.

40 Vgl. Sytin, Istorija planirovki, Bd. 2, S. 123.

7.c Ermittlung

Wurde die Polizei im vorangehenden Kapitel als Objekt der Gesetzgebung betrachtet, soll sie nun als handelndes Subjekt in der Strafverfolgung dargestellt werden. Wenn der Täter nicht in flagranti ertappt wurde und Verdachtspersonen oder Zeugen fehlten, boten sich der Polizei im Grunde nur zwei Möglichkeiten, um ihn nachträglich zu fassen. Das eine war die nächtliche Straßenkontrolle an den innerstädtischen Schlagbäumen, eine eher defensive Maßnahme, das zweite die Anwerbung von Spitzeln, die Kriminelle in den Vorstädten aufspüren sollten. In Moskau wurden „spanische Reiter“[1] offenbar erstmals um 1504/05 errichtet.[2] Als Herberstein 1517 und 1526 in die russische Hauptstadt kam, erschienen sie ihm als so bemerkenswert, daß er sie in seine Beschreibung Moskaus aufnahm: „Der weite Umfang der Stadt macht, daß sie gar keine bestimmte Grenze hat, sie ist auch weder mit Mauern noch Graben noch Zinnen befestigt. Hier und da haben die Gassen Gatter- und Holztüren. Die schließt man zu früher Stunde in der Nacht und setzt Wächter dazu, daß keiner nach der gesetzten Stunde da hineingehen kann, um jemandem Schaden zuzufügen. Wer hernach von den Wächtern ergriffen wird, den prügelt man, zieht ihn aus oder wirft ihn gar ins Gefängnis, außer wenn es ein bekannter ehrlicher Mann ist, denn solche werden von den Wächtern nach Hause geleitet.“[3] Die hier erwähnten Wächter wurden von *Rešetočnye prikazčiki* befehligt; in der Belyj Gorod nahmen im April 1649 fünf Männer die Aufgaben dieser *Prikazčiki* wahr, wobei sie dem Kommandeur der berittenen Streife unterstanden.[4]

Den eigentlichen Wachdienst hatten auch zu dieser Zeit die *Desjatskie* bzw. *Budočniki* zu leisten. Eine eingehende Schilderung erfuhr die nächtliche Strassensicherung erst 1722 durch die Instruktion für die Moskauer Polizei, in der es lautet: Dem Oberpolizeimeister „obliegt es, zur guten Ordnung und zur Verfolgung von Verbrechen und Verbrechern sowie anderer unnützer Leute an den Straßen bewegliche Sperren zu errichten, die des Nachts geschlossen werden. Die Bewohner der umliegenden Höfe stellen die Wachposten, die mit Gewehren bewaffnet sind, wenn sich denn welche anfinden, oder mit dicken Eichenknüppeln und Holzschnarren. Wer aber nicht zu seinem Wachdienst erscheint, der muß für jede Nacht fünfzig Kopeken zahlen; der Empfang dieses Geldes ist zu quittieren. Von elf Uhr nachts bis eine Stunde vor Sonnenaufgang sind die Straßen zu sperren. Wenn in dieser Zeit Soldaten oder Arbeiter erscheinen, sind sie durchzulassen. Wenn andere Leute die Straße passieren wollen, soll es nur

---

1 So die Übersetzung von *rogatki* in der zeitgenössischen deutschen Ausgabe des Polizeistatuts von 1782.

2 Leškov, O drevnej policii, S. 2o5, 2o7; Jusupov, Materialy, S. 128. Aufgrund dieses Datums stellt sich die Frage nach einem Zusammenhang mit der 1497 fixierten Einschränkung des bäuerlichen Abzugsverbots bzw. dessen sozialen Auswirkungen.

3 Herberstein, Moskowia, S. 95.

4 PSZ 1, Nr. 6.

dann gestattet sein, wenn sie eine Laterne bei sich haben. Ohne Lampe soll niemand durchkommen. Zeigen sich verdächtige Leute, können notfalls einer oder zwei mit Lampe passieren; mehr als drei sind von der Wache jedoch festzunehmen. In der Kitaj-, Belyj und Zemljanoj Gorod sind die Straßensperren in den Straßen, wo Reiche wohnen, von diesen selbst zu errichten. Wo Arme wohnen, soll die Kanzlei des Polizeimeisters aus den Strafgeldern dafür aufkommen. Wo Grundstücke wüst liegen, sind die Besitzer heranzuziehen... Um zu zeigen, auf welche Art und Weise die Straßensperren herzustellen sind, sollen jedermann zur Kenntnis Muster angefertigt und auf Plätzen und an geeigneten Stellen ausgestellt werden. Im Kreml' sowie an den Stadttoren der Kitaj- und Belyj Gorod sollen sie von der Garnison bewacht werden. Wo an der Stadtgrenze keine Tore stehen, soll die Garnison bewegliche Straßensperren bauen. Zur Zemljanoj Gorod sollen die Tore und Eingänge nicht bewacht werden, sondern nur die Gassen und Straßen, die dort münden. Wenn an den Straßensperren oder auf den Straßen eine Schlägerei stattfindet oder sich Verbrecher zeigen und die jeweiligen Wächter diese nicht festnehmen können, sollen die Wächter mit ihrer Schnarre klappern, um Anwohner und Wachsoldaten herbeizurufen und um die Verdächtigen zu fassen. Ist dies gelungen, sollen sie zur Kanzlei des Polizeimeisters gebracht werden. Für unterlassene Hilfeleistung soll ein jeder fünfzig Kopeken bezahlen; wer nicht dazu in der Lage ist, soll mit der Rute bestraft werden."[5]

Daß die beiden in so kurzem zeitlichem Abstand erlassenen Polizeistatute für Moskau nicht unbedingt zu den Glanzstücken russischer Gesetzgebung zu rechnen sind, zeigt sich auch an dieser Stelle, tritt bei der Frage nach der Auswahl der Wächter doch ein Widerspruch auf. Die erste Fassung vom 9.7.1722 sah vor, die von den Stadtvierteln bestimmten Männer auf eine Liste zu setzen und diese der Polizeikanzlei einzureichen. Die zweite, ausführlicher gehaltene Instruktion vom 10.12.1722 ordnete ein komplizierteres Verfahren an. Danach sollte der Oberpolizeimeister die Liste mit einer Stellungnahme versehen, sie dem Senat einreichen und dessen Placet abwarten. Da es 1780 in Moskau zumindest auf dem Papier mehrere hundert derartiger Straßensperren gab, erscheint der Aufwand in diesem Fall als so hoch, daß man sich dieser Pflicht - wenn überhaupt - wohl nur kurzzeitig unterzogen haben dürfte. Ähnliche Verwirrung herrschte bei der Frage, wer die Straßensperren herzustellen habe. Die Voevodeninstruktion vom 12.9.1728 hatte die Bestimmungen zu den Moskauer *rogatki* in verkürzter Form übernommen und ihnen somit Geltung für alle Städte verschafft.[6] Obwohl die Einrichtung der Schlagbäume ja alles andere als neu war, schien sie mancherorts in Vergessenheit geraten zu sein. Wie anders ist die Anfrage des Gouverneurs von Nižnij-Novgorod an den Senat zu verstehen, ob die Bevölkerung oder die Verwaltung die Baukosten übernehmen solle. Ihm wurde beschieden, dies obliege der Bevölkerung.[7] Es wäre sicherlich verfehlt, wollte man den Straßensperren schon aufgrund dieser Ungereimtheiten einen weitgehend fiktiven Charakter

---

5 PSZ 6, Nr. 4.13o vom 10.12.1722, Art. 15-16.

6 PSZ 8, Nr. 5.333, Art. 4o-41, 47.

7 PSZ 8, Nr. 6.o74 vom 26.5.1732. Unabdingbare Voraussetzung der Straßenkontrolle wäre zudem ein funktionierendes Paßsystem gewesen (dazu s.o. Kap. 6.b).

zuschreiben. Dazu finden sich in den Protokollen der Moskauer Polizei zuviele Fälle von nächtlicher Ruhestörung oder Prügeleien, die allein mit Verhaftung der Streithähne durch die Nachtwache aktenkundig wurden. Ebenso unübersehbar ist allerdings, daß die Zahl notorischer Krimineller, die sich in diesem Netz verfing, nicht sehr beträchtlich war. Im Hinblick darauf wird man die Wirksamkeit des Systems spanischer Reiter in den Moskauer Straßen eher im Bereich der Ordnungswidrigkeiten als der Verbrechen ansiedeln.

Für diese Vermutung lassen sich vier Gründe anführen: 1. Im Laufe der Untersuchung von Korruptionsvorwürfen gegen den Moskauer Oberpolizeimeister N.A. Obolduev 1735 stellte sich heraus, daß Obolduev, um den Personalmangel in den zwölf Moskauer Polizeistationen zu beheben, auch die von der Bevölkerung gestellten Hilfspolizisten zum Innendienst herangezogen hatte. Üblicherweise hatten die *Desjatskie* jedoch keinen Bürodienst zu leisten, sondern sollten des Nachts patrouillieren bzw. an den Schlagbäumen Wache halten. Durch den Einsatz der Hilfspolizisten im Büro geriet deren eigentlicher Dienstplan auf den Straßen nun derart durcheinander, „daß viele Bewohner keine Streife mehr gingen".[8] Das weitgehende Versagen der nächtlichen Straßenüberwachung ist jedoch weniger bemerkenswert als der Umstand, daß ihr Zusammenbruch der Obrigkeit offenbar geraume Zeit verborgen blieb und die Polizei dieses Versagen geduldet hatte. Es bedurfte daher eines Skandals auf höchster Ebene, damit Licht auf die Zustände in der Stadtsicherung fiel.

2. Wenn er selbst an die Reihe kam, brachte der einzelne Moskauer der Nachtwache wenig Sympathie entgegen. Dieser Dienst war hart und beschwerlich und lief im Kern darauf hinaus, daß Minderbemittelte die Nachtruhe des hofbesitzenden Adels sichern mußten. Versuche, sich dem Dienst in den gelb-rot gestrichenen Büdchen zu entziehen, waren daher an der Tagesordnung; auch bei den sozial tw. höhergestellten *Sotskie* erleben wir immer wieder, daß sich diese Streifenführer lieber in den Kneipen als in den Wachbuden aufhielten.[9] Nicht von ungefähr hatte die Polizeiinstruktion von 1722 für derartige Fälle empfindliche Strafen in Aussicht gestellt. De facto leisteten in den Schilderhäuschen sozial Schwache und Neuankömmlinge Dienst, ein Umstand, der erklärt, warum von der Nachtwache geringe Autorität ausging. So sind uns sogar Beispiele dafür überliefert, daß Obdachlose die Wache mit dem Wunsch angingen, im Wachhäuschen übernachten zu dürfen.[10]

3. Ein wesentlicher Grund für die Unbeliebtheit der Nachtwache ist darin zu suchen, daß die Schilderhäuschen nicht beheizbar waren. Am 5.7.1753 erging ein Ukaz, daß jede in Moskau eintreffende Holzfuhre einen Stamm für die Beheizung der Wachstuben abzugeben habe.[11] Dieser Tribut bezog sich, wie ausdrücklich betont wurde, jedoch allein auf die Wachquartiere an den Stadttoren, wo das Militär die Posten stellte. Wollten sich die Wachen an den innerstädtischen

---

8 F. 248, op. 122, d. 228, l. 82 ob.

9 Vgl. F. 931, op. 3, d. 616, l. 259.

10 F. 931, op. 3, d. 616, l. 139 ob. In anderen Fällen wurden die Wächter sogar selbst kriminell. Vgl. F. 372, d. 4734.

11 PSZ 13, Nr. 1o.117.

Straßensperren während der langen Winternächten aufwärmen, mußten sie dazu in ihre Häuser gehen... Daß es de facto aber auch um die Beheizung der Stadttorwache schlecht bestellt war, zeigt das Beispiel des Aleksander Zumcov, eines Leutnants von 25 Jahren aus dem Velikie Luki-Regiment, der in der Nacht des 15.3.1771 mit fünf Grenadieren das Voskresenskij-Tor bewachen sollte. Als ihnen der Wachkommandant, ein Hauptmann, eröffnet hatte, für sie fehle ein Wachquartier, besorgten sich die Soldaten Wodka. Als sie des Nachts um zwei Uhr stockbetrunken waren, traf vor ihrem Tor ein Kaufmann ein. Verärgert über diese Störung, fiel die Wache über den Mann her, erschlug ihn und raubte ihn aus.[12]

4. „Weil das Abstellen der Nacht- und Feuerwache den Leuten beschwerlich ist und dadurch auch der Polizei Schwierigkeiten gemacht werden," wurde der nächtliche Wachdienst durch Ukaz vom 12.2.1802 in eine Steuer umgewandelt.[13] Aus der Anstellung von Berufsnachtwächtern kann man wohl den Schluß ziehen, daß das überkommene Dienstsystem als reformbedürftig galt. Für 1780 hat uns V.G. Ruban eine Statistik der Straßenwachen aus offizieller Sicht überliefert (s.o. Tabelle 22), doch ist zu vermuten, daß deren Niedergang zu diesem Zeitpunkt bereits eingesetzt hatte, auch weil die Straßenbeleuchtung allmählich an die Stelle der Straßensperren trat. Am 27.11.1730 erhielt die Moskauer Polizei den Befehl, im Kreml' sowie in der Kitaj-, Belyj und Zemljanoj Gorod auf den größeren Straßen ölbetriebene Straßenlaternen im Abstand von zehn sažen zu errichten. Für die Kosten sollte das Staatskontorkollegium aufkommen. Am 2.1.1731 schob man die Finanzierung jedoch dem Moskauer Senatskontor zu, das die Anzahl der Laternen deutlich herabsetzte und den jeweiligen Abstand in der Belyj Gorod und den Vorstädten auf 15 bis 20 sažen, in der Zemljanoj Gorod auf 20 bis 30 sažen erhöhte.[14]

Straßensperren und Stadtbeleuchtung wurden in diesem Frühstadium noch in einem Atemzug genannt. Z.B. erhielten die Brandwächter, die von Mai bis August des Nachts mit Laternen patrouillieren sollten, die Anweisung, die Strassensperren für nicht mehr als drei Mann „aus niederem Stande" zu öffnen.[15] 1770 hatte sich die nächtliche Beleuchtung der Stadt dergestalt institutionalisiert, daß in den entsprechenden Ukazen von den *rešetki* keine Rede mehr ist. Für ganz Moskau waren mittlerweile 600 Straßenlaternen vorgesehen (Petersburg 1.257), von denen jeweils zwanzig durch einen Wächter versorgt werden sollten.[16] Ungeachtet des technischen Wandels zeigt sich ein gewisses Maß an Kontinuität aber darin, daß sich die mittelalterlichen Straßensperren ebenso wie die neuzeitliche Stadtbeleuchtung in der Stadtmitte konzentrierten, während die Außenbezirke vernachlässigt wurden.

---

12 F. 373, d. 1958.

13 PSZ 27, Nr. 2o.143. Den Anwohnern verblieb damit nur die Pflicht, ihre Straße zu säubern.

14 PSZ 8, Nr. 6.162 vom 23.8.1732.

15 PSZ 9, Nr. 6.778 vom 25.7.1735. Vgl. PSZ 11, Nr. 8.834 vom 16.12.1743.

16 PSZ 19, Nr. 13.451 vom 22.4.1770.

Insgesamt erscheint der Eindruck berechtigt, daß sich die Bedeutung der Strassensperren für die Bekämpfung der Straffälligkeit in bescheidenem Rahmen hielt. Umso mehr Gewicht mußte die Polizei darauf legen, der Kriminalität auch aktiv nachzugehen und durch Spitzel in die Grauzone der Kneipen und Kutscherstädte einzudringen. Unsere Kenntnis dessen beschränkt sich auf einen, allerdings hervorragend dokumentierten Fall - den des Van'ka Kain. Als sich im letzten Viertel des 18. Jahrhunderts auch in Rußland eine literarische Öffentlichkeit zu entwickeln begann, gab das Leben dieses Spitzbuben die Vorlage für ungezählte Volkslieder und insgesamt vier belletristische Bearbeitungen ab, die bis 1800 16 Auflagen erreichten und damit alle anderen Werke russischer Prosa des 18. Jahrhunderts übertrafen. Die historische Figur des Van'ka Kain ist also von der literarischen zu unterscheiden. Der authentische Ivan Osipov, genannt Kain, gelangte 1731 als Leibeigener im Alter von 13 Jahren aus dem Gouvernement Rostov nach Moskau, wo er einem Kaufmann erster Gilde als Hausknecht dienen sollte. Schon in jungen Jahren wurde Kain aber straffällig, so daß die Polizei spätestens 1741 ausreichendes Belastungsmaterial in der Hand hatte, um ihn dem Sysknoj Prikaz zur Aburteilung zu überstellen. Zu diesem Zeitpunkt war das Verhältnis zwischen Gericht und Polizei jedoch dadurch gestört, daß die Strafkammer der Polizeikanzlei vorwarf, sich Gerichtskompetenzen anzumaßen, Verdächtige eigenmächtig auf freien Fuß zu setzen und sich am Diebesgut zu bereichern. 1740 hatte der Prikaz derartige Klagen bereits dem Senat vortragen lassen - ohne eine Reaktion zu erzielen. Vor diesem Hintergrund lag es nahe, daß der Sysknoj Prikaz nun seinerseits die Verbrechensbekämpfung intensivierte, die ihm de jure zwar nicht verwehrt war, de facto aber vorwiegend von der Polizei wahrgenommen wurde. Zu diesem Zweck versuchte man den notorischen Kriminellen Van'ka Kain zum Polizeiagenten zu verwandeln, dessen Opfer (und deren Beute) allein dem Gericht, nicht der Polizei zufallen sollten. Solcherart zu Spitzeldiensten genötigt, scheint Kain erstmals am 27.12.1741 auf Räuberfang ausgezogen zu sein, wobei ihm das Gericht 14 Soldaten und einen Schreiber zur Seite gab. Dieses Kommando nahm in einer Nacht 32 Verdächtige fest.[17]

Weit davon entfernt, sich zum Polizeibüttel erniedrigen zu lassen, versuchte Kain in Zukunft drei Herren dienstbar zu sein. In achtjähriger Tätigkeit lieferte er dem Prikaz mehrere Hundert Verdächtige aus, von denen viele unter der Folter „gestanden“ und somit auch verurteilt wurden; wie sich nach dem Sturz Kains 1749 herausstellte, entbehrte allerdings so manche von Kain vorgebrachte Anschuldigung der Grundlage.[18] Offenbar hatte der Polizeispitzel mit Falschanzeigen die Absicht verfolgt, sich bei seinen Auftraggebern ein günstiges Renommee zu verschaffen. Unschuldige, dem Spitzel aber mißliebige Personen wurden belastet, ihm nahestehende verschont, gelang es Kain doch, durch Bedrohung und Bestechung ein Netz von Vertrauensmännern bei Polizei und Gericht aufzubauen, das seine Schützlinge vor Strafe bewahrte. Auch die Bestechlichkeit der Justizbeamten flog erst mit Kains Verhaftung auf: Afanasij Sytin, einen

17 Esipov, Kain, S. 3o5.
18 F. 372, d. 2212, d. 2224.

Richter des Sysknoj Prikaz, hatte Kain seiner Darstellung nach mit Tee und Zucker auf seine Seite gebracht, als ihm dieser den Vorwurf machte, Kain liefere dem Gericht zu wenige Diebe ab;[19] den Wachsoldaten Osip Sokolov hatte Kain mit Geld bestochen, um einen Spießgesellen aus dem Verließ des Sysknoj Prikaz zu befreien;[20] die Dienste des Kanzelaristen Petr Rumjancev wußte er sich zu sichern, indem er ihm einen Läufling zukommen ließ.[21] Die solcherart belasteten Angestellten des Prikaz wurden noch 1749 aus dem Dienst entlassen, doch schon im Jahr darauf finden wir sie erneut unter dessen Mitarbeitern.[22] In der Polizeikanzlei hatte Kain drei Sekretäre, drei Kanzelaristen und einen Korporal korrumpiert.[23] An dieser Stelle erweist sich, daß die Anwerbung von Spitzeln ein heikles Mittel der Strafverfolgung war. Neben dem Straferlaß für Kains vor 1741 begangene Untaten belohnte das Gericht die Dienste Kains durch gelegentliche Prämien von ca. zehn Rubeln. Diese Beträge waren für Kain zu niedrig, um allein davon existieren zu können. Demzufolge spornte die Verpflichtung Kains durch das Gericht den Spitzel nur zu neuerlichen Straftaten an und bot ihm sogar die Möglichkeit, sich gegenüber seinen Opfern als „Ordnungshüter" auszugeben.[24]

Neben seiner offiziellen Tätigkeit war Kain auch in eigener Sache tätig[25] und nahm z.B. von Kaufleuten Geld an, um deren Läuflinge zu suchen. Nicht zuletzt setzte Kain seine Räubereien fort, wobei ihm alles in allem ein gewisser Erfolg nicht abzusprechen ist, stieg er vom mittellosen Leibeigenen doch zum Besitzer von drei Häusern und eines reich ausgestatteten Moskauer Hofes auf.[26] Matvej Komarov (1730-1812), der einzige uns namentlich überlieferte Verfasser einer der vier Lebensbeschreibungen Kains, hat die Art der Einkünfte Kains realistisch nachempfunden, wenn er zum Schluß seines Buches schreibt: „In jedem Frühjahr, am Ende des Winters, wenn der Fluß aufbrach und die Lastkähne aus den Städten am Oberlauf mit Getreide und anderen Waren nach Moskau kamen, fuhr

19 F. 372, d. 2271.

20 F. 372, d. 2272.

21 F. 372, d. 2199. Weitere Korruptionsvorwürfe gegen Beamte des Sysknoj Prikaz in d. 2233, 2234 und 2244.

22 Severnyj, Opisanie, S. 46, 48.

23 F. 372, d. 224o, d. 2253.

24 1745 war die Behörde Kain erstmals auf die Schliche gekommen, hatte es jedoch mit Androhung der Verbannung bewenden lassen. Vgl. Severnyj, Opisanie, S. 66.

25 Vgl. die Veranschaulichung bei Komarow, Kain, S. 97-99: „Eines Tages erschien bei Kain ein Bauer, der in den Kleiderbuden im Petrowski-Kloster seinen Handel trieb, und erzählte, daß der Verwalter jenes Klosters ihm seinen Sohn weggeholt habe, um ihn zu den Rekruten zu geben. Noch halte er ihn bei sich zu Hause eingesperrt. Er bat Kain, seinen Jungen da herauszuholen und versprach ihm reichlich Geld, falls ihm das gelingen sollte. Noch am gleichen Tag nahm Kain mehrere Mann seines Kommandos, begab sich zum Haus des erwähnten Kloster-Verwalters und wies ihn an, den Bauernjungen, den er festgesetzt halte, um ihn unter die Rekruten zu geben, auf der Stelle wieder freizulassen. Als der Verwalter darauf nicht eingehen wollte, wurde Kain zornig und befahl seinen Leuten, ihn festzunehmen und auf den Hof zu bringen. Dort zwang man ihn gewaltsam in die Knie, nahm ein in der Nähe stehendes Faß mit Birkenteer und schüttete es ihm über den Kopf, so daß er aussah wie ein Mohr... Dann brachte er (Kain) den Sohn des Bauern zu seinem Vater zurück und erhielt von diesem, wie versprochen, eine hübsche Summe."

26 Vgl. die Inventarisierung des Hofes nach Kains Verhaftung in F. 372, d. 6367.

Kain einige Werst vor Moskau hinaus, hielt die Schiffe an und kontrollierte die Pässe der Treidler. Unter ihnen fand er viele, die dem Polizeigewahrsam entlaufen waren, mit gefälschten Pässen; doch er brachte sie fast nie dorthin, wo sie hingehört hätten. Stattdessen nahm er von ihnen und ihrem Herrn Geschenke entgegen und ließ sie wieder zurückkehren zu ihren Kähnen. So übte sich Kain in guten wie bösen Taten, und er sah, daß seinen Händen alles wohlgeriet. Das führte dazu, daß er sich immer ärgere Frechheiten leistete. Eines Tages erkühnte er sich, die Frau des Polizeiangestellten Nikolaj Budajev zu entführen und ihr Gewalt anzutun. Dieser Entehrung wegen erstattete sie bei der Polizei Anzeige. Kain wurde vorgeladen, und der damalige Generalpolizeimeister A.D. Tatiščev nahm ihn ins Verhör und fragte, wie er sich solche Dreistigkeiten erlauben könne. Als Kain gewohnheitsgemäß zu leugnen versuchte, befahl Seine Hochwohlgeboren, ihn unter Arrest zu stellen."[27]

Nicht im Hinweis auf das Opfer der Entführung, wohl aber in dem auf den Petersburger Generalpolizeimeister Tatiščev befand sich Komarov durchaus im Einklang mit der historischen Wahrheit, da sich der oberste Polizeibeamte Rußlands zufällig in Moskau aufhielt, als der Soldat Fedor Tarasov Anzeige gegen Kain erstattete. Am 17.1.1749 hatte dieser Tarasovs fünfzehnjährige Tochter entführt, um sie nach Darstellung des Vaters zu schänden. Wohlweislich reichte Tarasov diese Anzeige nicht beim Sysknoj Prikaz ein, sondern bei der Polizei. Dort hatte Kain zwar auch zahlreiche Beamte auf seine Seite gebracht, doch zerriß dieses in langen Jahren errichtete Gespinst, als Tatiščev es selbst unternahm, Licht in die Affäre zu bringen. Schon 1744 hatte diese auch Petersburger Behörden beschäftigt, die Kain auf Betreiben seiner Moskauer Klientel damals noch einen „Schutzbrief“ gegen Verleumdungen jeder Art ausgestellt hatten. Im Grunde ging es Tatiščev, so ist zu vermuten, weniger um Kain als darum, ein neuerliches Beispiel für die Vorrangstellung der Petersburger Polizei vor der Moskauer zu statuieren. Am 19.3.1749 legte der Generalpolizeimeister einen ausführlichen Bericht über die Untaten Kains und seiner Spießgesellen vor, der 82 seit 1741 begangene Straftaten auflistete.

Das Hauptaugenmerk lag dabei auf denjenigen Verstößen, bei denen Moskauer Einwohner geschädigt wurden. Fälle von Strafvereitelung und Beamtenbestechung, bei denen ja kein Kläger auftrat, scheinen eindeutig unterrepräsentiert zu sein.[28] Alles in allem waren diese Vorwürfe massiv genug, um Kain einzukerkern und eine Untersuchungskommission zu gründen. Gemäß Senatsukaz vom 28.6.1749 sollte sich diese zusammensetzen aus einem Titularrat des Kammerkollegiums, einem Oberst der *Jamskaja kanceljarija*, einem Sekretär des Justizkollegiums, zwei Assessoren, vier Kanzelaristen, acht Kopisten sowie unbelasteten Beamten des Sysknoj Prikaz.[29] Interessanterweise war die Moskauer Polizei also nicht vertreten. Mit Einsetzung der Kommission hatte sie die Federführung an den Sysknoj Prikaz abgeben müssen. Nach Auffassung der Petersburger Behörden

---

27 Komarow, Kain, S. 12o-21.

28 F. 22, op. 1, d. 34, bes. l. 3-12.

29 Esipov, Kain, S. 331.

erwies sich aber auch das Gericht als überfordert, so daß der Senat am 12.3.1752 die Zuständigkeit an das Justizkollegium weitergab. Nach Rücksprache mit dem Senat verurteilte dieses Van'ka Kain am 4.3.1756 zu Knutung, Brandmarkung und Zwangsarbeit in Rogerwik (bei Reval).[30] Von dort wurde Kain nach Sibiren verschickt; sein Todesdatum ist unbekannt.

Die 1775, 1777, 1779 und 1782 erstmals erschienenen vier Schelmenromane um Van'ka Kain verdanken ihr Entstehen wesentlich der Tatsache, daß 1771 die Lebensbeschreibung des französischen Straßenräubers Louis Dominique Cartouche und im Jahr darauf Fieldings Geschichte des Highwayman Jonathan Wild „the Great" in russischer Übersetzung erschienen waren. Die 1779 von Matvej Komarov verfasste und auch in deutscher Sprache gedruckte Schilderung der Abenteuer des Van'ka Kain bietet eine kenntnisreiche Annäherung an das Moskauer Gaunermilieu, z.B. wenn der Dichter davon berichtet, daß Kain die nächtlichen Straßensperren in der Verkleidung eines Popen zu passieren pflegte - was historisch zwar nicht belegt, aber durchaus denkbar ist. Immerhin wird an dieser Stelle deutlich, daß die spanischen Reiter auch unter Zeitgenossen als überwindlich galten. Oder Komarov veranschaulicht, wie sich Räuber in den Schenken zusammenfinden, und setzt lakonisch hinzu: „Ein Fisch bemerkt den andern auch im strömenden Wasser schon von weitem."[31] Als bemerkenswert erscheint auch, wie Komarov, ursprünglich selbst ein Leibeigener, den seine Herrin in die Freiheit entlassen hatte, die Flucht seiner Titelfigur zu motivieren versucht und ihr eine deutliche Spitze gegen die Leibeigenschaft beifügt: Kain „war oft betrunken, übernachtete nicht zu Hause und brach allenthalben Streit und Schlägereien vom Zaune, worüber seinem Herrn häufig Klagen zugetragen wurden. Deshalb sah sich dieser genötigt, ihn manchmal mit übertriebener Strenge zu bestrafen. Dem Kain erschien ein solches Leben nicht sehr angenehm, deshalb erwog er verschiedene Möglichkeiten, wie er sich aus seinem Leibeigenenjoch lösen und die Freiheit erlangen könnte; denn er wußte, daß die Freiheit besser als alles in der Welt sei und daß unter der Fessel der Sklaverei auch ehrliche und rechtschaffene Menschen nicht glücklich werden können."[32]

Obwohl dem Sysknoj Prikaz als unmittelbarem Auftraggeber zweifellos größere Verantwortung an der Kain-Affäre zuzumessen ist als der Moskauer Polizei, hegten die Petersburger Behörden gegenüber dem Oberpolizeimeister doch größeres Mißtrauen als gegenüber dem Gericht, da die Untersuchung des Falles der Polizei entzogen und dem Gericht übertragen wurde. Dieses Mißtrauen resultierte aus Zuständen, die bei der Petersburger Polizei[33] ebenso wie bei der in Moskau mehrfache Skandale heraufbeschworen. Davon hatte einer zur Entlassung des Moskauer Oberpolizeimeisters N.A. Obolduev geführt. Am 21.1.1735

---

30 F. 372, d. 231o, bes. l. 188-2o1.

31 Komarow, Kain, S. 16-17, 55.

32 Ebd., S. 13. Aus literaturgeschichtlicher Sicht vgl. Šklovskij, Komarov; Striedter, Schelmenroman; Gasperetti, Carnivalesque Spirit; Titunik, Komarov's Van'ka Kain; Brooks, Russia, S. 2oo-o3. Von historischer Seite s. Stenbock-Fermor, Kain; Anisimov, Kain.

33 Vgl. den Prozeß gegen den ersten Generalpolizeimeister, den Portugiesen Anton Devier. Dazu s. Monas, Divier; Kovalevskij, Sud nad grafom Devierom; Rogle, De Vieira.

war der Polizeihauptmann S.G. Druckoj beim Kommandeur des Preobraženskij-Regiments, Oberst Semen Andreev, erschienen, um Anzeige gegen Obolduev zu erstatten. Wie sich herausstellte, hatte Druckoj mit seinem Vorgesetzten Obolduev lange Zeit gemeinsame Sache gemacht, fühlte sich von diesem schließlich aber betrogen und wollte es ihm nun heimzahlen. Zu diesem Zweck wandte sich Druckoj nicht an die Polizei, wo Obolduev die Angelegenheit wohl hätte unterdrücken können, sondern zog Dritte hinzu. Die von Druckoj beim Verhör vom 22.1. geäußerten Vorwürfe erschienen als detailliert genug, um Anlaß zu Fragen an Obolduev zu geben. So behauptete Druckoj, der Oberpolizeimeister habe sich von Händlern der *ochotnyj rjad* mit einem Schlitten deutscher Bauart, indischem Geflügel und sechzig Rubeln bestechen lassen, um Fälle von Steuerhinterziehung zu decken. Durch Betreiben Andreevs reagierte der Moskauer Generalgouverneur S.A. Saltykov vergleichsweise zügig und übertrug die Untersuchung am 23.1. einer beim Moskauer Senatskontor bestehenden Kommission, die Amtsmißbräuchen im Sibirischen Prikaz nachging. Durch Verhör u.a. der Händler kam der Ausschuß insgesamt 15 Fällen von schwerer Dienstverfehlung auf die Spur. So hatte Obolduev vier Läuflinge in sein Haus aufgenommen, die Kleider nähen mußten. Obolduev verkaufte diese Röcke alsdann auf eigene Rechnung. Von mehreren Kaufleuten, die sich in der Schankwirtschaft auf illegale Weise bereicherten, hatte er Geld angenommen. Immer wieder hatte sich Obolduev auch durch Bauherren kaufen lassen, deren Bauanträge zunächst abgewiesen worden waren. In einem anderen Fall hatte er sich der Strafvereitelung schuldig gemacht, als er gegen sechzig Goldrubel und einen persischen Teppich von einer Anzeige wegen fahrlässiger Brandstiftung Abstand nahm. Am 24.7.1735 faßte die Kommission ihre Ergebnisse zusammen und übersandte sie dem Senat. Obolduev selbst sprach von Geschenken oder leugnete völlig, wurde jedoch nicht förmlich angeklagt, sondern kam mit Amtsenthebung davon. Da die Kommission in vielen Punkten zu keiner endgültigen Klärung gelangt war, nutzte Obolduev diesen Schwebezustand, um sich mit Druckoj eine langwierige, bis 1745 andauernde juristische Auseinandersetzung zwecks Rehabilitierung zu liefern.[34]

Unter welchen Bedingungen durfte die Polizei nun einen Verdächtigen in Haft nehmen? Das Uloženie von 1649 nannte dafür vier Möglichkeiten. Dies war zunächst die belastende Aussage eines Zeugen (Art. 21, 8), daneben das Auffinden eines corpus delicti (21, 25). Außerdem wurde das Geständnis unter Folter genannt (21, 9) sowie der üble Leumund, wenn der Verdächtige auch unter Folter seine Unschuld beteuerte. Diesen Leumund pflegte man im Rahmen einer allgemeinen Umfrage festzustellen (s.u. Kap. 7.d). Da die zwei letztgenannten Wege bereits in Zusammenhang mit der Folter standen, der die Verhaftung ja vorausging, verwickelt sich das Gesetzbuch an dieser Stelle in einen Widerspruch. Auch das Recht des 18. Jahrhunderts hat es zunächst unterlassen, hier eine Klärung herbeizuführen. Ein 1701 dem Voevoden von Vladimir erteilter Nakaz scheint sogar den Schluß zu gestatten, das ohnehin flache Profil der

34 F. 248, op. 122, d. 228, bes. l. 76-86. Nach Wegfall der petrinischen Kontrollinstrumente müssen Amtsvergehen generell als recht häufig gelten. Vgl. Got'e, Istorija oblastnogo upravlenija, Bd. 2, S. 46-83.

Haftvoraussetzungen sei weiter abgetragen worden.[35] Hier spricht das Gesetz allein von *vinnych ljudej*, Beschuldigten, die bis zum Urteil in Haft zu halten seien. Ein Verdachtsmoment war also unerläßlich, nur fehlte dessen Qualifizierung. Auf den ersten Blick mag sich hier gegenüber dem 17. Jahrhundert eine Schlechterstellung des Individuums zu erkennen geben, doch bestanden alle vier Formen der Belastung fort, wurden an dieser Stelle aber nicht angeführt. Wie außerordentlich schwankend die Gesetzgebung in dieser Frage war, geht auch aus einem Ukaz des Justizkollegiums an die Hofgerichte vom 5.4.1720 hervor, um diese zur Eile auch bei denjenigen Fällen zu mahnen, in denen Gefangene wegen „minderschwerer Sachen" einsaßen.[36] Hieraus kann man allerdings nicht den Schluß ableiten, im Gegensatz zum 17. Jahrhundert sei Haft nun auch bei geringfügigen Delikten angeordnet worden. Die wenigen, zumeist baufälligen Gefängnisse waren ohnehin überfüllt, so daß man Angeklagte in Bagatellsachen gegen Stellung einer Bürgschaft zumeist auf freien Fuß setzte.[37]

Durchaus charakteristisch für das geringe Interesse an Recht und Rechtsfragen unter den Nachfolgern Peters erleben wir auch im zweiten Drittel des 18. Jahrhunderts keinen Versuch, die Bedingungen für eine Verhaftung zu präzisieren. Nach wie vor zog man sich auf so dehnbare Begriffe wie „klarer Beweis" *(javnoe dokazatel'stvo)*[38] oder „gewichtiges Verdachtsmoment" *(javnoe podozrenie)* zurück.[39] Daß die Zentralbehörden aber darüber im Bilde waren, daß hier erheblicher Klärungsbedarf vorlag, zeigen die zahlreichen Anordnungen, alle Strafsachen beschleunigt abzuhandeln, um zumindest den Gefängnisaufenthalt zu verkürzen.[40] Auch die Große Instruktion von 1767 griff die Frage auf, unterschied in Art. 161 erstmals zwischen Straf- und Untersuchungshaft und nannte in Art. 164 sechs Anhaltspunkte, von denen schon einer die Polizei zur Festnahme berechtigte: 1. Die „Stimme des Volkes", wohl eine Floskel, hinter der sich die allgemeine Umfrage verbarg; 2. ein Fluchtversuch; 3. ein vor der Polizei abgelegtes Geständnis; 4. eine Zeugenaussage; 5. ein corpus delicti sowie 6. „andere derartige Indizien". Es fällt schwer, hier gegenüber dem Uloženie einen Fortschritt an begrifflicher Schärfe zu erkennen; verglichen mit der Gesetzgebung in der ersten Hälfte des 18. Jahrhunderts ist er jedoch offensichtlich. Das Gouvernementsstatut von 1775 setzte die Präzisierungsbemühungen fort, indem es solchen Verdächtigen, die wegen anderer Vergehen als Majestätsbeleidigung, Verrat, Tötung, Straßenraub oder Diebstahl in Untersuchungshaft saßen, bis zur Verhandlung die Entlassung gegen Bürgschaft garantierte. Zugleich ordnete Art. 401 die Vernehmung dieser wegen Verdachts auf minderschwere Vergehen Inhaftierten binnen dreier Tage an; andernfalls könne der Untersuchungshäftling beim

35 PSZ 4, Nr. 1.836 vom 21.2.1701. Vgl. Smirnov, Arest, S. 27o.

36 PSZ 6, Nr. 3.56o vom 5.4.1720.

37 Dies galt tw. auch bei Schwerdelikten, wenn der Angeklagte gestanden hatte (so bei einem Totschlag in F. 372, d. 217o).

38 PSZ 1o, Nr. 7.219 vom 4.4.1737.

39 PSZ 11, Nr. 8.127 vom 6.6.1740, Art. 15.

40 Belege bei Smirnov, Arest, S. 418. Diese Ukaze lassen sich allerdings ebenso (oder noch besser) als Versuch auffassen, der Fluchtgefahr entgegenzutreten.

Sovestnyj sud Beschwerde einlegen. Da sich das Gouvernementsstatut der strittigen Frage nach den Bedingungen für eine Inhaftierung also nur indirekt näherte, d.h. nicht die Bedingungen selbst umriß, sondern die Folgen der Verhaftung Unschuldiger zu lindern versuchte, hätte das Polizeistatut von 1782 hier eine nachdrückliche Klärung herbeiführen müssen. Zu einer systematischen Lösung ist die Polizeiordnung zwar nicht gelangt, doch listet sie immerhin 51 Fälle auf, die den Polizisten zu einer Festnahme berechtigten.

Spürbar mehr Sorgfalt als auf die Klärung der Haftbedingungen hat der Gesetzgeber zur Einhegung der Polizeigerichtsbarkeit verwandt, um die Gerichte von der Ahndung mancher Rechtsverstöße zu entlasten und die Strafjustiz zu beschleunigen. In den Mittelpunkt des Polizeigerichts stellte die Instruktion des Moskauer Oberpolizeimeisters vom 9.7.1722 die Verhängung von Bußgeldern für Ordnungswidrigkeiten aller Art, sei es im Handel, im Bauwesen, in der Ofenpflege, der Sauberhaltung der Gassen und Straßen usw. Im Wiederholungsfall war die Polizei allerdings auch dazu berechtigt, z.B. einen sorglosen Fleischverkäufer auszupeitschen. Nichtregistrierte Bettler sollten der Körperstrafe schon bei erstmaliger Festnahme unterliegen. Darüber hinaus stand der Polizei aber in einzelnen, vergleichsweise scharf definierten Fällen auch eine weitergehende Strafgewalt zu. So konnte der Betreffende bei mehrfachem Verstoß gegen die Bauordnung zur Galeerenarbeit verurteilt werden, arbeitsfähige Bettler zur Zwangsarbeit und „schuldbeladene Frauen und Mädchen“ zu der in Fabriken. In drei Fällen ließ das Statut sogar die „grausame Bestrafung“ durch die Knute zu, und zwar bei Kutschern, deren Fahrweise die Passanten gefährdete, bei unterlassener Hilfeleistung während eines Brandes sowie bei einer tätlichen Auseinandersetzung an den Straßensperren. Vor allem dann, wenn der Delinquent den Scharfrichter nicht bestochen hatte, konnte das Polizeigericht auch tödlichen Ausgang nehmen.[41] Das Polizeistatut von 1782 verfügte hier einen Wandel, indem die Polizei Straffällige nurmehr zum Aufenthalt im Arbeitshaus verurteilen konnte. Alle anderen Strafarten wurden der Polizei de jure aus der Hand genommen. Auch das Foltern war der Polizei verboten, doch scheinen manche Verdächtige während des Verhörs dennoch geschlagen worden zu sein.[42] Rechnet man die bis 1782 weitgehend ungeklärten Bedingungen für eine Verhaftung, die Praxis, bei Vernehmungen Gewalt anzuwenden, die tw. drakonischen Strafen der polizeilichen Gerichtsbarkeit, wie sie gleichfalls bis 1782 bestanden, sowie die auf allen Ebenen korrumpierten Polizeibeamten zusammen, so scheint der Eindruck einer durch die Rechtslage lange Zeit begünstigten Polizeiwillkür unabweislich zu sein.

---

41 Tw. ging auch die Bestrafung mit der Spitzrute tödlich aus. Vgl. F. 372, d. 2651 (Tod des Leibeigenen Nikita Grigor'ev, dessen Besitzerin ihn zur Bestrafung an die Polizei übergeben hatte)

42 Vgl. F. 373, d. 1254, l. 6. Am 25.7.1768 sagte die Kaufmannstochter Praskov'ja Ivanovna, die mit ihrer Schwester Akulina des Kirchendiebstahls beschuldigt wurde, vor der Rozysknaja Ėkspedicja aus, Akulina sei während des Polizeiverhörs mit einem Stock auf den Rücken geschlagen worden.

Dieses Urteil muß mehrfach ergänzt werden. Zunächst ist offensichtlich, daß dem Nebeneinander von staatlicher und gesellschaftlicher Polizei auch eine gewisse Kontrollfunktion innewohnte. Da die Hilfspolizisten aus den Stadtteilen stammten und namentlich den *Sotskie* dort oft ein gewisser sozialer Rang zukam, war gewährleistet, daß sich die „Stimme des Volkes" auch im Polizeiapparat vernehmbar machte. Für unbescholtene und namhafte Einwohner des Polizeibezirks galt dieser Schutz in gewissem Maße, bei den Läuflingen, die erst kurz vor ihrer Verhaftung in Moskau eingetroffen waren, versagte er. Daneben deutet sich bei der Lektüre der Polizeijournale an, daß die gesetzlichen Grundlagen der polizeilichen Tätigkeit zwar wirr und lückenhaft waren - zu diesem Ergebnis kommen im übrigen auch Untersuchungen zur westeuropäischen Polizei der Frühen Neuzeit -,[43] daß sich in der Praxis zwischen Polizei und Gericht aber eine Arbeitsteilung durch die Frage ergab, ob der einzelne Vorgang strittig war oder nicht. Ein und dasselbe Delikt konnte deshalb entweder von der Polizei abgetan werden oder vor Gericht gelangen. Z.B. wurde der Bauer Matvej Tvorogov 1781 von der Polizei des ersten Kommandos an die Rozysknaja Ėkspedicija überstellt, obwohl er sich keines Verbrechens schuldig gemacht, sondern des Nachts in angetrunkenem Zustand einen Fensterladen demoliert hatte. Beim Erscheinen eines Hilfspolizisten war er getürmt, wurde von diesem aber gestellt. Da Tvorogov den Vorwurf der Sachbeschädigung leugnete, ergriff die Polizei die für sie bequemste Lösung und schob ihn an das Gericht ab.[44] Demgegenüber gab die Polizeikanzlei auch Fälle schwerer Körperverletzung nicht an den Richter weiter, wenn sich einer der Kontrahenten nach der Ausnüchterung zu seiner Schuld bekannte.[45] Ging es jedoch um Eigentumskriminalität, war der Vorfall de jure ausnahmslos dem Gericht zuzuleiten. Aus diesem Grund erleben wir, daß der Richter auch in Bagatelldelikten Anklage erhob, z.B. wegen Diebstahls von Äpfeln, mehrerer Knöpfe oder eines Halstuches.[46]

Dem Eindruck einer potentiellen Allmacht der Polizei gegenüber dem Individuum, zumal wenn es als belastet galt, ist schließlich auch die weitgehende Ohnmacht der Polizei gegenüber der Kriminalität als sozialer Massenerscheinung gegenüberzustellen. In einer kolossalen Dunkelziffer tritt uns diese Ohnmacht sehr deutlich entgegen (s.o. Tabelle 11). Wie bei den Straßensperren und dem Beispiel Van'ka Kains gesehen, verfügte die Polizei im Grunde nur über zwei systematische Mittel der Kriminalitätsbekämpfung, von denen eines stumpf war und das andere zweischneidig. Über das Ansehen der Moskauer Polizei (wie das der russischen Polizei schlechthin) war es bei Hofe deshalb nicht gut bestellt. 1768 hat Katharina den Moskauer Generalgouverneur P.S. Saltykov energisch dazu angehalten, der „neuerdings vermehrten Unordnung, den Diebstählen und

43 Vgl. Nitschke, Verbrechensbekämpfung und Verwaltung, S. 19o-93, der die These vom Ancien Régime als „Polizeistaat" für einen Mythos erklärt. Ausgehend vom Moskauer Beispiel könnte man gleichfalls zu dieser Auffassung kommen.

44 F. 373, d. 41o6.

45 Vgl. z.B. F. 931, op. 1, d. 65, d. 73.

46 F. 372, d. 28o2; F. 373, d. 3728, d. 1577.

Raubüberfällen sogar im Herzen der Stadt“ zu wehren;[47] ob dieser Saltykov dazu jedoch stärker als ein Obolduev gewillt war, ist noch die Frage, ließ Saltykov die Amtsgeschäfte während der Pest von 1771 doch im Stich, um auf eines seiner Güter zu flüchten. Daraufhin wurde er am 26.9.1771 entlassen.[48]

Das weitgehende Versagen der Polizei im Hinblick auf die Strafverfolgung wird auch in zwei Schriftstücken ersichtlich, die die Moskauer Polizeikanzlei 1762 an das Senatskontor sandte. Dabei handelt es sich um Übersichten, wieviele Delikte die zwölf Stadtteile im jeweiligen Monat an die Kanzlei gemeldet hatten. Vom 27.5. bis 26.6.1762 umfaßt die Aufstellung zwölf Fälle von Diebstahl sowie je einen von Flucht und Körperverletzung. In neun dieser 14 Fälle finden wir dabei den Zusatz „Täter unbekannt“. Die Straßensperren wurden in fünf Vorgängen erwähnt, bei denen die Hilfspolizisten auf den Ruf nach der Wache hinzustürzten, ihnen in drei Fällen die Festnahme des Diebes aber nicht mehr gelang. Die zweite Liste bezieht sich auf den Zeitraum vom 26.6. bis 29.7.1762 und stellt sieben Diebstähle zusammen, bei denen der Täter in drei Fällen unbekannt war. Wie bei der ersten Übersicht war dessen Festnahme zumeist dem Geschädigten selbst zu verdanken, der ihn auf der Polizeistation ablieferte.[49] Die hier zutage tretende Erfolgsquote zeigt, daß sich die Moskauer Polizei mit derartigen Aufstellungen im Grunde nur Eines bescheinigte: Die eigene Ineffizienz.

47 Vgl. Sobstvennoručnoe rasporjaženie.

48 Vgl. Tokmakov, Spisok, S. 8.

49 F. 248, op. 118, d. 597; op. 121, d. 252o. Weitere derartige Berichte ließen sich nicht finden, so daß man annehmen kann, die Moskauer Polizei habe sich dieser Rechenschaftspflicht bald wieder entwunden. Die beiden Aufstellungen wurden gemäß eines Ukazes an das Moskauer Senatskontor vom 21.12.1760 angefertigt. Eine für 1761 zusammengestellte Liste ist noch sehr flüchtig und unvollständig. Z.B. wurden im Januar für ganz Moskau nur vier Delikte verzeichnet, im Februar fünf, im März neun, im April fünf, im Mai und Juni jeweils drei usw. Vgl. F. 248, op. 121, d. 2427.

7.d Gerichtsaufbau

Der Wandel der Moskauer Gerichtsverfassung im zweiten Drittel des 18. Jahrhunderts ist auf eigenartige Weise mit dem Ringen um den Fortbestand der Reformen Peters d.Gr. verknüpft. Nach dem Tode Katharinas I. am 6.5.1727 - ihr Nachfolger wurde der zwölfjährige Peter II. - gewannen die Reformgegner im Obersten Geheimen Rat die Oberhand, so daß Moskau erneut zur Hauptstadt aufrückte. Um an der Dauerhaftigkeit dieser Entscheidung keinen Zweifel zu lassen, ordnete man 1728 die Verlegung von fünf Kollegien nach Moskau an, und zwar des Kriegs-, Justiz-, Kammer-, Revisions- und Bergkollegiums. Nachdem das Ökonomiekollegium schon seit seiner Gründung 1726 in Moskau ansässig war, befanden sich nun sechs von insgesamt zehn Kollegien in der alten Hauptstadt. Sie unterstanden dem 1722 geschaffenen Moskauer Senatskontor. Da die zunächst von D.M. Golicyn angeführten neuen Machthaber im Obersten Geheimen Rat die von Peter ins Leben gerufene Judikative für ineffektiv und zu teuer hielten, ging das Moskauer Hofgericht 1727 ein. Durch den Altbestand der vom Hofgericht nicht entschiedenen Fälle und die Überlastung der Kanzlei des Gouverneurs von Moskau als neuer Gerichtsinstanz stauten sich bis 1730 nicht weniger als 21.388 Klagen an, die die Einrichtung zwei neuer Gerichte unumgänglich machte.

Dies war der *Sudnyj Prikaz* für das Zivilrecht, bei dem die Mehrheit der Altfälle abzutragen war, sowie der *Sysknoj Prikaz* für das Strafrecht. Durch die Trennung beider Rechtsgebiete bauten Peters Nachfolger bei allem Widerwillen gegen dessen Vermächtnis nicht nur auf dessen Leistungen auf, sondern taten sogar einen Schritt darüber hinaus, hatte Peter doch allein Administrative und Judikative entflochten, nicht aber Straf- und Zivilrechtsprechung. Der vom Senat am 20.3.1730 ausgesprochene Gründungsukaz beider Gerichte gibt den damaligen Machtkampf recht deutlich wieder, beruft er sich neben dem Berg unbearbeiteter Akten doch auch auf die Bedeutung Moskaus als Residenz. Dessen Vorrang vor Petersburg sollte durch die neuen Behörden bekräftigt werden. Zugleich verwies das Gesetz auf Moskau als den bevorzugten Aufenthaltsort des Adels, so daß hier weitaus mehr Klagen zu entscheiden seien als irgendwo sonst.[1] Am 22.7.1730 sprach die Zarin Anna mit einem persönlichen Ukaz die Bestätigung dieser Senatsorder aus.[2] Obwohl die Vorkämpfer der antipetrinischen Richtung den Umzug des Hofes von Petersburg nach Moskau als dauerhaft verstanden hatten, kehrten Anna und ihr Gefolge bereits 1732 nach Petersburg zurück. Die 1728/30 nach Moskau verlegten bzw. dort gegründeten Ämter verblieben jedoch in dieser Stadt; der kurzzeitige Wechsel der Residenz hinterließ in der Behördengeschichte also bleibende Spuren. Nach dem Vorbild des Sysknoj Prikaz sollte per Ukaz vom 22.8.1735 nun auch in Petersburg ein *Kontora dlja uskorenija rozysknych*

---

1 PSZ 8, Nr. 5.521.
2 PSZ 8, Nr. 5.597.

del gegründet werden.[3] Die entsprechende Order blieb allerdings Papier, da eine Resolution vom 23.10.1735 die Rechtsprechung sowohl in Zivil- als auch in Strafsachen an die Petersburger Gouvernementskanzlei überwies.[4] Zur Einrichtung eines Kriminalgerichts unter dem Titel *Rozysknaja Ėkspedicija* kam es in Petersburg erst am 4.7.1763.[5] Am 15.12. gleichen Jahres wurde diese Bezeichnung auch dem bisherigen Sysknoj Prikaz in Moskau verliehen.[6] Der Sudnyj Prikaz, 1763 auf vier Departements erweitert und damit um vieles größer als der Sysknoj Prikaz, bestand unverändert fort, um gemeinsam mit der Moskauer Rozysknaja Ėkspedicija am 2.10.1782 in der neuen Gouvernementsordnung aufzugehen.[7]

Obwohl der Senatsukaz vom 20.3.1730 zur Schaffung des Sudnyj und Sysknoj Prikaz faktisch unmittelbar an die von Peter durchgesetzte Gewaltenteilung anknüpfte, bemühte sich die Order um eine archaische, antipetrinische Diktion. Dies äußert sich zunächst darin, daß die beiden neuen Gerichte als Folgeorgane derjenigen Zentralämter dargestellt wurden, die in Moskau vor Peter Recht gesprochen hatten. Die Bezeichnungen von sieben derartiger Gerichtsprikaze führte der Text des Gesetzes sorgfältig an.[8] Es ist deshalb kein Zufall, daß beide Gerichte als *Prikaz* bezeichnet wurden, um das Altmoskauer Beispiel bewußt wiederaufzunehmen. Der Wortschatz des 16./17. Jahrhunderts verdrängte den von Peter eingeführten schließlich auch in der Umschreibung dessen, was der Sysknoj Prikaz eigentlich zu leisten habe. Dessen Kompetenz fixiert der Senatsukaz auf die Ahndung der Delikte *ubijstvo, razboj* sowie - in Wendung gegen das vom Militärartikel geprägte *kraža* - *tat'ba* (Tötung, Straßenraub, Diebstahl). Dieser sachlichen Zuständigkeit fügte der namentlich ergangene Ukaz vom 22.7.1730 noch eine regionale an, indem er den Sudnyj Prikaz allen Gouvernements zuordnete, den Sysknoj Prikaz aber allein dem Gouvernement Moskau. In dieser Einschränkung spiegelte sich die Überlegung wider, den Transport von Untersuchungsgefangenen auf ein Mindestmaß zu beschränken, um die Kräfte des Militärs zu schonen und die Fluchtmöglichkeiten der Häftlinge zu begrenzen. De facto hat der Sysknoj Prikaz die Beschränkung auf Stadt und Gouvernement Moskau auch weitgehend eingehalten. In anderer Hinsicht ist er aber dennoch zu einer überregionalen Einrichtung geworden, da ihm mit Order vom 31.1.1733 die Rolle des Sammelpunkts übertragen wurde, von dem aus die in den Gouvernements zu Verbannung Verurteilten nach Sibirien verschickt werden sollten.[9]

---

3 PSZ 9, Nr. 6.794.

4 PSZ 9, Nr. 6.827.

5 PSZ 16, Nr. 11.871.

6 PSZ 16, Nr. 11.989.

7 PSZ 21, Nr. 15.53o. Im Aktenbestand des RGADA spiegelt sich die unterschiedliche Größenordnung von Sudnyj und Sysknoj Prikaz derart wider, daß zu ersterem in F. 239, op. 1, č. 1-9 knapp 4o.ooo Fälle registriert sind, zu letzterem (zusammen mit den Faszikeln der Rozysknaja Ėkspedicija) rd. 8.ooo.

8 Sudnyj Moskovskij Prikaz, Sudnyj Vladimirskij Prikaz, Razbojnyj Prikaz, Zemskij Prikaz, Prikaz kazanskogo dvorca, Prikaz knjažestva smolenskogo, Sudnyj Dvorcovyj Novgorodskij Prikaz. Die Bezeichnungen sind tw. strittig. Vgl. Brown, Government Bureaus.

9 PSZ 9, Nr. 6.318.

Geht die Gründung des Sysknoj Prikaz also auf eine - wie sich herausstellen sollte - kurzzeitige Gegenbewegung zum Reformimpuls Peters zurück, tritt zumindest äußerlich eine bis ins 16./17. Jahrhundert hinabreichende Kontinuität hervor, wurde der Sysknoj Prikaz doch in einem Gebäude untergebracht, das zuvor der Razbojnyj Prikaz und nach ihm das Hofgericht genutzt hatten. Dieses Anwesen befand sich vor der Südostecke des Kreml' gerade da, wo der Abhang des Roten Platzes beim Moskvareckij-Tor das Ufer der Moskwa berührte. Mit der Ausbesserung des ohnehin baufälligen und durch den Brand vom 29.5.1737 zusätzlich beschädigten Hofes ließ man sich soviel Zeit, daß dessen miserabler Zustand das Gericht 1752 zu einem hastigen Umzug in Räume des Getreidemagazins am Kalugaer Tor in der Zemljanoj Gorod nötigte. Auch das neue, immerhin gemauerte Domizil ließ jedoch viele Wünsche offen, listeten die Gerichtsbeamten nach einer Begehung am 14.8.1752 doch zahlreiche schwere Mängel auf, z.B. verwitterte Fenster, brüchige Fußböden oder Mangel an Öfen. Gegenüber dem alten Gebäude hatte das neue jedoch den Vorteil, daß es weitaus geräumiger war. Ein Gefängnis war nicht vorhanden, doch wurde dessen Bau noch 1752 in Angriff genommen. Außenmaße von ca. 80 mal 68 Meter (40 mal 34 sažen) zeigen, daß dieser Kerker wohl in mehrere Räume unterteilt war. So wurden Gefangene aus dem Adel in einem eigenen Verlies untergebracht, Männer von Frauen getrennt und auch die zur Verbannung bestimmten Häftlinge befanden sich in einem gesonderten Raum. Den Beamten standen im Kornspeicher insgesamt fünf Zimmer zur Verfügung: Eines für die Richter, eines für die Sekretäre, ein weiteres für die Kanzleibediensteten sowie zwei für das Archiv.[10]

Als Richter waren im Sysknoj Prikaz seit Ende 1730 zunächst drei Männer tätig, und zwar der Brigadier Polibin, der Major i.R. Stupišin und der Hauptmann Ljubučeninov. Durch die Zunahme der Klagen sah man ab 1742 mit dem Amtsleiter, zwei Räten und zwei Assessoren bereits fünf Richterstellen vor. Tw. blieben sie bis zu acht Jahren am Prikaz, mancher ließ sich dagegen schon vor Ablauf von zwölf Monaten beurlauben. Da der Senat die Ernennungen aussprach und dabei nichts übereilte, führte die vergleichsweise große Fluktuation dazu, daß die Behörde zumeist über weniger als die fünf ihr zugesicherten Richter verfügte. Ein derartiger Engpaß trat etwa zu Beginn der fünfziger Jahre auf, als der Gerichtsvorsteher 1754/55 zur gesetzgebenden Kommission nach Petersburg beordert wurde; zudem hatte der Prikaz kurz zuvor noch zwei im Zusammenhang mit der Kain-Affäre belastete Richter verloren. 1742 erhielt das Gericht einen ständigen Prokuror, der die Rechtmäßigkeit der Sprüche überwachen sollte. Bis dahin hatte der Prokuror des Justizkollegiums über den Prikaz berichtet. Manches spricht dafür, daß die Inkorporation des Prokurors in die Strafkammer dessen Kontrollfunktion nicht günstig war. Durch die Überlastung des Gerichts wurde der Prokuror notgedrungen in die Alltagspflichten einbezogen und wickelte z.B. große Teile des Schriftverkehrs mit anderen Behörden ab. Dazu gehörte es auch, die dem Sysknoj Prikaz vorgesetzten Dienststellen regelmäßig über die Zahl der nicht erledigten Klagen und der einsitzenden Häftlinge auf dem Laufenden zu

10 Severnyj, Opisanie, S. 1-37.

halten. De facto reduzierte sich die Idee der Überwachung auf Äußerlichkeiten wie das Führen von Anwesenheitslisten und Aufstellungen zur wöchentlichen Arbeitszeit der einzelnen Beamten.[11] Obwohl die Rozysknaja Ėkspedicija 1763 Personal und Gebäude des Sysknoj Prikaz übernahm und dessen Tätigkeit insofern nahtlos fortsetzte, ging mit dieser Umbenennung doch ein organisatorischer Wandel einher. Der Sysknoj Prikaz hatte dem Justizkollegium unterstanden, die Rozysknaja Ėkspedicija teilte man jedoch dem Weisungsbereich des Moskauer Generalgouverneurs zu. Diese Neuordnung zog eine Personalreduzierung nach sich, so daß die Rozysknaja Ėkspedicja zeitweise über nur noch zwei Richter verfügte. Den Prokuror büßte sie ganz ein und wurde nun demjenigen bei der Moskauer Gouvernementskanzlei unterstellt.

Die mittlere Beamtenschaft des Sysknoj Prikaz hatte bis 1730 bei der Moskauer Gouvernementskanzlei gearbeitet, also bei derjenigen Behörde, die 1727 an die Stelle des Moskauer Hofgerichts getreten war. Auch hier zeigt sich ein größeres Maß an Kontinuität, als es der Gründungsukaz des Sysknoj Prikaz auf den ersten Blick erkennen läßt. Zu den Kanzleibeamten, die unter der Leitung zweier Sekretäre standen, zählten zunächst drei Kanzelaristen, drei Kopisten und zwei Schreiber, d.h. alles in allem nur zehn Bedienstete. Schon 1738 wurde die Verwaltung auf eine Stärke von 35 Mann angehoben und erreichte damit eine Größenordnung, die der Prikaz bis zu seiner Umbenennung beibehalten sollte. Aus Sicht der Kammer war diese Personalausstattung allerdings völlig unzureichend. So legte das Gericht dem Senat am 2.9.1753 den Vorschlag eines Stellenplans mit 46 Beamten vor (vier Sekretäre, zehn Protokollisten, Registratoren und Kanzelaristen sowie 28 Kopisten). Diese Forderung nach Personalaufstockung verhallte jedoch ungehört, ja die Rozysknaja Ėkspedicija mußte sogar eine Kürzung ihres Mitarbeiterbestands hinnehmen. Mehrfachen Eingaben zum Trotz verfügte das Gericht 1764 nur noch über zwanzig Kanzleibeamte (zwei Sekretäre zu je 300 Rubel Jahresgehalt, einen Protokollisten zu 200 Ru., einen Registrator zu 150 Ru., vier Kanzelaristen zu 130 Ru., sechs Unterkanzelaristen zu hundert Ru. sowie sechs Kopisten zu je sechzig Ru.).[12] Die Zahl der fertiggestellten Anklagen ging durch diesen Personalabbau deutlich zurück und lag von 1770 bis 1774 im Durchschnitt nur noch bei jährlich 183. Von 1760 bis 1764 hatte die Zahl der Anklagen noch 285 betragen. Die massive Finanzkrise, die Katharina II. zu Beginn ihrer Regierung vorfand, löste durch die Kürzung des Stellenetats in unserem Zusammenhang damit ein Nachlassen der Strafverfolgung aus.

Jeder der Kanzleibeamten war einer Abteilung oder, wie man im 17. Jahrhundert gesagt hätte, einem „Tisch“ zugeordnet. Eine Gruppe führte die Kassenbücher, die zweite Journal und Protokoll, die dritte legte eingehende Ukaze ab, die vierte nahm Klagen an und die fünfte arbeitete den Richtern zu. Diese Verteilung der Aufgaben macht deutlich, daß ein erheblicher Anteil der Mitarbeiter durch

---

11 Vgl. z.B. F. 373, d. 4562-66.

12 Lazovskij, Rozysknaja Ėkspedicija, S. 145. Mit jeweils zwanzig Rubeln schlug auch die Entlohnung zweier Popen zu Buche, die zu stellen sich benachbarte Kirchen abwechselten. Sie nahmen den Gefangenen vor der Hinrichtung die Beichte ab; tw. wurden sie auch in das Gefangenenverhör miteinbezogen.

interne Schreib- und Verwaltungstätigkeit gebunden war. Dabei war eine ganze Reihe von Kladden zu führen. Die erste fungierte als Journal, um Fehl- und Arbeitszeiten der Beamten festzuhalten, die Länge der Sitzungen und in kurzer Form auch den behandelten Gegenstand. Zeugenverhöre, Aussagen unter Folter, Anklageschriften und Urteile fanden im Protokoll ihren Niederschlag. Da dieses Protokoll in sich fortlief, mußte jeder Einzelvorgang abgeschrieben werden, um für jeden Angeklagten eine eigene Akte anlegen zu können. Des weiteren führten die Kanzleibeamten Buch über die eingehenden Ukaze des Moskauer Generalgouverneurs, des Moskauer Senatskontors, des Justizkollegiums und des Senats, um postwendend auch den Erhalt dieser Anweisungen zu bestätigen. Außerdem unterhielten die Schreiber ein Gefangenenbuch mit folgenden Rubriken: Name des zuständigen Beamten im Sysknoj Prikaz; Name, Herkunft und mutmaßliches Delikt des Häftlings; dessen weiteres Schicksal, d.h. Bestrafung, Verschickung oder Freilassung. Diese Vermerke gingen auch in einen weiteren Folianten ein, in den man Notizen zur Anhörung des Angeklagten im Prikaz eintrug. Schließlich registrierte man auch die entgegengenommenen Gegenstände, also Diebesbeute, Beweisstücke oder Belastungsmaterial.

Ein besonderes Kapitel waren die Kassenbücher, in die zunächst die der Kammer vom Staatskontorkollegium angewiesenen Summen für die Beamtenbesoldung, die Instandhaltung des Gebäudes (unmittelbar nach dem Umzug in den Kornspeicher 1753 z.B. 300 Rubel), den Ankauf von Brennholz (1753 200 Ru.), von Kerzen zwecks Beleuchtung (1755 42 Ru.) usw. Erhebliche Summen liefen im Haus auch von den Provinzvoevoden ein, die ihre zur Verbannung verurteilten Häftlinge an den Prikaz abgaben und das Zehr- und Fahrgeld für den Abtransport des jeweiligen Gefangenen nach Sibirien bereitstellen mußten. Daneben verzeichnete das Gericht auch eigenständige Einnahmen. So schlug eine Eingabe oder Anzeige *(javočnoe čelobitie)* mit zwei Kopeken zu Buche, eine förmliche Klage mit ca. einem halben Rubel, und für einen Freispruch erhob das Gericht eine Gebühr von 13 Kopeken. Hinzu kamen Geldstrafen, die für den Besitz eines nichtregistrierten Pferdes bei ca. zwei Rubeln lagen, bei der Aufnahme eines Paßlosen zwischen fünf und zwanzig Rubeln.[13] Der Löwenanteil dieser Einnahmen floß zurück an das Staatskontorkollegium, doch mußten manche Gebühren auch an Einzelstellen abgeführt werden; z.B. stand die Stempelgebühr dem Stempelkontor zu oder die Gebühr für Siegelpapier dem Maufakturkollegium.

Nach Richtern und Verwaltungsbeamten verzeichnete die Soldliste des Gerichts auch diejenigen, die mit der Gefangenenaufsicht betraut waren. 1753 oblag diese Aufgabe zwei Wachtmeistern mit einem Gehalt von je 15 Rubeln p.a., vier Nachtwächtern (zu je acht Ru.), vier Gefangenenaufsehern (zu acht Ru.), sechs Scharfrichtern (zu sechs Ru.) sowie zwei Feuerwehrmännern (9,75 Ru.), insgesamt also 24 Bediensteten, die sich zumeist aus dienstentlassenen Soldaten rekrutierten. Zudem konnte das Gericht über rd. 150 Soldaten aus der Moskauer Garnison verfügen, die die Gefangenen beim An- und Abtransport sowie beim

---

13 In der Regel erhob das Gericht eine Gebühr in Höhe von zehn Prozent der sichergestellten Beute. Im Strafprozeß wurden durch Ukaz vom 15.12.1763, Art. 6, alle Gebühren abgeschafft (PSZ 16, Nr. 11.988).

Betteln auf dem Roten Platz bewachen sollten.[14] Eine Sonderstellung hatten die Scharfrichter inne. Als deren Zahl durch einen Todesfall und zwei Versetzungen 1758 auf drei gesunken war, nahm der Magistrat unter Berufung auf einen Ukaz vom 16.5.1681 die Posadleute in die Pflicht. Tatsächlich meldete sich aus der Alexander-Vorstadt auch ein Kaufmann zweiter Gilde namens Čulošnikov freiwillig, leistete seinen Eid und trat den Dienst an. Schon nach kurzer Zeit verfiel er jedoch der „Melancholie“ und wurde entlassen. Da Freiwillige diesmal fehlten, zog der Magistrat nun drei Kaufleute dritter Gilde heran.[15]

Alles in allem ergibt sich der Eindruck, daß weder der Sysknoj Prikaz noch die Rozysknaja Ėkspedicija zu den Vorzeigeämtern Moskaus gehörten. Schon die Unterbringung des Gerichts in einem Getreidespeicher der Vorstadt weist auf den untergeordneten Rang der Kammer - wie der Justiz überhaupt - innerhalb der Behördenhierarchie hin. Daß es auch um den inneren Zustand des Gerichts nicht zum Besten bestellt war, zeigt die Tatsache, daß zwei Richter und der komplette Verwaltungsapparat nach dem Ruchbarwerden der langjährigen Aktivitäten Van'ka Kains entlassen wurden; schon im Jahr darauf hatte sich die Mehrheit aber erneut im Sysknoj Prikaz eingenistet.[16] Die Unzufriedenheit der Regierung mit dem Moskauer Strafgericht geht auch aus ungezählten Ermahnungen zu schnellerer und konsequenterer Befolgung der Ukaze hervor;[17] derartige Rüffel mußten sich allerdings viele Ämter gefallen lassen. Daß die öffentliche Wertschätzung ihrer Arbeit sehr bescheiden ausfiel, haben gerade die Richter zu spüren bekommen. Zumeist handelte es sich bei ihnen um Männer, die am Ende einer keineswegs glanzvoll verlaufenen Offizierslaufbahn standen und nun das Gnadenbrot bezogen. In auffälligem Gegensatz zum Verhalten der Richter, die das Gericht alsbald zu verlassen suchten, richtete sich der mittlere Dienst auf Dauer ein; er sah hier eine Pfründe, die es den Söhnen zu erhalten galt.[18] Während die Richter gegenüber dem Senat den Eindruck steter Überlastung zu erwecken suchten, scheinen ihre Untergebenen den Dienst offenbar als weniger belastend empfunden zu haben.

14 Vgl. PSZ 8, Nr. 5.617 vom 10.9.1730.

15 Severnyj, Opisanie, S. 59-6o. Art. 21, 96 des Uloženie von 1649 hatte dieses Amt den Freien vorbehalten. Vgl. Studenkin, Master. Neuerdings zu diesem Amt Zaremska, Rzemiosło; Nowosadtko, Scharfrichter.

16 Severnyj, Opisanie, S. 46, 48.

17 Vgl. z.B. PSZ 9, Nr. 6.318 vom 31.1.1733; PSZ 9, Nr. 7.o95 vom 11.11.1736; PSZ 12, Nr. 8.947 vom 22.5.1744; PSZ 13, Nr. 1o.o98 vom 13.5.1753; PSZ 16, Nr. 12.173 vom 3.6.1764.

18 Vgl. z.B. F. 373, d. 1832.

7.e Prozeß

Weitaus mehr Quellen als zum Aufbau und zu organisatorischen Interna des Sysknoj Prikaz sind uns naturgemäß zu seiner Tätigkeit als Strafgericht überliefert. Das folgende Kapitel versucht, diese Tätigkeit in ihren drei Hauptabschnitten zu schildern, d.h. in der Prozeßeröffnung, den Beweismitteln und der Urteilsfindung. Im 17. Jahrhundert erleben wir, wie die ältere Form des Akkusationsprozesses noch vollberechtigt neben der jüngeren des Inquisitionsprozesses stand oder diesen sogar zur Randerscheinung herabdrückte. Einer Intensivierung der Strafverfolgung, wie sie die Bekämpfung der 1649 zunehmenden Läuflingswelle bzw. des Razin-Aufstandes 1670/71 aus Sicht des Staates erforderlich machte, schien der Akkusationsprozeß jedoch im Wege zu stehen. Er setzte einen Kläger voraus, räumte dem Beklagten erhebliche Verschleppungsmöglichkeiten ein und unterlag aus Sicht des Richters der Gefahr, daß der Kläger mit seinen Beweisen nicht durchdrang oder sich mit dem Beklagten außergerichtlich verglich, um dann von einer Fortführung des Prozesses Abstand zu nehmen. Es erscheint daher als verständlich, wenn der Staat hier eine Bedrohung des öffentlichen Interesses an der Bestrafung Schuldiger aufziehen sah und sich demzufolge anschickte, den Akkusationsprozeß durch den inquisitorischen zu ersetzen. Die Rolle des Klägers fiel damit an den Staat, so daß es nun dem Gericht oblag, den Beschuldigten zu überführen.

Dessen Stellung im Strafprozeß erfuhr eine schwerwiegende Minderung, die sich im Moskauer Staat vor allem an der schnellen Verbreitung der Folter ablesen läßt (s.o. 2.a). Ohne langes Federlesen hat Peter der Große durch Ukaz vom 21.2.1697 den Versuch gemacht, den Akkusationsprozeß *(sud)* endgültig beiseite zu schieben, um in Zukunft allein den inquisitorischen *(sysk oder rozysk)* für statthaft zu erklären.[1] In Brandenburg hatten die Stände diesem Umschwung in der ersten Hälfte des 17. Jahrhunderts heftigen Widerstand entgegengesetzt, da sie hier völlig zu Recht eine neuerliche Steigerung der Fürstenmacht heraufziehen sahen. In Rußland waren die Schwierigkeiten anderer Art und ergaben sich vor allem daraus, daß der Justizapparat seiner neuen Rolle kaum gewachsen war. Die Überforderung stellte sich jedoch erst allmählich heraus, vor allem nachdem das Kriegsstatut vom 30.3.1716 wenige Tage darauf auch für Zivilgerichte Gültigkeit erlangte.[2] Da diese personell weitaus schlechter ausgestattet waren als Militärgerichtshöfe, wurden etliche Bestimmungen des Kriegsartikels am 5.11.1723 auf die Möglichkeiten von Zivilrichtern zurückgestutzt.[3] Hierzu zählte vor allem der Verzicht auf das ausschließlich schriftliche Verfahren, das der Kriegsartikel bzw. dessen Anhang zum Prozeßrecht aus guten Gründen angeordnet hatte, um höhe-

---

1 RZ 4, S. 397-99. Die ältere Forschung hat das inquisitorische Verfahren zu der Prozeßform schlechthin des absolutistischen Staates erklärt. Vgl. Schmidt, Strafrechtspflege, S. 194; LeDonne, Criminal Investigations, S. 112. Diese Ansicht erscheint als sehr grobschlächtig, da zumindest der Zarenstaat erhebliche Mühe hatte, die Offizialklage durchzusetzen.

2 PSZ 5, Nr. 3.olo vom 10.4.1716.

3 RZ 4, S. 451-56.

ren Instanzen eine Revision zu ermöglichen. Den Zivilgerichten bot das mündliche Verfahren jedoch den Vorteil, den Prozeßverlauf zu beschleunigen. Zudem wurde den Beklagten nun auch das Recht eingeräumt, noch im fortgeschrittenen Prozeßstadium mit Beweismitteln aufwarten zu können; desgleichen kehrte der Ukaz von 1723 zur Praxis der Stellung von Bürgen zurück, die der „Kurze Entwurf derer Processen" von 1715 kaum erwähnt hatte.[4] Durch eine mißverständliche Formulierung konnte dieser Ukaz aber auch als vollständige Abkehr vom Inquisitionsprozeß verstanden werden; unter den Rechtshistorikern des 19. Jahrhunderts hat er deshalb eine lebhafte Diskussion ausgelöst.[5] Am 3.5.1725 stellte der Senat klar, daß nicht nur Aufstand, Verrat und Majestätsbeleidigung vom Akkusationsprozeß ausgenommen waren; dies hatte schon der erwähnte Ukaz von 1723 verfügt. Hinzu kamen nun auch Gotteslästerung, Kirchenraub, Diebstahl, Straßenraub und Tötung.[6] Nicht durch Zufall wurde der Sysknoj Prikaz fünf Jahre darauf speziell zur Ahndung der drei letztgenannten Delikte berufen. Im Grunde bahnte also spätestens der Ukaz von 1725 den Weg zur Scheidung des Prozeßrechts in *sud* für Zivil- und *sysk* für Strafsachen an.[7]

Für den Sysknoj Prikaz begann das Verfahren in aller Regel damit, daß ihm die Kanzleien des Moskauer Oberpolizeimeisters, des Moskauer Generalgouverneurs bzw. die in Moskau ansässigen Kollegien den Verdächtigen überstellten. Der Prikaz nahm zwar auch selbst Anzeigen an, doch zeigt das erhebliche Ausmaß der administrativen Dunkelziffer (s.o. Tabelle 11), daß es nur bei etwa zwanzig Prozent der registrierten Fälle gelang, der Täter habhaft zu werden und Anklage zu erheben. Unter den zuweisenden Behörden hatte als eigenständiges Gerichtsorgan allein die Kanzlei des Generalgouverneurs größere Bedeutung, doch konzentrierte sich hier nicht die Schwerkriminalität, sondern Verfahren gegen Landstreicher, Läuflinge oder Paßfälscher.[8] Mit Einlieferung des Häftlings im Sysknoj Prikaz wurden den dortigen Beamten zugleich die bisher angefertigten Unterlagen ausgehändigt. Zum einen umfaßten sie zumeist den Text der Anzeige gegen den Verdächtigen; zum anderen wurde dem Gericht in der Regel auch die Niederschrift des Verhörs übergeben, das die zuweisende Behörde ihrerseits durchgeführt hatte. Unmittelbar nach der Einlieferung wurde der Vorgeführte vereidigt[9] und ein zweites Mal vernommen, um die Ausgangslage zu klären. In der ganz überwiegenden Zahl der Fälle leugneten die Beschuldigte die gegen sie erhobenen Vorwürfe. Um dennoch den Schuldbeweis anzutreten, standen dem Gericht vor allem zwei Mittel zur Verfügung: Die Aussagen von Zeugen sowie

---

4 Zur Stellung von Bürgen s. Lange, Ugolovnoe sudoproizvodstvo, S. 123-3o.

5 Vgl. Arsen'ev, Sud; Vladimirskij-Budanov, Obzor, S. 642-43; Dmitriev, Istorija, S. 54o-45. Neuerdings dazu Wortman, Court Procedure.

6 PSZ 7, Nr. 4.713.

7 So schon die Auffassung von Stefanovskij, Razgraničenie, S. 27o-72. Ebenso Madariaga, Penal Policy, S. 5o7.

8 Vgl. F. 4oo, op. 5. Ausdrückliche Kompetenz auch zur Ahndung von Schwerdelikten hatte unter den Moskauer Behörden allein das Militärgericht, das sog. *Kriegsrecht*. Vgl. Savinkov, Obzor.

9 Fedorov, O forme prisjagi.

die Anwendung der Folter, um ein Geständnis zu erzwingen.[10] Um die Zeugenaussagen so beweiskräftig wie möglich zu machen, hatte das Uloženie in Art. 10, 161 eine Reihe von Verfahrensregeln fixiert, so die getrennte Vernehmung, das Aufnehmen eines Protokolls und dessen Abzeichnung durch den Zeugen bzw. dessen Vertrauensperson.

Im Gerichtsalltag hatten sich daneben auch Anforderungen an die Person des Zeugen durchgesetzt, wobei es weniger um den Stand - Leibeigene waren zum Kreuzkuß bzw. Zeugeneid zugelassen - als um den Leumund ging.[11] Auch über die erforderliche Anzahl der Zeugen hegte der Richter genaue Vorstellungen. Art. 10, 246 des Uloženie ließ die Stimme nur eines Zeugen allein in Ausnahmefällen zu; volle Beweiskraft unterstellte man, wenn sich zehn Zeugen einhellig geäußert hatten.[12] Das Verfahren zur Sammlung von Zeugenstimmen wurde als *poval'nyj obysk* (allgemeine Umfrage) bezeichnet. Noch im 17. Jahrhundert konnte allein der Ausgang dieser Umfrage über den Ausgang des Prozesses entscheiden. Entsprechend groß war die Aufmerksamkeit, den die Gesetzgebung diesem Mittel widmete, wobei es vor allem um die Frage ging, wie bei sich widersprechenden Aussagen zu verfahren sei.[13] Zwar begegnet uns die Umfrage auch noch im 18. Jahrhundert, doch hat es den Anschein, als habe sie im agrarischen Lebenskreis eindeutigere Resultate als in der Stadt hervorgebracht. In der Stadt hat die Strafkammer das Verfahren des *obysk* allem Anschein nach kaum eingesetzt, weil es hier als sehr mühsam erschien, eine ausreichende Anzahl beweiskräftiger Stimmen aus der Umgebung des Beklagten zu erheben. Zur Identifizierung von Straßenräubern durch Suchkommandos in der Provinz hatte der *obysk* im 18. Jahrhundert aber sehr wohl noch Bedeutung.[14]

Da Zeugen im Alltag des Strafgerichts oftmals fehlten, rückte die Folter zum wichtigsten Beweismittel auf. Das Erlebnis dessen, wie der Häftling hervorgeholt wurde, das Hemd auszog, auf den Bock gelegt wurde und dort solange festgeschnürt blieb, bis die Knute des Scharfrichters seinen Rücken in Fetzen geschlagen hatte, dieses Erlebnis beschreibt - aus Sicht des Gerichtsbeamten - der einzige Augenzeugenbericht, der uns von der Tätigkeit des Sysknoj Prikaz über-

---

10 Der „Kurze Entwurf derer Processen" von 1715 läßt in Teil 2, Kap. 1, Art. 6 daneben allein „briefliche Urkunden" wie Kaufmannsbriefe, Testamente, Verträge oder Obligationen als Beweismittel zu. Im Strafrecht hatten sie jedoch kaum Bedeutung.

11 Vgl. Pachman, O sudebnych dokazatel'stvach, S. 166-7o; Demčenko, O pokazanijach svidetelej.

12 Ul. 1o, 158-59. Vgl. Art. 21, 42, der beim *obysk* eine Mehrheit von 15 Stimmen für eine der beiden Parteien verlangt.

13 Art. 1o, 161 hält notfalls schon die einfache Mehrheit der Stimmen für hinreichend. Einhergehend mit der Zurücksetzung des *obysk* sucht der „Kurze Entwurf derer Processen" zu einer Qualifizierung einzelner Zeugenaussagen zu gelangen und ordnet in Teil 2, Kap. 2, Art. 13 an, daß „ein Zeuge männlichen Geschlechts dem weiblichen, ein Vornehmer einem Geringeren, ein Gelehrter einem Ungelehrten und ein Geistlicher einem Weltlichen vorzuziehen sei". Vgl. Linovskij, Opyt, S. 123-25 (wohl beste Darstellung des Strafprozesses aus historischer Sicht); speziell zum *obysk* s. Sokol'skij, Momenty; Paucker, Allgemeine Umfrage.

14 Vgl. 372, d. 4786, l. 13.

liefert ist.[15] Daß sich dieser Bericht gerade und nur auf die Folter bezieht, bezeugt das Unvergeßliche dieses Anblicks. Ist es Zufall, daß die einzige Bedeutung, mit der die Worte *Sysknoj Prikaz* in die Sprache des Volkes eingingen, synonym zu „Folterkammer" waren,[16] obwohl die Folter im Gegensatz zur Exekution zu keinem Zeitpunkt öffentlich stattfand?

Der Behörde war bewußt, daß sich unter Folter nahezu jedes Geständnis erpressen ließ. Die Praxis des Sysknoj Prikaz bestätigt diese Erfahrung, hatte die Mehrzahl der Vorgeführten beim Polizeiverhör doch geleugnet, gab bei der Vernehmung durch den Prikaz, der als einzige Moskauer Zivilbehörde zur Anwendung der Folter ermächtigt war, das „Leugnen" jedoch auf. Um dem durch Folter erlangten Geständnis nicht jegliche Bedeutung zu rauben, hatte der „Kurze Entwurf derer Processen" von 1715 als erstes russisches Gesetz erhebliches Augenmerk darauf verwandt, das Gericht bei der Folter zu Mäßigung anzuhalten. Der „scharfen Frage und der Tortur" bzw. deren Begrenzung sind nicht weniger als zehn Artikel gewidmet, in denen es heißt: „Die Tortur wird in klaren und überwiesenen Sachen, so ein Verbrechen in sich enthalten, gebrauchet. In Civil- oder bürgerlichen Sachen aber kann die Tortur nicht vorgenommen werden, es läge dann die Bosheit und Übelthat klar am Tage, als zum Exempel: Wann der Zeuge in großen und wichtigen Civilsachen, in seiner Aussage sich furchtsam bezeiget und mit der Wahrheit nicht heraus will, sich confundiret und im Gesichte sich verändert, so kann alsdann die Tortur Statt haben. Jedoch muß bey der Tortur eine große Behut- und Bedachtsamkeit gebrauchet werden. Sintemalen die Mäßigung bey der Tortur gänzlich des Richters Beprüfung überlassen wird, derowegen dann der Richter zuvor die Beschaffenheit der Sache, weshalber er den Verdächtigen zu torquieren gedencket, überlegen muß, maßen in großen und schweren Verbrechen die Tortur allemal schärfer geschiehet als in geringen. So muß er auch die Personen, so zur Tortur gebracht werden sollen, unterscheiden, und nach Befinden die starcken, frischen und gemeinen Leute schärfer, diejenigen aber, die zarten Leibes und von guter Herkunft sind, leichter angreiffen lassen. Und wann die Peinigung zur Gnüge geschehen, so muß der Richter den Inquisiten nicht zur größern Marter bringen; wie dann auch der Richter bey der Tortur sich darinne vorsichtig bezeigen muß, daß er, so bald er einiger Maßen hinter die Wahrheit gekommen, des Inquisiten Leib durch überflüßige Torquierung nicht allzuheftig zermartere, sondern denselben entweder zum Tode condemnire oder seine Unschuld zu retten suche. Maßen derjenige Richter, so ohne Ursache und Verdacht jemand torquieren läßt, ebenso wie der Beschuldigte, welcher seines Verbrechens bereits überzeuget worden, bestrafet, oder zum allerwenigsten seines Dienstes verlustig erkannt werden soll. Im Fall der Richter aus Malice und Vorsatz denjenigen, (der) nicht hätte torquiret werden sollen, mit der Tortur belegen läßt, oder sonst die gewöhnliche Art der scharfen Befragung übertritt, so soll er den Torquirten mit einer gewissen Summa

15 Snegirev, Vospominanija, S. 755-58 (nach der Schilderung Z.A. Gorjuškins). Zu Gorjuškin s. Korkunov, Gorjuškin; zu Snegirev RBS 19, S. 7-11; SIĖ 13, S. 98.

16 Snegirev, Russkie v svoich poslovicach, Bd. 3, S. 19o.

Geldes befriedigen. Gleicher Maßen auch, wann ein Richter aus Vorsatz und ohne die geringste Suspicion jemanden übermäßig mit der Tortur angreifen läßt, dergestalt, daß er daran stirbet, so kann er seines Lebens verlustig erkannt werden. Würde er aber nicht aus Vorsatz, sondern aus unzureichlichem Verdacht oder andern Ursachen die gehörige Gradus der Tortur überschreiten, oder es würde durch seine Unvorsichtigkeit sich zutragen, daß der Gepeinigte von der Torquirung stürbe, so wird er nach Erkenntnis des Oberrichters bestrafet."[17]

Daß der Häftling die Folter nicht überlebte, scheint in der Tat nicht ganz selten gewesen zu sein. Ein außergewöhnliches Beispiel dessen findet sich in den Senatspapieren. 1737 gelangte dieser Behörde zu Ohren, daß ein ungenannter Provinzrichter nach dem Tode des Einhöfers I. Voronin siebzig Verdächtige foltern ließ. Davon bekannte sich die Mehrheit schuldig. Zwanzig Angeklagte blieben nach Vollzug der Folter am Leben, von denen wiederum 14 zum Tode verurteilt wurden. Wie der Schreiber hinzusetzte, wurden erst nach deren Hinrichtung die eigentlichen Täter ergriffen.[18] Derartige Zustände waren unweigerliche Konsequenz dessen, daß sich die Gewichtung zwischen den Beweismitteln der Umfrage und der Folter im 18. Jahrhundert wesentlich zugunsten der Tortur verschoben hatte. Das Uloženie von 1649 sah das peinliche Verhör beim Verdacht auf Diebstahl, Straßenraub und Tötung vor, wenn man den Beschuldigten entweder auf frischer Tat ertappt hatte und dieser leugnete oder der Ausgang des *obysk* gegen ihn sprach. Da eine per Umfrage erzielte Entlastung dem Verdächtigen die Folter ersparte, setzte die Tortur die Prüfung des Leumunds im Grunde zwingend voraus. Diese Regel trat außer Kraft, wenn a) Adlige oder Dienstleute ihre Leibeigenen an das Gericht auslieferten und ihnen eines der drei genannten Delikte vorwarfen, wenn es sich b) bei den Angeklagten um Landstreicher und Ortsfremde handelte, wenn der Verdächtigte c) von mehr als zwei Räubern belastet wurde oder wenn d) ein corpus delicti vorlag.[19] Wie in der zitierten Passage gesehen, hat die Prozeßordnung von 1715 die Folter jedoch verselbständigt und von der Auflage des *obysk* befreit.

Wenn der Kriegsartikel eindringlich an den Richter appellierte, sich bei der Tortur zu mäßigen, ergibt sich zwangsläufig die Frage, ob der Sysknoj Prikaz diese Weisung auch beherzigte. In mehreren Fällen spricht das Folterprotokoll davon, daß der Scharfrichter das peinliche Verhör nicht auf die Knute beschränk-

---

17 Kurzer Entwurf derer Processen, Teil 2, Kap. 6, Art. 3/4 (PSZ 5, Nr. 3.006 vom 30.3.1716, S. 404-05).

18 ODD 1, 3, Nr. 5.381 vom 10.10.1737. Vgl. ebd. 1, 2, Nr. 1.548 vom 13.3.1733 (Aufforderung des Senats an den Prokuror im Justizkollegium, die Folterungen im Sysknoj Prikaz zu überwachen). Über die Effizienz dieser Kontrolle läßt sich nur mutmaßen. Daß der Prokuror (bis 1742) außerhalb des Gerichts angesiedelt war, hat die Überwachung wohl kaum begünstigt. Von Exzessen beim Einsatz der Folter wird auch aus Astrachan' berichtet, als die Meuterei der dortigen Garnison 1706 niedergeschlagen war. Von 365 Angeklagten starben 45 nach der Tortur. Golikova, Političeskie Processy, S. 67. Die Vorgänge nach dem Tode Voronins dürften dennoch so leicht keine Parallele finden.

19 Ul. 21, 48; 21, 38; vgl. Linovskij, Opyt, S. 101-05. Allg. s. Russkija pytki; Ikonnikov, Stranica; BE 50, S. 898-903.

te, sondern auch Feuer anwandte.[20] Vor allem aber ordnete das Gericht sehr oft die zwei- oder dreimalige Tortur an, obwohl die Angeklagten dabei in der Regel nurmehr das bei der ersten Folterung Ausgesagte zu bestätigen wußten und die Wiederholung der Folter erfahrungsgemäß also als zwecklos gelten mußte. In den Anfangsjahren des Sysknoj Prikaz wurde das mehrfache Foltern auch dadurch begünstigt, daß man die auf der Folterbank erzielten Geständnisse noch nicht systematisch zu Protokoll nahm. Der Prokuror des Gerichts empfand darüber jedoch ein so starkes Unbehagen, daß er dazu einen Ukaz des Senats einholte. Dieser erging am 1.9.1742 und ordnete an, daß während der Marterung ein Journal zu führen sei.[21] Dieser Befehl läßt sich zugleich als Vorbote einer Tendenz auf Zurückdrängung der Folter begreifen. Ebenfalls 1742 wurden Jugendliche unter 15 Jahren von der Tortur befreit;[22] 1744 wurde diese Altersgrenze auf 17 Jahre angehoben.[23] Die allmähliche Ablösung der Folter hat in Rußland damit schon vor dem Erscheinen von Montesquieus „Geist der Gesetze" (1748) bzw. von Beccarias „Über Verbrechen und Strafen" (1762) begonnen, wurde durch die Rezeption beider Bücher unter Katharina aber verstärkt und beschleunigt (s.o. 4.a). Wenige Monate nach dem Machtantritt dieser Zarin erging am 2.12.1762 ein dringliches Gebot, beim peinlichen Verhör größere Vorsicht walten zu lassen;[24] per Ukaz vom 3.2.1763 wurden Geständige von der Folter befreit; zugleich sollte der *obysk* erneute Voraussetzung der Tortur werden.[25]

Am 17.2.1763 büßten zudem auch die Voevoden des Gouvernements Moskau das Recht zu foltern ein, so daß es nunmehr allein der Rozysknaja Ėkspedicija zustand.[26] Die Große Instruktion spitzte die Frage nach dem Sinn der Folter 1767 erstmals auf das Grundsätzliche zu. In Art. 194 heißt es: „Und dasjenige Mittel, welches dienen sollte, den Schuldigen von dem Unschuldigen zu unterscheiden, hebet zwischen beiden allen Unterschied auf. Die Richter sind eben so ungewiß wie vorher, ob sie einen Schuldigen oder Unschuldigen vor sich haben. Es ist also die Peinigung ein sicheres Mittel, einen Unschuldigen von schwacher Leibesbeschaffenheit zu verurteilen und einen Verbrecher, der sich auf seine Stärke verläßt, frei zu sprechen." In dasselbe Horn stieß der an der Universität Moskau lehrende Jurist Karl Heinrich Langer bei seiner Rede zum vierten Jahrestag der Thronbesteigung Katharinas am 28.6.1767.[27] Trotz dieser Einhelligkeit verging bis zur endgültigen und uneingeschränkten Abschaffung der Folter durch Alexander I. am 27.9.1801 aber noch gehörige Zeit.[28]

---

20 F. 372, d. 2541, l. 4; in F. 373, d. 326, l. 2 ob. ist sogar von dreimaligem Einsatz des Feuers die Rede.

21 PSZ 11, Nr. 8.611.

22 PSZ 11, Nr. 8.6o1 vom 23.8.1742.

23 PSZ 12, Nr. 8.996 vom 18.7.1744. Am 28.11. 1751 (PSZ 13, Nr. 9.912) wurde die Folter auch bei Anklagen wegen illegalen Ausschanks von Alkohol für unstatthaft erklärt.

24 PSZ 15, Nr. 11.717.

25 PSZ 16, Nr. 11.75o.

26 PSZ 16, Nr. 11.759.

27 Langer, Slovo o proischoždenii (s.o. Kap. 4.c).

28 PSZ 26, Nr. 2o.o22.

Diese Verzögerung deutet darauf hin, daß zwischen Theorie und Praxis, Vorschrift und Ausführung erhebliche Sprünge klafften. In der Tat lassen sich mehrfach Belege dafür finden, daß sich die Moskauer Strafkammer ihr wichtigstes Beweismittel weniger prompt entwinden ließ, als es die Ukaze vorsahen. 1757 übergaben die Richter des Sysknoj Prikaz den fünfzehnjährigen Kirchendieb Ivan Petrov an den Folterknecht, obwohl die Tortur seit 1744 bei Jugendlichen unter 17 Jahren verboten war.[29] Weniger dem Buchstaben als dem Geiste nach hatte der „Kurze Entwurf derer Processen" den Gerichten auch eine Schonung der Frauen nahegelegt.[30] Davon gänzlich unbeeindruckt ließ der Sysknoj Prikaz z.B. Marja Andreevna und Tatjana Evdokimovna, die sich angeblich mehrfach an Kirchenschmuck vergriffen hatten, zwischen dem 5.8. und 4.12.1751 dreimal foltern, obwohl die Evdokimovna mit fünfzig Jahren bereits ein fortgeschrittenes Alter erreicht hatte. In ihrem Fall kam es dem Gericht vor allem auf die Ermittlung der Käufer des Gestohlenen an, doch rückten die Frauen mit dessen Namen schon bei der ersten Tortur heraus. Als sie das zweite und dritte Mal auf den Bock gelegt wurden, konnten sie also nichts Neues aussagen. Hier entbehrte die Folterung jeder Notwendigkeit.[31] Einen klaren Verstoß gegen den erwähnten Ukaz vom 3.2.1763 stellt der Fall des Dmitrij Petrov dar. Am 25.8.1766 hatte dieser einen anderen Bauern namens Alexej Ivanov erstochen. Der 25.8. fiel auf einen Sonnabend; mehrere Bauern hatten um Geld gespielt, Wodka getrunken und waren in Streit geraten. Im Handgemenge zog Petrov sein Messer und stach es dem Ivanov dreimal *do samoj kosti* (bis zum Knochen) in den Hals.

Zu Recht erkannte das Gericht mit Berufung auf den Kriegsartikel - der in Frage kommende Paragraph 158 wurde allerdings nicht genannt -, daß sich Petrov nicht des Mordes, sondern des Totschlags schuldig gemacht hatte. Obwohl sich dieser schon beim ersten Verhör am 6.9.1766 zu seiner Tat bekannt hatte, ließ ihn das Gericht nun foltern. Ein Zweck dieser Maßnahme ist nicht ersichtlich, da Petrov ja kein Straßenräuber war; ein Geständnis weiterer Untaten stand nicht zu erwarten. Da 1763 das erneute Gebot zur Abhaltung einer Umfrage vor der Tortur bzw. zur Nichtfolterung von Geständigen ergangen war, bewegte sich das Gericht mit der Marterung des Dmitrij Petrov jenseits des rechtlich Zulässigen. Das Maß der Ungereimtheiten erhöht sich aber noch, da sich der Richter nach der Folter doch noch zur Durchführung eines *obysk* entschied. Dessen Ausgang ergab einen guten Leumund des Petrov; damit hatte sich das Gericht in diesem Fall selbst überführt.[32] Daß die Gesetze zur Eindämmung der Folter in den Gerichten erhebliche Schieflagen heraufbeschworen, diese Einsicht erreichte schließlich auch den Senat. Am 1.1.1782 sah er sich deshalb dazu genötigt,

---

29 F. 372, d. 371o, l. 45.

30 Teil 2, Kap. 6, Art. 1o führt Standespersonen, adlige Bedienstete, Leute im Alter von mehr als siebzig Jahren sowie unmündige und schwangere Frauen als diejenigen Gruppen an, die von der Folter befreit waren. Auch bei ihnen waren jedoch „in wichtigen Reichsverbrechen und Mordthaten" Ausnahmen möglich.

31 F. 372, d. 2517, l. 6-1o, 39.

32 F. 373, d. 724. Petrov wurde nach Bestrafung mit fünfzig Knutenschlägen gegen Stellung von Bürgen freigelassen.

eindringlich an die verschiedenen Ausnahmen zu erinnern. Unter denjenigen Kammern, die geringe Anstalten machten, die seit 1763 ergangenen Auflagen zu erfüllen, wurden vor allem die Gouvernements- und Militärgerichte aufgeführt. Es gibt daher Grund zur Annahme, daß der Mißbrauch der Folter an anderen Stellen noch größer als in der Rozysknaja Ėkspedicija war.[33]

Gestützt auf die Ergebnisse von Zeugenvernehmungen und Folter schickte das Gericht sich nun an, seinen Spruch zu fällen. Dieser war zumeist aufgrund der Akten vorbereitet worden und setzte eine förmliche Verhandlung nicht mehr voraus. Da das Zivilgericht die beim Militär vorgesehene Arbeitsteilung zwischen Richter und Auditor im 18. Jahrhundert nicht mehr übernommen hat, aus Mangel an Personal auch nicht übernehmen konnte, hätte die förmliche Gerichtsverhandlung gegenüber dem Aktenstand wohl auch wenig Fortschritt gebracht. Recht schematisch gliederten sich die Urteile der Moskauer Strafkammer in drei Abschnitte. Zunächst wiederholte die Entscheidung nahezu wortwörtlich das Geständnis des Angeklagten, listete also dessen Verfehlungen auf. Hierauf schloss sich eine Passage zum Lebenslauf des Angeklagten bzw. zur Vorgeschichte der Delikte an; auch dieser Abschnitt lehnte sich eng an das Vernehmungsprotokoll an. Von einer eigenständigen, um Charakterisierung des Angeklagten und seiner Motive bemühten Schuldabwägung kann also keine Rede sein. Anschließend setzte der Richter zum eigentlichen Spruch an. Dieser fiel zumeist recht weitschweifig aus, da es üblich war, auf wesentliche, seit 1649 ergangene (oder dem Richter im Gedächtnis verbliebene) Ukaze zum fraglichen Tatbestand zurückzugreifen. Es wäre billig, nachzuweisen, daß dem Gericht beim Herausklauben einzelner Ukaze viele andere entgangen sind. Im Zusammenhang mit der Folter kam bereits zur Sprache, daß die Kammer bei der Umsetzung des geschriebenen Rechts in gesprochenes nicht selten überfordert war. Durch das Fehlschlagen der Kodifizierungsversuche im 18. Jahrhundert waren die als Richter tätigen Offiziere jedoch gezwungen dazu, ihre Entscheidung aus verschiedenen und sich oft widersprechenden Rechtstexten zusammenzufügen. Die in der zweiten Hälfte des 18. Jahrhunderts stark zunehmende Produktion von Gesetzen hatte deshalb zur Folge, daß sich die Richter nach wie vor an den größeren Gesetzeswerken orientierten, obwohl diese entweder dem 17. Jahrhundert entstammten oder dem ersten Viertel des 18., also vielfach überholt waren, aber weitaus übersichtlicher zu sein schienen als das Knäuel zahlloser Ukaze. Zur Anwendung neuerer und wegweisender Ukaze war das Gericht in der Lage,[34] die volle Breite des russischen Strafrechts aber hat es nicht rezipiert.

Diesen und viele weitere Mängel, die sich aus der Natur des Pandektenrechts ergaben, hat das Gericht selbst verspürt und 1767 den Anstoß zu einer Korrektur gewagt. Diese Initiative wurde auch dadurch getragen, daß die Richter keine

---

33 PSZ 21, Nr. 15.313.

34 Vgl. F. 373, d. 4225, l. 8 ob. Hier berief sich der Richter am 16.4.1782 auf den Ukaz zur Definition der Eigentumsdelikte vom 3.4.1781 (s.o. 6.c). Für damalige Verhältnisse erscheint die Frist von einem Jahr zwischen Erlaß und Anwendung eines Gesetzes als kurz, da von der Verabschiedung eines Gesetzes bis zu dessen Zustellung in den Ämtern ja noch gehörige Zeit verstrich.

Möglichkeit zu einer selbständigen Weiterentwicklung des Rechts sahen. Da dem russischen Justizsystem der Rücklauf von unteren zu oberen Organen fehlte, über den ein solches Richterrecht die Billigung der Zentralorgane hätte erfahren können, mußte alles von oben nach unten gehen. Die Aufforderung des Justizkollegiums an die Gerichte, ihren Deputierten in die Gesetzgebende Kommission 1767 eine Aufstellung der Gravamina an die Hand zu geben, schuf jedoch die einmalige Gelegenheit für eine solche Rechtskritik auch durch untergeordnete Behörden wie die Rozysknaja Ėkspedicija. Durch eine stattliche, aber ganz und gar ungeordnete Aufzählung von Gesetzeslücken hat sie das Ihrige zum Versuch beigetragen, um das Uloženie endlich durch einen neuen Kodex abzulösen.

So stellte sie die Frage, wie mit rückfällig gewordenen Taschendieben zu verfahren sei, wie mit Popen oder Mönchen, die sich des Kirchendiebstahls schuldig gemacht hatten, wie mit Bauern, die zwecks Mundraub einen Überfall verübten? Wenn ein mutmaßlicher Räuber bei der Tortur Komplicen genannt hatte, an den Spuren der Folterung aber derart schwer zu tragen hatte, daß seine Genesung ein halbes Jahr in Anspruch nahm, er dann einem neuerlichen Verhör ausgesetzt werde und ganz andere Mittäter angebe - welcher der beiden Aussagen sei nun Glauben zu schenken? In dieser Frage steckte ein unverhüllter Hinweis auf die Folgen der im Gericht üblichen Folterpraxis. Welche Strafe sei über denjenigen zu verhängen, der einen angeblichen Dieb dingfest gemacht, aber nicht angezeigt hatte, sondern auf eigene Faust folterte und den vermeintlichen Übeltäter so zu Tode brachte? Hier läßt sich unschwer ablesen, daß die restlose Durchsetzung des Offizialprinzips noch immer nicht gelungen war. Unbekannt war der Tatbestand der Fluchthilfe, da die Kammer Antwort darauf erbat, wie mit Unbescholtenen vorzugehen sei, die Räuber aus dem Kerker befreit hatten. Wie solle das Gericht Diebe behandeln, die auf der Folterbank erst gestanden hatten, aber nach einiger Zeit widerriefen? Welches Strafmaß solle Ehemänner treffen, die ihre Frauen wegen Verdachts auf Untreue erschlagen hatten? Solle auch für Mörder der am 10.2.1763 im Hinblick auf Räuber und Diebe erlassene Ukaz gelten, nachdem diesen die Folter zu ersparen sei, wenn sie ein Geständnis abgelegt hatten? Recht aufschlußreich ist auch das Bedürfnis nach Aufklärung darüber, was mit Gutsbesitzern geschehen solle, die ihre Leibeigenen, „seien diese schuldig oder nicht“, mit tödlicher Folge der Prügelstrafe ausgesetzt hatten.[35] Immerhin war den Richtern bewußt geworden, daß man in diesem Fall gewisse Bezüge zum Strafrecht erblicken konnte - und somit eine Gesetzeslücke vorlag. Ein Großteil dieser Hinweise erschien dem Justizkollegium als so schwerwiegend, daß es sie in die Instruktion des Obersten Ol'suf'ev aufnahm, der das Kollegium in der Gesetzgebenden Kommission vertreten sollte.[36] Die Aufzählung der Desiderata macht wohl deutlich, daß die Richter der Rozysknaja Ėkspedicija, die ja keine Berufsrichter waren, schon mit der Auslegung Mühe hatten und mit einer eigenständigen Fortschreibung des Strafrechts überfordert gewesen wären. Die Duldung eines Richterrechts hätte die Justizkultur also nicht

35 Lipinskij, K istorii, S. 26-54.

36 Ot justic-kollegii deputata, S. 168-72.

vorangebracht. Hier wird zweifellos ein Dilemma spürbar: Einerseits fehlte es an den Voraussetzungen einer Dezentralisierung der Rechtspflege, da es ausgebildete Richter nicht gab; andererseits wurden aber auch die Zentralbehörden den gesteigerten Anforderungen an ihre Arbeit nicht gerecht, da die Moskauer Richter in den vorliegenden Gesetzen so schwerwiegende Lücken entdeckten.

Umso größere Bedeutung hätte ein ordentliches Berufungswesen gehabt. Peter d.Gr. hat zwar erhebliche Mühe darauf verwandt, einen Instanzenzug zu errichten, doch fehlte es schon an Grundvoraussetzungen (s.o. Kap. 3.f).[37] Obwohl dem Sysknoj Prikaz mit dem gleichfalls in Moskau ansässigen Justizkollegium ein kompetentes Revisonsorgan zu Gebote stand und der Prikaz dem Kollegium ja ohnehin rechenschaftspflichtig war, haben die Strafrichter anders als die des Sudnyj Prikaz nur wenig Anlaß zur Einschaltung des höheren Organs gesehen. Ein entscheidender Grund für den hier auftretenden Unterschied zwischen Straf- und Zivilgericht ergab sich naturgemäß daraus, daß die Stellung des Beklagten im Strafprozeß mit der im zivilen in keiner Hinsicht vergleichbar war und der vor den Sysknoj Prikaz Zitierte im Grunde keine Verteidigungsmöglichkeiten außer der Umfrage hatte. Appellation war daher selten und ging, wenn sie denn stattfand, zumeist aus Verfahrens- oder Koordinationsfragen zwischen den Behörden hervor. Z.B. wurde am 20.11.1737 der zwanzigjährige Andrej Zolotoprjachov von der Moskauer Polizei unter dem Verdacht festgenommen, zusammen mit einem Arbeiter aus einer der Moskauer Tuchfabriken und einem entlassenen Dragoner im August 1737 einen Einbruch verübt zu haben.

Diese Tat hatte Zolotoprjachov zunächst auch gestanden. Bei einem späteren Verhör erklärte er jedoch, er sei zur fraglichen Zeit in Petersburg gewesen und habe dort auf dem Bau gearbeitet. Dies allein hätte den Richter wohl kaum überzeugt; aus den Unterlagen geht hervor, daß man das Urteil auf Verbannung nach Sibirien schon in der Schublade hatte. Zolotoprjachov machte darüber hinaus jedoch geltend, er sei beim Petersburger Senat mit einer Eingabe vorstellig geworden, da er sich von der Moskauer Polizei, der er zu diesem Zeitpunkt bereits einmal entwischt war, zu Unrecht verfolgt fühlte. Diese Nachricht ließ es den Moskauer Richtern als geraten erscheinen, vor der Urteilsverkündung beim Senat anzufragen. Tatsächlich gab dieser dem Gericht am 18.1.1739 zu verstehen, Zolotoprjachov sei an die Kanzlei des Gouvernements Petersburg auszuliefern. Offenbar hatte sich der Angeklagte also tatsächlich an den Senat gewandt. Dieser bemerkenswerte Fall schloß mit einer Mitteilung der Petersburger Gouvernementskanzlei an den Sysknoj Prikaz vom 9.2.1739, nach der Zolotoprjachov beim Betteln die Flucht gelungen sei.[38] Sein Beispiel demonstriert, wie sich Häftlinge besonders aus bessergestellten Schichten - Zolotoprjachovs Vater war Kaufmann - das Behördengefüge bisweilen zunutze machten.

Überdenkt man die Beobachtungen dieses Kapitels, so scheint auch die Mos-

---

37 Katharina hat mit Einführung der neuen Gouvernementsordnung nach 1775 einen neuerlichen Anlauf dazu gewagt, der aber auch keinen Bestand hatte. Vgl. das Schema zum Aufbau der Moskauer Strafjustiz im Anhang. Die de jure-Sichtweise bei Linovskij, Opyt, S. 219-24; Kaiser, Justizreform, S. 63-67.

38 F. 372, d. 372.

kauer Strafkammer dazu angetan, das böse Urteil zu bestätigen, das der Volksmund über die russische Justiz schlechthin gefällt hatte.[39] Dem steht allein die Tatsache gegenüber, daß Freisprüche keineswegs selten waren und man den unausräumbaren Zweifel auch hier als Argument für den Angeklagten verstand. Eine willkürlich herausgegriffene Stichprobe ergab, daß im Juni 1749 auf neun Urteile zwei Freisprüche entfielen. Einmal sah es das Gericht als erwiesen an, daß ein Minderjähriger ein Pferd gestohlen hatte, nahm mit Hinblick auf das Alter des Täters jedoch mildernde Umstände an und entließ ihn gegen Benennung von Bürgen.[40] Beim zweiten Fall handelte es sich um einen Bauern, der des Kirchendiebstahls bezichtigt wurde, jedoch steif und fest behauptete, er habe das corpus delicti gefunden. Da der Bauern nicht überführt werden konnte, setzte ihn das Gericht auf freien Fuß.[41] Blieb der Beklagte auch unter Folter bei seiner Version der Wahrheit, sah sich das Gericht mitunter dazu gezwungen, ihn auch bei Mordverdacht freizulassen.[42] Hier ist jedoch anzufügen, daß freigesprochenen Leibeigenen nicht selten noch eine Abstrafung durch den Gutsherrn bevorstand; mitunter hat das Gericht die Haftentlassung damit sogar begründet.[43] Voraussetzung dessen war allerdings, daß der Gutsbesitzer noch Wert darauf legte, den unsicheren Kantonisten im Dorf wieder aufzunehmen. Weigerte sich der Herr, legte das Gericht dies als Hinweis auf einen schlechten Leumund aus, so daß allein das Wort des Gutsbesitzers über Freispruch oder Verbannung entscheiden konnte.[44]

Nachdem wir das Strafverfahren bislang in seinen einzelnen Phasen betrachtet haben, soll nun ein Prozeß als Ganzes dargestellt werden. Ende April 1762 entliefen zwei Bauern namens Savel' Martynov und Ermolaj Il'in ihrer in Moskau wohnenden Herrin Dar'ja Nikolaevna Saltykova. Es gelang ihnen, sich bis nach Petersburg durchzuschlagen und der Umgebung der Zarin eine Bittschrift zu überreichen. Darin beschuldigten sie die Saltykova, ihre Leibeigenen seit 1756 unmenschlich gequält und viele von ihnen zu Tode geprügelt zu haben. U.a. behauptete Il'in, daß die Saltykova seine drei Ehefrauen nacheinander umgebracht habe. Auf Veranlassung der Zarin leitete der Senat diese Eingabe am 1.10.1762 zwecks Nachprüfung der Angaben an das Justizkollegium in Moskau weiter. Formell wäre der Sysknoj Prikaz zuständig gewesen; daß die Petersburger Behörde den Vorgang an das Kollegium weitergab, spricht für die Außerordentlichkeit der Vorwürfe. Das Justizkollegium ließ die Beschuldigte verhören. Da diese leugnete und das Kollegium von sich aus keine weiteren Initiativen zur Klärung des Sachverhalts ergriff, fragte es am 6.11.1763 beim Senat an, ob man die Saltykova zwecks Ermittlung der Wahrheit foltern solle. Auch weil die

39 In den Sprichwörtern wird dieses Urteil vielfältig abgewandelt, der Tenor bleibt jedoch gleich („Fürchte den Richter, nicht das Recht!“) Vgl. Puškarev, Mysl', S. 135-4o; Illjustrov, Juridičeskie poslovicy.

40 F. 372, d. 2162.

41 F. 372, d. 2164.

42 F. 373, d. 2137.

43 F. 372, d. 1o98, l. 11 ob.

44 Vgl. das Urteil zu I.O. Zubov 1774 (s.o. S. 326).

Gutsfrau über ihren 1755 verstorbenen Mann mit etlichen Familien des Hochadels verschwägert war, u.a. mit den Stroganov, Golovin, Tolstoj, Tatiščev, Šachovskoj, Šuvalov, Jagužinskij, Golicyn oder Naryškin, konnte sich der Senat zu einem derartigen Schritt nicht entschließen. Am 13.1.1764 wies er das Kollegium deshalb an, nochmals im Guten auf die Saltykova einzuwirken; sollte dieser Versuch fehlschlagen, sei ihr allerdings das peinliche Verhör anzudrohen. Die hier zutage tretende Hilflosigkeit der Behörden zeigt, wie einseitig die Strafjustiz zu diesem Zeitpunkt noch auf die Folter fixiert war. Um die Eindringlichkeit des Appells zu steigern, beauftragte das Justizkollegium einen Popen mit der vom Senat angeordneten Mission. Dieser teilte dem Kollegium am 3.3.1764 mit, er habe nichts bewirken können. Jetzt verfiel das Kollegium auf die ungewöhnliche Idee, die Saltykova der Folterung eines Häftlings in den Kasematten der Rozysknaja Ėkspedicija beiwohnen zu lassen. Auch davon ließ sich die Saltykova nicht erweichen. Diese Nachricht leitete das Justizkollegium am 12.3. an den Senat weiter. Am 17.5.1764 gab dieser der Untersuchung nun eine energische Wende und ordnete die Abhaltung einer „allgemeinen Umfrage" an. Warum nicht das Justizkollegium auf diese an sich naheliegende Möglichkeit verfallen war, ist nicht ersichtlich. Immerhin schickte das Kollegium nun zwei Beamte aus, den einen in die Nachbarschaft des Moskauer Hauses der Saltykova an der Sretenka in der Belyj Gorod, den anderen in das bei Moskau gelegene Gut Troickoe, das der Saltykova gehörte. Beim ersten *obysk* wurden mehr als hundert Personen verschiedener Stände befragt, u.a. vier Offiziere, zwei Popen, zwei Diakone, zwei Schreiber, ein Kaufmann sowie achtzig Personen aus dem Gesinde. Daß dies kein gewöhnlicher *obysk* war, geht einerseits aus der hohen Zahl der Befragten hervor, andererseits aus der Tatsache, daß ein hochrangiges Mitglied des Justizkollegiums, der Kollegialrat Stepan Volkov, mit der Durchführung betraut war. Im Justizalltag war die Rozysknaja Ėkspedicija mit der Organisation einer so aufwendigen Umfrage kaum in der Lage.[45]

Daß der *obysk* durch den Verlust an sozialer Kontrolle in Städten an Bedeutung eingebüßt hatte, zeigt sich auch hier, da 94 der Befragten weder Gutes noch Schlechtes über die Saltykova äußern konnten. Ein Pope rückte jedoch damit heraus, daß sich eine Bedienstete der Saltykova bei ihm darüber beklagt habe, diese schlüge und quäle ihre zwölfjährige Tochter. Zwei Frauen gaben zu Protokoll, einmal habe die Saltykova ihre Mägde in ein Bauernhaus eingesperrt, um sie dort zwei Tage hungern zu lassen. Hinzu kam die Aussage von fünf Dienern, die auf dem Hof der Saltykova Schläge gehört haben wollten, dabei auch den Ruf „Schlag stärker zu!" *(bej bol'še)*. Wer allerdings geprügelt worden sei, daran konnte sich keiner erinnern. Verwertbare Aussagen lieferte allein der *obysk* in Troickoe, bei dem ein anderer hoher Beamter des Justizkollegiums, der Hofrat

45 So wurde der Kanzelarist der Rozysknaja Ėkspedicija Petr Fedorov am 7.7.1777 in das Dorf Svistucha im Kreis Moskau geschickt, um den Leumund zweier in Moskau inhaftierter Bauern festzustellen. Fedorov hörte 34 Bauern an, vermochte Belastendes aber nicht in Erfahrung zu bringen. F. 373, d. 3oo7.

Fürst Dmitrij Cicianov, an die 200 Aussagen sammelte. 43 Bauern war zu Ohren gekommen, daß die Saltykova ihre Leute mißhandle, und 22 hatten gesehen, wie der Leichnam eines von der Saltykova erschlagenen Mädchens 1762 durch ihr Dorf getragen wurde. Diesen Leichnam hätten der Sotskij und sechs Mann anschließend bei der Moskauer Gouvernementskanzlei abgeliefert, um Anzeige zu erstatten. Bei der Getöteten habe es sich um Fekla Gerasimova gehandelt, die die Saltykova deshalb bestrafen ließ, weil sie den Fußboden und die Wäsche der Herrin nicht zu deren Zufriedenheit gesäubert habe. Die Hinzuziehung der Gouvernementskanzlei habe der Starosta von Troickoe Ivan Michajlov veranlaßt, der die Untaten seiner Herrin zuvor jedoch gedeckt hatte. Ein Schreiber, zwei Starosten, ein Sotskij und 77 Bauern berichteten davon, daß die Saltykova auch eine andere Magd erschlagen habe. Dies habe ihnen Michajlov mitgeteilt; auf dessen Verlangen habe die Gemeinde nun einen Mann ausgeschickt, um den Leichnam in Augenschein zu nehmen. Ein Starosta und 21 Bauern gaben zudem an, sie hätten drei Jahre zuvor eine weitere Leiche zum Sysknoj Prikaz nach Moskau gefahren.

Am 25.4.1765 sandten Volkov und Cicianov die Ergebnisse ihrer Umfrage an den Senat ab. Dessen Antwort ließ bis zum 20.10. auf sich warten, brachte nun jedoch die eigentliche Untersuchung in Gang. Veranlaßt durch die Resultate des *obysk* in Troickoe nahm das Justizkollegium die Organe der Moskauer Strafjustiz unter die Lupe. Wie sich herausstellte, hatten Bauern seit 1756 nicht weniger als 21 Versuche unternommen, die Aufmerksamkeit von Polizei und Sysknoj Prikaz auf das Treiben der Saltykova zu lenken. Der Gutsfrau war es jedoch ein Leichtes, die Untersuchung durch Bestechung niederzuschlagen. U.a. hatte sie dem wirklichen Staatsrat A.I. Molčanov aus der Kanzlei des Moskauer Oberpolizeimeisters 120 Rubel zugesteckt und ihm etliche Fuhren Heu zukommen lassen. Unter den Beamten des Sysknoj Prikaz hatte sich die Saltykova die Hofräte Petr Michajlovskij und Lev Vel'jaminov-Zernov, den Aktuarius Ivan Panfut'ev und nicht zuletzt den Prokuror Fedor Chvoščinskij gefügig gemacht, vor allem durch großzügige Lieferungen von Hafer, Heu, Mehl und Geflügel, teilweise auch durch Bargeld. Mitunter hatte die Saltykova ihre Leute auch auf den Höfen dieser Beamten arbeiten lassen. Als Gegenleistung überstellten die Richter den anzeigenden Bauern an die Saltykova, worauf die Gutsfrau diesen im Rahmen der legalen Hausjustiz des Pomeščik über den Leibeigenen zur Rechenschaft zog. In anderen Fällen veranlaßten die Beamten, den Kläger knuten und verbannen zu lassen. Die Saltykova leugnete diese Praxis zwar ebenso hartnäckig ab wie die Justizbeamten, die stichhaltigen Aussagen der Kutscher und Geldboten ließen an der Korruption bei Polizei und Gericht aber keinen Zweifel. Wie bei den Verfehlungen des ehemaligen Moskauer Oberpolizeimeisters N.A. Obolduev sah sich das Justizkollegium auch diesmal nicht dazu genötigt, die Beamten vor Gericht zu stellen; sie alle gingen straffrei aus und verblieben sogar auf ihren Posten. Diese Milde ist deshalb nicht ganz verständlich, weil sich bei den Ermittlungen gegen die Saltykova ein wahrer Abgrund auftat. So ging aus dem vom Justizkollegium zusammengetragenen Material hervor, daß die Saltykova mehr als siebzig Frauen auf dem Gewissen hatte.[46] Zu diesem Massenmord hatte die Moskauer Strafjustiz in mancher Hinsicht Beihilfe geleistet, da sie die Verbrechen der Saltykova über Jahre hinweg gedeckt hatte.

Das Justizkollegium leitete die Ergebnisse seiner Ermittlungen an den Senat weiter. Unter Absprache mit der Zarin entschied dieser am 10.12.1768 auf folgendes Urteil: 1. Dar'ja Nikolaevna, „Auswurf der Menschheit", wurde aus dem Adel ausgestoßen; den Namen ihres Mannes solle sie hinfort nicht mehr tragen. 2. Auf dem Schafott sollte sie in Moskau ohne Nennung ihres bisherigen Familiennamens Saltykova am Pranger stehen; um den Hals habe sie dabei ein Schild mit der Aufschrift „Sadistin und Mörderin" zu tragen *(mučitel'nica i dušegubica)*. 3. Nach einer Stunde der Zurschaustellung solle sie in einem unterirdischen Verlies eines der Moskauer Frauenklöster eingesperrt werden, um bis zu ihrem Tode kein Licht mehr zu erblicken. Das Essen habe man ihr mit der Kerze zu bringen; nach Beendigung der Mahlzeit sei die Kerze zu löschen. Beim Gottesdienst müsse sie zuhören, dürfe aber nicht die Kirche betreten.[47] Bis 1779 vegetierte die Saltykova in einem Keller unter der Kirche des Ivanovskij-Klosters, danach wurde sie in ein gemauertes Gewölbe dieses Klosters überführt, wo sie am 27.11.1801 im Alter von 71 Jahren starb.[48] Da schon ihre Abstrafung auf dem Roten Platz einen Massenauflauf ausgelöst hatte, ging die schaurige Moritat von der *Saltyčicha* wie die Geschichte Van'ka Kains alsbald in die Lubokliteratur ein.[49]

46 Vgl. die Aufstellung bei Studenkin, Saltyčicha, S. 526-28.

47 PSZ 18, Nr. 13.211. Das Gesinde, das der Saltykova Beihilfe geleistet hatte, wurde geknutet, gebrandmarkt und zu lebenslänglicher Zwangsarbeit nach Nerčinsk verbannt.

48 Saltyčicha; Kičeev, Saltyčicha; Mel'nikov, Vypiska iz dela; speziell zur Rolle Katharinas II. bei der Urteilsfindung s. Černovye proekty; BE 5o, S. 149; SIĖ 12, S. 494.

49 Vgl. Snegirev, Lubočnyja kartinki, S. 66, demzufolge die öffentliche Abstrafung der Saltykova als Bildmotiv verarbeitet wurde. In der Sammlung von Rovinskij/Sobko, Russkie narodnye kartinki, ließ sich dieser *lubok* nicht finden. Dort unter Nr. 333 aber die Abbildung der Moskauer Bußprozession des Hauptmanns im Preobraženskij-Leibgarderegiment Aleksej Žukov und seiner Frau Varvara. 1754 hatten beide unter ihren Leibeigenen Mörder gedungen, die Žukovs Mutter und Schwester umbrachten. Da sich Elisabeth zu keinem Urteil durchringen konnte, ging Katharina mit den Bischöfen von Novgorod, Pskov und Tver' zurate. Durch Ukaz vom 24.3.1766 (PSZ 17, Nr. 12.6oo) wurden Žukov und seine Frau zu öffentlicher Buße und Zwangsarbeit verurteilt. Derartige *lubki* machten auch denjenigen mit der Existenz unblutiger Strafen bekannt, der mit dem geschriebenen Wort nicht zu erreichen war. Zu diesem vielbeachteten Fall aus rechtshistorischer Sicht Viktorskij, Istorija smertnoj kazni, S. 243.

7.f Strafen

Auf den ersten Blick mögen uns die in der Frühen Neuzeit üblichen Strafen als außerordentlich vielfältig erscheinen. Dieser Eindruck täuscht jedoch darüber hinweg, daß der Zarenstaat viele der heute makaber-exotisch anmutenden Strafen für einzelne, eher seltene Delikte vorsah, also z.B. das Zungeabschneiden für Beleidigung des Zaren, das Kehleausgießen für Münzfälscher, das Lebendigbegraben für Giftmörderinnen, das Verbrennen bei sog. Hexern, das Rädern bei Marodeuren usw. Nach Aussetzung der Todesstrafe unter Elisabeth standen dem Sysknoj Prikaz für die große Menge der Eigentumsdelikte jedoch nur vier Strafen zu Gebote: Knutung, Prügelung mit der Rute, Verbannung und Zwangsarbeit.[1] Durchaus zu Recht sah das Gericht diese Strafen als nicht ausreichend an, um die zahlreichen Abstufungen zwischen Taschendiebstahl und Raubüberfall angemessen ahnden zu können.[2] Die Bedeutung der Körperstrafen verstärkte sich unter tatarischem Einfluß im 14. Jahrhundert und erreichte im Hinblick auf das Verstümmeln im 17. Jahrhundert ihren Höhepunkt. 1653 ordnete ein Ukaz an, die bisher für rückfällige Straßenräuber vorgesehene Todesstrafe durch das Abschlagen des linken Daumens zu ersetzen, um den Sträfling anschließend zu verbannen und zur Kolonisierung Sibiriens einzusetzen.[3]

Noch das Uloženie hatte allein das Abschlagen der Hand gekannt, das man z.B. bei Körperverletzung am Zarenhof (Art. 3, 5), Zücken einer Waffe in Anwesenheit des Zaren (3, 4) oder bei Betrug durch Amtspersonen vorsah (10, 19). Das Strafgesetzbuch von 1669 dehnte den Kreis der verstümmelnden Strafen demgegenüber deutlich aus. Eine leichte Körperverletzung war nun mit dem Verlust eines Fingers zu büßen (Art. 13), Diebstahl mit dem von zwei Fingern der linken Hand (8). Das Uloženie hatte letzteres mit Knutung, Verlust des linken Ohres und zweijähriger Haft ahnden wollen (21, 9). Im Fall eines erstmalig verübten Straßenraubs verfügte das Uloženie den Verlust des rechten Ohres und dreijährige Haft (21, 16), doch stellte Art. 12 des Strafgesetzbuchs von 1669 auf eine Verstümmelung um (Verlust der linken Hand und des rechten Beins). Wie so oft in der russischen Geschichte ging die Provinzverwaltung aber auch hier eigene Wege und fügte den gesetzlich angeordneten Verkrüppelungen noch andere hinzu. So ließ z.B. der Voevode von Solikamsk einem Delinquenten 1689 beide Beine abschlagen - eine zu diesem Zeitpunkt durch keinerlei Ukaz gedeckte Entscheidung.[4]

---

1 Geldstrafen blieben Steuerdelikten bzw. Bagatellsachen vorbehalten. Vgl. Sergeevskij, Nakazanie, S. 258-76; Filippov, O nakazanii, S. 341-54.

2 Vgl. Lipinskij, K istorii, S. 28.

3 PSZ 1, Nr. 1o5 vom 20.10.1653.

4 DAI 12, Nr. 56. Die unstete Rechtsentwicklung begünstigte die Verwaltungswillkür nicht unwesentlich. Vgl. Sergeevskij, Nakazanie, S. 134-38.

Der Kriegsartikel von 1715 ordnete versehrende Strafen gleichfalls recht häufig an und fügte den bestehenden auch neue Strafarten hinzu;[5] durch die Brutalisierung des Strafvollzugs unter Peter schwang das Pendel gleichzeitig von der Verstümmelung zurück zur Todesstrafe. Das Beinabschlagen kam außer Brauch, das Abschneiden von Fingern - nach Art. 196 des Kriegsartikels bei Meineid vorgesehen - und Ohren wurde deutlich zurückgedrängt. Unwillkürlich bereitete sich dadurch die allmähliche Abschaffung der verstümmelnden Strafen unter den Nachfolgern Peters vor, wesentlich vorangetrieben durch die Einsicht, daß eine Verkrüppelung dem Überlebenden die Möglichkeit zum Broterwerb nahm. 1753 sprach ein Ukaz als Konsequenz dessen die Pflicht der Gesellschaft aus, für solcherart Versehrte aufzukommen.[6] Um diese Bürde zu verringern, tat das Projekt des Strafgesetzbuches von 1754 den nächsten Schritt und ersetzte die verstümmelnden Strafen durch die Knute. Nicht getilgt wurde das Brandmarken, das im 17. Jahrhundert mit Knutung bzw. Verstümmelung tw. an die Stelle der Todesstrafe getreten war. So erging am 10.2.1637 ein Ukaz des Zaren Michail Fedorovič, Falschmünzer nicht länger hinzurichten, sondern ihnen die Buchstaben *VOR* (Verbrecher) in die Wangen einzubrennen, um sie dauerhaft auch für den Fall ihrer Flucht zu ächten.[7] 1682 waren gleichfalls die Teilnehmer der Moskauer Erhebung mit dem kyrillischen *B* (für *buntovščik* Aufständischer) gebrandmarkt worden. Peter übernahm diese endgültige Ausstoßung aus der Zivilgesellschaft auch für Diebstahl, Raubüberfall und Tötung.[8] 1736 und 1754 wurde diese Anordnung erneuert;[9] zudem sollten Zwangsarbeitern die Nasenlöcher aufgeschlitzt werden.[10]

Das wohl häufigste Mittel der Abstrafung war im 17. Jahrhundert die Knute. Das Uloženie erwähnt sie in 140 Fällen, wobei es die sogenannte „milde“ Knutung bei erstmaligem Diebstahl, wiederholtem Verstoß gegen die Prohibition, Elternbeleidigung, Fahnenflucht oder Dienstvergehen in Aussicht stellte. Die „grausame“ Knutung von fünfzig oder mehr Schlägen verhängte das Uloženie über Leibeigene, die Falschanzeige gegen ihre Besitzer erstattet hatten oder über Dienstleute wegen Feigheit vor dem Feind.[11] Die Überlebenschance des Bestraften bzw. die Schwere seiner Verletzung hing aber nicht nur von der Anzahl der Schläge ab, sondern auch von deren Stärke und teilweise auch von der Geschwindigkeit, mit der die Henker auf den Rücken ihres Opfers eindroschen. So gibt

5 Vgl. Art. 143 als Beispiel einer spiegelnden Strafe: „Wer einen andern mit Messern schneidet, dem soll unter dem Galgen ein Nagel oder selbiges Messer durch die Hand eine Stunde lang geschlagen und derselbe hernach ferner mit hartem Gassenlaufen gestraft werden.“

6 PSZ 13, Nr. 10.086 vom 29.3.1753. Das Zurschaustellen abgeschlagener Gliedmaßen hatte man in Petersburg 1728 eingestellt. Timofeev, Istorija, S. 82.

7 AAE 2, Nr. 266.

8 PSZ 4, Nr. 2.026 vom 5.2.1705.

9 PSZ 12, Nr. 9.293 vom 9.6.1746; PSZ 14, Nr. 10.305 vom 30.9.1754. Vgl. Janevič-Janevskij, Ob ukaznych znakach; Timofeev, Istorija, S. 142-49. Die Brandmarkung wurde 1863 abgeschafft.

10 PSZ 7, Nr. 4.417 vom 15.1.1724.

11 Vgl. die Aufzählung bei Rogov, Ugolovnye, S. 75-79; Evreinov, Istorija, S. 34-35; Stupin, Istorija, S. 16-17; Timofeev, Istorija, S. 153, 170-71.

Kotošichin an, daß die Scharfrichter die Prozedur gern in die Länge zogen und für dreißig bis vierzig Schläge eine Stunde brauchten.[12] Da sich die Henker auch abwechseln konnten, ist es nicht verwunderlich, daß die Knutung (bis zu ihrer Abschaffung 1845) eine versteckte Variante der Todesstrafe war, auch und gerade nachdem diese durch Elisabeth ausgesetzt wurde und die Knutung an ihre Stelle trat. Deren Platz nahm tw. wiederum die Rute ein, die im 17. Jahrhundert auch zur Ahndung von Ordnungsschwierigkeiten verwendet wurde, z.B. bei einer Störung der Kirchenruhe oder bei illegalem Wodkaverkauf. Ein wesentlicher Grund für die tw. Zurückdrängung der Knute durch die Rute ergab sich daraus, daß die Knutung dem Arrestanten, wenn er die Exekution denn überlebte, die Ehre geraubt hatte. Dieser Ehrverlust resultierte aus dem öffentlichen Vollzug der Knutung, der in Moskau oft auf dem Roten Platz,[13] in Petersburg auf dem des Senats stattfand, um der gaffenden, durch Trommelschläge herbeigelockten Menge ein abschreckendes Schauspiel zu bieten. Die Prügelung mit der Rute hatte dagegen nicht ausnahmslos öffentlichen Charakter, der Häftling wurde nicht ausgezogen und vor allem kam er nicht mit dem Bock in Berührung.[14] Anders als die Knute schien die Rute auch beinahe dem Alltagsleben anzugehören, da sie immer dann zum Einsatz kam, wenn ein Offizier den Soldaten, ein Gutsherr den Leibeigenen, ein Polizist den Ruhestörer durchprügeln wollte.

Entehrung und Knutung versuchte man zuerst im Heer zu überwinden, da 1730 ein Ukaz erging, nach dem die nicht zur Einberufung tauglichen Delinquenten mit der Knute zu strafen seien; den zukünftigen Rekruten sollte der Gesichtsverlust jedoch erspart bleiben, so daß für sie die nicht ehrabschneidende Prügelung mit der Rute oder Plette in Frage kam.[15] Aus der Militärgesetzgebung ging diese Regelung in die zivile über, so daß der Senat am 26.5.1732 einen ältlichen Gutsbesitzer, der seinen Besitz gleich an zwei Käufer veräußert hatte, ausdrücklich nicht zur Knutung, sondern zur Prügelung mit der Rute vorsah.[16] Glimpflicher als bei der Rute ging die Bestrafung mit der Plette ab, die im 17. Jahrhundert vor allem von Kirchengerichten verhängt wurde, etwa um das Glücksspiel zu bekämpfen. Von hier drang sie im 18. Jahrhundert auch in die Strafjustiz vor, so

---

12 Kotošichin, O Rossii, S. 115.

13 Antonov, Lobnoe mesto; Snegirev, Lobnoe mesto. Vgl. Olearius, Beschreibung, S. 275: „Kein ehrlicher und fürnehmer Mann wil jetzo mit einem Ausgestrichenen mehr umbgehen."

14 Das der Gefängnis- bzw. Lagersprache entstammende Wort *kozel* (Bock) gehört noch heute zu den greulichsten Schimpfworten der russischen Männerwelt, da es auch sexuelle Bezüge haben kann.

15 PSZ 8, Nr. 5.528, Art. 4 vom 10.4.1730. Hier muß erwähnt werden, daß der Kriegsartikel dem Phänomen Ehre gesteigerte Bedeutung zumaß, da er die Strafe des Ehrverlusts einführte. So heißt es in Art. 98: „Befindet sich alsdenn, daß sie (Offiziere) wider Eyd und Pflicht gehandelt, so soll der Meineidige, er komme gleich zur Stelle oder nicht, zum Schelmen und vogelfrey gemacht, dessen Güter eingezogen und Seiner Majestät zugeschlagen, auch wenn er hernachmal ertappet wird, ohne Gnade gehänget" werden. Von „Schelm" leitete sich auch der russische Ausdruck für „Ehrverlust" *(šel'movanie)* ab. Zu den Ehrstrafen s. Sergeevskij, Nakazanie, S. 277-86; Filippov, O nakazanii, S. 364-72.

16 PSZ 8, Nr. 6.o73 vom 26.5.1732.

um Jugendliche, Frauen oder Angehörige höherer Schichten zur Rechenschaft zu ziehen.[17]

Hatte bislang ein Austausch härterer Körperstrafen durch weniger harte stattgefunden, schlug Katharina durch die Befreiung höherer Stände von allen Prügelstrafen einen zweiten Weg zur Überwindung der Leibesstrafen ein. Deutliche Ansätze dazu waren spätestens im Kriegsartikel erkennbar; auch in Westeuropa unterlagen Offiziere keiner Prügelung. Erst das Befreiungsmanifest Peters III. von 1762 erklärte die Ausnahme des Adels von den Körperstrafen jedoch zur Garantie. Da Katharina die Bestätigung des Manifests zunächst unterlassen hatte, trat der Provinzadel in der Gesetzgebenden Kommission energisch für sein Privileg ein. Daraufhin schrieb die Gnadenurkunde des Adels von 1785 dieses auch endgültig fest. Das Privileg für die Städter erweiterte den Kreis der Verschonten auch auf die Kaufleute erster und zweiter Gilde sowie auf die namhaften Bürger. Seit 1767 gehörten Archimandriten, seit 1771 zudem Popen, Protodiakone, Archidiakone und Küster zu diesem Kreis.[18] Diese ständespezifische Überwindung der Körperstrafen setzte sich im 19. Jahrhundert fort, bis 1904 als letzte Gruppe auch die Bauern in ihren Genuß kamen.

Als nächstschwerere Strafe folgte der Prügelung die Verbannung. De facto begegnet sie uns im Zarenstaat verstärkt seit dem zweiten Drittel des 16. Jahrhunderts, um die neueroberten Gebiete von Russen besiedeln zu lassen, de jure seit einem Ukaz vom 12.3.1582.[19] Drohte die Verschickung in diesem Fall allein bei gerichtlicher Falschaussage, kamen bald auch politisch motivierte Fälle hinzu, 1601 z.B. die der Familie Romanov, die Boris Godunov im Machtkampf unterlegen war.[20] Das Uloženie verzeichnet die Verbannung bereits bei neun Delikten, so auch bei Diebstahl (Art. 11, 10) oder Straßenraub (21, 16) nach vorhergehender Verstümmelung und Haft. Bei dreifachem Rückfall in den illegalen Wodkaausschank sollten auch Steuerhinterzieher nach Sibirien abtransportiert werden (25, 3), desgleichen betrügerische Beamte (10, 129). Die Tendenz zur Ausweitung der Verbannung setzte sich in den unmittelbar folgenden Jahren fort: 1650 konnte sie auch beim Kirchenfrevel ausgesprochen werden,[21] 1651 bei der Nichtannahme eines vom Zaren verliehenen Titels[22] und 1656 sogar beim Glücksspiel,[23] so daß sich der Eindruck ergibt, es habe an klaren Begriffen gefehlt, wie mit dem Brachialmittel der Verbannung umzugehen sei. Unter der zunehmenden

---

17 Beispiele bei Sergeevskij, Nakazanie, S. 169-71; Evreinov, Istorija, S. 59, 80-81. Bei Evreinov auch zur Prügelung mit der Katze (eingeführt durch das Marinestatut von 1720) und deren Variante im Heer, der Spitzrute (begründet durch den Kriegsartikel). Die Spitzrute fand auch in das zivile Strafrecht Eingang, wo sie im 19. Jahrhundert zu größerer Verbreitung gelangte. Der Ursprung der Gerte ging in Rußland ebenfalls auf den Kriegsartikel zurück.

18 PSZ 18, Nr. 12.909 vom 7.6.1767; PSZ 19, Nr. 13.609 vom 20.5.1771.

19 AI 1, Nr. 154.

20 Die Geschichte der politischen Verbannung gehörte zu den Paradethemen sowjetischer Historiker. Vgl. zuletzt Safronov, Ssylka; Zuev/Minenko, Uzniki.

21 PSZ 1, Nr. 48 vom 25.10.1650.

22 PSZ 1, Nr. 62 vom 1.4.1651.

23 AI 4, Nr. 30 vom 20.7.1656.

Anzahl der mit Verschickung bedrohten Delikte[24] läßt sich eine Linie aber doch herauslesen, die schon im 17. Jahrhundert darauf abzielte, die Verbannung an die Stelle der Todesstrafe zu setzen. 1653 ließ ein Ukaz dies auch bei Dieben und Straßenräubern zu.[25] Wie wahllos man auf Verschickung entschied, zeigt die Praxis, nicht nur Kriminelle, sondern auch Landstreicher oder Kriegsgefangene jenseits des Ural anzusiedeln, und zwar Kriminelle auch mit der ganzen Familie. Dienstleute setzten ihre Tätigkeit hier oftmals fort *(ssylka v službe)*, waren von größeren Dienstreisen jedoch ausgeschlossen. Mitunter überschnitt sich diese Form der Verbannung bereits mit einer anderen, der *ssylka na pašnju*, bei der dem Verschickten Land zur Bearbeitung und Leistung des Zehnten übertragen wurde. Die dritte, im 17. Jahrhundert übliche Form der Verbannung war die dauerhafte Ansiedlung in einer Stadt *(ssylka na posad)*, um den Verurteilten in die steuerpflichtigen Posadleute einzureihen.

Im 18. Jahrhundert nahm das Rechtsinstitut der Verbannung durch das Aufkommen der Zwangsarbeit einen neuen Charakter an. Bedingt durch den Einsatz der Häftlinge etwa in den Silberminen von Nerčinsk büßten die Verbannten ihre Familienrechte ein; Frau und Kindern blieb es daher erspart, den Vater nach Sibirien zu begleiten. Zudem verlor der Sträfling einen Großteil seiner Besitzrechte; vor dem Abtransport wurde sein Hab und Gut konfisziert. Verbannung auf Lebenszeit und Zwangsarbeit *(katorga)* wurden gleichbedeutend. Neben ihr bestand eine gemäßigte Form der Verbannung fort *(ssylka na žit'e)*, die den Verschickten das Besitz- und Familienrecht beließ. Angesichts der Verschärfung, die die Verbannung im 18. Jahrhundert gegenüber dem 17. erlebt hat, ist es erschreckend festzustellen, wie sich die schon im 17. Jahrhundert beobachtete Beliebigkeit bei der Verhängung der *ssylka* im 18. fortsetzte. Der Kriegsartikel stellte zehn Delikte, darunter Amtskriminalität, wiederholte Fahnenflucht, Vergewaltigung oder Meineid unter Verbannung, bot damit jedoch nur einen kleinen Ausschnitt aus der Rechtslage. So sah man u.a. den rückfälligen Holzdieb zur Verbannung vor,[26] verwarnte Bettler,[27] den betrügerischen Müller, der sein Mehl mit Zusätzen versah,[28] den Popen, der den Beichtzettel nicht korrekt ausgefüllt hatte,[29] oder den Schiffsbauer, der seine Arbeit „nach alter Art“ verrichtete.[30]

So willkürlich der Staat die Verbannung einerseits auch anordnete, muß man andererseits doch auch sehen, daß sie tw. als Alternative zur Todesstrafe diente - sofern der Häftling die der Verbannung vorangehende Knutung überlebte. Das Todesurteil, das schon die Russkaja Pravda kannte, sah der Sudebnik von 1497 in neun Fällen vor, der von 1550 in zwölf, das Uloženie von 1649 in rd. sechzig

---

24 Vgl. die annähernd vollständige Aufzählung bei Žižin, Ssylka, S. 51-59. Auch zur Verbannung in Westeuropa s. Fel'dštejn, Ssylka.

25 PSZ 1, Nr. 1o5 vom 10.10.1653.

26 PSZ 4, Nr. 1.95o vom 19.1.1705.

27 PSZ 5, Nr. 3.213 vom 20.6.1718.

28 PSZ 5, Nr. 3.oo5 vom 30.3.1716.

29 PSZ 5, Nr. 3.183 vom 16.3.1718.

30 PSZ 5, Nr. 3.238 vom 18.11.1718.

und der Kriegsartikel von 1715 in 120 Fällen.[31] Die tatsächliche Ausweitung der mit Hinrichtung bedrohten Straftaten vollzog sich jedoch weniger rapide, als es diese Zahlen glauben machen, da in diesem Zeitraum zunächst grob umrissene Tatbestände auch feiner differenziert wurden. Gegenüber dem Gerichtsbuch Ivans IV. nahm das Uloženie (durch Rezeption des Litauischen Statuts) nur wenige Delikte neu in den Katalog der unter Todesandrohung stehenden auf: So etwa bei Mord an Eltern oder Geschwistern oder bei Tötung des Herrn durch den Bedienten; dies ist wohl in Zusammenhang mit dem zwischenzeitlich ergangenen Abschluß der Leibeigenschaft zu sehen. Hier ist fraglich, ob ein derartiger Delinquent sein Leben nicht auch im 16. Jahrhundert verwirkt hatte, ohne daß dies im positiven Recht seinerzeit ausdrücklich vorgesehen war. Diese Sichtweise findet eine Stütze darin, daß die auf byzantinischen Quellen beruhende *Kormčaja kniga* der Kirche eine Reihe von Straftaten wie Frevel, Brandstiftung oder Verrat auch bisher mit dem Tode bedroht hatte, diese Bestimmungen aber erst mit dem Uloženie aus dem Kreis der kirchlich überlieferten in den der weltlich gültigen übergingen.[32] Generell sah das Uloženie die Todesstrafe bei sieben Deliktgruppen vor, und zwar bei Vergehen 1. gegen den Glauben, 2. gegen den Staat (Zarenattentat, Aufstand), 3. gegen die Staatsgewalt (Beamtentötung, Falschmünzerei), 4. gegen staatlichen Besitz, 5. gegen die öffentliche Ordnung, 6. gegen das Leben sowie 7. bei qualifizierten Verbrechen gegen den Besitz wie Brandstiftung, zweifachem Straßenraub oder dreifachem Diebstahl. Wie erwähnt, setzten nahezu gleichzeitig mit dem Uloženie Versuche auf Umwandlung der Todesstrafe in Verbannung ein.[33] Zudem ist hier auch die Praxis der Begnadigung zur Verbannung zu berücksichtigen, die Peter offenbar nicht selten gewährte.[34] Vergleicht man Uloženie und Kriegsartikel, wurde die Todesstrafe 1716 gänzlich neu vor allem auf verschiedene Sittlichkeitsverbrechen ausgedehnt. Wenn der Kriegsartikel unter 209 Artikeln in 120 Fällen die Todesstrafe vorsah, war die tatsächliche Anwendung der Todestrafe weniger kategorisch, als es dem Gesetzestext nach den Anschein hat.

Eine versprengtes Aktenstück des Sysknoj Prikaz listet die von diesem Gericht zwischen dem 12.1. und 4.10.1738 vollstreckten Todesstrafen auf. In diesem Zeitraum wurden 52 Personen auf den Feldern an der Kolomenskoer Straße, hinter der Rogožskaja-Kutschervorstadt oder vor dem Kalugaer Tor (also nicht explizit öffentlich) erschossen, gerädert oder enthauptet.[35] Zeitpunkt der Anklage und Richter (Sysknoj Prikaz oder Voevode) wurden nicht vermerkt; über die Häufigkeit der Hinrichtung im Vergleich zur Gesamtzahl der Anklagen läßt sich daher nichts aussagen. Tw. aufgeführt wurden jedoch Stand und Delikt des Verurteilten. Unter 52 Männern und Frauen befanden sich 21 Bauern, sechs Deserteure, fünf Soldatenfrauen, drei Städter, zwei Kutscher, zwei Soldaten-

31 Nach Zagoskin, Očerk, S. 34, 43, 63.

32 Ul. 1, 1; 2, 4; 7, 2o.

33 Nachweise bei Žižin, Ssylka, S. 54-55.

34 Vgl. Filippov, O nakazanii, S. 3o2-o3; Chartulari, Pravo suda.

35 Die Art der Hinrichtung ist nur selten angegeben. Zu den verschiedenen Formen s. Zagoskin, Očerk, S. 53-56.

söhne, ein Hofknecht und eine Bäuerin. In 16 Fällen lautete die Anklage auf (zumeist mehrfachen) *razboj*, in zwei Fällen auf Kirchenraub. Ausschlaggebend für das Todesurteil war ausnahmslos das Geständnis der Angeklagten, das diese spätestens nach der dritten Folterung abgelegt hatten.[36]

Mit dem Machtantritt Elisabeths am 25.11.1741 trat eine von Grund auf neue Situation ein, da diese tiefreligiöse Tochter Peters d.Gr. das Gelöbnis abgab, unter ihrer Herrschaft niemanden hinrichten zu lassen. Dieser Vorsatz ging einerseits aus der lange zurückreichenden Tradition hervor, den Machtantritt mit einer Amnestie zu verbinden. So war Elisabeth auch das Beispiel Boris Godunovs geläufig, der 1598 aus Anlaß seiner Krönung versprochen hatte, im ersten Jahrfünft seiner Regierung solle niemand gehenkt werden. Andererseits wird man hier unschwer eine Verbeugung vor dem Zeitgeist erkennen, hatte 1740 fünf Tage nach seiner Thronbesteigung doch auch Friedrich d.Gr. unter dem Einfluß der französischen Philosophie Befehl auf Beseitigung der Folter gegeben. Anders als gemeinhin kolportiert[37] löste Elisabeth ihr Versprechen nicht am Tage ihrer Machtergreifung ein, sondern erst durch Ukaz vom 15.12.1741. Politische Angeklagte schloß die Order aus.[38] Tatsächlich wurden Elisabeths Widersacher Münnich oder Ostermann zunächst auch zur Vierteilung bzw. Räderung verurteilt, durch die Zarin aber am 22.1.1742 zur Verbannung begnadigt.[39] In weniger prominenten Fällen hat Elisabeth 1742/43 den Vollzug der Todesstrafe ausdrücklich angeordnet.[40]

Wie unter derartigen Umständen auch bei Peter zu beobachten, ergriff nun die Verwaltung die Initiative. Unter Berufung auf die vom Monarchen seinerzeit in lauterer Absicht erteilte Weisung behielt sie diese auch bei, als der Souverän von seinem Großmut bereits wieder abgerückt war. So machte sich der Senat als um Konstanz bemühte Behörde auch diesen Vorstoß der Zarin zu eigen und verwandelte deren Gedanken auf Überwindung der Todesstrafe am 7.5.1744 in Recht und Gesetz.[41] Gleichwohl haftete diesem Ukaz etwas Provisorisches an, da der Senat zu jeder Hinrichtung seine Billigung erteilen mußte - eine endgültige Entscheidung also noch nicht gefallen war. Im Lande fand dieser Schritt wenig Verständnis oder löste sogar Widerstand aus, erschien es vielen Voevoden doch als unsinnig, wegen einiger Spitzbuben auch noch nach Petersburg zu schreiben. Es bedurfte daher mehrfacher Ermahnung, um die neue Ordnung auch tatsächlich durchzusetzen.[42] Sei es, daß sich der Senat durch die Zahl der eingehenden, routinemäßig abschlägig beschiedenen Anfragen auf Bestätigung der Todestrafe überfordert fühlte, sei es, daß er dem Widerstand der Provinzverwaltung etwas entgegensetzen wollte: Am 30.9.1754 wurde die bisher übliche Praxis beseitigt,

---

36 F. 372, d. 6195.

37 Zuletzt durch Liessem, Todesstrafe, S. 493.

38 PSZ 11, Nr. 8.481.

39 PSZ 11, Nr. 8.5o6.

40 Vgl. Viktorskij, Istorija, S. 218-19; Sergeevskij, Smertnaja kazn'. Neuerdings dazu Bryner, Capital Punishment.

41 PSZ 12, Nr. 8.944.

42 Vgl. PSZ 13, Nr. 9.586 vom 13.3.1749; Ebd., Nr. 1o.1o1 vom 25.5.1753.

die Todesstrafe abgeschafft und durch die grausame Knutung, Brandmarkung und lebenslange Zwangsarbeit ersetzt.[43]

Anders als Elisabeth fühlte sich Katharina im Machtkampf nach ihrer Thronbesteigung zum Vollzug eines Todesurteils gezwungen, um den Leutnant V.Ja. Mirovič zu bestrafen. Dieser hatte versucht, Katharinas entmachteten Gatten Ivan VI. zu befreien. Auch in den Folgejahren hat Katharina die Todesstrafe mehrfach angeordnet, machte deren Ausführung jedoch von ihrer persönlichen Prüfung abhängig.[44] Es ist daher keine Überraschung, wenn sich auch der Nakaz zu keiner uneingeschränkten Absage an die Todesstrafe bekannte. In Art. 210 heißt es: „Die Erfahrung bezeuget, daß durch den Gebrauch der Lebensstrafen ein Volk niemals gebessert worden. Wenn Ich also beweise, daß in dem gewöhnlichen Zustande eines gemeinen Wesens der Tod eines Bürgers weder nützlich noch nötig ist, so werden alle, die sich gegen die Menschheit auflehnen, widerlegt werden. Ich sage: In dem gewöhnlichen Zustande eines gemeinen Wesens, denn der Tod eines Bürgers kann nur in einem Falle nötig werden, d.i. in demjenigen, da ein Gefangener noch Mittel und Kräfte findet, durch Empörung des Volks Unruhe zu stiften.“[45] Tatsächlich ist mit dem Aufstand Pugačevs nur wenige Jahre darauf eine Situation eingetreten, auf die dieser Artikel gemünzt zu sein schien. Erst nach Pugačevs Hinrichtung erging - auf Initiative des Senats - am 6.4.1775 ein Ukaz zur förmlichen Wiederherstellung des Gesetzes von 1754.[46] Wie die schließliche Begnadigung Radiščevs zeigen sollte, war Katharina damit auf Dauer zur Errungenschaft ihrer Vorgängerin zurückgekehrt.

Aus Anlaß eines Beschlusses des englischen Parlamentes auf Neubau mehrerer Haftanstalten brach 1781 John Howard, der sich durch sein Buch über die Kerker in England und Wales (1771) als Gefängnisreformer einen Namen gemacht hatte, zu Studienzwecken auch nach Rußland auf. Sein späterer Biograph hat in Howards Tagebüchern eine bemerkenswerte Stelle ausfindig gemacht, die daran erinnert, auch beim Entschluß zur Aufhebung der Todesstrafe de jure und de facto auseinanderzuhalten. „Mr. Howard had heard it repeatedly asserted, that capital punishments had been abolished in the Russian dominions, and had even read that they were so in books of very high authority; but suspecting that this boast was not correct in all the latitude which had been ascribed to it, he determined to satisfy himself of the fact. He did not, however, look for exact information to the courtiers of the empress, or to the chief ministers of justice, because he judged that they would be disposed to exalt by their representations the glory of their sovereign; but, taking an hackney-coach, he drove directly to the abode of the executioner. The man was astonished and alarmed at seeing any person having the appearance of a gentleman enter his door, which was precisely the state of mind his visitor wished to find him in; and he endeavoured to increase his confusion by the tone, aspect, and manner which he assumed. Acting there-

---

43 PSZ 14, Nr. 1o.3o6.

44 Vgl. Viktorskij, Istorija, S. 241-47.

45 Recht plump fiel der Gedankengang dagegen in Art. 79 aus: „La peine de mort est comme le remède de la société malade.“

46 PSZ 2o, Nr. 14.294.

fore, as though he had authority to examine him, he told him that if the answers to the questions he should propose were conformable to truth, he had nothing to fear. He accordingly promised that they should be so; when Mr. Howard asked, „Can you inflict the knout in such a manner as to occasion death in a short time?“ „Yes, I can,“ was the answer. „In how short a time?“ „In a day or two.“ „Have You ever so inflicted it?“ „I have.“ „Have you lately?“ „Yes; the last man who was punished with my hands by the knout died of the punishment.“ „In what manner do you thus render it mortal?“ „By one or more strokes on the sides, which carry off large pieces of flesh.“ „Do you receive orders thus to inflict the punishment?“ „I do.“ At the close of this curious dialogue, Mr. Howard left the executioner, fully satisfied that the honour of abolishing capital punishment had been ascribed to the infliction of a cruel, lingering, and private death, in lieu of one sudden and public.“[47]

Damit zur Haft als vierter und letzter Form der Bestrafung. Das Uloženie sah Kerker in 49 Fällen vor, zumeist jedoch zusammen mit Körperstrafen. Zu den betreffenden Delikten zählen etwa Totschlag, Dienstvergehen, Ehrverstöße oder Betrug. Die Dauer des Gefängnisaufenthalts wurde zumeist auf wenige Wochen beschränkt: Zwei Wochen betrug sie z.B. bei der Beleidigung eines Höflings (Art. 3, 1), eines Adligen (10, 92) oder bei Steuerhinterziehung (25, 3). Nur in vier Fällen überstieg die Strafe die Länge eines Jahres, wobei die Höchstdauer (für rückfällig gewordene Diebe) vier Jahre betrug (21, 10). Unbefristet blieb die Haft, solange der Angeklagte a) einen Bürgen noch nicht gefunden hatte (21, 38) oder wenn er b) durch einen *obysk* als Straßenräuber belastet war, aber kein Geständnis ablegen wollte (21, 28). Von lebenslänglichen Gefängnisstrafen sah das Uloženie völlig ab, so daß die Haft generell nicht im Zentrum der Strafen stand. Dafür gab es gute Gründe: Die Fluchtgefahr war groß; Bau und Unterhalt von Kerkern erschien als zu teuer; sehr oft vegetierten die Sträflinge deshalb in notdürftig überdachten Erdlöchern dahin, deren Bewachung der Zemlja oblag. Ihren Lebensunterhalt mußten sich die Häftlinge entweder durch Betteln oder durch Arbeit in staatlichen Arsenalen verdienen. Eine Mittelstellung zwischen Gefängnis und Verbannungsort nahmen die Klöster ein, von denen das auf Solovki, einer Insel im Eismeer, traurige Berühmtheit erlangte. Seine Geschichte reicht vom 16. bis 20. Jahrhundert.[48] Da eine Gefängnisordnung auch nicht in Ansätzen existierte, waren die Arrestanten Bedrückungen aller Art durch die Wärter ausgesetzt.

Mit Peter begann sich die Lage insofern zu ändern, als das Reglement des Hauptmagistrats vom 16.1.1721 in Kapitel 20 den Versuch wagte, die Aufmerksamkeit der Städte auch auf die Gefängnisfrage zu lenken. Danach sollten Arbeitsscheue, Ruhestörer, Bettler und Landstreicher, waren sie nur gesund, in Zuchthäuser eingewiesen werden, um sich ihren dort Lebensunterhalt zu er-

---

47 Brown, Memoirs, S. 321-22. Aus welchem Holze John Howard geschnitzt war, zeigt die Begründung, mit der er eine an ihn ergangene Einladung Katharinas ablehnte. Nicht wegen der Paläste sei er gekommen, sondern wegen der Gefängnisse. Sliozberg, Govard, S. 65.

48 Prugavin, Tjur'my, S. 71-94; Kol'čin, Ssyl'nye; Reva, Ssylka; Frumenkov, Musin-Puškin; Gernet, Istorija, Bd. 1, S. 217-31; Solschenizyn, Archipel Gulag, Bd. 2, S. 24-54.

arbeiten. Diese Anordnung scheint dem Gedanken der *guten Policey* näherzustehen als dem Ziel der Bestrafung. Eine Reihe von Häftlingseingaben machte dem Senat jedoch offenkundig, daß auch die Zustände in den Gefängnissen dringender Besserung harrten. Vor diesem Hintergrund dehnte die Regierung am 5.4.1714 die Kompetenz der Fiskale auch auf die Strafanstalten aus.[49] Die Beschleunigung der Verfahren war im Falle Moskaus auch dringend geboten, da die dortigen Kerker ganz und gar überbelegt waren. Eine Aufstellung von 1713 ergab, daß in den Prikazen und in der Gouvernementskanzlei insgesamt 669 Personen einsaßen, davon 201 beim Zemskij Prikaz, 140 beim Pomestnyj Prikaz, 69 beim Rathaus, 41 im Militärgefängnis und 35 beim Sudnyj Prikaz.[50] Diese Liste umfaßte nur diejenigen, die wegen Schwerverbrechen wie qualifiziertem Diebstahl, Straßenraub und Tötung belangt wurden oder schon verurteilt waren, gibt also nur einen Ausschnitt wieder. Daß die Gefängnisse auf derartige Zahlen nicht vorbereitet waren, zeigt auch das Beispiel des Sysknoj Prikaz recht deutlich. Im August 1730, d.h. zu Beginn seiner Tätigkeit, übernahm er 193 Häftlinge von der Gouvernementskanzlei; zusätzlich wurden ihm 116 neue Arrestanten zugeführt. Im September waren es 119, im Oktober 148, im November 143 und im Dezember 177. Insgesamt trafen 1730 896 Gefangene ein. 1731 waren es bereits 2.343. Diesen Zustrom konnte das Gericht nur durch schnelle Arbeit in Grenzen halten; demgemäß hielten sich am 1.1.1731 „nur“ 281 Personen im Kerker auf, am 1.1.1732 448 Personen. In den vierziger Jahren überstieg die Zahl der monatlichen Neuzugänge nicht selten die Marke von 500. Diese Zahlen belegen, daß die Verhängung von Gefängnisstrafen schon aus Platzgründen kaum möglich war, und daß der Umzug des Gerichts 1752 in Räume des ehemaligen Getreidemagazins an der Kalugaer Straße nicht allein durch die Baufälligkeit des bisher genutzten Hofes vor dem Kreml' ausgelöst wurde. Dahinter stand vielmehr auch die Notwendigkeit, weitaus mehr Menschen unterzubringen, als es dem Prikaz bisher möglich war. Da die Zahl der eintreffenden Untersuchungshäftlinge nach 1760 monatlich oft zwischen 800 und 1.000 schwankte, wird auch in den neuen Räumen bittere Enge geherrscht haben. Die große Zahl der Neuzugänge brachte es mitunter mit sich, daß Arrestanten buchstäblich vergessen wurden. Dies widerfuhr Ivan Zanegin, einem Soldatensohn, der vom 30.4.1770 bis 4.3.1771 im Kerker der Rozysknaja Ėkspedicija saß. Zunächst war er wegen Straßenraubs mit der Plette bestraft worden und dann aus unerfindlichen Gründen im Gewahrsam des Gerichts verblieben. Erst das Kriegskollegium erinnerte sich seiner, als er Militärdienst leisten sollte. Zugleich verlangte das Kollegium, das Gericht solle pro überflüssigen Haftmonat zehn Rubel Strafe bezahlen.[51]

Im Hinblick auf die hohe Fluktuation unter den von der Moskauer Garnison gestellten Aufsehern erstellten die Richter eine undatierte Dienstanweisung für die Wachoffiziere, nach der kein Häftling Anrecht auf Papier und Tinte hatte, ohne Wissen der Beamten Briefe weder erhalten noch absenden durfte, die Ketten

49 Filippov, O nakazanii, S. 362-64.
50 DIP 3, 2, Nr. 455 vom 8.7.1713.
51 F. 4oo, op. 4, d. 3429.

täglich inspiziert werden sollten und das dem Häftling von Angehörigen gebrachte Brot aufzuschneiden und Kleidung aufzufalten sei, um keine Sägen einzuschmuggeln. Allerdings stand es den Insasssen zu, gefesselt und unter Aufsicht betteln und beichten zu gehen; vom Betteln ausgenommen waren diejenigen, die gegen das Staatsinteresse verstoßen hatten. Frauen wurden in Manufakturen geschickt, um sich ihr Zehrgeld dort zu verdienen, Männern wies die Gouvernementskanzlei Beschäftigung zu. Vor dem Umzug des Gerichts in den Getreidespeicher waren es die Häftlinge, die dieses Gebäude unter Bewachung notdürftig instandsetzten. Diese Freigänger brachten das erbettelte Geld (zusammen mit der Wache) nicht selten aber auch in Kneipen durch, um des Abends betrunken ins Gefängnis zurückzukehren - wohl wissend, daß ihnen nach der Gefängnisordnung nun die Rute drohte. Das Bettelrecht wurde deshalb mehrfach abgeschafft oder eingeschränkt. Da das Gericht jedoch keine Mittel zur Beköstigung der Gefangenen besaß, gab es keine Alternative. Z.T. wurden Gutsherrn zum Unterhalt ihrer einsitzenden Leibeigenen herangezogen; hatte sich ein Kläger gemeldet, war dieser zur Zahlung von einer Kopeke pro Hafttag des Beklagten verpflichtet.

Im baulichen Zustand des Gerichts wie im Brauch des Ausgangs deutet sich an, daß Fluchtmöglichkeiten nicht gerade selten waren. Sogar in den Akten findet sich immer wieder der Vermerk, ein Häftling sei im Gewimmel des Roten Platzes trotz Wache und Ketten verschwunden[52] oder habe, um freizukommen, einen Aufseher bestochen.[53] Auf der anderen Seite kamen Erkrankung und Tod hier ebenso zur Sprache. Arznei mußte sich jeder Arrestant selbst beschaffen; einen Feldscher beschäftigte das Gericht nicht. In seltenen Fällen ließ sich jedoch der Arzt der Moskauer Gouvernementskanzlei dazu herab, einen Sträfling des Sysknoj Prikaz zu empfangen. Die zahllosen Opfer der Folter blieben also ausnahmslos unversorgt. Hiermit mag es zusammenhängen, daß Tote in der Regel nicht den Verwandten übergeben wurden, sondern auf Staatskosten für fünf bis zehn Kopeken auf den Gottesäckern der Moskauer Armenhäuser beigesetzt wurden. Vom 30.7. bis 31.12.1730 beerdigten die Häftlinge 18 Tote aus ihren Reihen, 1731 58.[54]

Als geistiger Nachfahr John Howards, zeitlich aber vor diesem hatte im September 1778 schon William Coxe Moskauer Gefängnisse besucht. Anders als sein Meister ließ Coxe dabei jedoch eine weniger kritische Einstellung walten, so daß sich bei der Lektüre seines Berichts der Eindruck ergibt, dieser Ausländer sei des ganzen Elends wohl nicht ansichtig geworden. „The prison of the police, or *Kaluka Ostrog*, is situated in one of the suburbs. It is a large square enclosed within high palisadoes; before it is a brick building for the several officers belonging to the prison. Within the large square are several other courts or yards seperated from each other, and surrounded also with wooden palisadoes; and in each of these courts are four, six, or eight wooden houses, each consisting of one large room. There are 25 rooms; and in each room more than 25 or 30 persons

52 Vgl. z.B. F. 372, d. 5943, l. 192; F. 372, d. 372, l. 2o.

53 F. 372, d. 3761.

54 Zum Gefängnis von Sysknoj Prikaz und Rozysknaja Ėkspedicija s. Severnyj, Opisanie, S. 66-113; Lazovskij, Rozysknaja, S. 185-191.

are never confined. To each house is an iron door which is locked up at night, and the prisoners are confined within; during the day they are at liberty to walk about in the court-yard. There were 97 prisoners; and there have been near 800 confined at the same time in all the different houses. In one of the courts there is a well, and every evening, two prisoners from each ward are allowed to draw as much water as they please. At present the condemned and other felons and petty offenders are all confined together without distinction. It is proposed, however, to build separate wards, in order to confine those who are ordered for Siberia. The felons were in irons; two were chained together; they had received the knoot etc. and were to be sent to Siberia. The criminals after condemnation receive one copec per day; the others, who are not yet tried, are allowed nothing, but live by charity; what is collected for them is divided once a week; the most each prisoner has recieved has been fifty copecs; the least five upon an average about fifteen per week. Rye bread, which is the food of the common people, is very cheap; a copec, which is equal to about an half-penny of our money, will purchase above a pound. The prisoners all seemed to be in tolerable good plight, and did not appear as if they wanted nourishment. Peasants are allowed to sell bread and quas to the prisoners. One of the courts is alloted for the woman prisoners who were not in chains."[55]

Auch in der Gefängnisfrage wollte Katharina neue Initiative entfalten. So sprach Art. 166 des Nakaz die Absicht aus, die Schrecklichkeit der Haftanstalten zu mindern. Die Umsetzung dessen durch das Gouvernementsstatut von 1775 hielt sich jedoch in engen Grenzen. Warum Voltaire dieses Gesetz, das ihm Katharina geflissentlich zukommen ließ, zum „Evangelium" erklärte, ist nicht ganz ersichtlich. Art. 391 griff die schon von Peter bemühte Idee der Zuchthäuser auf, präzisierte gegenüber dem Reglement des Hauptmagistrats jedoch den von Einweisung bedrohten Personenkreis auf sieben Gruppen: 1. Widerspenstige Jugendliche, 2. Überschuldete, 3. Ruhestörer, 4. Aufsässige Leibeigene, 5. Landstreicher, 6. Arbeitsunwillige sowie 7. liederliche Frauenzimmer. Die Unterbringung setzte den Beschluß des *Prikaz obščestvennogo prizrenija* voraus, der wiederum auf Initiative der Eltern, dreier Verwandter oder des Gutsherrn tätig werden konnte. Der Prokuror war zur wöchentlichen Inspektion der Zuchthäuser verpflichtet. Daneben befahl Katharina auch die Schaffung von Arbeitshäusern. Am 12.8.1775 wurde die Moskauer Polizei angewiesen, „jugendliche Faulpelze und Müßiggänger, die schamlos betteln gehen", zur Arbeit anzuhalten.

55 Coxe, Account, S. 1o-11. Im Gegensatz zu Howard gibt Coxe immerhin den Namen der von ihm besuchten Gefängnisse an. *Ostrog* heißt Kerker, *Kaluka* soll ein Ortsname sein, doch ist dieser verdorben. Die Rozysknaja Ėkspedicija befand sich an der Straße nach Kaluga beim „Kalugaer" Stadttor. Die Ähnlichkeit der Namen legt also die Vermutung nahe, daß Coxe uns hier das Gefängnis der Rozysknaja Ėkspedicija beschreibt. Allerdings bezeichnet er es als Polizeigefängnis. Dazu will jedoch nicht die Tatsache passen, daß in diesem Gefängnis die Knute gebraucht wurde (die Polizei durfte allein die Rute oder Plette verwenden) und daß dieses Gefängnis als Sammelpunkt der zur Verbannung nach Sibirien bestimmten Häftlinge diente. Auch dies trifft nicht auf die Moskauer Polizeikanzlei zu, sondern auf die Rozysknaja Ėkspedicija. Damit dürfte es sich bei diesem Bericht um das Gefängnis der Rozysknaja Ėkspedicija handeln, die sich tatsächlich in der Vorstadt der Zemljanoj Gorod befand.

Dazu wurden Jungen in die bisherige Quarantäneanstalt eingewiesen, um Naturstein aufzusägen, Mädchen in das Andreev-Kloster, um Flachs zu spinnen.[56] Beide Häuser unterstanden polizeilicher Aufsicht. Durch Ukaz vom 3.4.1781 nahmen diese Verwahranstalten allmählich Gefängnischarakter an, da jeder Diebstahl von Gegenständen unter einem Wert von zwanzig Rubeln mit dem Aufenthalt im Arbeitshaus geahndet werden sollte.[57] 1783 wiederholte der Senat die Order, daß in allen Gouvernements Arbeitshäuser einzurichten seien, um die wegen Taschendiebstahls, Diebstahls oder einfachen Raubes Verurteilten dort zu inhaftieren.[58]

Dieses Gesetz markiert zweifellos einen Einschnitt, da es sich als Versuch deuten läßt, das variantenarme System der Körperstrafen durch eine breite Skala von Haftstrafen unterschiedlicher Länge abzulösen. Haftstrafen waren weitaus besser dazu geeignet, im Strafmaß zu einer Abstufung zu gelangen und unterschiedlich schwere Delikte auch unterschiedlich schwer zu ahnden. Da sich die bisherigen Strafen auf wenige Möglichkeiten beschränkten (Knute, Rute, Verbannung, Zwangsarbeit), war eine derartige Differenzierung bis dahin ausgeschlossen. Im Sinne der vom Nakaz verkündeten Kriminalitätsvorbeugung war die Strafabschichtung aber unabdingbar, da sie durch den Kontrast der in Aussicht gestellten Strafen einen tieferen Graben zwischen leichter und schwerer Kriminalität ziehen konnte als die überkommenen Strafarten. Insofern ging hiervon ein starker Impuls zur inneren Befriedung der Gesellschaft aus. Allerdings setzte dieser Gedanke ein ausgebautes Gefängnissystem voraus - das es in Rußland nicht gab. In Kenntnis dieses Mangels hat Katharina 1787/88 ein Gefängnisstatut entworfen, das M.N. Gernet nicht ganz zu Unrecht als „phantastisch" bezeichnet, sah es doch die Einrichtung getrennter Haft- und Untersuchungsanstalten in jeder Kreisstadt vor. Damit nicht genug: Durch Anordnung des Baus von Gefängnishospitälern und kostenloser Ausgabe von Kleidung oder warmen Mahlzeiten überspannte dieses detaillierte, hundert Artikel umfassende Projekt die finanziellen Möglichkeiten Rußlands bei weitem. Eine Verabschiedung als Gesetz stand deshalb auch zu keinem Zeitpunkt zur Debatte.[59] In der Unerreichbarkeit dieses Ideals spiegelt sich damit auch die Unerreichbarkeit eines differenzierteren Strafsystems wider: Noch im 19. Jahrhundert hat es der Zarenstaat nicht vermocht, von Verbannung und Körperstrafen Abschied zu nehmen.

56 PSZ 2o, Nr. 14.357. Auf diesen Ukaz geht Art. 390 des Gouvernementsstatuts zurück.
57 PSZ 21, Nr. 15.147.
58 PSZ 21, Nr. 15.657 vom 31.1.1783.
59 Filippov, Hg., Tjur'my; Proekt o tjur'mach; Gernet, Istorija, Bd. 1, S. 67-84.

8. SCHLUSS: GRENZEN DER SOZIALKONTROLLE

Im hier behandelten Zeitraum kannte das Zarenreich verschiedene, sich einander ergänzende Justizsysteme: Ein bürokratisches, das die Kapitalgerichtsbarkeit ausübte, ein eigentlich privatrechtliches, dem die Gesetzgeber zur Entlastung der Verwaltung jedoch auch die niedere Strafgerichtsbarkeit übertragen hatten, so daß Gut und Manufaktur eigene Rechtsbezirke darstellten, und ein gewohnheitsrechtliches. Während der zweite und dritte Bereich durch die Besonderheit ihrer schriftlichen Hinterlassenschaft bislang kaum untersucht wurden, hat der erste Quellen in großem Umfang produziert, auf denen auch die vorliegende Arbeit aufbaut. Sie verfolgte ein dreifaches Ziel. Dies war zum einen der Vergleich zwischen den Trägern geschriebenen und gesprochenen Rechts, zum andern der Versuch, den Wandel der Justizorgane und seiner Voraussetzungen zu verfolgen, und schließlich die Frage nach dem Ausmaß der formellen und informellen Sozialkontrolle im frühneuzeitlichen Moskau. Zum ersten Punkt: Tw. verkörperten Ukaz- und Richterrecht als die beiden Ebenen des bürokratischen Rechtssystems identische Eigenschaften, tw. widersprachen sie sich. Bei den identischen hat es den Anschein, als sei der bürokratische Rechtskreis tendenziell

- ahistorisch: In seiner Studie über das englische Recht hat Gustav Radbruch das schöne Bild geprägt, das case law habe sich der Kodifikationen des Kontinents zwar bemächtigt, doch seien diese durch eine Schicht verbindlicher Präjudizien bedeckt worden „wie ein Strohdach von seinem Moosüberzug".[1] Achtung vor Tradition, Glaube an die Naturwüchsigkeit allen Rechts, dem Systematik nur Gewalt antut, auf diese Grundfesten des englischen Rechts spielt Radbruchs Vergleich an. Allerdings hatten nicht alle Länder das Glück, sich derart kontinuierlich entwickeln zu können wie England. Waren Zeiten des Umbruchs dort eher rar, sind sie in der russischen Geschichte, überschaut man die Jahrhunderte, fast die Regel. Jeder dieser Innovationseinbrüche spülte im Übermaß fremdes Recht herein, demgegenüber man die eigene Überlieferung als minderwertig empfand. Es bedurfte einer Entdeckung, um die Gesetzbücher von 1497 und 1550 im Jahre 1817 bzw. 1734 wieder ans Tageslicht zu holen; der Kriegsartikel von 1715, Rußlands bedeutendster Kodex des 18. Jahrhunderts, versperrt sich der Tradition ganz und gar, wurde er ja maßgeblich von einem Deutschen nach schwedischem Muster verfaßt. Horizontale Rechtseinflüsse (zeitgenössisch, aber fremd) haben über vertikale (autochthon, aber historisch) daher oftmals dominiert. Aus Sicht des Gesetzgebers bot diese Mißachtung der Geschichte den Vorteil, daß sie seinen Spielraum erheblich vergrößerte.
- monologisch: Das russische Recht entwuchs keinem Dialog, es hatte keinen Vertragscharakter. Rudimente eines per Verhandlung entstandenen Rechts lassen sich in den Sudebniki von 1497 und 1550 zwar erkennen, auch 1722 kam man bei der Bestimmung des Leiters des Justizkollegiums auf ein dialogisches Rechts-

1 Radbruch, Der Geist des englischen Rechts, S. 1o.

prinzip zurück (s.o. S. 154). Alles in allem hat sich Peter jedoch eindeutig für ein monologisches, allein von der „neuen“ Bürokratie zu fixierendes Recht entschieden, bei dem die „alte“ *Zemlja* nicht mehr gehört wurde.[2] Anders als ein dialogisches Recht ist das monologische zwar leicht zu setzen - auch hier tun sich große Spielräume auf -, aber schwer durchzusetzen.

- relativ: Einem monologischen Recht ermangelt das Eherne, Unverrückbare; ein solches Recht umgibt kein Mythos vom „stumbling into wisdom“ oder „Il y a des juges à Berlin!“ Da auf Verordnungswege entstanden, steht es beliebiger Novellierung ebenso offen wie oftmaliger Beugung. Der Gesetzgeber selbst maß seinen Ukazen nicht mehr als relative Bedeutung bei, so wenn er die Schollenbindung nicht ein für allemal verankerte, sondern durch Sonderregelungen selbst ständig unterlief. Zudem hat die Autokratie das Medium Recht durch nichtexekutierbare Ge- und Verbote chronisch überfordert. Erster Urheber der Grauzone zwischen Legalität und Realität war daher das Zarentum selbst.

- zentralistisch: Hinter der Frage nach der Balance zwischen Verwaltungszentrum und Peripherie verbirgt sich im Grunde die nach der Beziehung zwischen Obrigkeit und Volk, oder, mit der Sprache des 19. Jahrhunderts, zwischen Staat und Gesellschaft. Fast zwangsläufig geht mit dem monologischen Charakter des russischen Rechtssystems ein zentralistischer einher, hat der Zarenstaat Anliegen der Peripherie gegenüber solchen des Zentrums doch oftmals hintangestellt. Das Dilemma eines solchen Überzentralismus bestand darin, daß sich an innerbürokratischen Kontrollmechanismen nur diejenigen einwurzelten, die von oben nach unten wirkten. Vor Ort blieb eine Kontrolle der Beamtenschaft weitgehend aus, da Verhältnisse institutionalisierter Gegenseitigkeit (Nebeneinander von Beamten und Honoratioren) fehlschlugen bzw. mit dem Vorrang des Zentrums kollidiert wären. Erst unter dem Schock des Pugačev-Aufstandes hat es Katharina II. gewagt, diesen „blinden Fleck“ des Zentralismus zu beseitigen, indem sie die Beamtenschaft an Regionaleliten anlehnte.

- exklusiv: Fallrechtssysteme sind in erster Linie an Beamte gerichtet; erst mit der Kodifikation öffnet sich das Gesetz für weitere Kreise. Das russische Recht bewahrte seinen exklusiven Charakter aber auch da, wo ihm eine Systematisierung gelang. Das Uloženie stanzte keine klaren Begriffe heraus, es lieferte der Bevölkerung keine Berufungsgrundlage, sondern wandte sich vor allen anderen an die Richter. Der elitäre Charakter des russischen Rechts hat sich im 18. Jahrhundert wohl noch verstärkt, sah man sich nach Erarbeitung des petrinischen Generalreglements doch dazu gezwungen, diesem Werk ein Glossar zur Entschlüsselung der Neologismen anzufügen. Die einsetzende Spätaufklärung hat der Exklusivität zwar entgegenzuwirken versucht,[3] ist dabei aber nicht weit gediehen, da schon der Ukazversand in die Provinzen stockte.

---

2 Seit der zweiten Hälfte des 18. Jahrhunderts deutete sich jedoch an, daß die Ausdehnung der bürokratischen Apparate der Autokratie weitaus engere Fesseln anlegen konnte, als es die *Zemlja* je vermocht hätte.

3 Vgl. Art. 447 der Großen Instruktion: „Ein jedes Gesetz muß mit Worten, die allen und jeden verständlich und dabei so kurz als möglich sind, ausgedruckt werden.“

- informell: Das bürokratische Rechtssystem bildet keine Symbole, es bildet keine Zeremonien, vom Kuß des Kreuzes als orthodoxer Form der Eidesleistung einmal abgesehen. Richter genossen geringes Ansehen, sie wurden schlecht bezahlt, und ein baufälliger Getreidespeicher hielt noch über Jahrzehnte als Gerichtsort her - sogar in Moskau. Im 17. wie im 18. Jahrhundert hat der russische Gesetzgeber weitaus mehr Mühe auf die Anpassung des materiellen Rechts verwandt als auf Vorgehen und Auftreten seiner Institutionen, so daß man bisweilen den Eindruck hat, denjenigen Spielraum, der ihm auf zentraler Ebene zukam, habe er seinen Beamten auch auf lokaler zur Verfügung stellen wollen. Ein eher informelles Justizwesen reduziert das Recht auf dessen blanken Kern, die physische Macht. Damit zu denjenigen Eigenschaften, bei denen Zentral- und Lokalorgane voneinander abweichen. Zumindest drei solcher Spannungsfelder lassen sich unterscheiden.
- Macht gegen Ohnmacht: Wie sich der Zarenstaat mit horizontalen Machtbeziehungen generell schwer getan hat, suchte er sein Glück auch bei der Behördenverfassung in einseitiger Zuweisung der Macht an die Zentralorgane. Autorität rangierte vor Interessenausgleich, Verordnung brach Vertrag; dadurch prägten sich schroffe Hierarchien aus, denen es am Rücklauf von unten nach oben mangelte. Über die Lage vor Ort war die Hauptstadt oft nicht im Bilde, und mancher Ukaz verfehlte die provinziellen Gegebenheiten. De facto unterlagen die Organe der Lokalverwaltung daher einer latenten Tendenz zur Verselbständigung, die von der Zentralverwaltung bisweilen nur mit brachialen Mitteln unterdrückt werden konnte. So nahm der Senat 1736 einen Sekretär des Sysknoj Prikaz in Haft, um diese Behörde zur Herausgabe der ihr vorliegenden Ukaze zu veranlassen.[4] 1754 wurde ein Richter des Sysknoj Prikaz allerdings am neuerlichen Versuch einer Kodifizierung beteiligt, und auch bei der Großen Kommission lieferte ein Deputierter dieser Behörde seine „Instruktion" ab, besser gesagt eine Liste von Rechtsmängeln. Deshalb spricht manches dafür, daß sich die von unten nach oben führenden Kommunikationskanäle in der zweiten Hälfte des 18. Jahrhunderts erweitert haben - und damit auch der Zugriff von oben nach unten, um die überkommene Kluft zwischen Gesetz und Wirklichkeit zu schließen.
- Innovation gegen Tradition: Da die Macht der Zaren und Zentralbehörden mit zunehmender Entfernung von den Hauptstädten zu versickern begann, schwächte sich auf dem flachen Land auch das ahistorische Wesen des russischen Rechtssystems ab. Rückkehr in die Provinz hieß Rückkehr zur Überlieferung. Dieser Zwiespalt zwischen Innovation und Tradition ergab sich nicht zuletzt aus dem monologischen Recht, dessen Schöpfer das Richter- und Gewohnheitsrecht mißachtete; Initiative ging nur von oben aus. Diese Impulse blieben oftmals jedoch stecken, da es bis zum frühen 19. Jahrhundert nicht gelang, das Uloženie von 1649, das Strafgesetzbuch von 1669 bzw. den Kriegsartikel von 1715 durch einen neuen Kodex abzulösen. In dessen Ermangelung nahmen die Richter mit ihren drei alten „Standardwerken" vorlieb. Aus der räumlichen Distanz zwischen

4 S.o. S. 216. Eine zusätzliche Seltsamkeit liegt hier darin, daß jeder dieser Ukaze unter Zutun des Senats beschlossen worden war.

Hauptstadt und Provinz erwuchs somit auch eine zeitliche Distanz, deren Folgen bei der Zurückdrängung der Folter besonders schwerwiegend waren. Um die zeitliche Kluft zu schließen und die Gerichte zur Umsetzung der novellierten Gesetze zu bewegen, sah sich die Zentralbürokratie zur Produktion neuer Rechtsnormen gezwungen. Da auch deren Vollzug Stückwerk blieb, gingen Dynamik und Rechtsunsicherheit hier Hand in Hand.

- Dogmatismus gegen Pragmatismus: Gut möglich, daß ein monologisches oder autokratisches Rechtssystem in aller Regel einen engeren Wirkungskreis als ein dialogisches hat. Im russischen Beispiel haben die - letztendlich durch außenpolitische Zwänge unter Reformdruck stehenden - Zentralinstanzen ihre Effizienz auch durch einen unbeholfenen Dogmatismus beschnitten. Wegen des mangelnden Rücklaufs von unten nach oben brachten sie für die lokalen Zustände oft wenig Gespür auf. Wie anders ist Art. vier des Generalreglements aufzufassen, demzufolge alle in der Provinz eintreffenden Ukaze binnen Monatsfrist ausgeführt werden sollten? Wie anders, um nur ein weiteres Beispiel anzuführen, ist Art. 380 des Gouvernementstatuts von 1775 zu begreifen, das den neugegründeten Wohlfahrtsämtern eine denkbar breite Aufgabenstellung zuweist, den Provinzen die dafür erforderlichen Mittel aber schuldig bleibt. Mangel an Augenmaß muß jeglicher Autorität à la longue abträglich sein, so daß sich auch an dieser Stelle eine Neigung zur Verselbständigung der unteren Verwaltungsebene andeutet. Pragmatisch und nüchtern haben die Moskauer Richter oftmals den für sie bequemsten Weg eingeschlagen und Leistungen nicht nur von Gutsbesitzern angenommen, sondern sogar von erwiesenen Spitzbuben wie Van'ka Kain - auch für den Fall, daß ein derartiges Verhalten mit der Petersburger Justizidee nicht gänzlich übereinstimmte.

Alles in allem ließe sich das monologische Recht vielleicht mit einem Stückchen des in Nordrußland ja nicht unbekannten Permafrostbodens vergleichen. Während dessen Oberfläche stetem Wechsel ausgesetzt ist, hier dem der Jahreszeiten, liegt der Untergrund in dauerhaftem Eis erstarrt und weist Eingriffe von oben dadurch weitgehend ab. Um von hieraus zur zweiten der eingangs angesprochenen Leitfragen überzuleiten, so äußert sich die geringe Tiefenwirkung des russischen Rechts auch im Verzicht des Moskauer Staates auf den Vollzug der Straf- und Steuerhoheit, da mit Ausbreitung des Dienstguts seit dem 15. Jahrhundert „unter" der staatlichen Kapitalgerichtsbarkeit ein zweites Justizsystem entstand. Die Institution der Leibeigenschaft ist daher auch für die Rechtsgeschichte von zentraler Bedeutung, stand die „Hausjustiz" - diesen Begriff prägte der Ukaz vom 18. Oktober 1770 (s.o. S. 205) - doch komplementär neben der bürokratischen „Stadtjustiz". Einerseits hat die Leibeigenschaft die Bürokratie also entlastet und ihr das Vordringen auf Dorfebene erspart,[5] andererseits ging von der Leibeigenschaft und der Kriminalisierung des bäuerlichen Abzugs seit dem späten 16. Jahrhundert eine außerordentliche Zuspitzung der ländlichen Sozialbeziehungen aus, der Moskau trotz vieler Mühen zu keinem Zeitpunkt Herr

5 Noch im 19. Jahrhundert sah sich der Zarenstaat dazu kaum in der Lage. 1889 stieß er durch Einführung des sog. Landhauptmanns zwar erstmals bis auf die bäuerliche Ebene vor, doch war auch diese Funktion ein vom örtlichen Adel zu besetzendes Ehrenamt.

wurde. Zudem riß man der Fluchtbewegung aus fiskalischen und militärischen Gründen immer neue Schlupflöcher auf, so daß Läuflinge ihren Status durch Eintritt in Städte und Regimenter weiterhin legalisieren konnten. Zur Welle der Abzugskriminalität zwischen 1650 und 1670 hat der Staat daher in zweifacher Weise beigetragen: Einmal durch Sanktionierung des Abzugs, aus der sich die Brutalisierung der Fluchtbewegung ergab; noch dazu bot er den Bauern sogar einen Anreiz, ihre Lebensbedingungen durch die illegale Übersiedlung zu verbessern. Peter d.Gr. fand daher ein ohnehin hohes Gewaltniveau vor, das seine Reformen aber noch gesteigert haben. Zugleich verminderte er das Ausmaß sozialer Kontrolle, indem er den Alkoholausschank liberalisierte und mit Einführung der Kopfsteuer eine neuerliche Läuflingsbewegung heraufbeschwor.

In der Kumulation luden diese Faktoren dem Zarenstaat eine Bürde an Gewaltsamkeit auf, deren Ausmaß nach den bisher vorliegenden, nicht ganz unproblematischen Daten vielleicht über der im damaligen England lag (s.o. S. 326-27). Um dieses Gewaltniveau abzusenken, boten sich mehrere Wege an. Die von Katharina aufgegriffene Forderung nach stärkerer Differenzierung der Sanktionen versuchte, durch Übergang zu Haftstrafen Gewalt stärker zu ächten, als der überkommene Strafkatalog dies erlaubte. Da die Mittel für den Bau der erforderlichen Gefängnisse jedoch fehlten, blieb dieser Plan Projekt. Eine weitere Möglichkeit bestand darin, den bäuerlichen Abzug zu legalisieren, die Läuflingskriminalität somit zu verringern und zugleich einen Schritt zur Überwindung der eingeschränkten Sozialkontrolle zu tun. Liberal gesinnte Deputierte haben diese Forderung 1767/68 energisch vorgebracht, blieben gegenüber den zumeist adligen Verfechtern des status quo jedoch in der Minderheit. Damit verstrich auch die zweite Gelegenheit zu einer allmählichen Befriedung der Gesellschaft. Nicht zuletzt konnte man beim Justizapparat ansetzen, um diesem zu größerer Effizienz zu verhelfen und so die Abschreckung zu erhöhen. Hierzu hat der Zarenstaat in der Tat erhebliche Anstrengungen unternommen. Um deren Resultat zu beurteilen, erscheint es als hilfreich, die Behördenstruktur Rußlands mit der Frankreichs und Brandenburgs kurz zu vergleichen.

Hier wie dort dehnte der frühneuzeitliche Staat seine Tätigkeit aus und zog neue Aufgaben an sich. Hatte bisher die Gesellschaft bzw. deren Wahlbeamte Steuereinzug und Rechtsprechung wahrgenommen, gingen wesentliche Verwaltungsfunktionen nun in staatliche Kompetenz über. In Frankreich kam die damit verbundene Aufwertung der Zentralorgane in Richelieus System der *intendants* zum Ausdruck, die zunächst mit befristeten Aufträgen in die Provinzen entsandt wurden und dann zu ständigen Sachwaltern der Hauptstadt wurden. Anders als die *intendants* wurden die *officiers* nicht zentral besoldet, sondern zogen Sporteln aus den von ihnen gekauften Ämtern ein. Da die *officiers* zumeist der jeweiligen Region entstammten und ihr Amt von einer Generation an die nächste weitergaben, müssen sie gegenüber den *intendants* als Bollwerk des traditionellen Partikularismus gelten. Eine vergleichbare Konstellation findet sich nach Ende des Dreißigjährigen Krieges mit Berufung der Kommissare auch in Brandenburg. Zunächst war ihnen der Einzug der Akzise zum Unterhalt des stehenden Heeres übertragen, doch dehnte sich ihre Tätigkeit bald auf alle Verwaltungsbereiche aus. Diesen Kommissaren, die nach Otto Hintze „den vorwärtsstrebenden Geist des Militärstaats recht eigentlich darstellen,“[6] standen die Landräte gegenüber, die auf den Kreistagen vom ortsansässigen Adel gewählt wurden. Das hervorstechende Charakteristikum des Zarenstaats besteht nun darin, daß er es zu einem solchen Dualismus dauerhaft nicht hat kommen lassen. Mit dem Aufstieg der Voevoden als Moskauer Variante des *intendant* verschwand der alteingesessene Namestnik; auch das Nebeneinander von Voevoden und Guba-Ältesten, wie der Landrat ein halbständisches Amt, setzte sich nicht durch. Seit Ende des 17. Jahrhunderts oblagen Justiz und Lokalverwaltung damit zwei Ämtern, über deren Besetzung die Zentralorgane entschieden: Dem ständigen des Voevoden und dem zeitweisen des Syščik, der vor allem zur Bekämpfung der Straßenräuber entsandt wurde. Erst 1775 hat Katharina versucht, die Provinzverwaltung auf die örtliche Honoratiorengesellschaft zu stützen. Bis dahin konnte der Voevode bzw. Gouverneur in seinem Kreis mit ungebändigter Machtfülle auftreten.

Aus dieser „Autokratie auf zwei Ebenen“ ergibt sich dasjenige Phänomen, das Got'e den Januskopf der russischen Lokalverwaltung genannt hat.[7] De jure unterstand der Voevode der Zentralverwaltung, die ihm abgrundtief mißtraute. Da eine Kontrolle vor Ort im 16./17. Jahrhundert aber nicht stattfand und durch das Scheitern der petrinischen Verwaltungsreformen auch weiterhin unterblieb, war die Bevölkerung dem Voevoden de facto völlig ausgeliefert. Hieraus ging die Epidemie der Amtsverbrechen hervor, die den Justizgedanken auf zweifache Weise unterminiert hat: Einmal raubten die Beamten dem Gesetz dadurch erhebliche Autorität, indem sie es selbst durchbrachen; zudem führten sie der Bevölkerung vor Augen, daß Gerechtigkeit vor dem Voevodengericht kaum zu erlangen war, stifteten also zu Selbstjustiz und neuerlicher Kriminalität an. Die tiefere Ursache für den Mißstand der Lokaljustiz ist wohl darin zu suchen, daß Moskau die ehemaligen Teilfürstentümer politisch entkernt und während der Opričnina sogar mit blankem Terror überzogen hat. Dadurch büßte der Zarenstaat die Möglichkeit ein, seine örtlichen Justizbehörden mit Partikulargewalten zu koppeln, wie es in Frankreich und Brandenburg geschah. Die französischen Generalstände wurden seit 1614 zwar nicht mehr einberufen; die Zahl der Provinzgerichtshöfe *(parlements)* nahm aber von sechs im Jahre 1500 auf 14 im Jahre 1775 zu; hinzu kamen vier *conseils souveraines.*[8] Ludwig XIV. hat den *parlements* 1671 zwar das Privileg genommen, gegen Edikte Protest einzulegen; auch er baute deren Netz jedoch aus und schuf 1676 in Besançon und 1686 in Douai derartige, zumeist vom lokalen Adel besetzte Kammern. Auch in Brandenburg verlagerte sich die Tätigkeit des Adels auf regionale Ebene; dort, wo die schwedische Besatzungsmacht die Stände während des Dreißigjährigen Krieges nicht ohnehin beseitigt hatte, verfielen die Landtage, als der Kurfürst die ihm nicht bewilligten Steuern auf eigene Faust eintreiben ließ. In Brandenburg wurde somit

---

6 Hintze, Die Hohenzollern und ihr Werk, S. 219. Neuerdings in diesem Zusammenhang Hahn, Struktur und Funktion des brandenburgischen Adels, bes. S. 157-68; ders., Brandenburgisches Gerichtswesen; ders., Die Gerichtspraxis der altständischen Gesellschaft.

7 Got'e, Istorija oblastnogo upravlenija, Bd. 1, S. 62.

8 Elsaß, Roussillon, Artois, Korsika.

seit 1653 kein Landtag mehr berufen, seit 1671 auch nicht in Preußen. Die Kreistage existierten jedoch fort; seit 1702 bestimmten sie zwei Kandidaten aus dem ortsansässigen Adel für den Posten des Landrats, von denen der König einen auswählte. Auch hier verläuft zwischen Frankreich-Brandenburg und Moskau eine Strukturschwelle, brachte der Zarenstaat von 1549 bis 1684 doch eine lange Reihe von *Sobory* auf Landesebene hervor, während die wenigen Partikulartendenzen (in Novgorod oder Pskov) erstickt wurden. Viele dieser Landesversammlungen haben auch und gerade rechtsetzende Bedeutung gehabt; die von 1549 bestätigte das Gerichtsbuch von 1550, aus der von 1648/49 erwuchs das Uloženie. Daß Recht auf Dialog zurückgeht, war daher auch dem Moskauer Staat vertraut. Dieses Vertragsprinzip oder dessen Ansätze hat Peter d.Gr. jedoch beiseite gestoßen und alle drei seiner Kodifizierungsversuche der Bürokratie überlassen, ohne einen Sobor hinzuzuziehen.

In Frankreich und Brandenburg hat der absolutistische Staat das zweiseitige Element bei der Rechtsetzung also abgestreift, bei der Rechtsprechung aber beibehalten. Auch in Rußland fiel ersteres fort, letzteres fehlte von jeher. Für die Kraftlosigkeit des russischen Rechts läßt sich noch ein weiterer Grund anführen; auch er tritt im Vergleich mit Frankreich und Preußen deutlich hervor. Die französischen *parlements*, denen auch die Kapitalgerichtsbarkeit zukam, stellten nur die dritte und höchste Justizinstanz der Provinzen dar; ihnen untergeordnet waren die *présidiaux*, deren Zahl sich im Jahre 1700 auf 343 belief. Diesen oblag die niedere Gerichtsbarkeit z.B. über Bettler, Landstreicher, Holzdiebe, Verleumder und Duellanten. Schwerdelikte konnten die *présidiaux* nicht abschließend behandeln und demzufolge auch keine hohen Strafen verhängen. Erstinstanzlich waren 1789 ca. 400 *bailliages* tätig, denen gleichfalls die Polizeigerichtsbarkeit zugeordnet war. Außerhalb des herkömmlichen Instanzenzuges, da befugt zur Wahrnehmung des Standrechts, sind die *maréchaussés* anzusiedeln.[9] Während Frankreich in den Provinzen also ein dreistufiges Justizwesen mit voller Gerichtsbarkeit ausgebildet hatte, erscheint das brandenburgische Beispiel demgegenüber als zentralistisch überfrachtet. Die Kriminalordnung von 1717 räumte den patrimonialen und städtischen Gerichten zwar das Recht zur Folter ein, nicht jedoch das zum Urteil. Die aus dem Prozeß erwachsenen Akten mußten daher einem Schöffenstuhl oder einer Juristenfakultät zugestellt werden, wo aufgrund der Papiere ein Spruch gefällt, zum Gericht zurückgesandt und dort vollstreckt wurde. Bei der Blutgerichtsbarkeit blieb die Entscheidung dem Kriminaldepartment des Justizministeriums vorbehalten. Da auch der Zarenstaat zu einem derartigen Zentralismus Zuflucht nahm, verläuft die Scheidelinie diesmal zwischen Frankreich und Brandenburg-Rußland, trug die beiderorts existierende Leibeigenschaft doch erheblich zur Entlastung der staatlichen Justizorgane bei und schuf somit die Voraussetzung für das Übergewicht der Hauptstädte.

Da horizontale Machtbeziehungen bzw. ein juristisch fixiertes Gegenseitigkeitsverhältnis also fehlten, konnte der autokratische Staat Befugnisse auf lokaler

---

9 Laingui/Lebigre, Histoire du droit pénal; Bongert, Histoire du droit pénal; Carbasse, Introduction historique au droit pénal; Garnot, Justice en France.

Ebene nur dann durchsetzen, wenn er sie umgehend ausübte. Vermochte er dies nicht, geriet sein Anspruch in Vergessenheit. Dieser Situation entsprang das unendliche Wirrwarr sich ergänzender, verbessernder oder auch nur wiederholender Ukaze, deren durchschnittliche Anzahl sich im hier untersuchten Zeitraum verachtfacht hat (1649-58 p.a. 24, 1776-85 189), zu deren Rezeption Justiz und Verwaltung aber gänzlich außerstande waren. Die Überforderung der unteren Ebene des russischen Behördenapparats zog wiederum eine Lähmung nach sich, da sich die Beamten vieler Bagatellfälle durch Weiterleitung nach oben entledigten. Wegen dieser Schwerfälligkeit bürokratischer Entscheidungsprozesse wuchs der Korruption erhebliche Bedeutung zu: Jedweden Vorgang versprach sie zu beschleunigen. Auch hier hat Katharina gewisse Anstalten gemacht, um das Blatt zu wenden und die Rechtspflege hinaus in die Provinzen zu tragen. Abgesehen von organisatorischen Mängeln, die schon ihren Nachfolger zu einer Rücknahme der Justizreform bewegten, hat sie ihr Vorhaben jedoch unterlaufen, indem sie den Gutsbesitzern wie bislang den ordentlichen Gerichten die Fähigkeit zur Verbannung der Angeklagten übertrug. Innerhalb einer Gesellschaft galten damit zwei große Rechtssysteme,[10] die sich komplementär zueinander verhielten, wenn die Interessen von Regierung und Gutsbesitzern übereinstimmten (Suche nach eigenen Läuflingen), und die sich widersprachen, wenn diese Interessen voneinander abwichen (Verweigerung der Herausgabe von fremden Läuflingen).

Das nicht zu Recht gewordene Gesetz durchlöcherte auch hier die Sozialkontrolle. Da das staatliche Rechtssystem dem Regelungsanspruch der Hauptstadt unterlag, überwogen hier die dynamischen Elemente, während die gutsherrliche „Hausjustiz" gerade durch ihr Festhalten an der Überlieferung funktionierte. Das Nebeneinander zweier Rechtssysteme durchkreuzte den Versuch, jedwede Gewaltanwendung in Händen des Staates zu konzentrieren und tendenziell damit auch zu reduzieren. Die Leibeigenschaft hat also nicht nur in wirtschaftlicher, sondern auch in administrativer und kultureller Hinsicht die Entwicklung Rußlands abgeschnürt. Die Ausbildung eines effizienten Justizwesens blieb dem Zarenstaat erspart, so daß diejenige Instanz, die Konflikte wie kaum eine zweite friedlich beilegen kann, an der Schwelle zum 19. Jahrhundert tiefere Wirksamkeit noch nicht entfaltet hatte. Da die Mehrheit der Gutsbesitzer - die Debatten der Großen Kommission 1767/68 haben dies in aller Deutlichkeit gezeigt - Reformimpulse wie das Eigentumsrecht Leibeigener oder die Straffreiheit des bäuerlichen Abzugs blockierten, riegelte die Gutsherrschaft den Gesetzgeber von der Mehrheit der Bevölkerung ab, die mit dem positiven Recht nicht in Berührung kam und ein eigentliches Rechtsbewußtsein kaum ausbilden konnte.

Die Beantwortung der dritten Leitfrage nach dem Ausmaß der formellen Sozialkontrolle (Polizei) bzw. nach dem der informellen (Rechtsbewußtsein der Bevölkerung) setzt einen Blick auf die Entstehungsbedingungen delinquenten Verhaltens voraus. Im Moskau des 18. Jahrhunderts waren es vor allem drei Faktoren, die den Weg in die Straffälligkeit säumten. Als Urdelikt muß der illegale

10 Eine derartige Erscheinung ist in vormodernen Gesellschaften nicht ganz selten. Vgl. Pospíšil, Anthropologie des Rechts, S. 141.

Abzug Leibeigener gelten, ausgelöst entweder durch zeitweilige Ursachen wie Hungersnöte oder durch den Wunsch, sich der kaum umschränkten Macht des Gutsherrn dauerhaft zu entziehen. Während die Mehrheit der Läuflinge im 17. Jahrhundert der agrarischen Lebenswelt verhaftet blieb und auf einem anderen Gut zu verbesserten Bedingungen Unterschlupf suchte, bot das langsame Wachstum der Städte Läuflingen im 18. Jahrhundert bessere Aussichten, um bäuerlicher Tätigkeit den Rücken zu kehren. Da der Staat die Zugehörigkeit zum Posad aus steuerlichen Gründen einer Minderheit von Bürgern vorbehielt, sank der Anteil von Kaufleuten und Handwerkern durch den Zuzug von Bauern bis 1790 auf nur zwölf Prozent der Moskauer Bevölkerung ab. Um das von eigentlichen Bürgern bewohnte Stadtzentrum legte sich ein ausgedehnter und weitgehend rechtsfreier Ring von Sloboden, in dem die große Mehrheit der Städter hauste. Wer sich - aus welchen Gründen auch immer - nicht dazu in der Lage sah, das recht große Angebot der Stadt Moskau an Möglichkeiten zu geregelter Arbeit wahrzunehmen, dem bot die Unterwelt der Kutschervorstädte und Kneipen Gelegenheit zu anderweitigen Einnahmen. Durch ihre Funktion als Kontakt- und Nachrichtenbörse kann diese „Subkultur" als zweiter kriminogen wirkender Umstand gelten. Hinzu tritt der Feiertag als zeitlicher Brennpunkt der Delinquenz und dritte der kriminalitätsbegünstigenden Ursachen. Unübersehbar ist zudem, daß auch der Staat fahrlässig an der Entstehung von Straffälligkeit beteiligt war. Innerhalb der in Moskau registrierten Kriminalität stellten die Soldatenfrauen unter den weiblichen Angeklagten den höchsten Anteil, weil sie mit der Heirat aus der bäuerlichen Gemeinde zumeist ausschieden und während der häufigen Feldzüge auch in der Stadt den Ernährer einbüßten. Wirtschaftlich derartig deklassiert, wußten sich viele Soldatenfrauen offenbar nur durch den Schritt in die Delinquenz zu helfen. Da infolge der überaus schlechten Lebensbedingungen beim Heer viele Soldaten desertierten und zu den Räuberbanden überliefen, wurde auch diese Form der Kriminalität von der Armee gespeist. Ob das Militär M. Weber zufolge daher auch in Rußland uneingeschränkt als „Mutterschoß der Disziplin überhaupt" gelten kann, steht zumindest für diesen Zeitraum noch dahin.

Es erleichtert das Verständnis der in Moskau herrschenden Sozialkontrolle, sie mit dem Symbol zweier Kreise um einen gemeinsamen Mittelpunkt zu vergleichen. Dabei soll der äußere Ring die Gesamtheit der erlassenen Normen darstellen, der innere Kreis die Teilmenge der tatsächlich durchgesetzten. Ein derartiges Muster findet sich in dreierlei Hinsicht. Zunächst läßt sich das Modell auf den Moskauer Stadtplan umlegen, da das Zentrum der Stadt einer dichteren polizeilichen Kontrolle unterlag als der Stadtrand. In den Außenbezirken drohte der Herrschaftsanspruch des Staats zu verstummen; die Vorstädte der Soldaten, Kutscher und Treidler bezogen ihren Zusammenhalt gerade aus der Negation staatlicher Vorgaben. Daß diese Peripherie behördlicher Aufsicht entglitten war, schien die Justiz aus Mangel an Personal sogar hinzunehmen, bedurfte es doch schwerwiegender Übergriffe z.B. gegen Spitzenbeamte, um die Obrigkeit zu einem vorübergehenden Einmarsch in die Grauzone der Vorstadt zu bewegen. Als zweites tritt ein Kontrast bei der Anzeigefreudigkeit einzelner Stände hervor. Kaufleute, Beamte und Adel zeigten eine recht hohe Meldebereitschaft, Bauern eine weniger ausgeprägte. Hier ist allerdings zu berücksichtigen, daß Justizorgane auf dem Land kaum präsent waren. Schärfer wird das Bild, wenn man als drittes auch die Delikte hinzunimmt. Zu denjenigen Straftaten, die von der Bevölkerung zumeist nicht als solche eingestuft wurden und die man deshalb dem Bereich der außer Kraft gesetzten Sozialkontrolle zuweisen muß, gehörten vor allem Flucht- und Paßvergehen. Bauern brachten das Eintreffen Fremder nicht zur Anzeige, weil es die Gastfreundschaft so verlangte, und Gutsbesitzer unterließen die Meldung, weil sie die Neuankömmlinge in aller Regel bei sich ansiedeln wollten. Anders sah es aus, wenn der Adel geschädigt wurde. Hier führte vor allem die Flucht der Hofleute *(dvorovye ljudi)*, die schneller als die von Bauern entdeckt wurde, zur Einschaltung der Behörde. Da die Rückführungsquote von Läuflingen - mitbedingt durch die Duldung von Subkulturen etwa am Moskauer Stadtrand - aber als recht niedrig veranschlagt werden muß, beeinträchtigte dies auch die Anzeigefreudigkeit. Besitz- und Gewaltdelikte sind demgegenüber dem inneren Kreis der wirksam werdenden Sozialkontrolle zuzurechnen, obwohl die Selbstjustiz zumindest im bäuerlichen Milieu tw. an die Stelle staatlicher Tätigkeit trat. Da die Kriminalität im Stadtzentrum wesentlich aus der Duldung einer Subkultur am Stadtrand hervorging und viele Diebe oder Straßenräuber ihre kriminelle Laufbahn als Läuflinge begonnen hatten, bestand die eigentliche Bedeutung der gespaltenen Sozialkontrolle darin, daß aus der Nichtdurchsetzung von Rechtsnormen bei weniger schweren Delikten eine Zunahme auch der Besitz- und Gewaltkriminalität resultierte.

Der bruchstückhafte Charakter der Sozialkontrolle schlug sich auch in der Kriminalstatistik des 1730 gegründeten Sysknoj Prikaz nieder, dem ersten reinen Strafgericht in der Geschichte des Zarenstaats. Schätzungsweise verhielt sich die begangene Kriminalität zur registrierten wie 10:1, die registrierte zur bestraften im Durchschnitt wie 5:1, da es bei fünf Anzeigen unter starken Schwankungen nur einmal gelang, Anklage zu erheben (s.o. Tab. 11). Besonders groß war die Dunkelziffer bei den Eigentumsdelikten, hielt sich die Anzeigefreudigkeit innerhalb der Unterschichten doch in engen Grenzen. Eine derartig große Grauzone gebietet es, aus der Verteilung der Anklagen auf einzelne Delikte nur vorsichtige Schlüsse zu ziehen. Alles in allem deutet sich in der zweiten Hälfte des 18. Jahrhunderts eine Zunahme der Besitzdelikte an, mit der ein leichter Rückgang der Gewaltverbrechen einherzugehen scheint. So wurden in Moskau von 1740 bis 1744 p.a. durchschnittlich 23 Tötungsdelikte vor den Richter gebracht (164 Anklagen insges.), von 1775 bis 1779 nur noch 14 (158 Anklagen insges.). Vergleichbare Zahlen liegen bislang nur zu England und Frankreich vor, wo sich gleichfalls ein derartiger Rückgang beobachten läßt, der tw. aber schon im 17. Jahrhundert einsetzte.[11] Für Rußland wirkt diese Wende dennoch überraschend,

11 Vgl. Petrovitch, Recherches sur la criminalité à Paris, S. 2o8; Gatrell, Hg., Crime and the Law, S. 6 u.ö.; Beattie, Crime and the Courts in England, S. 9o; Sharpe, Crime in Early Modern England; McLynn, Crime and Punishment in Eighteenth-Century England; Emsley, Crime and Society in England. Österberg/Lindström, Crime and Social Control in Medieval and Early Modern Swedish Towns, sprechen sogar schon für das 16. Jahrhundert von einem Abbau der Gewaltsamkeit. Kamler, Świat przestępczy, S. 52-53, weist für Krakau, Posen und Lublin in der zweiten Hälfte des 16. bzw. in der ersten Hälfte des 17. Jahrhunderts einen weitgehend konstanten Anteil von ca. 85 Proz. Eigentumsverbrechen aus, bezogen auf die Gesamtheit der registrierten

weil man sie, anders als es englische und französische Historiker mitunter versuchen, wohl nicht mit einer Intensivierung polizeilicher Tätigkeit begründen kann. Kapitel 7 hat Hinweise darauf geliefert, daß die Moskauer Polizei chronisch unterbesetzt war, sich nicht selten korrumpieren ließ und daß die nächtlichen Straßensperren zur Eindämmung der Kriminalität wenig bewirkten. Obwohl sich die Einwohnerzahl Moskaus im Laufe des 18. Jahrhunderts zumindest verdoppelt hat und 1790 bei rd. 190.000 Menschen lag, erhebliche Saisonalschwankungen hier einmal ausgelassen, blieb die Zahl der Anklagen i.W. konstant. Da es Seuchen und Brände waren, nicht aber Verbrechen, die das Moskauer Gemeinwesen existentiell bedrohten, lag die Haupttätigkeit der Polizeiorgane ohnehin nicht im Bereich der Strafverfolgung, sondern bei Sanitär- und Baufragen.

Die klaffende Lücke zwischen begangener und bestrafter Kriminalität eröffnet den Blick auf ein Vollzugsdefizit der Obrigkeit. Es begegnet uns nicht nur bei der Sicherheits-, sondern auch bei der Wohlfahrtspolizei, standen die Moskauer Armenhäuser dem Zustrom von Bettlern doch ebenso hilflos gegenüber wie die Gerichte dem von Deserteuren und Läuflingen. Daher wäre zu prüfen, ob das Konzept der Sozialdisziplinierung nicht korrekturbedürftig ist. Mit dieser „plebejischen Variante" des Zivilisationsvorgangs stellte G. Oestreich die These auf, der absolutistische Staat habe in das Privatleben seiner Untertanen mehr und mehr eingegriffen und diese zu gesteigerter Arbeits- und Lebensdisziplin erzogen.[12] Die Stärke dieser Interpretation liegt darin, das Blickfeld vom Staat auf die Gesellschaft zu erweitern und die vielfältigen Sozialinitiativen des Ancien Régime - auch der Zarenstaat hat seinen Regelungsanspruch zumal im 18. Jahrhundert ja kolossal ausgedehnt (s.o. S. 341-42) - zu einem Prozeßbegriff zu bündeln. Oestreich geht jedoch von der (gut dokumentierten) Normsetzung aus, nicht von der (schlechter dokumentierten) Normerfüllung. Hier liegt das Problem. Da die Absicht zur Sozialregulierung kaum bestritten wird, haben sich neuere Arbeiten daran gemacht, deren Umsetzung abzuschätzen. Sowohl bei der Sozialfürsorge als auch bei der Kriminalitätsbekämpfung trat dabei bislang der Eindruck einer „Ohnmacht der Obrigkeit" hervor,[13] der Parallelen auch in der russischen

---

Kriminalität. Problematisch ist hier allerdings, daß er auch den gewaltsamen Raubüberfall als Eigentumsdelikt einstuft. Seiner Meinung nach sei das polnische Beispiel in dieser Hinsicht durchaus mit den englischen vergleichbar, bei denen sich Werte zwischen 75 und 93 Proz. ergaben. Eine Zunahme der Besitzkriminalität im Umfeld der Städte läßt sich Kamler zufolge allerdings nur in England ablesen.

12 Oestreich, Policey und Prudentia civilis; ders., Strukturprobleme des europäischen Absolutismus. Breuer, Sozialdisziplinierung, S. 52, weist nicht ganz zu Unrecht darauf hin, daß Oestreich die Komplexität des Weberschen Ansatzes nicht vollständig erfaßt habe. Bogner, Zivilisation und Rationalisierung, hat diesen Ansatz unlängst dadurch charakterisiert, daß Weber (und Elias) von einer Konzeption gesellschaftlicher Entwicklung als eines ungeplanten, aber dennoch gerichteten Prozesses ausgingen. Diese „unterirdische" Dimension hat Oestreich wohl unzureichend berücksichtigt. Schwerwiegende Bedenken in Bezug auf die Umsetzung bzw. Umsetzbarkeit in Rußland bei Raeff, Well-Ordered Police State, hier S. 249.

13 Dinges, Armenfürsorge als Sozialdisziplinierung? Schubert, Ausgrenzung des fahrenden Volkes; Weber, Disziplinierung und Widerstand; Schwerhoff, Kriminalität, Herrschaft und Gesellschaft, bes. S. 444-446; Küther, Räuber, Volk und Obrigkeit, S. 25 u.ö.; Nitschke, Verbrechensbekämpfung und Verwaltung, bes. S. 19o-93; Slack, Poverty and Policy in Tudor and

Geschichte finden könnte. Wie sollte der Zarenstaat die Unmenge seiner Ukaze denn verwirklichen, wenn bei der formellen und informellen Sozialkontrolle so vieles im argen lag?

Den hier zutage geförderten Hinweisen zum Wandel der Straffälligkeit im frühneuzeitlichen Moskau sollte man nicht zuviel abverlangen. Erhärten ließe sich ihre Aussagekraft nur im Vergleich, der durch das Fehlen weiterer russischer Kriminalgerichtshöfe im hier untersuchten Zeitraum aber unmöglich ist. Dennoch ist die Frage, ob im Hinblick auf die geringe Schlagkraft der Moskauer Polizei vielleicht auch anonyme gewaltreduzierende Prozesse in den Vordergrund rücken, die nicht „von oben" in Gang gesetzt wurden, sondern die einsetzende Modernisierung unterschwellig begleitet haben. „Wenn man von einem langfristigen Sinken des innergesellschaftlichen Gewaltniveaus sprechen kann, dann, so soll hier die These vertreten werden, lag dies weniger an der pazifizierenden Wirkung einer expandierenden Staatsmacht als vielmehr an gesellschaftlichen und politischen Strukturwandlungen, die dem traditionalen, tendenziell gewaltsamen Protest weitgehend die Grundlagen entzogen und gleichzeitig die Erfolgschancen einer rationalen, organisierten Austragung von Interessenkonflikten erweiterten."[14] Die von J. Kocka im Hinblick auf sozialen Protest und soziale Konflikte formulierte Auffassung läßt sich vielleicht auch auf die Kriminalitätsgeschichte übertragen. Dabei erscheinen mehrere Schubkräfte einer inneren Befriedung als denkbar:

1. Der industrielle Wandel trocknete Randkulturen z.B. der Bettler und Landfahrer allmählich aus, in denen vormals andere als die staatlich postulierten Normen galten. Im Rußland des 19. Jahrhunderts läßt sich dieser Vorgang deutlicher als im 18. Jahrhundert verfolgen; Ansätze dessen reichen aber in die Zeit Peters d. Gr. zurück, als neuerrichtete Fabriken bei Tula oder Petrozavodsk Arbeitskräfte von weither an sich zogen. Auch für die Moskauer Industrie trifft es zu, unzählige Läuflinge in Tuchmacher verwandelt zu haben.

2. Die einsetzende Urbanisierung und die ihr folgende Anonymisierung der Sozialbeziehungen entbanden den Städter aus konfliktträchtigen Situationen, wie sie dem Dorf etwa durch Tätlichkeiten beim Landvermessen oder durch winterliche Kneipenschlägereien ein offenbar höheres Gewaltniveau eintrugen (s.o. Tab. 18/19). Zugleich regte sich mit der allmählichen Materialisierung ein gewaltreduzierendes Sicherheitsbedürfnis. Andererseits löste die Zunahme der sozialen

---

Stuart England, S. 192-2oo; Friedeburg, Sozialdisziplinierung in England? Vgl. Schulze, Gerhard Oestreichs Begriff der „Sozialdisziplinierung in der Frühen Neuzeit", S. 3o1, der die Frage stellt, ob Oestreich die „Dialektik von Herrschaft und Individualität" angemessen berücksichtigt habe. Buchholz, Anfänge der Sozialdisziplinierung im Mittelalter, spaltet das Konzept in die Kategorien Privatisierung, Arbeitsoptimierung und Konsumeindämmung auf und spricht am Nürnberger Beispiel schon für das 15. Jahrhundert von einer Disziplinierungsabsicht der Behörden. Jeder dieser drei Aspekte kann das Gewaltniveau beeinflußt haben.

14 Kocka/Jessen, Die abnehmende Gewaltsamkeit sozialer Proteste vom 18. zum 20. Jahrhundert, S. 35-36. Nicht ganz uninteressant ist in diesem Zusammenhang, daß die Geschichtsphilosophie des 18. Jahrhunderts keinerlei Zweifel hegte an der engen Verknüpfung zwischen ökonomisch-technischem Fortschritt und moralischer Vervollkommnung. In diesem Sinne erwarteten Adam Smith und Raynal ein Sinken der Kriminalität, sobald Menschen in Manufakturen Arbeit erhielten. Vgl. dazu Rohbeck, Fortschrittstheorie der Aufklärung, hier S. 225-26.

Ungleichheit und die für jede Stadt typische Konzentration von Gütern einen Anstieg der Eigentumsdelikte aus.
3. Die von der „gelehrten Jurisprudenz" geforderte und seit Mitte des 18. Jahrhunderts einsetzende Humanisierung der Strafarten hat zum Abbau der Brutalität wohl beigetragen. Sah Olearius während eines Moskauer Hinrichtungsspektakels das Blut noch „mildiglich" fließen,[15] wurden nach Peter viele Exekutionen bereits unter weitgehendem Ausschluß der Öffentlichkeit vollzogen. Den Wandel der Mentalität haben staatliche Maßnahmen also nicht unerheblich unterstützt, so daß sich „blinde" und gesteuerte Wirkungsstränge stellenweise eng miteinander verflechten.

Soziale Eigendynamik und Vollzugsdefizit der Obrigkeit berühren schließlich auch die Frage, wie das Verhältnis zwischen staatlichen und sozialen Faktoren zu gewichten sei. Uneingeschränkte Gültigkeit kommt einer staatsdominierten Auffassung ohne Zweifel im Hinblick auf die Steuerkategorien zu, die Peter und Katharina der überkommenen Sozialstruktur überstreiften. Auch die Erscheinung der aus dem Boden gestampften Stände wird hierdurch plausibel. Während der westeuropäische Absolutismus die Macht der Stände durchbrach, so daß sie von ehemaligen Herrschafts- zu bloßen Sozialständen absanken, gewährte ihnen der russische 1785 ein Korporationsrecht, also dasjenige Privileg, das einen Stand begründet. Wie Frankreich und Brandenburg stellte nun auch der Zarenstaat Adel und Städter in den Dienst der Lokalverwaltung, kehrte die seit dem 16. Jahrhundert betriebene Aushöhlung der Provinz also um. Indem der Gesetzgeber Stände aber nur zwecks Verfolgung seiner Ziele schuf, reichte auch deren Wirkungskreis nicht weiter, als es die unmittelbarsten Staatsinteressen bei Rechtsprechung oder Steuereinzug geboten. Die synthetische Abkunft der russischen Stände haftete diesen noch im 19. Jahrhundert an, da sie - im Gegensatz zu den historisch gewachsenen Ständen Westeuropas - ein Eigenbewußtsein kaum auszubilden vermochten. Grundlegende soziale und kulturelle Abläufe, die tendenziell ohne Zutun des Staates und außerhalb seiner Machtsphäre ablaufen, also Wandel von Normen, Mentalitäten oder materieller Kultur, spart die staatsorientierte Sichtweise jedoch aus. Die vorliegende Arbeit mündet daher in der Frage, ob die Reichweite von Herrschaft nicht zu überdenken sei, schon um der sozialen Welt diejenige Dimension zurückzugeben, die zur Erklärung anonymer Prozesse unabdingbar ist.

---

15 Olearius, Vermehrte newe Beschreibung, S. 274.

ANHANG

DIE ORGANE DER MOSKAUER STRAFJUSTIZ 1564-1799

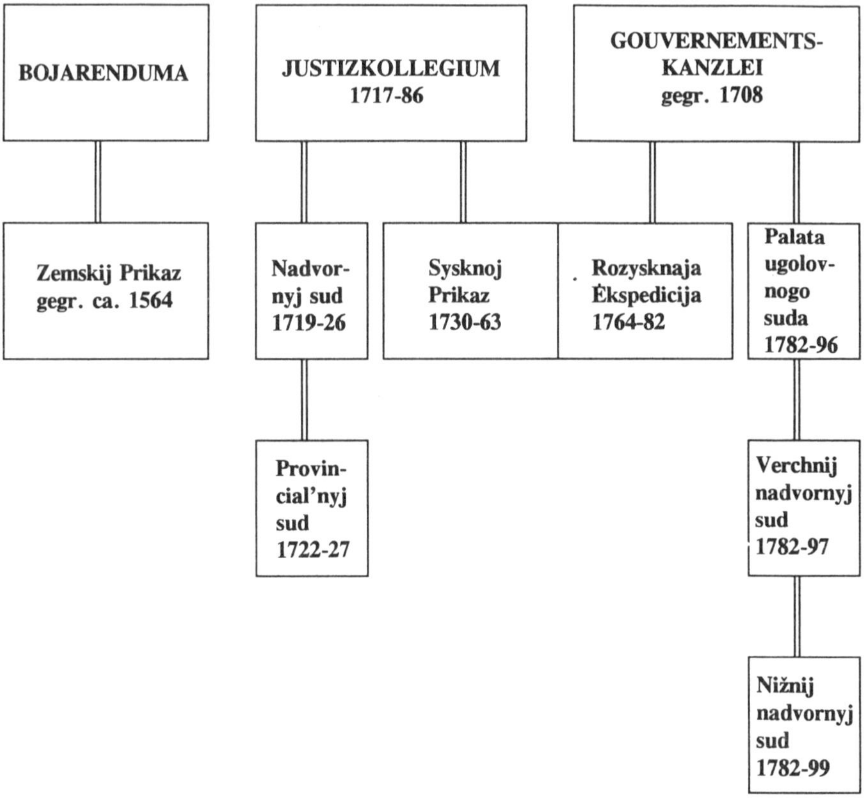

1686 verlor der Zemskij Prikaz die Polizeigewalt über die Stadt Moskau an den Strelitzenprikaz, der 1701 zum *Prikaz zemskich del* umbenannt und 1720 mit dem Justizkollegium vereinigt wurde. Seit 1728 residierte dieses in Moskau. Der Gouverneur dieser Stadt rückte 1739 zum Generalgouverneur auf. Die Gerichtsfunktion des Zemskij Prikaz ging 1699 an den *Moskovskij sudnyj Prikaz* oder an den *Sudnyj Prikaz* über (Bezeichnung strittig). Da von der gerichtlichen Tätigkeit des Zemskij Prikaz keine Unterlagen erhalten sind, ist der Nadvornyj Sud die erste Moskauer Kammer, die archivalisch faßbar wird. Unter 305 Aktenstücken beziehen sich allerdings nur zwei auf das Strafrecht im engeren Sinne (s.o. S. 241). Vom Sysknoj Prikaz und seinem Folgeorgan, der Rozysknaja Ėkspedicija, sind rd. 8.000 Anklagen überliefert. Das Zivilrecht oblag dem ebenfalls 1730 gegründeten Sudnyj Prikaz (knapp 40.000 Akten erhalten).

DIE 14 POLIZEIBEZIRKE VON MOSKAU 1767-82

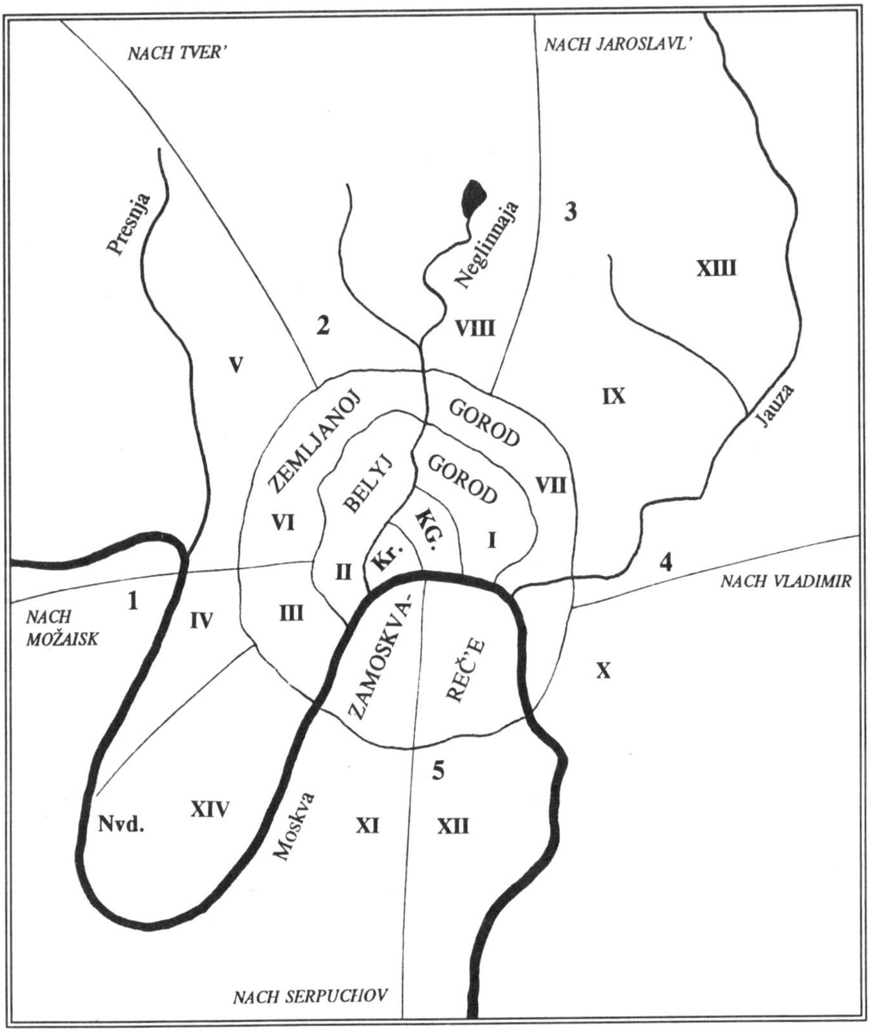

Kr. Kreml', KG. Kitaj-Gorod, Nvd. Novodevičij-Kloster. Römische Ziffern bezeichnen die Polizeibezirke, arabische die an den fünf großen Ausfallstraßen gelegenen Kutschervorstädte, in denen zahllose Läuflinge Unterschlupf fanden und falsche Pässe erwarben (1 Dorogomilovskaja, 2 Tverskaja, 3 Perejaslavskaja, 4 Rogožskaja, 5 Kolomenskaja). Wesentliche Voraussetzung für die Entstehung einer zentralen Polizeibehörde war die Überwindung der polizeilichen Eigenständigkeit der Vorstädte. 1675 gaben als letzte die kirchlichen Sloboden derartige Vollmachten an den Zemskij Prikaz ab (s.o. S. 338). Nach 1722 wurde das Moskauer Stadtgebiet in acht Polizeibezirke aufgeteilt, 1731 in zwölf, 1767 in 14 und 1782 in zwanzig (s.o. S. 227).

ABKÜRZUNGEN

AAĖ	Akty, sobrannye v bibliotekach i archivach rossijskoj imp. Archeografičeskoj Ėkspediceju imp. Akademii nauk, 4 Bde. SPb 1836
AE	Archeografičeskij Ežegodnik. M. 1958 ff.
AHR	American Historical Review. New York 1884 ff.
AI	Akty istoričeskie, sobrannye i izdannye Archeografičeskoju Kommissieju, 5 Bde. SPb 1841-42
AJB	Akty otnosjaščiesja do juridičeskogo byta drevnej Rossii, izd. Archeografičeskoju Kommisseju, 3 Bde. SPb 1857-84
AJU	Akty juridičeskie ili sobranie form starinnogo deloproizvodstva, Bd. 1. SPb 1838
AKG	Archiv für Kulturgeschichte. Berlin 1903 ff.
AKM	Aktovye knigi Moskvy 18 st., 12 Bde. M. 1892-1902
AMG	Akty moskovskogo gosudarstva, 3 Bde. SPb 1890-1901
AN	Akademija nauk
APH	Acta Poloniae Historica. Warszawa 1958 ff.
Art.	Artikel
ATNM	Akty otnosjaščiesja k istorii tjaglogo naselenija v moskovskom gosudarstve, Bd. 1. Jur'ev 1895
BE	Ėnciklopedičeskij slovar' Brokgauz-Efron, 82 Bde. SPb 1890-1904
CASS	Canadian-American Slavic Studies. Pittsburgh 1967 ff.
CGIAM	Central'nyj gosudarstvennyj istoričeskij archiv moskovskoj oblasti, Moskau
CMRS	Cahiers du monde russe et soviétique. Paris 1954 ff.
ČOIDR	Čtenija v imp. obščestve istorii i drevnostei rossijskich pri moskovskom universitete, 264 Bde. M. 1846-1918
d.	delo (Faszikel)
DAI	Dopolnenija k Aktam istoričeskim, sobrannyja i izdannyja Archeografičeskoju Kommisseju, 12 Bde. SPb 1846-1875
DBL	Deutschbaltisches biographisches Lexikon. Köln 1970
DIP	Doklady i prigovory, sostojavšiesja v prav. senate v carstvovanie Petra vel., 6 Bde. SPb 1880-1901
F.	Fond (Repositur) *im RGADA*, soweit nicht anders vermerkt
FOG	Forschungen zur osteuropäischen Geschichte. Berlin 1954 ff.
GG	Geschichte und Gesellschaft. Göttingen 1975 ff.
HZ	Historische Zeitschrift. München 1859 ff.
IM	Istorija Moskvy, 2 Bde. M. 1952-53
imp.	imperii, imperatorskogo, -koj
IS	Istorija SSSR. M. 1957-92
IstV	Istoričeskij Vestnik. SPb 1880-1917

IZ	Istoričeskie Zapiski. M. 1937 ff.
izd.	izdannyj, -aja
Izv.	Izvestija
JGO	Jahrbücher für Geschichte Osteuropas. Neue Folge. München 1953 ff.
JGSLE	Jahrbuch für Geschichte der sozialistischen Länder Europas, 33 Bde. Berlin (DDR) 1957-89
JV	Juridičeskij Vestnik. M. 1867-1917
JZDL	Juridičeskie zapiski demidovskoj juridičeskoj liceja. Jaroslavl' 1908-14
Kap.	Kapitel
kn.	kniga (Buch)
KSt	Kievskaja Starina. Kiev 1882-1906
l.	listok (Blatt)
M.	Moskau
MERSH	Modern Encyclopedia of Russian and Soviet History, 54 Bde. Gulf Breeze, Fl. 1976-90
MGK	Moskovskaja gubernskaja kanceljarija (Moskauer Gouvernementskanzlei)
MPK	Moskovskaja policmejsterskaja kanceljarija (Kanzlei des Moskauer Polizeimeisters)
MPN	Moskva v ee prošlom i nastojaščem, 8 Bde. M. 1910-11
Nov. St.	Novoukaznye stat'i (Strafgesetzbuch von 1669)
L.	Leningrad
Oč. 1	Očerki po istorii SSSR. Period feodalizma. XVII v. M. 1955.
Oč. 2	Očerki po istorii SSSR. Period feodalizma. Rossija v pervoj četverti XVIII v. M. 1954
Oč. 3	Očerki po istorii SSSR. Period feodalizma. Rossija vo vtoroj četverti XVIII v. M. 1957
Oč. 4	Očerki po istorii SSSR. Period feodalizma. Rossija vo vtoroj polovine XVIII v. M. 1956
ODB	Opisanie dokumentov i bumag, chranjaščichsja v moskovskom archive ministerstva justicii, 21 Bde. M. 1869-1921
ODD	Opis' dokumentov i del, chranjaščichsja v senatskom archive, 9 Bde. SPb 1909-17
op.	opis' (Abteilung)
P.	Petrograd
posv.	posvjaščennyj
prav.	pravitel'stvujuščij
PIB	Pis'ma i bumagi imp. Petra vel., 12 Bde. SPb M. 1887-1977
PMP	Pamjatniki moskovskoj delovoj pis'mennosti XVIII v. M. 1981
PRP	Pamjatniki russkogo prava, 8 Bde. M. 1952-63
PSZ	Polnoe sobranie zakonov rossijskoj imperii. Sobranie pervoe. S 1649 po 12 dekabrja 1825 g., 50 Bde. SPb 1830
RA	Russkij Archiv. M. 1863-1917

RBS	Russkij biografičeskij slovar', 25 Bde. SPb 1896-1912
RGADA	Rossijskij gosudarstvennyj archiv drevnych aktov, Moskau
RIB	Russkaja istoričeskaja biblioteka, 39 Bde. SPb 1872-1927
RH	Russian History. Pittsburgh 1974 ff.
RR	Russian Review. Stanford, Cal. 1941 ff.
RSt	Russkaja Starina. SPb 1870-1918
RV	Russkij Vestnik. M. 1856-1917
RZ	Rossijskoe zakonodatel'stvo X-XX vekov (v devjati tomach), bisher 8 Bde. M. 1984-91
Sb.	Sbornik
SEER	Slavonic and East European Review. London 1922 ff.
SGGD	Sobranie gosudarstvennych gramot i dogovorov, chranjaščichsja v gosudarstvennoj kollegii inostrannych del, 5 Bde. SPb 1813-94
SIĖ	Sovetskaja istoričeskaja ėnciklopedija, 16 Bde. M. 1961-76
SIRIO	Sbornik imperatorskogo russkogo istoričeskogo obščestva, 148 Bde. SPb 1867-1916
SNA	Senatskij archiv, 14 Bde. SPb 1888-1910
sost.	sostavlennyj, -aja
SPb	St. Petersburg
SR	Slavic Review. Seattle 1963 ff.
Sud.	Sudebnik (Gerichtsbuch)
SZ	Svod zakonov rossijskoj imperii. SPb 1832 ff.
Ul.	Uloženie (von 1649)
VDJL	Vremennik demidovskogo juridičeskogo liceja. Jaroslavl' 1872-1910
VE	Vestnik Evropy. SPb 1866-1918
vel.	velikij, -aja
VI	Voprosy istorii. M. 1945 ff.
VMU	Vestnik moskovskogo universiteta. Serija 9: Istoričeskie nauki. M. 1960-76. Serija 8: Istorija. M. 1977 ff.
VP	Vestnik Prava. SPb 1899-1906
ŽGUP	Žurnal graždanskogo i ugolovnogo prava. SPb 1871-94
ŽMJ	Žurnal ministerstva justicii. SPb 1859-1917
ŽMNP	Žurnal ministerstva narodnogo prosveščenija. SPb 1843-1917
ZA	Zakonodatel'nye akty russkogo gosudarstva vtoroj poloviny XVI-pervoj poloviny XVII v. Tektsty. L. 1986
ZAP	Zakonodatel'nye akty Petra I. Akty o vysšich gosudarstvennych ustanovlenijach, Bd. 1. M. 1945
ZHF	Zeitschrift für historische Forschung. Berlin 1974 ff.

HILFSMITTEL

Alfavitnyj spisok juridičeskogo fakul'teta imp. kazanskogo universiteta. Kazan' 1901. 133 S.
BALDAEV, D., u.a. Hg., Slovar' tjuremo-lagerno-blatnogo žargona. Rečevoj i grafičeskij portret sovetskoj tjur'my. M. 1992. 526 S.
BARSUKOV, A.P., Spiski gorodovych voevod i drugich lic voevodskogo upravlenija moskovskogo gosudarstva XVII st. po napečatannym pravitel'stvennym aktam. SPb 1902. 611 S.
BUTLER, W.E., Hg., Russian and Soviet Law. An Annotated Catalogue of Reference Works, Legislation, Court Reports, Serials and Monographs on Russian and Soviet Law. Zug 1976.
Central'nyj gosudarstvennyj archiv drevnych aktov SSSR. Putevoditel', 2 Bde. M. 1946-47.
Central'nyj gosudarstvennyj archiv drevnych aktov SSSR. Putevoditel', 2 Bde. M. 1991-92.
CHARTULARI, K.F., Sistematičeskij katalog knig i brošjur, nachodjašichsja v biblioteke K.F. Chartulari s vključeniem naibolee krupnych statej iz juridičeskich žurnalov za 1859-1880 gg. SPb 1901. 265 S.
CLENDENNING, P., R. BARTLETT, Eighteenth Century Russia. A Select Bibliography of Works Published since 1955. Newtonville, Mass. 1981. 262 Stn.
ESIPOV, V.V., Ukazatel' važnejšej literatury po ugolovnomu pravu. M. 1905. 109 S.
DUBJAGIN, Ju., Hg., Tolkovyj slovar' ugolovnych žargonov. M. 1991. 207 S.
Gosudarstvennyj istoričeskij archiv moskovskoj oblasti. Putevoditel'. M. 1961. 345 S.
GENNADI, G., N. SOBKO, Spravočnyj slovar' o russkich pisateljach i učenych, umeršich v XVIII i XIX st. i spisok russkich knig s 1725 po 1825 g., 2 Bde. Berlin 1876-80.
GERNET, M., Bibliografičeskie ukazateli po voprosam ugolovnogo prava. SPb 1913. 20 S.
GRIMSTED, P.K., Archives and Manuscript Repositories in the USSR. Moscow and Leningrad. Princeton, N.J. 1972. 436 S.
DIES., A Handbook for Archival Research in the USSR. Princeton, N.J. 1989. 430 S.
HORBATSCH, O., Hg., Russische Gaunersprache, Bd. 1. Frankfurt/M. 1978.
IVANOV, P.I., Opisanie gosudarstvennogo archiva starych del. M. 1850. 390 S.
DERS., Putevoditel' po gosudarstvennym archiva, sost. pri senate v Moskve. M. 1845. 58 S.
Izvestija S.-Peterburgskogo politechničeskogo instituta. Otdel nauk ėkonomičeskich i juridičeskich, 24 Bde. SPb 1904-1915.
Juridičeskaja bibliografija, izd. juridičeskim fakul'tetom S. Peterburskogo univer-

siteta, 9 Bde. SPb 1884-87.
Kabinet ugolovnogo prava pri imp. S. Peterburgskom universitete. Katalog biblioteki, 2 Bde. SPb 1909-13.
KALAČOV, N.V., u.a., Ukazatel' materialov i izsledovanij po istorii russkogo prava, izdannych do 1856 g., in: Archiv istoričeskich i praktičeskich svedenij, otnosjaščichsja do Rossii 4, 1859, S. 1-158.
Katalog biblioteki gosudarstvennogo soveta, Bd. 1. Knigi na russkom jazyke. P. 1914. 439 S.
Katalog biblioteki kabineta ugolovnogo prava pri S. Peterburgskom universitete, 2 Bde. SPb 1909-13.
Katalog biblioteki imp. novorossijskogo universiteta, Bd. 3. Juridičeskij fakul'tet. Odessa 1893. 751 S.
Katalog biblioteki moskovskogo archiva ministerstva justicii. M. 1895. 140 S.
Katalog biblioteki N.A. Popova. Vtoroe dobavlenie k katalogu moskovskogo archiva ministerstva justicii. M. 1903. 261 S.
Katalog biblioteki D.Ja. Samokvasova. Tret'e dobavlenie k katalogu moskovskogo archiva ministerstva justicii. M. 1913. 254 S.
Katalog knig biblioteki juridičeskogo kabineta imp. S. Peterburgskom universiteta. SPb 1906. 355 S.
Katalog knig po obščestvenno-juridičeskim naukam. Sistematičeskij katalog knižnych magazinov tovariščestva M.O. Vol'f. M. o.J. 55 S.
Katalog knižnogo magazina „Novogo Vremeni" A.S. Suvorina. Katalog juridičeskogo otdela, 2 Bde. SPb 1911.
Katalog muzeja kabineta ugolovnogo prava pri imp. S. Peterburgskom universitete. SPb ³1902. 151 S.
KAUFMANN, I.M., Russkie biografičeskie i bibliografičeskie slovari. M. 1955. 751 S.
KLEPIKOV, S.A., Bibliografija pečatnych planov goroda Moskvy XVI-XIX vv. M. 1956. 122 S.
KOZLOVSKIJ, V., Hg., Sobranie russkich vorovskich slovarej, 4 Bde. New York 1983.
KREUTZINGER, B., Bibliographie zur Rezeptions- und Wirkungsgeschichte der Abhandlung „Dei delitti i delle pene" Cesare Beccarias und zur Strafrechtsreformbewegung im deutschsprachigen Raum des 18. Jahrhunderts, in: Das achtzehnte Jahrhundert 12, 1988, S. 89-116.
KSENZOVA, T.E., Juridičeskaja literatura. Annotirovannyj ukazatel' otečestvennych bibliografičeskich posobij, izdannych v 1831-1970 gg. M. 1972. 144 S.
LEONTOVIČ, F.I., Literatura istorii russkogo prava, Bd. 1. Warschau 1902. 597 S. Nd. 1974.
-Dobavlenie k literature istorii russkogo prava prof. F.I. Leontoviča, in: Varšavskie universtitetskija izvestija 1903, 9, S. 1-27.
DERS., Ukazatel' istočnikov i izsledovanij po istorii slavjanskich zakonodatel'stv, in: ŽMNP 1867, Nr. 135, S. 365-413.
Manifesty, ukazy i drugija pravitel'stvennyja rasporjaženija v otdel'nych izdanijach i perepečatkach. SPb 1895. 78 S.

MASANOV, I.F., Russkij archiv, izd. P. Bartenevym 1863-1908. Soderžanie ego knižek i predmetnaja rospis' s azbučnym ukazatelem. M. 1908. 398 Stn.

MEL'NIKOVA, N.N., Izdanija moskovskogo universiteta 1756-1779. M. 1955. 250 S.

MEŽOV, V.I., Literatura russkogo pravovedenija za 1859-1866 gg. vklučitel'no, Bd. 1. SPb 1867. Getr. Pag.

MINCLOV, S.R., Obzor zapisok, dnevnikov, vospominanij, pisem i putešestvij, otnosjaščichsja k istorii Rossii, 5 Bde. Novgorod 1911-12. Nd. 1976.

MOROCHOVEC, E.A., Opyt bibliografičeskogo ukazatel'ja po istorii krest'janskogo dviženija v Rossii XVIII v., in: Vestnik kommunističeskoj akademii 1927, 20, S. 318-34.

Moskovskij kreml'. Ukazatel' literatury 1723-1987 gg., Bd. 1. M. 1989. 143 S.

NEUSTROEV, A.N., Ukazatel' k russkim povremennym izdanijam i sbornikam za 1703-1802 gg. i k istoričeskomu rozyskaniju o nich. SPb 1898. Nd. 1963. 805 S.

Obščij chronologičeskij ukazatel' k pervomu polnomu sobraniju zakonov, Bd. 1. 1649-1825. SPb 1851. 1.206 S.

Pamjatnaja knižka moskovskogo archiva ministerstva justicii. M. 1890. 235 S.

Pamjatnaja knižka senatskogo archiva. SPb 1813. 257 S.

Podrobnyj katalog izdanij archeografičeskoj komissii vyšedšich v svet s 1863 po 1918 g. P. 1918. 116 S.

Polnoe sobranie zakonov rossijskoj imperii. Ukazatel' chronologičeskij i alfavitnyj, 2 Bde. SPb 1830.

Rossijskaja imperija v XVIII v. Izdanija 1725-1800 gg. M. 1983.

ROSSIJSKIJ, D.M., Istorija vseobščej i otečestvennoj mediciny i zdravoochranenija. Bibliografija 996-1954 gg. M. 1956. 936 S.

RUBINŠTEJN, N.L., Topografičeskie opisanija namestničestv i gubernii XVIII v. Pamjatniki geografičeskogo i ėkonomičeskogo izučenija Rossii, in: Voprosy geografii 31, 1953, S. 39-89.

Russisches und sowjetisches Recht auf Microfiche. Neuerwerbungen der Osteuropa-Abteilung der Staatsbibliothek Preußischer Kulturbesitz. Berlin 1981. 94+22 S.

ŠENDŽIKOVSKIJ, I.A., Sistematičeskij katalog biblioteki aleksandrovskoj voenno-juridičeskoj akademii, 2 Bde. SPb 1899-1904.

ŠIMKO, I.I., A.A. GOZDAVO-GOLOMBIEVSKIJ, Archiv starych del do 1812 g., in: ODB 5, 1888, S. 399-507.

ŠUMILOV, V.N., Knigi moskovskich prikazov v fondach CGADA. Opis' 1495-1718 gg. M. 1972. 327 S.

DERS., Obzor dokumental'nych materialov CGADA po istorii SSSR perioda feodalizma XI-XVI vv. M. 1954. 304 S.

DERS., Obzor dokumental'nych materialov CGADA po istorii g. Moskvy s drevnejšich vremen do XIX v. M. 1949. 187 S.

Sistematičeskij katalog knig i periodičeskich izdanij biblioteki soveta prisjažnych poverennych moskovskoj sudebnoj palaty. M. 1914. 340 S.

Svodnyj katalog knig na inostrannych jazykach, izdannych v Rossii v XVIII v.,

3 Bde. L. 1984-86.
Svodnyj katalog russkoj knigi kirilovskoj pečati XVIII v. M. 1968. 567 S.
Svodnyj katalog russkoj knigi grazdanskoj pečati XVIII v. 1725-1800 g., 5 Bde. M. 1963-67.
-Spisok razyskivaemych izdanij, ne vošedšich v svodnyj katalog russkoj knigi graždanskoj pečati XVIII v. 1725-1800. M. 1969. 228 S.
SUMCOV, N.F., Kolduny, ved'my i upyri. Bibliografičeskij ukazatel', in: Sbornik char'kovskogo istoriko-filologičeskogo obščestva, Bd. 3. Char'kov 1891, S. 229-78.
TOKMAKOV, I.F., Biblioteka moskovskogo glavnogo archiva ministerstva inostrannych del. Katalog knigam po jurisprudencii s 1500 po 1879 g., in: JV 1879, 9, S. 1-16.
Ukazatel' k aktam juridičeskim izdannym pod redakciju N.V. Kalačova. SPb 1901. 132 S.
ZAGOSKIN, N.P., Nauka istorii russkogo prava. Kazan' 1891. 530 S.
ZAJONČKOVSKIJ, P.A., Spravočniki po istorii dorevoljucionnoj Rossii. M. [2]1978. 638 S.
ZAV'JALOV, V.I., Bibliografija po istorii fabrik i zavodov Moskvy i moskovskoj oblasti. Ukazatel' literatury 1799-1959 gg. M. 1960. 151 S.
ZERNOVA, A.S., Knigi kirillovskoj pečati izdannye v Moskve v XVI-XVII vv. Svodnyj katalog. M. 1958.

ARCHIVQUELLEN

Rossijskij gosudarstvennyj archiv drevnych aktov (RGADA), Moskau:

F. 9 Kabinet Petra I.
F. 10 Kabinet Ekateriny II.
F. 16 Vnutrennee upravlenie/Razrjadnyj Prikaz
F. 22 Dela sudnye
F. 192 Kartografičeskij otdel
F. 231 Zemskij Prikaz
F. 239 Sudnyj Prikaz
F. 247 Moskovskij slovesnyj sud
F. 248 Pravitel'stvujuščij senat
F. 254 Moskovskaja senatskaja kontora
F. 282 Justickollegija
F. 307 Sledstvennaja kommissija o kabinet-sekretare A.V. Makarove
F. 308 Moskovskaja ratuša i moskovskij magistrat
F. 348 Moskovskij nadvornyj sud
F. 349 Moskovskaja kontora tajnych rozysknych del
F. 360 S. Peterburgskaja ratuša i gorodovoj magistrat
F. 366 Glavnaja policmejsterskaja kanceljarija

F. 372 Moskovskij sysknoj prikaz
F. 373 Moskovskaja rozysknaja ėkspedicija
F. 386 Kanceljarija fiskal'nych del pri senate g. Moskvy
F. 400 Moskovskaja gubernskaja kanceljarija
F. 412 S. Peterburgskaja gubernskaja kanceljarija
F. 930 Arzamasskaja policmejsterskaja kanceljarija
F. 931 Moskovskaja policmejsterskaja kanceljarija
F. 933 Tobol'skaja policmejsterskaja kontora
F. 934 Novgorodskaja policmejsterskaja kontora
F. 935 Novoladožnaja policmejsterskaja kontora
F. 936 Tul'skaja policmejsterskaja kontora
F. 937 S. Peterburgskij slovesnyj sud
F. 940 S. Peterburgskij nadvornyj sud
F. 985 Suzdal'skaja policmejsterskaja kontora
F. 993 Brjanskaja policmejsterskaja kontora
F. 999 Šlissel'burgskaja policmejsterskaja kontora
F. 1094 Kurskaja policmejsterskaja kontora

Central'nyj gosudarstvennyj istoričeskij archiv moskovskoj oblasti (CGIAM), Moskau:

F. 32 Moskovskij gorodovoj magistrat
F. 50 Moskovskaja palata ugolovnogo suda
F. 80 Verchnij nadvornyj sud
F. 81 Nižnij nadvornyj sud

GEDRUCKTE QUELLEN

Allgemeines russisches Land-Recht (...). Danzig 1723. 244 S.
ARTEM'EV, A., Kratkoe načertanie rimskich i rossijskich prav (...). M. 1777. 190 S.
BAZILEVIČ, K.V., u.a. Hg., Gorodskie vosstanija v moskovskom gosudarstve XVII v. Sb. dokumentov. M. 1936. 182 S.
BECCARIA, C., Über Verbrechen und Strafen. Frankfurt/M. 1988. 188 S.
BELJAVSKIJ, M.T., Hg., Dvorjanskaja imperija XVIII v. Osnovnye zakonodatel'nye akty. Sb. dokumentov. M. 1960. 224 S.
BERCHGOL'C, F.V., Dnevnik kamer-junkera Berchgol'ca, vedennyj im v Rossii v carstvovanie Petra vel. s 1721 po 1725 g., 4 Bde. M. 1858-62.
BOLOTOW, A.T., Leben und Abenteuer des Andrej Bolotow, von ihm selbst für seine Nachkommen aufgeschrieben, 2 Bde. München 1989.
BORISOV, B., Prošenie k gosudarju Petre I ob osmotre neizvestnogo mertvogo tela 1702 g., in: ČOIDR 1847, 5, S. 144.

BUGANOV, V.I., Novyj dokument o ssylke učastnikov „mednogo bunta“ 1662 g., in: Istoričeskij archiv 1962, 4, S. 233-34.
DERS., Hg., Vosstanie 1662 g. v Moskve. Sb. dokumentov. M. 1964. 305 S.
DERS., Hg., Vosstanie v Moskve 1682 g. Sb. dokumentov. M. 1976. 347 S.
BUSSE, K.H.v., Hg., Hermann von Breverns Leben, von ihm selbst 1718 aufgezeichnet, in: Archiv für die Geschichte Liv-, Esth- und Curlands 5, 1847, S. 225-59.
ČEBOTAREV, Istoričeskoe i topografičeskoe opisanie moskovskoj gubernii s ich uezdami (...). M. 1787. 368 S.
ČEČULIN, N.D., Hg., Nakaz Ekateriny II., dannyj kommissii o sočinenii proekta novogo uloženija. SPb 1907. 174 S.
Černovye proekty rešenij Ekateriny II i kn. Jakova Šachovskogo po dela o Dar'je Saltykovoj, in: SIRIO 10, 1872, S. 311-12.
ČULKOV, M.D., Slovar' juridičeskoj ili svod rossijskich uzakonenij (...). M. 1793. 831 S.
DERS., Abevega russkich sueverij (...). SPb 1786. 326 S.
CHAPOVICKIJ, M.V., Razgovor uezdnych dvorjan o vybore v sud'i. SPb 1790. 8 S.
CHAVSKIJ, P.V., Na pamjat' druz'jam moim, 2 Bde. M. 1874.
DERS., Semisotletie Moskvy 1147-1847 ili ukazatel' istočnikov topografii i istorii za sem' vekov. M. 1847. 512 S.
DERS., Hg., Sobranie zakonov o policejskom upravlenii ili nakazy gubernatorskie i ustav upravy blagočinija so vključeniem zakonov im predšestvovavšich i posledovavšich s 1708 po aprel' 1823 g. SPb 1823. 460 S.
DERS., Hg., Sobranie zakonov o sudoustrojstve i sudoproizvodstve graždanskom s 1775 po 1824 g. SPb 1824. 518 S.
DERS., T.P. CHAVSKIJ, Hg., Sobranie zakonov o sudoustrojstve i sudoproizvodstve ugolovnom s 1649 po 1825 g. SPb 1825. 428 S.
COLLINS, S., Moscovitische Denkwürdigkeiten. Leipzig 1929. 102 S.
COXE, W., An Account of the Prisons and Hospitals in Russia, Sweden and Denmark (...). London 1781. 55 S.
DERS., Travels into Poland, Russia, Sweden and Denmark, 5 Bde. London ^{5}1802 (Deutsche Ausgabe: Ders., Reise durch Polen, Rußland, Schweden und Dänemark, 2 Bde. Zürich 1785-86).
Dela ob opredelenii gubnych starost i voevod po gorodam, in: Vremennik imp. moskovskogo obščestva istorii i drevnostej rossijskich 1849, 4, S. 32-52.
DESNICKIJ, S.E., Juridičeskoe rassuždenie o veščach svjaščennach, svjatych i prinjatych v blagočestie, s pokazaniem prav, kakim onye u raznych narodov zaščiščajutsja, in: Juridičeskie proizvedenija progressivnych russkich myslitelej. M. 1959, S. 201-14.
DERS., Juridičeskoe rassuždenie o načale i proischoždenii supružestva u pervonačal'nych narodov i o soveršenstve, k kakomu onoe privedennym byt' kažetsja posledovavšimi narodami prosveščenneijšimi, in: Ebd., S. 215-24.
DERS., Juridičeskoe rassuždenie o pol'ze znanija otečestvennogo zakonoiskusstva i o nadobnom vozobnovlenii onogo v gosudarstvennych vysokopokrovi-

tel'stvuemych učiliščach, in: Ebd., S. 225-41.
DERS., Juridičeskoe rassuždenie o raznych ponjatijach, kakie imejut narody o sobstvennosti imenija v različnych sostojanijach obščežitel'stva, in: Ebd., S. 242-58.
DERS., Predstavlenie o učreždenii zakonodatel'noj, suditel'noj i nakazatel'noj vlasti v rossijskoj imperii, in: Ebd., S. 99-142.
DERS., Slovo o pričinach smertnych kaznej po delam kriminal'nym, in: Ebd., S. 186-200.
DERS., Slovo o prjamom i bližajšem sposobe k naučeniju jurisprudencii, in: Ebd., S. 143-85.
DIL'TEI, F.G., Dissertacija o izsledovanijach juridičeskich (...). SPb 1781. 32 Stn.
DERS., Juridičeskoe izsledovanie o prinadležaščem dlja suda meste (...). M. 1779. 210 S.
DERS., Juridičeskoe razsuždenie o raznych ponjatijach, kakija imejut narody o sobstvennosti (...), in: Izbrannye proizvedenija russkich myslitelej vtoroj poloviny XVIII v., Bd. 1. M. 1952, S. 268-86.
Dvorcovoe razrjady, izdannye II otdeleniem sobstvennoj e.i.v. kanceljarii, 4 Bde. SPb 1850-55.
FILIPPOV, A.N., Hg., Žurnaly prav. senata za 1737 g., 2 Bde. M. 1910.
FILIPPOV, M.M., Hg., Tjur'my v Rossii. Sobstvennoručnyj proekt imp. Ekateriny II, in: RSt 1873, 7, S. 60-86.
GASTEV, M.S., Materialy dlja polnoj i sravnitel'noj statistiki g. Moskvy, Bd. 1. M. 1841. 312 S.
GOLICYN, D.A., Pis'ma, in: Izbrannye proizvedenija russkich myslitelej vtoroj poloviny XVIII v., Bd. 2. M. 1952, S. 33-48.
GORJUŠKIN, Z.A., Rukovodstvo k poznaniju rossijskogo zakonoiskusstva, 4 Bde. M. 1811-16.
GREK, M., Sočinenija, Bd. 1. Svjato-Troickaja Sergieva Lavra 1910. 287 S.
GRIBOVSKIJ, V.M., Hg., Pamjatniki russkogo zakonodatel'stva XVIII st., Bd. 1. Ėpocha Petrovskaja. SPb 1907. 208 S.
GULJAEV, P., Rossijskoe ugolovnoe pravo, sostavlennoe iz rossijskich gosudarstvennych uzakonenij. M. 1826. 193 S.
HELLIE, R., The Muscovite Law Code (Ulozhenie) of 1649, Bd. 1. Text and Translation. Irvine, Cal. 1988. 425 S.
HERBERSTEIN, S.v., Moskowia. Nd. Weimar 1975. 189 S.
HOFFMANN, P., Hg., Geographie, Geschichte und Bildungswesen in Rußland und Deutschland im 18. Jahrhundert. Briefwechsel Anton Friedrich Büsching - Gerhard Friedrich Müller 1751 bis 1783. Berlin 1995. 577 S.
HOWARD, J., Memoirs of the Public and Private Life, hg. von J.B. Brown. London [2]1823. 657 S.
INDOVA, E.I., Hg., Krest'janskie čelobitnye XVII v. M. 1994. 329 S.
IVANOV, P.I., Hg., Vedomost' domam, nachodivšimsja v Moskve (...)., in: ČOIDR 1864, 2, S. 36-66.
DERS., Hg., O moskovskom bol'šom požare, slučivšemsja maja 29 dnja 1737 g. M. 1858. 50 S.

Iz bumag grafa N.I. Panina, in: RA 1878, 10/12, S. 426-82.
Iz perepiski grafa S.A. Saltykova 1733 goda, in: ČOIDR 1862, 4, S. 135-48.
Izbrannye proizvedenija russkich myslitelej vtoroj poloviny XVIII v., 2 Bde. M. 1952.
IZMAJLOV, A., Razsuždenie o niščich (...). SPb 1804. 23 S.
JAKOVLEV, A.I., Hg., Namestničie, gubnye i zemskie gramoty moskovskogo gosudarstva. M. 1909. 208 S.
Juridičeskie proizvedenija progressivnych russkich myslitelej. Vtoraja polovina XVIII v. M. 1959. 638 S.
JUŠKOV, A., Hg., Akty XIII-XVII vv. predstavlennyj v razrjadnyj prikaz (...), Bd. 1. 1257-1613 gg. M. 1899. 415 S.
Katharinä der Zweiten Kaiserin und Gesetzgeberin von Rußland Instruction für die zu Verfertigung des Entwurfs zu einem neuen Gesetzbuche verordnete Comission. Riga 1768. 142 S. Nd. 1970.
KIRILOV, I.K., Cvetuščee sostojanie vserossijskogo gosudarstva. Nd. M. 1977. 443 S.
KOMAROW, M., Die ausführliche und wahrhaftige Geschichte des russischen Gauners Wanka Kain (...). Kassel 1978. 127 S.
KORB, J.G., Tagebuch der Reise nach Rußland. Graz 1968. 285 S.
KOTOŠICHIN, G.K., O Rossii v carstvovanie Alekseja Michajloviča. SPb 1906. 214 S. Nd. 1969.
KOZEL'SKIJ, Ja.P., Filosofskie predloženija, sočinennye nadvornym sovetnikom (...), in: Juridičeskie proizvedenija progressivnych russkich myslitelej. M. M. 1959, S. 338-430.
LANGER, K.G., Slovo o načale i rasprostranenii položitel'nych zakonov (...). M. 1766. 22 S.
DERS., Slovo o proischoždenii i svojstve vysšnjago kriminal'nogo suda (...). M. 1767. 26 S.
LANGANS, F., Slovar' juridičeskoj ili svod rossijskich uzakonenij po azbučnomu porjadku. M. 1788. 210 S.
LAPPO, I.I., Hg., Litovskij statut v moskovskom perevode-redakcii. Jur'ev 1916. 395 S.
LATKIN, V.N., Hg., Proekt novogo uloženija, sostavlennyj zakonodatel'noj kommisiej 1754-1766 g., Bd. 3. O sostojanijach poddannych voobšče. SPb 1893. 284 S.
LOEWE, K.v., Hg., The Lithuanian Statute of 1529. Leiden 1976. 206 S.
LOMONOSSOW, M.W., Ausgewählte Schriften in zwei Bänden. Berlin (DDR) 1961.
DERS., Über die Erhaltung und Vermehrung des russischen Volkes, in: Ebd., Bd. 2, S. 119-43.
LONGINOV, M., Hg., Materialy dlja istorii kommissii o sočinenii proekta novogo uloženija 1767-1774, in: Russkij vestnik 1861, 12, S. 1-79.
MAKSIMOVIČ, L.M., Putevoditel' k drevnostjam i dostopamjatnostjam moskovskim (...), 4 Bde. M. 1792-93.
DERS., Hg., Ukazatel' rossijskich zakonov, 3 Bde. M. 1803.
MAL'GIN, T., Opyt istoričeskogo izsledovanija i opisanija starinnych sudebnych

mest rossijskogo gosudarstva (...). SPb 1803. 115 S.
MAN'KOV, A.G., Hg., Sobornoe uloženie 1649 g. L. 1987. 448 S.
Materialy dlja istorii moskovskogo kupečestva, 3 Bde. M.1883-85.
Materialy po istorii krest'janskoj promyšlennosti XVIII i pervoj polovine XIX v., Bd. 1. M. 1935. 427 S.
Materialy po istorii volnenij na krepostnych manufakturach v XVIII v. M. 1937. 468 S.
MATVEEV, A.A., Zapiski, in: Zapiski russkich ljudej. Sobytija vremen Petra vel. SPb 1841, S. 1-94.
-Biblioteka A.A. Matveeva 1666-1728. Katalog. M. 1985. 216 S.
MEISKE, C., Hg., Das Sobornoe uloženie von 1649, 2 Bde. Halle/S. 1985.
MEJERBERG, A., Putešestvie v Moskoviju. M. 1874. 216 S.
MEL'NIKOV, P.I., Hg., Vypiska iz dela o vdove Saltykovoj (...), in: ČOIDR 1872, 1, S. 38-44.
MEŠALIN, I.V., Hg., Tekstil'naja promyšlennost' moskovskoj gubernii v XVIII i načale XIX v. M. 1950. 562 S.
MONTESQUIEU, Vom Geist der Gesetze, 2 Bde. Tübingen ²1992.
NAIDENOV, N.N., Hg., Materialy dlja istorii moskovskogo kupečestva, 6 Bde. M. 1883-87.
Nakaz ot žitelej g. Moskvy, in: SIRIO 93, 1894, S. 119-35.
NOVIKOV, N.I., Stat'i i zametki iz satiričeskogo žurnala „Truten'", in: Izbrannye proizvedenija russkich myslitelej vtoroj poloviny XVIII veka, Bd. 2. M. 1952, S. 129-65.
DERS., Stat'i i zametki iz satiričeskogo žurnala „Živopisec", in: Ebd., S. 166-211.
NOVIKOV, V.V., Reč' sočinennaja na slušaj sobranija kalužskogo dvorjanstva dlja vybora sudej na 1786 g. SPb 1786. 16 S.
DERS., Teatr sudovedenija ili čtenie dlja sudej i vsech ljubitelej jurisprudencii, 6 Bde. M. 1791-92.
NOVOMBERSKIJ, N.Ja., Hg., Koldovstvo v moskovskoj Rusi XVII v. SPb 1906. 134 S.
DERS., Hg., Slovo i delo gosudarevy, 2 Bde. M. Tomsk 1909-11.
Obrjad kak obvninennyj pytaetsja. Zapiska o sposobe i porjadke proizvodstva pytok v XVIII v., in: RSt 1873, 8, S. 58-59.
OLEARIUS, A., Vermehrte newe Beschreibung der moskowitischen und persischen Reyse, hg. von D. Lohmeier. Nd. Tübingen 1971. 802 S.
Opisanie del moskovskoj upravy blagočinija, Bd. 1. M. 1909. 57 S.
Ot gosudarstvennoj justic-kollegii vybrannomu deputatu onoj kollegii členu gospodinu polkovniku Olsuf'evu nakaz, in: SIRIO 43, 1885, S. 155-73.
OVČINNIKOV, R.V., Hg., Sledstvie i sud nad E.I. Pugačevym, in: VI 1966, 3, S. 124-38; 4, S. 111-26; 5, S. 107-21; 7, S. 92-109; 9, S. 137-49.
PALLAS, P.S., Reise durch verschiedene Provinzen des Russischen Reiches, 3 Bde. Nd. Graz 1967.
PENČKO, N.A., Hg., Dokumenty i materialy po istorii moskovskogo universiteta vo vtoroj polovine XVIII v., 3 Bde. M. 1960-63.
Perepisi moskovskich dvorov XVII st. M. 1896. 123 S.

Perepisi moskovskich dvorov XVIII st. M. 1896. 329 S.
Perepisnaja kniga g. Moskvy 1638 g. M. 1881. 316 Sp.
Perepisnye knigi g. Moskvy 1665-1676 gg. M. 1886. 238 Sp.
Perepisnye knigi g. Moskvy sostavlennye v 1737-1745 gg., 8 Bde. M. 1881-93.
PERESVETOV, I., Sočinenija, hg. von A.A. Zimin. M. 1956. 386 S.
PERRY, J., The State of Russia under the Present Czar. Nd. London 1967. 280 Stn.
POLENOV, A.Ja., O krepostnom sostojanii krest'jan v Rossii, in: Izbrannye proizvedenija russkich myslitelej vtoroj poloviny XVIII veka, Bd. 2. M. 1952, S. 7-29.
POLENOV, D.V., Hg., Palata o uloženii. Materialy dlja istorii russkogo zakonodatel'stva, Bd. 1. SPb 1865. 64 S.
POLEŽAEV, T., Istoričeskoe i topografičeskoe opisanie pervoprestol'nogo grada Moskvy s priobščeniem general'nogo i častnych eja planov. M. 1796. 88 Stn.
POSOŠKOV, I.T., Kniga o skudosti i bogatstve, hg. von B.B. Kafengauz. M. 1937. 350 S.
PRAVIKOV, F., Grammatika juridičeskaja, ili načal'nyja pravila rossijskogo pravovedenija (...). SPb 1805. 182 S.
Preisschrift, Die von der oeconomischen Gesellschaft zu St. Petersburg gekrönte Preisschrift nebst drey andern, die dem Preis am nächsten gekommen. SPb 1768. 182 S.
Proekt o tjur'mach Ekteriny vel., in: Tjuremnyj vestnik 1896, 11, S. 596-618.
Protokol verchovnogo tajnogo soveta ob izmenenij nekotorych punktov instrukcii moskovskoj policii 10.4.1728, in: SIRIO 79, 1891, S. 286-91.
RADISTSCHEW, A.N., Betrachtungen über das Recht des Strafens und die Todesstrafe, in: ders., Ausgewählte Schriften. Berlin (DDR) 1959, S. 74-91.
DERS., Über Gesetzgebung, in: Ebd., S. 345-73.
Razdelenie prestuplenij protiv prava graždanskogo i protiv prava ugolovnogo. SPb 1813. 17 S.
ROZANOV, N.N., Hg., Ukaz moskovskoj duchovnoj konsistorii v nechrjanskoe duchovnoe upravlenie ob učinenii vdove lejb-gvardii rotmistra Gleba Saltykova obyska (...), in: ČOIDR 1872, 1, S. 33-37.
Rozysknyja dela o Fedore Šaklovitom i ego soobščnikach, 4 Bde. SPb 1884-93.
RUBAN, V.G., Opisanie imp. stoličnogo goroda Moskvy (...). SPb 1782. 159 Stn.
DERS., Hg., Ustav ratnych, pušečnych i drugich del, kasajuščichsja do voennoj nauki (...), 2 Bde. SPb 1777-81.
RUBINŠTEJN, N.L., Hg., Voennye ustavy Petra vel. Sb. dokumentov. M. 1946. 79 S.
Rußisch-kaiserliche Polizeyordnung. Erster Theil. Auf allerhöchsten Befehl aus dem Rußischen übersetzt von C.G. Arndt. SPb 1782. 78 S.
Štat moskovskoj gubernii, sostojaščej iz četyrnadcati uezdov (...). SPb 1781. 14 Stn.
ŠVORINA, T.I., Hg., Voinskie artikuly Petra I. M. 1940. 51 S.

Saltyčicha, in: Zritel' 1863, 35/36, S. 303-07, 340-44.
SAVVA, V., Hg., Arzamasskie i barminskie budnye stany. Prichodo-razchodnyja i smetnyja knigi 1679-80 gg., in: ČOIDR 1908, 3, S. 1-70.
ŠČERBATOV, M.M., Rassuždenie o golode 1787 g., in: ČOIDR 1860, 1, S. 81-112.
SHCHERBATOV, M.M. On the Corruption of Morals in Russia, hg. von A. Lentin. Cambridge 1969. 339 S.
Slovar' juridičeskij ili svod rossijskoj uzakonenij po azbučnomu porjadku (...). Tobol'sk 1791. 210 S.
SMIRNOV, P.P., Hg., Neskol'ko dokumentov k istorii sobornogo uloženija i zemskogo sobora 1648-49 gg., in: ČOIDR 1913, 4, S. 1-20.
Sobranie zakonov o kupcach, meščanach, posadskich i cechovych ili gorodovoe položenie (...) s 1766 po 1823 g. SPb 1823. 359 S.
Sobranie zakonov o rossijskich dvorjanach ili žalovannaja gramota (...) s 1762 po 1823 gg. SPb 1823. 256 S.
Sobranie zakonov ob upravlenii piteinymi sborami v Rossii (...) po 1825 g. SPb 1825. 391 S.
Sobranie zakonov po upravleniju počtomu, 2 Bde. SPb 1846.
Sobstvennoručnoe rasporjaženie Ekateriny II dlja iskoreneniju grabežej, razboev i neporjadkov v Moskve, in: SIRIO 10, 1872, S. 322-23.
Sostojanie stoličnogo goroda Moskvy 1785 g. M. 1879. 46 S.
Sovremennoe pis'mo o Saltyčiche, in: Osmnadcatyj vek 4, 1869, S. 94-96.
SPEE, F.v., Cautio Criminalis oder Rechtliches Bedenken wegen der Hexenprozesse. München 1984. 300 S.
STADEN, H.v., Aufzeichnungen über den Moskauer Staat, hg. von F.T. Epstein. Hamburg ²1964. 328 S.
Starinnye akty, služaščie preimuščestvenno dopolneniem k opisaniju g. Šui i ego okrestnosti. M. 1853. 400 S.
STORCH, H., Hg., Annalen der Regierung Katharina der Zweyten, Kaiserinn von Rußland, Bd. 1. Gesetzgebung. Leipzig 1798. 252 S.
DERS., Historisch-statistisches Gemählde des Russischen Reiches am Ende des achtzehnten Jahrhunderts, 8 Bde. Riga 1797-1803.
Streleckaja služba v XVII v. Piscovyj nakaz 1677 g., in: RA 1855, 1, S. 17-22.
STRUBE DE PIERMONT, F.H., Discours sur l'origine et les changements des lois russiennes. SPb 1756. 40 S.
DERS., Lettres russiennes suivies des notes de Catherine II. Pisa 1978. 218 S.
Svod pravitel'stvennych meroprijatij o niščich 1681-1893 gg. SPb 1894. 139 S.
Svod zakonov rossijskoj imperii, Bd. 15. Svod zakonov ugolovnych. SPb 1832. 560 S.
Sysknoe delo o ssore meždu meževych sudej kn. V.B. Romodanovskij i dvorjanina 1635-39 gg. M. 1848. 36 S.
Tajnaja kanceljarija v carstvovanie imp. Elizavety Petrovny 1741-1761, in: RSt 1875, 3, S. 523-39.
TICHOMIROV, M.N., P.P. EPIFANOV, Hg., Sobornoe uloženie 1649 g. M. 1961. 442 S.
Toržestvujuščaja minerva, obščenarodnoe zrelišče, predstavlennoe bol'šim naro-

dom v Moskve 1763 g. genvarja 30 dnja. M. 1763. 26 S.
TRET'JAKOV, I.A., Rassuždenie o pričinach izobilija i medlitel'nogo obogaščenija gosudarstv kak u drevnich, tak i u nynešnych narodov, in: Juridičeskie proizvedenija progressivnych russkich myslitelej. M. 1959, S. 298-306.
DERS., Slovo o rimskom pravlenii i o raznych onogo peremenach, in: Ebd., S. 278-97.
Učenie i chitrost' ratnogo stroenija pechotnych ljudej. M. 1649. 286 S. Nd. 1904.
Ukazatel' Moskvy, pokazyvajuščij po azbučnomu porjadku imena vladel'cev vsech domov sej stolicy (...), 2 Bde. M. 1793.
VEJDE, A., Voinskij ustav sostavlennyj i posvjaščennyj Petru vel. generalom Vejde v 1698 g. SPb 1841. 189 S.
VEŠNJAKOV, V.I., Hg., Proekt imp. Ekateriny II ob ustrojstve svobodnych sel'skich obyvatelej, in: SIRIO 20, 1877, S. 447-98.
VLADIMIRSKIJ-BUDANOV, M.F., Hg., Chrestomatija po istorii russkogo prava, 3 Bde. SPb [4]1889.
VOSTOKOV, A.A., Hg., Proekty ugolovnogo uloženija 1754-1766 gg. SPb 1882. 208 S.
Vybrannomu v silu vysočajšego eja imp. veličestva 1766-go godu dekabrja 14-go dlja manifesta ot glavnoj policii deputata nakaz, in: SIRIO 43, 1885, S. 296-362.
WEBER, F.C., Das veränderte Rußland, 3 Bde. Nd. Hildesheim 1992.
ZABELIN, I.E., Hg., Materialy dlja istorii, archeologii i statistiki g. Moskvy (...), 2 Bde. M. 1884-91.
ZABLOCKIJ, M.P., Hg., Opis' moskovskij meščanskoj slobody (...) 1677 g., in: ČOIDR 1860, 2, S. 1-20.
ZAOZERSKAJA, E.I., Hg., Volnenija rabotnych ljudej i pripisnych krest'jan na metallurgičeskich zavodach Rossii v pervoj polovine XVIII v. Sb. dokumentov, 3 Bde. M. 1975.
ZERCALOV, A.N., Hg., K materialam o vorožbe v drevnej Rusi. Sysknoe delo 1642-1643 gg. o namerenii isportit' caricu Evdokiju Lukjanovu, in: ČOIDR 1895, 3, S. 1-38.
DERS., Hg., Moskovskij kitaj-gorod po opisi 1695 g., in: ČOIDR 1893, 2, S. 1-30.
DERS., Hg., O mjatežach v gorode Moskve i v sele Kolomenskom 1648, 1662 i 1771 g., in: ČOIDR 1890, 3, S. 1-440.
DERS., Hg., Ob-ezžie golovy i policejskie dela v Moskve v konce XVII st., in: ČOIDR 1894, 3, S. 1-60.
Žizn' Van'ki Kaina im samim razskazannaja. SPb 1859. 92 S.
ZOLOTNICKIJ, V., Sokraščenie estestvennogo prava (...). SPb 1764. 147 S.

BIS 1917 ERSCHIENENE LITERATUR

A., V., Processy po delam ob azartnoj igre, in: KSt 20, 1888, S. 1-8.

A-EV, D., V. K-KO, Konspektivnyj obzor russkogo ugolovnogo prava. Odessa 1903. 214 S.

AFANAS'EV, A.N., Koldovstvo na Rusi v starinu, in: Sovremennik 1851, 3, S. 49-64.

DERS., Poėtičeskija vozzrenija slavjan na prirodu, 3 Bde. M. 1865-69. Nd. 1971.

DERS., Vedun i ved'ma, in: Kometa. Učeno-literaturnyj almanach. M. 1851, S. 87-164.

ALEKSEEV, S.G., Mestnoe samoupravlenie russkich krest'jan XVIII i XIX v. SPb 1902. 313 S.

ALEKSEEV, V.P., Bor'ba za ideju zakonnosti v moskovskoj Rusi. M. 1909. 121 S.

ALELEKOV, A.N., Istorija moskovskogo voennogo gospitalja v svjazi s istoriej mediciny v Rossii k 200-letnemu ego jubileju 1701-1907 gg. M. 1907. 719 S.

ANCIFEROV, K.D., Pobeg i samovol'nyja otlučki ssyl'nych i administrativnych pereselencev v Sibir', in: JV 1878, 4, S. 539-59.

DERS., Vzjatočničestvo v istorii russkogo zakonodatel'stva do perioda svodov, in: ŽGUP 1884, 2, S. 1-54.

ANDREAE, F., Beiträge zur Geschichte Katharinas II. Die Instruktion vom Jahre 1767 für die Kommission zur Abfassung eines neuen Gesetzbuches. Berlin 1912. 139 S.

ANDREEVSKIJ, I.E., O namestnikach, voevodach i gubernatorach. SPb 1864. 156 S.

ANTONOVIČ, B.V., Koldovstvo, in: Trudy ėtnografičesko-statističeskoj ėkspedicii v zapadno-russkij kraj, snarjažennoj imp. russkim geografičeskim obščestvom, Bd. 1. SPb 1872, S. 323-459.

ANUČIN, E., Istoričeskij obzor razvitija administrativno-policejskich učreždenij v Rossii s učreždenija o gubernijach 1775 g. do poslednego vremeni. SPb 1872. 238 S.

ARCHANGEL'SKIJ, P.G., Pogostnye nakazy 1767 g. kak istoričeskij istočnik, in: Učennye zapiski kazanskogo universiteta 1916, 6/7, S. 1-50.

ARCICHOVSKAJA, E., O koldovstve, porče i klikušestve. SPb 1905. 22 S.

ARISTOV, N.Ja., Ob istoričeskom značenii russkich razbojnič'ich pesen. Voronež 1875. 165 S.

DERS., Razbojniki i beglye vremen Petra vel., in: Biblioteka dlja čtenija 1864, 10, S. 1-28.

ARSEN'EV, A.V., Nepristojnyje reči. Iz del preobraženskogo prikaza i tajnoj kanceljarii XVIII v., in: IstV 1897, 6, S. 59-80; 7, S. 375-98.

DERS., Starinnyja dela ob oskorblenii veličestva. Očerki iz nravov XVIII veka, in: IstV 1881, 3, S. 578-601; 4, S. 822-38.

ARSEN'EV, I., Sud po forme. M. 1860. 32 S.

ARSEN'EV, Ju.I., Iz deloproizvodstva kaširskich gubnych starost vo vtoroj polovine XVII veka, in: Drevnosti. Trudy archeografičeskoj kommissii imp. moskovskogo archeologičeskogo obščestva, Bd. 2, vyp 1. M. 1900, S. 87-102.

DERS., O peredače ugolovnogo dela ob ubijstve krest'janina po čelobit'ju F.M. Arsen'eva ot krapivenskogo voevody na Dedilov 1697, in: ČOIDR 1901, 4, S. 28-29.

AVALIANI, S.L., Istoriografija zemskich soborov. Odessa 1910. 134 S.

B-VA, S., Obščestvennye idealy v ekaterininskuju ėpochu. Dvorjanskie nakazy, in: VE 1876, 1, S. 49-83.

BAGALEJ, D., K istorii ekaterininskoj kommissii dlja sostavlenija proekta novogo uloženija, in: KSt 1884, 9, S. 1-30.

BARAC, G., O čužezemnom proischoždenii bol'šinstva russkich graždanskich zakonov, in: ŽGUP 1884, 8, S. 1-34; 9, S. 45-80; 10, S. 109-46.

BARŠEV, Ja.I., O vlijanii obyčaja, praktiki, zakonodatel'stva i nauki na razvitie uglovnogo i v osobennosti russkogo prava, in: Godičnyj akt v imp. sankt-peterburgskom universitete, byvšij 8 fevralja 1846 goda. SPb 1846, S. 42-116.

DERS., Osnovanija ugolovnogo sudoproizvodstva s primeneniem k rossijskomu ugolovnomu sudoproizvodstvu. SPb 1841. 297 S.

BARŠEV, S.I., O mere nakazanij. M. 1840. 279 S.

DERS., Obščija načala teorii i zakonodatel'stv o prestuplenijach i nakazanijach v dvuch razdelach. M. 1841. 107, 250 S.

BARSOV, N.I., Suščestvovala li v Rossii inkvizicija? SPb 1892. 20 S.

BARSOV, T., O svetskich fiskalach i duchovnych inkvizitorach, in: ŽMNP 1878, 2, S. 307-400.

BARSUKOV, N.P., Žizn' i trudy P.M. Stroeva. SPb 1878. 668 S.

BELIKOV, S.Ja., Bekkarija i značenie ego v nauke ugolovnogo prava, in: ŽMJ 1863, 7, S. 69-108.

DERS., O značenii Bekkarii v nauke i v istorii russkogo zakonodatel'stva, in: Markiz Bekkarija, O prestuplenijach i nakazanijach. Kiev 1889, S. 157-232.

BELJAEV, I.D., Kratkoe obozrenie istorii sudoustrojstva i sudoproizvodstva v Rossii. 36 S.

DERS., Lekcii po istorii russkogo zakonodatel'stva. M. 1879. 728 S.

DERS., O vyvoze v sud po drevnim russkim zakonam do uloženija 1649 goda, in: ŽMJ 1860, 2, S. 97-143.

BELJAEV, I.S., Bytovye očerki prošlogo. Grobotatcy, in: IstV 1906, 8, S. 484-96.

DERS., Bytovye očerki prošlogo. Volšebstvo i koldovstvo, in: IstV 1903, 9, S. 932-63; 1905, 9, S. 848-61.

BELJAEV, P.I,, Istočniki drevne-russkich zakonodatel'nych pamjatnikov, in: ŽMJ 1899, 9, S. 135-55; 10, S. 79-121.

DERS., Očerk prava i processa v ėpochu russkoj pravdy, in: Sbornik pravovedenija 5, 1895, S. 1-26.

BELJUSTIN, I., Razbojniki prošedšych vekov, in: Moskvitjanin 1853, 18, S. 60-70.

BELOGRIC-KOTLJAREVSKIJ, L.S., Ėvoljucija v istorii ugolovnogo prava, in:

Nabljudatel' 1892, 1, S. 138-58.
DERS., Mifologičeskoe značenie nekotorych prestuplenij, soveršaemych po sueveriju, in: IstV 1888, 7, S. 105-15.
DERS., O vorovstve-kraže po russkomu pravu. Istoriko-dogmatičeskoe izsledovanie. Kiev 1880. 380 S.
DERS., Obščija čerty istorii ugolovnogo prava. Kiev 1893. 27 S.
DERS., Rol' obyčaja v ugolovnom zakonodatel'stve. Jaroslavl' 1888. 16 S.
DERS., Tvorčeskaja sila obyčaja v ugolovnom prave. Jaroslavl' 1890. 33 S.
BELOKUROV, S.A., Dela o licach govorivšich nepristojnyja slova, in: ČOIDR 1887, 1, S. 185-216; 2, S. 217-55.
DERS., Plany g. Moskvy XVII v. M. 1898. 80 S.
BELOV, E.A., Moskovskie smuty v konce XVII v., in: ŽMNP 1887, 1, S. 99-146; 2, S. 319-66.
BERCHIN, I., Sožženie ljudej v Rossii v XIII-XVIII vv., in: RSt 1885, 1, S. 187-92.
BEREZANSKIJ, P., Obyčnoe ugolovnoe pravo tambovskoj gubernii, in: Sbornik sočinenij studentov universiteta sv. Vladimira, Bd. 1. Kiev 1880, 2, S. 1-244.
BESEDKIN, P.F., Istoričeskij očerk prestuplenija podžoga po rimskomu, germanskomu i russkomu pravu. Jaroslavl' 1885. 113 S.
BILBASSOFF, B.v., Geschichte Katharinas II., 2 Bde. Berlin 1891-93.
BINŠTOK, Materialy dlja istorii russkoj tjur'my, in: Sbornik pravovedenija 3, 1894, S. 151-90.
BLAGOVEŠČENSKIJ, A., Istorija metod nauki zakonovedenija v XVIII veke, in: ŽMNP 1835, 6, S. 375-441; 7, S. 42- 52.
BLANK, G., Dviženie zakonodatel'stva v Rossii. SPb 1869. 296 S.
BLINOV, I., Gubernatory. Istoriko-juridičeskij očerk. SPb 1905. 366 S.
DERS., Iz istorii dolžnosti gubernatora posle učreždenija o gubernijach 1775 goda, in: VP 1903, 4, S. 120-70.
DERS., Nadzor za dejatel'nosti gubernatorov. Istoriko-juridičeskij očerk, in: VP 1902, 9, S. 37-77.
BOBRIŠČEV-PUŠKIN, A.M., Sud i raskol'niki-sektanty. SPb 1902. 207 S.
BOBROVSKIJ, P.O., Besedy o veonnych zakonach Petra vel. SPb 1890. 40 S.
DERS., Istorija lejb-gvardii preobraženskogo polka, Bd. 1. SPb 1900. 380 S.
DERS., Mestničestvo i prestuplenija protiv rodovoj česti v russkom vojske do Petra I. SPb 1888. 31 S.
DERS., Perechod Rossii k reguljarnoj armii. SPb 1885. 215 S.
DERS., Petr vel. kak zakonodatel'. SPb 1887. 66 S.
DERS., Postojannye vojska i sostojanie voennogo prava v Rossii v XVII st. M. 1882. 43 S.
DERS., Prestuplenija protiv česti po russkim zakonam do načala XVIII veka. Istoriko-juridičeskoe izsledovanie. SPb 1889. 120 S.
DERS., Proischoždenie artikula voinskogo i izobraženija processov Petra vel. po ustavu voinskim 1716 g. SPb 1881. 46 S.
DERS., Razvitie sposobov i sredstv dlja obrazovanija juristov voennogo i morskogo vedomstv v Rossii. SPb 1881. 464 S.
DERS., A.A. Vejde i ego vojnskij ustav 1698 g., in: Dosugi Marsa 1887, 1, S. 1-31.

DERS., Voennoe pravo v Rossii pri Petre vel. Artikul vojnskij, 3 Bde. SPb 1882-98.
DERS., Voennye zakony Petra vel. v rukopisjach i pervopečatnych izdanijach. SPb 1887. 96 S.
DERS., Začatki reform v voenno-ugolovnom zakonodatel'stve v Rossii. SPb 1882. 34 S.
BOČKAREV, V., Kul'turnye zaprosy russkogo obščestva načala carstvovanija Ekateriny II po materialam zakonodatel'noj kommissii 1767 g. P. 1915. 75 S.
BOGDANOVSKIJ, A., Razvitie ponjatij o prestupleniem i nakazaniem v russkom prave do Petra vel. M. 1857. 145 S.
BOGORODSKIJ, S.O., Očerk istorii ugolovnogo zakonodatel'stva v evrope s načala XVIII-go veka, 2 Bde. Kiev 1862.
BOGOSLOVSKIJ, M.M., Administrativnye preobrazovanie Petra vel. v 1699-1708 gg., in: Izvestija AN SSSR 1928, 4/7, S. 279-98; 1929, S. 97-121.
DERS., Byt i nravy russkogo dvorjanstva v pervoj polovine XVIII veka. M. 1906. 52 S.
DERS., Gorodskaja reforma 1699 g. v provincial'nych gorodach, in: Učenye zapiski instituta istorii RANION 2, 1927, S. 219-50.
DERS., Istorija Rossii XVIII veka 1725-1796 g. M. 1915. 375 S. Nd. 1966.
DERS., Izsledovanie po istorii mestnogo upravlenija pri Petre vel., in: ŽMNP 1903, 9, S. 45-144.
DERS., Oblastnaja reforma Petra vel. Provincija 1719-1727 gg. M. 1902. 520 S. Nd. 1970.
DERS., Palata ob uloženii 1700-1704, in: Izvestija AN SSSR. 7 serija 1927, 15/17, S. 1347-74; otdelenie gumanitarnych nauk 1928, S. 81-110.
DERS., Petr I. Materialy dlja biografii, 5 Bde. M. 1940-48.
DERS., Sostav moskovskogo naselenija v XVI-XVII vv., in: MPN 3, S. 44-55.
DERS., Učreždenie o upravlenii gubernij i žalovannye gramoty Ekateriny II, in: Tri veka, Bd. 4. M. 1913, S. 239-50.
DERS., Zemskoe samoupravlenie na russkom severe v XVII v., 2 Bde. M. 1909-12.
BORISOV, V.K., K voprosu ob izdanii uloženija 1649 g., in: Vestnik archeologii i istorii 1899, 12, S. 14-28.
BRÜCKNER, A., Die Instruktion der Kaiserin Katharina II. 1767, in: Russische Revue 18, 1881, S. 385-437.
BUDZINSKIJ, S., Načala ugolovnogo prava. Warschau 1870. 362 S.
DERS., O prestuplenijach v osobennosti. Sravnitel'noe izsledovanie. M. 1887. 449 S.
BUSLAEV, F.I., Bes'. K istorii moskovskich nravov XVII veka. SPb 1881. 15 Stn.
ČARNECKIJ, Istorija litovskogo statuta, in: Kievskija universitetskija izvestija 1866, 9, S. 1-46; 1867, 5, S. 9-22.
ČARYCHOV, Ch.M., Učenie o faktorach prestupnosti. Sociologičeskaja škola v načale ugolovnogo prava. M. 1910. 147 S.
ČEBYŠEV-DMITRIEV, A., O prave nakazanija. Jaroslavl' 1859. 74 S.
DERS., O prestupnom dejstvii po russkomu dopetrovskomu pravu. Kazan' 1862. 242 S.

ČEČULIN, N.D., Goroda moskovskogo gosudarstva v XVI v. SPb 1889. 349 S. Nd. 1969.
DERS., Ob istočnikach nakaza, in: ŽMNP 1902, 4, S. 279-320.
DERS., Proekt imp. soveta, in: ŽMNP 1894, 3, S. 68-87.
DERS., Russkoe provincial'noe obščestvo vo vtoroj polovine XVIII veka. SPb 1889. 115 S.
ČEŠICHIN, E.V., Kak ponjali v baltijskich gubernijach ukaz ob otmene pytok 1801 g., in: RA 1887, 11, S. 451-54.
ČIČERIN, B.N., Oblastnyja učreždenija Rossii v XVII veke. M. 1856. 591 S. Nd. 1968.
DERS., Opyty po istorii russkogo prava. M. 1858. 389 S.
ČISLOV, P.I., Istorija russkogo prava ot izdanija sobornogo uloženija carja Alekseja Michajloviča do izdanija svoda zakonov. M. 1894. 317 S.
ČULKOV, M., Istorija zakonodatel'stva o tabačnoj promyšlennosti v Rossii do Ekateriny II. Kazan' 1855. 44 S.
ČUPIN, N.K., Sožženie na kostre v Ekaterinburge v 1738 godu, in: RSt 1878, 10, S. 309-13.
CHANYKOV, Ja.V., Očerki istorii medicinskoj policii v Rossii. SPb 1851. 114 Stn.
CHARTULARI, K.F., O svjatotatstve, in: ŽMJ 1863, 9, S. 489-504.
DERS., Pravo suda i pomilovanija, kak prerogativy rossijskoj deržavnosti. Sravnitel'noe istoriko-zakonodatel'noe izsledovanie. SPb 1899. Getr. Pag.
CHRUŠČEV, I.P., Očerk jamskich i počtovych učreždenij ot drevnich vremen do carstvovanija Ekateriny II. SPb 1884. 87 S.
CVETAEV, L.A., Kratkaja teorija zakonov. M. 1810. Getr. Pag.
DERS., Načertanie teorii ugolovnych zakonov, izdannoe dlja upotreblenie učajščichsja. M. 1825. 82 S.
DANEVSKIJ, Istorija obrazovanija gosudarstvennogo soveta v Rossii. SPb 1895. 165 S.
DAVYDOV, N.V., Ženščina pered ugolovnym sudom. M. 1906. 51 S.
DEBOL'SKIJ, N.N., Graždanskaja deesposobnost' po russkomu pravu do konca XVII v. SPb 1903. 440 S.
DEGAJ, P., Vzgljad na sovremennoe položenie ugolovnogo zakonodatel'stva v evrope. SPb 1845. 100 S.
DEN, V.E., Naselenie Rossii po pjatoj revizii, Bd. 2. Podušnaja podat' v XVIII v. i statistika naselenija v konce XVIII v. M. 1902. 319 S.
DEMČENKO, V.G., O pokazanijach svidetelej kak dokazatel'stvo po delam sudebnym, po russkomu pravu do Petra vel. Kiev 1859. 110 S.
DEMČENKO, G.V., Nakazanie po litovskomu statutu v ego trech redakcijach, in: Kievskija universitetskija izvestija 1893, 6, S. 1-32; 8, S. 33-120; 9, S. 121-52.
DEPP, F., O nakazanijach, suščestvovavšich v Rossii do carja Alekseja Michajloviča. SPb 1848. 95 S.
DITJATIN, I.I., Carskij kabak moskovskogo gosudarstva, in: Russkaja Mysl' 1883, 9, S. 34-72.
DERS., Ekaterininskaja kommissija 1767 g. „O sočineniem proekta novogo uloženija", in: JV 1879, 3, S. 269-302; 4, S. 477-99; 5, S. 637-72.
DERS., Rol' čelobitij i zemskich soborov v upravlenii moskovskogo gosudarstva,

in: ders., Stat'i po istorii russkogo prava. SPb 1895, S. 273-98.
DERS., Ustrojstvo i upravlenie gorodov Rossii, Bd. 1. Goroda Rossii v XVIII st. SPb 1875. 507 S.
D'JAKONOV, M.A., Gorodovye prikazčiki. Očerk iz žizni upravlenija v moskovskom gosudarstve XVI v., in: ŽMNP 1900, 1, S. 55-87.
DERS., Istočniki devjatnadcatoj glavy sobornogo uloženija 1649 g., in: Istoričeskij archiv 1919, 1, S. 224-54.
DERS., Očerki iz istorii sel'skogo naselenija v moskovskom gosudarstve XVI-XVII v. SPb 1898. Nd. 1969. 344 S.
DERS., Očerki obščestvennoj i gosudarstvennogo stroja drevnej Rusi. SPb ²1908. 509 S.
DERS., Vlast' moskovskich gosudarej. SPb 1889. 227 S. Nd. 1969.
DJUGAMEl', K., Opyt gosudarstvennogo prava rossijskoj imperii. SPb 1833. 413 S.
DJUVERNUA, N.L., Istočniki prava i sud v drevnej Rossii. Opyty po istorii russkogo graždanskogo prava. M. 1869. 413 S.
DERS., Značenie rimskogo prava dlja russkich juristov, in: VDJL 1872, 1, S. 33-57.
DMITRIEV, F.M., Istorija sudebnych instancii i graždanskogo apelljacionnogo sudoproizvodstva ot sudebnika do učreždenij o gubernijach, in: ders., Sočinenija, Bd. 1. M. 1899. 588 S.
DERS., Razvitie ponjatij o prestupleniem i nakazaniem v russkom prave do Petra vel., in: ders., Sočinenija, Bd. 2. M. 1900, S. 111-21.
DOBROLJUBOV, N.A., Russkaja satira ekaterinskogo vremeni, in: ders., Sobranie sočinenij, Bd. 2. M. 1961, S. 316-98.
DOVNAR-ZAPOL'SKIJ, M.V., Organizacija moskovskich remeslennikov v XVII v., in: ŽMNP 1910, 9, S. 131-64.
DERS., Torgovlja i promyšlennost' Moskvy XVI-XVII v., in: MPN 6, S. 5-67.
DRIL', D., Prestupnost' i prestupniki. SPb ²1899. 293 S.
DRUCKOJ, S.A., Očerk istorii russkogo voennogo prava, 2 Bde. SPb 1904-05.
DUCHOVSKIJ, M.V., Russkij ugolovnyj process. M. 1902. 492 S.
EFIMENKO, P., Očerk organizacii gorodskich remesel v moskovskom gosudarstve XVI-XVII vv., in: ŽMJ 1914, 4, S. 114-62.
DERS., Sud nad ved'mami, in: KSt 1883, 11, S. 374-401.
DERS., Upyri. Iz istorii narodnych verovanij, in: KSt 1883, 6, S. 371-79.
ELEONSKAJA, E., Zagovor i koldovstvo na Rusi v XVII i XVIII st., in: RA 50, 1912, S. 611-24.
ELISEEV, V.G., Nakaz imperatricy Ekateriny o sočinenii proekta novogo uloženija, in: Otečestvennye zapiski 1868, 1, S. 77-130.
ESIPOV, G.V., Gosudarevo delo. Razskazy ob izvetach, kljauzach, doprosach i pytkach, in: Drevnjaja i novaja Rossija 4, 1880, S. 770-92.
DERS., Koldovstvo v XVII i XVIII st. Iz archivnych del, in: Drevnjaja i novaja Rosiija 3, 1878, S. 64-70, 157-64, 234-44.
DERS., Ljudi starogo veka. SPb 1880. 444 S.
DERS., Van'ka Kain. Iz podlinnych bumag sysknogo prikaza, in: Osmnadcatyj vek 3, 1869, S. 280-342.
ESIPOV, V.V., Grech i prestuplenie, svjatotatstvo i kraža. SPb 1894. 200 S.
DERS., Očerk russkogo ugolovnogo prava. SPb 1898. 393 S.

DERS., Otravlenie. Istoriko-juridičeskoe izsledovanie. Warschau 1896. 412 S.
DERS., Povreždenie imuščestva po russkomu pravu. Istoriko-juridičeskoe izsledovanie. SPb 1892. 346 S.
DERS., Prevyšenie i bezdejstvie vlasti po russkomu pravu. SPb 1892. 78 S.
DERS., Svjatotatstvo v istorii russkogo zakonodatel'stva. Warschau 1893. 41 S.
ESIPOVIČ, Ja.G., Literaturnaja razrabotka i obščaja charakteristika uloženija 1649 g., in: ŽMJ 1859, 1, S. 1-34.
ESMEIN, A., A History of Continental Criminal Procedure with Special Reference to France. Boston 1913. 631 S. Nd. 1968.
EVREINOV, N., Istorija telesnych nakazanij v Rossii, Bd. 1. SPb o.J. 214 S.
EWERS, J.Ph.G., Das älteste Recht der Russen in seiner geschichtlichen Entwickelung. Dorpat 1826. 348 S.
DERS., Studien zur gründlichen Kenntnis der Vorzeit Russlands. Dorpat 1830. 485 S.
FABRICIUS, A.K., Počta i narodnoe chozjajstvo v Rossii v XVII v. SPb 1864. 98 S.
FEDOROV, B., O forme prisjagi v Rossii so vremen jazyčestva do carstvovanija Petra vel., in: Otečestvennyja zapiski 17, 1824, S. 387-410.
FEL'DSTEJN, G.S., Glavnyja tečenija v istorii nauki ugolovnogo prava v Rossii. Jaroslavl' 1909. 668 S.
DERS., Professor S.I. Baršev. „Učitel'" russkich kriminalistov, in: JZDL 1908, 1, S. 95-138.
DERS., Lekcii po ugolovnomu sudoproizvodstvu. M. 1915. 440 S.
DERS., Ssylka. Očerk eja genezisa, značenija, istorii i sovremennogo sostojanija. M. 1893. 191 S.
DERS., Ugolovno-pravovyja idei nakaza Ekateriny II i ich istočniki, in: JZDL 1908, 2, S. 281-330.
FILIPPOV, A.N., K voprosu o pervoistočnikach žalovannoj gramoty dvorjanstvu 21 aprelja 1785 g., in: Izvestija akademii nauk SSSR 1926, S. 423-43, 479-98.
DERS., K voprosu o sostave pervogo polnogo sobranija zakonov rossijskoj imp. M. 1916. 138 S.
DERS., O nakazanii po zakonodatel'stvu Petra vel. v svjazi s reformoj. M. 1891. 460 S.
DERS., Položenie gubernatora v tridcatych godach XVIII v., in: Sb. statej posv. V.O. Ključevskomu. M. 1909, S. 43-56.
DERS., Pravitel'stvujuščij senat pri Petre vel. i ego bližajšich preemnikach 1711-1741 gg. SPb 1911. 598 S.
DERS., Petr Elesov. Bezvestnyj sobiratel' petrovskogo zakonodatel'stva, in: VP 1911, 6, S. 67-74.
DERS., Učebnik istorii russkogo prava, Bd. 1. Dorpat 1907. 796 S.
FILIPPOV, O., Vzgljad na ugolovnoe pravo po predmetu oskorblenija česti ženščin, in: JV 1862, 2, S. 20-33.
FIRSOV, N.N., Russkija torgovo-promyšlennyja kompanii v pervuju polovinu XVIII st. Kazan' 1896. 220 S.
DERS., Vopros o beglych i razbojnikach, podnjatyj v komissii dlja sostavlenija proekta novogo uloženija 1767 g. Kazan' 1890. 18 S.
FISCHL, O., Der Einfluß der Aufklärungsphilosophie auf die Entwicklung des

Strafrechts in Doktrin, Politik und Gesetzgebung (...). Breslau 1913. 265 S. Nd. 1973.
FLOROVSKIJ, A.V., Iz istorii ekaterininskoj zakonodatel'noj komissii 1767 g. Vopros o krepostnom prave. Odessa 1910. 320 S.
DERS., K istorii teksta žalovannoj gramoty dvorjanstvu 1785 g., in: Russkij istoričeskij žurnal 1917, 3/4, S. 186-94.
DERS., Sostav zakonodatel'noj kommissii 1767-1774 gg. Odessa 1915. 609 S.
DERS., Die erste deutsche Übersetzung der Instruktion der Kaiserin Katharina II., in: Zeitschrift für osteuropäische Geschichte 2, 1912, S. 1-10.
FOJNICKIJ, I.F., Istoričeskij očerk i sovremennoe sostojanie ssylki i tjuremnogo zaklučenija. SPb 1875. 68 S.
DERS., Kurs ugolovnogo prava. P. [7]1916. 439 S.
DERS., Kurs ugolovnogo sudoproizvodstva, 2 Bde. SPb [4]1912.
DERS., Mošenničestvo po russkomu pravu. Sravnitel'noe izsledovanie. SPb 1871. 289 S.
DERS., Učenie o nakazanii v svjazi s tjur'movedeniem. SPb 1889. 503 S.
DERS., Vlijanie vremen goda na raspredelenie prestuplenij, in: Sudebnyj žurnal 1873, 1/2, S. 22-76; 3/4, S. 76-115; 5/6, S. 116-41.
GERMAN, I.E., Istorija russkogo meževanija. M. [3]1914. 291 S.
GESSEN, Ju., Plennye v Rossii s drevnych vremen, Bd. 1. Vykup plennych. P. 1918. 84 S.
GESSEN, V.M., Gubernator kak organ nadzora. SPb 1912. 37 S.
GOL'CEV, V., O nravach russkogo obščestva v prošlom veke, in: JV 1889, 9, S. 143-49.
DERS., Policija nravov po russkomu zakonodatel'stvu XVIII v., in: JV 1884, 9, S. 218-57.
DERS., Zakonodatel'stvo i nravy v Rossii XVIII veka. M. 1886. 140 S.
GOLOMBIEVSKIJ, A.A., N.N. ARDAŠEV, Prikaznye, zemskie, tamožennye, gubnye, sudovye izby moskovskogo gosudarstva. Obzor dokumentov XVI-XVII vv. v delach XVIII v., peredannych v moskovskij archiv ministerstva justicii iz uprazdnennych v 1864 g. učreždenii, in: Zapiski moskovskogo archeologičeskogo instituta, Bd. 4. M. 1909, 1, S. 1-86.
GOLOMBIEVSKIJ, A.A., Delo o čarodejstve vo vtoroj polovine XVIII v., in: RSt 1894, 2, S. 238-44.
GOLUBEV, A.A., Raspravnaja palata pri senate, in: ODB 5, 1888, S. 103-48.
DERS., Sysknoj prikaz, in: ODB 4, 1884, S. 1-135.
GORDEENKOV, G., O nakazanijach po zakonam za kormčestvo. M. 1835. 1 S.
DERS., V čem dolžno sostojat' učenoe ugolovnoe zakonovedenie v Rossii v nastojaščee vremja? Char'kov 1838. 93 S.
GOREGLJAD, O., Opyt načertanija rossijskogo ugolovnogo prava. SPb 1815. 167 S.
GORJUŠKIN, Z.A., Opisanie sudebnych dejstvij (usw.), 3 Bde. M. 1805-08.
DERS., Rukovodstvo k poznaniju rossijskogo zakonoiskusstva, 4 Bde. M. 1811-16.
GORODISKIJ, A., Vlijanie Bekkarii na russkoe ugolovnoe pravo, in: ŽMJ 1864, 3, S. 459-70.
GOT'E, Ju., Istorija oblastnogo upravlenija v Rossii ot Petra I do Ekateriny II, 2 Bde. M. 1913-41.

DERS., Iz istorii peredviženija naselenija v XVIII v., in: ČOIDR 1908, 1, S. 1-26.
DERS., Otdelenie sudebnoj vlasti ot administrativnoj, in: N.B. Davydov, N.M. Poljanskaja, Hg., Sudebnaja reforma, Bd. 1. M. 1915, S. 181-204.
DERS., Otzyvy gubernatorov šestidesjatych godov XVIII veka ob oblastnom upravlenij, in: Sbornik statej v čest' M.K. Ljubavskogo. P. 1917, S. 19-31. Nd. 1970.
DERS., Proischoždenie sobstvennoj e.i.v. kanceljarii, in: Sb. statej po russkoj istorii posv. S.F. Platonovu. P. 1922, S. 346-55.
DERS., Sledstvennyja komissii po zloupotreblenijam oblastnych vlastej v XVIII v., in: Sb. statej posv. V.O. Ključevskomu. M. 1909, S. 103-52.
DERS., Zamoskovnyj kraj v XVII v. M. 1906. 602 S.
GRADOVSKIJ, A.D., Istorija mestnogo upravlenija v Rossii, in: ders., Sobranie sočinenij, Bd. 2. SPb 1899. 492 S.
DERS., Vysšaja administracija Rossii XVIII st. i generalprokurory, in: ders., Sobranie sočinenij, Bd. 1. SPb 1899, S. 37-297.
GRIBOVSKIJ, V.M., Vysšij sud i nadzor v Rossii v pervoj polovine carstvovanija imp. Ekateriny II, 2 Bde. SPb 1901.
GRIGOR'EV, V.A., Administrativnoe delenie po učreždeniju o gubernijach 1775 goda po archivnym dannym, in: ŽMNP 1908, 11, S. 102-28.
DERS., Ob-javljaemyj ukaz, in: ŽMJ 1914, 7, S. 110-43.
DERS., Reforma mestnogo upravlenija pri Ekateriny II. Učreždenie o gubernijach 7 nojabrja 1775 g. SPb 1910. 387 S.
DERS., Slovesnyj sud v reforme mestnogo upravlenija Ekateriny II, in: Istoričeskij archiv 1919, 1, S. 289-323.
DERS., Zercalo upravy blagočinija. Ėpizod iz istorii ustava blagočinija 1782 g., in: Russkij istoričeskij žurnal 1917, 3/4, S. 73-103.
GROŠEVOJ, N., Duel' po russkomu pravu, in: Žurnal juridičeskogo obščestva 1897, 6, S. 1-56.
GROT, Ja.K., Novyja svedenija o Kotošichine po švedskim istočnikam. SPb 1882. 33 S.
GULJAEV, P., Prava i objazannosti gradskoj i zemskoj policii i vsech voobšče žitelej rossijskogo gosudarstva po ich sostojanijam, 2 Bde. M. 1824.
GUR'EV, V., Ispovednyj štraf v Sibirii v tečenie prošlogo XVIII veka, in: RV 1882, 1, S. 5-38.
GURLJAND, I.Ja., Ivan Gebdon. Kommissarius i rezident. Jaroslavl' 1903. 91 Stn.
DERS., Jamskaja gon'ba v moskovskom gosudarstve do konca XVII v. Jaroslavl' 1900. 339 S.
DERS., Prikaz sysknych del, in: Sb. statej po istorii prava, posv. M.F. Vladimirskomu-Budanovu. Kiev 1904, S. 87-109.
DERS., Prikaz velikogo gosudarja tajnych del. Jaroslavl' 1902. 390 S.
HUBE, R., Historya prawa karnego ruskiego, 2 Bde. Warschau 1870-72.
DERS., O znaczeniu prawa rzymskiego i rzymska-bizantyńskiego u narodów słowańskich. Warschau 1868. 89 S.
DERS., Pisma, 2 Bde. Warschau 1905.
DERS., Ueber den Zustand der neuen juristischen Literatur in Rußland, in: Kritische Zeitschrift für Rechtswissenschaft und Gesetzgebung des Aus-

lands 14, 1842, S. 87-94.
IKONNIKOV, V.S., Stranica iz istorii ekaterininskogo nakaza. Ob otmene pytki v Rossii. Kiev 1890. 25 S.
ILLJUSTROV, I., Juridičeskija poslovicy i pogovorki russkogo naroda. M. 1885. 71 S.
DERS., Juridičeskija poslovicy russkogo naroda. Opyt sistematičeskogo po otdelam prava sobranija juridičeskich poslovic russkogo naroda, in: JV 1884, 2, S. 236-67.
Istorija pravitel'stvujuščego senata za dvesti let 1711-1911 gg., 5 Bde. SPb 1911.
IVANIŠEV, N., O plate za ubijstvo v drevnem russkom i drugich slavjanskich zakonodatel'stvach v sravnenii s germanskoju viroju. Kiev 1840. 111 S.
IVANOV, P., Narodnye razskazy o ved'mach i upyrjach. Materialy dlja charakteristiki mirosozercanija krest'jan kupjanskogo uezda, in: Sbornik char'kovskogo istoriko-filologičeskogo obščestva, Bd. 3. Char'kov 1891, S. 156-228.
IVANOV, P.I., Opyt biografii general-prokurorov i ministrov justicii. SPb 1863. 180 S.
IVANOVSKIJ, A.D., Ivan Michajlovič Snegirev. Biografičesčij očerk. SPb 1871. 496 S.
JACIMIRSKIJ, A.I., Razbojniki Bessarabii v razskazach o nich, in: Ėtnografičeskoe obozrenie 1896, 1, S. 54-90.
JADRINCEV, N.M., Russkaja obščina v tjur'me i ssylke. SPb 1872. 719 S.
JAKOVLEV, A.I., Namestničie, gubnye i zemskie gramoty moskovskogo gosudarstva. M. 1909. 208 S.
JAKUŠKIN, V.E., Gosudarstvennaja vlast' i proekty gosudarstvennoj reformy v Rossii. SPb 1906. 161 S.
JANEVIČ-JANČEVSKIJ, K., Ob ukaznych znakach dlja klejmenija prestupnikov, in: Juridičeskija zapiski, Bd. 3. SPb 1859, S. 84-103.
JARUŠEVIČ, N., Cerkovnyj sud v Rossii do izdanija sobornogo uloženija Alekseja Michajloviča 1649 g. P. 1917. 666 S.
JASINSKIJ, M.N., Lekcija po vnešnej istorii russkogo prava. Kiev 1898. 162 S.
JUSUPOV, A., Materialy dlja istorii gorodskoj policii v Rossii s drevnejšich vremen do carstvovanija Ekateriny II., in: Pamjatnaja knižka imp. aleksandrovskogo liceja na 1852/53 god. SPb 1852, S. 113-65.
KALAČOV, N.V., Dopolnenie k razsuždeniju g. Deppa o nakazanijach, sušestvovavšych v Rossii do carja Alekseja Michajloviča, in: Archiv istoričesko-juridičeskich svedenij 3, 1861, S. 5-35.
DERS., Ob ugolovnom prave po sudebniku carja Ivana Vasil'eviča, in: Juridičeskie zapiski 2, 1842, S. 306-408.
DERS., Izgoi, in: Archiv istoriko-juridičeskich svedenij 1, 1850, S. 53-68.
DERS., O značenii kormčej v sisteme drevnjago russkogo prava. M. 1850. 128 Stn.
DERS., Zametki statističeskija i archeologičesija ob Insare i ego uezde, in: Archiv istoriko-juridičeskich svedenij 2, 1855, S. 70-95.
KANTOROVIČ, Ja.A., Srednevekovye processy o ved'mach. SPb ^{2}1899. 221 S.
KAPUSTIN, S.Ja., Drevnee russkoe poručitel'stvo. Kazan' 1855. 64 S.
KARCOV, Istorija lejb-gvardii semenovskogo polka 1683-1854. SPb 1852. 259 Stn.

KARNOVIČ, E.P., Zamečatel'nyja bogatstva častnych lic v Rossii. SPb 1874. 380 S. Nd. 1965.
KAVELIN, K.D., Osnovnyja načala russkogo sudoustrojstva i graždanskogo sudoproizvodstva ot uloženija do učreždenija o gubernijach. M. 1844. 186 S.
DERS., Ustrojstvo graždanskich sudov ot uloženija carja Alekseja Michajlovica do Petra vel., in: Juridičeskija zapiski 2, 1842, S. 83-119.
DERS., Vzgljad na juridičeskij byt drevnej Rossii, in: ders., Sobranie sočinenij, Bd. 1. M. 1897, S. 5-66.
KIČEEV, P., Saltyčicha, in: RA 1865, Sp. 641-52.
KISTJAKOVSKIJ, A.F., Ėlementarnyj učebnik obščago ugolovnogo prava. Kiev ³1890. 850 S.
DERS., Glavnejšie momenty razvitija nauki ugolovnogo prava, in: Kievskija universitetskija izvestija 1873, 12, S. 1-30; 1874, 1, S. 1-20.
DERS., Izloženie načal ugolovnogo prava po nakazu imp. Ekateriny II, in: Kievskija universitetskija izvestija 1864, 10, S. 1-21.
DERS., Izsledovanie o smertnoj kazni. SPb ²1896. 302 S.
DERS., Nekotoryja čerty iz istorii smertnoj kazni v Rossii, in: Trudy obščestva letopisca Nestora, Bd. 1. Kiev 1879, S. 230-43.
DERS., O presečenii obvinjaemomu sposobov uklonjat'sja ot sledstvija i suda. SPb 1868. 194 S.
KISTJAKOVSKIJ, B.A., Social'nye nauki i pravo. Očerki po metodologii social'nych nauk i obščej teorii prava. M. 1916. 704 S.
KISTJAKOWSKI, Th., Gesellschaft und Einzelwesen. Berlin 1899. 205 S.
KIZEVETTER, A.A., Gorodovoe položenie Ekateriny II 1785 g. Opyt istoričeskogo kommentarja. M. 1909. 473 S.
DERS., Posadskaja obščina v Rossii XVIII st. M. 1903. 810 S. Nd. 1978.
DERS., Proischoždenie gorodskich deputatskich nakazov v ekaterininskuju kommissiju 1767 g., in: Ders., Istoričeskie očerki. M. 1912, S. 209-41.
DERS., Mestnoe samoupravlenie v Rossii IX-XIX vv. M. 1910. 155 S.
KLJUČEVSKIJ, V.O., Bojarskaja duma drevnej Rusi. M. ³1902. 547 S.
DERS., Podušnaja podat' i otmena cholopstva v Rossii, in: ders., Sočinenija v devjati tomach, Bd. 8. M. 1990, S. 194-270.
DERS., Skazanija inostrancev o moskovskom gosudarstve. M. 1991. 334 S.
KLOČKOV, M.V., Manifest 1797 g. o trechdnevnoj barščine, in: S.F. Platonovu učeniki, druz'ja i počitateli. SPb 1911, S. 127-75.
DERS., Moskva pri Petre vel., in: MPN 7, 1911, S. 18-32.
DERS., Nakaz imperatricy Ekateriny II v sudebnoj praktike, in: Sbornik statej v česti M.K. Ljubavskogo. P. 1917, S. 1-18. Nd. 1970.
DERS., Naselenie Rossii pri Petre vel. po perepisjam togo vremeni. SPb 1911. 435 S.
DERS., Očerk podušnoj perepisi pri Petre vel., in: ŽMNP 1915, 1, S. 110-50.
KOLČIN, M.A., Ssylnye i zatočennye v ostroge soloveckogo monastyrja v XVI-XIX v., in: RSt 1887, 10, S. 45-71; 11, S. 333-60; 12, S. 591-617; 1888, 1, S. 37-62; 2, S. 385-408.
KOLOSOVSKIJ, A., Plan Moskvy XVII i XVIII st. M. 1885. 21 S.
KOLOSOVSKIJ, P.D., Očerk istorii razvitija prestuplenija protiv žizni i zdorov'ja. Opyt izsledovanija po russkomu ugolovnomu pravu. M. 1852. 290

Stn.
DERS., Vmenenie smertoubijstvo po uloženiju carja Alekseja Michajloviča, in: Archiv istoričeskich i praktičeskich svedenij, Bd. 3. SPb 1859, S. 60-104.
KORF, S.A., Administrativnjaja justicija v Rossii, 2 Bde. SPb 1910.
DERS., S.A., Dvorjanstvo i ego soslovnoe upravlenie za stoletie 1762-1855 godov. SPb 1906. 720 S.
DERS., Die Geschichte des russischen Senats, in: Zeitschrift für osteuropäische Geschichte 3, 1913, S. 342-64.
KORKUNOV, M.N., S.E. Desnickij. Pervyj russkij professor prava. SPb 1894. 31 S.
DERS., Z.A. Gorjuškin. Rossijskij zakonoiskusnik. SPb 1895. 46 S.
DERS., Ukaz i zakon. SPb 1894. 408 S.
KOROLENKO, V., Russkaja pytka. Istoričeskij očerk, in: Russkoe bogatstvo 1912, 1, S. 127-46.
KOSTROV, N.N., Koldovstvo i porča meždu krest'janami tomskoj gubernii, in: Zapiski zapadno-sibirskogo otdela imp. russkogo geografičeskogo obščestva, Bd. 1. Omsk 1879, S. 1-16.
KOVALEVSKIJ, E.P., Sud nad grafom Devierom i ego součastnikami, in: ders., Sobranie sočinenij, Bd. 1. SPb 1871, S. 191-97.
KULOMZIN, A., Gosudarstvennye dochody i raschody v carstvovanie Ekateriny II, in: SIRIO 5, 1870, S. 219-94; 6, 1871, S. 219-304.
KUNICYN, A., Istoričeskoe izobraženie drevnjago sudoproizvodstva v Rossii. SPb ^{2}1843. 151 S.
KUPRIANOV, I.K., Materialy dlja istorii čumy v Moskve i ubienie archiėpiskopa Ambrosija 1771 g., in: Russkoe slovo 1860, 11, S. 247-272.
KURDINOVSKIJ, V., Gubnyja učreždenija moskovskogo gosudarstva, in: ŽMNP 1895, 10, S. 280-318; 12, S. 309-42.
KUROČKIN, I., Odinočnoe zaključenie v voennoj tjur'me, in: Voennyj sbornik 1897, 7, S. 111-30; 8, S. 271-89; 1897, 9, S. 115-26; 10, S. 341-57.
KUSTERSKIJ, V., Suščestvennyja čerty drevnjago russkogo prava. SPb 1899. 134 S.
LANGE, N.I., Drevnye russkie smešnye ili vobčie sudy. M. 1882. 234 S.
DERS., Drevne-russkoe ugolovnoe sudoproivodstvo. SPb 1884. 248 S.
DERS., Izsledovanie ob uglovnom prave russkoj pravdy, in: Archiv istoričeskich i praktičeskich svedenij 5, 1859, S. 129-226; 6, 1860, S. 227-303.
DERS., O nakazanijach za bezčestie po drevnemu russkomu pravu, in: ŽMNP 1859, 6, S. 161-224.
LAPPO-DANILEVSKIJ, A.S., L'idée de l'état et son évolution en Russie au XVIIIe siècle, in: P. Vinogradoff, Hg., Essays in Legal History. Oxford 1913, S. 356-83.
DERS., Očerki vnutrennej politiki imp. Ekateriny II. SPb 1898. 62 S.
DERS., Organizacija prjamogo obloženija v moskovskom gosudarstve so vremen smuty do ėpochi preobrazovanija. SPb 1890. 557 S. Nd. 1969.
DERS., Russkie promyšlennye i torgovye kompanii v pervoj polovine XVIII st. SPb 1899. 126 S.
DERS., Sobranie i svod zakonov, sostavlennyj pri carstvovanie imp. Ekateriny II. SPb 1898. 144 S.
DERS., I.N. MIKLAŠEVSKIJ, Materialy i izsledovanija po istorii mostovych i

rešetočnych deneg v moskovskom gosudarstve XVII v., in: Mémoires de l'academie impériale des sciences de St. Petersbourg. 8 série, classe historico-philologique, Bd. 5, 1902, Nr. 4, S. 1-43.
LATKIN, V.N., Lekcii po istorii russkogo prava. SPb 1912. 500 S.
DERS., Lekcii po vnešnej istorii russkogo prava. SPb 1888. 372 S.
DERS., Učebnik russkogo prava perioda imperii XVIII-XIX st. SPb ^{2}1909. 632 Stn.
DERS., Zakonodatel'nyja kommissii v Rossii v XVIII stoletii. SPb 1887. 600 S.
DERS., Zemskie sobory drevnej Rusi. SPb 1885. 440 S.
LAZOVSKIJ, V.S., Rozysknaja ėkspedicija pri moskovskoj gubernskoj kanceljarii 1763-1782 g., in: ODB 4, 1884, S. 136-92.
LEBEDEV, P., O tjur'mach voobšče i moskovskich v osobennosti. SPb 1859. 15 Stn.
LEONOV, I., Reč' o razvitii sudebnoj mediciny otečestvennoj i otnosenie eja k russkomu zakonodatel'stvu. Kiev 1846. 15 S.
LEONTOVIČ, F.I., Istorija russkogo prava, Bd. 1. Odessa 1869. 151 S.
LEŠKOV, V.N., Čerty upravlenija v Rossii po ukazam XVIII veka, in: Russkij vestnik 1863, 4, S. 168-90.
DERS., Drevnie russkie zakony o sochranenii narodnogo bogatstva, in: Vremennik imp. moskovskogo obščestva istorii i drevnostej rossijskich, Bd. 18. M. 1854, S. 3-42.
DERS., O drevnej moskovskoj policii. Istoričeskij očerk, in: Moskvitjanin 1851, 5/8, S. 190-236.
DERS., Russkaja promyšlennost' po ukazam Petra vel., in: JV 1876, 1/2, S. 5-35.
DERS., Russkij narod i gosudarstvo. Istorija russkogo otečestvennogo prava do XVIII v. M. 1858. 612 S.
LEVENŠTIM, A.A., Sledy prošlogo v svode zakonov, in: VP 1900, 2, S. 45-83; 3, S. 48-90.
DERS., Sueverie i ugolovnoe pravo. SPb 1899. 176 S.
LINOVSKIJ, V.A., Izsledovanie načal ugolovnogo prava, izložennych v uloženii carja Alekseja Michajloviča. Odessa 1847. 127 S.
DERS., Opyt istoričeskich rozyskanij o sledstvennom ugolovnom sudoproizvodstve v Rossii. Odessa 1849. 262 S.
LIPINSKIJ, M.A., K istorii russkogo ugolovnogo prava XVIII veka, in: ŽGUP 1885, 10, S. 1-54.
DERS., Naučnaja obrabotka istorii prava v russkoj literature, in: ŽGUP 1880, 2, S. 130-60.
DERS., Novye dannye dlja istorii ekaterinskoj kommissii o sočinenii proekta novogo uloženija, in: ŽMNP 1887, 6, S. 225-93.
LIPRANDI, I.P., O vzjatkach, vzjatočničestve i donosčikach, in: ČOIDR 1870, 3, S. 62-91.
LJUBLINSKIJ, P.N., Celi nakazanija. SPb 1914. 135 S.
LOCHVICKIJ, A.V., Gubernija. Eja zemskija i pravitel'stvennyja učreždenija, Bd. 1. SPb ^{2}1864. 221 S.
DERS., Kurs russkogo ugolovnogo prava. SPb 1871. 704 S.
DERS., Značenie Bož'ich sudov po russkomu pravu, in: Otečestvennyja zapiski 1857, 6, S. 509-20.

MACIEIOWSKI, W.A., Slavische Rechtsgeschichte, 4 Bde. Stuttgart 1835-39. Nd. 1978.
MAJKOV, P.M., O svode zakonov rossijskoj imp. SPb 1905. 276 S.
MAKSIMEJKO, N.A., Istočniki ugolovnych zakonov litovskogo statuta. Kiev 1894. 184 S.
DERS., Lekcii po istorii russkogo prava. Char'kov 1906. 254 S.
DERS., Russkaja pravda i litovsko-russkoe pravo. Kiev 1904. 14 S.
MAKSIMOV, S.V., Sibir' i katorga, 3 Bde. SPb 1871.
MAKSIMOVIČ, I., Reč' o razvitii idei prestuplenija po smysly pamjatnikov russkogo zakonodatel'stva. Kiev 1845. 122 S.
MALINOVSKIJ, I.A., Krovavaja mest' i smertnaja kazn', 2 Bde. Tomsk 1908-09.
DERS., Lekcii po istorii russkogo prava. Rostov 1918. 500 S.
DERS., Učenie o prestuplenie po litovskomu statutu. Kiev 1894. 171 S.
MARKEVIČ, A.I., Istorija mestničestva v moskovskom gosudarstve v XV-XVII veke. Odessa 1888. 611 S. Nd. 1971.
Materialy dlja starinnoj juridičeskoj terminologii, in: Letopis' zanjatija archeografičeskoj komissii, Bd. 1. SPb 1862, S. 56-84.
MAYR, G.v., Die Gesetzmäßigkeit im Gesellschaftsleben. Statistische Studien. München 1877. 354 S.
MICHAJLOV, M.M., Istorija obrazovanija i razvitija sistemy russkogo sudoproizvodstva do uloženija 1649 g. SPb 1848. 135 S.
DERS., Istorija russkogo prava. SPb 1871. 180 S.
DERS., Lekcii mestnych graždanskich zakonov, 2 Bde. SPb 1859-60.
DERS., Russkoe graždanskoe sudoproizvodstva ot uloženija 1648 g. do izdanija svoda zakonov. SPb 1856. 202 S.
MIKLOSICH, F., Die Blutrache bei den Slaven, in: Denkschriften der kaiserlichen Akademie der Wissenschaften. Philologisch-historische Classe, Bd. 36. Wien 1888, S. 127-210.
MILJUKOV, P.N., Gosudarstvennoe chozjajstvo Rossii v pervoj četverti XVIII st. i reforma Petra vel. SPb ²1905. 678 S.
MILLER, V., Russkaja masljannica i zapadnoevropejskij karnaval. M. 1884. 43 Stn.
MOKRINSKIJ, S.P., Nakazanie, ego celi i predloženija, in: Učenyja zapiski imp. moskovskogo universiteta juridičeskogo fakul'teta, Bd. 20. M. 1902, S. 1-157.
MORDOVCEV, D., O razbojnikach v saratovskoj gubernii prošlogo stoletija, in: Saratovskie Gubernskie Vedomosti 2.8.1858, Nr. 31, S. 199-200; 9.8.1858, Nr. 32, S. 203-205; 16.8.1858, Nr. 33, S. 207-08.
DERS., Razbojniki Rossii. SPb 1871. 247 S. Nd. 1991.
DERS., Van'ka Kain. Istoričeskij očerk, in: Drevnaja i novaja Rossija 1876, 9, S. 19-37; 10, S. 119-37.
MOROŠKIN, F.L., Ob učastie moskovskogo universiteta v obrazovanii otečestvennoj jurisprudencii, in: Učenye zapiski moskovskogo universiteta, Bd. 3. M. 1834, Nr. 8, S. 205-55.
DERS., Ob uloženii i posledujuščem ego razvitii. M. 1839. 87 S.
MROČEK-DROZDOVSKIJ, P.N., Oblastnoe upravlenie Rossii XVIII veka do ucreždenija o gubernijach 7 nojabrja 1775 goda, Bd. 1. Oblastnoe upravle-

nie ėpochi pervogo učreždenija gubernii 1708-1719 g. M. 1876. 350 S.
MULLOV, P.A., Istoričeskoe obozrenie pravitel'stvennych mer po ustrojstvu gorodskogo obščestvennogo upravlenija. SPb 1864. 196 S.
DERS., Materialy dlja juridičeskoj terminologii, in: ŽMJ 1863, 12, S. 527-38; 1864, 1, S. 69-86.
DERS., O razrabotke i ustanovlenii russkoj juridičeskoj terminologii, in: ŽMJ 1864, 1, S. 96-86.
DERS., Ženščina kak podsudimaja i prestupnica po russkomu zakonodatel'stvu. SPb 1861. 46 S.
MURAV'EV, N.V., Osnovnyja načala vnutrennjago ustrojstva prokurorskogo nadzora, in: JV 1892, 1, S. 17-44; 2, S. 201-15.
DERS., Prokurorskij nadzor v ego ustrojstve i dejatel'nosti, Bd. 1. Prokuratura na zapade i v Rossii. M. 1889. 552 S.
MYŠLAEVSKIJ, A.Z., Oficerskij vopros v XVII v. Očerki iz istorii voennogo dela v Rossii. SPb 1899. 52 S.
DERS., Petr vel. Voennye zakony i instrukcii izdannye do 1715 g. SPb 1894. 122 S.
N., K istorii žandarmskoj policii v Rossii, in: JV 1882, 11, S. 423-26.
NABOKOV, V.D., Duel' i ugolovnyj zakon. SPb 1910. 52 S.
NEČAEV, V.V., Inozemskija slobody v Moskve v XVI i XVII vv., in: MPN 4, 1910, S. 18-43.
DERS., Uličnaja žizn' Moskvy XVI-XVII vv., in: MPN 3, 1910, S. 56-80.
NEKLJUDOV, N.A., Rukovodstvo k osobennoj časti russkogo ugolovnogo prava, 3 Bde. SPb 1876-78.
NEVOLIN, K.A., Ėnciklopedija zakonovedenija, 2 Bde. Kiev 1839-40.
DERS., O prostranstve cerkovnogo suda v Rossii do Petra vel., in: ders., Polnoe sobranie sočinenij, Bd. 6. SPb 1859, S. 253-389.
DERS., Obrazovanie upravlenija v Rossii ot Ionna III do Petra vel., in: Ebd., Bd. 6, S. 99-250.
NIKITIN, V.N., Russkij tjuremnyj vopros v starinu, in: Istoričeskaja biblioteka 1879, 6/7, S. 1-30.
DERS., Tjur'ma i ssylka. Istoričeskoe, zakonodatel'noe, administrativnoe i bytovoe položenie zaključennych i pr., so vremeni vozniknovenija russkoj tjur'my do našich dnej 1560-1880 gg. SPb 1880. 674 S.
NISSELOVIČ, L.N., Istorija zavodsko-fabričnogo zakonodatel'stva rossijskoj imp., Bd. 1. SPb 1883. 149 S.
NOL'DE, B.Ė., Zakony osnovnye v russkom prave, in: Trudy juridičeskogo obščestva 7, 1913, S. 1-35.
NOVAKOVSKIJ, M.M., Očerk sudoustrojstva i graždanskogo processa po byvšim statutu litovskomu i konstitucijam. SPb 1863. 171 S.
NOVICKIJ, I., Starinnyja orudija nakazanija i ispravlenija, in: KSt 1885, 13, S. 551-54.
NOVOMBERGSKIJ, N.I., Vymučennye kabaly v moskovskoj Rusi XVII st., in: ŽMJ 1915, 5, S. 288-338; 6, S. 192-247.
OBNINSKIJ, Rozga kak karatel'naja mera, in: JV 1891, 5/6, S. 48-69.
Obrjad, kak obvinennyj pytaetsja. Zapiska o sposobe i porjadke proizvodstva pytok v XVIII veke, in: RSt 1873, 8, S. 58-59.
OGORODNIKOV, V.I., Iz istorii voprosa o central'nych učreždenijach v Rossii

pri Petre vel. Prikazy, kanceljarii, kollegii. Kazan' 1917. 47 S.
OGLOBLIN, N., Moskovskaja pomernaja izba, in: ČOIDR 1889, 2, S. 1-24.
DERS., Očerki iz byta Ukrainy konca XVIII v. Sožženie ved'my, in: KSt 1887, 5, S. 92-124.
ORLOV, N.A., Ob uničtoženii telesnych nakazanii v rossijskoj imp. i v carstve pol'skom, in: RSt 1881, 5, S. 97-102.
ORLOV, P.V., Prišlie rabočie v Moskve v XVII v., in: Studenčeskij istoriko-ėtnografičeskij kružok pri universitete sv. Vladimira. Sb. statej, Bd. 1. Kiev 1913, S. 1-24.
PACHMAN, S.V., Istorija kodifikacii graždanskogo prava, 2 Bde. SPb 1876.
DERS., O sudebnych dokazatel'stvach po drevnemu russkomu pravu, preimuščestvenno graždanskomu, v istoričeskom ich razvitii. M. 1851. 212 S.
DERS., Obyčnoe graždanskoe pravo v Rossii, 2 Bde. SPb 1877-79.
PALJUMBECKIJ, A., Džon Govard i sostojanie tjurem v Evrope v konce XVIII st., in: Juridičeskie zapiski 5, 1862, S. 129-76.
PARAMONOV, A.S., O zakonodatel'stve Anny Ioanovny. SPb 1904. 171 S.
PAUCKER, C.I.A., Die allgemeine Umfrage und das Gemeinde-Urtheil des Russischen Rechts. Dorpat 1841. 60 S.
PAVLOV-SIL'VANSKIJ, N.P., Proekty reform v zapiskach sovremnnikov Petra vel. SPb 1897. 86 S.
PČELIN, N.N., Ekaterininskaja kommissija „O sostojanii proekta novogo uloženija“ i sovremennoe ei russkoe zakonodatel'stvo, in: Učenye zapiski imp. moskovskogo universiteta. Otdel juridičeskij, Bd. 45. M. 1916, S. 1-144.
PEKARSKIJ, P.P., Istorija imp. akademii nauk v Peterburge, 2 Bde. SPb 1870-73.
DERS., Nauka i literatura pri Petre vel., 2 Bde. SPb 1862. Nd. 1972.
PETRIŠČEEV, A., K istorii kabakov v Rossii. P. 1917. 30 S.
PETROVSKIJ, S., O senate v carstvovanie Petra vel. M. 1875. 349 S.
PLAN, K., M. NADEŽDIN, Očerki po istorii russkogo ugolovnogo i graždanskogo prava. SPb 1909. 65 S.
PLATONOV, S.F., O vremeni i merach prikreplenija krest'jan k zemle v moskovskoj Rusi, in: Archiv istorii truda v Rossii 1922, 3, S. 18-22.
DERS., Očerki po istorii smuty v moskovskom gosudarstve XVI-XVII vv. SPb ^{3}1910. 499 S. Nd. 1937.
PLOŠINSKIJ, A.O., Gorodskoe ili srednoe sostojanie russkogo naroda v ego istoričeskom razvitii ot načala Rusi do našich vremen. SPb 1852. 286 S.
POLENOV, D.V., A.Ja. Polenov. Russkij zakonoved XVIII veka, in: RA 1865, 3, S. 445-70; 4, S. 703-36.
DERS., O prisjage inozemcev, prinjatych v russkuju službu pri Petre vel., in: RA 7, 1869, Sp. 1729-66.
DERS., Zakonodatel'naja kommissija pri Petre II, in: SIRIO 2, 1868, S. 394-405.
POLETAEV, N., Nakaz imperatricy Ekateriny II, in: Žurnal juridičeskogo obščestva 1895, 10, S. 93-128.
POLIEKTOV, M.A., Proekt barona Gjujsena ob učreždenija v Rossii fiskalkollegii 1713. M. 1914. 46 S.
POMERANCEV, M.S., General-reketmejster i ego kontora v carstvovanie Petra

vel., in: RA 1916, 1/3, S. 278-325; 4, S. 476-495; 5/6, S. 198-254.
POPOV, A.N., Ob ustrojstve ugolovnych sudov v moskovskom gosudarstve, in: ŽMNP 1848, 10, S. 77-136.
DERS., Russkaja pravda v otnošenii k ugolovnomu pravu. M. 1841. 121 S.
POPOV, A., Sud i nakazanija za prestuplenija protiv very i nravstvennosti po russkomu pravu. Kazan' 1904. 516 S.
POPOV, V.P., Načalo sudebnoj glasnosti v Rossii, in: Drevnjaja i novaja Rossija 2, 1876, S. 311-21.
POZNANSKIJ, B., Dve staryja ukrainskija pesni i po povodu ich, in: KSt 1885, 12, S. 220-42.
PRIGARA, A.P., Opyt istorii sostojanij gorodskich obyvatelej pri Petre vel., in: ŽMNP 1867, 135, S. 671-735; 136, S. 82-114, 578-616, 758-88.
PRUGAVIN, A.S., Monastyrskija tjur'my v bor'be za sektantstvom. K voprosu o veroterpimosti. SPb 1904. 130 S. Nd. 1970.
PTICYN, V., Obyčnoe sudoproizvodstvo krest'jan saratovskoj gubernii. SPb 1886. 181 S.
PUSTOROSLEV, P.P., Analiz ponjatija o prestuplenii. M. 1892. 231 S.
DERS., Russkoe ugolovno-sudebnoe pravo, Bd. 1. Jur'ev ^{2}1914. 440 S.
PRYŽOV, I.G., Istorija kabakov v Rossii v svjazi s istoriej russkogo naroda. Kazan' ^{2}1913. 282 S. Nd. 1991.
DERS., Korčma, in: M.S. Al'tman, Hg., I.G. Pryžov. Očerki, stat'i, pis'ma. M. 1934, S. 215-22.
DERS., Niščie na svjatoj Rusi. Materialy dlja istorii obščestvennogo i narodnogo byta v Rossii. M. 1862. 139 S.
PTAŠICKIJ, S.L., K voprosu ob izdanijach i kommentarjach litovskogo statuta. Istoriko-bibliografičeskaja spravka. SPb 1893. 78 S.
PYPIN, A.N., Ekaterina II i Montesk'e, in: VE 1903, 5, S. 272-300.
DERS., Istorija russkoj ėtnografii, 4 Bde. SPb 1890-92. Nd. 1971.
R-V, P., O dokazatel'stvach v ugolovnomu sudoproizvodstve, in: ŽMJ 1863, 1, S. 105-34.
REJSNER, M.A., Obščestvennoe blago i absoljutnoe gosudarstvo, in: VP 1902, 9/10, S. 1-128.
RETVICH, N.P., Organy gubnogo upravlenija v XVI i XVII vv., in: Sbornik pravovedenija i obščestvennych znanij. Trudy juridičeskogo obščestva pri imp. moskovskom universitete, Bd. 6. SPb (!) 1896, S. 259-98.
DERS., Termin „guba", opredelenie „gubnye gramoty", pričiny vozniknovenija „gubnogo instituta" i peredači vysšej ugolovnoj jurisdikcii v ruki naroda, in: Vestnik archeologii i istorii 9, 1892, S. 176-97.
REUTZ, A.v., Versuch über die geschichtliche Ausbildung der Russischen Staats- und Rechtsverfassung. Mitau 1829. 477 S.
REUSNER, M.v., Gemeinwohl und Absolutismus. Berlin 1904. 142 S.
REVA, I., Ssylka na severe v prošlom veke, in: JV 1884, 8, S. 586-609.
RJABININ, I.S., K voprosu o pobegach krest'jan v predely Reči Pospolitoj v konce XVIII v., in: ČOIDR 1911, 3, S. 12-20.
ROMANOVIČ-SLAVATINSKIJ, A.V., Dvorjanstvo v Rossii ot načala XVIII v. do otmeny krepostnogo prava. SPb 1870. 564 S. Nd. 1968.
ROMANOVSKIJ, V.E., Gosudarstvennoe učreždenija drevnoj i novoj Rossii. M. ^{3}1911. 454 S.

ROVINSKIJ, D.A., Russkie narodnye kartinki, 5 Bde. SPb 1881.
DERS., N.P. SOBKO, Russkie narodnye kartinki, 2 Bde. SPb 1900.
ROŽDESTVENSKIJ, S.V., Akademija nauk i kommissija o sočinenii proekta novogo uloženija, in: Sb. statej v čest' M.K. Ljubavskogo. P. 1917, S. 637-45. Nd. 1970.
DERS., Iz istorii otmeny „uročnych let" dlja syska beglych krest'jan v moskovskom gosudarstve XVII v., in: Sb. statej posv. V.O. Ključevskomu. M. 1909, S. 153-63.
ROZENGEJM, M.P., Očerk istorii voenno-sudebnych ucreždenij v Rossii do končiny Petra vel. SPb 1878. 376 S.
ROZENKAMPF, G.A., Izsledovanie o kormčej knige. M. ^{2}1839. 596 S.
RUDIN, S.D., Meževoe zakonodatel'stvo i dejatel'nost' meževoj časti v Rossii za 150 let. P. 1915. 546 S.
ŠACHOVSKAJA, N., Sysk posadskich tjaglecov i zakladčikov v pervoj polovine XVII v., in: ŽMNP 1914, 10, S. 250-322.
ŠAJKEVIČ, S.S., O prestuplenijach protiv česti, in: Moskovskie universitetskie izvestija 1865, 2, S. 1-32; 3, S. 33-64.
ŠALFEEV, N., Ob ustavnoj knige razbojnogo prikaza. SPb 1868. 76 S.
ŠAMBINOJ, S.K., Teatr i narodnyja razvlečenija v Moskve v XVIII v., in: MPN 7, 1911, S. 82-94.
ŠAMURIN, Ju., Moskovskija kladbišča, in: MPN 8, 1911, S. 89-124.
ŠEREMETEVSKIJ, V.V., Dela sledstvennye o kabinet-sekretare Petra I A.V. Makarove kommissii 1732-1734, in: ODB 6, 1889, S. 37-75.
DERS., Kamennyj prikaz i ego dela 1775-1783 gg., in: ODB 8, 1891, S. 78-148.
DERS., Temnoe carstvo. Čerty iz žizni moskovskogo kitaj-goroda XVII v., in: RSt 1909, 5, S. 295-300; 6, S. 591-97; 10, S. 58-62; 11, S. 311-18; 12, S. 588-94; 1910, 2, S. 431-41; 10, S. 44-48; 11, S. 289-97; 12, S. 549-55.
ŠILOV, A.A., Postupnye zapisi. K istorii krest'janskogo voprosa v XVII v., in: Sb. statej posv. S.S. Lappo-Danilevskomu. P. 1916, S. 262-311.
ŠUBINSKIJ, S.N, Moskovskij maskerad 1722 g., in: IstV 1882, 4, S. 148-54.
ŠUMAKOV, S.A., Gubnye i zemskie gramoty moskovskogo gosudarstva. M. 1895. 245 S.
DERS., Istočniki i ugolovnoe pravo litovskogo statuta, in: Sbornik pravovedenija i obščestvennych znanij. Trudy juridičeskogo obščestva pri imp. moskovskom universitete, Bd. 6. SPb (!) 1896, S. 313-26.
DERS., K istorii moskovskich prikazov, in: JZDL 2/3, 1911, S. 511-38.
DERS., Novye gubnye i zemskie gramoty, in: ŽMNP 1909, 10, S. 329-416.
DERS., Temnye punkty v istorii russkogo prava, in: ŽMNP 1904, 4, S. 206-14.
SACHAROV, I., Skazanija russkogo naroda, 2 Bde. SPb 1841-49.
SABLER, V., O značenii davnosti v ugolovnom prave. M. 1872. 406 S.
SABLUKOV, A.A., Moskva v 1771 g., in: RA 4, 1866, Sp. 329-39.
SAMOKVASOV, D.Ja., Istorija russkogo prava. Warschau 1888. 400 S.
DERS., Kurs istorii russkogo prava. M. ^{3}1908. 616 S.
SAVINKOV, V., Kratkij obzor istoričeskogo razvitija voenno-ugolovnogo zakonodatel'stva. SPb 1869. 223 S.
SELECKIJ, A., Koldovstvo v jugo-zapadnoj Rusi v XVIII st., in: KSt 1886, 6, S. 193-236.

SELIVANOV, V.V., God russkogo zemledel'ca. M. 1914. 156 S.
SEMEVSKIJ, M., Očerk upravlenija manufakturnoj promyšlennosti ot Petra do Ekateriny II. SPb 1859. 40 S.
SEMEVSKIJ, V.I., Krest'jane v carstvovanie imp. Ekateriny II, 2 Bde. SPb 1881.
DERS., Krest'janskij vopros v Rossii v XVIII i pervoj polovine XIX v., 2 Bde. SPb 1888.
DERS., Volnenija krepostnych krest'jan pri Ekateriny II 1762-1789, in: RSt 1877, 1/4, S. 193-226.
SERGEEVIČ, V.I., Lekcii i izsledovanija po istorii russkogo prava. SPb 1883. 997 S.
DERS., Otkuda neudači ekaterininskoj zakonodatel'noj kommissii? In: VE 1878, 1, S. 188-264.
DERS., Russkie juridičeskija drevnosti, 3 Bde. SPb 1890-1903.
SERGEEVSKIJ, N.D., Nakazanie v russkom prave XVII veka. SPb 1887. 300 Stn.
DERS., Russkoe ugolovnoe pravo. SPb [4]1900. 364 S.
DERS., Smertnaja kazn' pri Elisavete Petrovne, in: ŽGUP 1890, 1, S. 51-60.
DERS., Smertnaja kazn' v Rossii v XVII i pervoj polovine XVIII veka, in: ŽGUP 1884, 9, S. 3-56.
DERS., Ssylka v Rossii v XVII v., in: ŽGUP 1887, 3, S. 3-34.
DERS., Telesnoe nakazanie v Rossii v XVII veke, in: ŽGUP 1886, 1, S. 1-36.
DERS., Tjuremnoe zaključenie v Rossii v XVII v., in: JV 1886, 21, S. 642-74.
SEVERNYJ, N.E., Opisanie dokumentov sysknogo prikaza 1730-1763 g. Ustrojstvo, sostav i deloproizvodstvo, in: ODB 2, 1872, S. 1-198.
SEVERSKIJ, Ja.G., Osobennaja čast' russkogo ugolovnogo prava. Kratkij obzor načal ot uloženija carja Alekseja Michajloviča do uloženija o nakazanijach 1885 g. vključitel'no. SPb 1892. 164 S.
SIPOVSKIJ, V.V., Iz istorii russkogo romana XVIII v. Van'ka Kain, in: Izvestija otdela russkogo jazyka i slovesnosti akademii nauk, Bd. 7. SPb 1903, S. 97-191.
SKABIČEVSKIJ, A.M., Očerki istorii russkoj cenzury 1700-1863 g. SPb 1892. 495 S.
SKAL'KOVSKIJ, A., Izustnyja predanija o novorossijskom krae, in: ŽMNP 1839, 2, S. 171-202.
SLAVATINSKIJ, A.R., Istoričeskij očerk gubernskogo upravlenija ot pervych preobrazovanij Petra vel. Kiev 1859. 155 S.
SLIOZBERG, G.B., D. Govard. Ego žizn' i obščestvennogo-filantropičeskogo dejatel'nost'. SPb 1891. 71 S.
SMIRNOV, A., Predvaritel'nyj arest i zaključenie. Očerk iz istorii russkogo processual'nogo prava, in: JV 1878, 8, S. 57-83; 9, S. 236-83; 10, S. 411-61.
SMIRNOV, M.I., Nižegorodskie kazennye kabaki i kružečnye dvory XVII st. Nižnij-Novgorod 1914. 195 S.
SMIRNOV, N., Požary v Moskve, in: Čtenija v obščestve ljubitelej duchovnogo prosveščenija 1881, 2, S. 27-63.
SNEGIREV, I.M., Dnevnik, 2 Bde. M. 1904-05.
DERS., Lobnoe mesto v Moskve. M. 1861. 16 S.

DERS., Lubočnyja kartinki russkogo naroda v moskovskom mire. M. 1861. 136 Stn.
DERS., Moskovskie niščie v XVII v. M. 1852. 11 S.
DERS., Moskva. Podrobnoe istoričeskoe i archeologičeskoe opisanie goroda, 2 Bde. M. 1865-73.
DERS., Russkie prostonarodnye prazdniki i suevernye obrjady, 2 Bde. M. 1837-38.
DERS., Russkie v svoich poslovicach, 4 Bde. M. 1831-34.
DERS., Vospominanija, in: RA 1866, 4, S. 513-62; 5, S. 735-60.
SOKOLOVSKIJ, M., Ekaterina vel. kak blagotvoritel'nica, in: RA 1904, 2, S. 313-41.
SOKOLSKIJ, W., Beitrag zur Lehre von den Eigenthumsverbrechen nach der Uloženie des Zaaren Alexej Michailowitsch vom Jahre 1649. Dorpat 1868. 140 S.
SOKOL'SKIJ, V.V., Glavnejšie momenty v istorii poval'nogo obyska. Kiev 1871. 154 S.
DERS., O narušenii ustavov monetnych. Istoriko-juridičeskoe izsledovanie. Kiev 1873. 210 S.
DERS., Russkoe gosudarstvennoe pravo. Odessa 1892. 334 S.
SOLOV'EV, A.V., Vnov' otkrytyj moskovskij perevod litovskogo statuta, in: Istoričeskie izvestija 1917, 1, S. 25-48.
SOLOV'EV, E.T., Prestuplenija i nakazanija po ponjatiem krest'jan Povol'žja, in: S.V. Pachman, Hg., Sb. narodnych juridičeskich obyčaev, Bd. 2. SPb 1900, S. 275-300.
SOLOV'EV, S.M, Materialy dlja istorii kommissii o sočinenii proekta novogo uloženija 1767-1774, in: RV 1861, 12, S. 1-79.
DERS., Moskva v 1770-1771 g., in: RSt 1876, 10, S. 189-204.
SOLOVIEV, S.M., History of Russia, Bd. 48. The Rule of Catherine the Great, hg. von G.E. Munro. Gulf Breeze, Fl. 1991. 339 S.
SOROKIN, P.A., u.a., Ėvoljucija prestuplenij i nakazanij. SPb 1914. 151 S.
SOVEŠČANSKIJ, I.F., Opyt istoričeskich izyskanii o tjuremnom zaključenii v Rossii, in: ŽMVD 1849, 2, S. 237-62; 3, S. 327-373.
SPASOVIČ, V.D., O prestuplenijach protiv česti, in: ŽMJ 1860, 3, S. 3-44.
STANISLAVSKIJ, A., O chode zakonovedenija v Rossii i o rezul'tatach sovremennogo ego napravlenija. SPb 1893. 110 S.
STAŠEVSKIJ, E.D., K istorii dvorjanskich čelobitnych. Kollektivnaja čelobitnaja 3 fevralja 145 g. (1637), in: Sb. statej posv. L.M. Savelovu. M. 1915, S. 100-24.
DERS., Očerki po istorii carstvovanija Michajla Fedoroviča. Kiev 1913. 387 S. Nd. 1969.
DERS., Pjatina 1634 g. i torgovo-promyšlennye centry moskovskogo gosudarstva, in: ŽMNP 1912, 4, S. 248-319; 5, S. 79-113.
STEFANOVSKIJ, K., Razgraničenie graždanskogo i ugolovnogo sudoproizvodstva v istorii russkogo prava, in: ŽMNP 1873, 2, S. 252-93; 3, S. 13-122; 7, S. 196-275; 8, S. 321-66; 9, S. 1-81.
STELTZER, Ueber die Knute, eine russische Kriminalstrafe, in: Archiv des Criminalrechts 1807, 7, S. 402-14.
STEPANOV, A., O formach pravitel'stvennogo nadzora v Rossii v XVIII v., in:

Kievskie universitetskie izvestija 1867, 6, S. 1-24; 7, S. 25-48; 8, S. 49-83.
STEPANOV, N.L., Narodnye prazdniki na svjatoj Rusi. SPb 1899. 151 S.
STOROŽEV, V.N., K voprosu ob istočnikach uloženija, in: JV 1889, 12, S. 663-66.
STROEV, V., Istoriko-juridičeskoe izsledovanie uloženija izd. carem Alekseja Michajloviča v 1649 g. SPb 1833. 157 S.
STUDENKIN, G.I., Saltyčicha 1730-1801 gg. Istoričeskij očerk, in: RSt 1874, 6, S. 497-546.
DERS., Zaplečnye mastera v Rossii v XVII-XIX v., in: RSt 1873, 8, S. 201-24.
STUPIN, M., Istorija telesnych nakazanij v Rossii ot sudebnikov do nastojaščago vremeni. Vladikavkaz 1887. 143 S.
SUCHOV, A.A., Istoričeskaja charakteristika drevnerusskogo ugolovnogo prava do XVII v., in: JV 1874, 1/2, S. 69-107.
DERS., Obyčno-narodnyja i knjažeskija nakazanija po drevne-russkomu ugolovnomu pravu, in: JV 1873, 7/8, S. 44-116.
SUVOROV, N., Razbojniki na Suchone v 1635 g., in: Vologodskie Gubernskie Vedomosti 26.9.1859, Nr. 39, S. 393-42.
SUVOROV, N.S., Sledy zapadno-katoličeskogo cerkovnogo prava v pamjatnikach drevnjago russkogo prava. Jaroslavl' 1889. 234 S.
TAGANCEV, N.S., Kurs russkogo ugolovnogo prava, 3 Bde. SPb 1874-80.
DERS., Lekcii po russkomu ugolovnomu pravu, 2 Bde. SPb 1887-88. Nd. 1994.
DERS., O prestuplenijach protiv žizni po russkomu pravu. SPb 1870. 461 S.
DERS., Smertnaja kazn'. Sb. statej. SPb 1913. 177 S.
TAL'BERG, D.G., Nasil'stvennoe pochiščenie imuščestv po russkomu pravu. Razboj i grabež. Istoriko-dogmatičeskoe izsledovanie. SPb 1880. 200 S.
DERS., Ssylka na Sachalin, in: VE 1879, 3, S. 218-52.
TANKOV, A.A., K istorii vzjatočničestva, in: IstV 1888, 10, S. 240-45.
TARANOVSKIJ, F.V., Ėlementy osnovnych zakonov v uloženii carja Alekseja Michajloviča. Charbin 1928. 54 S.
DERS., Političeskaja doktrina v nakaze imp. Ekateriny II, in: Sb. statej po istorii prava, posv. M.F. Vladimirskomu-Budanovu. Kiev 1904, S. 44-86.
TARASOV, I.T., Istorija russkoj policii i otnošenija eja k justicii, in: JV 1884, 2, S. 177-212; 3, S. 383-422; 4, S. 551-74.
DERS., Ličnoe zaderžanie kak policejskaja mera bezopasnosti. Kiev 1875. 228 Stn.
DERS., Policejskij arest v Rossii v XVIII st., in: ŽGUP 1885, 7, S. 61-86.
TARNOVSKIJ, E.N., Itogi russkoj ugolovnoj statistiki za 20 let. 1874-1894 gg. SPb 1899. 407 S.
DERS., Ugolovno-nakazuemoe niščenstvo v Rossii, in: Trudovaja pomošč' 1900, 1, S. 17-39; 2, S. 113-28.
DERS., Vlijanie chlebnych cen i urožaev na dviženie prestuplenij protiv sobstvennosti v Rossii, in: ŽMJ 1898, 10, S. 73-106.
TEL'BERG, G.G., Očerki političeskogo suda i političeskich prestuplenij v moskovskom gosudarstve XVII veka. M. 1912. 432 S.
DERS., Političeskij sud v moskovskom gosudarstve XVII veka, in: VP 1911, 7, S. 72-106.
DERS., Sistema gosudarstvennych prestuplenij v uloženii carja Alekseja Mi-

chajloviča, in: ŽMJ 1911, 5, S. 146-85; 6, S. 122-47.
DERS., „Sysk po gosudarevym delam“. Moskovskij rozysknoj process XVIII veka v delach po gosudarstvennym prestuplenijam, in: ŽMJ 1911, 9, S. 130-70; 10, 120-57.
TENIŠEV, V.V., Obščie načala ugolovnogo prava v ponimaniem russkogo krest'janina, in: ŽMJ 1909, 7, S. 119-58.
DERS., Pravosudie v russkom krest'janskom bytu. Brjansk 1907. 192 S.
TEREŠČENKO, A.T., Byt russkogo naroda, 3 Bde. SPb 1848.
TIKTIN, N.I., Vizantijskoe pravo kak istočnik uloženija 1648 g. i novoukaznych statej, in: Zapiski imp. novorossijskogo universiteta, Bd. 73. Odessa 1898, S. 267-486.
TIMOFEEV, A.G., Istorija telesnych nakazanij v russkom prave. SPb 1897. 227 Stn.
TITARENKO, A., Senatskaja kontora v Moskve. Sedlec 1912. 50 S.
TOBIEN, E.S., Die ältesten Gerichts-Ordnungen Rußlands, 2 Bde. Dorpat 1846.
DERS., Die Blutrache nach dem alten russischen Rechte. Dorpat 1840. 200 S.
TOBIN, E.S., Vzgljad na osnovnyja načala russkogo ugolovnogo zakonodatel'stva, in: ŽMNP 1847, 6, S. 165-92.
TOKAREV, N.Ja., Bližnjaja kanceljarija pri Petre vel. i eja dela, in: ODB 5, 1888, S. 43-101.
TOKMAKOV, I., Spisok glavnych načalnikov Moskvy 1710-1895. M. 1895. 15 Stn.
TROCINA, K., Istorija sudebnych učreždenij v Rossii. SPb 1851. 387 S.
TRUVOROV, A.N., Volchvy i vorožej na Rusi v konce XVII veka, in: IstV 1889, 6, S. 701-15.
TUMANOV, M.N., Vlijanie russkoj literatury vtoroj polovine XVIII veka na obščestvennye nravy, zakonodatel'nuju dejatel'nost' pravitel'stva i gosudarstvennoe upravlenie. Kerč 1905. 450 S.
DERS., Vlijanie russkoj literatury vtoroj poloviny XVIII v. na sudoproizvodstvo i zakonodatel'naja dejatel'nost' pravitel'stva po ėtomu voprosu. SPb 1903. 86 S. Nd. 1966.
TURKESTANOV, N., Gubernskij služebnik ili spisok generalgubernatoram. SPb 1869. 143 S.
ULANOV, V.Ja., Položenie nizšich klassov v moskovskom gosudarstve XVI-XVII vv., in: MPN 4, 1910, S. 85-106.
URYSOHN, I., Das Verbrechen des Hochverrats im russischen Strafrecht geschichtlich und dogmatisch dargestellt. Breslau 1906. 117 S.
USPENSKIJ, G., Opyt povestvovanij o drevnostjach russkich, Bd. 2. Char'kov ^{2}1818. 815 S.
UTIN, B., Ueber die Ehrenverletzung nach russischem Recht seit dem XVII. Jahrhundert. Dorpat 1857. 176 S.
VAL'DENBERG, V.E., Drevnerusskija učenija o predelach carskoj vlasti. P. 1916. 470 S. Nd. 1966.
VASIL'EV, I., Istoričeskij vzgljad na praveži v Rossii, in: Zapiski i trudy moskovskogo obščestva istorii i drevnosti, Bd. 3. M. 1826, S. 100-09.
VEDROV, S.V., O denežnych penjach po russkoj pravde. Sravnitel'no s zakonami saličeskich frankov. M. 1877. 143 S.
VERCHOVSKIJ, K., Istočniki uloženija carja Alekseja Michajloviča, in: JV

1889, 11, S. 369-88.
VERCHOVSKIJ, P.V., Učreždenie duchovnoj kollegii i duchovnoj reglament. K voprosu ob otnošenie cerkvi k gosudarstve, 2 Bde. Rostov/Don 1916. Nd. 1972.
VERETENNIKOV, V.I., Istorija tajnoj kanceljarii petrovskogo vremeni. Char'kov 1910. 306 S.
DERS., Iz istorii instituta prokuratury načala ekaterininskogo carstvovanija, in: Russkij istoričeskij žurnal 1918, 5, S. 86-108.
DERS., K istorii ekaterininskoj general-prokuratory. Char'kov 1914. 16 S.
DERS., Očerki istorii general-prokuratory v Rossii do ekaterinskoj vremeni. Char'kov 1915. 405 S.
VERNER, I.I., O vremeni i pričinach obrazovanija moskovskich prikazov, 2 Bde. M. 1907-08.
VESIN, L., Narodnyj samosud nad koldunami. K istorii narodnych obyčaev, in: Severnyj vestnik 1892, 8, S. 57-79.
VICYN, A., Kratkij očerk upravlenija v Rossii ot Petra vel. do izdanija obščago učreždenija ministerstv. Kazan' 1855. 297 S.
DERS., Tretejskij sud po russkomu pravu. Istoriko-dogmatičeskoe razsuždenie. M. 1856. 96 S.
VINOGRADOV, P.G., Istorija pravovedenija. Kurs dlja istorikov i juristov. M. 1908. 224 S.
VIKTOROV, A., Opisanie zapisnych knig i bumag starinnych dvorcovych prikazov 1613-1725 gg., 2 Bde. M. 1877-83.
VIKTORSKIJ, S., Istorija smertnoj kazni v Rossii i sovremennoe eja sostojanie, in: Učenye zapiski imp. moskovskogo universiteta, Bd. 41. M. 1912. 387 Stn.
VITT, V., Ekaterina kak kriminalistka. Ugolovno-pravovaja doktrina nakaza v eja otnošenii k zapadno-evropejskoj teorii i k russkoj dejstvitel'nosti. SPb 1910. 126 S.
VJAZEMSKIJ, B.L., Verchovnyj tajnyj sovet. SPb 1909. 424 S.
VLADIMIRSKIJ-BUDANOV, M.F., Gosudarstvo i narodnoe obrazovanie v Rossii XVIII veka, Bd. 1. Sistema professional'nogo obrazovanija ot Petra I do Ekateriny II. Jaroslavl' 1874. 325 S.
DERS., Obzor istorii russkogo prava. SPb [6]1909. 699 S. Nd. 1966.
DERS., Otnošenie meždu litovskim statutom i uloženiem carja Alekseja Michajloviča, in: Sb. gosudarstvennych znanij, Bd. 4. SPb 1877, 2, S. 3-38.
DERS., Privjazyvanie ubijcy k trupu ubitogo. Iz staroj sudebno-ugolovnoj praktiki, in: KSt 20, 1888, S. 20-21.
DERS., Sudebnik 1589 g. Ego značenie i istočniki. Kiev 1902. 65 S.
VLAS'EV, N., O vmenenii po načalam teorii i drevnjago russkogo prava. M. 1860. 238 S.
VLASOV, V.I., Arestant Vasilij Brjagin 1788, in: RSt 8, 1873, S. 86-87.
VOSTOKOV, N.M., Tajnaja kanceljarija v carstvovanie Petra I, in: RSt 1885, 47, S. 185-208; 48, S. 1-16, 221-32, 455-72.
VOZNESENSKIJ, S., Gorodskie deputatskie nakazy v ekaterininskuja kommissiju 1767 g., in: ŽMNP 1909, 11, S. 89-119; 12, S. 241-84.
VUL'FERT, A.K., Česare Bekkarija, in: ŽMJ 1894, 11, S. 39-87.
VYSOCKIJ, I.P., S.-Peterburgskaja stoličnaja policija i gradonačal'stvo 1703-

1903. SPb 1903. 326 S.
DERS., Ustavnyja, sudebnyja i gubnyja gramoty, sochranivšijasja iz drevnego perioda Rossii do uloženija carja Alekseja Michajloviča. SPb 1860. 172 Stn.
ŽBANKOV, D.N., V. JAKOVENKO, Hg., Telesnyja nakazanija v Rossii. M. 1899. 212 S.
ŽIŽILENKO, A., Podlog dokumentov. Istoriko-dogmatičeskoe izsledovanie. SPb 1900. 746 S.
ŽIŽIN, V.D., Ssylka v Rossii. Zakonodatel'naja istorija ssylki, in: ŽMJ 1900, 1, S. 37-70; 2, S. 53-95.
ZABELIN, I.E., Istorija goroda Moskvy. M. 1905. 652 S. Nd. 1990.
DERS., Moskovskie sady v XVII st., in: Ders., Opyty izučenija russkich drevnostej i istorii, Bd. 2. M. 1873, S. 266-321.
DERS., Svedenija o moskovskich i podmoskovnych sadach v XVIII i XIX st., in: Ebd., S. 322-50.
DERS., Svedenija o podlinnom uloženii carja Alekseja Michajloviča, in: Archiv istoriko-juridičeskich svedenij 1, 1850, S. 1-18.
DERS., Sysknyja dela o vorožejach i koldun'jach pri carje Michajle Fedoroviče, in: Kometa. Učeno-literaturnyj almanach. M. 1851, S. 471-92.
ZABYLIN, M., Russkij narod. Ego obyčai, obrjady, predanija, sueverija i poėzija. M. 1880. 607 S. Nd. 1990.
ZAGOSKIN, N.P., Istorija prava moskovskogo gosudarstva, 2 Bde. Kazan' 1877-79.
DERS., Metody i sredstva s sravnitel'nogo izučenija drevnejskogo obyčnogo prava slavjan voobšče i russkich v osobennosti. Kazan' 1877. 52 S.
DERS., Očerk istorii smertnoj kazni v Rossii. Kazan' 1892. 102 S.
DERS., Očerki organizacii i proischoždenija služilogo soslovija v dopetrovskoj Rusi. Kazan' 1876. 220 S.
DERS., Russkie vodnye puti i sudovoe delo v dopetrovskoj Rossii. Kazan' 1910. 464 S.
DERS., Uloženie carja i vel. kn. Alekseja Michajloviča i Zemskij Sobor 1648-1649 gg. Kazan' 1879. 80 S.
ZAPOL'SKIJ, M., Čarodejstvo v severo-zapadnom krae v XVII-XVIII vv., in: Ėtnografičeskoe obozrenie 1890, 2, S. 49-72.
ZARUDNYJ, S., Bekkarija o prestuplenijach i nakazanijach v sravnenii s glavoju X-ju nakaza Ekateriny II i s sovremennymi russkimi zakonami. SPb 1879. 196 S.
ZAUSCINSKIJ, P., Kodifikacija russkogo voennogo prava v svjazi s istorieju razvitija russkogo vojska do reformy XIX v. SPb 1909. 547 S.
ZIGEL, T., Ob učenoj dejatel'nosti R.M. Gube, in: ŽMNP 1891, 7, S. 86-124.
ZEJDEL, Očerk istorii morskogo ustava, in: Morskoj sbornik 1860, 9, S. 510-29; 10, S. 156-83.
ZLOTNIKOV, M.F., Pod'jačie ivanovskoj ploščadi. K istorii notariata moskovskoj Rusi, in: Sb. statej posv. A.S. Lappo-Danilevskomu. P. 1916, S. 82-130.

AB 1917 ERSCHIENENE LITERATUR

ABBIATECI, A., u.a., Crimes et criminalité en France sous l'Ancien Régime XVIIe-XVIIIe siècles. Paris 1971.

ADAMS, T.M., Bureaucrats and Beggars. French Social Policy in the Age of Enlightenment. Oxford 1990.

ADANIR, F., Heiduckentum und osmanische Herrschaft. Sozialgeschichtliche Aspekte der Diskussion um das frühneuzeitliche Räuberwesen in Südosteuropa, in: Südostforschungen 41, 1982, S. 43-116.

ADDY, J., Sin and Society in the Seventeenth-Century. London 1989.

ADRIANOVA-PERETC, V.P., Očerki po istorii russkoj satiričeskoj literatury XVII v. M. 1937.

ALBRECHT, G., Soziale Kontrolle, in: Wörterbuch der Soziologie. Stuttgart 1989, S. 364-66.

ALEFIRENKO, P.K., Čumnyj bunt v Moskve v 1771 g., in: VI 1947, 4, S. 82-88.

DIES., Krest'janskoe dviženie i krest'janskij vopros vo vtoroj četverti XVIII v. M. 1958.

DIES., Obščestvennoe dviženie v Moskve vo vtoroj polovine XVIII st., in: Izvestija AN SSSR. Serija istorii i filosofii 1947, 6, S. 521-35.

DIES., Pravitel'stvo Ekateriny II i franzuskaja buržuaznaja revoljucija, in: IZ 22, 1947, S. 206-51.

ALEKSANDROV, Ju.N., Plany Moskvy 1814 g. kak istoričeskij istočnik, in: IS 1969, 5, S. 180-91.

ALEKSANDROV, V.A., K voprosu o proischoždenii soslovija gosudarstvennych krest'jan, in: VI 1950, 10, S. 86-95.

DERS., Sel'skaja obščina v Rossii. XVII-načalo XIX v. M. 1976.

DERS., N.N. POKROVSKIJ, Vlast' i obščestvo. Sibir' v XVII v. Novosibirsk 1991.

ALEKSANDROVSKIJ, M.I., Ukazatel' cerkvej i časoven kitaj-goroda. M. 1916.

DERS., Ukazatel' moskovskich cerkvej. M. 1920.

ALEXANDER, J.T., Autocratic Politics in a National Crisis. The Imperial Russian Government and Pugachevs's Revolt 1773-1775. Bloomington, Ind. 1969.

DERS., Bubonic Plague in Early Modern Russia. Public Health and Urban Disaster. Baltimore 1980.

DERS., Catherine the Great. Life and Legend. New York 1989.

DERS., Emperor of the Cossacks. Pugachev and the Frontier Jacquerie of 1773-1775. Lawrence, Ka. 1973.

ALEXEJEV, N.N., Beiträge zur Geschichte des russischen Absolutismus im 18. Jahrhundert, in: FOG 6, 1958, S. 7-81.

ALFEROVA, G.V., Russkie goroda XVI-XVII v. M. 1989.

ALPATOV, M.A., Russkaja istoričeskaja mysl' i zapadnaja Evropa. XVII-pervaja četvert' XVIII v. M. 1976.
AMBURGER, E., Die weiteren Schicksale der alten Einwohnerschaft der Moskauer Ausländer-Sloboda seit der Zeit Peters I., in: JGO 20, 1972, S. 412-26.
DERS., Geschichte der Behördenorganisation Rußlands von Peter dem Großen bis 1917. Leiden 1966.
DERS., Statthalterschaftsverfassung und Städegründung in Rußland im letzten Viertel des 18. Jahrhunderts, in: JGO 28, 1980, S. 17-30.
ANDERSON, P., Die Entstehung des absolutistischen Staates. Frankfurt/M. 1979.
ANDREEV, A.I., Novotorgovyj ustav. K istorii ego sostavlenija, in: IZ 13, 1942, S. 303-07.
DERS., Uloženie 137 g., in: Doklady akademii nauk 1925, 7/12, S. 82-83.
ANDREEV, I.L., O proizchoždenii otdel'nych statej XI glavy „Sud o krest'janach“ sobornogo uloženija 1649 g., in: IS 1980, 4, S. 123-28.
ANISIMOV, E.V., Izmenenija v social'noj strukture russkogo obščestva v konce XVII-načale XVIII v. Poslednjaja stranica istorii cholopstva v Rossii, in: IS 1979, 5, S. 35-52.
DERS., Materialy komissii D.M. Golicyna o podati 1727-1730 gg., in: IZ 91, 1973, S. 338-52.
DERS., Podatnaja reforma Petra I. L. 1982.
DERS., Rossija v seredine XVIII v. Bor'ba za nasledie Petra. M. 1986.
DERS., Van'ka Kain: Legendy i fakty, in: Novyj žurnal 184/85, 1991, S. 536-60.
DERS., Vremja petrovskich reform. L. 1989.
ANPILOGOV, G.N., Fiskalitet pri Petre I., in: VMU istor.-filol. serija 1956, 2, S. 63-80.
ANTONOV, G.B., Lobnoe mesto, in: VI 1974, 9, S. 216-19.
APPEL, K., Die Auseinandersetzung um die kirchliche Gerichtsbarkeit im Moskauer Rußland 1649-1701. Phil. Diss. Berlin 1966.
ARTEMENKOV, M.N., Naemnye rabočie moskovskich manufaktur v 40-70-ch godach XVIII v., in: IS 1964, 2, S. 133-44.
DERS., Social'nyj sostav naemnych rabočich moskovskich manufaktur v seredine XVIII v., in: Učenye zapiski leningradskogo gosud. ped. instituta im. Gercena 278, 1965, S. 154-76.
AUERBACH, I., Brände von Moskau, in: Dies., u.a. Hg., Felder und Vorfelder russischer Geschichte. Freiburg 1985, S. 32-60.
AVRICH, P., Russian Rebels 1600-1800. New York 1972.
AVŠAROV, E.G., K istorii pervoj oblastnoj reformy 1707-1709 gg., in: Russkij gorod 5, 1982, S. 92-101.
AY, K.L., Unehrlichkeit, Vagabundentum und Bettelwesen in der vorindustriellen Zeit, in: Jb. des Instituts für deutsche Geschichte in Tel Aviv 8, 1979, S. 13-37.
BABKIN, D.S., Process A.N. Radiščeva. M. 1952.
BABURIN, D.S., Očerki po istorii manufaktur-kollegii. M. 1939.

BACHRUŠIN, S.V., Maloletnie niščie i brodjagi v Moskve. Istoričeskij očerk. M. 1913.
DERS., Moskovskoe vosstanie 1648 g., in: Ders., Naučnye trudy, Bd. 2. M. 1954, S. 46-91.
DERS., Naselenie Moskvy v XVI v., in: Izvestija akad. nauk SSSR. Serija istorija i filologia 1947, S. 201-19.
DERS., Promyšlennye predprijatija russkich torgovych ljudej v VII v., in: IZ 8, 1940, S. 98-128.
DERS., Remeslennye učeniki v XVII v., in: Ders., Naučnye trudy, Bd. 2. M. 1954, S. 101-15.
DERS., Torgovye krest'jane v XVII v., in: Ebd., S. 118-33.
BACKUS, O.P., Legal Analysis and the History of early Russian Law, in: SR 31, 1972, S. 283-90.
DERS., Muscovite Legal Thought, the Law of the Theft, and the Problem of Centralization, in: A.D. Ferguson, u.a. Hg., Essays in Russian History. Hamdon, Conn. 1964, S. 33-68.
BAGGER, H., Reformy Petra vel. Obzor i issledovanija. M. 1985.
BAILEY, B., Hangmen of England. A History of Execution from Jack Ketch to Albert Pierrepoint. Oxford 1989.
BAK, I.S., Antifeodal'nye ėkonomičeskie učenija v Rossii vtoroj poloviny XVIII v. M. 1958.
DERS., S.E. Desnickij - vydajuščijsja russkij sociolog, in: Voprosy filosofii 1955, 1, S. 57-66.
DERS., D.A. Golicyn, in: IZ 26, 1948, S. 258-72.
DERS., Ja.P. Kozel'skij, in: VI 1947, 1, S. 83-99.
DERS., A.Ja. Polenov, in: IZ 28, 1949, S. 182-202.
BAKLANOVA, E.N., Krest'janskij dvor i obščina na russkom severe. Konec XVII - načalo XVIII v. M. 1976.
BAKLANOVA, N.A., Dela o syske beglych krest'jan i cholopov kak istočnik dlja istorii tjaglovogo sel'skogo naselenija v Povol'že vo vtoroj polovine XVII v., in: Problemy istočnikovedenija 11, 1963, S. 307-21.
BARANOWSKI, B., Ludzie gościńca w XVII-XVIII w. Łódź 1986.
DERS., O hultajach, wiedźmach i wszetecznicach. Szkice z obyczajów XVII i XVIII w. Łódź 1988.
BARON, S.H., The Fate of the gosti in the Reign of Peter the Great, in: CMRS 14, 1973, S. 488-512.
DERS., The Origins of Seventeenth-Century Moscow's Nemeckaja Sloboda, in: California Slavic Studies 5, 1970, S. 1-17.
BARTLETT, R., Trial by Fire and Water. The Medieval Judicial Ordeal. Oxford 1988.
BARTLETT, R.P., Catherine II's Charter to the State Peasantry, in: CASS 23, 1989, S. 36-57.
BASKIN, M.P., Montesk'e. M. ^{2}1975.
BAZILEVIČ, K.V., Denežnaja reforma Alekseja Michajloviča i vosstanie v Moskve v 1662 g. M. 1936.
DERS., Kadaševcy - dvorcovye tkači XVII v., in: Trud v Rossii 1924, 2, S. 3-

18.
DERS., Novotorgovyj ustav 1667 g. K voprosu o ego istočnikach, in: Izv. akad. nauk SSSR. 7. serija. Otdelenie obščestvennych nauk 1932, 7, S. 589-622.
BAZYLOW, L., Polacy w Petersburgu. Warszawa 1984.
BEATTIE, J.M., Crime and the Courts in England 1660-1800. Oxford 1986.
DERS., The Criminality of Women in Eighteenth-Century England, in: Journal of Social History 7, 1975, S. 80-116.
DERS., The Pattern of Crime in England 1660-1800, in: Past and Present 62, 1974, S. 47-95.
BEE, M., Le spectacle de l'exécution dans la France d'Ancien Régime, in: Annales ESC 38, 1983, S. 843-62.
BEHRENS, C.B.A., Society, Government and the Enlightenment. The Experiences of Eighteenth-Century France and Prussia. New York 1985.
BELJAVSKIJ, M.T., Konkurs vol'nogo ėkonomičeskogo obščestva v 1766-1768 gg., in: Ežegodnik po agrarnoj istorii vostočnoj evropy 1960 g. Kiev 1962, S. 307-19.
DERS., Krest'janskij vopros v Rossii nakanune vosstanija E.I. Pugačeva. Formirovanie antikrepostničeskoj mysli. M. 1965.
DERS., Novye dokumenty ob obsuždenii krest'janskogo voprosa v 1766-1768 godach, in: AE 1958, S. 387-430.
DERS., Predstavitel'stvo krest'jan v uložennoj komissii 1767-1768 gg., in: Problemy obščestvenno-političeskoj istorii Rossii i slavjanskich stran. M. 1963, S. 322-29.
DERS., Prosvetiteli na konkurse o sobstvennosti krest'jan v Rossi 1766-1768 gg., in: VMU 1961, 2, S. 58-76.
DERS., Trebovanija dvorjan i perestrojka organov upravlenija i suda na mestach v 1775 g., in: Istoričeskie nauki 1960, 4, S. 125-43.
DERS., Vopros o krepostnom prave i položenija krest'jan v nakaze Ekateriny II, in: VMU 1963, 6, S. 44-64.
BERDYŠEV, A.P., Andrej Timofeevič Bolotov. Vydajuščijsja dejatel' nauki i kul'tury 1783-1833. M. 1988.
BERKOV, P.N., Istorija russkoj žurnalistiki XVIII v. M. 1952.
DERS., Satiričeskie žurnaly N.I. Novikova. M. 1951.
BERNADSKIJ, V.N., Očerki iz istorii klassovoj bor'by i obščestvenno-političeskoj mysli Rossii v tret'ej četverti XVIII v. L. 1962.
BERTON, K., Moscow. An Architectural History. London 1977.
BESKROVNYJ, L.G., Očerki po istočnikovedeniju voennoj istorii Rossii. M. 1957.
DERS., Russkaja armija i flot v XVIII v. Očerki. M. 1958.
BEYRAU, D., Militär und Gesellschaft im vorrevolutionären Rußland. Köln 1984.
BLACK, J.L., G.F. Müller and the Imperial Russian Academy. Montreal 1986.
BLANC, S., La pratique de l'administration russe dans la première moitié du XVIIIe siècle, in: Revue d'histoire moderne et contemporaine 10, 1963, S. 46-64.

BLASIUS, D., Bürgerliche Gesellschaft und Kriminalität. Zur Sozialgeschichte Preußens im Vormärz. Göttingen 1976.

DERS., Kriminalität und Alltag. Göttingen 1978.

DERS., Kriminalität und Geschichtswissenschaft. Perspektiven der neueren Forschung, in: HZ 233, 1981, S. 615-26.

DERS., Kriminologie und Geschichtswissenschaft. Bilanz und Perspektiven interdisziplinärer Forschung, in: GG 14, 1988, S. 136-49.

DERS., Michel Foucaults „denkende" Betrachtung der Geschichte, in: Kriminalsoziologische Bibliographie 41, 1983, S. 69-83.

BLASTENBREI, P., Kriminalität in Rom 1560-1585. Tübingen 1995.

BLAUERT, A., „Sackgreifer und Beutelschneider". Die Diebesbande der Alten Lisel, ihre Streifzüge um den Bodensee und ihr Prozeß 1732. Konstanz 1993.

BOES, M.R., Crime and Punishment in the City of Frankfurt/M. 1562 to 1696. Ph.D. New York 1989.

BOGNER, A., Die Theorie des Zivilisationsprozesses als Modernisierungstheorie, in: H. Kuzmics, I. Mörth, Hg., Der unendliche Prozeß der Zivilisation. Zur Kultursoziologie der Moderne nach Norbert Elias. Frankfurt/M. 1991, S. 33-58.

DERS., Zivilisation und Rationalisierung. Die Zivilisationstheorien M. Webers, N. Elias' und der Frankfurter Schule. Opladen 1989.

BOGOJAVLENSKIJ, S.K., Chovanščina, in: IZ 10, 1941, S. 180-221.

DERS., Moskovskaja nemeckaja sloboda, in: Izvestija AN SSSR. Serija istorii i filosofii 4, 1947, 3, S. 220-35.

DERS., Moskovskie slobody i sotni v XVII v., in: Moskovskij kraj v ego prošlom, Bd. 2. M. 1930, S. 115-31.

DERS., Naučnoe nasledie. O Moskve XVII veka. M. 1980.

DERS., Nekotorye statističeskie dannye po istorii russkogo goroda XVII st. M. 1898.

DERS., Prikaznye d'jaki XVII v., in: IZ 1, 1937, S. 220-39.

DERS., Prikaznye sud'i v XVII veka. M. 1946.

DERS., Raspravnaja palata pri bojarskoj dumy, in: Sbornik statej, posv. V.O. Ključevskomu. M. 1909, S. 409-26.

DERS., Sostav moskovskogo slobodskogo schoda, in: Sbornik statej po russkoj istorii, posv. S.F. Platonovu. P. 1922, S. 322-29.

DERS., Upravlenie Moskvy v XVI-XVII vv., in: MPN 3, S. 81-96.

DERS., Vojsko v Moskve v XVI i XVII v., in: MPN 4, S. 62-84.

BOGUCKA, M., Law and Crime in Poland in Early Modern Times, in: APH 71, 1995, S. 175-96.

DIES., Les origines de la pensée pénitentiaire moderne en Pologne du XVIIe siècle, in: APH 56, 1987, S. 19-28.

BOND, A., German Loanwords in the Russian Language of the Petrine Period. Frankfurt/M. 1974.

BONDAREVSKAJA, T.P., Beglye krest'jane srednego Povol'žja v seredine XVIII v., in: Krest'janstvo i klassovaja bor'ba v feodal'noj Rossii. L. 1967, S. 385-99.

BONGERT, Y., Histoire du droit pénal, 2 Bde. Paris 1969-73.
BOŠKOVSKA, N., „Dort werden wir alle Bojaren sein“. Bäuerlicher Widerstand im Rußland des 17. Jahrhunderts, in: JGO 37, 1989, S. 345-86.
BRAUNECK, A.-E., Allgemeine Kriminologie. Reinbek 1974.
BRENNAN, J.F., Enlightened Despotism in Russia. The Reign of Elisabeth 1741-1762. New York 1987.
BREUER, S., Sozialdisziplinierung. Probleme und Problemverlagerungen eines Konzeptes bei Max Weber, Gerhard Ostreich und Michel Foucault, in: C. Sachsse, u.a. Hg., Soziale Sicherheit und soziale Disziplinierung. Frankfurt/M. 1986, S. 45-69.
BREWER, J., u.a. Hg., An Ungovernable People. The English and their Law in the Seventeenth and Eighteenth Centuries. Hutchinson 1980.
BROOKS, J., When Russia Learned to Read. Literacy and Popular Literature 1861-1917. Princeton, N.J. 1985.
BROWN, A.H., S.E. Desnitsky, Adam Smith and the Nakaz of Catherine II, in: Oxford Slavonic Papers 7, 1974, S. 42-59.
DERS., S.E. Desnickij i I.A. Tret'jakov v glazgovskom universitete 1761-1767, in: VMU 1969, 4, S. 75-88.
DERS., The Father of Russian Jurisprudence. The Legal Thought of S.E. Desnitsky, in: W.E. Butler, Hg., Russian Law. Historical and Political Perspectives. Leiden 1977, S. 117-41.
DERS., A. Smith's First Russian Followers, in: A.S. Skinner, Hg., Essays on Adam Smith. Oxford 1975, S. 247-73.
BROWN, P.B., Muscovite Gouvernment Bureaus, in: RH 10, 1983, S. 269-330.
BRYNER, C., The Issue of Capital Punishment in the Reign of Elizabeth Petrovna, in: RR 49, 1990, S. 389-416.
BUCHHOLZ, W., Anfänge der Sozialdisziplinierung im Mittelalter. Die Reichsstadt Nürnberg als Beispiel, in: ZHF 18, 1991, S. 129-47.
BUGANOV, V.I., Moskovskoe vosstanie 1662 g. M. 1964.
DERS., Razin i razincy. M. 1995.
DERS., „Rozysknoe delo“ Stepana Razina, in: Otečestvennaja istorija 1994, 1, S. 28-42.
DERS., Moskovskie vosstanija konca XVII v. M. 1969.
DERS., O social'nom sostave učastnikov moskovskogo vosstanija 1666 g., in: IZ 66, 1960, S. 312-17.
BULYGIN, I.A., Beglye krest'jane rjazanskogo uezda v 60-ch gg XVII v., in: IZ 43, 1953, S. 131-49.
DERS., Monastyrskie krest'jane Rossii v pervoj četverti XVIII v. M. 1977.
DERS., Zakonodatel'stvo o krest'janskoj torgovle v Rossii XVII-60-ch godov XVIII v., in: Problemy social'no-ėkonomičeskoj istorii feodal'noj Rossii. M. 1984, S. 180-96.
BURGHARTZ, S., Leib, Ehre und Gut. Delinquenz in Zürich Ende des 14. Jahrhunderts. Zürich 1990.
BUSHKOVITCH, P., The Merchants of Moscow 1580-1650. Cambridge 1980.
DERS., Religion and Society in Russia. The Sixteenth and Seventeenth Centuries. Oxford 1992.

BUTLER, W.E., Foreign Impressions of Russian Law to 1800. Some Reflections, in: Ders., Hg., Russian Law. Historical and Political Perspectives. Leiden 1977, S. 65-92.
DERS., F.G. Strube de Piermont and the Origins of Russian Legal History, in: R. Bartlett, Hg., Russia in the Age of Enlightenment. London 1990, S. 125-41.
ČEREPNIN, L.V., Iz istorii drevne-russkogo koldovstva XVII v., in: Ėtnografija 2, 1929, S. 86-109.
DERS., Klassovaja bor'ba v 1682 g. na juge moskovskogo gosudarstva, in: IZ 4, 1938, S. 41-75.
DERS., Zemskie sobory russkogo gosudarstva v XVI-XVII v. M. 1978.
ČERNOV, A.V., Vooružennye sily russkogo gosudarstva v XV-XVII vv. M. 1954.
ČERNYCH, P.Ja., Jazyk uloženija 1649 g. M. 1953.
ČERVOV, A.V., Istorija gosudarstvennych učreždenij Rossii XVII v., Bd. 1. M. 1955.
DERS., O klassifikacii central'nych gosudarstvennych učreždenij XVI-XVII vv., in: Istoričeskij archiv 1958, 1, S. 195-201.
ČIČEROV, V.I., Zimnij period russkogo narodnogo zemledel'českogo kalendarja XVI-XIX vv. M. 1957.
ČISTJAKOVA, E.V., Gorodskaja politika russkogo pravitel'stva nakanune reforma Petra I, in: Problemy social'no-ėkonomičeskoj istorii feodal'noj Rossii. M. 1984, S. 196-204.
DIES., Gorodskie vosstanija v Rossii v pervoj polovine XVII v. Voronež 1975.
DIES., Krest'janskoe dviženie v Podmoskov'e i pochod Vasilja Usa 1666 g., in: VI 1953, 8, S. 128-33.
DIES., Moskva v seredine 30-ch godov XVII v., in: Novoe o prošlom našej strany. M. 1967, S. 301-09.
DIES., Novotorgovyj ustav 1667 g., in: AE 1957, S. 102-26.
DIES., Social'no-ėkonomičeskie vzgljady A.L. Ordina-Naščokina. Voronež 1950.
DIES., Vasilij Us. Spodvižnik Stepana Razina. M. 1963.
DIES., I. GALAKTIONOV, A.L. Ordin-Naščokin. Russkij diplomat XVII v. M. 1961.
DIES., V.M. SOLOV'EV, Stepan Razin i ego soratniki. M. 1988.
ČISTJAKOVA, O.I., I.D. MARTYŠEVIČ, Istorija gosudarstva i prava SSSR, 2 Bde. M. 1985.
ČISTOV, K.V., Russkie narodnye social'no-utopičeskie legendy XVII-XIX vv. M. 1967.
CAMPHAUSEN, H.W., Die Bojarenduma unter Ivan IV. Studien zur altmoskauer Herrschaftsordnung. Frankfurt/M. 1985.
CARBASSE, J.-M., Introduction historique au droit pénal. Paris 1990.
CASTAN, N., Justice et répression en Languedoc à l'époque des lumières. Paris 1980.
DIES., Le régime des prisons au XVIIIe siècle, in: J.G. Petit, Hg., Le prison, le bague et l'histoire. Genf 1984, S. 31-42.
DIES., Y. CASTAN, Vivre ensemble. Ordre et désordre en Languedoc au

XVIIIe siècle. Paris 1981.
CATTANEO, M.A., Die Strafrechtsphilosphie der deutschen Aufklärung, in: Aufklärung 5, 1990, S. 26-56.
CHERNIAVSKY, M., Tsar and People. Studies in Russian Myth. New Haven, Conn. 1961.
CHIFFOLEAU, J., Les justices du pape. Délinquance et criminalité dans la région d'Avignon au XIVe siècle. Paris 1984.
CHMYROV, Krasnaja ploščad'. M. 1929.
CHRISTIAN, D., R.E.F. SMITH, Bread and Salt. A Social and Economic History of Food and Drink in Russia. Cambridge 1984.
DERS., „Living Water". Vodka and Russian Society on the Eve of Emancipation. Oxford 1990.
CIZOVA, T., Beccaria in Russia, in: SEER 40, 1962, S. 384-409.
CLARKSON, J., Some Notes on Bureaucracy, Aristocracy and Autocracy in Russia 1500-1800, in: G. Ritter, Hg., Entstehung und Wandel der modernen Gesellschaft. Berlin 1970, S. 187-220.
CLEMENTS, B.E., u.a. Hg., Russia's Women. Accomodation, Resistance, Transformation. Berkeley, Cal. 1991.
COCKBURN, J.S., Hg., Crime in England 1550-1800. Princeton, N.J. 1977.
COHEN, A.K., Abweichung und Kontrolle. München 1968.
COING, H., Das Recht als Element der europäischen Kultur, in: HZ 238, 1984, S. 1-15.
COLSON, E., Tradition and Contract. The Problem of Order. Chicago 1974.
CONFINO, M., Domaines et seigneurs en Russie vers la fin du XVIIIe siècle. Paris 1963.
DERS., Russian Customary Law and the Study of Peasant Mentalités, in: RR 44, 1985, S. 35-43.
COQUIN, X., La grande commission législative 1767-1768. Les cahiers de doléances urbains (Province de Moscou). Paris 1972.
CRACRAFT, J., The Church Reform of Peter the Great. London 1971.
DERS., Hg., Peter the Great Transforms Russia. Lexington, Mass. ^{3}1991.
CRISP, O., L. EDMONDSON, Hg., Civil Rights in Imperial Russia. Oxford 1989.
CRONE, P., Die vorindustrielle Gesellschaft. Eine Strukturanalyse. München 1992.
CRUMMEY, R.O., Aristocrats and Servitors. The Boyar Elite in Russia 1613-1689. Princeton, N.J. 1983.
DERS., Court Groupings and Politics in Russia 1645-1649, in: FOG 24, 1978, S. 203-21.
CULPEPPER, J.M., The Legislative Origins of Peasant Bondage in Muscovy, in: FOG 14, 1969, S. 162-237.
CUSSON, M., Le contrôle sociale du crime. Paris 1983.
CZERSKA, D., Sobornoe ułożenije 1649 roku. Zagadnienia społeczno-ustrojowe. Wrocław 1970.
DANIEL, W.L., „The Merchants" View of the Social Order in Russia as revealed in the Town Nakazy from Moskovskaia Guberniia to Catherine's

Legislative Commission, in: CASS 11, 1977, S. 503-22.
DANKER, U., Räuberbanden im Alten Reich um 1700, 2 Bde. Frankfurt/M. 1988.
DAVIES, B.L., The Town Governors in the Reign of Ivan IV., in: RH 14, 1987, S. 77-143.
DEMIDOVA, N.F., Bjurokratizacija gosudarstvennogo apparata absoljutizma v XVII-XVIII vv., in: Absoljutizm v Rossii. M. 1964, S. 206-42.
DIES., Gosudarstvennyj apparat Rossii v XVII v., in: IZ 108, 1982, S. 109-54.
DIES., Služilaja bjurokratija v Rossii XVII v. i ee rol' v formirovanii absoljutizma. M. 1987.
DEWEY, H.W., Charters of Local Government under Tsar Ivan IV., in: JGO 14, 1966, S. 10-20.
DERS., The Decline of the Muscovite Namestnik, in: Oxford Slavonic Papers 12, 1965, S. 21-39.
DERS., Defamation and False Accusation (Jabednichestvo) in Old Muscovite Society, in: Études slaves et est-européennes 11, 1966/67, S. 109-20.
DERS., Immunities in Old Russia, in: SR 23, 1964, S. 643-59.
DERS., Judges and the Evidence in Muscovite Law, in: SEER 36, 1957, S. 189-94.
DERS., Morality and the Law in Muscovite Russia, in: W.E. Butler, Hg., Russian Law. Historical and Political Perspectives. Leiden 1977, S. 51-64.
DERS., Muscovite Guba Charters and the Concept of Brigandage (Razboj), in: Papers of the Michigan Academy of Science, Art and Letters 51, 1966, S. 277-88.
DERS., Old Muscovite Concepts of Injured Honor (Beschestie), in: SR 27, 1968, S. 594-603.
DERS., Political Poruka in Muscovite Rus', in: RR 46, 1987, S. 117-34.
DERS., The 1497 Sudebnik - Muscovite Russia's First National Code, in: SR 15, 1956, S. 325-38.
DERS., The 1550 Sudebnik as an Instrument of Reform, in: JGO 10, 1962, S. 161-80.
DERS., Trial by Combat in Muscovite Russia, in: Oxford Slavonic Papers 9, 1960, S. 21-31.
DERS., The White Lake Charter. A Medieval Russian Administrative Statute, in: Speculum 32, 1957, S. 74-83.
DERS., N. CHALLIS, The Blessed Fools of Old Russia, in: JGO 22, 1974, S. 1-11.
DERS., A.M. KLEIMOLA, Coercion by Right (Pravezh) in Old Russian Administration, in: CASS 9, 1975, S. 156-67.
DERS., DIES., From the Kinship Group to Every Man His Brother's Keeper: Collective Responsibility in Pre-Petrine Russia, in: JGO 30, 1982, S. 321-35.
DERS., DIES., Old Muscovite Amnesties. Theory and Practice, in: RH 3, 1976, S. 49-60.
DINGES, M., Frühneuzeitliche Armenfürsorge als Sozialdisziplinierung? Probleme mit einem Konzept, in: GG 17, 1991, S. 5-29.

DERS., Die Ehre als Thema der Stadtgeschichte, in: ZHF 16, 1989, S. 409-40.
DMYTRYSHTYN, B., The Economic Content of the 1767 Nakaz of Catherine II, in: SR 19, 1960, S. 1-9.
DONNERT, E., Philipp Heinrich Dilthey (1723-1781) und sein Bildungsplan für Rußland vom Jahre 1764, in: Österreichische Osthefte 31, 1989, S. 203-37.
DERS., Zur Gesellschaftsauffassung Dmitrij Golicyns, in: Jahrbuch für Wirtschaftsgeschichte 1973, 2, S. 121-30.
DERS., A.Ja. Polenov und die russischen Preisschriften der Petersburger Freien Ökonomischen Gesellschaft der Jahre 1766-1768, in: JGSLE 17, 1973, 2, S. 195-206.
DERS., Politische Ideologie der russischen Gesellschaft zu Beginn der Regierungszeit Katharinas II. Berlin (DDR) 1976.
DOROŠENKO, A.P., Rabočaja sila v ukaznoj legkoj promyšlennosti Moskvy v 1730-1760 gg, in: IS 1958, 5, S. 144-67.
DERS., Rabota na domu v tekstil'noj promyšlennosti Moskvy v seredine XVIII v., in: IZ 72, 1962, S. 259-75.
DUCHHARDT, H., Das Zeitalter des Absolutismus. München 1989.
DÜLMEN, R.v., Frauen vor Gericht. Kindsmord in der frühen Neuzeit. Frankfurt/M. 1991.
DERS., Das Schauspiel des Todes. Hinrichtungsrituale in der Frühen Neuzeit, in: Ders., N. Schindler, Hg., Volkskultur. Zur Wiederentdeckung des vergessenen Alltags im 16. bis 20. Jahrhundert. Frankfurt/M. 1984, S. 205-45.
DERS., Theater des Schreckens. Gerichtspraxis und Strafrituale der Frühen Neuzeit. München 1985.
DERS., Hg., Verbrechen, Strafen und soziale Kontrolle. Frankfurt/M. 1990.
DUKES, P., Catherine II's Enlightened Absolutism and the Problem of Serfdom, in: W.E. Butler, Hg., Russian Law. Historical and Political Perspectives. Leiden 1977, S. 93-115.
DERS., Catherine the Great and the Russian Nobility. Cambridge 1967.
DERS., Russia and the Eighteenth-Century Revolution, in: History 188, 1971, S. 371-86.
DULOV, A.V., Geografičeskaja sreda i istorija Rossii. Konec XV-seredina XIX v. M. 1983.
DURAN, J.A., The Reform of Financial Administration in Russia during the Reign of Catherine II, in: CASS 4, 1970, S. 485-96.
EATON, H.L., Cadasters and Censuses of Muscovy, in: SR 26, 1967, S. 54-69.
DERS., Decline and Recovery of the Russian Cities from 1500-1700, in: CASS 11, 1977, S. 220-52.
EECKAUTÉ, D., Les brigands en Russie du XVIIe au XIXe siècle. Mythe et réalité, in: Revue d'histoire moderne et contemporaine 12, 1965, S. 161-202.
DIES., La mensuration générale des terres en Russie dans la seconde moitié du XVIIIe siècle, in: CMRS 5, 1964, S. 320-28.
EFREMOVA, N.N. Izmenenija v sudebnoj sisteme Rossii vo vtoroj polovine

XVIII v., in: Istoriko-juridičeskie issledovanija. Rossija i Anglija. M. 1990, S. 23-24.
DIES., Ministerstvo justicii rossijskoj imperii 1802-1917. M. 1983.
DIES., Osnovnye ėtapy razvitija sudebnoj sistemy v Rossii v XVIII v., in: Zakonomernosti vozniknovenija i razvitija političeskich idej i institutov. M. 1986, S. 94-105.
EGOROV, V.I., Sady Moskvy i Podmoskov'ja, in: Sad i ogorod 1947, 9, S. 68-79.
EISENBERG, U., Kriminologie. Köln ²1985.
ELIAS, N., Über den Prozeß der Zivilisation, 2 Bde. Frankfurt/M. 1976.
EL'JAŠEVIČ, V.B., Istorija prava pozemel'noj sobstvennosti v Rossii, 2 Bde. Paris 1948-51.
EMSLEY, C., Crime and Society in England 1750-1900.
ENDRES, R., Das Armenproblem im Zeitalter des Absolutismus, in: F. Kopitzsch, Hg., Aufklärung und Absolutismus in Deutschland. München 1976, S. 220-41.
ENGELSTEIN, L., Combined Underdevelopment. Discipline and the Law in Imperial and Soviet Russia, in: AHR 98, 1993, S. 338-53.
EPIFANOV, P.P., Voinskij ustav Petra vel., in: A.I. Andreev, Hg., Petr velikij. Sbornik statej. M. 1947, S. 167-213.
EPSTEIN, F.T., Die Hof- und Zentralverwaltung im Moskauer Staat und die Bedeutung von G.K. Kotošichins zeitgenössischem Werk „Über Rußland unter der Herrschaft des Zaren Aleksej Michajlovič" für die russische Verwaltungsgeschichte. Hamburg 1978.
EROŠKIN, N.P., Gosudarstvennye učreždenija Rossii v XVIII v. Zakonodatel'nye materialy. Spravočnoe posobie. M. 1960.
DERS., Očerki istorii gosudarstvennych učreždenij dorevoljucionnoj Rossii. Posobie dlja učitelja. M. 1960.
ESPER, T., The Odnodvortsy and the Russian Nobility, in: SEER 45, 1976, S. 124-34.
EVANS, R., Hg., The German Underworld. Deviants and Outcasts in German History. London 1988.
FATEEV, A.N., K istorii juridičeskoj obrazovannosti v Rossii, in: Učenye zapiski osnovannye russkoj učebnoj kollegiej v Prage 1934, 1/3, S. 129-256.
FIKENTSCHER, W., u.a. Hg., Entstehung und Wandel rechtlicher Traditionen. Freiburg 1980.
FILIPPOV, A.N., Moskva i Pugačev v ijule i avguste 1774 g. Orenburg 1925.
FLEISCHHACKER, H., 1730. Das Nachspiel der petrinischen Reformen, in: JGO 6, 1941, S. 201-74.
FLORJA, B.N., Formirovanie soslovnogo statusa gospodstvujuščego klassa drevnej Rusi. Na materiale statej o vozmeščenii „za bezčest'e", in: IS 1983, 1, S. 61-74.
FOUCAULT, M., Überwachen und Strafen. Die Geburt des Gefängnisses. Frankfurt/M. 1976.
FRANK, S.P., Cultural Conflict and Criminality in Rural Russia 1861-1900.

Ph.D. Brown University 1987.
FREHSEE, D., Strukturbedingungen urbaner Kriminalität. Göttingen 1979.
FRIEDEBURG, R.v., Sozialdisziplinierung in England? Soziale Beziehungen auf dem Lande zwischen Reformation und „Great Rebellion" 1550-1642, in: ZHF 17, 1990, S. 385-418.
FRIERSON, C.A., Crime and Punishment in the Russian Village. Rural Concepts of Criminality at the End of the Nineteenth Century, in: SR 46, 1987, S. 35-51.
FROST, R., After the Deluge. Poland-Lithuania and the Second Northern War 1655-1660. Cambridge 1993.
FRUMENKOV, G.G., P.I. Musin-Puškin v tjur'me soloveckogo monastyrja, in: Iz istorii političeskoj ssylki na evropejskij sever XVIII-načalo XX v. Vologda 1978, S. 3-19.
GARRARD, J.G., Michail Chulkov. An Introduction to His Prose and Verse. Den Haag 1970.
DERS., Hg., The Eighteenth Century in Russia. Oxford 1973.
GASPARRI, F., Crimes et chatiments en Provence au temps du roi René. Procédure criminelle au XVe siècle. Paris 1989.
GARNOT, B., La justice en France de l'an mil à 1914. Paris 1993.
GASPERETTI, D., The Carnivalesque Spirit of the Eighteenth-Century Russian Novel, in: RR 52, 1993, S. 166-84.
GATRELL, V.A.C., u.a. Hg., Crime and the Law. The Social History of Crime in Western Europe since 1500. London 1980.
DERS., The Hanging Tree. Execution and the English People 1770-1868. Oxford 1994.
GAUVARD, C., „De grace especial". Crime, état et société en France à la fin du Moyen Age. Paris 1992.
GEPHART, W., Strafe und Verbrechen. Die Theorie Emile Durkheims. Opladen 1990.
GERNET, M.N., Istorija carskoj tjurmy, 5 Bde. M. 1960-61.
DERS., Političeskij sysk v Rossii v gody francuzskoj revoljucii, in: Sovetskaja justicija 1939, 15/16, S. 26-31.
GESSEN, V.Ju., Napadenija beglych krest'jan na pomeščič'i votčiny v 20-30 gg. XVIII v., in: VI 1954, 12, S. 103-10.
GEYER, D., Der Aufgeklärte Absolutismus in Rußland. Bemerkungen zur Forschungslage, in: JGO 30, 1982, S. 176-89.
DERS., Georg Sacke, in: H.-U. Wehler, Hg., Deutsche Historiker, Bd. 5. Göttingen 1972, S. 117-29.
DERS., „Gesellschaft" als staatliche Veranstaltung. Bemerkungen zur Sozialgeschichte der russischen Staatsverwaltung im 18. Jahrhundert, in: JGO 14, 1966, S. 21-50.
DERS., Peter und St. Petersburg, in: JGO 10, 1962, S. 181-200.
DERS., Staatsaufbau und Sozialverfassung. Probleme des russischen Absolutismus am Ende des 18. Jahrhunderts, in: CMRS 7, 1966, S. 366-77.
GLASER, D., Hg., Crime in the City. New York 1970.
GLEASON, W.J., Moral Idealists, Bureaucracy and Catherine the Great. New

York 1981.
GLEIXNER, U., „Das Mensch“ und „der Kerl“. Die Konstruktion von Geschlecht in Unzuchtsverfahren der Frühen Neuzeit 1700-1760. Frankfurt/M. 1994.
GLÖTZNER, V., Die strafrechtliche Terminologie des Uloženie von 1649. Wiesbaden 1967.
GOEHRKE, C., Die Wüstungen in der Moskauer Rus'. Wiesbaden 1968.
GÖPPINGER, H., Kriminologie. München [4]1980.
GÖTTSCH, S., „Alle für einen Mann...“ Leibeigene und Widerständigkeit in Schleswig-Holstein im 18. Jahrhundert. Neumünster 1991.
GOL'DENBERG, P.I., Petrov čertež kak istočnik izučenija ee planirovki konca XVI-načala XVII v., in: AE 1966, S. 53-64.
DERS., Staraja Moskva. M. 1957.
DERS., B. GOL'DENBERG, Planirovka žilogo kvartala Moskvy XVII, XVIII i XIX vv. M. 1935.
GOLIKOVA, N.B., Iz istorii klassovych protivorečij v russkoj armii 1700-1709 gg., in: L.G. Beskrovnyj, u.a. Hg., Poltava. M. 1959, S. 269-85.
DIES., Organy političeskogo syska i ich razvitie v XVII-XVIII vv., in: Absoljutizm v Rossii XVII-XVIII vv. M. 1964, S. 243-80.
DIES., Organizacija političeskogo syska v Rossii XVI-XVII vv., in: Gosudarstvennye učreždenija Rossii XVI-XVIII vv. M. 1991, S. 11-36.
DIES., Političeskie processy pri Petre I. M. 1957.
DIES., Torgovlja krepostnymi bez zemli v 20-ch godach XVIII v., in: IZ 90, 1972, S. 303-31.
GOLUBCOV, S.A., Moskovskaja provincial'naja vlast' i dvorjanstvo v ožidanii Pugačeva, in: Staraja Moskva, Bd. 1. M. 1929, S. 7-50.
GONTHIER, N., Cris de haine et rites d'unité. La violence dans les villes XIIIe-XVIe siècle. Paris 1992.
GORFUNKEL', A.Ch., Termin „bobyl'“ v istočnikach XVII v., in: Voprosy istoriografii i istočnikovedenija istorii SSSR. M. 1963, S. 640-47.
GORJUŠKIN, L.M., Hg., Političeskie ssyl'nye v Sibiri XVIII-načalo XX v. Novosibirsk 1983.
GORLÉ, F., Une étape importante du développement de la justice pénale en Russii. Les „Novoukaznye stat'i“ de 1669, in: Annuaire d'institut de philologie et d'histoire orientale et slave 19, 1968, S. 645-68.
GORSKIJ, A.D., O votčinnom sude na Rusi v XIV-XV vv., in: Rossija na putjach centralizacii. M. 1982, S. 25-35.
Gosudarstvennye učreždenija Rossii XVI-XVIII vv. M. 1991.
GRABOSCH, U., Studien zur deutschen Rußlandkunde im 18. Jahrhundert. Halle/S. 1985.
GRACIANSKIJ, P.S., Desnickij. M. 1978.
DERS., Konstitucionnye proekty v Rossii vtoroj poloviny XVIII v., in: Gosudarstvo i pravo 1980, 7, S. 91-99.
DERS., Političeskaja i pravovaja mysl' Rossii vo vtoroj poloviny XVIII v. M. 1984.
GREKOV, B.D., Krest'jane na Rusi, 2 Bde. M. [2]1952-54.

GREKULOV, E.F., Pravoslavnaja inkvizicija v Rossii. M. 1964.
GRIFFITHS, D., Catherine's Charters. A Question of Motivation, in: CASS 23, 1989, S. 58-82.
GROMYKO, M.M., Mir russkoj derevni. M. 1991.
DIES., Tradicionnye normy povedenija i formy obščenija russkich krest'jan XIX v. M. 1986.
GUDZINSKAJA, A.P., Dokumenty sysknych kommissii vtoroj poloviny XVII kak istoričeskij istočnik, in: AE 1967, S. 107-18.
GUILLAIS, J., La chair de l'autre. Le crime passionel au XIXe siècle. Paris 1986.
HAHN, P.-M., Absolutistische Polizeigesetzgebung und ländliche Sozialverfassung, in: Jahrbuch für die Geschichte Mittel- und Ostdeutschlands 29, 1980, S. 13-29.
DERS., Brandenburgisches Gerichtswesen um 1700, in: Vorträge zur Justizforschung, Bd. 2. Frankfurt/M. 1993, S. 213-44.
DERS., Die Gerichtspraxis der altständischen Gesellschaft im Zeitalter des „Absolutismus". Die Gutachtertätigkeit der Helmstedter Juristenfakultät für die brandenburgisch-preußischen Territorien 1675-1710. Berlin 1989.
DERS., Landesstaat und Ständetum im Kurfürstentum Brandenburg während des 16. und 17. Jahrhunderts, in: P. Baumgart, J. Schmädeke, Hg., Ständetum und Staatsbildung in Brandenburg-Preußen. Berlin 1983, S. 41-79.
DERS., Struktur und Funktion des brandenburgischen Adels im 16. Jahrhundert. Berlin 1979.
HAMMER, D.P., Russia and the Roman Law, in: SR 16, 1957, S. 1-13.
HARTINGER, W., Raubkriminalität und soziale Schichtung. Zur Wirkungsweise bürgerlicher Lebensnormen im 18. Jahrhundert, in: Zeitschrift für Volkskunde 70, 1974, S. 1-19.
HARTLEY, J., The Boards of Social Welfare and the Financing of Catherine II's State Schools, in: SEER 67, 1989, S. 211-27.
DIES., Town Government in Saint Petersburg Guberniya after the Charter to the Towns of 1785, in: SEER 62, 1984, S. 61-84.
HASSEMER, W., Theorie und Soziologie des Verbrechens. Frankfurt/M. 1973.
HATTENHAUER, H., Die geistesgeschichtlichen Grundlagen des deutschen Rechts. Heidelberg [3]1983.
HAY, D., u.a. Hg., Albion's Fatal Tree. Crime and Society in Eighteenth-Century England. Norwich [2]1977.
DERS., Hg., Policing and Prosecuting in Britain 1750-1850. Oxford 1989.
DERS., War, Dearth and Theft in the Eighteenth-Century, in: Past and Present 95, 1982, S. 117-60.
HELLIE, R., Enserfment and Military Change in Muscovy. Chicago 1971.
DERS., Muscovite Society. Chicago 1967.
DERS., The Petrine Army, in: CASS 8, 1974, S. 237-54.
DERS., Slavery in Russia 1450-1725. Chicago 1982.
DERS., The Stratification of Muscovite Society: The Townsmen, in: RH 5, 1978, S. 119-75.
DERS., The Structure of Modern Russian History. Towards a Dynamic Model,

in: RH 4, 1977, S. 1-22.
DERS., Ulozhenie-Commentary, in: RH 15, 1988, S. 155-79, 181-224; 17, 1990, S. 65-78, 179-226, 305-336; CASS 25, 1991, S. 179-200.
HELLMANN, M., Herrschaftliche und genossenschaftliche Elemente in der mittelalterlichen Verfassungsgeschichte der Slawen, in: Zeitschrift für Ostforschung 7, 1958, S. 321-38.
DERS., Staat und Recht in Altrußland, in: Saeculum 5, 1954, S. 41-64.
HEMER, C., Herrschaft und Legitimation im Rußland des 17. Jahrhunderts. Staat und Kirche zur Zeit des Patriarchen Nikon. Frankfurt/M. 1979.
HERZEN, M.v., Catherine II - Editor of Vsiakaia Vsiachina? In: RR 38, 1979, S. 283-97.
HILDERMEIER, M., Bürgertum und Stadt in Rußland. Rechtliche Lage und soziale Struktur. Köln 1986.
HINTZE, O., Die Hohenzollern und ihr Werk. Berlin [6]1915.
DERS., Preußens Entwicklung zum Rechtsstaat, in: Ders., Regierung und Verwaltung. Göttingen 1967, S. 97-163.
HIPPEL, W.v., Armut, Unterschichten, Randgruppen in der Frühen Neuzeit. München 1995.
HIRSCH, W., Das Recht und die sozialen Gruppen. Stuttgart 1983.
HITTLE, J.M., The Service City. State and Townsmen in Russia 1600-1800. Cambridge, Mass. 1979.
HOBSBAWM, E.J., Bandits. London 1972.
DERS., Sozialrebellen. Gießen 1979.
HOCH, S.L., Serfdom and Social Control in Russia. Petrovskoe, a Village in Tambov. Chicago 1986.
HOFFMANN, P., Rußland im Zeitalter des Absolutismus. Berlin (DDR) 1988.
HOMANS, G.C., Elementarformen sozialen Verhaltens. Köln 1968.
DERS., Theorie der sozialen Gruppe. Köln 1968.
HOOCK, J., Regionalgeschichte als Methode. Das französische Beispiel, in: S. Brakensiek, Hg., Kultur und Staat in der Provinz. Perspektiven und Erträge der Regionalgeschichte. Bielefeld 1992, S. 29-40.
HOWARD, D.L., John Howard, Prison Reformer. London 1958.
HUDSON, H.D., Urban Estate Engineering in Eighteenth-Century Russia. Catherine the Great and the Elusive Meshchanstvo, in: CASS 19, 1984, S. 393-410.
HUFTON, O., The Poor in Eighteenth-Century France 1750-1789. Oxford 1974.
HUGHES, L., Sophia, Regent of Russia 1657-1704. London 1990.
HUGHES, M., Law and Politics in Eighteenth-Century Germany. The Imperial Aulic Council in the Reign of Charles VI. London 1988.
HUNECKE, V., Überlegungen zur Geschichte der Armut im vorindustriellen Europa, in: GG 9, 1983, S. 480-512.
HUSSEN, A.H., Grillen der Verlichting. De Instructie (Nakaz) van Catherina II en de „Rule of Law“. Groningen 1982.
INDOVA, E.I., Les activités commerciales de la paysannerie dans les villages de la région de Moscou 1700-1750, in: CMRS 5, 1964, S. 206-28.
DIES., Moskovskij posad i podmoskovnye dvorcovye krest'jane v pervoj polovi-

ne XVIII v., in: Goroda feodal'noj Rossii. M. 1966, S. 479-85.
DIES., Rol' dvorcovoj derevni pervoj polovine XVIII v. v formirovanie russkogo kupečestva, in: IZ 68, 1961, S. 189-210.
DIES., u.a., O buržuaznom rassloenii krest'janstva Rossii XVII-XVIII, in: IS 1962, 3, S. 80-105.
IVANOV, L., L. IL'INA, Puti i sud'by otečestvennoj kriminologii. M. 1991.
ISAEV, G.S., Rol' tekstil'noj promyšlennosti v genezise i razvitie kapitalizma v Rossii 1760-1860. L. 1970.
ISAEV, I.A., Istorija gosudarstva i prava Rossii. Kurs lekcij. M. 1994.
Istorija akademii nauk SSSR, Bd. 1. 1724-1803. M. 1958.
IVANOV, S.S., Gosudarstvo i pravo Rossii v period soslovno-predstavitel'noj monarchii. M. 1960.
IVINA, L.I., Uloženie 1649 g. i ego izdanija, in: Vspomogatel'nye istoričeskie discipliny 14, 1983, S. 152-75.
JAKOBSON, A.L., Tkackie slobody i sela v XVII v. Kadaševo, Chamovniki, Brejtovo, Čerkasovo. M. 1934.
JAKOVLEV, A.I., Cholopstvo i cholopy v moskovskom gosudarstve, Bd. 1. M. 1943. Nd. 1970.
JANOWITZ, M., The Intellectual History of „Social Control", in: J.S. Roucek, Hg., Social Control for the 1980s. London 1978, S. 20-45.
DERS., Wissenschaftshistorischer Überblick zur Entwicklung des Grundbegriffs „soziale Kontrolle", in: Kölner Zeitschrift für Soziologie und Sozialpsychologie 25, 1973, S. 499-514.
JENKINS, P., From Gallows to Prison? The Execution Rate in Early Modern England, in: Criminal Justice History 7, 1986, S. 51-72.
JESCHECK, H.-H., Islamisches und westliches Strafrecht. Gemeinsames und Gegensätze, in: Festschrift für D. Oehler. Köln 1985, S. 543-57.
JOLINS, C., u.a. Hg., Reassessing Foucault. London 1994.
JONES, R.E., Catherine II and the Provincial Reform of 1775, in: CASS 4, 1970, S. 497-512.
DERS., The Charter to the Nobility, in: CASS 23, 1989, S. 1-16.
DERS., The Emancipation of the Russian Nobility 1762-1785. Princeton, N.J. 1973.
DERS., Provincial Development in Russia. Catherine II and Jacob Sievers. New Brunswick, N.J. 1984.
DERS., Runaway Peasants and Russian Motives for the Partitions of Poland, in: H. Ragsdale, Hg., Imperial Russian Foreign Policy. Cambridge 1993, S. 103-16.
JONES, W.G., Nikolay Novikov. Enlightener of Russia. Cambridge 1984.
JÜTTE, R., Abbild und soziale Wirklichkeit des Bettler- und Gaunertums zu Beginn der Neuzeit. Köln 1988.
JUŠKOV, S.V., Istorija gosudarstva i prava SSSR. M. 1950.
KABUZAN, V.M., Narodonaselenie Rossii v XVII-pervoj poloviny XIX v. M. 1963.
DERS., N.M. ŠEPUKOVA, Tabel' pervoj revizii narodonaselenija Rossii 1718-1727 gg., in: Istoričeskij archiv 1959, 3, S. 126-65.

KACZYŃSKA, E., Człowiek przed sądem. Społeczne aspekty przestępczości w Królestwie Polskim 1815-1914. Warszawa 1982.

DIES., Ludzie ukarani. Więzienia i system kar w Królestwie Polskim 1815-1914. Warszawa 1989.

DIES., Town and Countryside in Penal Judicature and Criminality: Kingdom of Poland 1815-1914, in: APH 71, 1995, S. 197-210.

KAFENGAUZ, B.B., Chlebnaja torgovlja Moskvy v 30-ch gg. XVIII st., in: VI 1947, 9, S. 105-13.

DERS., Istorija chozjajstva Demidovych v XVIII-XIX vv. Opyt issledovanija po istorii ural'skoj metallurgii. M. 1949.

DERS., Očerki vnutrennogo rynka Rossii pervoj poloviny XVIII. M. 1958.

KAHAN, A., Natural Calamities and their Effect upon the Food Supply in Russia, in: JGO 16, 1968, S. 353-77.

DERS., The Plow, the Hammer and the Knout. An Economic History of Eighteenth-Century Russia. Chicago 1985.

KAISER, D.H., „Forgive Us Our Debts...“: Debts and Debtors in Early Modern Russia, in: FOG 50, 1994, S. 155-84.

DERS., The Growth of the Law in Medieval Russia. Princeton, N.J. 1980.

KAISER, F.B., Der europäische Anteil an der russischen Rechtsterminologie der petrinischen Zeit, in: FOG 10, 1965, S. 75-333.

DERS., Die russische Justizreform von 1864. Leiden 1972.

KAISER, G., Kriminologie. Eine Einführung in die Grundlagen. Heidelberg ^{8}1989.

DERS., Religion, Verbrechen und Verbrechensbegriff, in: Festschrift für W. Middendorff. Bielefeld 1986, S. 141-58.

DERS., Strategien und Prozesse strafrechtlicher Sozialkontrolle. Frankfurt a.M. 1973.

KALINYČEV, F.I., Pravovye voprosy voennoj organizacii russkogo gosudarstva vtoroj poloviny XVII v. M. 1954.

KAMENDROWSKY, V., Catherine II's Nakaz, State Finances and the Encyclopédie, in: CASS 13, 1979, S. 545-54.

KAMENSKIJ, A.B., Izučenie istorii gosudarstvennych učreždenii moskovskoj Rusi vo vtoroj polovine XVIII v., in: IZ 108, 1982, S. 259-72.

DERS., „Pod seniju Ekateriny...“ Vtoraja polovina XVIII v. SPb 1992.

KAMKIN, A.V., Pravosoznanie gosudarstvennych krest'jan vtoroj poloviny XVIII v., in: IS 1987, 2, S. 163-73.

KAMLER, M., Infanticide in the Towns of the Kingdom of Poland in the Second Half ot the 16th and the First Half of the 17th Century, in: APH 58, 1988, S. 33-49.

DERS., Penalties for Common Crimes in Polish Towns 1550-1650, in: APH 71, 1995, S. 161-74.

DERS., Robbery in the Polish Lands during the Second Half of the 16th and the First of the 17th Century, in: APH 68, 1993, S. 59-77.

DERS., The Role of Torture in Polish Municipal Judicature in the Second Half of the 16th and the First Half of the 17th Century, in: APH 66, 1992, S. 53-74.

DERS., Świat przestępczy w Polsce XVI i XVII stulecia. Warszawa 1991.

KAPUSTINA, G.D., Iz istorii remeslennogo učeničestva v Moskve v načale XVIII v., in: Voprosy social'no-ėkonomičeskoj istorii i istočnikovedenija perioda feodalizma Rossii. M. 1961, S. 113-19.

DIES., K istorii chlebnogo rynka Moskvy v načale XVIII v., in: Goroda feodal'noj Rossii. M. 1966, S. 375-85.

KASHTANOV, S.M., The Centralised State and Feudal Immunity in Russia, in: SEER 49, 1971, S. 235-54.

KAŠTANOV, S.M., Die feudale Immunität in Rußland, in: Beiträge zur Geschichte der UdSSR 3, 1982, S. 21-73.

DERS., K probleme mestnogo upravlenija v Rossii pervoj poloviny XVI v., in: IS 1959, 6, S. 134-48.

KATZ, F.E., Autonomy and Organization. The Limits of Social Control. New York 1968.

KAUFMANN, A., Kriminologie I. Entstehungszusammenhänge des Verbrechens. Stuttgart 1971.

KAUPEN, W., Über die Bedeutung des Rechts und der Juristen in der modernen Gesellschaft, in: G. Albrecht, u.a. Hg., Soziologie. Opladen 1973, S. 369-86.

KAZAKEVIČ, A.N., Sledstvennoe delo A.S. Šeina pod voskresenskym monastyrem o vosstanii moskovskich strel'cov 1698 g., in: Issledovanija po istočnikovedeniju istorii SSSR dooktjabr'skogo perioda. M. 1982, S. 152-69.

KAZANCEV, B.N., Zakonodatel'stvo russkogo carizma po regulirovaniju krest'janskogo otchoda v XVII-XIX vv., in: VI 1970, 6, S. 20-31.

KEENAN, E.L., Muscovite Political Folkways, in: RR 45, 1986, S. 115-81.

KEEP, J.L.H., Bandits and the Law in Muscovy, in: SEER 35, 1956/57, S. 201-22.

DERS., Catherine's Veterans, in: SEER 59, 1981, S. 385-96.

DERS., The Secret Chancellery. The Guards and the Dynastic Crisis of 1740/41, in: FOG 25, 1978, S. 169-93.

DERS., Soldiers of the Tsar. Army and Society in Russia 1462-1874. Oxford 1985.

KHODARKOVSKY, M., The Stepan Razin Uprising: Was it a „Peasant War"? in: JGO 42, 1994, S. 1-19.

KIERNAN, V.G., The Duel in European History. Oxford 1989.

KIR'JANOV, Ju.I., Žiznennyj uroven' rabočich Rossii. Konec XIX-načalo XX v. M. 1979.

KIVELSON, V.A., The Devil Stole his Mind. The Tsar and the 1648 Moscow Uprising, in: AHR 98, 1993, S. 733-56.

DIES., Through the Prism of Witchcraft. Gender and Social Change in Seventeenth-Century Muscovy, in: B.E. Clements, u.a. Hg., Russia's Women. Berkeley 1991, S. 74-94.

KLEIMOLA, A.M., The Duty to Denounce in Muscovite Russia, in: SR 31, 1972, S. 759-79.

DIES., „In accordance with the canons of the Holy Apostles": Muscovite Dowries and Women's Property Rights, in: RR 51, 1992, S. 204-29.

DIES., Justice in Medieval Russia. Judgement Charters (Pravovye Gramoty) of the 15th and 16th Centuries, in: Transactions of the American Philosophical Society 65, 6, 1975, S. 1-81.

DIES., Law and Social Change in Medieval Russia. The Zakon sudnyi lyudem as a Case Study, in: Oxford Slavonic Papers 9, 1976, S. 17-27.

Kleines kriminologisches Wörterbuch. Heidelberg [2]1985.

KLOKMAN, Ju.R., Social'no-ėkonomičeskaja istorija russkogo goroda. Vtoraja polovina XVIII v. M. 1967.

KNABE, B., Die Struktur der russischen Posadgemeinden und der Katalog der Beschwerden und Forderungen der Kaufmannschaft 1762-1767, in: FOG 22, 1975, S. 1-396.

KNACKSTEDT, W., Moskau. Studien zur Geschichte einer mittelalterlichen Stadt. Wiesbaden 1975.

KNJAZKOV, S.E., Sudnye prikazy v konce XVI-pervoj polovine XVII v., in: IZ 115, 1987, S. 268-85.

KOBACHIDZE, M.I., K voprosu o voznikvovenii i razvitii tajnogo političeskogo syska v Rossii v XVII-XVIII v., in: Trudy tbilisskogo universiteta 255, 1986, S. 120-29.

KOBRIN, V.B., Vlast' i sobstvennost' v srednevekovoj Rossii. M. 1985.

DERS., K.A. AVER'JANOV, S.B. Veselovskij. Žizn', dejatel'nost', ličnost'. M. 1989.

KOCH, H.-J., u.a. Hg., Theorien der Gerechtigkeit. Stuttgart 1994.

KOCKA, J., R. JESSEN, Die abnehmende Gewaltsamkeit sozialer Proteste vom 18. zum 20. Jahrhundert, in: P.A. Albrecht, u.a. Hg., Verdeckte Gewalt. Frankfurt/M. 1990, S. 33-56.

KOGAN, Ju.Ja., Prosvetitel' XVIII v. Ja.P. Kozel'skij. M. 1958.

KÖRNER, B., Das soziale Machtgefälle zwischen Mann und Frau als gesellschaftlicher Hintergrund der Kriminalisierung. München 1992.

KOGAN, I.I., Moskovskie šelkovye fabriki pervoj poloviny XVIII v., in: Staraja Moskva, Bd. 1. M. 1929, S. 128-44.

KOGAN-BERNŠTEJN, F.A., Vlijanie idej Montesk'e v Rossii v XVIII v., in: VI 1955, 5, S. 99-110.

KOLLMANN, N.S., Honor and Dishonor in Early Modern Russia, in: FOG 46, 1992, S. 131-46.

DIES., Women's Honor in Early Modern Russia, in: B.E. Clements, u.a. Hg., Russia's Women. Accomodation, Resistance, Transformation. Berkeley, Cal. 1991, S. 60-73.

KONOVALOV, S., Razin's Execution, in: Oxford Slavonic Papers 12, 1965, S. 94-98.

KOPANEV, A.I., Naselenie Peterburga v pervoj polovine XIX v. M. 1957.

KOPELEVIČ, Ju.Ch., Osnovanie peterburgskoj akademii nauk. L. 1977.

KORECKIJ, V.I., Formirovanie krepostnogo prava i pervaja krest'janskaja vojna v Rossii. M. 1975.

DERS., Zakrepoščenie krest'jan i klassovaja bor'ba v Rossii vo vtoroj polovine XVI v. M. 1970.

KOSAREV, A.I., Ėtapy recepcii rimskogo prava, in: Gosudarstvo i prava 1983, 7, S. 123-28.

KOŽEVNIKOV, M.V., Kratkij očerk juridičeskogo fakul'teta moskovskogo universiteta, in: Učenye zapiski moskovskogo universiteta, Bd. 180. Trudy juridičeskogo fakul'teta, Nr. 8. M. 1956, S. 5-40.

KOZLOV, O.F., Prikaz tajnych gosudarevych del, in: VI 1982, 8, S. 106-12.

KOZLOVA, N.V., Naemnyj trud v gorodach Podmoskov'ja vo vtoroj četverti XVIII v., in: Russkij gorod 6, 1983, S. 102-26.

DIES., Pobegi krest'jan v Rossii v pervoj treti XVIII v. Iz istorii social'no-ėkonomičeskoj žizni strany. M. 1983.

KRAMER, K.-S., Grundriß einer rechtlichen Volkskunde. Göttingen 1974.

Kriminologija. Obščaja čast'. Učebnik. SPb 1992.

KRISTENSEN, S.O., Istorija Rossii XVII v. Obzor issledovanij i istočnikov. M. 1989.

KRUTIKOV, V.I., Pravosoznanie krest'jan i ego otraženie v krest'janskom dviženii, in: Social'no-političeskoe i pravovoe položenie krest'janstva v dorevoljucionnoj Rossii. Voronež 1983, S. 177-86.

KUCHEROV, S., Indigenous and Foreign Influences on the Early Russian Legal Heritage, in: SR 31, 1972, S. 257-82.

KUDRJAVCEV, M.P., Ispol'zovanie rel'efa mestnosti v russkom gradostroitel'stve na primere Moskvy XVII v., in: Architekturnoe nasledstvo 21, 1973, S. 3-13.

KUNISCH, J., Absolutismus. Europäische Geschichte vom Westfälischen Frieden bis zur Krise des Ancien Régime. Göttingen 1986.

KÜRZINGER, J., Kriminologie. Eine Einführung in die Lehre vom Verbrechen. Stuttgart 1982.

KÜTHER, C., Menschen auf der Straße. Vagierende Unterschichten in Bayern, Franken und Schwaben in der zweiten Hälfte des 18. Jahrhunderts. Göttingen 1983.

DERS., Räuber und Gauner in Deutschland. Das organisierte Bandenwesen im 18. und frühen 19. Jahrhundert. Göttingen 1979.

DERS., Räuber, Volk und Obrigkeit. Zur Wirkungsweise und Funktion staatlicher Strafverfolgung im 18. Jahrhundert, in: H. Reif, Hg., Räuber, Volk und Obrigkeit. Frankfurt/M. 1984, S. 17-42.

KURSKOV, Ju.V., Pskovskaja gorodskaja reforma 1665 g., in: Učenye zapiski gosud. ped. instituta im. A.I. Gercena. Istoričeskie nauki 194, 1958, S. 169-92.

KUŠEVA, E.N., Torgovlja Moskvy v 30-40 ch gg. XVIII v., in: IZ 23, 1947, S. 44-104.

KUZ'MIN, A.G., Ob istokach drevnerusskogo prava, in: Gosudarstvo i pravo 1985, 2, S. 110-19.

LANGBEIN, J.H., Prosecuting Crime in the Renaissance. England, Germany, France. Cambridge, Mass. 1974.

LAINGUI, A., A. LEBIGRE, Histoire du droit pénal, 2 Bde. Paris 1980.

LANGE, K., Gesellschaft und Kriminalität. Räuberbanden im 18. und frühen 19. Jahrhundert. Frankfurt/M. 1994.

LAPPO, I.I., Litovskij statut 1588, 2 Bde. Kaunas 1934-38.

DERS., Litovskij statut v moskovskom perevode-redakcii. Jur'ev 1916.

LASLETT, P., Verlorene Lebenswelten. Geschichte der vorindustriellen Gesellschaft. Frankfurt/M. 1991.

LAVROV, A.S., Bojarskaja duma i perevorot 1689 g., in: Soslovija i gosudarstvennaja vlast' v Rossii. XV-seredina XIX vv. M. 1994, S. 272-80.

DERS., Feodal'noe soslovie i političeskaja bor'ba v Rossii v 1682-1698 gg. Avtoreferat SPb 1991.

DERS., Predstavitel'stvo dvorjanstva na zemskom sobore 1683-1684 g., in: Mavrodinskie čtenija. Materialy k dokladam 10.-12. oktjabrja 1994 g. SPb 1994, S. 98-102.

LEBEDEV, V.I., Moskva pri Petre I, in: VMU 1947, 8, S. 3-19.

DERS., Moskva pri Petre pervom po donošenijam gubernatorov, in: Istoričeskij žurnal 1945, 5, S. 34-43.

LEBIGRE, A., La justice du roi. La vie judiciaire dans l'ancienne France. Paris 1988.

LEDONNE, J.P., Absolutism and Ruling Class. The Formation of the Russian Political Order 1700-1825. New York 1991.

DERS., Catherine's Governors and Governors-General 1763-1796, in: CMRS 20, 1979, S. 15-42.

DERS., Criminal Investigations before the Great Reforms, in: RH 1, 1974, S. 101-18.

DERS., The Eighteenth-Century Russian Nobility: Bureaucracy or Ruling Class? In: CMRS 34, 1993, S. 139-48.

DERS., The Evolution of the Governor's Office 1727-1764, in: CASS 12, 1978, S. 86-115.

DERS., Indirect Taxes in Catherine's Russia. I. The Salt Code of 1781, in: JGO 23, 1975, S. 161-90; II. The Liquor Monopoly, in: Ebd., 24, 1976, S. 173-207.

DERS., The Judicial Reform of 1775 in Central Russia, in: JGO 21, 1973, S. 29-45.

DERS., Outlines of Russian Military Administration, in: JGO 31, 1983, S. 321-47; 33, 1985, S. 175-204; 34, 1986, S. 188-214.

DERS., Police Reform in Russia. A Project of 1762, in: CMRS 32, 1991, S. 249-74.

DERS., The Provincial and Local Police under Catherine the Great 1775-1796, in: CASS 4, 1970, S. 513-28.

DERS., Ruling Russia. Politics and Administration in the Age of Absolutism 1762-1796. Princeton, N.J. 1984.

DERS., The Territorial Reform of the Russian Empire 1775-1796, in: CMRS 23, 1982, S. 147-85; 24, 1983, S. 411-57.

LEITSCH, W., Die Stadtbevölkerung im Moskauer Staat in der zweiten Hälfte des 17. Jahrhunderts, in: FOG 18, 1973, S. 221-48.

LENTIN, A., Beccaria, Shcherbatov and the Question of Capital Punishment in Eighteenth-Century Russia, in: Canadian Slavonic Papers 24, 1982, S. 128-37.

LEONT'EV, A.K., Obrazovanie prikaznoj sistemy upravlenija v russkom gosudarstve. M. 1961.

DERS., Ustjužskaja gubnaja gramota 1540 g., in: Istoričeskij archiv 1960, 4, S. 218-22.

LEONTOVITSCH, V., Die Rechtsumwälzung unter Iwan dem Schrecklichen und die Ideologie der russischen Selbstherrschaft. Stuttgart 1944.

LEVACK, B.P., The Witch-Hunt in Early Modern Europe. London [7]1992.

LEVIN, E., Infanticide in Pre-Petrine Russia, in: JGO 34, 1986, S. 215-24.

DIES., Sex and Society in the World of the Orthodox Slavs 900-1700. London 1989.

LEWANDOWSKI, H.H., Die Todesstrafe in der Aufklärung. Bonn 1961.

LIESSEM, P., Die Todesstrafe im späten Zarenreich, in: JGO 37, 1989, S. 492-523.

LINEBAUGH, P., The London Hanged. Crime and Civil Society in the Eighteenth Century. London 1991.

LIPSKI, A., A Reexamination of the „Dark Era" of Anna Ivanovna, in: SR 15, 1956, S. 477-88.

LITVAK, B.G., Krest'janskoe dviženie v Rossii v 1775-1904 gg. M. 1989.

LJUBOMIROV, P.G., Očerki po istorii russkoj promyšlennosti XVII, XVIII i načala XIX v. M. 1947.

LOEWENSON, L., The Moscow Rising of 1648, in: SEER 27, 1948, S. 146-56.

LOTMAN, Ju.M., Besedy o russkoj kul'ture. Byt i tradicii russkogo dvorjanstva. XVIII-načalo XIX v. SPb 1994.

LÜDERSSEN, K., Kriminologie. Einführung in die Probleme. Baden-Baden 1984.

LÜDTKE, A., „Gemeinwohl", Polizei und „Festungspraxis". Staatliche Gewaltsamkeit und innere Verwaltung in Preußen 1815-1850. Göttingen 1982.

DERS., Hg., Herrschaft und soziale Praxis. Historische und sozialanthropologische Studien. Göttingen 1991.

LUPPOV, S.P., Čitateli izdanij moskovskoj tipografii v seredine XVII v. L. 1983.

DERS., Kniga v Rossii v XVII v. L. 1970.

DERS., Hg., Pokupateli izdanij moskovskoj tipografii v seredine XVII v. L. 1984.

MACUK, M.A., K voprosu o sootnošenii begstva i otchoda černosošnych krest'jan evropejskogo severa Rossii v XVII v., in: Agrarnyj stroj v feodal'noj Rossii. XV-načalo XVIII v. M. 1986, S. 121-31.

MADARIAGA, I. DE, Catherine the Great. A Short History. London 1990.

DIES., Catherine II and Montesquieu between Prince M.M. Shcherbatov and Denis Diderot, in: L'età dei lumi. Studi storici sul Settecento Europeo in onore di Franco Venturi, Bd. 2. Neapel 1985, S. 609-50.

DIES., Catherine and the Philosophes, in: A.G. Cross, Hg., Russia and the West in the Eighteenth Century. Newtonville, Mass. S. 30-52.

DIES., Catherine II and the Serfs, in: SEER 52, 1974, S. 34-62.

DIES., Penal Policy in the Age of Catherine II, in: La „Leopoldina". Criminalità e Giustizia Criminale nelle Reforme del Settecento Europeo, Bd. 2. Mailand 1990, S. 497-535.

DIES., Russia in the Age of Catherine the Great. London 1981.

MAESTRO, M.T., Voltaire and Beccaria as Reformers of Criminal Law. New York 1942.
MAIER, H., Die ältere deutsche Staats- und Verwaltungslehre. München 1986.
MAKAROV, A.N., Voprosy kodifikacii osnovnych zakonov v trudach russkich zakonodatel'nych komissij XVIII v., in: Zapiski russkogo naučnogo instituta v Belgrade 1, 1930, S. 193-203.
DERS., Učenie ob osnovnych zakonach v russkoj juridičeskoj literature XVIII i pervoj treti XIX v., in: Sbornik statej po russkoj istorii, posv. S.F. Platonovu. P. 1922, S. 370-81.
MALINOWSKI, P., U. MÜNCH, Soziale Kontrolle. Neuwied 1975.
MAMSIK, T., Pobegi kak social'noe javlenie. Pripisnaja derevnja zapadnoj Sibiri 1740-1800. M. 1978.
MAN'KOV, A.G., Bor'ba posada s feodalami vo vtoroj polovine XVII v., in: IZ 64, 1959, S. 217-32.
DERS., Ceny i ich dviženie v russkom gosudarstve XVI v. M. 1951.
DERS., Gosudarstvenno-pravovoe obezpečenie torgovych putej, in: Obščestvo i gosudarstvo feodal'noj Rossi. M. 1975, S. 311-16.
DERS., Izpol'zovanie v Rossii švedskogo zakonodatel'stva pri sostavlenii proekta uloženija 1720-1725 gg., in: Istoričeskie svjazi Skandinavii i Rossii IX-XX vv. L. 1970, S. 112-26.
DERS., K istorii podatnoj reformy posadskogo upravlenija 1699 g., in: Issledovanija po social'no-političeskoj istorii Rossii. L. 1971, S. 232-46.
DERS., K istorii vyrabotki zakonodatel'stva k krest'janach na rubeže XVII i XVIII v., in: AE 1960, S. 350-85.
DERS., Krepostnoe pravo i dvorjanstvo v proekte uloženija 1720-1725 gg., in: Dvorjanstvo i krepostnoj stroj Rossii XVI-XVIII vv. M. 1975, S. 159-80.
DERS., Krepostnoe zakonodatel'stvo v Rossii pervoj poloviny XVIII v. Po materialam uloženija 1720-1725 gg., in: Ežegodnik po agrarnoj istorii vostočnoj evropy. Vilnius 1971, S. 146-55.
DERS., Krest'janskij vopros v palate ob uloženii 1700 g., in: Voprosy ėkonomiki i klassovych otnošenij v russkom gosudarstve XII-XVII v. L. 1960, S. 8-77.
DERS., Pobegi krest'jan vo votčinach Troica-Sergeeva monastyrja v pervoj četverti XVII v., in: Učenye zapiski leningradskogo gosud. universiteta, Bd. 80. Serija istoričeskich nauk 1941, 10, S. 45-74.
DERS., Pravovoe položenie krest'jan po uloženiju 1649 g., in: Iz istorii feodal'noj Rossii. L. 1978, S. 141-48.
DERS., Proekt uloženija rossijskogo gosudarstva 1720-1725 g., in: Problemy istorii feodal'noj Rossii. L. 1971, S. 157-66.
DERS., Razvitie krepostnogo prava v Rossii vo vtoroj polovine XVII v. L. 1962.
DERS., Statistika i dinamika zakonodatel'nych aktov Rossii vtoroj poloviny XVII v., in: Vspomogatel'nye istoričeskie discipliny 20, 1989, S. 175-87.
DERS., Uloženie 1649 g. Kodeks feodal'nogo prava Rossii. L. 1980.
MARIN, V.I., Slovo i delo gosudarevo, in: VI 1966, 3, S. 215-18.
MARKER, G., Publishing, Printing and the Origins of Intellectual Life in Russia 1700-1800. Princeton, N.J. 1985.

MARTYNOV, I.F., Knigoizdatel' Nikolaj Novikov. M. 1981.
MARTYŠEVIČ, I.D., Voprosy gosudarstva i prava v trudach M.V. Lomonosova. M. 1961.
MATERNA, I., W. RIBBE, Hg., Brandenburgische Geschichte. Berlin 1995.
MAURER, M., Feste und Feiern als historischer Forschungsgegenstand, in: HZ 253, 1991, S. 101-30.
MCLYNN, F., Crime and Punishment in Eighteenth-Century England. London 1989.
MECHLER, A., Studien zur Geschichte der Kriminalsoziologie. Göttingen 1970.
MEDUŠEVSKIJ, A.N., Razvitie apparata upravlenija Rossii v pervoj četverti XVIII v., in: IS 1983, 6, S. 136-43.
DERS., Utverždenie absoljutizma v Rossii. Sravnitel'noe istoričeskoe issledovanie. M. 1994.
DERS., Zemlevladel'českoe pravo v uložennych komissijach XVIII v., in: Issledovanija po istočnikovedeniju istorii SSSR dooktjabr'skogo perioda. M. 1988, S. 114-26.
MEEHAN-WATERS, B., Autocracy and Aristocracy. The Russian Service Elite of 1730. New Brunswick, N.J. 1982.
MEGILL, A., The Reception of Foucault by Historians, in: Journal of the History of Ideas 48, 1987, S. 117-41.
MEIER, R.F., Perceptives on the Concept of Social Control, in: Annual Review of Sociology 8, 1982, S. 35-55.
MEISKE, C., Das Sobornoe Uloženie von 1649. Ein Denkmal der russischen Feudalgesetzgebung, in: JGSLE 23, 1979, 2, S. 35-46.
DERS., Die Kapitel XVI und XVII des Sobornoe Uloženie von 1649 und die deutsche Übersetzung dieser Abschnitte durch Johann Werner Pause, in: JGSLE 28, 1984, S. 45-57.
MEL'NIKOVA, A.S., Russkie monety ot Ivana Groznogo do Petra pervogo. M. 1989.
MELOSSI, D., M. PAVARINI, The Prison and the Factory. Origins of the Penitentiary System. London 1981.
MERZON, A.C., Ju.A. TICHONOV, Rynok Ustjuga vel. XVII v. M. 1960.
MEŠALIN, I.V., Tekstil'naja promyšlennost' krest'jan moskovskoj gubernii v XVIII i pervoj polovine XIX v. M. 1950.
MEUMANN, M., Findelkinder, Waisenhäuser, Kindsmord. Unversorgte Kinder in der frühneuzeitlichen Gesellschaft. München 1995.
MIDDENDORFF, W., Beiträge zur historischen Kriminologie. Bielefeld 1972.
MIKALAUSKAS, A., Das Strafrecht der drei Litauischen Statute von 1529, 1566, 1588. Kaunas 1937.
MILOV, L.V., Issledovanie ob „ėkonomičeskich primečanijach" k general'nomu meževaniju. M. 1965.
DERS., I.M. GARSKOVA, A Typology of Feudal Estates in Russia in the First Half of the Seventeenth Century, in: RR 47, 1988, S. 375-90.
MIYAZAWA, K., Informelle Sozialkontrolle in Japan, in: Festschrift für H.-H. Jescheck. Berlin 1985, S. 1159-74.
MERGEN, A., Die Kriminologie. Eine systematische Darstellung. München

²1978.

MIRONOV, B.N., Chlebnye ceny v Rossii za dva stoletija XVIII-XIX vv. L. 1985.

DERS., Vnutrennij rynok Rossii vo vtoroj polovine XVIII-pervoj polovine XIX v. L. 1981.

MONAS, S., Anton Divier and the Police of St. Petersburg, in: For Roman Jakobson. Essays on the Occasion of his Sixtieth Birthday. Den Haag 1956, S. 361-66.

MONTER, E.W., Crime and Punishment in Calvin's Geneva 1562, in: Archiv für Reformationsgeschichte 64, 1973, S. 281-87.

MOORMAN VAN KAPPEN, O., Die sogenannte „neue Forschungsrichtung" zur Kriminalitätsgeschichte in den Niederlanden und Belgien, in: Zeitschrift für neuere Rechtsgeschichte 6, 1984, S. 153-62.

MORJAKOV, V.I., Russkoe prosvetitel'stvo vtoroj poloviny XVIII v. M. 1994.

MORRISON, D., „Trading Peasants" and Urbanization in Eighteenth-Century Russia. New York 1987.

MORRISON, K.R., Catherine II's Legislative Commission, in: CASS 4, 1970, S. 464-84.

Moskovskij kraj v ego prošlom, 2 Bde. M. 1928-30.

Moskovskij sukonnyj dvor. L. 1934 (Krepostnaja manufaktura v Rossii, Bd. 5).

MUCHEMBLED, R., La violence au village. Sociabilité et comportements populaires en Artois du XVe au XVIIe siècle. Turnhout 1989.

DERS., Le temps des supplices. De l'obéissance sous les rois absolus XVe-XVIIIe siècles. Paris 1992.

MÜLLER-DIETZ, H.E., Der russische Militärarzt im 18. Jahrhundert. Berlin 1970.

MÜNCH, P., Lebensformen in der Frühen Neuzeit 1500 bis 1800. Berlin 1992.

MULLER, A.V., The Inquisitorial Network of Peter the Great, in: R.L. Nichols, T.G. Stavrou, Hg., Russian Orthodoxy under the Old Regime. Minneapolis 1978, S. 142-53.

MUNRO, G., The Charter to the Towns Reconsidered. The St. Petersburg Connection, in: CASS 23, 1989, S. 17-35.

MURATOV, Ch.I., Krest'janskaja vojna 1773-1775 gg. v Rossii. M. 1954.

MURAV'EV., A.V., Obrazovanie moskovskogo magistrata, in: VMU 1963, 3, S. 64-68.

NAZAROV, V.D., O datirovke „Ustava ratnych i pušečnych del", in: Voprosy voennoj istorii Rossii. XVIII i pervaja polovina XIX v. M. 1969, S. 216-21.

DERS., Ukaznaja kniga moskovskogo sudnogo prikaza, in: AE 1962, S. 462-84.

NEKRASOV, G.A., Učreždenie kollegij v Rossii i švedskoe zakonodatel'stvo, in: Obščestvo i gosudarstvo feodal'noj Rossii. M. 1975, S. 334-43.

NEKRYLOVA, A.F., Hg., Kruglyj god. Russkij zemledel'českij kalendar'. M. 1989.

DIES., Russkie narodnye gorodskie prazdniki, uveselenija i zrelišča. Konec XVIII-načalo XX v. L. 1988.

NERSESJANC, V.S., Hg., Razvitie russkogo prava v XV-pervoj polovine XVII

v. M. 1986.
NEUMANN, U., U. SCHROTH, Neuere Theorien von Kriminalität und Strafe. Darmstadt 1980.
NITSCHKE, P., Von der Politeia zur Polizei. Ein Beitrag zur Entwicklungsgeschichte des Polizeibegriffs und seiner herrschaftspolitischen Dimensionen von der Antike bis in 19. Jahrhundert, in: ZHF 19, 1992, S. 1-27.
DERS., Verbrechensbekämpfung und Verwaltung. Die Entstehung der Polizei in der Grafschaft Lippe 1700-1814. Münster 1990.
NOLTE, H.H., Religiöse Toleranz in Rußland 1600-1725. Göttingen 1969.
NOSOV, N.E., Belozerskaja gubnaja izba v načale XVII v., in: Voprosy social'no-ėkonomičeskoj istorii i istočnikovedenija perioda feodalizma v Rossii. M. 1961, S. 50-53.
DERS., Gubnaja reforma i central'noe pravitel'stvo konca 30-ch-načala 40-ch godov XVI v., in: IZ 56, 1956, S. 206-34.
DERS., Gubnoj nakaz novgorodskoj zemle 1559 g., in: Istoričeskij archiv 1959, 4, S. 212-17.
DERS., Očerki po istorii mestnogo upravlenija russkogo gosudarstva pervoj poloviny XVI v. M. 1957.
DERS., Social'naja bor'ba i „zemskoe ustroenie" v Rossii v 30-40-ch godach XVI v., in: Genezis razvitija feodalizma v Rossii. L. 1985, S. 131-45.
DERS., Stanovlenie soslovnogo predstavitel'stva v Rossii v pervoj polovine XVI v., in: IZ 114, 1986, S. 148-71.
NOVICKIJ, G.A., Pervye moskovskie manufaktury XVII v. po obrabotki koži, in: Moskovskij kraj v ego prošlom, Bd. 1. M. 1928, S. 47-60.
NOVOMBERGSKIJ, N.Ja., K voprosu o vnešnej istorii sobornogo uloženija 1649 g., in: IZ 21, 1947, S. 43-50.
NOVOSEL'SKIJ, A.A., Bor'ba moskovskogo gosudarstva s tatarami v pervoj polovine XVII v. M. 1948.
DERS., K voprosu ob ėkonomičeskom sostojanii beglych krest'jan na juge moskovskogo gosudarstva v pervoj polovine XVII v., in: IZ 16, 1945, S. 58-64.
DERS., K voprosu o značenii „uročnych let" v pervoj polovine XVII v., in: Akademiku B.D. Grekovu k dnju semidesjatiletija. M. 1952, S. 178-83.
DERS., Otdatočnye knigi beglych kak istočnik dlja izučenija narodnoj kolonizacii na Rusi v XVII v., in: Trudy istoriko-archivnogo instituta, Bd. 2. M. 1946, S. 127-54.
DERS., Pobegi krest'jan i cholopov i ich sysk vo vtoroj polovine XVII v., in: Trudy instituta istorii RANION, Bd. 1. M. 1926, S. 327-54.
DERS., Vol'nye i perechožie ljudi južnych uezdov russkogo gosudarstva v XVII v., in: Materialy po istorii sel'skogo chozjajstva i krest'janstva, Bd. 5. M. 1962, S. 61-77.
DERS., Votčinnik i ego chozjajstvo v XVII v. M. 1929. Nd. 1968.
NOWOSADTKO, J., „Scharfrichter und Abdecker". Der Alltag zweier „unehrlicher Berufe" in der Frühen Neuzeit. Paderborn 1994.
DIES., Scharfrichter-Hangman. Zwei soziokulturelle Varianten im Umgang mit dem Vollzug der Todesstrafe, in: AKG 74, 1992, S. 147-72.

OBRAZCOV, G.N., Uloženie 1649 g. i krest'jane votčiny Antonievo-Sijskogo monastyrja, in: IZ 63, 1958, S. 269-82.

O'BRIEN, C.B., Muscovite Prikaz Administration of the Seventeenth Century, in: FOG 24, 1978, S. 223-35.

Očerki istorii Leningrada, Bd. 1. Period feodalizma 1703-1861. M. 1955.

ÖSTERBERG, E., D. LINDSTRÖM, Crime and Social Control in Medieval and Early Modern Swedish Towns. Uppsala 1988.

OESTREICH, G., Policey und Prudentia civilis in der barocken Gesellschaft von Staat und Stadt, in: ders., Strukturprobleme der Frühen Neuzeit. Berlin 1980, S. 367-79.

DERS., Strukturprobleme des europäischen Absolutismus, in: ders., Geist und Gestalt des frühmodernen Staates. Berlin 1969, S. 179-97.

OMEL'ČENKO, O.A., Političeskaja teorija v nakaze komissii o sostavlenii proekta novogo uloženija Ekateriny II, in: VMU 1977, 1, S. 77-91.

DERS., Pravovye principy „prosveščennogo absoljutizma". O nekotorych problelamch razvitija prava v germanskich gosudarstvach i Rossii vo vtoroj polovine XVIII v., in: Voprosy istorii gosudarstva i prava Germanii i Švejcarii. M. 1985, S. 55-74.

DERS., Ugolovnaja politika „prosveščennogo absoljutizma", in: Voprosy istorii ugolovnogo prava i ugolovnoj politiki. M. 1986, S. 25-49.

DERS., „Zakonnaja monarchija" Ekateriny II. Prosveščennyj absoljutizm v Rossii. M. 1993.

ORLOV, V.S., Nekotorye voprosy istorii prepodovanija i razvitija nauki ugolovnogo prava na juridičeskom fakul'tete moskovskogo universiteta, in: Moskovskogo gos. universiteta im. M.V. Lomonosova učennye zapiski, Bd. 180. Trudy juridičeskogo fakul'teta, Nr. 8. M. 1956, S. 153-68.

OŠEROVIČ, B.S., Očerki po istorii russkoj ugolovnoj-pravovoj mysli. Vtoraja polovina XVIII v.-pervaja četvert' XIX v. M. 1946.

OSTROUMOV, S.S., Očerki po istorii ugolovnoj statistiki dorevoljucionnoj Rossii. M. 1961.

DERS., Prestupnost' i ee pričiny v dorevoljucionnoj Rossii. M. 1980.

PALMER, S.H., Police and Protest in England and Ireland 1780-1850. Cambridge 1988.

PANEJACH, V.M., Cholopstvo v XVI-načale XVII v. L. 1975.

DERS., Cholopstvo v pervoj polovine XVII v. L. 1984.

DERS., Kabal'noe cholopstvo na Rusi v XVI v. L. 1967.

PANKRATOVA, A.M., Formirovanie proletariata v Rossii XVII-XVIII vv. M. 1963.

DERS., Najmity na Rusi v XVII v., in: Akademiku B.D. Grekovu ko dnju semidesjatiletija. M. 1952, S. 200-15.

PAPMEHL, K.A., Freedom of Expression in Eighteenth Century Russia. Den Haag 1971.

PAVLENKO, N.I., Idei absoljutizma v zakonodatel'stve XVIII v., in: Absoljutizm v Rossii. M. 1964, S. 389-427.

DERS., Istorija metallurgii v Rossii XVIII v. M. 1962.

DERS., Petr velikij. M. 1990.

DERS., u.a. Hg., Rossija v period reforma Petra I. M. 1973.
PAVLOVA-SILVANSKAJA, M.P., Social'naja suščnost' oblastnoj reformy Ekateriny II, in: Absoljutizm v Rossii XVII-XVIII vv. M. 1964, S. 460-91.
DIES., Sozdanie v 1775 g. soslovnych sudov dlja krest'jan, in: VMU 1963, 3, S. 69-73.
PAŽITNOV, K.A., Remeslennoe ustrojstvo v moskovskoj Rusi i reforma Petra, in: IZ 8, 1940, S. 163-73.
PETERS, D., Politische und gesellschaftliche Vorstellungen in der Aufstandsbewegung unter Pugačev 1773-1775, in: FOG 17, 1973, S. 9-364.
PETERS, J., Hg., Gutsherrschaft als soziales Modell. München 1995.
PETERSON, C., Der Morskoj Ustav Peters d.Gr., in: JGO 24, 1976, S. 345-54.
DERS., Peter the Great's Administrative and Judicial Reforms. Stockholm 1979.
PETIT, J.G., Hg., Le prison, le bague et l'histoire. Genf 1984.
PETRIKEEV, D.I., Krupnoe krepostnoe chozjajstvo XVII v. L. 1967.
PETROVITCH, P., Recherches sur la criminalité à Paris dans la seconde moitié du XVIIIe siècle, in: A. Abbiateci, u.a., Crimes et criminalité en France sous l'Ancien Régime XVIIe-XVIIIe siècles. Paris 1971, S. 187-262.
PEVZNER, I.V., Položenie rabotnych ljudej i klassovaja bor'ba na sukonnych manufakturach vo vtoroj polovine XVIII v., in: Promyšlennost' i torgovlja v Rossii XVII-XVIII st. M. 1983, S. 118-37.
PIASENZA, P., Juges, lieutenants de police et bourgeois à Paris aux XVIIe et XVIIIe siècles, in: Annales ESC 45, 1990, S. 1189-1215.
PINTNER, W.M., The Burden of Defense in Imperial Russia 1725-1914, in: RR 43, 1984, S. 231-59.
DERS., D.K. ROWNEY, Russian Officialdom. The Bureaucratization of Russian Society from the Seventeenth to the Twentieth Century. Chapel Hill, N.C. 1980.
PLAUM, B.D., Strafrecht, Kriminalpolitik und Kriminalität im Fürstentum Siegen 1750-1810. St. Katharinen 1990.
PLAVSIC, B., Seventeenth-Century Chanceries and their Staffs, in: Pintner, Rowney, Russian Officaldom, S. 19-45.
PLESSIX-BUISSET, C., Le criminel devant ses juges en Bretagne aux XVIe et XVIIe siècles. Paris 1988.
PODOSENOV, O.P., Zakonodatel'stvo o katorge i ssylke v Rossii v XVIII v., in: Gosudarstvenno-pravovovye instituty samoderžavija v Sibiri. Irkutsk 1982, S. 3-12.
POKHLEBKIN, W., A History of Wodka. London 1993.
POKROVSKIJ, N.N., Sibirskie materialy XVII-XVIII vv. po „slovu i delu gosudarevu“ kak istočnik po istorii obščestvennogo soznanija, in: Istočniki po istorii obščestvennoj mysli i kul'tury pozdnego feodalizma. Novosibirsk 1988, S. 24-61.
DERS., Tomsk 1648-1649 gg. Voevodskaja vlast' i zemskie miry. Novosibirsk 1989.
POKROVSKIJ, S.A., Političeskie i pravovye vzgljady S.E. Desnickogo. M. 1955.

DERS., Gosudarstvenno-pravovye vzgljady Radiščeva. M. 1956.
POLIEKTOV, M.A., Evropeizacija Rossii pri Petre vel. P. 1920.
POLJANSKIJ, F.Ja., Ėkonomičeskij stroj manufaktury v Rossii XVIII v. M. 1956.
DERS., Gorodskoe remeslo i manufaktura v Rossii XVIII v. M. 1960.
DERS., Pervonačal'noe nakoplenie kapitala v Rossii. M. 1958.
POPITZ, H., Die normative Konstruktion von Gesellschaft. Tübingen 1980.
DERS., Phänomene der Macht. Tübingen 1986.
DERS., Prozesse der Machtbildung. Tübingen 1968.
POPOV, M.Ja., O meste kazni i pogrebenija S.T. Razina, in: VI 1961, 8, S. 208-12.
PORFIR'EV, E.I., Petr I. Osnovopoložnik voennogo iskusstva russkoj reguljarnoj armii i flota. M. 1952.
PORTMANN, H.-P., Die neuere sowjetische Forschung zu den Anfängen der Verknechtung der Bauern in Rußland, in: JGO 34, 1986, S. 48-84.
POSPIŠIL, L., Anthropologie des Rechts. Recht und Gesellschaft in archaischen und modernen Kulturen. München 1982.
PREOBRAŽENSKIJ, A.A., Klassovaja bor'ba ural'skich krest'jan i masterovych ljudej v načale XVIII v., in: IZ 58, 1956, S. 246-72.
DERS., Sysk beglych na Ural v 1671 gg., in: Iz istorii Urala. Sverdlovsk 1960, S. 89-100.
PROCHOROV, M.F., Moskovskoe vosstanie v sentjabre 1771 g., in: Russkij gorod 2, 1979, S. 114-40.
DERS., Otchodničestvo krest'jan v Moskvu v tret'ej četverti XVIII v., in: Ebd., 7, 1984, S. 150-71.
DERS., Vlijanie gorodskich nizov i raznočincev na klassovuju bor'bu krest'jan Rossii v seredine XVIII v., in: Ebd., 8, 1986, S. 132-54.
DERS., K voprosu o suščnosti „razbojnogo" dviženija v Rossii v seredine XVIII v., in: Mavrodinskie čtenija. Materialy k dokladam 10.-12. oktjabrja 1994 g. SPb 1994, S. 120-25.
PROKOF'EVA, L.S., Votčinnoe chozjajstvo v XVII v. Po materialam Spaso-Priluckogo monastyrja. L. 1959.
PRONŠTEJN, A.P., K istorii otrjada Vasilja Usa k Moskve v 1666 g., in: Krest'janstvo i klassovaja bor'ba v feodal'noj Rossii. L. 1967, S. 250-63.
PROPP, V.Ja., Russkie agrarnye prazdniki. L. 1963.
PROUST, J., Diderot et l'expérience russe. Un example de pratique théorique au XVIIIe siècle, in: Studies on Voltaire and the Eighteenth Century 154, 1976, S. 1777-1800.
PRUDNIKOV, Ju.F., Komplektovanie oficerskogo korpusa russkoj armii v 1774-1804 gg., in: VMU 1972, 2, S. 61-73.
DERS., K voprosu komplektovanija russkoj armii 1794-1796 gg., in: Ebd., 1970, 4, S. 15-25.
PUŠKAREV, L.N., Duchovnyj mir russkogo krest'janina po poslovicam XVII-XVIII vekov. M. 1994.
DERS., Obščestvenno-političeskaja mysl' Rossii. Vtoraja polovina XVII v. M. 1982.

PUŠKOV, V.P., Chozjajstvo beglych krest'jan alatyrskogo i arzamasskogo uezdov v seredine 60-ch godov XVII v., in: Matematičeskie metody v issledovanijach po social'no-ėkonomičeskoj istorii. M. 1975, S. 87-110.
DERS., I.M. PROMACHINA, Sem'ja v sisteme russkogo krest'janskogo chozjajstva. Po materialam syska beglych krest'jan 60-ch godov XVII v. v alatyrskom i arzamasskom uezdach, in: Social'no-demografičeskie processy v rossijskoj derevne XVI-načalo XX v. Tallin 1986, S. 26-34.
PUTILOV, B.N., Russkij istoriko-pesennyj folk'lor XIII-XVI vv. M. 1960.
PUTTKAMER, E., Einflüße schwedischen Rechts auf die Reformen Peters d.Gr., in: Zeitschrift für ausländisches öffentliches Recht und Völkerrecht 19, 1958, S. 369-84.
RABINOVIČ, M.D., Formirovanie reguljarnoj russkoj armii nakanune severnoj vojny, in: Voprosy voennoj istorii Rossii. XVIII i pervaja polovina XIX vv. M. 1969, S. 221-33.
DERS., Social'noe proischoždenie i imuščestvennoe položenie oficerov reguljarnoj armii v konce severnoj vojny, in: Rossija v period Petra I. M. 1973, S. 133-71.
DERS., Strel'cy v pervoj četverti XVIII v., in: IZ 58, 1956, S. 273-305.
RABINOVIČ, M.G., Očerki ėtnografii russkogo feodal'nogo goroda. M. 1978.
RACHMATULLIN, M.A., Krest'janskoe dviženie v velikorusskich gubernijach v 1826-1857 gg. M. 1990.
RADBRUCH, G., Der Geist des englischen Rechts. Göttingen 1956.
DERS., Stand und Strafrecht, in: Schweizerische Zeitschrift für Strafrecht 49, 1935, S. 17-30.
DERS., H. GWINNER, Geschichte des Verbrechens. Nd. Frankfurt/M. 1990.
RAEFF, M., Hg., Catherine the Great. A Profile. New York 1972.
DERS., Codification et droit en Russie impériale, in: CMRS 20, 1979, S. 5-13.
DERS., The Enlightenment in Russia and Russian Thought in the Enlightenment, in: J.G. Garrard, Hg., The Eighteenth Century in Russia. Oxford 1973, S. 25-47.
DERS., The Two Facets of the World of Ivan Pososhkov, in: FOG 50, 1994, S. 309-28.
DERS., La noblesse et le discours politique sous le règne de Pierre le Grand, in: CMRS 34, 1993, S. 33-46.
DERS., On the Heterogenity of the Eighteenth Century in Russia, in: R.P. Bartlett, u.a. Hg., Russia and the World of the Eighteenth Century. Columbus, Ohio 1986, S. 666-80.
DERS., Origins of the Russian Intelligentsia. The Eighteenth-Century Nobility. San Diego 1966.
DERS., Plans for Political Reform in Imperial Russia 1730-1905. Prentice Hall, N.J. 1966.
DERS., Seventeenth-Century Europe in Eighteenth-Century Russia? In: SR 41, 1982, S. 611-38.
DERS., The Well-Ordered Police State. Social and Institional Change through Law in the Germanies and Russia 1600-1800. New Haven, Conn. 1983.
RANSEL, D.L., Catherine II's Instruction to the Commission on Laws, in:

SEER 50, 1972, S. 10-28.
DERS., The Government Crisis of 1730, in: R.O. Crummey, Hg., Reform in Russia and the USSR. Urbana, Ill. 1989, S. 45-71.
DERS., Mothers in Misery. Child Abandonment in Russia. Princeton 1988.
DERS., The Politics of Catherinian Russia. The Panin Party. New Haven, Conn. 1975.
RASKIN, D.I., Ispol'zovanie zakonodatel'nych aktov v krest'janskich čelobitnych serediny XVIII v., in: IS 1979, 4, S. 179-92.
RAWLINGS, P., Drunks, Whores and Idle Apprentices. Criminal Biographies of the Eighteenth Century. Bristol 1992.
RAZORENOVA, N.V., Beglye krest'jane v gorodach srednego Povolž'ja v pervoj četverti XVIII v., in: VMU 1979, 4, S. 28-41.
DIES., Iz istorii samozvanstva v Rossii 30-ch godov XVIII v., in: Ebd., 1974, 6, S. 54-67.
DIES., Zemledel'českoe chozjajstvo beglych krest'jan v srednem Povol'že v pervoj treti XVIII v., in: Ebd., 1975, 5, S. 34-52.
REHBINDER, M., Einführung in die Rechtssoziologie. Frankfurt/M. 1971.
DERS., Die gesellschaftlichen Funktionen des Rechts, in: G. Albrecht, u.a. Hg., Soziologie. Opladen 1973, S. 354-68.
REICH, N., Kodifikation und Reform des russischen Zivilrechts im 19. Jahrhundert bis zum Erlaß des Svod Zakonov 1833, in: Jus Commune 3, 1970, S. 152-85.
REIF, H., Hg., Räuber, Volk und Obrigkeit. Studien zur Geschichte der Kriminalität in Deutschland seit dem 18. Jahrhundert. Frankfurt/M. 1984.
REINHARDT, S.G., Justice in the Sarladais 1770-1790. Los Angeles 1991.
REŠETNIKOV, F.M., Bekkaria. M. 1987.
REIWALD, P., Die Gesellschaft und ihre Verbrecher. Frankfurt/M. 1973.
REXHEUSER, R., Adelsbesitz und Heeresverfassung im Moskauer Staat des 17. Jahrhunderts, in: JGO 21, 1973, S. 1-17.
RICE, J.L., The Bolotov Papers and Andrei Timofeevich Bolotov Himself, in: RR 35, 1976, S. 125-54.
ROBERTI, J.-C., Hg., Fêtes et spectacles de l'ancienne Russie. Paris 1980.
ROBINSON, A.N., Bor'ba idej v russkoj literature XVII v. M. 1974.
ROCK, P., History of British Criminology. Oxford 1988.
RODIN, F.N., Burlačestvo v Rossii. M. 1975.
ROECK, B., Außenseiter, Randgruppen, Minderheiten. Fremde im Deutschland der Frühen Neuzeit. Göttingen 1993.
ROGGER, H., National Consciousness in Eighteenth-Century Russia. Cambridge, Mass. 1960.
ROGLE, W., Antonio Manuel de Vieira 1697-1745, in: R.P. Bartlett, u.a. Hg., Russia and the World of the Eighteenth Century. Columbus, Ohio 1988, S. 577-90.
ROGOV, V.A., Ugolovnye nakazanija i repressii v Rossii serediny XV-seredina XVII v. M. 1992.
ROHBECK, J., Die Fortschrittstheorie der Aufklärung. Französische und englische Geschichtsphilosphie in der zweiten Hälfte des 18. Jahrhunderts.

Frankfurt/M. 1987.
ROMAŠKIN, P.S., Osnovnye načala ugolovnogo i voenno-ugolovnogo zakonodatel'stva Petra I. M. 1947.
DERS., Vopros o primenii voinskich artikulov Petra I v obščich sudach, in: VMU 1948, 2, S. 3-12.
RONNEBERGER, F., Die Bedeutung der Verwaltung für den sozialen Wandel, in: W. Rüegg, u.a. Hg., Zur soziologischen Theorie und Analyse des 19. Jahrhunderts. Göttingen 1971, S. 83-102.
ROSE, M., Das Gerichtswesen des Herzogtums Pfalz-Zweibrücken im 18. Jahrhundert. Ein Beitrag zur territorialen Gerichtsbarkeit im Alten Reich. Frankfurt/M. 1994.
ROSENBERG, H., Bureaucracy, Aristocracy and Autocracy. The Prussian Experience 1660-1815. Cambridge, Mass. 1958.
ROUCEK, J.S., The Concept of Social Control in American Sociology, in: Ders., Hg., Social Control for the 1980s. London 1978, S. 3-19.
X ROWLAND, D., Did Muscovite Literary Ideology Place Limits on the Power of the Tsar (1540s-1660s)? in: RR 49, 1990, S. 125-55.
ROZMAN, G., Urban Networks in Russia 1750-1800. Princeton, N.J. 1976.
RUBINŠTEJN, E.I., Polotnjannaja i bumažnaja manufaktura Gončarovych vo vtoroj polovine XVIII v. M. 1975.
RUBINŠTEJN, N.L., Nekotorye voprosy formirovanija rynka rabočej sily v Rossii XVIII v., in: VI 1952, 2, S. 74-101.
DERS., Sel'skoe chozjajstvo Rossii vo vtoroj polovine XVIII v. M. 1958.
DERS., Uložennaja kommissija 1754-1766 gg. i ee proekt novogo uloženija „O sostojanii poddannych voobšče", in: IZ 38, 1951, S. 208-51.
RÜPING, H., Grundriß der Strafrechtsgeschichte. München 1981.
X RÜSS, H., Herren und Diener. Die soziale und politische Mentalität des russischen Adels. 9. bis 17. Jahrhundert. Köln 1994.
RUSCHE, G., O. KIRCHHEIMER, Sozialstruktur und Strafvollzug. Frankfurt/M. 1974.
Russkie satiričeskie žurnaly XVIII v. Izbrannye stat'i i zametki. M. 1940.
RYNDZJUNSKIJ, P.G., Gorodskoe graždanstvo doreformennoj Rossii. M. 1958.
DERS., Soslovno-podatnaja reforma 1775 g. i gorodskoe naselenie, in: Obščestvo i gosudarstvo feodal'noj Rossii. M. 1975, S. 86-95.
ŠACHMATOV, M.V., Čelobitnaja „mira" moskovskogo carju Alekseju Michajloviču 10 ijunja 1648 g., in: Vestnik královske českie společnosti nauk. Třída filosoficka-historicka 1933, 4, S. 1-23.
DERS., Ispolnitel'naja vlast' v moskovskoj Rusi. Prag 1935.
ŠAPIRO, A.L., Bobyl'stvo v Rossii v XVI-XVII v., in: IS 1960, 3, S. 49-66.
DERS., Ėvoljucija bobyl'stva v Rossii v XVIII v., in: Ežegodnik po agrarnoj istorii vostočnoj evropy 1958 g. Tallin 1959, S. 91-104.
DERS., K istorii krest'janskich promyslov i krest'janskoj manufaktury v Rossii v XVIII v., in: IZ 31, 1950, S. 136-50.
DERS., Krest'janskaja torgovlja i krest'janskie podrjady v petrovskoe vremja, in: IZ 27, 1948, S. 202-39.
DERS., Krest'janskie otchody i krest'janskij naem v petrovskoe vremja, in:

Učennye zapiski lenigradskogo gosud. pedagog. instituta im. M.N. Pokrovskogo 5, 1940, 1, S. 23-53.
DERS., Russkoe krest'janstvo pered zakrepoščeniem. L. 1987.
ŠČAPOV, Ja.N., Rimskoe pravo na Rusi do XVI v., in: Feodalizm v Rossii. M. 1987, S. 211-19.
DERS., Vizantijskoe južnoslavjanskoe pravovoe nasledie na Rusi v XI-XIII vv. M. 1978.
ŠČEPETOV, K.N., Beglye krest'jane kn. A.M. Čerkasskogo v pervoj polovine XVIII v., in: IS 1963, 6, S. 127-37.
DERS., Krepostnoe pravo v votčinach Šeremetevych 1708-1885. M. 1947.
ŠEPUKOVA, N.M., K voprosu o čislennosti barščinnych i obročnych pomeščič'ich krest'jan evropejskoj Rossii vo vtoroj polovine XVIII v., in: Ežegodnik po agrarnoj istorii vostočnoj Evropy 1964 g. Kišinev 1966, S. 400-09.
ŠKLOVSKIJ, V.B., Matvej Komarov, žitel' goroda Moskvy. L. 1929.
ŠMIDT, S.O., Stanovlenie rossijskogo samoderžavstva. M. 1973.
ŠOROCHOV, A.P., K voprosu o primenenii voinskich artikulov Petra I 1715 g. v obščich graždanskich sudov, in: Aktual'nye voprosy pravovedenija v obščenarodnom gosudarstve. Tomsk 1979, S. 66-92.
ŠTRANGE, M.M., Demokratičeskaja intelligencija v Rossii v XVIII v. M. 1965.
ŠVEJNKOVSKAJA, E.N., Iz istorii finanoso-nalogovoj sistemy v Rossii XVIII v., in: IS 1988, 5, S. 54-66.
SACHAROV, A.M., Iz istorii Moskvy serediny XVII v., in: VMU 1963, 3, S. 45-52.
SACHAROV, A.N., Russkaja derevnja v XVII v. M. 1966.
SACHSE, C., F. TENNSTEDT, Geschichte der Armenfürsorge in Deutschland, Bd. 1. Vom Spätmittelalter bis zum Ersten Weltkrieg. Stuttgart 1980.
SACKE, G., Adel und Bürgertum in der gesetzgebenden Kommission Katharinas II. von Rußland, in: JGO 3, 1938, S. 408-17.
DERS., Zur Charakteristik der gesetzgebenden Kommission Katharinas II. von Rußland, in: AKG 21, 1931, S. 161-91.
DERS., Die gesetzgebende Kommission Katharinas II. Nd. New York 1966.
DERS., Das Problem des Grundbesitzes in der Regierungszeit Katharinas II, in: JGSLE 5, 1961, S. 201-33.
SAFRONOV, F.G., Ssylka v vostočnuju Sibir' v XVII v. Jakutsk 1967.
DERS., Ssylka v vostočnuju Sibir' v pervoj polovine XVIII v., in: Ssylka i katorga v Sibiri XVIII-načalo XX v. Novosibirsk 1975, S. 15-37.
SAKOVIČ, S.I., Pamjati kormežnye, naemye i žilye krest'jan-otchodnikov konca XVII v., in: AE 1962, S. 166-73.
DERS., Social'nyj sostav moskovskich cechovych remeslennikov 1720-ch gg., in: IZ 42, 1953, S. 238-61.
DERS., Torgovlja meločnymi tovarami v Moskve v konce XVII v., in: IZ 20, 1946, S. 130-49.
SALMONOWICZ, S., Die neueren (1959-1978) polnischen Forschungen zur Geschichte des Strafrechts, in: APH 42, 1980, S. 209-30.
DERS., Die neuzeitliche europäische Kodifikation (16.-17. Jahrhundert), in:

Ebd., 37, 1978, S. 29-69.

SAMOJLOV, V.V., Vozniknovenie tajnoj ėkspedicii pri Senate, in: VI 1948, 6, S. 79-81.

SAMOŠENKO, V.N., Istoričeskie archivy Moskvy i Peterburga XVIII-načala XX vv. M. 1990.

SARKISYANZ, M., Das altrussische Volksideal der Prawda und seine Auflösung, in: Nikolaus Sementkowsky-Kurilo zum 70. Geburtstag 28. August 1971. Zürich 1971, S. 71-79.

SAURER, E., Straße, Schmuggel, Lottospiel. Materielle Kultur und Staat in Niederösterreich, Böhmen und Lombardo-Venetien im frühen 19. Jahrhundert. Göttingen 1989.

SCHAPIRO, L., The Importance of Law in the Study of Politics and History, in: Ders., Russian Studies. New York 1987, S. 29-44.

SCHARF, C., Katharina II., Deutschland und die Deutschen. Mainz 1995.

SCHEIDEGGER, G., Perverses Abendland - Barbarisches Rußland. Begegnungen des 16. und 17. Jahrhunderts im Schatten kultureller Mißverständnisse. Zürich 1993.

SCHERNER, K.O., Das Recht der Armen und Bettler im Ancien Régime, in: Zeitschrift der Savigny-Stiftung für Rechtsgeschichte. Germanistische Abteilung 96, 1979, S. 55-99.

SCHILD, W., Alte Gerichtsbarkeit vom Gottesurteil bis zum Beginn der modernen Rechtsprechung. München 1980.

SCHINDLER, N., Widerspenstige Leute. Studien zur Volkskultur in der frühen Neuzeit. Frankfurt/M. 1992.

SCHIPPAN, M., Der Anteil des Zaren Peter I. von Rußland an der Ausarbeitung von Gesetzesdokumenten für die Staatsverwaltung, in: G. Vogler, Hg., Europäische Herrscher. Ihre Rolle bei der Gestaltung von Politik und Gesellschaft vom 16. bis zum 18. Jahrhundert. Weimar 1988, S. 170-85.

SCHMIDT, E., Einführung in die Geschichte der deutschen Strafrechtspflege. Göttingen ^{2}1951.

SCHNEIDER, H.J., Kriminologie. Berlin 1987.

SCHNUR, R., Hg., Die Rolle der Juristen bei der Entstehung des modernen Staates. Berlin 1986.

SCHÖPFER, G., Sozialer Schutz im 16. bis 18. Jahrhundert. Graz 1976.

SCHOLLE, C., Das Duell in der russischen Literatur. München 1977.

SCHROEDER, F.-C., Hg., Die Carolina. Die Peinliche Gerichtsordnung Kaiser Karls V. von 1532. Darmstadt 1986.

SCHUBERT, E., Arme Leute, Bettler und Gauner im Franken des 18. Jahrhunderts. Neustadt a.d. Aisch 1983.

DERS., Mobilität ohne Chance. Die Ausgrenzung des fahrenden Volkes, in: W. Schulze, Hg., Ständische Gesellschaft und soziale Mobilität. München 1988, S. 113-64.

SCHULTE, R., Das Dorf im Verhör. Brandstifter, Kindsmörderinnen und Wilderer vor den Schranken des bürgerlichen Gerichts. Hamburg 1989.

SCHULTZ, L., Russische Rechtsgeschichte von den Anfängen bis zur Gegenwart einschließlich des Rechts der Sowjetunion. Lahr 1951.

SCHULZ, W., Die Immunität im nordöstlichen Rußland des 14. und 15. Jahrhunderts, in: FOG 8, 1962, S. 26-281.

SCHULZE, L., The Russification of the St. Petersburg Academy of Sciences and Arts in the Eighteenth Century, in: British Journal of the History of Science 18, 1985, S. 305-35.

SCHULZE, R., Policey und Gesetzgebungslehre im 18. Jahrhundert. Berlin 1982.

SCHULZE, W., Gerhard Oestreichs Begriff „Sozialdisziplinierung" in der Frühen Neuzeit, in: ZHF 14, 1987, S. 265-302.

SCHUR, E.M., Abweichendes Verhalten und soziale Kontrolle. Frankfurt/M. 1974.

SCHWERHOFF, G., Devianz in der alteuropäischen Gesellschaft. Umrisse einer historischen Kriminalitätsforschung, in: ZHF 19, 1992, S. 385-414.

DERS., Köln im Kreuzverhör. Kriminalität, Herrschaft und Gesellschaft in einer frühneuzeitlichen Stadt. Bonn 1991.

DERS., A. BLAUERT, Hg., Mit den Waffen der Justiz. Zur Kriminalitätsgeschichte des späten Mittelalters und der Frühen Neuzeit. Frankfurt/M. 1993.

SCHWIND, H.D., Kriminologie. Eine praxisorientierte Einführung mit Beispielen. Heidelberg [2]1988.

SEMENOVA, L.N., Obščestvennye razvlečenija v Peterburge v pervoj polovine XVIII v., in: Staryj Peterburg. L. 1982, S. 147-63.

DIES., Očerki istorii byta i kul'turnoj žizni Rossii. Pervaja polovina XVIII v. L. 1982.

DIES., Rabočie Peterburga v pervoj polovine XVIII v. L. 1974.

SERBINA, K.N., K voprosu o bobyljach, in: Akademiku B.D. Grekovu ko dnju semidesjatiletija. M. 1952, S. 172-77.

DIES., K voprosu ob učeničestve v remesle russkogo goroda v XVII v., in: IZ 18, 1946, S. 148-68.

DIES., Očerki iz social'no-ėkonomičeskoj istorii russkogo goroda. Tichvinskij posad XVI-XVIII vv. M. 1951. Nd. 1970.

DIES., Ukaznye knigi zemskogo prikaza vtoroj polovine XVI i pervoj poloviny XVII v., in: Issledovanija po otečestvennomu istočnikovedeniju. M. 1964, S. 337-43.

SHARPE, J.A., Crime in Early Modern England 1550-1750. London 1984.

SHAW, D.J.B., Settlement and Landholding on Russia's Southern Frontier in the Early Seventeenth Century, in: SEER 69, 1991, S. 232-56.

SINJAWSKI, A., Iwan der Dumme. Vom russischen Volksglauben. Frankfurt/M. 1990.

SIVKOV, K.V., Nakaz žitelej Moskvy deputatu komissii 1767 g. i zakonodatel'naja dejatel'nost' imp. Ekateriny II v 60-80-ch godov XVIII v., in: Učenye zapiski moskovskogo gosud. pedagog. instituta im. V.I. Lenina, Bd. 60. Kafedra istorija SSSR 1949, Nr. 2, S. 193-222.

DERS., Podmoskovnaja votčina serediny XVIII v., in: Moskovskij kraj v ego prošlom, Bd. 1. M. 1947, S. 75-96.

SIZIKOV, M.I., O načale organizacii reguljarnoj policii v Moskve i periferijnych

gorodach Rossii, in: Sbornik aspirantskich rabot, Bd. 10. Sverdlovsk 1969, S. 263-70.
DERS., O positivnych funkcijach reguljarnoj policii Rossii v pervoj četverti XVIII v., in: Sbornik aspirantskich rabot sverdlovskogo juridičeskogo universiteta 14, 1972, S. 131-38.
DERS., Rasširenie policejskogo apparata Rossii v 30-ch godach XVIII v., in: Sbornik aspirantskich rabot, Bd. 13. Sverdlovsk 1971, S. 80-88.
DERS., Učreždenija reguljarnoj policii Rossii pervoj poloviny XVIII v. i ich archivy v nastojaščee vremja, in: Vspomogatel'nye istoričeskie discipliny, Bd. 1. Sverdlovsk 1974, S. 24-31.
SLACK, P., Poverty and Policy in Tudor and Stuart England. London 1988.
SLESARČUK, G.I., Vedomosti k moskovskim atlasam kak istočnik po istorii promyšlennosti Moskvy konca XVIII v., in: Goroda feodal'noj Rossii. M. 1966, S. 498-505.
SMIRNOV, I.I., u.a. Hg., Krest'janskie vojny v Rossii XVII-XVIII vv. M. 1966.
DERS., Sudebnik 1550 g., in: IZ 24, 1947, S. 267-352.
DERS., Vosstanie Bolotnikova 1606-1607. L. 1951.
SMIRNOV, P.P., Čelobitnye dvorjan i detej bojarskich vsech gorodov v pervoj polovine XVII v., in: ČOIDR 1915, 3, S. 1-73.
DERS., Goroda moskovskogo gosudarstva v pervoj polovine XVII v., 2 Bde. Kiev 1917-19. Nd. 1969.
DERS., Moskovskie tkači i ich privilegii. Taškent 1928.
DERS., O načale uloženija i zemskogo sobora 1648-1649 g., in: ŽMNP 1913, 9, S. 36-66.
DERS., Posadskie ljudi i ich klassovaja bor'ba do serediny XVII v., 2 Bde. M. 1947-48.
DERS., Pravitel'stvo B.I. Morozova i vosstanie v Moskve 1648 g. Taškent 1929.
SMIRNOVA, T.I., Pobegi krest'jan nakanune vystuplenija S. Razina, in: VI 1956, 6, S. 129-31.
SNEGIREV, V.L., Moskovskie slobody. Očerki po istorii moskovskogo posada XIV-XVIII vv. M. 1956.
Social'no-političeskoe i pravovoe položenie krest'janstva v dorevoljucionnoj Rossii. Voronež 1983.
Social'nyj sostav rabočich pervoj poloviny XVIII v. L. 1934 (Krepostnaja manufaktura v Rossii, Bd. 4).
SOFRONENKO, K.A., Sobornoe uloženie 1649 goda. Kodeks russkogo feodal'nogo prava. M. 1958.
SOLODKIN, I.I., Očerki po istorii russkogo ugolovnogo prava. Pervaja četvert' XIX v. L. 1961.
SOLOV'EV, V.M., Sovremenniki i potomki o vosstanii S.T. Razina. M. 1991.
SOLSCHENIZYN, A., Der Archipel Gulag, Bd. 2. Hamburg 1978.
SPASSKIJ, I.G., Denežnoe chozjajstvo russkogo gosudarstva v seredine XVII v. i reforma 1654-1663 gg., in: AE 1959, S. 103-56.
DERS., Russkaja monetnaja sistema. L. ^{3}1962.
SPERANSKIJ, A.N., Očerki po istorii prikaza kamennych del moskovskogo

gosudarstva. M. 1930.
SPIERENBURG, B., The Emergence of Carceral Institutions. Rotterdam 1984.
STARR, S.F., Decentralization and Self-Government in Russia 1830-1870. Princeton, N.J. 1972.
STEINBERG, R., Die Anfänge der Strafvollzugsreform in Rußland in den Jahren 1818-1829. Frankfurt/M. 1990.
STEINERT, H., „Ist es aber auch wahr, Herr F.?" In: Kriminalsoziologische Bibliographie 19, 1978, S. 30-45.
STENBOCK-FERMOR, E., The Story of Van'ka Kain, in: Journal of American Folklore 69, 1956, S. 254-65.
STEPANOV, I.V., Guljaščie rabotnye ljudi v Povolž'e v XVII v., in: IZ 36, 1951, S. 142-64.
DERS., Otchod naselenija na zarabotki v Polvolž'e v XVII v., in: Učenye zapiski lenigradskogo gosud. universiteta. Serija istoričeskich nauk, Bd. 14. L. 1949, S. 136-53.
DERS., Rabotnye ljudi Povolž'ja v XVII v., in: Voprosy genezisa kapitalizma v Rossii. L. 1960, S. 90-109.
STEŠENKO, L.A., Fiskaly i prokurory v sisteme gosudarstvennych organov Rossii v pervoj četverti XVIII v., in: VMU serija pravo 1966, 2, S. 51-58.
DERS., Obrazovanie kollegii justicii 1719-1726 gg., in: Ebd., 1966, 6, S. 63-69.
DERS., K.A. SOFRONENKO, Gosudarstvennyj stroj Rossii v pervoj četverti XVIII v. M. 1973.
STEVENS, C.B., Soldiers on the Steppe. Army Reform and Social Change in Early Modern Russia. DeKalb, Ill. 1995.
STIEDA, W., Die Anfänge der kaiserlichen Akademie der Wissenschaften in Petersburg, in: Jahrbücher für Kultur und Geschichte der Slawen 2, 1925, S. 152-63.
STÖKL, G., Die Begriffe Reich, Herrschaft und Staat bei den orthodoxen Slawen, in: Saeculum 5, 1954, S. 104-18.
DERS., Das Werden des modernen Staates in Osteuropa, in: JGO 1, 1953, S. 255-69.
STOLLEIS, M., Geschichte des öffentlichen Rechts in Deutschland, Bd. 1. München 1988.
STRIEDTER, J., Der Schelmenroman in Rußland. Berlin 1961.
STRUB, B., Der Einfluß der Aufklärung auf die Todesstrafe. Zürich 1973.
SUTTON, R.C., Crime and Social Change in Russia after the Great Reforms. Ph.D. Univ. Indiana 1984.
SYROMJATNIKOV, B.I., S.E. Desnickij. Osnovatel' nauki russkogo pravovedenija, in: Izvestija AN SSSR. Otdelenie ėkonomiki i prava 1945, 3, S. 33-40.
DERS., Regul'jarnoe gosudarstvo Petra pervogo i ego ideologija, Bd. 1. M. 1943.
SYTIN, P.V., Istorija planirovki i zastrojki Moskvy, 2 Bde. M. 1950-54.
DERS., Iz istorii moskovskich ulic. M. ³1958.
SZEFTEL, M., Russian Institutions and Culture up to Peter the Great. London 1975.

DERS., Le jugement de Dieu dans le droit russe ancien, in: Archives d'histoire de droit oriental 4, 1949, S. 264-99.

TAL'MAN, E.M., Remeslennoe učeničestvo Moskvy v XVII v., in: IZ 27, 1948, S. 67-95.

TARANOVSKIJ, F.V., Montesk'e v Rossii, in: Trudy russkich učenych zagranicej, Bd. 1. Berlin 1922, S. 178-223.

TAZBIR, J., Hexenprozesse in Polen, in: Archiv für Reformationsgeschichte 71, 1980, S. 280-307.

THOMPSON, E.M., Understanding Russia. The Holy Fool in Russian Culture. Lanham 1987.

THURSTON, G., P.D. Kiselev and the Development of a Russian Legal Consciousness, in: CASS 19, 1985, S. 1-27.

TICHOMIROV, M.N., Sobornoe uloženie i gorodskie vosstanija serediny XVII v. M. 1969.

DERS., Klassovaja bor'ba v Rossii XVII v. M. 1969.

DERS., Pskovskoe vosstanie 1650 g., in: Ebd., S. 23-138.

DERS., Srednevekovaja Moskva v XIV-XV vv. M. 1957.

TICHONOV, Ju.A., Pomeščič'e krest'jane v Rossii. Feodalnaja renta v XVIII-načale XIX vv. M. 1974.

TILLER, K., English Local History. An Introduction. London 1992.

TITUNIK, I.R., Matvej Komarov's Van'ka Kain and Eighteenth-Century Russian Prose Fiction, in: Slavic and East European Journal 18, 1974, S. 351-66.

TOKAREV, S.A., Istorija russkoj ėtnografii. M. 1966.

TORKE, H.-J., Adel und Staat vor Peter dem Großen 1649-1689, in: FOG 27, 1980, S. 282-98.

DERS., Crime and Punishment in the Pre-Petrine Civil Service, in: E. Mendelsohn, Hg., Imperial Russia 1700-1917. DeKalb, Ill. 1988, S. 5-21.

DERS., Gab es im Moskauer Reich des 17. Jahrhunderts eine Bürokratie? In: FOG 38, 1986, S. 276-98.

DERS., Oligarchie in der Autokratie. Der Machtverfall der Bojarenduma im 17. Jahrhundert, in: FOG 24, 1978, S. 189-201.

DERS., Die staatsbedingte Gesellschaft im Moskauer Reich. Zar und Zemlja in der altrussischen Herrschaftsverfassung 1613-1689. Leiden 1974.

TROICKIJ, S.M., Finansovaja politika russkogo absoljutizma XVIII v. M. 1966.

DERS., Podušnaja podat' i krest'janskij vopros v Rossii v pervoj četverti XVIII v., in: Ežegodnik po agrarnoj istorii vostočnoj Evropy 1964 g. Kišinev 1966, S. 416-23.

DERS., Rossija v XVIII v. M. 1982.

DERS., Russkij absoljutizm i dvorjanstvo v XVIII v. M. 1974.

TROJAN, A., Der Einfluß sozialer Kontrollreaktionen auf abweichendes Verhalten. München 1978.

TVERSKAJA, D.I., Moskva vtoroj poloviny XVII v. M. 1959.

ULBRICHT, O., Hg., Von Huren und Rabenmüttern. Weibliche Kriminalität in der Frühen Neuzeit. Köln 1995.

DERS., Kindsmord und Aufklärung in Deutschland. München 1990.

DERS., Die Welt eines Bettlers um 1775, in: Historische Anthropologie 2, 1994, S. 371-98.

UNBEGAUN, B.O., „Le crime“ et „le criminel“ dans la terminologie juridique russe, in: Revue des études slaves 36, 1959, S. 47-58.
DERS., Russe et slavon dans la terminologie juridique, in: Ebd., 34, 1957, S. 129-35.
URUSZCZAK, W., Les codes de droit en Europe à l'époque de la Renaissance, in: APH 62, 1990, S. 91-134.
USTJUGOV, N.V., Ėvoljucija prikaznogo stroja russkogo gosudarstvo v XVII., in: Absoljutizm v Rossii XVII-XVIII vv. M. 1964, S. 134-67.
DERS., Naučnoe nasledie. Ėkonomičeskoe razvitie, klassovaja bor'ba i kul'tura v russkom gosudarstve v XVII v. M. 1974.
DERS., Rabotnye ljudi na Suchono-Dvinskom vodnom puti v pervoj polovine XVII v., in: IZ 6, 1940, S. 167-94.
DERS., Remeslo i melkoe tovarnoe proizvodstvo v russkom gosudarstve XVII v., in: IZ 34, 1950, S. 166-97.
DERS., Solevarnaja promyšlennost' Soli kamskoj v XVII v. K voprosu o genezise kapitalističeskich otnošenij v russkoj promyšlennosti. M. 1957.
UTKINA, N.F., Hg., Russkaja mysl' v vek prosveščenija. M. 1991.
VALK, S.N., „Sud o krest'janech“ v palate ob uloženii 1700 gg., in: Akademiku B.D. Grekovu. Sbornik statej. M. 1952, S. 232-40.
VASNECOV, A., Lesnoj torg v staroj Moskve, in: Staraja Moskva, Bd. 1. M. 1929, S. 152-60.
VDOVINA, L.N., Krest'janskaja obščina i monastyr' v central'noj Rossii v pervoj polovine XVIII v. M. 1988.
VENTURI, F., Beccaria in Russia, in: Il Ponte 9, 1953, S. 163-74.
VERNADSKIJ, G.V., Imperatrica Ekaterina II i zakonodatel'naja kommissija, in: Sbornik obščestva istorii i social'nych nauk pri permskom universitete 1, 1918, S. 1-23.
DERS., Očerk istorii prava russkogo gosudarstva. Prag 1924.
VESELOVSKIJ, S.B., Azartnye igry kak istočnik dochoda v moskovskom gosudarstve XVII., in: Sbornik statej, posv. V.O. Ključevskomu. M. 1909, S. 291-316.
DERS., D'jaki i pod'jačie XV-XVII vv. M. 1975.
DERS., Feodal'noe zemlevladenie v severo-vostočnoj Rusi, Bd. 1. M. 1947.
DERS., Iz istorii zakrepoščenija krest'jan, in: Ders., Trudy po istočnikovedeniju i istorii Rossii perioda feodalizma. M. 1978, S. 34-119.
DERS., K voprosu o proischoždenii votčinnogo režima. M. 1926.
DERS., K voprosu o sostave i istočnikach XXV glavy uloženija carja Alekseja Michajloviča, in: Russkij istoričeskij žurnal 1917, 1, S. 30-45.
DERS., Kabackaja reforma 1652 g., in: Ežemesjačnyj žurnal 1914, 4, S. 59-66.
DERS., Prikaznyj stroj upravlenija moskovskogo gosudarstva. Kiev 1912.
DERS., Sošnoe pis'mo. Issledovanie po istorii kadastra i posošnogo obloženija moskovskogo gosudarstva, 2 Bde. M. 1915-16.
VODARSKIJ, Ja.E., Čislennost' naselenija i količestvo pomestno-votčinnych zemel' v XVII v., in: Ežegodnik po agrarnoj istorii vostočnoj Evropy 1964 g. Kišinev 1966, S. 217-30.
DERS., Čislennost' i razmeščenie posadskogo naselenija v Rossii vo vtoroj

polovine XVII v., in: Goroda feodal'noj Rossii. M. 1966, S. 271-97.
DERS., Iz istorii sozdanii glavnogo magistrata, in: Voprosy social'no-ėkonomičeskoj istorii i istočnikovedenija perioda feodalizma v Rossii. M. 1961, S. 108-12.
DERS., O dostovernosti pouezdnych itogov perepisi sel'skogo naselenija 1678 g. i svodnych istočnikach načala XVIII v., in: AE 1967, S. 99-106.
DERS., Krest'jane i sel'skie bobyli v Rossii v konce XVII v., in: Ežegodnik agrarnoj istorii vostočnoj Evropy 1968 g. L. 1972, S. 55-61.
DERS., Naselenie Rossii v konce XVII-načala XVIII v. M. 1977.
DERS., Naselenie Rossii za 400 let. XVI-načalo XX v. M. 1973.
VOLKOV, M.Ja., Očerki istorii promyslov v Rossii. Vtoraja polovina XVII-pervaja polovina XVIII v. Vinokurennoe proizvodstvo. M. 1979.
VOLKOV, S.I., Krest'jane dvorcovych vladenii Podmoskov'ja v seredine XVIII v. M. 1959.
VOLODICHIN, D., Knižnost' i prosveščenie v moskovskom gosudarstve XVII v. M. 1993.
VORONOV, N.V., Stačka moskovskich kirpičedel'cev letom 1779 g., in: IZ 37, 1951, S. 290-303.
WÄCHTERSHÄUSER, W., Das Verbrechen des Kindesmordes im Zeitalter der Aufklärung. Berlin 1973.
WEBER, M., Disziplinierung und Widerstand. Obrigkeit und Bauern in Schlesien 1500-1700, in: J. Peters, Hg., Gutsherrschaft als soziales Modell. München 1995, S. 419-38.
WEICKHARDT, G.G., Bureaucrats and Boiars in the Muscovite Tsardom, in: RH 10, 1983, S. 331-56.
DERS., Due Process and Equal Justice in the Muscovite Codes, in: RR 51, 1992, S. 463-80.
DERS., Kotoshikhin: An Evaluation and Interpretation, in: RH 17, 1990, S. 127-54.
DERS., The Pre-Petrine Law of Property, in: SR 52, 1993, S. 663-79.
WEIS, K., Soziale Kontrolle, in: Soziologielexikon. München ^{2}1992, S. 514-17.
WEISSER, M.R., Crime and Punishment in Early Modern Europe. Bristol 1979.
WENDLAND, F., Peter Simon Pallas 1741-1811. Materialien einer Biographie, 2 Bde. Berlin 1992.
WIEGAND-KANZAKI, A., u.a. Hg., Gewissen und soziale Kontrolle in Deutschland und Japan. Würzburg 1986.
WIENER, W., Reconstructing the Criminal. Culture, Law and Policy in England 1830-1914. Cambridge 1994.
WILLIAMS, A., The Police of Paris 1718-1789. Baton Rouge 1979.
WILSON, A.M., Diderot. New York 1972.
DERS., Diderot in Russia, in: J.G. Garrard, Hg., The Eighteenth Century in Russia. Oxford 1973, S. 166-97.
WIRTSCHAFTER, E.K., From Serf to Russian Soldier. Princeton, N.J. 1990.
DIES., Soldier's Children 1719-1856. A Study of Social Engineering in Imperial Russia, in: FOG 30, 1982, S. 61-136.
DIES., Structures of Society. Imperial Russia's „People of Various Ranks".

DeKalb, Ill. 1994.
WISWEDE, G., Soziologie abweichenden Verhaltens. Stuttgart [2]1979.
WITTRAM, R., Peter I. Czar und Kaiser, 2 Bde. Göttingen 1964.
WOLFF, K.H., Soziale Kontrolle, in: Wörterbuch der Soziologie. Stuttgart [2]1969, S. 965-70.
WOLZENDORFF, K., Der Polizeigedanke des modernen Staats. Nd. Aalen 1964.
WOOD, A., The Use and Abuse of Administrative Exile to Siberia, in: Irish Slavonic Studies 6, 1985, S. 65-81.
WOROBEC, C.D., Reflections on Customary Law and Post-Reform Peasant Russia, in: Russian Review 44, 1985, S. 21-25.
WORTMAN, R.S., The Development of a Russian Legal Consciousness. Chicago 1976.
DERS., Peter the Great and Court Procedure, in: CASS 8, 1974, S. 303-10.
YANEY, G., Bureaucracy and Freedom. N.M. Korkunov's Theory of the State, in: AHR 71, 1966, S. 468-86.
DERS., Law, Society and the Domestic Regime in Russia in Historical Perspective, in: American Political Science Review 59, 1965, S. 379-90.
DERS., The Systematization of Russian Government. Social Evolution in the Domestic Administration of Imperial Russia 1711-1905. Urbana, Ill. 1973.
ŽELUDKOV, V.F., Krest'janskaja vojna pod predvoditel'stvom E.I. Pugačeva i podgotovka gubernskoj reformy 1775 g., in: Vestnik leningradskogo universiteta 1963, 8, S. 56-65.
DERS., Vvedenie gubernskoj reformy 1775 g., in: Očerki po istorii klassovoj bor'by i obščestvenno-političeskoj mysli Rossii tret'ej četverti XVIII v. L. 1962, S. 161-90.
ŽUŽEK, P.I., Kormchaja kniga. Studies on the Chief Code of Russian Canon Law. Rom 1964.
ZACEK, J.C., A Case Study in Russian Philanthropy. The Prison Reform Movement in the Reign of Alexander I, in: CASS 1, 1976, S. 196-211.
ZAGRJACKOJ, M.D., Obščestvenno-političeskie vzgljady S.E. Desnickogo, in: VI 1949, 7, S. 101-12.
ZAITZEFF, C., Das Rechtsbewußtsein der russischen leibeigenen Bauern, in: Jahrbücher für Kultur und Geschichte der Slaven 10, 1934, S. 421-53.
DERS., Die Rechtsideologie des russischen Agrarwesens und die russische Agrarrevolution, in: Archiv für Rechts- und Wirtschaftsphilosophie 19, 1925, S. 44-84.
ZANIČEVA, L.G., Krest'janskie pobegi vo vtoroj polovine XVII v., in: Ežegodnik po agrarnoj istorii vostočnoj Evropy za 1964 g. Kišinev 1966, S. 231-39.
ZAOZERSKAJA, E.I., Begstvo i otchod krest'jan v pervoj polovine XVIII v., in: K voprosu o pervonačal'nom nakoplenii v Rossii XVII-XVIII vv. M. 1958, S. 144-88.
DIES., Manufaktura pri Petre I. M. 1947.
DIES., Manufaktura v Moskve v seredine XVIII v., in: IZ 33, 1950, S. 123-57.

DIES., Moskovskij posad pri Petre I., in: VI 1947, 9, S. 19-35.
DIES., Pripisnye i krepostnye krest'jane na častnych železnych zavodach v pervoj četverti XVIII v., in: IZ 12, 1941, S. 128-43.
DIES., Rabočaja sila i klassovaja bor'ba na tekstil'nych manufakturach Rossii v 20-60 gg. XVIII. v. M. 1960.
DIES., Razvitie legkoj promyšlennosti v Moskve v pervoj četverti XVIII v. M. 1953.
DIES., Le salariat dans les manufactures textiles russes au XVIIIe siècle, in: CMRS 6, 1965, S. 189-222.
DIES., U istokov krupnogo proizvodstva v russkoj promyšlennosti XVI-XVIII vv. M. 1970.
ZAOZERSKIJ, A.I., Carskaja votčina XVII v. M. 21937.
ZAREMSKA, H., Niegodne rzemiosło. Kat w społeczeństwie polskie XIV-XVI w. Warszawa 1986.
ZEHR, H., Crime and the Development of Modern Society. Totowa, N.J. 1976.
DERS., The Modernization of Crime in Germany and France, in: Journal of Social History 8, 1975, S. 117-41.
ZELENIN, D.K., Vostočnoslavjanskaja ėtnografija. M. 1991.
ZGUTA, R., Medicine as Reflected in the Laws of Early Rus', in: RR 40, 1981, S. 47-54.
DERS., Russian Ministrels. A History of the Skomorokhi. Oxford 1978.
DERS., The Ordeal by Water (Swimming of Witches) in the East Slavic World, in: SR 36, 1977, S. 220-30.
DERS., Witchcraft and Medicine in Pre-Petrine Russia, in: RR 37, 1978, S. 438-48.
DERS., Witchcraft Trials in Seventeenth-Century Russia, in: AHR 82, 1977, S. 1187-1207.
ZIEGENHAGEN, E.A., Victims, Crime and Social Control. New York 1977.
ZIMIN, A.A., Gubnye gramoty XVI v. iz musejnogo sobranija, in: Zapiski otdela rukopisi gosudarstvennoj biblioteki im. Lenina 18, 1956, S. 210-29.
DERS., Reformy Ivana Groznogo. M. 1960.
DERS., O složenii prikaznoj sistemy na Rusi, in: Doklady i soobščenija instituta istorii AN SSSR 3, 1954, S. 164-76.
ZUEV, A.S., N.A. MINENKO, Sekretnye uzniki sibirskich ostrogov. Očerki istorii političeskoj ssylki v Sibiri vtoroj četverti XVIII v. Novosibirsk 1992.
ZVJAGINCEV, A.G., Ju.G. ORLOV, Oko gosudarevo. Rossijskie prokurory XVIII v. M. 1994.
ZVJAGINCEV, E.A., „Koževniki" i ich posadskoe naselenie v XVIII v., in: Staraja Moskva, Bd. 1. M. 1929, S. 109-26.
DERS., Ognennoe zapalenie Moskvy, in: Bor'ba klassov 1936, 2, S. 56-67.
DERS., Rost naselenija v moskovskich slobodach XVIII v., in: Moskovskij kraj v ego prošlom, Bd. 2. M. 1930, S. 135-48.
DERS., Slobody inostrancev v Moskve XVII v., in: Istoričeskij žurnal 1944, 2/3, S. 81-86.

REGISTER

QUELLEN UND STUDIEN ZUR GESCHICHTE DES ÖSTLICHEN EUROPA

In Verbindung mit dem Vorstand des Verbandes der Osteuropahistoriker e. V.
herausgegeben von **Helmut Altrichter**

---

1. **Carsten Goehrke: Die Wüstungen in der Moskauer Rus.** Studien zur Siedlungs-, Bevölkerungs- und Sozialgeschichte. 1968. XII, 357 S., 3 Faltktn., kt. **ISBN 3-515-00771-7**
2. **Ferdinand Grönebaum: Frankreich in Ost- und Nordeuropa.** Die französisch-russischen Beziehungen von 1648–1689. 1968. XVI, 232 S., kt. **0772-5**
3. **Dieter Wojtecki: Studien zur Personengeschichte des Deutschen Ordens im 13. Jahrhundert.** 1971. XII, 256 S., kt. **0773-3**
4. **Helmut Lahrkamp,** Hrsg.: **Kriegsabenteuer des Rittmeisters Hieronymus Christian von Holsten 1655–1666.** 1971. VI, 93 S., 5 Taf., kt. **0774-1**
5. **Hansgerd Göckenjan: Hilfsvölker und Grenzwächter im mittelalterlichen Ungarn.** 1972. X, 261 S., 2 Taf., kt. **0775-X**
6. **Janos M. Bak: Königtum und Stände in Ungarn im 14.–16. Jahrhundert.** 1973. VIII, 196 S., kt. **0776-8**
7. **Hartmut Rüß: Adel und Adelsoppositionen im Moskauer Staat.** 1975. X, 196 S., kt. **1903-0**
8. **Wolfgang Knackstedt: Moskau.** Studien zur Geschichte einer mittelalterlichen Stadt. 1975. X, 285 S. m. 5 Ktn., kt. **1881-6**
9. **Carsten Goehrke / Erwin Oberländer / Dieter Wojtecki,** Hrsg.: **Östliches Europa – Spiegel der Geschichte.** Festschrift für **Manfred Hellmann** zum 65. Geburtstag. Hrsg. unter Mitwirkung von **R. Ernst** und **R. Möhlenkamp.** 1977. VIII, 267 S., kt. **2658-4**
10. **Hans-Werner Rautenberg: Der polnische Aufstand von 1863 und die europäische Politik** im Spiegel der deutschen Diplomatie und der öffentlichen Meinung. 1979. IX, 484 S., kt. **2944-3**
11. **Peter Heumos: Agrarische Interessen und nationale Politik in Böhmen 1848–1889.** Sozialökonomische und organisatorische Entstehungsbedingungen der tschechischen Bauernbewegung. 1979. VI, 252 S., kt. **2858-7**
12. **Manfred Alexander: Der Petraševskij-Prozeß.** Eine „Verschwörung der Ideen" und ihre Verfolgung im Rußland von Nikolaus I. 1979. IX, 260 S., kt. **2797-1**
13. **Günther Stökl: Der russische Staat in Mittelalter und früher Neuzeit.** Ausgewählte Aufsätze zum Anlaß seines 65 Geburtstages hrsg. von **Manfred Alexander, Hans Wojtecki** und **Maria Lammich.** 1981. VIII, 378 S., 1 Taf., kt. **3261-4**
14. **Frank Golczewski: Polnisch-jüdische Beziehungen 1881–1922.** Eine Studie zur Geschichte des Antisemitismus in Osteuropa. 1981. IX, 391 S., kt. **3361-0**
15. **Joachim Krumbholz: Die Elementarbildung in Rußland bis zum Jahre 1864.** Ein Beitrag zur Entstehung des Volksschulstatuts vom 14. Juli 1864. 1982. IX, 305 S., kt. **3293-2**
16. **Mechthild Golczewski: Der Balkan in deutschen und österreichischen Reise- und Erlebnisberichten 1912–1918.** 1981. VIII, 288 S., kt. **3266-5**
17. **Erik Amburger: Fremde und Einheimische im Wirtschafts- und Kulturleben des neuzeitlichen Rußland.** Ausgewählte Aufsätze. Hrsg. von **Klaus Zernack.** 1982. 326 S. m. 1 Abb., 4 Ktn. u. 1 Faltkte., kt. **3734-9**
18. **Manfred Hagen: Die Entfaltung politischer Öffentlichkeit in Rußland 1906–1914.** 1982. XI, 403 S., kt. **3600-8**
19. **Klaus Heller: Die Geld- und Kreditpolitik des Russischen Reiches in der Zeit der Assignaten (1768–1839/43).** 1983. VIII, 273 S., kt. DM 78,– **3313-0**
20. **Friedhelm Berthold Kaiser: Hochschulpolitik und studentischer Widerstand in der Zarenzeit.** A. I. Georgievskij und sein „Kurzer historischer Abriß der Maßnahmen und Pläne der Regierung gegen die Studentenunruhen" (1890). 1983. X, 460 S., kt. **3920-1**
21. **Wolfgang-Uwe Friedrich: Bulgarien und die Mächte 1913–1915.** Ein Beitrag zur Weltkriegs- und Imperialismusgeschichte. 1985. XXII, 453 S. m. 12 Tab. u. 3 Ktn., kt. **4050-1**
22. **Peter Heumos: Die Konferenzen der sozialistischen Parteien Zentral- und Osteuropas in Prag und Budapest 1946 und 1947.** Darstellung und Dokumentation. 1985. IV, 172 S., kt. **4234-2**
23. **Uwe Halbach: Der russische Fürstenhof vor dem 16. Jahrhundert.** Eine vergleichende Untersuchung zur politischen Lexikologie

und Verfassungsgeschichte der alten Rús. 1985. XVI, 384 S., kt. **4151-6**

24. **Heinrich Bartel: Frankreich und die Sowjetunion 1938–1940.** Ein Beitrag zur französischen Ostpolitik zwischen dem Münchner Abkommen und dem Ende der Dritten Republik. 1986. 396 S., kt. **4015-3**
25. **Karl-Heinz Schlarp: Wirtschaft und Besatzung in Serbien 1914–1944.** Ein Beitrag zur nationalsozialistischen Wirtschaftspolitik in Südosteuropa. 1986. VIII, 449 S. m. 3 Abb. u. 3 Ktn., kt. **4401-9**
26. **Uwe Halbach / Hans Hecker / Andreas Kappeler,** Hrsg.: **Geschichte Altrußlands in der Begriffswelt ihrer Quellen.** Festschrift zum 70. Geburtstag von **Günther Stökl.** 1986. XII, 235 S. m. 2 Abb., kt. **4480-9**
27. **Martin Senner: Die Donaufürstentümer als Tauschobjekt für die österreichischen Besitzungen in Italien (1853–1866).** 1988. 313 S., 6 Abb., 2 Ktn., kt. **4906-1**
28. **Wolfgang Elz: Die europäischen Großmächte und der kretische Aufstand 1866–1867.** 1988. VII, 374 S., kt. **5158-9**
29. **Angelika Schaser: Josephinische Reformen und sozialer Wandel in Siebenbürgen.** Die Bedeutung des Konzivilitätsreskriptes für Hermannstadt. 1989. VII, 285 S., kt. **5069-8**
30. **Petr Krekšin: Peters des Großen Jugendjahre.** „Kurze Beschreibung der gesegneten Taten des großen Gosudars, des Kaisers Peters des Großen, Selbstherrschers von ganz Rußland." Gemeinsam mit Thomas Busch, Norbert Kersken, Ekkehard Kraft und Eduard Mühle übersetzt, eingeleitet und erklärt von Frank Kämpfer. Nebst einem Anhange aus zeitgenössischen Stimmen, nämlich Heinrich Butenant, Patrick Gordon und Otto Pleyer, zu den geschilderten Ereignissen. 1989. VI, 223 S., 7 Abb., kt. **5087-6**
31. **Robert Maier: Die Stachanov-Bewegung 1935–1938.** Der Stachanovismus als tragendes und verschärfendes Moment der Stalinisierung der sowjetischen Gesellschaft. 1990. 441 S., kt. **5440-5**
32. **Eduard Mühle: Die städtischen Handelszentren der nordwestlichen Ruś.** Anfänge und frühe Entwicklung altrussischer Städte (bis gegen Ende des 12. Jahrhunderts). 1991. XIV, 371 S., kt. **5616-5**
33. **Henning Bauer / Andreas Kappeler / Brigitte Roth,** Hrsg.: **Die Nationalitäten des Russischen Reiches in der Volkszählung von 1897**
    A. **Quellenkritische Dokumentation und Datenhandbuch.** 1991. 580 S., geb. **5561-4**
    B. **Ausgewählte Daten zur sozio-ethnischen Struktur des Russischen Reiches.** Erste Auswertungen der Kölner NFR-Datenbank. 1991. 532 S., geb. **5562-2**
34. **Jürgen Pagel: Polen und die Sowjetunion 1938-1939.** Eine Studie zur Vorgeschichte des Zweiten Weltkrieges. 1992. 339 S., kt. **5928-8**
35. **Erwin Oberländer,** Hrsg.: **Geschichte Osteuropas.** Zur Geschichte einer historischen Disziplin im deutschen Sprachraum 1945-1990. 1992. VIII, 350 S., kt. **6024-3**
36. **Wolfgang Neugebauer: Politischer Wandel im Osten.** Ost- und Westpreußen von den alten Ständen zum Konstitutionalismus. 1992. VI, 552 S., kt. **6127-4**
37. **Dietmar Neutatz: Die „deutsche Frage" im Schwarzmeergebiet und in Wolhynien.** Politik, Wirtschaft, Mentalitäten und Alltag im Spannungsfeld von Nationalismus und Modernisierung (1856–1914). 1993. 478 S., kt. **5899-0**
38. **Ludwig Steindorff: Memoria in Altrußland.** Untersuchungen zu den Formen christlicher Totensorge. 1994. 294 S., kt. **6195-9**
39. **Frank Ortmann: Revolutionäre im Exil.** Der „Auslandsbund russischer Sozialdemokraten" zwischen autoritärem Führungsanspruch und politischer Ohnmacht (1888–1903). 1994. 254 S., kt. **6340-4**
40. **Andreas Grenzer: Adel und Landbesitz im ausgehenden Zarenreich.** Der russische Landadel zwischen Selbstbehauptung und Anpassung nach Aufhebung der Leibeigenschaft. 1995. XII, 255 S., kt **6568-7**
41. **Beate Fieseler: Frauen auf dem Weg in die russische Sozialdemokratie, 1890–1917.** 1995. 331 S., kt. **6538-5**
42. **Christoph Mick: Sowjetische Propaganda, Fünfjahrplan und deutsche Rußlandpolitik 1928–1932.** 1995. 490 S., kt. **6435-4**
43. **Ekkehard Kraft: Moskaus griechisches Jahrhundert.** Russisch-griechische Beziehungen und metabyzantinischer Einfluß 1619–1694. 1995. 223 S., kt. **6656-X**
44. **Christoph Schmidt: Sozialkontrolle in Moskau.** Justiz, Kriminalität und Leibeigenschaft 1649–1785. 1996. 500 S., geb. **6627-6**

FRANZ STEINER VERLAG STUTTGART

ISSN 0170-3595